中國國家圖書館編

# 國家圖書館藏敦煌遺書

第七十一冊　北敦〇五二六四號——北敦〇五三三五號

北京圖書館出版社

圖書在版編目(CIP)數據

國家圖書館藏敦煌遺書·第七十一册/中國國家圖書館編;任繼愈主編.—北京:北京圖書館出版社,2007.12

ISBN 978-7-5013-3223-6

Ⅰ.國…　Ⅱ.①中…②任…　Ⅲ.敦煌學—文獻　Ⅳ.K870.6

中國版本圖書館CIP數據核字(2007)第142223號

書　　名　國家圖書館藏敦煌遺書·第七十一册
著　　者　中國國家圖書館編　任繼愈主編
責任編輯　徐　蜀　孫　彦
封面設計　李　璀

---

出　　版　北京圖書館出版社　(100034　北京西城區文津街7號)
發　　行　010-66139745　66151313　66175620　66126153
　　　　　66174391(傳真)　66126156(門市部)
E-mail　cbs@nlc.gov.cn(投稿)　btsfxb@nlc.gov.cn(郵購)
Website　www.nlcpress.com
經　　銷　新華書店
印　　刷　北京文津閣印務有限責任公司

---

開　　本　八開
印　　張　46
版　　次　2007年12月第1版第1次印刷
印　　數　1-250册(套)

---

書　　號　ISBN 978-7-5013-3223-6/K·1450
定　　價　990.00圓

# 目錄

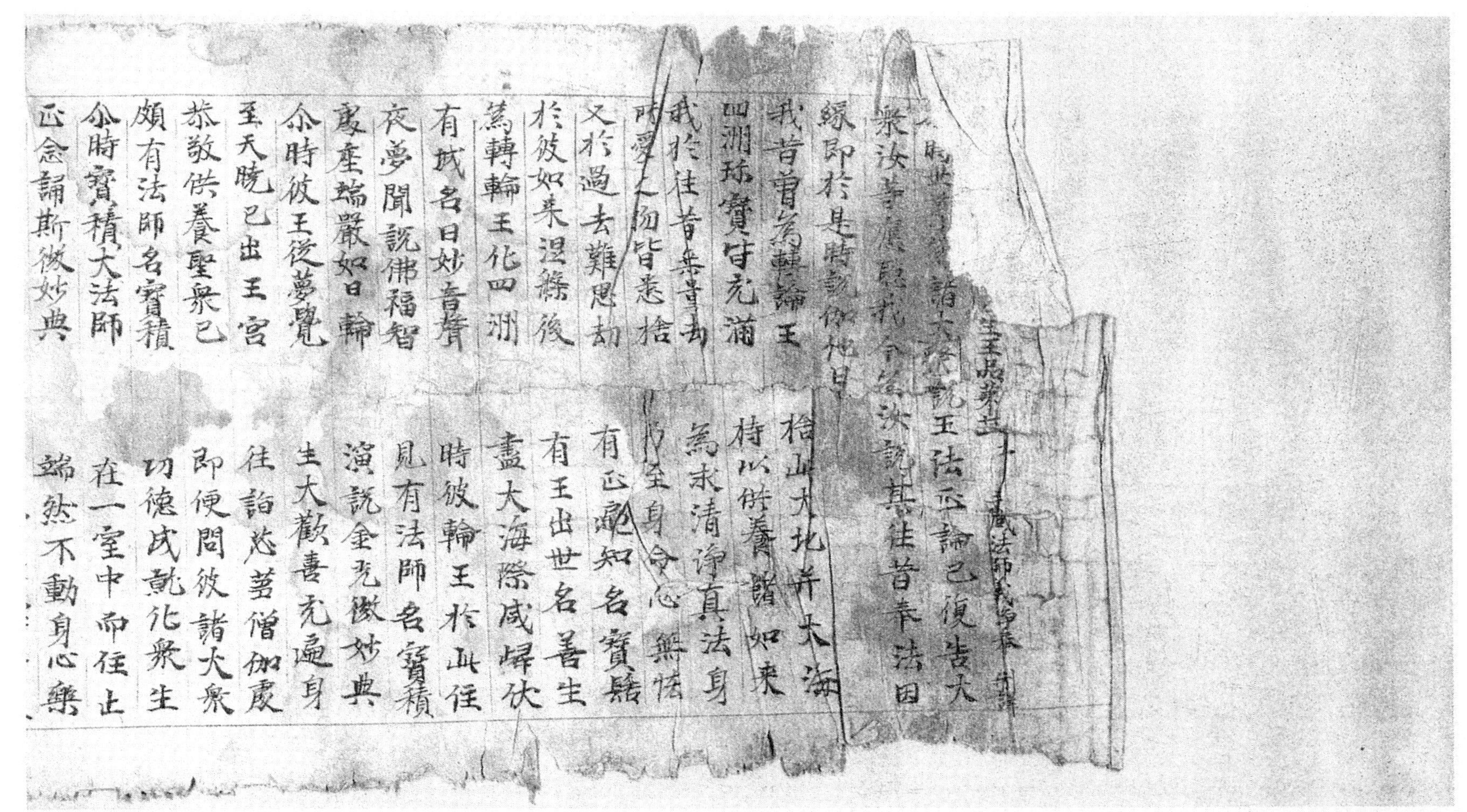

[illegible]生王品第二十[illegible]　三藏法師義淨奉　制譯

爾時[illegible]諸天眾說王法正論已復告大

眾汝等應聽我今為汝說其往昔奉法因

緣即於是時說伽他曰

我昔曾為轉輪王　捨此大地并大海

四洲珍寶皆充滿　持以供養諸如來

我於往昔無量劫　為求清淨真法身

所愛之物皆悉捨　乃至身命心無悋

又於過去難思劫　有正遍知名寶髻

於彼如來涅槃後　有王出世名善生

為轉輪王化四洲　盡大海際咸歸伏

有城名曰妙音聲　時彼輪王於此住

夜夢聞說佛福智　見有法師名寶積

處座端嚴如日輪　演說金光微妙典

爾時彼王從夢覺　生大歡喜充遍身

至天曉已出王宮　往詣苾芻僧伽處

恭敬供養聖眾已　即便問彼諸大眾

頗有法師名寶積　功德成就化眾生

爾時寶積大法師　在一室中而住止

正念誦斯微妙典　端然不動身心樂

BD05264號　金光明最勝王經卷九　（21–1）

處座端嚴如日輪　演說金光微妙典

爾時彼王從夢覺　生大歡喜充遍身

至天曉已出王宮　往詣苾芻僧伽處

恭敬供養聖眾已　即便問彼諸大眾

頗有法師名寶積　功德成就化眾生

爾時寶積大法師　在一室中而住止

正念誦斯微妙典　端然不動身心樂

時有苾芻引導王　至彼寶積所居處

見在室中端身坐　光明妙相遍其身

白王此即是寶積　能持甚深佛行處

所謂微妙金光明　諸經中王最第一

時王即便禮寶積　恭敬合掌而致請

唯願滿月面端嚴　為說金光微妙法

寶積法師受王請　許為說此金光明

周遍三千世界中　諸天大眾咸歡喜

王於廣博清淨處　奇妙珍寶而嚴飾

上妙香水灑塵埃　種種雜花皆散布

即於勝處敷高座　懸繒幡蓋以莊嚴

種種抹香及塗香　香氣芬馥皆周遍

天龍脩羅緊那羅　莫呼洛伽及藥叉

諸天悉雨曼陁花　咸來供養彼高座

復有千萬億諸天　樂聞正法俱來集

法師初從本座起　咸悉供養以天花

是時寶積大法師　淨洗浴已著鮮服

詣彼大眾法座所　合掌虔心而礼敬

天主天眾及天女　悉皆共散曼陁花

百千天樂難思議　住在空中出妙響

爾時寶積大法師　即昇高座跏趺坐

BD05264號　金光明最勝王經卷九　（21–2）

法師初從本座起　周遍供養此天花
是時寶積大法師　淨洗浴已著鮮服
詣彼大衆法座所　合掌虔心而礼敬
天主天衆及天女　悉皆共散曼陁花
百千天樂難思議　住在空中出妙響
尒時寶積大法師　即昇高座跏趺坐
念彼十方諸剎土　百千萬億大慈尊
遍及一切苦衆生　皆起平等慈悲念
為彼請主善生故　演說微妙金光明
王即得聞如是法　合掌一心唱隨喜
聞法希有淚交流　身心大喜皆充遍
于時國主善生王　為欲供養此經故
手持如意末尼寶　發願咸為諸衆生
今可於斯贍部洲　普雨七寶瓔珞具
所有匱乏資財者　皆得隨心受安樂
即便遍雨於七寶　悉皆充足四洲中
瓔珞嚴身隨所須　衣服飲食皆無乏
尒時國主善生王　見此四洲雨珍寶
咸持供養寶髻佛　所有遺教苾芻僧
應知過去善生王　即我釋迦牟尼是
為於昔時捨大地　及諸珍寶滿四洲
昔時寶積大法師　為彼善生說妙法
因彼開演經王故　東方現成不動佛
以我曾聽此經王　合掌一言稱隨喜
及施七寶諸功德　獲此最勝金剛身
金光百福相莊嚴　所有見者皆歡喜
一切有情无不愛　俱胝天衆亦同然
過去曾經九十九　俱胝億劫作輪王



昔時寶積大法師　為彼善生說妙法
因彼開演經王故　東方現成不動佛
以我曾聽此經王　合掌一言稱隨喜
及施七寶諸功德　獲此最勝金剛身
金光百福相莊嚴　所有見者皆歡喜
一切有情无不愛　俱胝天衆亦同然
過去曾經九十九　俱胝億劫作輪王
亦於小國為人王　復經无量百千劫
於无量劫為帝釋　亦復曾為大梵王
供養十力大慈尊　彼之數量難窮盡
我昔聞經隨喜善　所有福聚難測知
由斯福故證菩提　獲得法身真妙智
尒時大衆聞是說已歎未曾有皆願奉持
金光明經流通不絕

金光明最勝王經諸天藥叉護持品第廿二

尒時世尊告大吉祥天女曰若有淨信善男
子善女人欲於過去未來現在諸佛以不可
思議廣大微妙供養之具而為奉獻及欲解
了三世諸佛甚深行處是人應當決定至心
隨是經王所在之處城邑聚落或山澤中廣
為衆生敷演流布其聽法者應除亂想攝
耳用心世尊即為彼天及諸大衆說伽他曰
若欲於諸佛　不思議供養　復了諸如來　甚深境界者
若見演說此　最勝金光明　應親詣彼方　至其所住處
此經難思議　能生諸功德　无邊大苦海　解脫諸有情
我觀此經王　初中後皆善　甚深不可測　譬喻无能比
假使恒河沙　大地塵海水　虛空諸山石　无能喻少分
欲入深法界　應先聽是經　法性之制底　甚深善安住

若見演說此　最勝金光明　應觀諸佛等　至其所住處
此經難思議　能生諸功德　无量大苦海　解脫諸有情
我觀此經王　初中後皆善　甚深不可測　譬喻无能比
假使恒河沙　大地塵海水　虛空諸山石　无能喻少分
欲入深法界　應先聽是經　法性之制底　甚深善安住
於斯制底內　見我牟尼尊　悅意妙音聲　演說斯經典
由此俱胝劫　數量難思議　生在人天中　常受勝妙樂
若聽是經者　應作如是心　我得不思議　無邊功德蘊
假使大火聚　滿百踰繕那　為聽此經王　直過無辭苦
既至彼住處　得聞如是經　能滅於罪業　及除諸惡夢
惡星諸變怪　蠱道邪魅等　得聞是經時　諸惡皆捨離
應嚴勝高座　淨妙若蓮花　法師處其上　猶如大龍坐
於斯安坐已　說此甚深經　書寫及誦持　并為解其義
法師捨此座　往詣餘方所　於此高座中　神通非一相
或見法師像　猶在高座上　或時見世尊　及以諸菩薩
或作普賢像　或如妙吉祥　或見慈氏尊　身處於高座
或見希奇相　及以諸天像　暫得覩容儀　忽然還不現
成就諸吉祥　所作皆隨意　功德悉圓滿　世尊如是說
最勝有名稱　能滅諸煩惱　他國賊皆除　戰時常得勝
惡夢悉皆无　及消諸毒害　所作三業罪　經力能除滅
於此贍部洲　名稱咸充滿　所有諸怨結　悉皆相捨離
設有怨敵至　聞名便退散　不假動兵戈　兩陣生歡喜
梵王帝釋主　護世四天王　及金剛藥叉　正了知大將
无熱池龍王　及以娑竭羅　緊那羅樂神　蘇羅金翅王
大辯才天女　并大吉祥天　斯等上首天　各領諸天眾
常供養諸佛　法寶不思議　恒生歡喜心　於經起恭敬
斯等諸天眾　皆悉共思惟　遍觀修福者　共作如是說



設有怨敵至　聞名便退散　不假動兵戈　兩陣生歡喜
梵王帝釋主　護世四天王　及金剛藥叉　正了知大將
无熱池龍王　及以娑竭羅　緊那羅樂神　蘇羅金翅王
大辯才天女　并大吉祥天　斯等上首天　各領諸天眾
常供養諸佛　法寶不思議　恒生歡喜心　於經起恭敬
斯等諸天眾　皆悉共思惟　遍觀修福者　共作如是說
應觀此有情　咸是大福德　善根精進力　當來生我天
為聽甚深經　敬心來至此　供養法制底　尊重正法故
憐愍於眾生　而作大饒益　於此深經典　能為法寶器
入此法門者　能入於法性　於此金光明　至心應聽受
是人曾供養　无量百千佛　由彼諸善根　得聞此經典
如是諸天主　天女大辯才　并彼吉祥天　及以四王眾
無數藥叉眾　勇猛有神通　各於其四方　常來相擁護
日月天帝釋　風水火諸神　吠率怒大肩　闍羅辯才等
一切諸護世　勇猛具威神　擁護持經者　晝夜常不離
大力藥叉王　那羅延自在　正了知為首　二十八藥叉
餘藥叉百千　神通有大力　恒於恐怖處　常來護此人
金剛藥叉王　并五百眷屬　諸大菩薩眾　常來護此人
寶王藥叉主　及以滿賢王　曠野金毗羅　賓度羅黃色
此等藥叉王　各五百眷屬　見聽此經者　皆來共擁護
彩軍乾闥婆　華王常戰勝　珠頸及青頸　并勃里沙王
大最勝大黑　蘊跋拏難舍　半之迦羊足　及以大婆伽
小渠并護法　及以獼猴王　針毛及日支　寶髮皆來護
大渠諸揭羅　栴檀欲中勝　金羅及雪山　及以娑多山
皆有大神通　雄猛具大力　見持此經者　皆來相擁護
阿那婆答多　及以娑竭羅　目真醫羅葉　難陁小難陁
於百千龍中　神通具威德　共護持經人　晝夜常不離

大最勝大黑　鷲跋弩雞舍　半之迦羊足　及以大婆伽
小渠并讓法　及以獼猴王　針毛及日支　寶髻皆來護
大渠諸拘羅　栴檀欲中勝　金羅及雪山　及以娑多山
皆有大神通　雄猛具大力　見持此經者　皆來相擁護
阿耶婆杳多　及以娑竭羅　目真鄰羅葉　難陀小難陀
於百千龍中　神通具威德　共護持經人　晝夜常不離
婆稚羅睺羅　毗摩質多羅　母首占跋羅　大肩及歡喜
及餘蘇羅王　并無數天衆　大力有勇健　皆來護是人
訶利底母神　五百藥叉衆　於彼人睡覺　常來相擁護
旃荼旃荼利　藥叉旃稚女　昆帝拘吒齒　吸衆生精氣
如是諸神衆　大力有神通　常護持經者　晝夜恒不離
上首辯才天　無量諸天女　吉祥天為首　并餘諸眷屬
此大地神女　果實園林神　樹神江河神　制底諸神等
如是諸天神　心生大歡喜　彼皆來擁護　讀誦此經人
見有持經者　增壽命色力　威光及福德　妙相以莊嚴
星宿現災變　困厄當此人　夢見惡徵祥　皆悉令除滅
此大地神女　堅固有威勢　由此經力故　法味常充足
地肥若流下　過百瑜繕那　地神令味上　滋潤於大地
此地厚六十　八億瑜繕那　乃至金剛際　地味皆令上
由聽此經王　獲大功德蘊　能使諸天衆　悉蒙其利益
復令諸天衆　威力有光明　歡喜常安樂　捨離於衰相
於此南洲內　林果苗稼神　由此經威力　心常得歡喜
苗實皆成就　處處有妙花　果實並滋繁　充滿於大地
所有諸果樹　及以衆園林　悉皆生妙花　香氣常芬馥
衆草諸樹木　咸出微妙花　及生甘美果　隨處皆充遍
於此贍部洲　無量諸龍女　心生大歡喜　皆共入池中
種植鉢頭摩　及以分陀利　青白二蓮花　池中皆遍滿

BD05264號　金光明最勝王經卷九　（21–7）

於此南洲內　林果苗稼神　由此經威力　心常得歡喜
苗實皆成就　處處有妙花　果實並滋繁　充滿於大地
所有諸果樹　及以衆園林　悉皆生妙花　香氣常芬馥
衆草諸樹木　咸出微妙花　及生甘美果　隨處皆充遍
於此贍部洲　無量諸龍女　心生大歡喜　皆共入池中
種植鉢頭摩　及以分陀利　青白二蓮花　池中皆遍滿
由此經威力　虛空淨无翳　雲霧皆除遣　冥闇悉光明
日出放千光　無垢燄清淨　由此經王力　流暉遶四天
此經威德力　資助於天子　皆用贍部金　而作於宮殿
日天子初出　見此洲歡喜　常以大光明　用遍皆照耀
於斯大地內　所有蓮花池　日光照及時　無不盡開發
於此贍部洲　田疇諸果藥　悉皆令善熟　充滿於大地
由此經威力　日月所照處　星辰不失度　風雨皆順時
遍此贍部洲　國土咸豐樂　隨有此經處　殊勝倍餘方
若此金光明　經典流布處　有能講誦者　悉得如上福
尒時大吉祥天女及諸天等聞佛所說皆大歡
喜於此經王及受持者一心擁護令無憂
惱常得安樂
金光明最勝王經授記品第廿三
尒時如來於大衆中廣說法已欲為妙幢菩
薩及其二子銀幢銀光授阿耨多羅三藐三
菩提記時有十千天子最勝光明而為上首
俱從三十三天來至佛所頂礼佛足卻坐一
面聽佛說法尒時佛告妙幢菩薩言汝於來
世過无量无數百千万億那庾多劫已於金
光明世界當成阿耨多羅三藐三菩提号金
寶山王如來應正遍知行足善逝世間解无
上士調御丈夫天人師佛世尊出現於世時

BD05264號　金光明最勝王經卷九　（21–8）

面聽佛說法尒時佛告妙幢菩薩言汝於未
世過无量无數百千万億那庾多劫已於金
光明世界當成阿耨多羅三藐三菩提号金
寶山王如來應正遍知行足善逝世間解无
上士調御丈夫天人師佛世尊出現於世時
此如來般涅槃後所有教法亦皆滅盡時彼
長子名曰銀幢即於此界次補佛處世界尒
時轉名淨幢當得作佛名曰金幢光如來應
正遍知明行之善逝世間解无上士調御丈
夫天人師佛世尊時此如來般涅槃後所有
教法亦皆滅盡次子銀光即補佛處還於此
界當得作佛号曰金光明如來應正遍知明
行足善逝世間解无上士調御丈夫天人師
佛世尊是時十千天子聞三大士得授記已
復聞如是最勝王經心生歡喜清淨无垢猶
如虛空尒時如來知是十千天子善根成
熟即便與授大菩提記汝等天子於當來世過
无量无數百千万億那庾多劫於最勝因陁
羅高幢世界得成阿耨多羅三藐三菩提
同一種姓又同一名号曰面目清淨優鉢羅香
山十号具之如是次第十千諸佛出現於世
尒時菩提樹神白佛言世尊是十千天子從
三十三天為聽法故來詣佛所云何如來便
與授記當得成佛世尊我未曾聞是諸天子
具足修習六波羅蜜多難行苦行捨於手足
頭目髓腦眷屬妻子象馬車乘奴婢僕使宮
殿園林金銀瑠璃硨磲碼碯珊瑚虎珀璧玉

BD05264號　金光明最勝王經卷九　（21–9）

三十三天為聽法故來詣佛所云何如來便
與授記當得成佛世尊我未曾聞是諸天子
具足修習六波羅蜜多難行苦行捨於手足
頭目髓腦眷屬妻子象馬車乘奴婢僕使宮
殿園林金銀瑠璃硨磲碼碯珊瑚虎珀璧玉
珂貝飲食衣服卧具醫藥如餘无量百千菩
薩以諸供具供養過去无數百千万億那庾
多佛如是菩薩各經无量无邊劫數然後方
得受菩提記世尊是諸天子以何因緣修何勝
行殖何善根從彼天來暫時聞法便得授
記唯願世尊為我解說斷除疑網佛告地神
善女天如汝所說皆從勝妙善根因緣勤苦
修已方得授記此諸天子於妙天宮捨五欲
樂故來聽是金光明經既聞法已於是經中
心生殷重如淨瑠璃无諸瑕穢復得聞此三
大菩薩授記之事亦由過去久修正行誓願
因緣是故我今皆與授記於未來世當成阿
耨多羅三藐三菩提時彼樹神聞佛說已歡
喜信受

金光明最勝王經除病品第廿四

佛告菩提樹神善女天諦聽諦聽善思念
之是十千天子本願因緣今為汝說善女天過
去无量不可思議阿僧企耶劫尒時有佛出
現於世名曰寶髻如來應正遍知明行足善
逝世間解无上士調御丈夫天人師佛世尊
善女天時彼世尊般涅槃後正法滅已於像
法中有王名曰天自在光常以正法化於人
民猶如父母是王國中有一長者名曰持水

BD05264號　金光明最勝王經卷九　（21–10）

去无量不可思議阿僧企耶劫尒時有佛出
現於世名曰寶髻如來應正遍知明行足善
逝世間解无上士調御丈夫天人師佛世尊
善女天時彼世尊般涅槃後正法滅已於像
法中有王名曰天自在光常以正法化於人
民猶如父母是王國中有一長者名曰持水
善解醫明妙通八術衆生病苦四大不調咸
能救療善女天尒時持水長者唯有一子名
曰流水顏容端正人所樂觀受性聰敏妙閑
諸論書畫筭印无不通達時王國內有无量
百千諸衆生類皆遇疫疾衆苦所逼乃至无
有歡樂之心善女天尒時長者子流水見是
无量百千衆生受諸病苦起大悲心作如是
念无量衆生為諸極苦之所逼迫我父長者
雖善醫方妙通八術能療衆病四大增損然
已衰邁老耄虛羸要假扶策方能進步不
復能往城邑聚落救諸病苦今有无量百千衆
生皆遇重病无能救者我今當至大醫父所
諮問治病醫方祕法若得解已當往城邑聚
落之所救諸衆生種種疾病令於長夜得受
安樂時長者子作是念已即詣父所稽首礼
足合掌恭敬却住一面即以伽他請其父曰
慈父當哀愍　我欲救衆生　今請諸醫方　幸願為我說
云何身衰壞　諸大有增損　復在何時中　能生諸疾病
云何噉飲食　得受於安樂　能使內身中　火勢不衰損
衆生有四病　風黃熱痰癊　及以總集病　云何而療治
何時風病起　何時熱病發　何時動痰癊　何時總集生

BD05264號　金光明最勝王經卷九　（21–11）

足合掌恭敬却住一面即以伽他請其父曰
慈父當哀愍　我欲救衆生　今請諸醫方　幸願為我說
云何身衰壞　諸大有增損　復在何時中　能生諸疾病
云何噉飲食　得受於安樂　能使內身中　火勢不衰損
衆生有四病　風黃熱痰癊　及以總集病　云何而療治
何時風病起　何時熱病發　何時動痰癊　何時總集生
時彼長者聞子請已復以伽他而答之曰
我今依古仙　所有療病法　次第為汝說　善聽救衆生
三月是春時　三月名為夏　三月名秋分　三月謂冬時
此據一年中　三三而別說　二二為一節　便成歲六時
初二是花時　三四名熱際　五六名雨際　七八謂秋時
九十是寒時　後二名氷雪　既知如是別　授藥勿令差
當隨此時中　調息於飲食　入腹令消散　衆病則不生
節氣若變改　四大有推移　此時无藥資　必生於病苦
醫人解四時　復知其六節　明閑身七界　食藥使无差
謂味界血肉　膏骨及髓腦　病入此中時　知其可療不
病有四種別　謂風熱痰癊　及以總集病　應知發動時
春中痰癊動　夏內風病生　秋時黃熱增　冬節三俱起
春食澀熱辛　夏膩熱鹹醋　秋時冷甜膩　冬酸澀膩甜
於此四時中　服藥及飲食　若依如是味　衆病无由生
食後病由癊　食消時由熱　消後起由風　准時須識病
既識病源已　隨病而設藥　假令患狀殊　先須療其本
風病服油膩　患熱利為良　癊病應變吐　總集須三藥
風熱癊俱有　是名為總集　雖知病起時　應觀其本性
如是觀知已　順時而授藥　飲食藥无差　斯名善醫者
復應知八術　總攝諸醫方　於此若明閑　可療衆生病
謂針刺傷破　身疾并鬼神　惡毒及孩童　延年增氣力

BD05264號　金光明最勝王經卷九　（21–12）

風病服油膩 患熱利為良 痰癊應變吐 總集須三藥
風熱痰俱有 是名為總集 雖知病起時 應觀其本性
如是觀知已 順時而授藥 飲食藥無差 斯名善醫者
復應知八術 總攝諸醫方 於此若明閑 可療眾生病
謂針刺傷破 身疾并鬼神 惡毒及孩童 延年增氣力
先觀彼形色 語言及性行 然後問其夢 知風熱癊殊
乾瘦少頭髮 其心無定住 多語夢飛行 斯人是風性
少年生白髮 多汗及多瞋 聰明夢見火 斯人是熱性
心定身平整 慮審頭津膩 夢見水白物 是癊性應知
總集性俱有 或二或具三 隨有一偏增 應知是其性
既知本性已 准病而授藥 驗其無死相 方名可救人
諸根倒取境 尊醫人起慢 親友生瞋恚 是死相應知
左眼白色變 舌黑鼻梁欹 耳輪與舊殊 下脣垂向下
訶梨勒一種 具足有六味 能除一切病 無忌藥中王
又三果三辛 諸藥中易得 沙糖蜜蘇乳 此能療眾病
自餘諸藥物 隨病可增加 先起慈愍心 莫規於財利
我已為汝說 療疾中要事 以此救眾生 當獲無邊果
善女天爾時長者子流水親問其父八術之
要四大增損時節不同餌藥方法既善了知
自忖堪能救療眾病即便遍至城邑聚落
所在之處隨有百千万億病苦眾生皆至其
所善言慰喻作如是語我是醫人我是醫人善
知方藥今為汝等療治眾病悉令除愈善女
天爾時眾人聞長者子善言慰喻許為治病
時有無量百千眾生遇極重病聞是語已身
心踊躍得未曾有以此因緣所有病苦悉得蠲
除氣力充實平復如本善女天爾時復有
無量百千眾生病苦深重難療治者即苦往

BD05264號　金光明最勝王經卷九　（21–13）

天爾時眾人聞長者子善言慰喻許為治病
時有無量百千眾生遇極重病聞是語已身
心踊躍得未曾有以此因緣所有病苦悉得蠲
除氣力充實平復如本善女天爾時復有
無量百千眾生病苦深重難療治者即苦往
詣長者子所重請醫療時長者子即以妙藥
令服皆蒙除差善女天是長者子於此國內
百千万億眾生病苦悉得除差
金光明最勝王經長者子流水品第廿五
爾時佛告菩提樹神善女天爾時長者子流
水於往昔時在天自在光王國內療諸眾生
所有病苦令得平復受安隱樂時諸眾生以
病除故多修福業廣行慧施以自歡娛即共
往詣長者子所咸生尊敬作如是言善哉善
哉大長者子善能滋長福德之事增益我等
安隱壽命仁今實是大力醫王慈悲菩薩妙
閑醫藥善療眾生無量病苦如是稱歎周遍
城邑善女天時長者子妻名水肩藏有其二
子一名水滿二名水藏是時流水將其二子
漸次遊行城邑聚落過空澤中深險之處見
諸禽獸豺狼狐玃鵰鷲之屬食血肉者皆悉
奔飛一向而去時長者子作如是念此諸禽獸
何因緣故一向飛走我當隨後暫往觀之即
便隨去見有大池名曰野生其水將盡於
此池中多有眾魚流水見已生大悲心時有
樹神示現半身作如是語善哉善哉善男子
汝有實義名流水者可愍此魚應與其水有

BD05264號　金光明最勝王經卷九　（21–14）

奔飛一向而去時長者子作如是念此諸禽獸
何因緣故一向飛去我當隨後暫往觀之即
便隨去見有大池名曰野生其水將盡於
此池中多有衆魚流水見已生大悲心時有
樹神示現半身作如是語善哉善哉善男子
汝有實義名流水者可愍此魚應與其水有
二因緣名為流水一能流水二能與水汝今
應當隨名而作是時流水問樹神言此魚頭
數為有幾何樹神答曰數滿十千善女天時
長者子聞是數已倍益悲心時此大池為日
所暴餘水無幾是十千魚將入死門旋身婉
轉見是長者心有所希隨逐瞻視目未曾捨
時長者子見是事已馳趣四方欲見覓於水
竟不能得復望一邊見有大樹即便昇上折
取枝葉為作蔭涼復更推求是池中水從何
處來尋覓不已見一大河名曰水生時此河邊
有諸漁人為取魚故於河上流懸險之處
決棄其水不令下過於所決處卒難修補便
作是念此崖深峻設百千人時經三月亦未
能斷況我一身而堪濟辦時長者子速還本
城至大王所頭面禮足却住一面合掌恭敬
作如是言我為大王國土人民治種種病悉
令安隱漸次遊行至其空澤見有一池名曰
野生其水欲涸有十千魚為日所暴將死不
久唯願大王慈悲愍念與二十大象暫往負
水濟彼魚命如我與諸病人壽命尒時大王
即勑大臣速疾與此醫王大象時彼大臣奉



令安隱漸次遊行至其空澤見有一池名曰
野生其水欲涸有十千魚為日所暴將死不
久唯願大王慈悲愍念與二十大象暫往負
水濟彼魚命如我與諸病人壽命尒時大王
即勑大臣速疾與此醫王大象時彼大臣奉
王勑已白長者子善哉大士仁今自可至象
廐中隨意選取二十大象利益衆生令得安
樂是時流水及其二子將二十大象又從酒
家多借皮囊往決水處以囊盛水象負至池
寫置池中水即弥滿還復如故善女天時長
者子於池四邊周旋而視時彼衆魚亦復隨
逐循岸而行時長者子復作是念衆魚何故
隨我而行必為飢火之所惱逼復欲從我求
索於食我今當與尒時長者子流水告其子
言汝取一象最大力者速至家中啓父長者
家中所有可食之物乃至父母食噉之分及
以妻子奴婢之分悉皆收取即可持來尒時
二子受父教已乘最大象速往家中至祖父
所說如上事收取家中可食之物置於象上
疾還父所至彼池邊是時流水見其子來
身心喜躍遂取餅食遍散池中魚得食已悉
皆飽足便作是念我今施食令魚得命願於
未來世當施法食充濟無邊復更思惟我先曾
於空閑林處見一苾芻讀大乘經說十二緣生
甚深法要又經中說若有衆生臨命終時
得聞寶髻如來名者即生天上我今當為是
十千魚演說甚深十二緣起亦當稱說寶髻

來世當施法食充濟无邊復更思惟我先曾
於空閑林處見一苾蒭讀大乘經説十二緣生
甚深法要又經中說若有衆生臨命終時
得聞寶髻如來名者即生天上我今當為是
十千魚演說甚深十二緣起亦當稱說寶髻
佛名然贍部洲有二種人一者深信大乘二者
不信毀呰亦當為彼增長信心時長者子作
如是念我入池中可為衆魚說深妙法作是
念已即便入水唱言南謨過去寶髻如來應
正遍知明行足善逝世間解无上士調御丈
夫天人師佛世尊此佛往昔修菩薩行時作
是誓願於十方界所有衆生臨命終時聞我
名者命終之後得生三十三天尒時流水復
為池魚演說如是甚深妙法此有故彼有此
生故彼生所謂无明緣行行緣識識緣名色
名色緣六處六處緣觸觸緣受受緣愛愛
緣取取緣有有緣生生緣老死憂悲苦惱此
滅故彼滅所謂无明滅則行滅行滅則識滅識
滅則名色滅名色滅則六處滅六處滅則觸
滅觸滅則受滅受滅則愛滅愛滅則取滅取
滅則有滅有滅則生滅生滅則老死滅老死
滅則憂悲苦惱滅如是純極苦蘊悉皆除滅
說是法已復為宣說十二緣起相應陀羅尼
日
怛姪他 毗折你毗折你 毗折你
僧塞枳你 僧塞枳你 僧塞枳你
毗尒你 毗尒你 毗尒你莎訶



滅則憂悲苦惱滅如是純極苦蘊悉皆除滅
說是法已復為宣說十二緣起相應陀羅尼
日
怛姪他 毗折你毗折你 毗折你
僧塞枳你 僧塞枳你 僧塞枳你
毗尒你 毗尒你 毗尒你莎訶
怛姪他 那彌你那彌你 那彌你
毅雉你 毅雉你 毅雉你
颯鉢哩設你 颯鉢哩設你 颯鉢哩設你莎訶
怛姪他 薜達你薜達你 薜達你
室里瑟你你 室里瑟你你 室里瑟你你
鄔波地你 鄔波地你 鄔波地你莎訶
怛姪他 婆毗你婆毗你 婆毗你
闍瓮你 闍瓮你 闍瓮你
闍摩你你 闍摩你你 闍摩你你莎訶
尒時世尊為諸大衆說長者子昔緣之時諸
人天衆歎未曾有時四大天王各於其處異
口同音作如是說
善哉釋迦尊 說妙法明呪 生福除衆惡 十二支相應
我等亦說呪 擁護如是法 若有生違逆 不善隨順者
頭破作七分 猶如蘭香梢 我等於佛前 共說其呪曰
怛姪他呬里謎 揭睇健陀哩
旃荼里地囉 騷代囉石品代囉
補攞布囉矩矩末瓮 崎囉末瓮達地目契
窶嚕婆毋嚕婆 具荼毋嚕健提
杜嚕杜嚕毗囉 嚕泥悉泥香[往治 下周]娓
達呰娓鄔悉怛哩 烏卒吒囉代瓮
頞刺婆代瓮 鉢杜摩代瓮

旃荼里地囉 駒伏囉石嗢伏 囉
補囉布囉矩矩末底 崎囉末底達地目契
窶嚕婆毋嚕 婆 具荼毋嚕 健 提
杜嚕杜嚕毗囉 䝴泥悉泥香狂治下同 娓
達沓娓鄔悉怛哩 烏卒吒囉代底
頞剌婆代底 鉢杜摩代底
俱蘇摩代底 莎訶
佛告善女天尒時長者子流水及其二子爲
彼池魚施水施食并說法已俱共還家是長
者子流水復於後時因有聚會設衆伎樂醉
酒而卧時十千魚同時命過生三十三天起
如是念我等以何善業因緣生此天中便相
謂曰我等先於贍部洲內墮傍生中共受魚
身長者子流水施我等水及以餅食復爲我
等說甚深法十二緣起及陀羅尼復稱寶髻
如來名号以是因緣能令我等得生此天是
故我今咸應詣彼長者子所報恩供養尒時
十千天子即於天沒至贍部洲大醫王所時
長者子在高樓上安隱而睡時十千天子共
以十千真珠瓔珞置其頭邊復以十千置其
足處復以十千置於右脅復以十千置左脅
邊雨曼陀羅花摩訶曼陀羅花積至于膝光
明普照種種天樂出妙音聲令贍部洲有睡
眠者皆悉覺悟長者子流水亦從睡寤是時
十千天子爲供養已即於空中飛騰而去於天
自在光王國內處處皆雨天妙蓮花是諸天子
復至本處空澤池中雨衆天花便於此沒還
天宮殿隨意自在受五欲樂天自在光王至

BD05264號　金光明最勝王經卷九　（21–19）

[illegible]
眠者皆悉覺悟長者子流水亦從睡寤是時
十千天子爲供養已即於空中飛騰而去於天
自在光王國內處處皆雨天妙蓮花是諸天子
復至本處空澤池中雨衆天花便於此沒還
天宮殿隨意自在受五欲樂天自在光王至
天曉已問諸大臣昨夜何緣忽現如是希有
瑞相放大光明大臣答言大王當知有諸天
衆於長者子流水家中雨四十千真珠瓔珞
及天曼陀羅花積至于膝王告臣曰詣長者
家喚取其子大臣受勅即至其家奉宣王
命喚長者子時長者子即至王所王曰何緣昨
夜示現如是希有瑞相長者子言如我思忖
定應是彼池內衆魚如經所說命終之後得
生三十三天彼來報恩故現如是希奇之相
王曰何以得知流水答曰王可遣使并我二
子往彼池所驗其虛實彼十千魚爲死爲活
王聞是語即便遣使及子向彼池邊見其池
中多有曼陀羅花積成大聚諸魚並死見已
馳還爲王廣說王聞是已心生歡喜歎未曾
有尒時佛告菩提樹神善女天汝今當知昔
時長者子流水者即我身是持水長者即
妙幢是彼之二子長子水滿即銀幢是次子水
藏即銀光是彼天自在光王者即汝菩提樹
神是十千魚者即十千天子是因我往昔以水
濟魚與食令飽爲說甚深十二緣起并此
相應陀羅尼呪又爲稱彼寶髻佛名因此善
根得生天上今來我所歡喜聽法我皆當爲
[illegible]

BD05264號　金光明最勝王經卷九　（21–20）

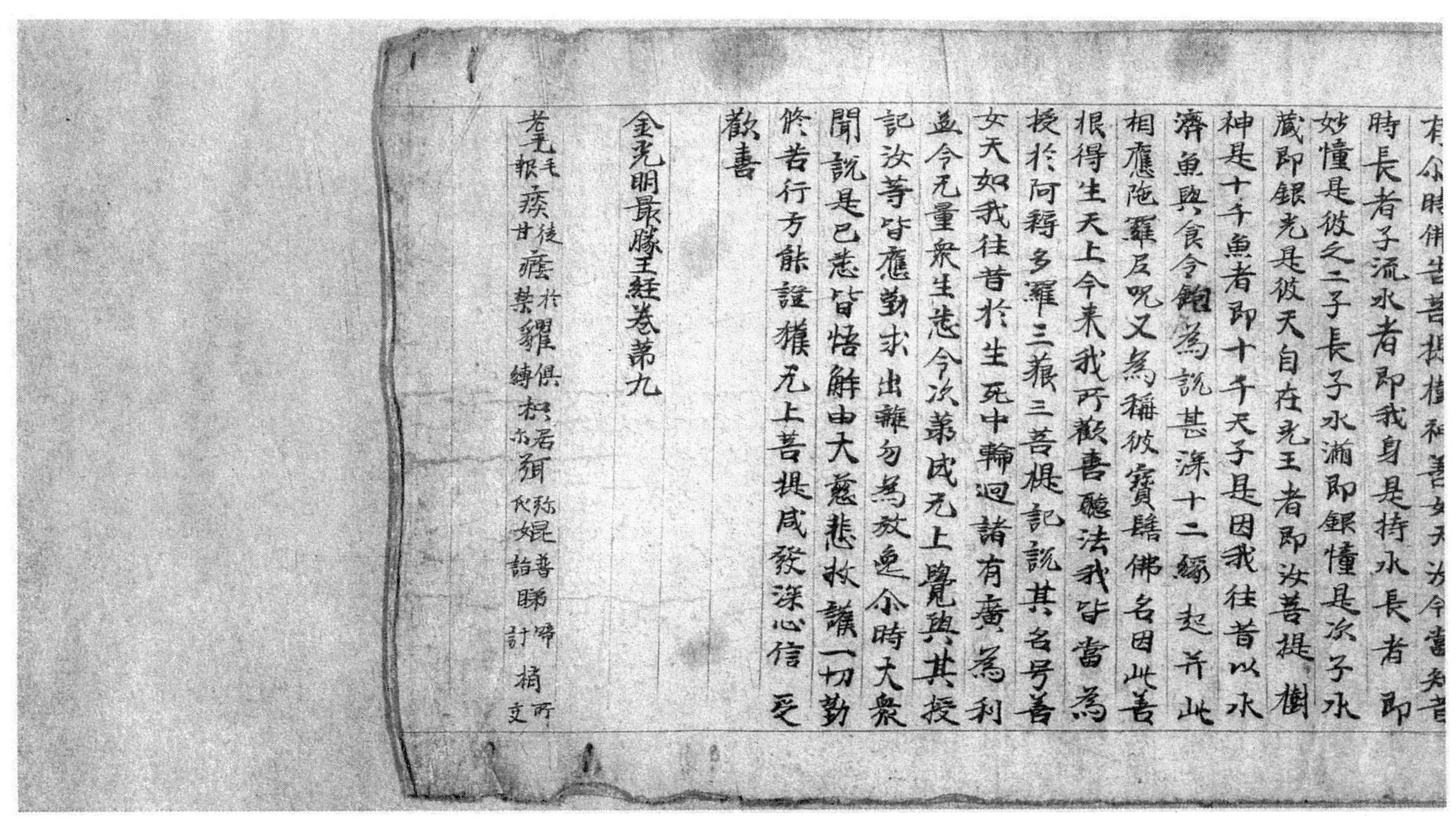

尒時佛告菩提樹神善女天汝今當知昔
時長者子流水者即我身是持水長者即
妙幢是彼之二子長子水滿即銀幢是次子水
藏即銀光是彼天自在光王者即汝菩提樹
神是十千魚者即十千天子是因我往昔以水
濟魚與食令飽為說甚深十二緣起并此
相應陁羅尼呪又為稱彼寶髻佛名因此善
根得生天上今來我所歡喜聽法我皆當為
授於阿耨多羅三藐三菩提記說其名号善
女天如我往昔於生死中輪迴諸有廣為利
益令无量衆生悉令次第成无上覺與其授
記汝等皆應勤求出離勿為放逸尒時大衆
聞說是已悉皆悟解由大慈悲救護一切勤
修苦行方能證獲无上菩提咸發深心信受
歡喜

金光明最勝王經卷第九

BD05264 號　金光明最勝王經卷九　　（21–21）

大
家飯食訖收衣
須菩提在大衆中即從座
掌恭敬而白佛言
菩薩善付囑諸菩
耨多羅三藐三
攝
希有世
薩世尊
菩提心應云何住云何降伏其心佛言善哉
善哉須菩提如汝所說如來善護念諸菩薩
善付囑諸菩薩汝今諦聽當為汝說善
男子善女人發阿耨多羅三藐三菩提心應如是
住如是降伏其心唯然世尊願樂欲聞
佛告須菩提諸菩薩摩訶薩應如是降伏其
心所有一切衆生之類若卵生若胎生若濕
生若化生若有色若无色若有想若无想若
非有想若非无想我皆令入无餘涅槃而滅
度之如是滅度无量无數无邊衆生實无

BD05265 號　金剛般若波羅蜜經　　（15–1）

住如是降伏其心唯然世尊願樂欲聞
佛告須菩提諸菩薩摩訶薩應如是降伏其
心所有一切衆生之類若卵生若胎生若濕
生若化生若有色若无色若有想若无想若
非有想若非无想我皆令入无餘涅槃而滅
度之如是滅度无量无數无邊衆生實无
衆生得滅度者何以故須菩提若菩薩有我
相人相衆生相壽者相即非菩薩
復次須菩提菩薩於法應无所住行於布
施所謂不住色布施不住聲香味觸法布施須
菩提菩薩應如是布施不住於相何以故若
菩薩不住相布施其福德不可思量須菩提
於意云何東方虛空可思量不不也世尊須
菩提南西北方四維上下虛空可思量不不
也世尊須菩提菩薩无住相布施福德亦復
如是不可思量須菩提菩薩但應如所教住
須菩提於意云何可以身相見如來不不也
世尊不可以身相得見如來何以故如來所
說身相即非身相佛告須菩提凡所有相
皆是虛妄若見諸相非相則見如來
須菩提白佛言世尊頗有衆生得聞如是
言說章句生實信不佛告須菩提莫作是說
如來滅後後五百歲有持戒脩福者於此章
句能生信心以此為實當知是人不於一佛二
佛三四五佛而種善根已於无量千万佛所
種諸善根聞是章句乃至一念生淨信者須
菩提如來悉知悉見是諸衆生得如是无



言說章句生實信不佛告須菩提莫作是說
如來滅後後五百歲有持戒脩福者於此章
句能生信心以此為實當知是人不於一佛二
佛三四五佛而種善根已於无量千万佛所
種諸善根聞是章句乃至一念生淨信者須
菩提如來悉知悉見是諸衆生得如是无
量福德何以故是諸衆生无復我相人相衆
生相壽者相无法相亦无非法相何以故是諸
衆生若心取相則為著我人衆生壽者若取
法相即著我人衆生壽者何以故若取非法
相即著我人衆生壽者是故不應取法不應
取非法以是義故如來常說汝等比丘知我
說法如筏喻者法尚應捨何況非法
須菩提於意云何如來得阿耨多羅三藐三
菩提耶如來有所說法耶須菩提言如我解
佛所說義无有定法名阿耨多羅三藐三菩
提亦无有定法如來可說何以故如來所說
法皆不可取不可說非法非非法所以者何
一切賢聖皆以无為法而有差別
須菩提於意云何若人滿三千大千世界七
寶以用布施是人所得福德寧為多不須菩
提言甚多世尊何以故是福德即非福德性
是故如來說福德多若復有人於此經中受
持乃至四句偈等為他人說其福勝彼何以
故須菩提一切諸佛及諸佛阿耨多羅三藐
三菩提法皆從此經出須菩提所謂佛法者
即非佛法

提言甚多世尊何以故是福德即非福德性
是故如来說福德多若復有人於此經中受
持乃至四句偈等為他人說其福勝彼何以
故須菩提一切諸佛及諸佛阿耨多羅三藐
三菩提法皆從此經出須菩提所謂佛法者
即非佛法
須菩提於意云何須陁洹能作是念我得須
陁洹果不須菩提言不也世尊何以故須陁
洹名為入流而无所入不入色聲香味觸法
是名須陁洹須菩提於意云何斯陁含能作
是念我得斯陁含果不須菩提言不也世尊
何以故斯陁含名一往来而實无往来是名
斯陁含須菩提於意云何阿那含能作是念
我得陁那含果不須菩提言不也世尊何以
故阿那含名為不来而實无来是故名阿那
含須菩提於意云何阿羅漢能作是念我
得阿羅漢道不須菩提言不也世尊何以故
實无有法名阿羅漢世尊若阿羅漢作是念
我得阿羅漢道即為著我人衆生壽者世尊
佛說我得无諍三昧人中最為第一是第一離
欲阿羅漢我不作是念我是離欲阿羅漢
世尊我若作是念我得阿羅漢道世尊則
不說須菩提是樂阿蘭那行者以須菩提實
无所行而名須菩提是樂阿蘭那行
佛告須菩提於意云何如来昔在然燈佛所
於法有所得不世尊如来在然燈佛所於法

BD05265號　金剛般若波羅蜜經　（15–4）

世尊我若作是念我得阿羅漢道世尊則
不說須菩提是樂阿蘭那行者以須菩提實
无所行而名須菩提是樂阿蘭那行
佛告須菩提於意云何如来昔在然燈佛所
於法有所得不世尊如来在然燈佛所於法
實无所得須菩提於意云何菩薩莊嚴佛
土不不也世尊何以故莊嚴佛土者則非莊嚴
是名莊嚴是故須菩提諸菩薩摩訶薩應如
是生清淨心不應住色生心不應住聲香味
觸法生心應无所住而生其心須菩提譬如
有人身如須弥山王於意云何是身為大不
須菩提言甚大世尊何以故佛說非身是
名大身須菩提如恒河中所有沙數如是沙
等恒河於意云何是諸恒河沙寧為多不須
菩提言甚多世尊但諸恒河尚多无數何况其
沙須菩提我今實言告汝若有善男子善女
人以七寶滿尒所恒河沙數三千大千世界以
用布施得福多不須菩提言甚多世尊佛
告須菩提若善男子善女人於此經中乃至
受持四句偈等為他人說而此福德勝前福
德復次須菩提隨說是經乃至四句偈等當
知此處一切世間天人阿脩羅皆應供養如
佛塔廟何况有人盡能受持讀誦須菩提
當知是人成就最上第一希有之法若是經典
所在之處則為有佛若尊重弟子
尒時須菩提白佛言世尊當何名此經我等

BD05265號　金剛般若波羅蜜經　（15–5）

知此處一切世間天人阿修羅皆應供養如
佛塔廟何況有人盡能受持讀誦須菩提
當知是人成就最上第一希有之法若是經典
所在之處則為有佛若尊重弟子
尒時須菩提白佛言世尊當何名此經我等
云何奉持佛告須菩提是經名為金剛般若
波羅蜜以是名字汝當奉持所以者何須菩
提佛說般若波羅蜜則非般若波羅蜜須菩
提於意云何如來有所說法不須菩提白佛
言世尊如來无所說須菩提於意云何三千
大千世界所有微塵是為多不須菩提言甚
多世尊須菩提諸微塵如來說非微塵是
名微塵如來說世界非世界是名世界須菩提
於意云何可以三十二相見如來不不也世
尊不可以三十二相得見如來何以故如來
說三十二相即是非相是名三十二相須菩
提若有善男子善女人以恒河沙等身命
布施若復有人於此經中乃至受持四句偈等
為他人說其福甚多
尒時須菩提聞說是經深解義趣涕淚悲泣
而白佛言希有世尊佛說如是甚深經典我
從昔來所得慧眼未曾得聞如是之經世尊
若復有人得聞是經信心清淨則生實相當
知是人成就第一希有功德世尊是實相者
則是非相是故如來說名實相世尊我今得
聞如是經典信解受持不足為難若當來世
後五百歲其有眾生得聞是經信解受持是

BD05265號　金剛般若波羅蜜經　（15–6）

從昔來所得慧眼未曾得聞如是之經世尊
若復有人得聞是經信心清淨則生實相當
知是人成就第一希有功德世尊是實相者
則是非相是故如來說名實相世尊我今得
聞如是經典信解受持不足為難若當來世
後五百歲其有眾生得聞是經信解受持是
人則為第一希有何以故此人无我相人相眾
生相壽者相所以者何我相即是非相人相
眾生相壽者相即是非相何以故離一切諸
相則名諸佛
佛告須菩提如是如是若復有人得聞是經
不驚不怖不畏當知是人甚為希有何以故
須菩提如來說第一波羅蜜非第一波羅蜜
是名第一波羅蜜
須菩提忍辱波羅蜜如來說非忍辱波羅蜜
何以故須菩提如我昔為歌利王割截身體
我於尒時无我相无人相无眾生相无壽者
相何以故我於往昔節節支解時若有我
相人相眾生相壽者相應生瞋恨須菩提又
念過去於五百世作忍辱仙人於尒所世无我
相无人相无眾生相无壽者相是故須菩提
菩薩應離一切相發阿耨多羅三藐三菩提
心不應住色生心不應住聲香味觸法生心
應生无所住心若心有住則為非住是故佛
說菩薩心不應住色布施須菩提菩薩為利
益一切眾生應如是布施如來說一切諸相
即是非相又說一切眾生則非眾生須菩提

BD05265號　金剛般若波羅蜜經　（15–7）

菩薩應離一切相發阿耨多羅三藐三菩提
心不應住色生心不應住聲香味觸法生心
應生无所住心若心有住則為非住是故佛
說菩薩心不應住色布施須菩提菩薩為利
益一切衆生應如是布施如來說一切諸相
即是非相又說一切衆生則非衆生須菩提
如來是真語者實語者如語者不誑語者
不異語者須菩提如來所得法此法无實无
虛須菩提若菩薩心住於法而行布施如人入
闇則无所見若菩薩心不住法而行布施如
人有目日光明照見種種色須菩提當來之
世若有善男子善女人能於此經受持讀誦
則為如來以佛智慧悉知是人悉見是人皆
得成就无量无邊功德
須菩提若有善男子善女人初日分以恒河
沙等身布施中日分復以恒河沙等身布施
後日分亦以恒河沙等身布施如是无量百
千万億劫以身布施若復有人聞此經典信
心不逆其福勝彼何況書寫受持讀誦為人
解說須菩提以要言之是經有不可思議不
可稱量无邊功德如來為發大乘者說為發
最上乘者說若有人能受持讀誦廣為人說
如來悉知是人悉見是人皆得成就不可量
不可稱无有邊不可思議功德如是人等則為
荷擔如來阿耨多羅三藐三菩提何以故須
菩提若樂小法者著我見人見衆生見壽者
見則於此經不能聽受讀誦為人解說須

BD05265號　金剛般若波羅蜜經　（15–8）

不可稱无有邊不可思議功德如是人等則為
荷擔如來阿耨多羅三藐三菩提何以故須
菩提若樂小法者著我見人見衆生見壽者
見則於此經不能聽受讀誦為人解說須
菩提在在處處若有此經一切世間天人阿
脩羅所應供養當知此處則為是塔皆應
恭敬作禮圍繞以諸華香而散其處
復次須菩提善男子善女人受持讀誦此經
若為人輕賤是人先世罪業應墮惡道以今
世人輕賤故先世罪業則為消滅當得阿耨
多羅三藐三菩提須菩提我念過去无量
阿僧祇劫於然燈佛前得值八百四千万億
那由他諸佛悉皆供養承事无空過者若復
有人於後末世能受持讀誦此經所得功德
於我所供養諸佛功德百分不及一千万億
分乃至筭數譬喻所不能及須菩提若善男
子善女人於後末世有受持讀誦此經所得
功德我若具說者或有人聞心則狂亂狐疑
不信須菩提當知是經義不可思議果報
亦不可思議
尒時須菩提白佛言世尊善男子善女人發
阿耨多羅三藐三菩提心云何應住云何降
伏其心佛告須菩提善男子善女人發阿耨
多羅三藐三菩提者當生如是心我應滅度
一切衆生滅度一切衆生已而无有一衆生
實滅度者何以故若菩薩有我相人相衆生

BD05265號　金剛般若波羅蜜經　（15–9）

阿耨多羅三藐三菩提心云何應住云何降
伏其心佛告須菩提善男子善女人發阿耨
多羅三藐三菩提者當生如是心我應滅度
一切衆生滅度一切衆生已而无有一衆生
實滅度者何以故若菩薩有我相人相衆生
相壽者相則非菩薩所以者何須菩提實无
有法發阿耨多羅三藐三菩提者須菩提於
意云何如來於然燈佛所有法得阿耨多羅
三藐三菩提不不也世尊如我解佛所說義
佛於然燈佛所无有法得阿耨多羅三藐三
菩提佛言如是如是須菩提實无有法如來
得阿耨多羅三藐三菩提須菩提若有法如
來得阿耨多羅三藐三菩提者然燈佛則不
與我受記汝於來世當得作佛号釋迦牟尼
以實无有法得阿耨多羅三藐三菩提是故
然燈佛與我受記作是言汝於來世當得作
佛号釋迦牟尼何以故如來者即諸法如義
若有人言如來得阿耨多羅三藐三菩提須
菩提實无有法佛得阿耨多羅三藐三菩提
須菩提如來所得阿耨多羅三藐三菩提於
是中无實无虛是故如來說一切法皆是佛
法須菩提所言一切法者即非一切法是故
名一切法須菩提譬如人身長大須菩提言
世尊如來說人身長大則為非大身是名大
身須菩提菩薩亦如是若作是言我當滅度
无量衆生則不名菩薩何以故須菩提實无

BD05265號　金剛般若波羅蜜經　（15–10）

法須菩提所言一切法者即非一切法是故
名一切法須菩提譬如人身長大須菩提言
世尊如來說人身長大則為非大身是名大
身須菩提菩薩亦如是若作是言我當滅度
无量衆生則不名菩薩何以故須菩提實无
有法名為菩薩是故佛說一切法无我无人
无衆生无壽者須菩提若菩薩作是言我當
莊嚴佛土是不名菩薩何以故如來說莊嚴
佛土者即非莊嚴是名莊嚴須菩提若菩薩
通達无我法者如來說名真是菩薩
須菩提於意云何如來有肉眼不如是世尊
如來有肉眼須菩提於意云何如來有天眼
不如是世尊如來有天眼須菩提於意云何
如來有慧眼不如是世尊如來有慧眼須菩
提於意云何如來有法眼不如是世尊如來
有法眼須菩提於意云何如來有佛眼不如
是世尊如來有佛眼須菩提於意云何恒河
中所有沙佛說是沙不如是世尊如來說是
沙須菩提於意云何如一恒河中所有沙有
如是等恒河是諸恒河所有沙數佛世界如
是寧為多不甚多世尊佛告須菩提尒所國
土中所有衆生若干種心如來悉知何以故
如來說諸心皆為非心是名為心所以者何
須菩提過去心不可得現在心不可得未來
心不可得須菩提於意云何若有人滿三千
大千世界七寶以用布施是人以是因緣得
福多不如是世尊此人以是因緣得福甚多

BD05265號　金剛般若波羅蜜經　（15–11）

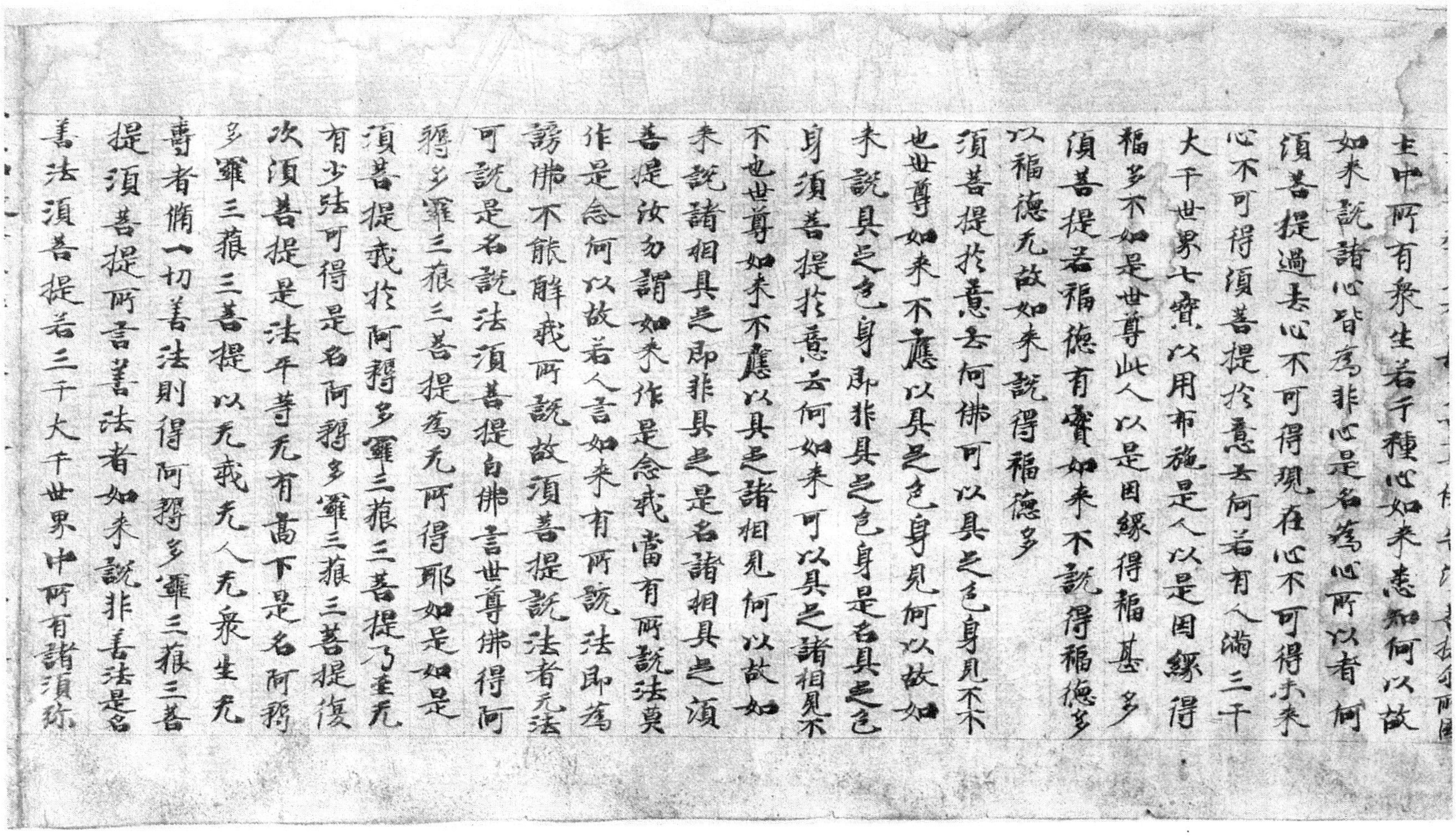

土中所有衆生若干種心如来悉知何以故
如来說諸心皆為非心是名為心所以者何
須菩提過去心不可得現在心不可得未来
心不可得須菩提於意云何若有人滿三千
大千世界七寳以用布施是人以是因緣得
福多不如是世尊此人以是因緣得福甚多
須菩提若福德有實如来不說得福德多
以福德无故如来說得福德多
須菩提於意云何佛可以具足色身見不不
也世尊如来不應以具足色身見何以故如
来說具足色身即非具足色身是名具足色
身須菩提於意云何如来可以具足諸相見不
不也世尊如来不應以具足諸相見何以故如
来說諸相具足即非具足是名諸相具足須
菩提汝勿謂如来作是念我當有所說法莫
作是念何以故若人言如来有所說法即為
謗佛不能解我所說故須菩提說法者无法
可說是名說法須菩提白佛言世尊佛得阿
耨多羅三藐三菩提為无所得耶如是如是
須菩提我於阿耨多羅三藐三菩提乃至无
有少法可得是名阿耨多羅三藐三菩提復
次須菩提是法平等无有高下是名阿耨
多羅三藐三菩提以无我无人无衆生无
壽者脩一切善法則得阿耨多羅三藐三菩
提須菩提所言善法者如来說非善法是名
善法須菩提若三千大千世界中所有諸須弥



無有高下是名阿耨
多羅三藐三菩提以无我无人无衆生无
壽者脩一切善法則得阿耨多羅三藐三菩
提須菩提所言善法者如来說非善法是名
善法須菩提若三千大千世界中所有諸須弥
山王如是等七寳聚有人持用布施若人以此
般若波羅蜜經乃至四句偈等受持讀誦為
他人說於前福德百分不及一百千万億分
乃至筭數譬喻所不能及
須菩提於意云何汝等勿謂如来作是念我
當度衆生須菩提莫作是念何以故實无有
衆生如来度者若有衆生如来度者如来則
有我人衆生壽者須菩提如来說有我者則
非有我而凡夫之人以為有我須菩提凡夫
者如来說則非凡夫須菩提於意云何可以
三十二相觀如来不須菩提言如是如是以
三十二相觀如来佛言須菩提若以三十二
相觀如来者轉輪聖王則是如来須菩提白
佛言世尊如我解佛所說義不應以三十二
相觀如来尒時世尊而說偈言
若以色見我　以音聲求我　是人行邪道　不能見如来
須菩提汝若作是念如来不以具足相故得阿
耨多羅三藐三菩提須菩提莫作是念如来
不以具足相故得阿耨多羅三藐三菩提須
菩提汝若作是念發阿耨多羅三藐三菩提
者說諸法斷滅相莫作是念何以故發阿耨
多羅三藐三菩提者於法不說斷滅相

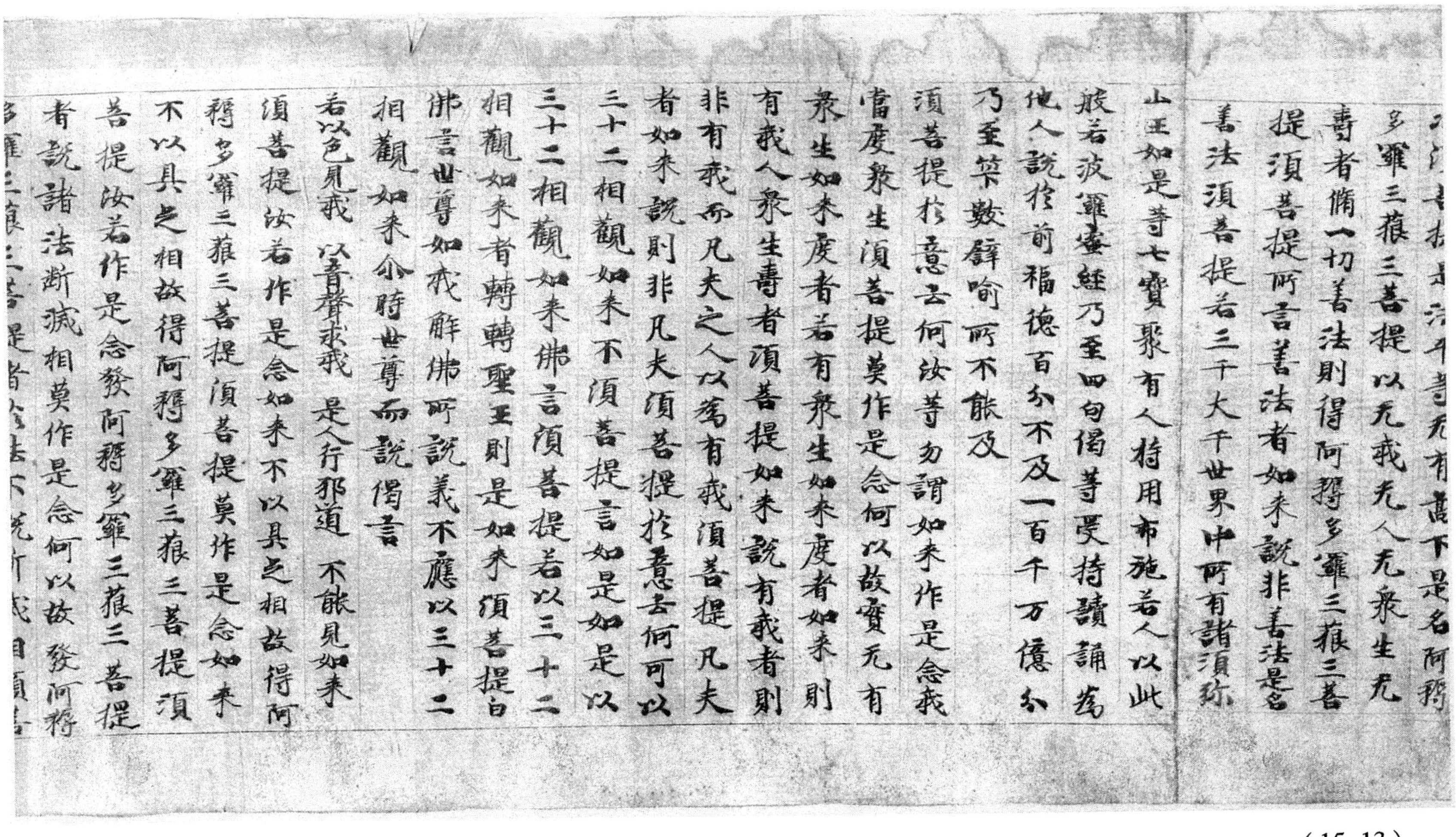

不能見如来
須菩提汝若作是念如来不以具足相故得阿
耨多羅三藐三菩提須菩提莫作是念如来
不以具足相故得阿耨多羅三藐三菩提須
菩提汝若作是念發阿耨多羅三藐三菩提
者說諸法斷滅相莫作是念何以故發阿耨
多羅三藐三菩提者於法不說斷滅相須菩
提若菩薩以滿恒沙等世界七寶布施若
復有人知一切法无我得成於忍此菩薩勝
前菩薩所得功德須菩提以諸菩薩不受福
德故須菩提白佛言世尊云何菩薩不受福
德須菩提菩薩所作福德不應貪著是故
說不受福德須菩提若有人言如来若
去若坐若卧是人不解我所說義何以故如
来者无所從来亦无所去故名如来
須菩提若善男子善女人以三千大千世界
碎為微塵於意云何是微塵衆寧為多不甚
多世尊何以故若是微塵衆實有者佛則不
說是微塵衆所以者何佛說微塵衆則非微
塵衆是名微塵衆世尊如来所說三千大千
世界則非世界是名世界何以故若世界實
有者則是一合相如来說一合相則非一合相
是名一合相須菩提一合相者則是不可說
但凡夫之人貪著其事須菩提若人言佛說
我見人見衆生見壽者見須菩提於意云何
是人解我所說義不世尊是人不解如来所
說義何以故世尊說我見人見衆生見壽者

BD05265號　金剛般若波羅蜜經　（15–14）

何以故若世界實
有者則是一合相如来說一合相則非一合相
是名一合相須菩提一合相者則是不可說
但凡夫之人貪著其事須菩提若人言佛說
我見人見衆生見壽者見須菩提於意云何
是人解我所說義不世尊是人不解如来所
說義何以故世尊說我見人見衆生見壽者
見即非我見人見衆生見壽者見是名我見
人見衆生見壽者見須菩提發阿耨多羅三
藐三菩提心者於一切法應如是知如是見
如是信解不生法相須菩提所言法相者如
来說即非法相是名法相須菩提若有人以
滿无量阿僧祇世界七寶持用布施若有善
男子善女人發菩薩心者持於此經乃至四句
偈等受持讀誦為人演說其福勝彼云何
為人演說不取於相如如不動何以故
一切有為法　如夢幻泡影　如露亦如電　應作如是觀
佛說是經已長老須菩提及諸比丘比丘尼
優婆塞優婆夷一切世間天人阿脩羅聞
佛所說皆大歡喜信受奉行

BD05265號　金剛般若波羅蜜經　（15–15）

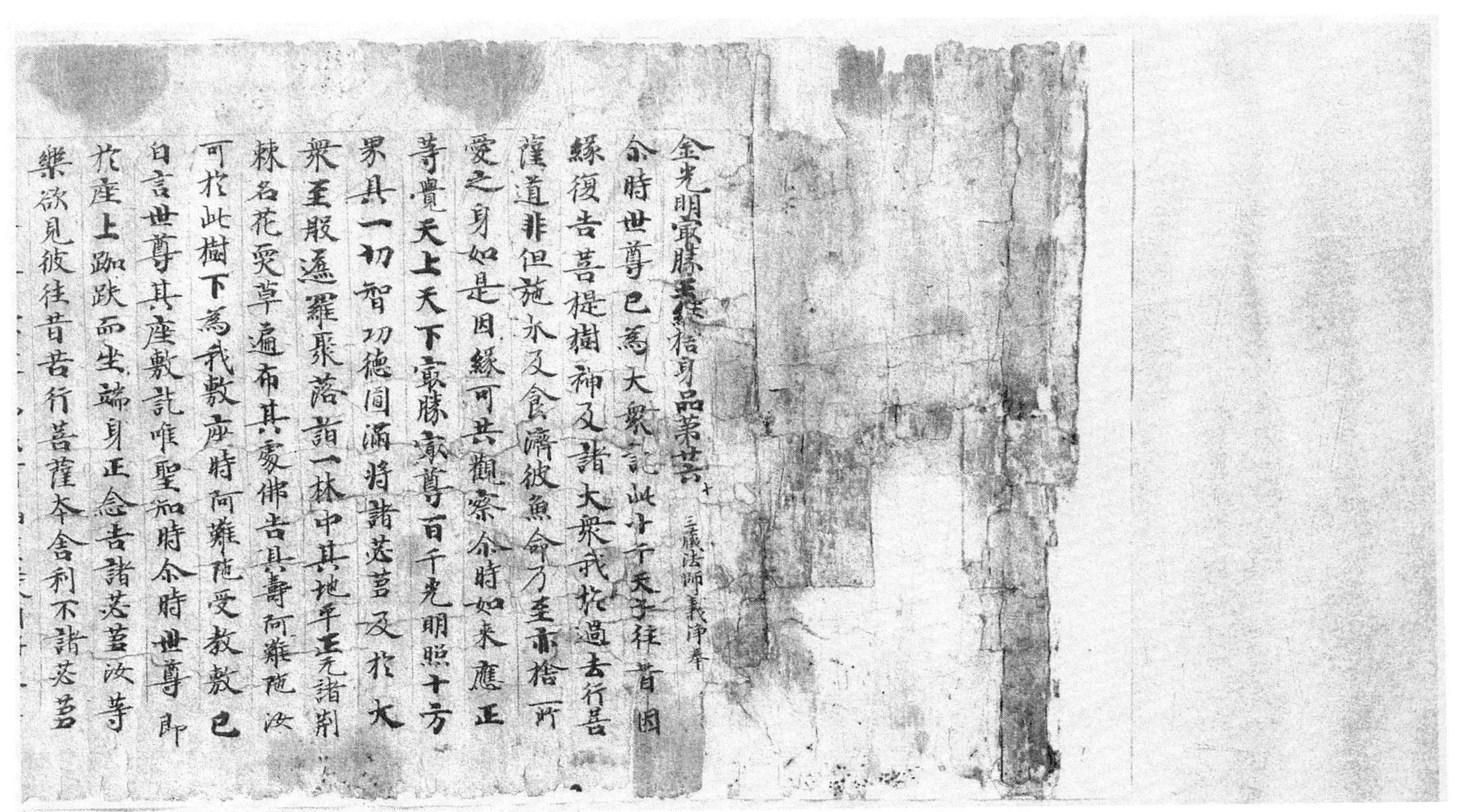

金光明最勝王經捨身品第廿六　三藏法師義淨奉
尒時世尊已為大衆說此十千天子往昔因
緣復告菩提樹神及諸大衆我於過去行菩
薩道非但施水及食濟彼魚命乃至亦捨所
愛之身如是因緣可共觀察尒時如來應正
等覺天上天下最勝最尊百千光明照十方
界具一切智功德圓滿將諸苾芻及於大
衆至般遮羅聚落詣一林中其地平正无諸荆
棘名花軟草遍布其處佛告具壽阿難陁汝
可於此樹下為我敷座時阿難陁受教敷已
白言世尊其座敷訖唯聖知時尒時世尊即
於座上跏趺而坐端身正念告諸苾芻汝等
樂欲見彼往昔苦行菩薩本舍利不諸苾芻

BD05266號　金光明最勝王經卷一〇　（3–1）

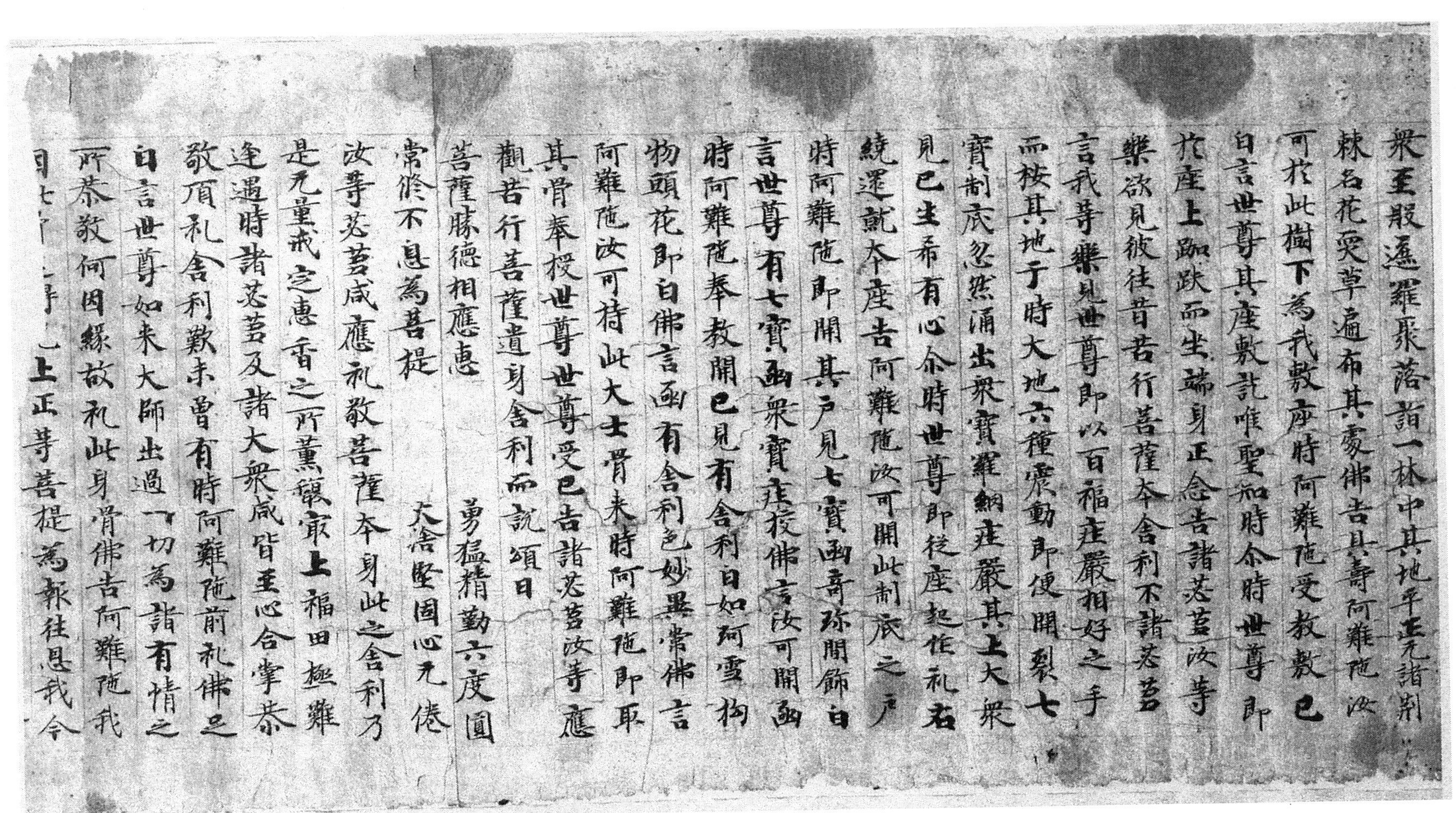

衆至般遮羅聚落詣一林中其地平正无諸荆
棘名花軟草遍布其處佛告具壽阿難陁汝
可於此樹下為我敷座時阿難陁受教敷已
白言世尊其座敷訖唯聖知時尒時世尊即
於座上跏趺而坐端身正念告諸苾芻汝等
樂欲見彼往昔苦行菩薩本舍利不諸苾芻
言我等樂見世尊即以百福莊嚴相好之手
而按其地于時大地六種震動即便開裂七
寶制底忽然涌出衆寶羅網莊嚴其上大衆
見已生希有心尒時世尊即從座起作禮右
繞還就本座告阿難陁汝可開此制底之户
時阿難陁即開其户見七寶函奇珍間飾白
言世尊有七寶函衆寶莊校佛言汝可開函
時阿難陁奉教開已見有舍利白如珂雪拘
物頭花即白佛言函有舍利色妙異常佛言
阿難陁汝可持此大士骨來時阿難陁即取
其骨奉授世尊世尊受已告諸苾芻汝等應
觀苦行菩薩遺身舍利而說頌曰
菩薩勝德相應慧　勇猛精勤六度圓
常修不息為菩提　大捨堅固心无倦
汝等苾芻咸應禮敬菩薩本身此之舍利乃
是无量戒定慧香之所熏馥最上福田極難
逢遇時諸苾芻及諸大衆咸皆至心合掌恭
敬頂禮舍利歎未曾有時阿難陁前禮佛足
白言世尊如來大師出過一切為諸有情之
所恭敬何因緣故禮此身骨佛告阿難陁我
因此骨速得无上正等菩提為報往恩我今

BD05266號　金光明最勝王經卷一〇　（3–2）

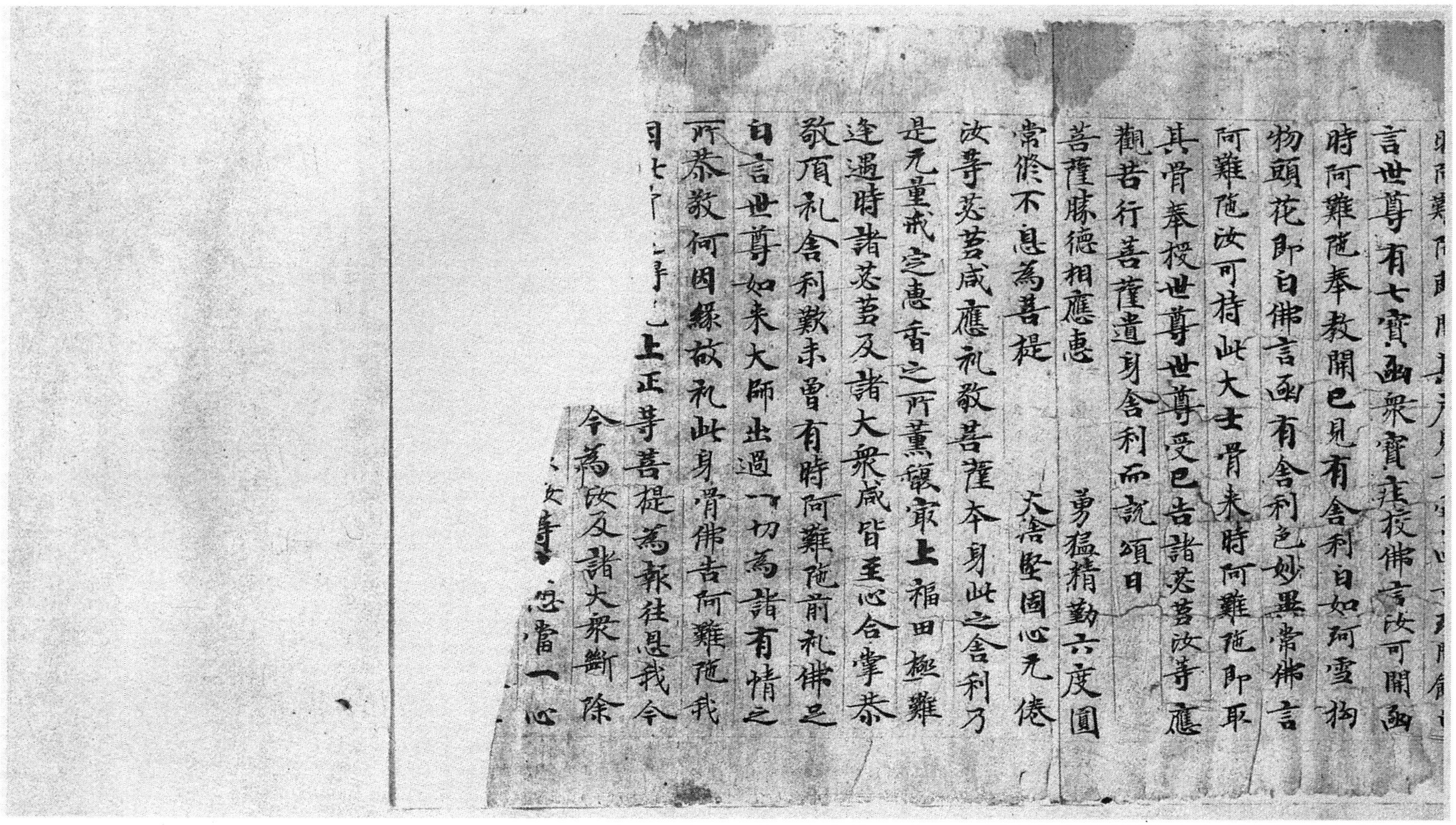

[illegible]阿難陀[illegible]

言世尊有七寶函衆寶莊挍佛言汝可開函

時阿難陀奉教開已見有舍利色如珂雪拘

物頭花即白佛言函有舍利色妙異常佛言

阿難陀汝可持此大士骨來時阿難陀即取

其骨奉授世尊世尊受已告諸苾芻汝等應

觀苦行菩薩遺身舍利而說頌曰

菩薩勝德相應慧　勇猛精勤六度圓

常修不息為菩提　大捨堅固心无倦

汝等苾芻咸應礼敬菩薩本身此之舍利乃

是无量戒定惠香之所薰馥最上福田極難

逢遇時諸苾芻及諸大衆咸皆至心合掌恭

敬頂礼舍利歎未曾有時阿難陀前礼佛足

白言世尊如來大師出過一切為諸有情之

所恭敬何因緣故礼此身骨佛告阿難陀我

因[illegible]上正等菩提為報往恩我今

[illegible]令為汝及諸大衆斷除

[illegible]汝等[illegible]憶當一心

BD05266號　金光明最勝王經卷一〇　（3–3）

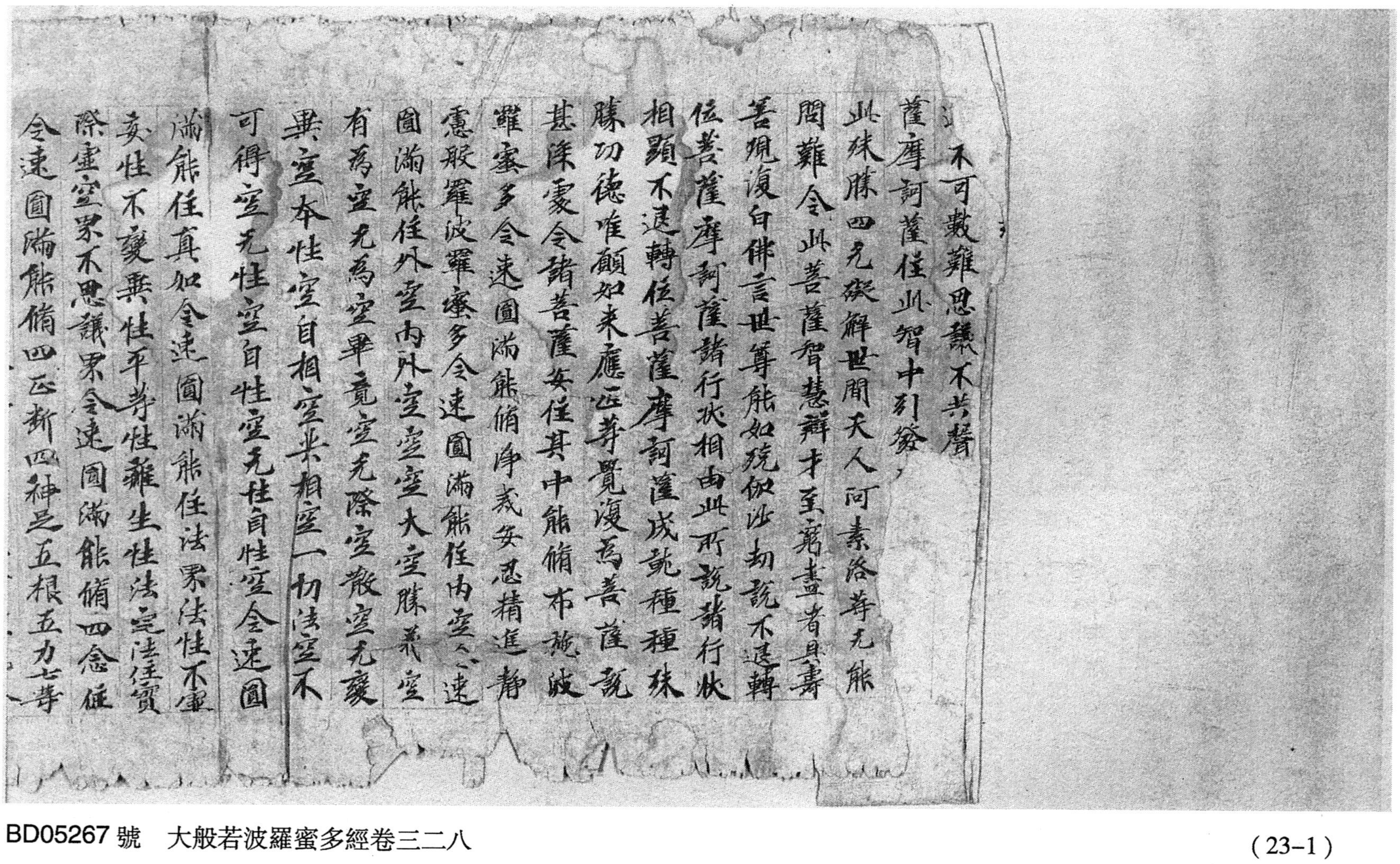

不可數難思議不共聲

薩摩訶薩住此智十力發

此殊勝四无礙解世間天人阿素洛等无能

問難令此菩薩智慧辯才至窮盡者具壽

善現復白佛言世尊能如殑伽沙劫說不退轉

位菩薩摩訶薩諸行狀相由此所說諸行狀

相顯不退轉位菩薩摩訶薩成就種種殊

勝功德唯願如來應正等覺復為菩薩說

甚深處令諸菩薩安住其中能脩布施波

羅蜜多令速圓滿能脩淨戒安忍精進靜

慮般若波羅蜜多令速圓滿能住內空令速

圓滿能住外空內外空空空大空勝義空

有為空无為空畢竟空无際空散空无變

異空本性空自相空共相空一切法空不

可得空无性空自性空无性自性空令速圓

滿能住真如令速圓滿能住法界法性不虛

妄性不變異性平等性離生性法定法住實

際虛空界不思議界令速圓滿能脩四念住

令速圓滿能脩四正斷四神足五根五力七等

BD05267號　大般若波羅蜜多經卷三二八　（23–1）

異空本性空自相空共相空一切法空不
可得空无性空自性空无性自性空令速圓
滿能住真如令速圓滿能住法界法性不虛
妄性不變異性平等性離生性法定法住實
際虛空界不思議界令速圓滿能脩四念住
令速圓滿能脩四正斷四神足五根五力七等
覺支八聖道支令速圓滿能住苦聖諦令
速圓滿能住集滅道聖諦令速圓滿能脩
四靜慮令速圓滿能脩四无量四无色定令
速圓滿能脩八解脫令速圓滿能脩八勝處
九次第定十遍處令速圓滿能脩空解脫門
令速圓滿能脩无相无願解脫門令速圓滿
能脩極喜地令速圓滿能脩離垢地發光地
焰慧地極難勝地現前地遠行地不動地
善慧地法雲地令速圓滿能脩五眼令速圓滿
能脩六神通令速圓滿能脩三摩地門令速
圓滿能脩陁羅尼門令速圓滿能脩佛十力
令速圓滿能脩四无所畏四无礙解大慈大悲大喜
大捨十八佛不共法令速圓滿能脩无忘失
法令速圓滿能脩恒住捨性令速圓滿能脩
一切智令速圓滿能脩道相智一切相智令
速圓滿佛言善現善哉善哉汝今乃能為
菩薩問甚深處令諸菩薩安住其中脩住功
德令速圓滿善現甚深處者謂空无相无願无
作无生无滅寂靜涅槃真如法界法性實際如
是等法名甚深處善現如是所說甚深處名

BD05267號　大般若波羅蜜多經卷三二八

（23–2）

速圓滿佛言善現善哉善哉汝今乃能為
菩薩問甚深處令諸菩薩安住其中脩住功
德令速圓滿善現甚深處者謂空无相无願无
作无生无滅寂靜涅槃真如法界法性實際如
是等法名甚深處善現如是所說甚深處名
皆顯涅槃為甚深處時具壽善現白佛言世
尊為但涅槃名甚深處為諸餘法亦名甚深
佛言善現餘一切法亦名甚深善現色亦
名甚深受想行識亦名甚深善現眼處亦
名甚深耳鼻舌身意處亦名甚深善現色
處亦名甚深聲香味觸法處亦名甚深善現
眼界亦名甚深耳鼻舌身意界亦名甚深善
現色界亦名甚深聲香味觸法界亦名甚深
善現眼識界亦名甚深耳鼻舌身意識界亦
名甚深善現眼觸亦名甚深耳鼻舌身意觸
亦名甚深善現眼觸為緣所生諸受亦名甚
深耳鼻舌身意觸為緣所生諸受亦名甚深
善現地界亦名甚深水火風空識界亦名甚
深善現无明亦名甚深行識名色六處觸
受愛取有生老死愁歎苦憂惱亦名甚深
善現布施波羅蜜多亦名甚深淨戒安忍精
進靜慮般若波羅蜜多亦名甚深善現內空
亦名甚深外空內外空空空大空勝義空有
為空无為空畢竟空无際空散空无變異空
本性空自相空共相空一切法空不可得空
无性空自性空无性自性空亦名甚深善現

BD05267號　大般若波羅蜜多經卷三二八

（23–3）

進靜慮般若波羅蜜多亦名甚深善現內空
亦名甚深外空內外空空空大空勝義空有
爲空无爲空畢竟空无際空散空无變異空
本性空自相空共相空一切法空不可得空
无性空自性空无性自性空亦名甚深善現
真如亦名甚深法界法性不虛妄性不變異
性平等性離生性法定法住實際虛空界不
思議界亦名甚深善現四念住亦名甚深四
正斷四神足五根五力七等覺支八聖道支
亦名甚深善現苦聖諦亦名甚深集滅道聖
諦亦名甚深善現四靜慮亦名甚深四无量
四无色定亦名甚深善現八解脫亦名甚深
八勝處九次第定十遍處亦名甚深善　現
空解脫門亦名甚深无相无願解脫門亦名
甚深善現極喜地亦名甚深離垢地發光地
焰慧地極難勝地現前地遠行地不動地善慧
地法雲地亦名甚深善現五眼亦名甚深六
神通亦名甚深善現三摩地門亦名甚深陁
羅尼門亦名甚深善現佛十力亦名甚深四
无所畏四无礙解大慈大悲大喜大捨十八佛
不共法亦名甚深善現无忘失法亦名甚深
性（恒）住捨性亦名甚深善現預流果亦名甚深
一來不還阿羅漢果亦名甚深善現獨覺菩
提亦名甚深善現一切智亦名甚深道相智
一切相智亦名甚深善現一切菩薩摩訶薩
行亦名甚深善現諸佛无上正等菩提亦名
甚深時具壽善現白佛言世尊云何色亦名甚



性（恒）住捨性亦名甚深善現預流果亦名甚深
一來不還阿羅漢果亦名甚深善現獨覺菩
提亦名甚深善現一切智亦名甚深道相智
一切相智亦名甚深善現一切菩薩摩訶薩
行亦名甚深善現諸佛无上正等菩提亦名
甚深時具壽善現白佛言世尊云何色亦名甚
深云何受想行識亦名甚深世尊云何眼處
亦名甚深云何耳鼻舌身意處亦名甚深世
尊云何色處亦名甚深云何聲香味觸法處
亦名甚深世尊云何眼界亦名甚深云何耳
鼻舌身意界亦名甚深世尊云何色界亦名
甚深云何聲香味觸法界亦名甚深世尊云
何眼識界亦名甚深云何耳鼻舌身意識界
亦名甚深世尊云何眼觸亦名甚深云何耳
鼻舌身意觸亦名甚深世尊云何眼觸爲緣
所生諸受亦名甚深云何耳鼻舌身意觸爲
緣所生諸受亦名甚深世尊云何地界亦名
甚深云何水火風空識界亦名甚深世尊
云何无明亦名甚深云何行識名色六處
觸受愛取有生老死愁歎苦憂惱亦名甚
深世尊云何布施波羅蜜多亦名甚深云何
淨戒安忍精進靜慮般若波羅蜜多亦名甚
深世尊云何內空亦名甚深云何外空內外空
空空大空勝義空有爲空无爲空畢竟空
无際空散空无變異空本性空自相空共相空
一切法空不可得空无性空自性空无性自
性空亦名甚深世尊云何真如亦名甚深云
何法界法性不虛妄性不變異性平等性離

空空大空勝義空有爲空无爲空畢竟空
无際空散空无變異空本性空自相空共相空
一切法空不可得空无性空自性空无性自
性空亦名甚深世尊云何真如亦名甚深云
何法界法性不虛妄性不變異性平等性離
生性法定法住實際虛空界不思議界亦名
甚深世尊云何四念住亦名甚深云何四正
斷四神足五根五力七等覺支八聖道支亦
名甚深世尊云何苦聖諦亦名甚深云何集
滅道聖諦亦名甚深世尊云何四靜慮亦名
甚深云何四无量四无色定亦名甚深世尊
云何八解脫亦名甚深云何八勝處九次第
定十遍處亦名甚深世尊云何空解脫門
名甚深云何无相无願解脫門亦名甚深世
尊云何極喜地亦名甚深云何離垢地發
光地焰慧地極難勝地現前地遠行地不動地
善慧地法雲地亦名甚深世尊云何五眼亦
名甚深云何六神通亦名甚深世尊云何三
摩地門亦名甚深云何陁羅尼門亦名甚深
世尊云何佛十力亦名甚深云何四无所畏四
无礙解大慈大悲大喜大捨十八佛不共法
名甚深世尊云何无忘失法亦名甚深云何
恒住捨性亦名甚深世尊云何預流果亦名
甚深云何一來不還阿羅漢果亦名甚深世尊
云何獨覺菩提亦名甚深世尊云何一切菩
薩摩訶薩行亦名甚深世尊云何諸佛无上
正等菩提亦名甚深



恒住捨性亦名甚深世尊云何預流果亦名
甚深云何一來不還阿羅漢果亦名甚深世尊
云何獨覺菩提亦名甚深世尊云何一切菩
薩摩訶薩行亦名甚深世尊云何諸佛无上
正等菩提亦名甚深
佛言善現色真如甚深故色亦甚深受想行
識真如甚深故受想行識亦甚深善現眼處
真如甚深故眼處亦甚深耳鼻舌身意處
真如甚深故耳鼻舌身意處亦甚深善現色
處真如甚深故色處亦甚深聲香味觸法處真
如甚深故聲香味觸法處亦甚深善現眼界
真如甚深故眼界亦甚深耳鼻舌身意界真
如甚深故耳鼻舌身意界亦甚深善現色界
真如甚深故色界亦甚深聲香味觸法界真
如甚深故聲香味觸法界亦甚深善現眼識
界真如甚深故眼識界亦甚深耳鼻舌身意
識界真如甚深故耳鼻舌身意識界亦甚深
善現眼觸真如甚深故眼觸亦甚深耳鼻舌
身意觸真如甚深故耳鼻舌身意觸亦
甚深善現眼觸爲緣所生諸受真如甚深故
眼觸爲緣所生諸受亦甚深耳鼻舌身意觸
爲緣所生諸受真如甚深故耳鼻舌身意
觸爲緣所生諸受亦甚深善現地界真如甚
深故地界亦甚深水火風空識界真如甚深
故水火風空識界亦甚深善現无明真如甚
深故无明亦甚深行識名色六處觸受愛取
有生老死愁歎苦憂惱真如甚深故行識名

觸為緣所生諸受亦甚深善現地界真如甚
深故地界亦甚深水火風空識界真如甚深
故水火風空識界亦甚深善現无明真如甚
深故无明亦甚深行識名色六處觸受愛取
有生老死愁歎苦憂惱真如甚深故行識名
色六處觸受愛取有生老死愁歎苦憂惱亦
甚深善現布施波羅蜜多真如甚深故布施波
羅蜜多亦甚深淨戒安忍精進靜慮般若波
羅蜜多真如甚深故淨戒安忍精進靜慮般
若波羅蜜多亦甚深善現內空真如甚深故
內空亦甚深外空內外空空空大空勝義空
有為空无為空畢竟空无際空散空无變異
空本性空自相空共相空一切法空不可得
空无性空自性空无性自性空真如甚深故外
空乃至无性自性空亦甚深善現真如真如
甚深故真如亦甚深法界法性不虛妄性不
變異性平等性離生性法定法住實際虛空
界不思議界真如甚深故法界乃至不思議
界亦甚深善現四念住真如甚深四念住
亦甚深四正斷四神足五根五力七等覺支
八聖道支真如甚深故四正斷四神足五
根五力七等覺支八聖道支亦甚深善現苦
聖諦真如甚深故苦聖諦亦甚深集滅道聖
諦真如甚深故集滅道聖諦亦甚深善現四
靜慮真如甚深故四靜慮亦甚深四无量四
无色定真如甚深故四无量四无色定亦甚

BD05267 號　大般若波羅蜜多經卷三二八　（23-8）

根五力七等覺支八聖道支亦甚深善現苦
聖諦真如甚深故苦聖諦亦甚深集滅道聖
諦真如甚深故集滅道聖諦亦甚深善現四
靜慮真如甚深故四靜慮亦甚深四无量四
无色定真如甚深故四无量四无色定亦甚
深善現八解脫真如甚深故八解脫亦甚
深八勝處九次第定十遍處真如甚深故
八勝處九次第定十遍處亦甚深善現空解
脫門真如甚深故空解脫門亦甚深无相无
願解脫門真如甚深故无相无願解脫門亦
甚深善現極喜地真如甚深故極喜地亦甚
深離垢地發光地焰慧地極難勝地現前地
遠行地不動地善慧地法雲地真如甚深故
離垢地乃至法雲地亦甚深善現五眼真如
甚深故五眼亦甚深六神通真如甚深故六
神通亦甚深善現三摩地門真如甚深故三
摩地門亦甚深陀羅尼門真如甚深故陀羅
尼門亦甚深善現佛十力真如甚深故佛十
力亦甚深四无所畏四无礙解大慈大悲
大喜大捨十八佛不共法真如甚深故四无
所畏乃至十八佛不共法亦甚深善現无忘
失法真如甚深故无忘失法亦甚深恒住捨
性真如甚深故恒住捨性亦甚深善現預流
果真如甚深故預流果亦甚深一來不還阿
羅漢果真如甚深故一來不還阿羅漢果亦
甚深善現獨覺菩提真如甚深故獨覺菩提
亦甚深善現一切智真如甚深故一切智亦

BD05267 號　大般若波羅蜜多經卷三二八　（23-9）

失法真如甚深故无忘失法亦甚深恒住捨
性真如甚深故恒住捨性亦甚深善現預流
果真如甚深故預流果亦甚深一来不還阿
羅漢果真如甚深故一来不還阿羅漢果亦
甚深善現獨覺菩提真如甚深故獨覺菩提
亦甚深善現一切智真如甚深故一切智亦
甚深道相智一切相智真如甚深故道相智
一切相智亦甚深善現一切菩薩摩訶薩行
真如甚深故一切菩薩摩訶薩行亦甚深善
現諸佛无上正等菩提真如甚深故諸佛无
上正等菩提亦甚深
時具壽善現白佛言世尊云何色真如甚深
云何受想行識真如甚深世尊云何眼處真
如甚深云何耳鼻舌身意處真如甚深世尊
云何色處真如甚深云何聲香味觸法處真
如甚深世尊云何眼界真如甚深云何耳鼻
舌身意界真如甚深世尊云何色界真如甚
深云何聲香味觸法界真如甚深世尊 云
何眼識界真如甚深云何耳鼻舌身意識界
真如甚深世尊云何眼觸真如甚深云何
耳鼻舌身意觸真如甚深世尊云何眼觸
為緣所生諸受真如甚深云何耳鼻舌 身
意觸為緣所生諸受真如甚深世尊云 何
地界真如甚深云何水火風空識界真如甚
深世尊云何无明真如甚深云何行識名色
六處觸受愛取有生老死愁歎苦憂惱真如
甚深世尊云何布施波羅蜜多真如甚深云

BD05267號　大般若波羅蜜多經卷三二八　（23-10）

意觸為緣所生諸受真如甚深世尊云何
地界真如甚深云何水火風空識界真如甚
深世尊云何无明真如甚深云何行識名色
六處觸受愛取有生老死愁歎苦憂惱真如
甚深世尊云何布施波羅蜜多真如甚深云
何淨戒安忍精進靜慮般若波羅蜜多真如
甚深世尊云何內空真如甚深云何外空內
外空空空大空勝義空有為空无為空畢
竟空无際空散空无變異空本性空自相空
共相空一切法空不可得空无性空自性空无
性自性空真如甚深世尊云何真如甚 深
云何法界法性不虛妄性不變異性平等性
離生性法定法住實際虛空界不思議界真
如甚深世尊云何四念住真如甚深云何 四
正斷四神足五根五力七等覺支八聖道支
真如甚深世尊云何苦聖諦真如甚深云何
集滅道聖諦真如甚深世尊云何四靜慮真
如甚深云何四无量四无色定真如甚深世尊
云何八解脫真如甚深云何八勝處九次第定
十遍處真如甚深世尊云何空解脫門真 如
甚深云何无相无願解脫門真如甚深世尊
云何極喜地真如甚深云何離垢地發光地
焰慧地極難勝地現前地遠行地不動地善
慧地法雲地真如甚深世尊云何五眼真 如
甚深云何六神通真如甚深世尊云何三摩
地門真如甚深云何陀羅尼門真如甚深世
尊云何佛十力真如甚深云何四无所畏 四

BD05267號　大般若波羅蜜多經卷三二八　（23-11）

焰慧地極難勝地現前地遠行地不動地善
慧地法雲地真如甚深世尊云何五眼真如
甚深云何六神通真如甚深世尊云何三摩
地門真如甚深云何陀羅尼門真如甚深世
尊云何佛十力真如甚深云何四无所畏四
无礙解大慈大悲大喜大捨十八佛不共法
真如甚深世尊云何无忘失法真如甚深云
何恒住捨性真如甚深世尊云何預流果真
如甚深云何一來不還阿羅漢果真如甚深
世尊云何獨覺菩提真如甚深世尊云何一
切智真如甚深云何道相智一切相智真如
甚深世尊云何一切菩薩摩訶薩行真如甚
深世尊云何諸佛无上正等菩提真如甚深
佛言善現色真如即非色非離色是故甚深
受想行識真如非即受想行識非離受想行
識是故甚深善現眼處真如非即眼處非離
眼處是故甚深耳鼻舌身意處真如非即耳
鼻舌身意處非離耳鼻舌身意處是故
甚深善現色處真如非即色處非離色處是
故甚深聲香味觸法處真如非即聲香味觸
法處非離聲香味觸法處是故甚深善現眼
界真如非即眼界非離眼界是故甚深耳鼻
舌身意界真如非即耳鼻舌身意界非離耳
鼻舌身意界是故甚深善現色界真如非
即色界非離色界是故甚深聲香味觸法界
真如非即聲香味觸法界非離聲香味觸法
界是故甚深善現眼識界真如非即眼識界

BD05267號　大般若波羅蜜多經卷三二八　（23–12）

舌身意界真如非即耳鼻舌身意界非離耳
鼻舌身意界是故甚深善現色界真如非
即色界非離色界是故甚深聲香味觸法界
真如非即聲香味觸法界非離聲香味觸法
界是故甚深善現眼識界真如非即眼識界
非離眼識界是故甚深耳鼻舌身意識界真
如非即耳鼻舌身意識界非離耳鼻舌身
意識界是故甚深善現眼觸真如非即眼
觸非離眼觸是故甚深耳鼻舌身意觸真
如非即耳鼻舌身意觸非離耳鼻舌身意
觸是故甚深善現眼觸為緣所生諸受真如
非即眼觸為緣所生諸受非離眼觸為緣
所生諸受是故甚深耳鼻舌身意觸為緣
所生諸受真如非即耳鼻舌身意觸為緣
所生諸受非離耳鼻舌身意觸為緣所生
諸受是故甚深善現地界真如非即地界非
離地界是故甚深水火風空識界真如非即
水火風空識界非離水火風空識界是故甚
深善現无明真如非即无明非離无明是故
甚深行識名色六處觸受愛取有生老死愁歎
苦憂惱真如非即行乃至老死愁歎苦憂惱
非離行乃至老死愁歎苦憂惱是故甚深善
現布施波羅蜜多真如非即布施波羅蜜多
非離布施波羅蜜多是故甚深淨戒安忍
精進靜慮般若波羅蜜多真如非即淨戒
安忍精進靜慮般若波羅蜜多非離淨戒安
忍精進靜慮般若波羅蜜多是故甚深善現

BD05267號　大般若波羅蜜多經卷三二八　（23–13）

現布施波羅蜜多真如非即布施波羅蜜多
非離布施波羅蜜多是故甚深淨戒安忍
精進静慮般若波羅蜜多真如非即淨戒
安忍精進静慮般若波羅蜜多非離淨戒安
忍精進静慮般若波羅蜜多是故甚深善現
内空真如非即内空非離内空是故甚深外
空内外空空空大空勝義空有為空无為空
畢竟空无際空散空无變異空本性空自相
空共相空一切法空不可得空无性空自性
空无性自性空真如非即外空乃至无性自
性空非離外空乃至无性自性空是故甚深
善現真如真如非即真如非離真如是故甚
深法界法性不虚妄性不變異性平等性離
生性法定法住實際虚空界不思議界真如
非即法界乃至不思議界非離法界乃至不
思議界是故甚深善現四念住真如非即四
念住非離四念住是故甚深四正斷四神
足五根五力七等覺支八聖道支真如非即
四正斷乃至八聖道支非離四正斷乃至八
聖道支是故甚深善現苦聖諦真如非即苦
聖諦非離苦聖諦是故甚深集滅道聖諦真
如非即集滅道聖諦非離集滅道聖諦是故
甚深善現四静慮真如非即四静慮非離
四静慮是故甚深四无量四无色定真如非
即四无量四无色定非離四无量四无色定
是故甚深善現八解脫真如非即八解脫非
離八解脫是故甚深八勝處九次第定十遍



聖諦非離苦聖諦是故甚深集滅道聖諦真
如非即集滅道聖諦非離集滅道聖諦是故
甚深善現四静慮真如非即四静慮非離
四静慮是故甚深四无量四无色定真如非
即四无量四无色定非離四无量四无色定
是故甚深善現八解脫真如非即八解脫非
離八解脫是故甚深八勝處九次第定十遍
處真如非即八勝處九次第定十遍處非離
八勝處九次第定十遍處是故甚深善現空
解脫門真如非即空解脫門非離空解脫門
是故甚深无相无願解脫門真如非即无相
无願解脫門非離无相无願解脫門是故甚
深善現極喜地真如非即極喜地非離極喜
地是故甚深離垢地發光地焰慧地極難勝
地現前地遠行地不動地善慧地法雲地真
如非即離垢地乃至法雲地非離離垢地乃
至法雲地是故甚深
善現五眼真如非即五眼非離五眼是故甚
深六神通真如非即六神通非離六神通是
故甚深善現三摩地門真如非即三摩地門
非離三摩地門是故甚深陁羅尼門真如非
即陁羅尼門非離陁羅尼門是故甚深善
現佛十力真如非即佛十力非離佛十力是
故甚深四无所畏四无礙解大慈大悲大
喜大捨十八佛不共法真如非即四无所畏乃
至十八佛不共法非離四无所畏乃至十八
佛不共法是故甚深善現无忘失法真如非

現佛十力真如非即佛十力非離佛十力是
故甚深四无所畏四无礙解大慈大悲大
喜大捨十八佛不共法真如非即四无所畏乃
至十八佛不共法非離四无所畏乃至十八
佛不共法是故甚深善現无忘失法真如非
即无忘失法非離无忘失法是故甚深恒住
捨性真如非即恒住捨性非離恒住捨性是
故甚深善現預流果真如非即預流果　非
真如非即一來不還阿羅漢果非離一來不
還阿羅漢果是故甚深善現獨覺菩提真
如非即獨覺菩提非離獨覺菩提是　故
甚深善現一切智真如非即一切智非離一
切智是故甚深道相智一切相智真如非
即道相智一切相智非離道相智一切相智
是故甚深善現一切菩薩摩訶薩行真如非
即一切菩薩摩訶薩行非離一切菩薩摩訶薩
行是故甚深善現諸佛无上正等菩提真如
非即諸佛无上正等菩提非離諸佛无上
正等菩提是故甚深
尒時具壽善現白佛言世尊甚深微妙方
便為不退轉地菩薩摩訶薩遮遣諸色顯
示涅槃遮遣受想行識顯示涅槃世尊甚奇微
妙方便為不退轉地菩薩摩訶薩遮遣眼處
顯示涅槃遮遣耳鼻舌身意處顯示涅　槃
世尊甚奇微妙方便為不退轉地菩薩摩
訶薩遮遣色處顯示涅槃遮遣聲香味觸法

BD05267 號　大般若波羅蜜多經卷三二八　（23–16）

示涅槃遮遣受想行識顯示涅槃世尊甚奇微
妙方便為不退轉地菩薩摩訶薩遮遣眼處
顯示涅槃遮遣耳鼻舌身意處顯示涅　槃
世尊甚奇微妙方便為不退轉地菩薩摩
訶薩遮遣色處顯示涅槃遮遣聲香味觸法
處顯示涅槃世尊甚奇微妙方便為不退轉
地菩薩摩訶薩遮遣眼界顯示涅槃遮遣耳
鼻舌身意界顯示涅槃世尊甚奇微妙方便
為不退轉地菩薩摩訶薩遮遣色界顯示涅
槃遮遣聲香味觸法界顯示涅槃世尊甚奇
微妙方便為不退轉地菩薩摩訶薩遮遣眼
識界顯示涅槃遮遣耳鼻舌身意識界顯　示
涅槃世尊甚奇微妙方便為不退轉地菩薩
摩訶薩遮遣眼觸顯示涅槃遮遣耳鼻舌身
意觸顯示涅槃世尊甚奇微妙方便為不退
轉地菩薩摩訶薩遮遣眼觸為緣所生諸受
顯示涅槃遮遣耳鼻舌身意觸為緣所生　諸
受顯示涅槃世尊甚奇微妙方便為不退轉
地菩薩摩訶薩遮遣地界顯示涅槃遮遣水
火風空識界顯示涅槃世尊甚奇微妙方便
為不退轉菩薩摩訶薩遮遣无明顯示涅槃
遮遣行識名色六處觸受愛取有生老死愁
歎苦憂惱顯示涅槃
世尊甚奇微妙方便為不退轉地菩薩摩　訶
薩遮遣布施波羅蜜多顯示涅槃遮遣淨戒
安忍精進靜慮般若波羅蜜多顯示涅槃　世
尊甚奇微妙方便為不退轉地菩薩摩訶薩

BD05267 號　大般若波羅蜜多經卷三二八　（23–17）

[illegible]若[illegible]相顯示涅槃
世尊甚奇微妙方便為不退轉地菩薩摩訶
薩遮遣布施波羅蜜多顯示涅槃遮遣淨戒
安忍精進靜慮般若波羅蜜多顯示涅槃世
尊甚奇微妙方便為不退轉地菩薩摩訶薩
遮遣內空顯示涅槃遮遣外空內外空空空
大空勝義空有為空无為空畢竟空无際
空散空无變異空本性空自相空共相空一切
法空不可得空无性空自性空无性自性空
顯示涅槃世尊甚奇微妙方便為不退轉地
菩薩摩訶薩遮遣真如顯示涅槃遮遣法界
法性不虛妄性不變異性平等性離生性法
定法住實際虛空界不思議界顯示涅槃世
尊甚奇微妙方便為不退轉地菩薩摩訶
薩遮遣四念住顯示涅槃遮遣四正斷四神足
五根五力七等覺支八聖道支顯示涅槃世
尊甚奇微妙方便為不退轉地菩薩摩訶
薩遮遣苦聖諦顯示涅槃遮遣集滅道聖諦
顯示涅槃世尊甚奇微妙方便為不退轉
地菩薩摩訶薩遮遣四靜慮顯示涅槃遮
遣四无量四无色定顯示涅槃世尊甚奇微
妙方便為不退轉地菩薩摩訶薩遮遣八解
脫顯示涅槃遮遣八勝處九次第定十遍處
顯示涅槃世尊甚奇微妙方便為不退轉地
菩薩摩訶薩遮遣空解脫門顯示涅槃遮
遣无相无願解脫門顯示涅槃世尊甚奇
微妙方便為不退轉地菩薩摩訶薩遮遣極

BD05267 號　大般若波羅蜜多經卷三二八　（23–18）

脫顯示涅槃遮遣八勝處九次第定十遍處
顯示涅槃世尊甚奇微妙方便為不退轉地
菩薩摩訶薩遮遣空解脫門顯示涅槃遮
遣无相无願解脫門顯示涅槃世尊甚奇
微妙方便為不退轉地菩薩摩訶薩遮遣極
喜地顯示涅槃遮遣離垢地發光地焰慧
地極難勝地現前地遠行地不動地善慧地
法雲地顯示涅槃世尊甚奇微妙方便為不
退轉地菩薩摩訶薩遮遣五眼顯示涅槃遮
遣六神通顯示涅槃世尊甚奇微妙方便
為不退轉地菩薩摩訶薩遮遣三摩地門顯
示涅槃遮遣陀羅尼門顯示涅槃世尊甚奇微
妙方便為不退轉地菩薩摩訶薩遮遣佛十
力顯示涅槃遮遣四无所畏四无礙解大慈
大悲大喜大捨十八佛不共法顯示涅槃世
尊甚奇微妙方便為不退轉地菩薩摩訶薩
遮遣无忘失法顯示涅槃遮遣恒住捨性顯示涅
槃世尊甚奇微妙方便為不退轉地菩薩摩訶
薩遮遣預流果顯示涅槃遮遣一來不還阿羅
漢果顯示涅槃世尊甚奇微妙方便為不退
轉地菩薩摩訶薩遮遣獨覺菩提顯示涅槃
世尊甚奇微妙方便為不退轉地菩薩摩訶
薩遮遣一切智顯示涅槃遮遣道相智一切
相智顯示涅槃世尊甚奇微妙方便為不退
轉地菩薩摩訶薩遮遣一切菩薩摩訶薩行
顯示涅槃世尊甚奇微妙方便為不退轉地
菩薩摩訶薩遮遣諸佛无上正等菩提顯示

BD05267 號　大般若波羅蜜多經卷三二八　（23–19）

世尊甚奇微妙方便為不退轉地菩薩摩訶
薩遮遣一切智顯示涅槃遮遣道相智一切
相智顯示涅槃世尊甚奇微妙方便為不退
轉地菩薩摩訶薩遮遣一切菩薩摩訶薩行
顯示涅槃世尊甚奇微妙方便為不退轉地
菩薩摩訶薩遮遣諸佛无上正等菩提顯示
涅槃世尊甚奇微妙方便為不退轉地菩薩
摩訶薩遮遣一切若世間若出世間若共若不
共若有漏若无漏若有為若无為法顯示
涅槃佛言善現如是如是如汝所說佛以甚
奇微妙方便為不退轉地菩薩摩訶薩遮遣
諸色顯示涅槃遮遣受想行識顯示涅槃佛
以甚奇微妙方便為不退轉地菩薩摩訶薩
遮遣眼處顯示涅槃遮遣耳鼻舌身意處顯
示涅槃佛以甚奇微妙方便為不退轉地菩
薩摩訶薩遮遣色處顯示涅槃遮遣聲香
味觸法處顯示涅槃佛以甚奇微妙方便為
不退轉地菩薩摩訶薩遮遣眼界顯示涅槃
遮遣耳鼻舌身意界顯示涅槃佛以甚奇
微妙方便為不退轉地菩薩摩訶薩遮遣
色界顯示涅槃遮遣聲香味觸法界顯示涅
槃佛以甚深微妙方便為不退轉地菩薩摩訶
薩遮遣眼識界顯示涅槃遮遣耳鼻舌身意
識界顯示涅槃佛以甚奇微妙方便為不退
轉地菩薩摩訶薩遮遣眼觸顯示涅槃遮遣
耳鼻舌身意觸顯示涅槃佛以甚奇微妙方
便為不退轉地菩薩摩訶薩遮遣眼觸為緣

BD05267 號　大般若波羅蜜多經卷三二八　（23–20）

薩遮遣眼識界顯示涅槃遮遣耳鼻舌身意
識界顯示涅槃佛以甚奇微妙方便為不退
轉地菩薩摩訶薩遮遣眼觸顯示涅槃遮遣
耳鼻舌身意觸顯示涅槃佛以甚奇微妙方
便為不退轉地菩薩摩訶薩遮遣眼觸為緣
所生諸受顯示涅槃遮遣耳鼻舌身意觸為
緣所生諸受顯示涅槃佛以甚奇微妙方
便為不退轉地菩薩摩訶薩遮遣地界顯
示涅槃遮遣水火風空識界顯示涅槃佛以
甚奇微妙方便為不退轉地菩薩摩訶薩
遮遣无明顯示涅槃遮遣行識名色六處觸
受愛取有生老死愁歎苦憂惱顯示涅槃
佛以甚奇微妙方便為不退轉地菩薩摩訶
薩遮遣布施波羅蜜多顯示涅槃遮遣淨戒
安忍精進靜慮般若波羅蜜多顯示涅槃佛
以甚奇微妙方便為不退轉地菩薩摩訶薩
遮遣內空顯示涅槃遮遣外空內外空空空
大空勝義空有為空无為空畢竟空无際空
散空无變異空本性空自相空共相空一切
法空不可得空无性空自性空无性自性空
顯示涅槃佛以甚奇微妙方便為不退轉地
菩薩摩訶薩遮遣真如顯示涅槃遮遣法界
法性不虛妄性不變異性平等性離生性
法定法住實際虛空界不思議界顯示涅槃
佛以甚奇微妙方便為不退轉地菩薩摩
訶薩遮遣四念住顯示涅槃遮遣四正斷四神

BD05267 號　大般若波羅蜜多經卷三二八　（23–21）

菩薩摩訶薩遮遣真如顯示涅槃遮遣法界
法性不虛妄性不變異性平等性離生性
法定法住實際虛空界不思議界顯示涅槃
佛以甚奇微妙方便爲不退轉地菩薩摩
訶薩遮遣四念住顯示涅槃遮遣四正斷四神
足五根五力七等覺支八聖道支顯示涅槃
佛以甚奇微妙方便爲不退轉地菩薩摩訶
薩遮遣苦聖諦顯示涅槃遮遣集滅道聖諦
顯示涅槃佛以甚奇微妙方便爲不退轉地
菩薩摩訶薩遮遣四靜慮顯示涅槃遮遣
四无量四无色定顯示涅槃佛以甚奇微妙方
便爲不退轉地菩薩摩訶薩遮遣八解脫顯
示涅槃遮遣八勝處九次第定十遍處顯示
涅槃佛以甚奇微妙方便爲不退轉地菩薩
摩訶薩遮遣空解脫門顯示涅槃遮遣无相
无願解脫門顯示涅槃佛以甚奇微妙方便
爲不退轉地菩薩摩訶薩遮遣極喜地顯示
現前地遠行地不動地善慧地法雲地顯示涅
槃佛以甚奇微妙方便爲不退轉地菩薩摩
訶薩遮遣五眼顯示涅槃遮遣六神通顯示涅
槃佛以甚奇微妙方便爲不退轉地菩薩摩
訶薩遮遣三摩地門顯示涅槃遮遣陀羅尼
門顯示涅槃佛以甚奇微妙方便爲不退轉
地菩薩摩訶薩遮遣佛十力顯示涅槃遮遣
四无所畏四无礙解大慈大悲大喜大捨十
八佛不共法顯示涅槃佛以甚奇微妙方便
爲不退轉地菩薩摩訶薩遮遣无忘失法顯

BD05267 號　大般若波羅蜜多經卷三二八　（23–22）

訶薩遮遣三摩地門顯示涅槃遮遣陀羅尼
門顯示涅槃佛以甚奇微妙方便爲不退轉
地菩薩摩訶薩遮遣佛十力顯示涅槃遮遣
四无所畏四无礙解大慈大悲大喜大捨十
八佛不共法顯示涅槃佛以甚奇微妙方便
爲不退轉地菩薩摩訶薩遮遣无忘失法顯
示涅槃遮遣恒住捨性顯示涅槃佛以甚奇
微妙方便爲不退轉地菩薩摩訶薩遮遣
預流果顯示涅槃遮遣一來不還阿羅漢果
顯示涅槃佛以甚奇微妙方便爲不退轉地菩
薩摩訶薩遮遣獨覺菩提顯示涅槃佛以甚
奇微妙方便爲不退轉地菩薩摩訶薩遮遣
一切智顯示涅槃遮遣道相智一切相智顯
示涅槃佛以甚奇微妙方便爲不退轉地菩
薩摩訶薩遮遣一切菩薩摩訶薩行顯示涅
槃佛以甚奇微妙方便爲不退轉地菩薩摩
訶薩遮遣諸佛无上正等菩提顯示涅槃佛
以甚奇微妙方便爲不退轉地菩薩摩訶薩
遮遣一切若世間若出世間若共若不共若
有漏若无漏若有爲若无爲法顯示涅槃

大般若波羅蜜多經卷第三百廿八

BD05267 號　大般若波羅蜜多經卷三二八　（23–23）

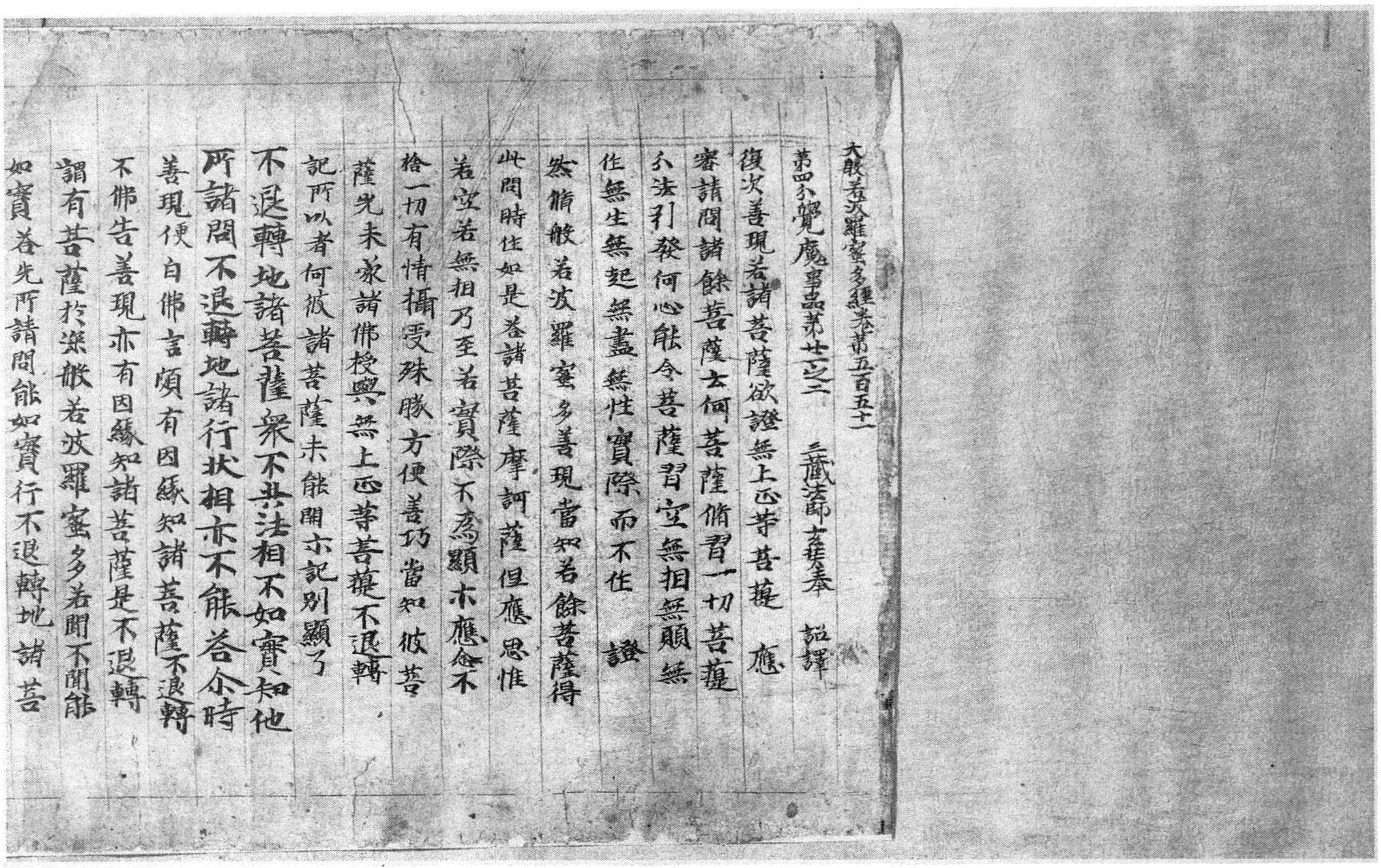

大般若波羅蜜多經卷第五百五十一
第四分覺魔事品第廿一之二　三藏法師玄奘奉　詔譯
復次善現若諸菩薩欲證無上正等菩提　應
審諸問諸餘菩薩云何菩薩脩習一切菩薩
分法引發何心能令菩薩習空無相無願無
作無生無起無盡無性實際而不作　證
然脩般若波羅蜜多善現當知若餘菩薩得
此問時作如是荅諸菩薩摩訶薩但應思惟
若空若無相乃至若實際不為顯亦不應念不
捨一切有情攝受殊勝方便善巧當知彼菩
薩先未蒙諸佛授與無上正等菩提不退轉
記所以者何彼諸菩薩未能開示記別顯了
不退轉地諸菩薩衆不共法相不如實知他
所諸問不退轉地諸行狀相亦不能荅尒時
善現便白佛言頗有因緣知諸菩薩不退轉
不佛告善現亦有因緣知諸菩薩是不退轉
謂有菩薩於深般若波羅蜜多若聞不聞能
如實荅先所請問能如實行不退轉地諸菩

BD05268 號　大般若波羅蜜多經卷五五一　（3–1）

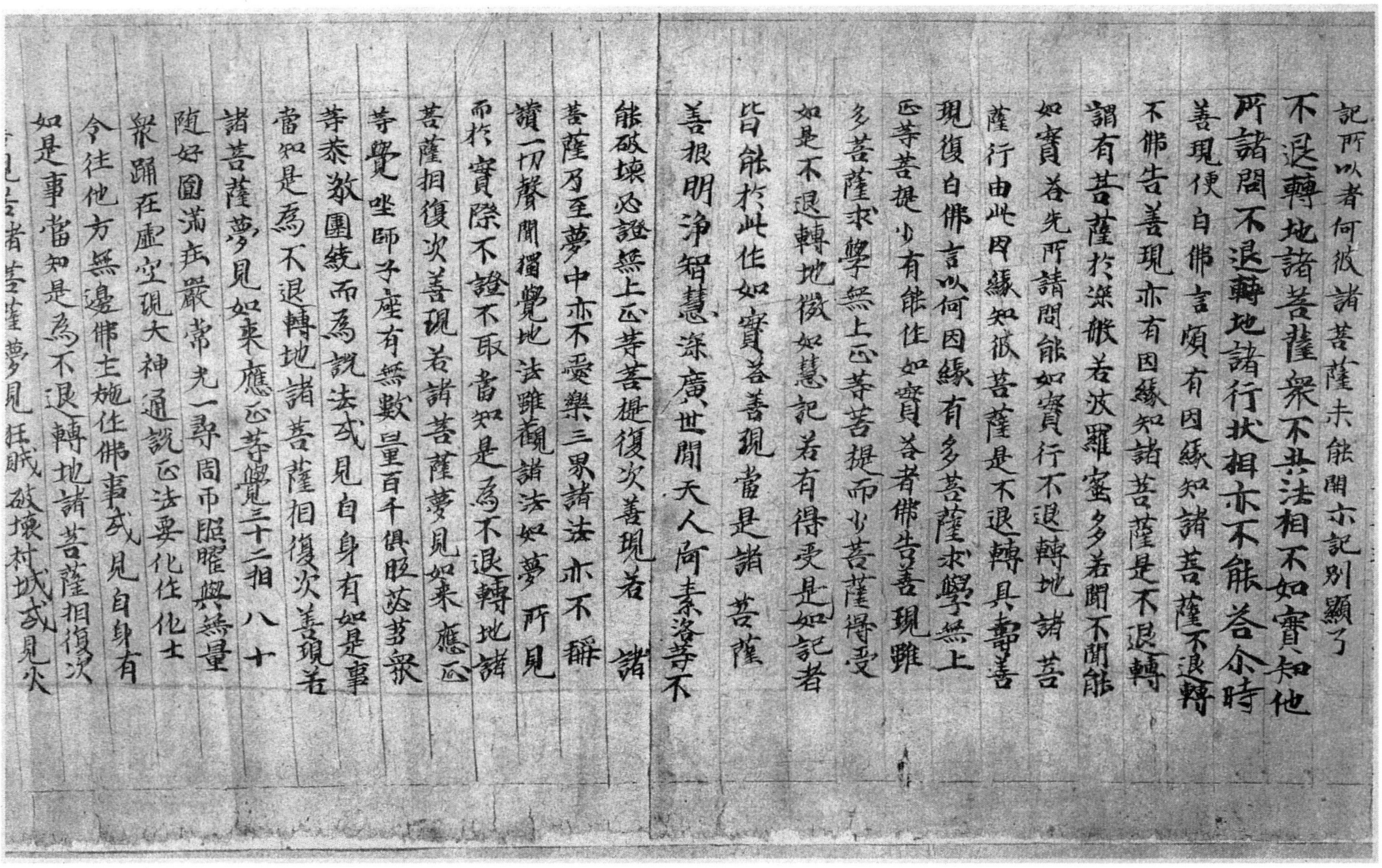

記所以者何彼諸菩薩未能開示記別顯了
不退轉地諸菩薩衆不共法相不如實知他
所諸問不退轉地諸行狀相亦不能荅尒時
善現便白佛言頗有因緣知諸菩薩不退轉
不佛告善現亦有因緣知諸菩薩是不退轉
謂有菩薩於深般若波羅蜜多若聞不聞能
如實荅先所請問能如實行不退轉地諸菩
薩行由此因緣知彼菩薩是不退轉具壽善
現復白佛言以何因緣有多菩薩求學無上
正等菩提少有能住如實荅者佛告善現雖
多菩薩求學無上正等菩提而少菩薩得受
如是不退轉地微妙慧記若有得受是記者
皆能於此住如實荅善現當是諸　菩薩
善根明淨智慧深廣世間天人阿素洛等不
能破壞必證無上正等菩提復次善現若　諸
菩薩乃至夢中亦不愛樂三界諸法亦不稱
讚一切聲聞獨覺地法雖觀諸法如夢所見
而於實際不證不取當知是為不退轉地諸
菩薩相復次善現若諸菩薩夢見如来應正
等覺坐師子座有無數量百千俱胝苾芻衆
等恭敬圍繞而為說法或見自身有如是事
當知是為不退轉地諸菩薩相復次善現若
諸菩薩夢見如来應正等覺三十二相八十
隨好圓滿莊嚴常光一尋周帀照曜與無量
衆踊在虛空現大神通說正法要化作化士
令往他方無邊佛土施作佛事或見自身有
如是事當知是為不退轉地諸菩薩相復次
善現若諸菩薩夢見狂賊破壞村城或見火

BD05268 號　大般若波羅蜜多經卷五五一　（3–2）

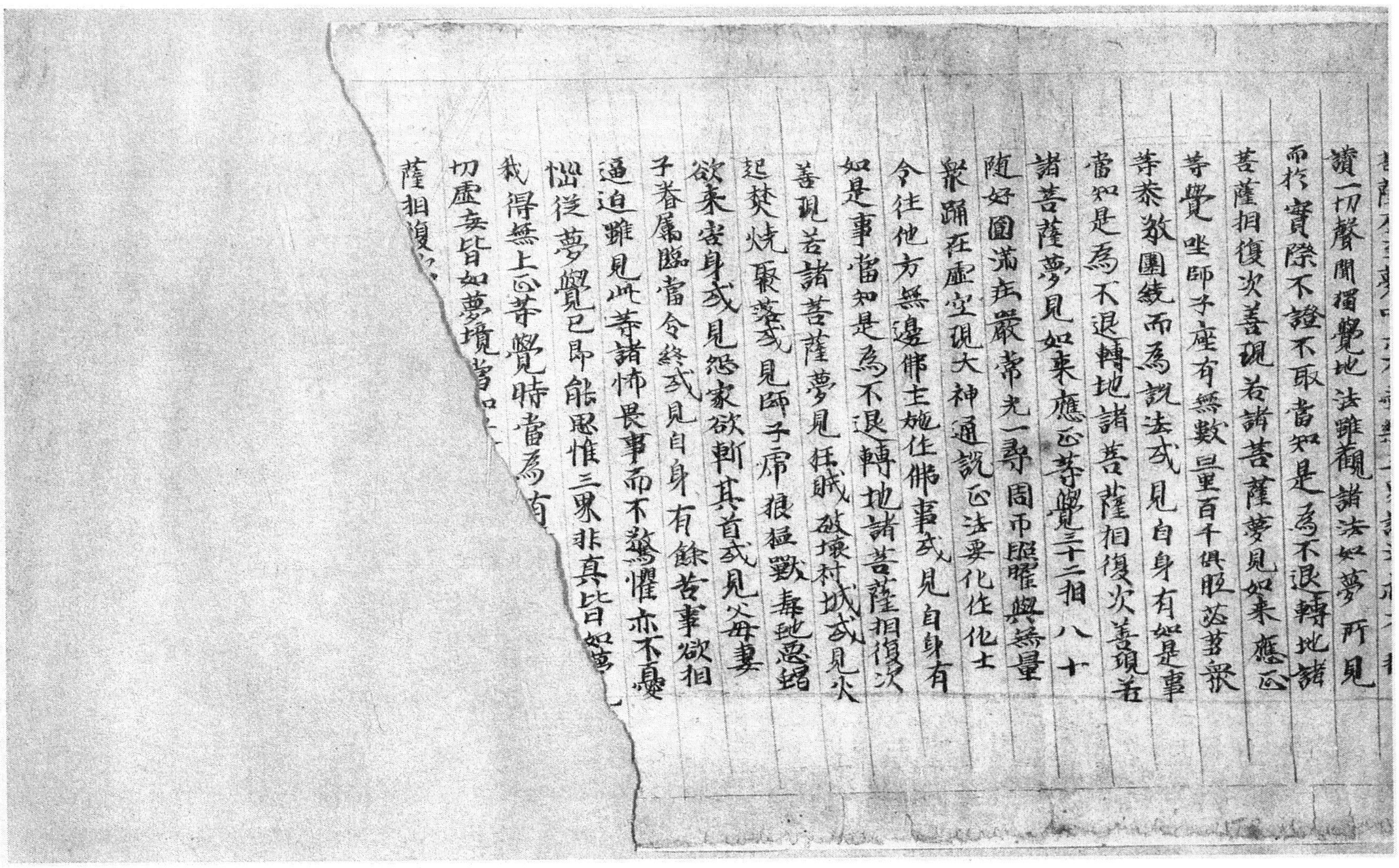

讀一切聲聞獨覺地法雖觀諸法如夢所見
而於實際不證不取當知是為不退轉地諸
菩薩相復次善現若諸菩薩夢見如來應正
等覺坐師子座有無數量百千俱胝苾芻衆
等恭敬圍繞而為說法或見自身有如是事
當知是為不退轉地諸菩薩相復次善現若
諸菩薩夢見如來應正等覺三十二相八十
隨好圓滿莊嚴常光一尋周帀照曜與無量
衆踊在虛空現大神通說正法要化作化士
令往他方無邊佛土施作佛事或見自身有
如是事當知是為不退轉地諸菩薩相復次
善現若諸菩薩夢見賊破壞村城或見火
起焚燒聚落或見師子虎狼猛獸毒蛇惡蝎
欲來害身或見怨家欲斬其首或見父母妻
子眷屬臨當命終或見自身有餘苦事欲相
逼迫雖見此等諸怖畏事而不驚懼亦不憂
惱從夢覺已即能思惟三界非真皆如夢
我得無上正等覺時當為有
切虛妄皆如夢境當
薩相復

BD05268號　大般若波羅蜜多經卷五五一　（3–3）

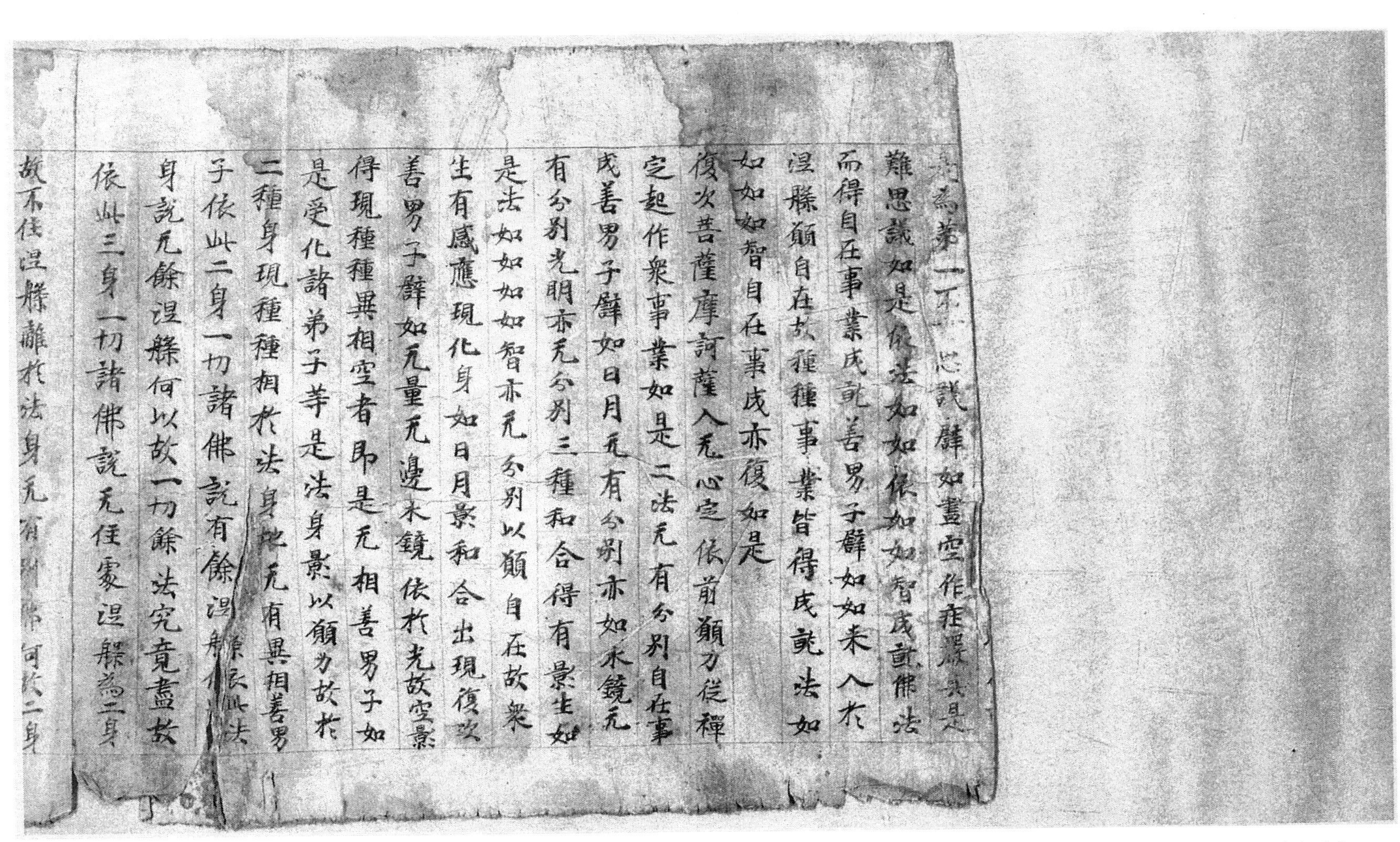
為第一不可思議譬如畫空作莊嚴具是
難思議如是依法如如依如如智成就佛法
而得自在事業成就善男子譬如如來入於
涅槃願自在故種種事業皆得成就法如
如如如智自在事成亦復如是
復次菩薩摩訶薩入无心定依前願力從禪
定起作衆事業如是二法无有分別自在事
成善男子譬如日月无有分別亦如水鏡无
有分別光明亦无分別三種和合得有影生如
是法如如如如智亦无分別以願自在故衆
生有感應現化身如日月影和合出現復次
善男子譬如无量无邊水鏡依於光故空影
得現種種異相空者即是无相善男子如
是受化諸弟子等是法身影以願力故於
二種身現種種相於法身地无有異相善男
子依此二身一切諸佛說有餘涅槃依此法
身說无餘涅槃何以故一切餘法究竟盡故
依此三身一切諸佛說无住處涅槃為二身
故不住涅槃離於法身无有別佛何故二身

BD05269號　金光明最勝王經卷二　（4–1）

是受化諸弟子等是法身影以願力故於
二種身現種種相於法身地无有異相善男
子依此二身一切諸佛說有餘涅槃依此法
身說无餘涅槃何以故一切餘法究竟盡故
依此三身一切諸佛說无住處涅槃為二身
故不住涅槃離於法身无有別佛何故二身
不住涅槃二身假名不實念念生滅不定住故
數數出現以不定故法身不尒是故二身不
住涅槃法身不二是故不住涅槃故依三身說
无住涅槃
善男子一切凡夫為三相故有縛有障遠離
三身不至三身何者為三一者遍計所執相
二者依他起相三者成就相如是諸相不能
解故不能滅故不能淨故是故不得至於三
身如是三相能解能滅能淨是故諸佛具
足三身善男子諸凡夫人未能除遣此三心故
故遠離三身不能得至何者為三一者起事
心二者依根本心三者根本心依諸伏道
起事心盡依法斷道依相根本心盡依最勝道
根本心盡起事心滅故得現化身依根本心
滅故得顯應身根本心滅故得至法身是故
一切如來具足三身
善男子一切諸佛於第一身與諸佛同事於
第二身與諸佛同意於第三身與諸佛同體
善男子是初佛身隨衆生意有多種故現種
種相是故說多第二佛身弟子一意故現
一相是故說一第三佛身過一切種相非執

BD05269 號　金光明最勝王經卷二　（4–2）

一切如來具足三身
善男子一切諸佛於第一身與諸佛同事於
第二身與諸佛同意於第三身與諸佛同體
善男子是初佛身隨衆生意有多種故現種
種相是故說多第二佛身弟子一意故現
一相是故說一第三佛身過一切種相非執
相境界是故說名不一不二善男子是第一
身依於應身得顯現故是第二身依於法身得
顯現故是法身者是真實有无依處故善
男子如是三身以有義故而說於常以有義
故說於无常化身者恒轉法輪處處隨緣
方便相續不斷絶故是故說常非是本故具
足大用不顯現故說為无常應身者從无始
來相續不斷一切諸佛不共之法能攝持故衆
生无盡用亦无盡是故說常非是本故以具
足用不顯現故說為无常法身者非是行法
无有異相是根本故猶如虛空是故說常善
男子離无分別智更无勝智離法如如无勝
境界是法如如是慧如如是二種如如如如
不一不異是故法身慧清淨故滅清淨故是
二[illegible]故法身具足清淨
復次善男子分別三身有四種異有化身非
應身有應身非化身有化身亦應身有非化
身亦非應身何者化身非應身謂諸如來般
涅槃後以願自在故隨緣利益是名化身何
者應身非化身是地前身何者化身亦應身
謂住有餘涅槃之身何者非化身非應身謂
是法身善男子是法身者二无所有所顯現

BD05269 號　金光明最勝王經卷二　（4–3）

境界是法如如是慧如如是二種如如如如
不一不異是故法身慧清淨故滅清淨故是
二[illegible]故法身具足清淨
復次善男子分別三身有四種異有化身非
應身有應身非化身有化身亦應身有非化
身亦非應身何者化身非應身謂諸如來般
涅槃後以願自在故隨緣利益是名化身何
者應身非化身是地前身何者化身亦應身
謂住有餘涅槃之身何者非化身非應身謂
是法身善男子是法身者二無所有所顯現
故何者名爲二無所有於此法身相及相
處二皆是無非有非無非一非異非數非
數非明非闇如是如如智不見相及相處不
見非有非無不見非一非異不見非數非非數
不見非明非闇是故當知境界清淨智慧清
淨不可分別無有中間爲滅道本故於此法
身能顯如來種種事業
善男子是身因緣境界處所果依於本難
思議故若了此義是身即是大乘是如來性是
如來藏依於此身得發初心修行地心而得顯現
不退地心亦皆得現一生補處心金剛之心
如來之心而悉顯現無量無邊如來妙法皆

BD05269 號　金光明最勝王經卷二　（4–4）

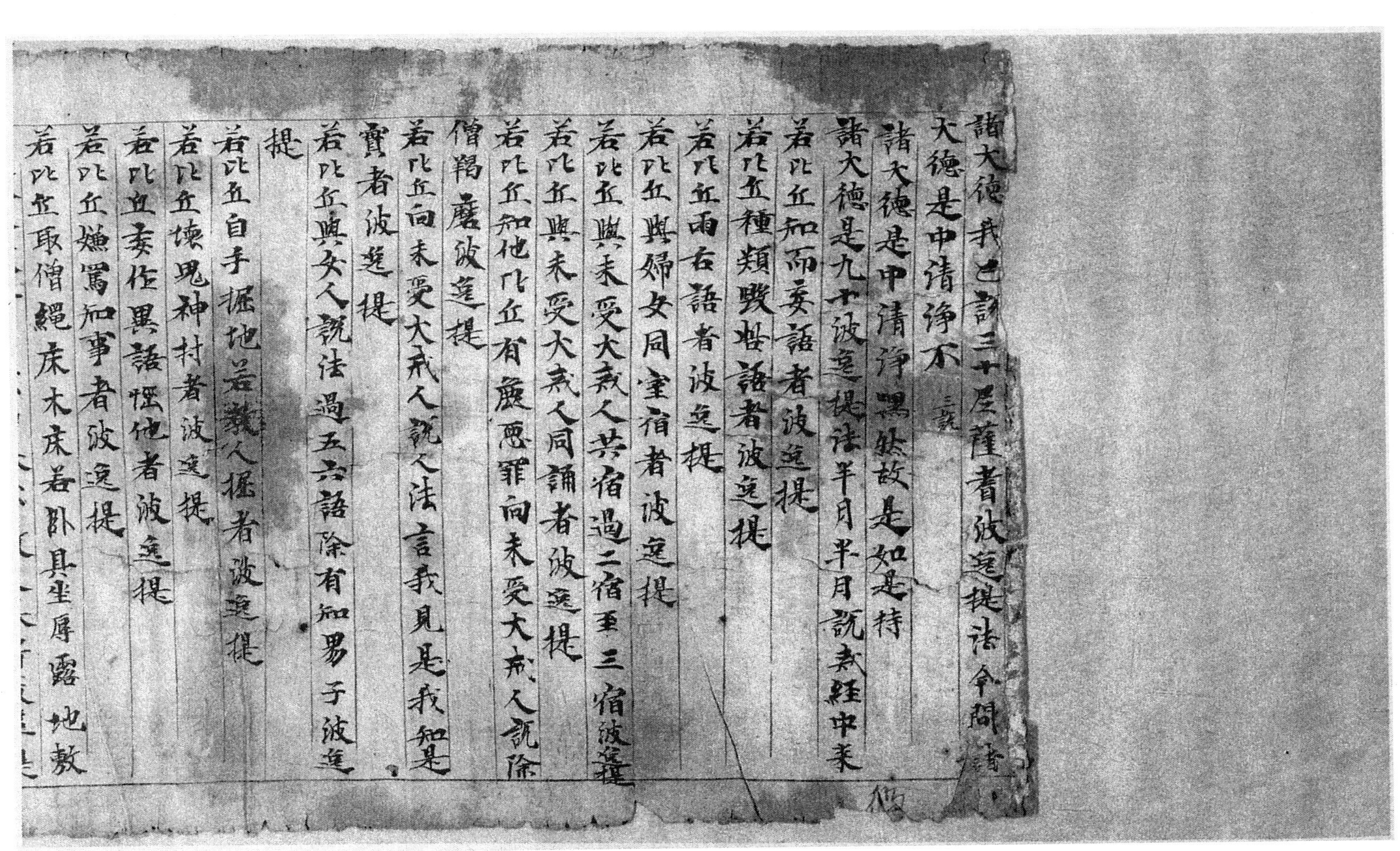

諸大德我已說三十尼薩耆波逸提法今問諸
大德是中清淨不 三說
諸大德是中清淨默然故是事如是持
諸大德是九十波逸提法半月半月說戒經中來
若比丘知而妄語者波逸提
若比丘種類毀呰語者波逸提
若比丘兩舌語者波逸提
若比丘與婦女同室宿者波逸提
若比丘與未受大戒人共宿過二宿至三宿波逸提
若比丘與未受大戒人同誦者波逸提
若比丘知他比丘有麁惡罪向未受大戒人說除
僧羯磨波逸提
若比丘向未受大戒人說人法言我見是我知是
實者波逸提
若比丘與女人說法過五六語除有知男子波逸
提
若比丘自手掘地若教人掘者波逸提
若比丘壞鬼神村者波逸提
若比丘妄作異語惱他者波逸提
若比丘嫌罵知事者波逸提
若比丘取僧繩床木床若臥具坐褥露地敷

BD05270 號　四分律比丘戒本　（2–1）

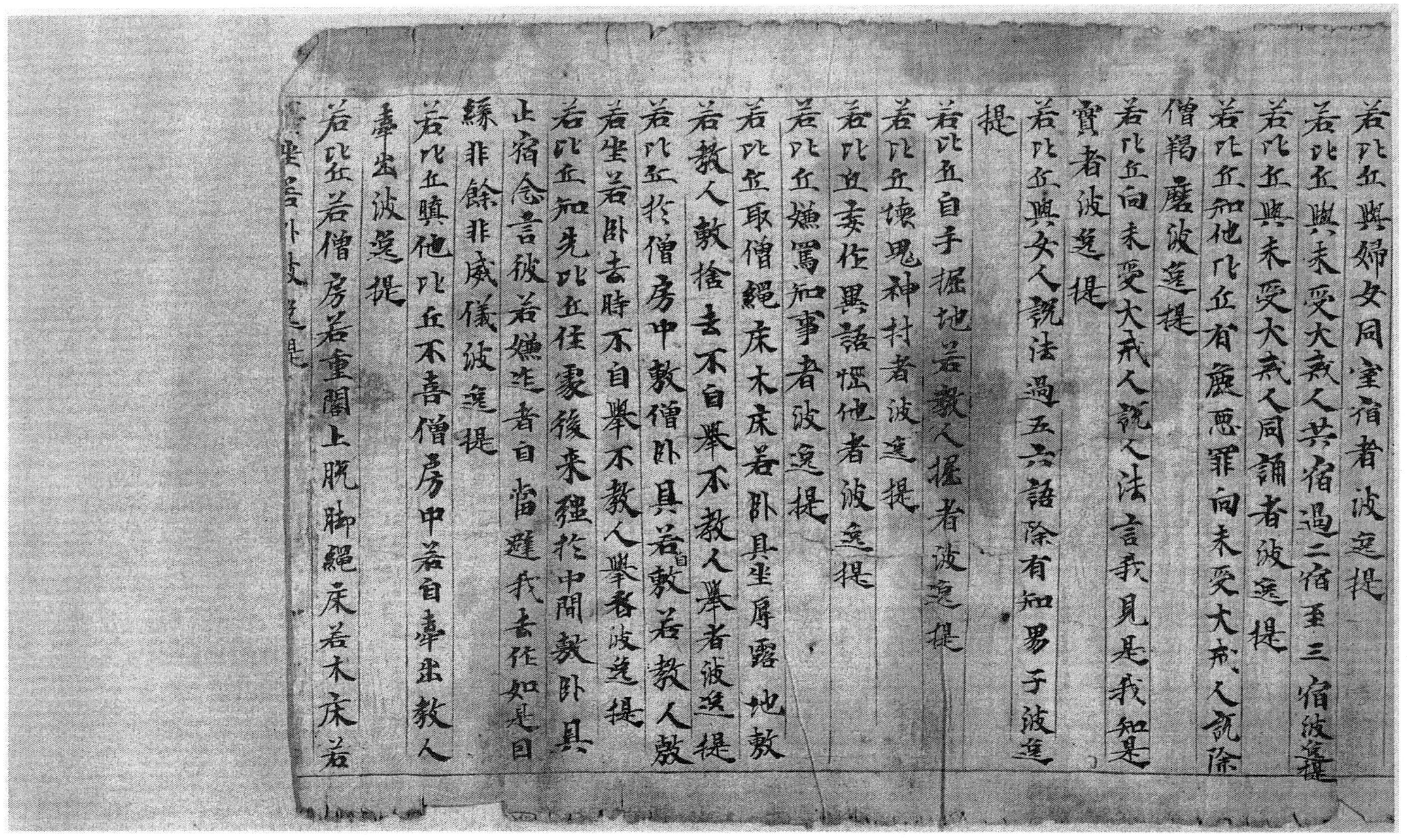
若比丘與婦女同室宿者波逸提
若比丘與未受大戒人共宿過二宿至三宿波逸提
若比丘與未受大戒人同誦者波逸提
若比丘知他比丘有麁惡罪向未受大戒人說除
僧羯磨波逸提
若比丘向未受大戒人說人法言我見是我知是
實者波逸提
若比丘與女人說法過五六語除有知男子波逸
提
若比丘自手掘地若教人掘者波逸提
若比丘壞鬼神村者波逸提
若比丘妄作異語惱他者波逸提
若比丘嫌罵知事者波逸提
若比丘取僧繩床木床若臥具坐蓐露地敷
若教人敷捨去不自舉不教人舉者波逸提
若比丘於僧房中敷僧臥具若自敷若教人敷
若坐若臥去時不自舉不教人舉者波逸提
若比丘知先比丘住處後來強於中間敷臥具
止宿念言彼若嫌迮者自當避我去作如是因
緣非餘非威儀波逸提
若比丘瞋他比丘不喜僧房中若自牽出教人
牽出波逸提
若比丘若僧房若重閣上脫脚繩床若木床若
坐若臥波逸提

BD05270號　四分律比丘戒本　（2–2）

疾說法文二　初勸厭身　後二勸求佛身　前文復二　前明緣理正觀　後辯緣事

對治觀此總標也　肇曰同我者亦易信異我者難順故因其身疾以明有

身之患　什曰欲明履道之身未免斯患況於無德而可保耶　此下次正

諸仁者是身無常　無強無力無力无堅速朽之法不可信也

說無常苦空無我四觀文也此初无常觀夫无常者皆身有為體性生

滅此理无常也可階道果若四時代謝形變色衰此是事轉非真諦也肇

曰身之危脆強力不能保孰能信其永固者此非常義也　為苦為惱

衆病所集　諸仁者如此身明智者所不怙　此六苦觀法身常樂无漏因

生則知漏因生身性本苦見苦理道果後生若待艱難傷害方見苦者

非苦理也病惱相仍明智不怙怙恃怙也　是身如聚沫不可撮摩

此下十喻明空觀身者因是之妄惑果是之為報觀察此理名悟空也　復此四大虛

為不真故空什亦毀滅代謝之空我　肇曰撮摩聚沫之无實以喻觀身

之虛為此下五電喻明空義也　是身如泡不不得久立　肇曰不久似明无

常義然水上泡以虛中不實故不久立猶空義也　是身如焰從渴愛生

肇曰渴見陽焰惑以為水愛見四大迷以為身　是身如芭蕉中無有堅

芭蕉之草唯葉無幹　是身如幻從顛倒起　肇曰見幻為人四大為身皆顛

倒也　是身如夢為虛妄見　妄心所計虛誑如夢　是身如影從業緣

現是身如響屬因諸緣　肇曰身起乎業因猶響之生邪形聲

是身如浮雲須臾變滅是身如電念念不住　肇曰變滅不住似釋无常

然皆取其[illegible]之為不真故速滅不住猶釋空義也　是身无主為如地

此下六喻觀無我也　肇曰夫萬事萬形皆四大成在外為則土石山河在內則

為四支百體聚而為生散而為死生則為內死則為外內外雖殊然其大不

倒也 是身如夢爲虛妄見 妄心所計虛誑如夢 是身如影從業緣
現 是身如響屬因諸緣 肇曰身起乎業因猶響之生耶形聲
是身如浮雲須臾變滅 是身如電念念不住 肇曰變滅不住似釋无常
然皆取其一義爲不真故遷滅不住猶釋空義也 是身无主爲如地
此下六界觀無我也 肇曰夫万事万形皆四大成在外爲則土石山河在內則
爲四支百體聚而爲生散而爲死生則爲內死則爲外內外雖殊然其大不
異故以內外四大類明无我也地古今相傳理常者先宅故无主也身亦求宅緣所
成緣合則起緣散則離何有真宰常主之者 主壽人即是一我義立
四名耳地性能持妄執計爲主 是身无我爲如火 火性妄上妄計爲我
肇曰縱任自由謂之我而外火起滅由薪火不自在火无我也外火既无我內
火類可知 是身無壽爲如風 風息通命妄計爲壽 肇曰常存不
變謂之壽而外風積氣鼓動動止無常既無壽也外風既無壽內風類
可知 是身無人爲如水 水性隨物妄計爲人 肇曰貴於万物而始終
不改謂之人而外水善利万形方圓隨物窪隆異適而體無定若體無定則
水無人也既外水既无人內水類可知 是身不實四大爲家 此身骨肉等地
大血髓等水大煖氣等火大喘息等風大不了四大妄計爲身假會爲家
非實身也 是身爲空離我我所 此五空界觀身之呻吟猶橐籥我
聲動因空之無我所何異外空耶 身是無知如草木礫瓦
此六識界觀也草木隨氣變化万形識身隨業受報非一既緣變無常
知何異草木又草木隨氣榮枯亦隨緣生滅生滅無定知何異草木
肇曰身雖能觸而無知內識能知無而觸自性而求二俱無知既曰无知
何異瓦礫 是身無作風力所轉 此破作者也身隨業風所拄異動
無作者也 肇曰舉動事爲風力使然誰作之者 是身不淨穢惡充
滿 此下聊明事對治觀破男女相惑也 肇曰卅六物充滿其體不淨想也
是身爲虛僞雖假以澡浴衣食必歸磨滅 肇曰雖復澡以香湯衣
上服奇食非真豈得久立此虛僞也 是身爲災百一病惱 肇曰一大增損百
病生此災患想 是身如丘井爲老所逼 丘井者枯破村落丘墟枯井也謂
人物宮室移故就新昔井不可改日見崩壞人老亦然威力少色皆悉遷
移衰老形骸皆此敗壞此老壞想也 肇曰神之處身爲老死所逼猶危今之
在丘井爲龍蛇所逼也緣在他經 是身無定爲要當死 死苦 肇曰壽
夭雖无定不得不受死此必死想也 是身如毒蛇如怨賊如空聚陰界諸入
所共合成 此總明不可樂想也 肇曰四大喻四蛇五陰喻五賊六情喻空聚

BD05271號 淨名經集解關中疏 （3–2）

何異无礙　是身无作風力所轉　此破作者也身隨業風所搖動
無作者也　肇曰舉動事為風力使然誰作之者　是身不淨穢惡充
滿　此下明厭事對治觀破因能惑也　肇曰卅六物充滿其體不淨想也
是身為虛偽雖假以澡浴衣食必歸磨滅　肇曰雖復澡以香湯衣
上服蓋是非真豈得久立此虛偽想也　是身為災百一病惱　肇曰一大增損百
病生此災患想　是身如丘井為老所逼　丘井老於破村落丘墟枯井也謂
人物宮室移就新若井不可改日見前壞人老亦然威力少色皆悉遷
移衰老形骸日以朽壞此老壞想也　肇曰神之處身為老所逼猶危人之
在丘井為龍蛇所逼也緣在他經　是身無定為要當死　死苦肇曰壽
夭雖无定不得不要之以死此死想也　是身如毒蛇如怨賊如空聚陰界諸入
所共合成　此總明不可樂想也　肇曰四大喻四蛇五陰喻五賊六情喻空聚
皆有成者　界十二入三法假合成身猶若空聚無一可奇
也諸仁者　當樂佛身　此下第二勸求佛身文四第一舉勸第
二徵勸第三　勸此初舉厭所觀　肇曰吾等同有斯患可
厭久矣其於[illegible]　所以者何　此二徵勸意　肇曰近見者謂佛身
直是形之妙者未免生老病死苦暑之患是為而求於辯法身妙極之體
佛者身即法身也　此三釋勸文三初辯果體二明修因此初也
肇曰法身者虛空身也無生而無不生無形而無不形超三界之表絕有心之
境陰入所不攝稱謂所不及寒暑不能為其患生死無以化其體故其為物
也微妙無像不可為有備應萬形不可為无弥綸八極不可為小細入無間不可為
大故能出入生死通洞乎无窮之化變現殊方應無端之求此二乘之所不
議補處之所不覩況凡夫無目敢措心於其間哉聊依經誠言粗標其玄極耳
然則法身在[illegible]之人[illegible]近[illegible]亦述求法身乎

BD05271 號　淨名經集解關中疏　　（3–3）

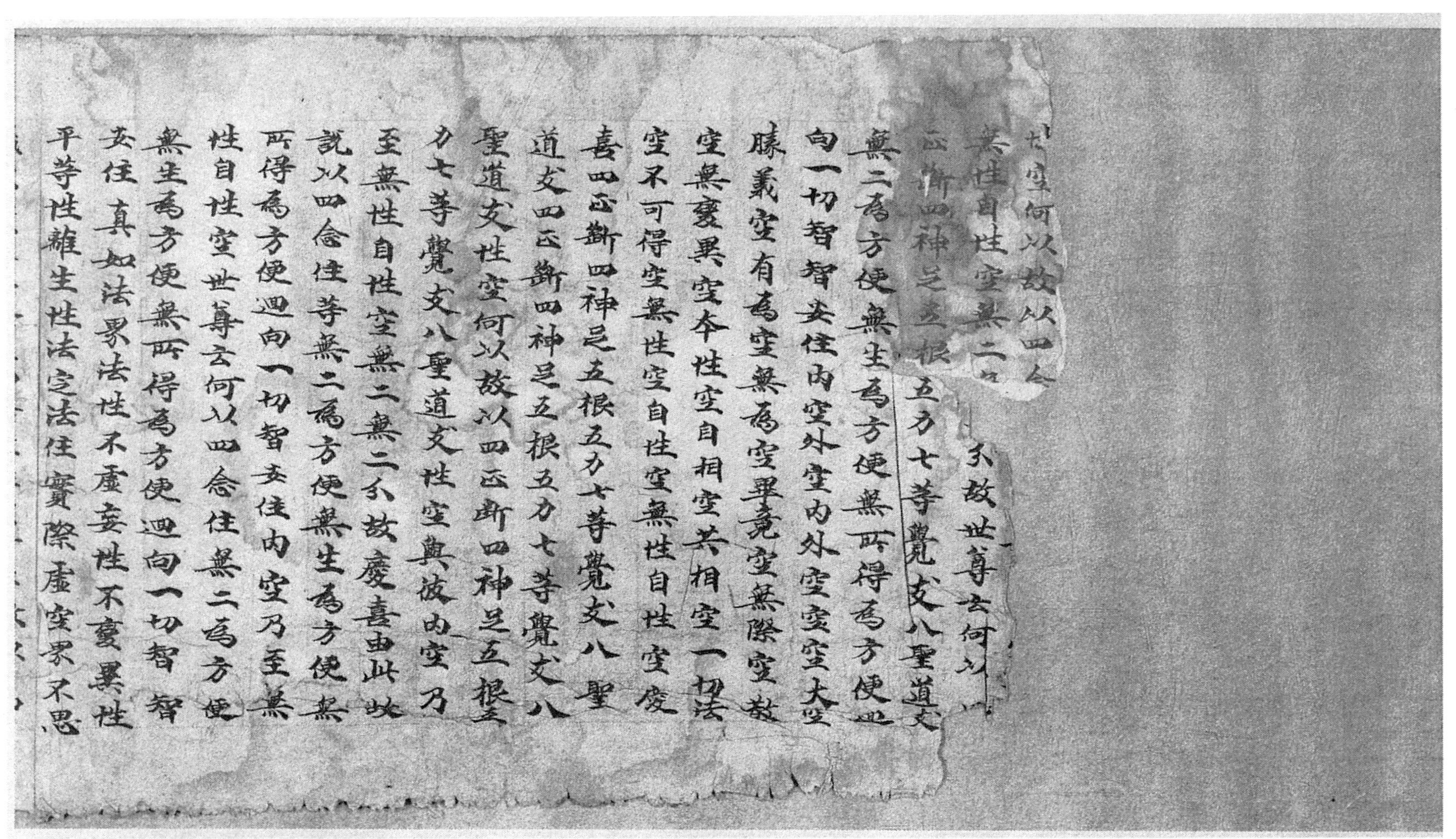
性空何以故以四念
無性自性空無二無二尒故世尊云何以
正斷四神足五根五力七等覺支八聖道支
無二爲方便無生爲方便無所得爲方便迴
向一切智智安住內空外空內外空空空大空
勝義空有爲空無爲空畢竟空無際空散
空無變異空本性空自相空共相空一切法
空不可得空無性空自性空無性自性空慶
喜四正斷四神足五根五力七等覺支八聖
道支四正斷四神足五根五力七等覺支八
聖道支性空何以故以四正斷四神足五根
力七等覺支八聖道支性空與彼內空乃
至無性自性空無二無二尒故慶喜由此故
說以四念住等無二爲方便無生爲方便無
所得爲方便迴向一切智智安住內空乃至無
性自性空世尊云何以四念住無二爲方便
無生爲方便無所得爲方便迴向一切智智
安住真如法界法性不虛妄性不變異性
平等性離生性法定法住實際虛空界不思

BD05272 號　大般若波羅蜜多經卷一二一　（19–1）

說以四念住等無二爲方便無生爲方便無
所得爲方便迴向一切智智安住內空乃至無
性自性空世尊云何以四念住無二爲方便
無生爲方便無所得爲方便迴向一切智智
安住真如法界法性不虛妄性不變異性
平等性離生性法定法住實際虛空界不思
議界慶喜四念住四念住性空何以故以四
念住性空與彼真如乃至不思議界無二無
二尒故世尊云何以四正斷四神足五根五力
七等覺支八聖道支無二爲方便無生爲
方便無所得爲方便迴向一切智智安住真
如法界法性不虛妄性不變異性平等性離
生性法定法住實際虛空界不思議界慶喜
四正斷四神足五根五力七等覺支八聖道支
四正斷四神足五根五力七等覺支八聖
道支性空何以故以四正斷四神足五根五
力七等覺支八聖道支性空與彼真如乃至
不思議界無二無二尒故慶喜由此故說以
四念住等無二爲方便無生爲方便無所得
爲方便迴向一切智智安住真如乃至不思
議界世尊云何以四念住無二爲方便無生
爲方便無所得爲方便迴向一切智智安住
苦集滅道聖諦慶喜四念住四念住性空何
以故以四念住性空與彼苦集滅道聖諦無
二無二尒故世尊云何以四正斷四神足五
根五力七等覺支八聖道支無二爲方便無

BD05272 號　大般若波羅蜜多經卷一二一　（19–2）

爲方便無所得爲方便迴向一切智智安住
苦集滅道聖諦慶喜四念住四念住性空何
以故以四念住性空與彼苦集滅道聖諦無
二無二分故世尊云何以四正斷四神足五
根五力七等覺支八聖道支無二爲方便無
生爲方便無所得爲方便迴向一切智智安
住苦集滅道聖諦慶喜四正斷四神足五根
五力七等覺支八聖道支四正斷四神足五
根五力七等覺支八聖道支性空何以故以
四正斷四神足五根五力七等覺支八聖道
支性空與彼苦集滅道聖諦無二無二分故
慶喜由此故說以四念住等無二爲方便無
生爲方便無所得爲方便迴向一切智智安
住苦集滅道聖諦
世尊云何以四念住無二爲方便無生爲方
便無所得爲方便迴向一切智智脩習四靜
慮四無量四無色定慶喜四念住四念住性
空何以故以四念住性空與四靜慮四無量
四無色定無二無二分故世尊云何以四正
斷四神足五根五力七等覺支八聖道支無
二爲方便無生爲方便無所得爲方便迴向
一切智智脩習四靜慮四無量四無色定慶
喜四正斷四神足五根五力七等覺支八聖
道支四正斷四神足五根五力七等覺支八
聖道支性空何以故以四正斷四神足五根
五力七等覺支八聖道支性空與四靜慮四

BD05272號　大般若波羅蜜多經卷一二一　（19–3）

二爲方便無生爲方便無所得爲方便迴向
一切智智脩習四靜慮四無量四無色定慶
喜四正斷四神足五根五力七等覺支八聖
道支四正斷四神足五根五力七等覺支八
聖道支性空何以故以四正斷四神足五根
五力七等覺支八聖道支性空與四靜慮四
無量四無色定無二無二分故慶喜由此故
說以四念住等無二爲方便無生爲方便無
所得爲方便迴向一切智智脩習四靜慮四
無量四無色定世尊云何以四念住無二爲
方便無生爲方便無所得爲方便迴向一切
智智脩習八解脫八勝處九次第定十遍處
慶喜四念住四念住性空何以故以四念住
性空與八解脫八勝處九次第定十遍處無
二無二分故世尊云何以四正斷四神足五根
五力七等覺支八聖道支無二爲方便無
生爲方便無所得爲方便迴向一切智智脩
習八解脫八勝處九次第定十遍處慶喜四
正斷四神足五根五力七等覺支八聖道支
四正斷四神足五根五力七等覺支八聖道
支性空何以故以四正斷四神足五根五力
七等覺支八聖道支性空與八解脫八勝處
九次第定十遍處無二無二分故慶喜由此
故說以四念住等無二爲方便無生爲方便無
所得爲方便迴向一切智智脩習八解脫八
勝處九次第定十遍處世尊云何以四念

BD05272號　大般若波羅蜜多經卷一二一　（19–4）

七等覺支八聖道支性空與八解脫八勝處
九次第定十遍處無二無二分故慶喜由此
故說以四念住等無二為方便無生為方便無
所得為方便迴向一切智智脩習八解脫八
勝處九次第定十遍處世尊云何以四念
住無二為方便無生為方便無所得為方便
迴向一切智智脩習四念住四正斷四神足
五根五力七等覺支八聖道支慶喜四念住
四念住性空何以故以四念住性空與四念
住四正斷四神足五根五力七等覺支八聖
道支無二無二分故世尊云何以四正斷四神
足五根五力七等覺支八聖道支無二為方
便無生為方便無所得為方便迴向一切智
智脩習四念住四正斷四神足五根五力
七等覺支八聖道支慶喜四正斷四神足五
根五力七等覺支八聖道支四正斷四神足
五根五力七等覺支八聖道支性空何以故
以四正斷四神足五根五力七等覺支八聖道
支性空與四念住四正斷四神足五根五力
七等覺支八聖道支無二無二分故慶喜
由此故說以四念住等無二為方便無生為
方便無所得為方便迴向一切智智脩習四
念住四正斷四神足五根五力七等覺支八
聖道支
世尊云何以四念住無二為方便無生為方

BD05272號　大般若波羅蜜多經卷一二一　（19–5）

由此故說以四念住等無二為方便無生為
方便無所得為方便迴向一切智智脩習四
念住四正斷四神足五根五力七等覺支八
聖道支
世尊云何以四念住無二為方便無生為方
便無所得為方便迴向一切智智脩習空解
脫門無相解脫門無願解脫門慶喜四念住
四念住性空何以故以四念住性空與空解
脫門無相解脫門無願解脫門無二無二分
故世尊云何以四正斷四神足五根五力七
等覺支八聖道支無二為方便無生為方便
無所得為方便迴向一切智智脩習空解脫
門無相解脫門無願解脫門慶喜四正斷四
神足五根五力七等覺支八聖道支四正斷
四神足五根五力七等覺支八聖道支性空
何以故以四正斷四神足五根五力七等覺
支八聖道支性空與空解脫門無相解脫門無
願解脫門無二無二分故慶喜由此故說以
四念住等無二為方便無生為方便無所得
為方便迴向一切智智脩習空解脫門無
相解脫門無願解脫門世尊云何以四念住
無二為方便無生為方便無所得為方便迴
向一切智智脩習五眼六神通慶喜四念住
四念住性空何以故以四念住性空與五眼
六神通無二無二分故世尊云何以四正斷四

BD05272號　大般若波羅蜜多經卷一二一　（19–6）

無二為方便無生為方便無所得為方便迴
向一切智智脩習五眼六神通慶喜四念住
四念住性空何以故以四念住性空與五眼
六神通無二無二分故世尊云何以四正斷四
神足五根五力七等覺支八聖道支無二
為方便無生為方便無所得為方便迴向一
切智智脩習五眼六神通慶喜四正斷四神
足五根五力七等覺支八聖道支四正斷四
神足五根五力七等覺支八聖道支性空何
以故以四正斷四神足五根五力七等覺支
八聖道支性空與五眼六神通無二無二分
故慶喜由此故說以四念住等無二為方便
無生為方便無所得為方便迴向一切智智
脩習五眼六神通世尊云何以四念住無二
為方便無生為方便無所得為方便迴向一切
智智脩習佛十力四無所畏四無礙解大慈
大悲大喜大捨十八佛不共法慶喜四念
住四念住性空何以故以四念住性空與佛
十力四無所畏四無礙解大慈大悲大喜大
捨十八佛不共法無二無二分故世尊云何以
四正斷四神足五根五力七等覺支八聖
道支無二為方便無生為方便無所得為方
便迴向一切智智脩習佛十力四無所畏四無
礙解大慈大悲大喜大捨十八佛不共法
慶喜四正斷四神足五根五力七等覺支八
聖道支四正斷四神足五根五力七等覺支

BD05272 號　大般若波羅蜜多經卷一二一　　（19–7）

道支無二為方便無生為方便無所得為方
便迴向一切智智脩習佛十力四無所畏四無
礙解大慈大悲大喜大捨十八佛不共法
慶喜四正斷四神足五根五力七等覺支八
聖道支四正斷四神足五根五力七等覺支
八聖道支性空何以故以四正斷四神足五根
五力七等覺支八聖道支性空與佛十力
四無所畏四無礙解大慈大悲大喜大捨十
八佛不共法無二無二分故慶喜由此故說以
四念住等無二為方便無生為方便無所得
為方便迴向一切智智脩習佛十力四無所
畏四無礙解大慈大悲大喜大捨十八佛不
共法世尊云何以四念住無二為方便無生
為方便無所得為方便迴向一切智智脩
智無忘失法恒住捨性慶喜四念住四念住
性空何以故以四念住性空與無忘失法恒
住捨性無二無二分故世尊云何以四正斷四
神足五根五力七等覺支八聖道支無二為
方便無生為方便無所得為方便迴向一切
智智脩習無忘失法恒住捨性慶喜四正
斷四神足五根五力七等覺支八聖道支四
正斷四神足五根五力七等覺支八聖道支
性空何以故以四正斷四神足五根五力七等覺
支八聖道支性空與無忘失法恒住捨
性無二無二分故慶喜由此故說以四念住
等無二為方便無生為方便無所得為方便

BD05272 號　大般若波羅蜜多經卷一二一　　（19–8）

正斷四神足五根五力七等覺支八聖道支
性空何以故以四正斷四神足五根五力七等覺
支八聖道支性空與無忘失法恒住捨
性無二無二分故慶喜由此故說以四念住
等無二爲方便無生爲方便無所得爲方便
迴向一切智智脩習無忘失法恒住捨性世尊
云何以四念住無二爲方便無生爲方便無
所得爲方便迴向一切智智脩習一切智
道相智一切相智慶喜四念住四念住性空
何以故以四念住性空與一切智道相智一
切相智無二無二分故世尊云何以四正斷四
神足五根五力七等覺支八聖道支無二
爲方便無生爲方便無所得爲方便迴向一
切智智脩習一切智道相智一切相智慶喜
四正斷四神足五根五力七等覺支八聖道
支四正斷四神足五根五力七等覺支八聖
道支性空何以故以四正斷四神足五根五
力七等覺支八聖道支性空與一切智道相
智一切相智無二無二分故慶喜由此故說
以四念住等無二爲方便無生爲方便無所
得爲方便迴向一切智智脩習一切智道相
智一切相智世尊云何以四念住無二爲方
便無生爲方便無所得爲方便迴向一切智
智脩習一切陁羅尼門一切三摩地門慶喜
四念住四念住性空何以故以四念住性空
與一切陁羅尼門一切三摩地門無二無二

BD05272號　大般若波羅蜜多經卷一二一　(19–9)

智一切相智世尊云何以四念住無二爲方
便無生爲方便無所得爲方便迴向一切智
智脩習一切陁羅尼門一切三摩地門慶喜
四念住四念住性空何以故以四念住性空
與一切陁羅尼門一切三摩地門無二無二
分故世尊云何以四正斷四神足五根五力七
等覺支八聖道支無二爲方便無生爲方便
無所得爲方便迴向一切智智脩習一切陁
羅尼門一切三摩地門慶喜四正斷四神足
五根五力七等覺支八聖道支四正斷四
神足五根五力七等覺支八聖道支性空
何以故以四正斷四神足五根五力七等覺支
八聖道支性空與一切陁羅尼門一切三摩
地門無二無二分故慶喜由此故說以四念
住等無二爲方便無生爲方便無所得爲方
便迴向一切智智脩習一切陁羅尼門一切三
摩地門世尊云何以四念住無二爲方便
無生爲方便無所得爲方便迴向一切智智
脩習菩薩摩訶薩行慶喜四念住四念住性
空何以故以四念住性空與彼菩薩摩訶薩
行無二無二分故世尊云何以四正斷四神足
五根五力七等覺支八聖道支無二無方
便無生爲方便無所得爲方便迴向一切智
智脩習菩薩摩訶薩行慶喜四正斷四神足
五根五力七等覺支八聖道支四正斷四神

BD05272號　大般若波羅蜜多經卷一二一　(19–10)

五根五力七等覺支八聖道支無二無方
便無生為方便無所得為方便迴向一切智
智脩習菩薩摩訶薩行慶喜四正斷四神足
五根五力七等覺支八聖道支四正斷四神
足五根五力七等覺支八聖道支性空何以
故以四正斷四神足五根五力七等覺支八
聖道支性空與彼菩薩摩訶薩行無二無二
分故慶喜由此故說以四念住等無二為方便
無生為方便無所得為方便迴向一切智智
脩習菩薩摩訶薩行世尊云何以四念住無
二為方便無生為方便無所得為方便迴向
一切智智脩習無上正等菩提慶喜四念
住四念住性空何以故以四念住性空與彼無
上正等菩提無二無二分故世尊云何以四
正斷四神足五根五力七等覺支八聖道
支無二為方便無生為方便無所得為方便
迴向一切智智脩習無上正等菩提慶喜四
正斷四神足五根五力七等覺支八聖道支
四正斷四神足五根五力七等覺支八聖道
支性空何以故以四正斷四神足五根五力七
等覺支八聖道支性空與彼無上正等菩
提無二無二分故慶喜由此故說以四念住等
無二為方便無生為方便無所得為方便迴
向一切智智脩習無上正等菩提
世尊云何以空解脫門無二為方便無生為
方便無所得為方便迴向一切智智脩習布施

BD05272號　大般若波羅蜜多經卷一二一　(19–11)

等覺支八聖道支性空與彼無上正等菩
提無二無二分故慶喜由此故說以四念住等
無二為方便無生為方便無所得為方便迴
向一切智智脩習無上正等菩提
世尊云何以空解脫門無二為方便無生為
方便無所得為方便迴向一切智智脩習布施
淨戒安忍精進靜慮般若波羅蜜多慶喜
空解脫門空解脫門性空何以故以空解脫
門性空與布施淨戒安忍精進靜慮般若
波羅蜜多無二無二分故世尊云何以無相無
願解脫門無二為方便無生為方便無所得
為方便迴向一切智智脩習布施淨戒安忍
精進靜慮般若波羅蜜多慶喜無相無願
解脫門無相無願解脫門性空何以故以無相
無願解脫門性空與布施淨戒安忍精進
靜慮般若波羅蜜多無二無二分故慶喜由此
故說以空解脫門等無二為方便無生為方
便無所得為方便迴向一切智智脩習布施淨
戒安忍精進靜慮般若波羅蜜多世尊云何
以空解脫門無二為方便無生為方便無所
得為方便迴向一切智智安住內空外空內
外空空空大空勝義空有為空無為空畢
竟空無際空散空無變異空本性空自相空
共相空一切法空不可得空無性空自性空
無性自性空慶喜空解脫門空解脫門性空
何以故以空解脫門性空與彼內空乃至無

BD05272號　大般若波羅蜜多經卷一二一　(19–12)

外空空空大空勝義空有為空無為空畢
竟空無際空散空無變異空本性空自相空
共相空一切法空不可得空無性空自性空
無性自性空慶喜空解脫門空解脫門性空
何以故以空解脫門性空與彼內空乃至無
性自性空無二無二分故世尊云何以無相
無願解脫門無二為方便無生為方便無所
得為方便迴向一切智智安住內空外空內外
空空空大空勝義空有為空無為空畢竟
空無際空散空無變異空本性空自相空共
相空一切法空不可得空無性空自性空無性
性自性空慶喜無相無願解脫門無相無願
解脫門性空何以故以無相無願解脫門性
空與彼內空乃至無性自性空無二無二分
故慶喜由此故說以空解脫門等無二為方
便無生為方便無所得為方便迴向一切智
智安住內空乃至無性自性空世尊云何以
空解脫門無二為方便無生為方便無所得
為方便迴向一切智智安住真如法界法性
不虛妄性不變異性平等性離生性法定法
住實際虛空界不思議界慶喜空解脫門
空解脫門性空何以故以空解脫門性空與
彼真如乃至不思議界無二無二分故世尊
云何以無相無願解脫門無二為方便無生為
方便無所得為方便迴向一切智智安住真
如法界法性不虛妄性不變異性平等性離
生性法定法住實際虛空界不思議界慶

BD05272號　大般若波羅蜜多經卷一二一　（19–13）

空解脫門性空何以故以空解脫門性空與
彼真如乃至不思議界無二無二分故世尊
云何以無相無願解脫門無二為方便無生為
方便無所得為方便迴向一切智智安住真
如法界法性不虛妄性不變異性平等性離
生性法定法住實際虛空界不思議界慶
喜無相無願解脫門無相無願解脫門性空何
以故以無相無願解脫門性空與彼真如乃
至不思議界無二無二分故慶喜由此故說
以空解脫門等無二為方便無生為方便無
所得為方便迴向一切智智安住真如乃至
不思議界世尊云何以空解脫門無二為方
便無生為方便無所得為方便迴向一切智
智安住苦集滅道聖諦慶喜空解脫門空
解脫門性空何以故以空解脫門性空與彼苦
集滅道聖諦無二無二分故世尊云何以無
相無願解脫門無二為方便無生為方便無
所得為方便迴向一切智智安住苦集滅道
聖諦慶喜無相無願解脫門無相無願解脫
門性空何以故以無相無願解脫門性空與
彼苦集滅道聖諦無二無二分故慶喜由此
故說以空解脫門等無二為方便無生為方
便無所得為方便迴向一切智智安住苦集
滅道聖諦世尊云何以空解脫門無二為方
便無生為方便無所得為方便迴向一切智
智脩習四靜慮四無量四無色定慶喜空解

BD05272號　大般若波羅蜜多經卷一二一　（19–14）

故說以空解脫門等無二為方便無生為方
便無所得為方便迴向一切智智安住苦集
滅道聖諦世尊云何以空解脫門無二為方
便無生為方便無所得為方便迴向一切智
智脩習四靜慮四無量四無色定慶喜空解
脫門空解脫門性空何以故以空解脫門性
空與四靜慮四無量四無色定無二無二分
故世尊云何以無相無願解脫門無二為方
便無生為方便無所得為方便迴向一切智
智脩習四靜慮四無量四無色定慶喜無相
無願解脫門無相無願解脫門性空何以故
以無相無願解脫門性空與四靜慮四無量
四無色定無二無二分故慶喜由此故說以空
解脫門等無二為方便無生為方便無所得
為方便迴向一切智智脩習四靜慮四無
量四無色定世尊云何以空解脫門無二為
方便無生為方便無所得為方便迴向一切
智智脩習八解脫八勝處九次第定十遍處
慶喜空解脫門空解脫門性空何以故以空解
脫門性空與八解脫八勝處九次第定十遍
處無二無二分故世尊云何以無相無願解
脫門無二為方便無生為方便無所得為方
便迴向一切智智脩習八解脫八勝處九次
第定十遍處慶喜無相無願解脫門無相無
願解脫門性空何以故以無相無願解脫門
性空與八解脫八勝處九次第定十遍處無



脫門無二為方便無生為方便無所得為方
便迴向一切智智脩習八解脫八勝處九次
第定十遍處慶喜無相無願解脫門無相無
願解脫門性空何以故以無相無願解脫門
性空與八解脫八勝處九次第定十遍處無
二無二分故慶喜由此故說以空解脫門等
無二為方便無生為方便無所得為方便迴
向一切智智脩習八解脫八勝處九次第定
十遍處世尊云何以空解脫門無二為方便
無生為方便無所得為方便迴向一切智智
脩習四念住四正斷四神足五根五力七等
覺支八聖道支慶喜空解脫門空解脫門
性空何以故以空解脫門性空與四念住四
正斷四神足五根五力七等覺支八聖道支
無二無二分故世尊云何以無相無願解脫門
無二無為方便無生為方便無所得為方便
迴向一切智智脩習四念住四正斷四神足五
根五力七等覺支八聖道支慶喜無相無
願解脫門無相無願解脫門性空何以故以
無相無願解脫門性空與四念住四正斷四
神足五根五力七等覺支八聖道支無二無
二分故慶喜由此故說以空解脫門等無二
為方便無生為方便無所得為方便迴向一
切智智脩習四念住四正斷四神足五根五力
七等覺支八聖道支世尊云何以空解脫門
無二為方便無生為方便無所得為方便

神足五根五力七等覺支八聖道支無二無
二分故慶喜由此故說以空解脫門等無二
為方便無生為方便無所得為方便迴向一
切智智脩習四念住四正斷四神足五根五力
七等覺支八聖道支世尊云何以空解脫門
無二為方便無生為方便無所得為方便
迴向一切智智脩習空解脫門無相解脫門
無願解脫門慶喜空解脫門空解脫門性
空何以故以空解脫門性空與空解脫門無
相解脫門無願解脫門無二無二分故世尊
云何以無相無願解脫門無二為方便無生
為方便無所得為方便迴向一切智智脩習空
解脫門無相解脫門無願解脫門慶喜無相
無願解脫門無相無願解脫門性空何以故
以無相無願解脫門性空與空解脫門無相
解脫門無願解脫門無二無二分故慶喜由
此故說以空解脫門等無二為方便無生為
方便無所得為方便迴向一切智智脩習空
解脫門無相解脫門無願解脫門世尊云何
以空解脫門無二為方便無生為方便無所得
為方便迴向一切智智脩習五眼六神通
慶喜空解脫門空解脫門性空何以故以空
解脫門性空與五眼六神通無二無二分故
世尊云何以無相無願解脫門無二為方便
無生為方便無所得為方便迴向一切智智脩
習五眼六神通慶喜無相無願解脫門無

BD05272 號　大般若波羅蜜多經卷一二一　（19–17）

慶喜空解脫門空解脫門性空何以故以空
解脫門性空與五眼六神通無二無二分故
世尊云何以無相無願解脫門無二為方便
無生為方便無所得為方便迴向一切智智脩
習五眼六神通慶喜無相無願解脫門無
相無願解脫門性空何以故以無相無願解
脫門性空與五眼六神通無二無二分故慶
喜由此故說以空解脫門等無二為方便無
生為方便無所得為方便迴向一切智智脩習
五眼六神通世尊云何以空解脫門無二為
方便無生為方便無所得為方便迴向一切
智智脩習佛十力四無所畏四無礙解大
慈大悲大喜大捨十八佛不共法慶喜空
解脫門空解脫門性空何以故以空解脫門性
空與佛十力四無所畏四無礙解大慈大悲
大喜大捨十八佛不共法無二無二分故世尊
云何以無相無願解脫門無二為方便無
生為方便無所得為方便迴向一切智智脩
習佛十力四無所畏四無礙解大慈大悲大
喜大捨十八佛不共法慶喜無相無願解脫
門無相無願解脫門性空何以故以無相無
願解脫門性空與佛十力四無所畏四無礙解
大慈大悲大喜大捨十八佛不共法無二無
二分故慶喜由此故說以空解脫門等無
二為方便無生為方便無所得為方便迴向
一切智智脩習佛十力四無所畏四無礙解大

BD05272 號　大般若波羅蜜多經卷一二一　（19–18）

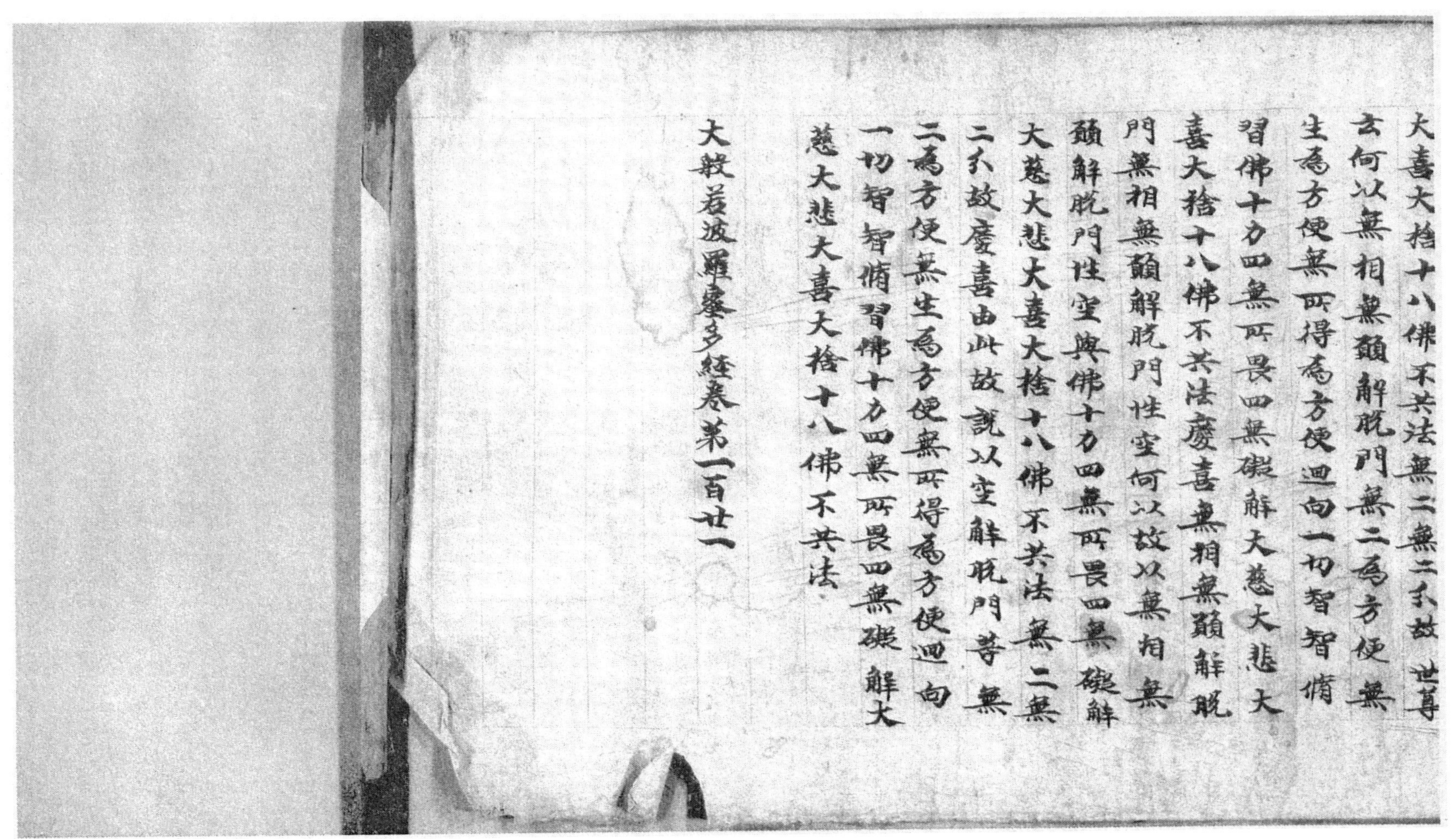

大喜大捨十八佛不共法無二無二分故世尊
云何以無相無願解脫門無二爲方便無
生爲方便無所得爲方便迴向一切智智脩
習佛十力四無所畏四無礙解大慈大悲大
喜大捨十八佛不共法慶喜無相無願解脫
門無相無願解脫門性空何以故以無相無
願解脫門性空與佛十力四無所畏四無礙解
大慈大悲大喜大捨十八佛不共法無二無
二分故慶喜由此故說以空解脫門等無
二爲方便無生爲方便無所得爲方便迴向
一切智智脩習佛十力四無所畏四無礙解大
慈大悲大喜大捨十八佛不共法

大般若波羅蜜多經卷第一百廿一

BD05272號　大般若波羅蜜多經卷一二一　（19–19）

足切德行色无色界道不以爲勝亦行貪欲
離諸染著亦行瞋恚於諸衆生无有恚礙亦
行愚癡而以智恵調伏其心亦行慳貪而捨
内外所有不惜身命亦行毁禁而安住淨戒
乃至小罪猶懷大懼亦行瞋恚而常慈忍亦
行懈怠而勤脩功德亦行乱意而常念定亦
行愚癡而通達世間出世間恵亦行諂僞而
善方便隨諸經義亦行憍慢而於衆生猶如
橋梁亦行諸煩惱而心常清淨亦入於魔而
順佛智恵不隨他教亦入聲聞而爲衆生說
未聞法亦入辟支佛而成就大悲教化衆生
亦入貧窮而有寶手功德无盡亦入刑殘而
具諸相好以自莊嚴亦入下賤而生佛種姓
中具諸功德亦入羸劣醜陋而得那羅延身
一切衆生之所樂見亦入老病死而永斷病
根超越死畏亦有資生而恒觀无常實无所
貪亦有妻妾婇女而常遠離五欲淤泥現於
訥鈍而成就辯才捴持无失亦入邪濟而以
正濟度諸衆生現遍入諸道而斷其因緣現

BD05273號　維摩詰所說經卷中　（2–1）

具諸相好以自莊嚴亦入下賤而生佛種姓
中具諸功德亦入羸劣醜陋而得那羅延身
一切衆生之所樂見亦入老病而永斷病
根超越死畏亦有資生而恒觀无常實无所
貪亦有妻妾婇女而常遠離五欲淤泥現於
訥鈍而成就辯才揔持无失亦入邪濟而以
正濟度諸衆生現遍入諸道而斷其因緣現
於涅槃而不斷生死文殊師利菩薩能如是
行於非道是爲通達佛道
於是維摩詰問文殊師利何等爲如來種文
殊師利言有身爲種无明有愛爲種貪恚癡
爲種四顛倒爲種五蓋爲種六入爲種七識
處爲種八邪法爲種九惱處爲種十不善法
爲種以要言之六十二見及一切煩惱皆是
佛種曰何謂也答曰若見无爲入正位者不
能復發阿耨多羅三藐三菩提心譬如高原
陸地不生蓮華卑濕淤泥乃生此華如是見
无爲法入正位者終不復能生於佛法煩惱
泥中乃有衆生起佛法耳又如殖種於空終
不得生糞壤之地乃能滋茂如是入无爲正
位者不生佛法起於我見如須彌山猶能發
于阿耨多羅三藐三菩提心生佛法矣是故
當知一切煩惱爲如來種譬如不下巨海不
能得无價寶珠如是不入煩惱大海則不能
得一切智寶

BD05273號　維摩詰所說經卷中　（2–2）

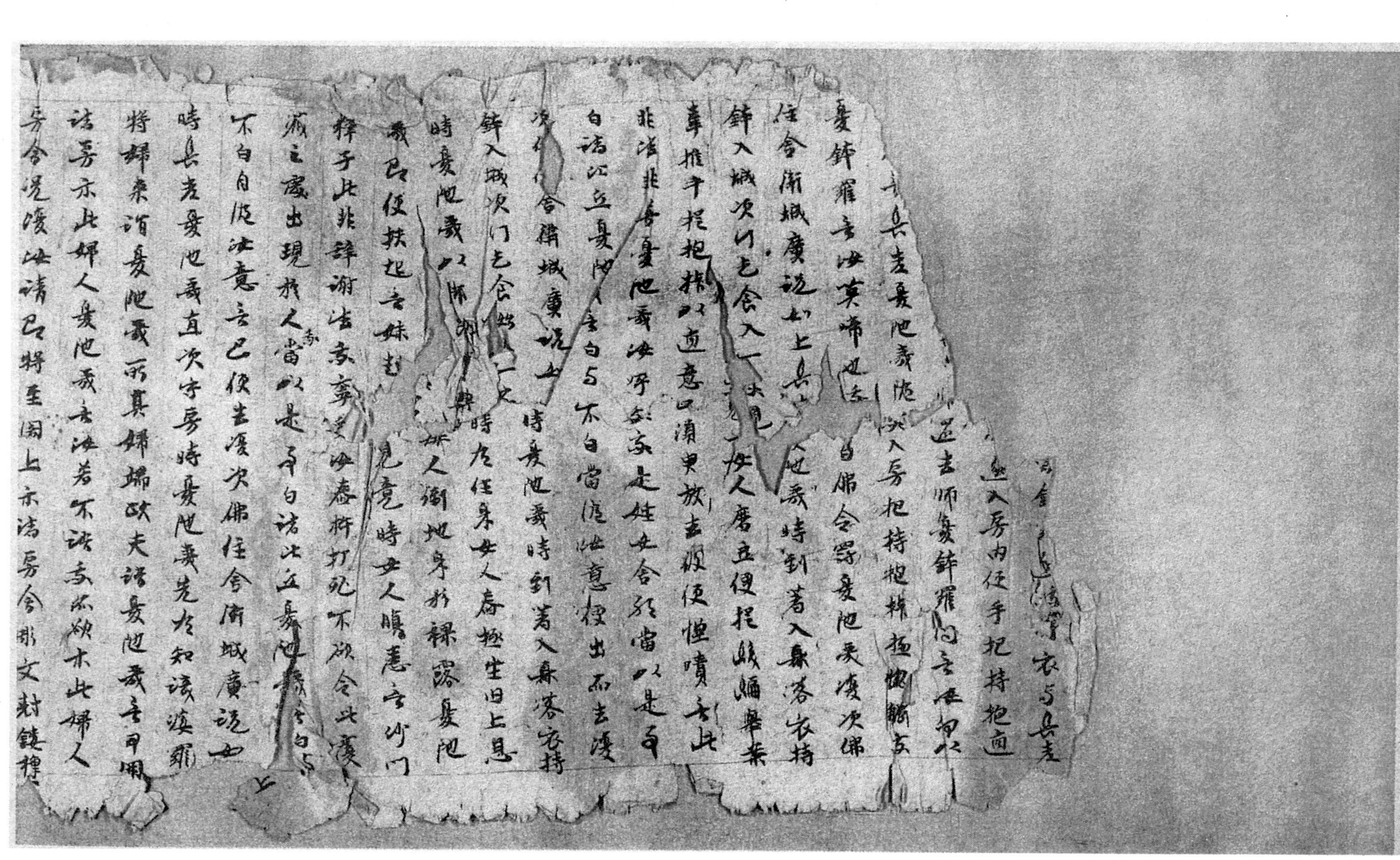

BD05274號　摩訶僧祇律卷五　（3–1）

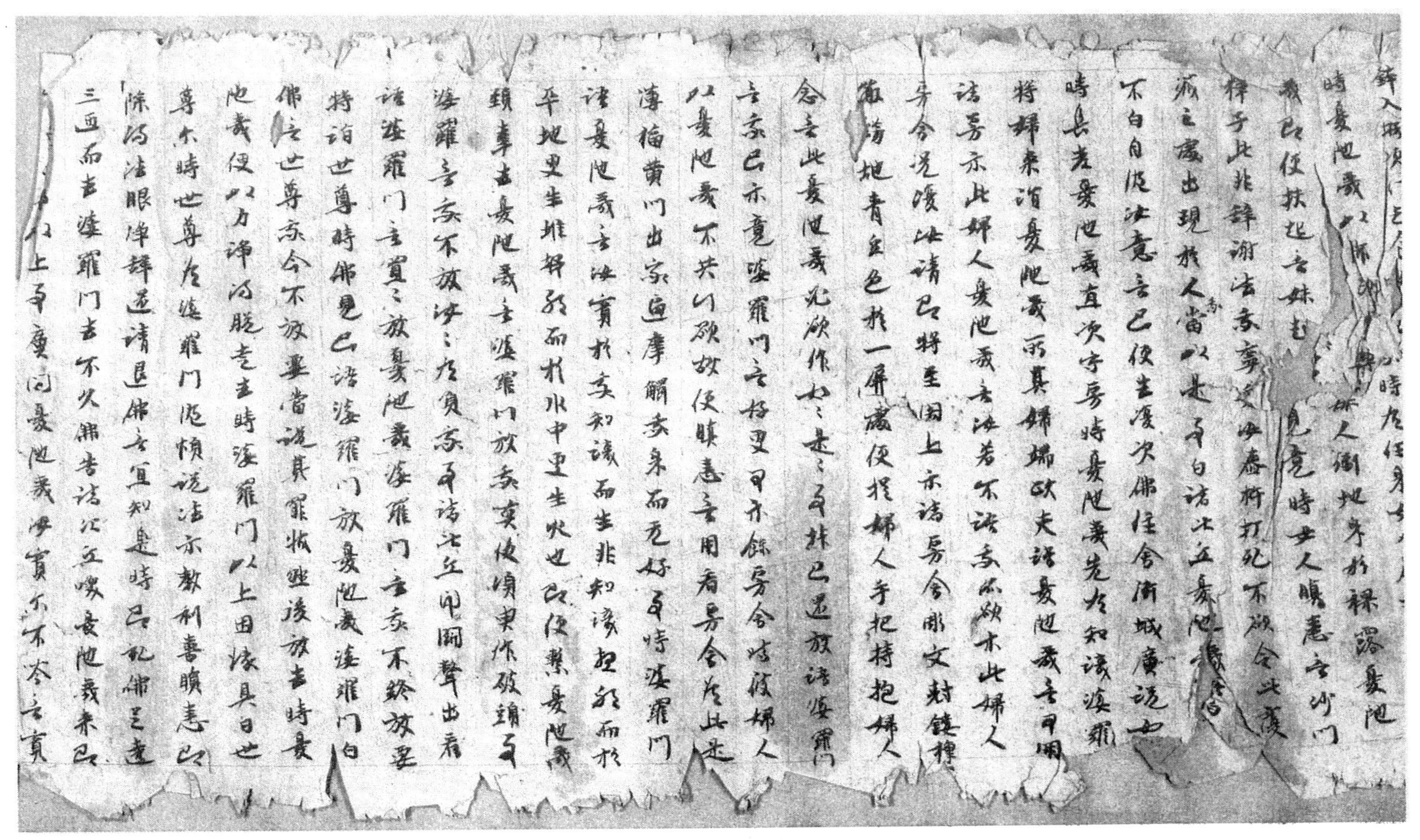

BD05274號　摩訶僧祇律卷五　（3–2）

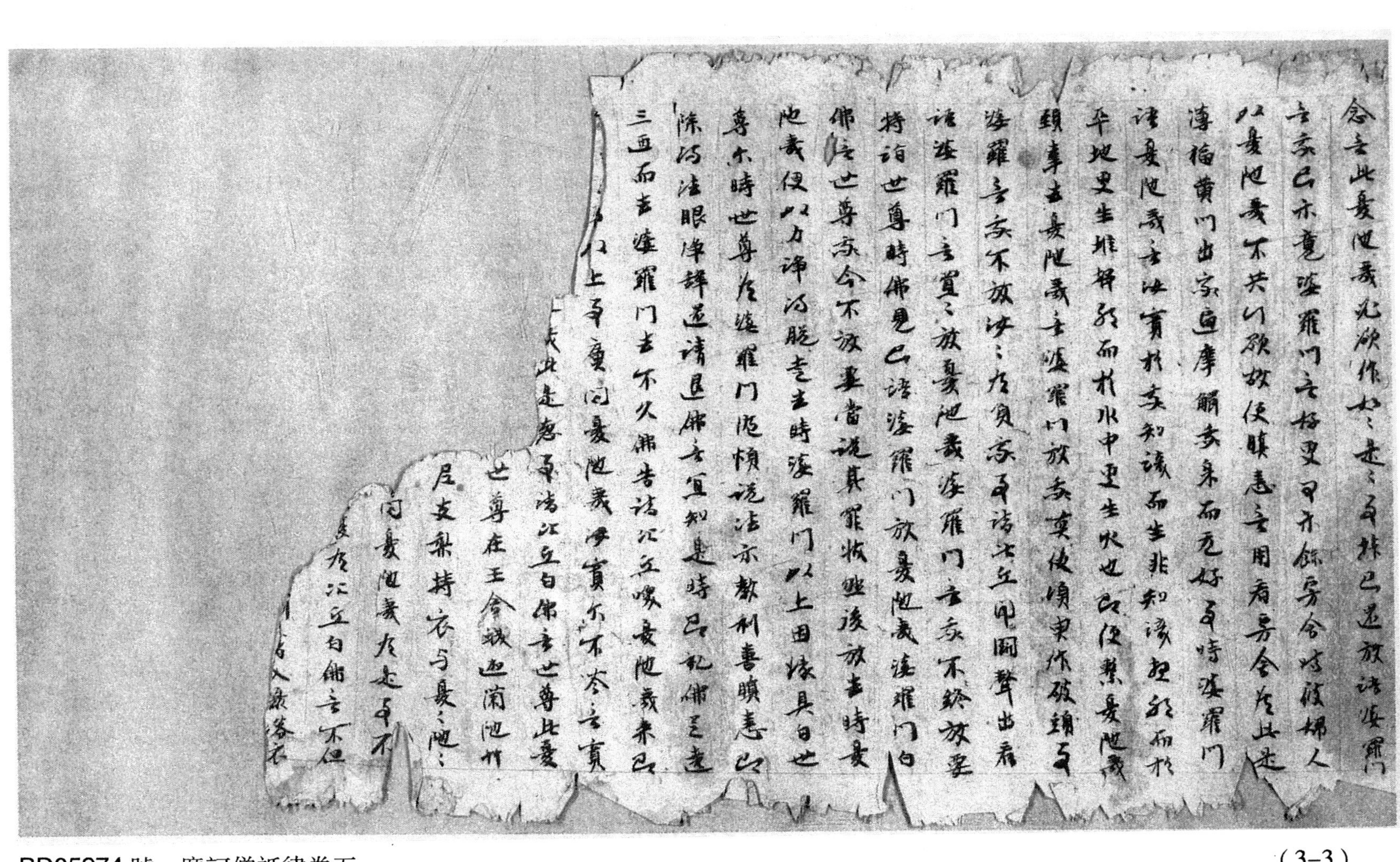

BD05274號　摩訶僧祇律卷五　（3–3）

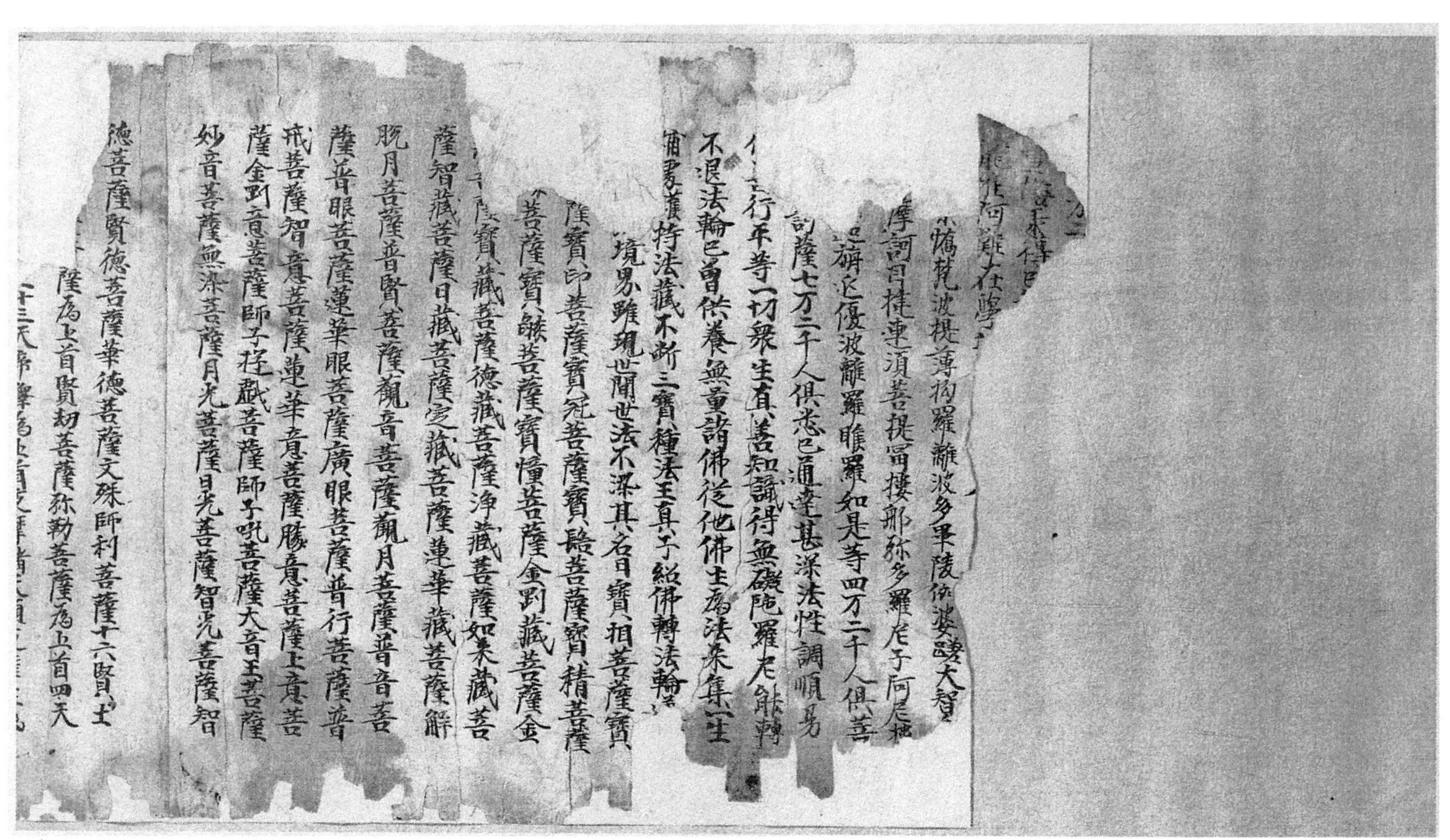

[illegible]
[illegible]何難[illegible]在學[illegible]
[illegible]憍梵波提薄拘羅離波多畢陵伽婆蹉大智
摩訶目揵連須菩提富樓那弥多羅尼子阿尼樓
[illegible]難陀優波難羅睺羅如是等四万二千人俱菩
薩摩訶薩七万二千人俱悉已通達甚深法性調順易
化[illegible]行平等一切衆生真善知識得無礙陀羅尼能轉
不退法輪已曾供養無量諸佛從他佛土為法來集[illegible]生
佛家護持法藏不斷三寶種法王真子紹佛轉法輪[illegible]
境界雖現世間世法不染其名曰寶相菩薩寶
[illegible]薩寶印菩薩寶冠菩薩寶髻菩薩寶積菩薩
[illegible]菩薩寶髻菩薩寶幢菩薩金剛藏菩薩金
[illegible]寶藏菩薩德藏菩薩淨藏菩薩如來藏菩
薩智藏菩薩日藏菩薩愛藏菩薩蓮華藏菩薩解
脫月菩薩普賢菩薩觀音菩薩觀月菩薩普音菩
薩普眼菩薩蓮華眼菩薩廣眼菩薩普行菩薩普
戒菩薩智意菩薩蓮華意菩薩勝意菩薩上意菩
薩金剛意菩薩師子遊戲菩薩師子吼菩薩大音王菩薩
妙音菩薩無染菩薩月光菩薩日光菩薩智光菩薩智
德菩薩賢德菩薩華德菩薩文殊師利菩薩十六賢士
薩為上首賢劫菩薩弥勒菩薩為上首四天
十三天帝釋[illegible]

BD05275 號　勝天王般若波羅蜜經卷一　（18–1）

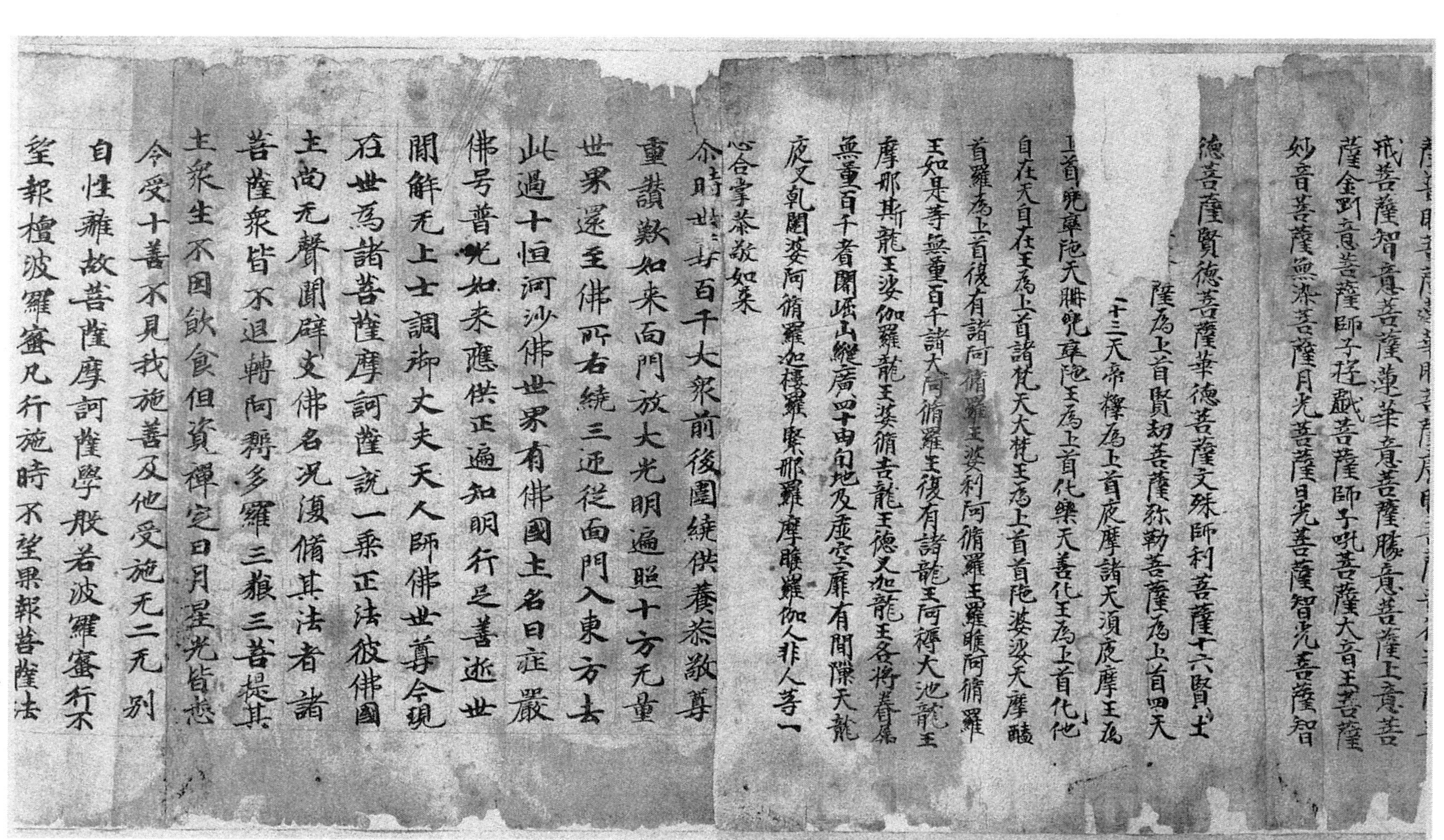

薩普眼菩薩[illegible]
戒菩薩智意菩薩蓮華意菩薩勝意菩薩上意菩
薩金剛意菩薩師子遊戲菩薩師子吼菩薩大音王菩薩
妙音菩薩無染菩薩月光菩薩日光菩薩智光菩薩智
德菩薩賢德菩薩華德菩薩文殊師利菩薩十六賢士
薩為上首賢劫菩薩弥勒菩薩為上首四天
十三天帝釋為上首夜摩諸天須夜摩王為
上首兜率陀天删兜率陀王為上首化樂天善化王為上首化他
自在天自在王為上首諸梵天大梵王為上首首陀婆娑天摩醯
首羅為上首復有諸阿脩羅王婆利阿脩羅王羅睺阿脩羅
王如是等無量百千諸大阿脩羅王復有諸龍王阿耨大池龍王
摩那斯龍王婆伽羅龍王婆脩吉龍王德叉迦龍王各將眷屬
無量百千者闍崛山縱廣四十由旬地及虛空靡有間隙天龍
夜叉乾闥婆阿脩羅迦樓羅緊那羅摩睺羅伽人非人等一
心合掌恭敬如來
爾時世尊百千大衆前後圍繞供養恭敬尊
重讚歎如來面門放大光明遍照十方无量
世界還至佛所右繞三匝從面門入東方去
此過十恒河沙佛世界有佛國土名曰莊嚴
佛号普光如來應供正遍知明行足善逝世
間解无上士調御丈夫天人師佛世尊今現
在世為諸菩薩摩訶薩說一乘正法彼佛國
土尚无聲聞辟支佛名況復脩其法者諸
菩薩衆皆不退轉阿耨多羅三藐三菩提其
土衆生不因飲食但資禪定日月星光皆悉
令受十善不見我施善及他受施无二无別
自性離故菩薩摩訶薩學般若波羅蜜行不
望報檀波羅蜜凡行施時不望果報菩薩法

BD05275 號　勝天王般若波羅蜜經卷一　（18–2）

菩薩衆皆不退轉阿耨多羅三藐三菩提其
土衆生不因飲食但資禪定日月星光皆悉
令受十善不見我施善及他受施无二无別
自性離故菩薩摩訶薩學般若波羅蜜行不
望報檀波羅蜜凡行施時不望果報菩薩法
尒自應布施不見我行不見施報无二无別
自性離故菩薩摩訶薩學般若波羅蜜行大
悲檀波羅蜜見諸衆生貧窮老疾无救濟者
起大悲心而發擔願我得阿耨多羅三藐三
菩提為諸衆生作歸依處以少善根迴向菩
提為衆生故亦不分別我能救濟及受救者
无二无別自性離故菩薩摩訶薩學般若波
羅蜜行恭敬檀波羅蜜隨他所須菩薩摩訶
薩身自取物不令彼勸敬心授與不見我能
敬不見彼受敬无二无別自性離故菩薩摩
訶薩學般若波羅蜜行尊重檀波羅蜜於
諸衆生悲起師僧及父母想以尊重心合掌
恭敬若无財物惠以善言不見我能尊重他
可重者无二无別自性離故菩薩摩訶薩學
般若波羅蜜行供養檀波羅蜜若見寺塔則
應香華燈油掃灑供養若見尊像毀壞正
法毀損則應治葺若見衆僧四事供養不見
我能供養彼可供者无二无別自性離故菩薩
摩訶薩學般若波羅蜜行无依止檀波羅蜜
不作是念以此布施願得生天或求天王願得
生人若求人王乃至阿耨多羅三藐三菩提亦

BD05275號　勝天王般若波羅蜜經卷一　（18–3）

法毀損則應治葺若見衆僧四事供養不見
我能供養彼可供者无二无別自性離故菩薩
摩訶薩學般若波羅蜜行无依止檀波羅蜜
不作是念以此布施願得生天或求天王願得
生人若求人王乃至阿耨多羅三藐三菩提亦
不希取无所得故是名菩薩摩訶薩學般若
波羅蜜通達檀那波羅蜜
大王菩薩摩訶薩學般若波羅蜜行尸羅波
羅蜜作是思惟佛阿含教及毗尼中說波羅
提木叉菩薩摩訶薩應學不見戒相及我能
持不着戒不着見不着我菩薩摩訶薩學
般若波羅蜜作是思惟阿耨多羅三藐三菩
提不止以持戒得應當遍學菩薩戒行戒性
清涼寂靜不生自性離故菩薩摩訶薩學
般若波羅蜜作是思惟云何持戒能斷煩惱
煩惱三種貪恚愚癡又各三品謂上中下須知
對治貪欲重者脩不淨觀具足觀身三十六物
瞋恚多者脩慈悲觀多愚癡者脩因緣觀不
見能觀及所觀法无二无別自性離故菩薩
摩訶薩學般若波羅蜜復作是念云何菩薩
摩訶薩離不正思惟菩薩摩訶薩不生是心
我行寂靜行離行空諸餘沙門婆羅門在喧
撓中不樂空行見不二別知自性離即滅耶
念菩薩摩訶薩學般若波羅蜜雖知諸法
離而深畏罪業如佛所說應持淨戒脩習

BD05275號　勝天王般若波羅蜜經卷一　（18–4）

摩訶薩不正思惟菩薩摩訶薩不生是心
我行寂靜行離行空諸餘沙門婆羅門在憒
閙中不樂空行見不二別知自性離即滅耶
念菩薩摩訶薩學般若波羅蜜雖知諸法
離而深畏罪業如佛所說應持淨戒備習
功德乃至般若波羅蜜少不善法不與共居
世尊所說譬如毒藥多少皆害菩薩摩訶
薩學般若波羅蜜常生怖畏信行相應菩薩
摩訶薩於空曠處獨行无侶或有沙門婆羅
門等賚持金銀流離真珠馬瑙珊瑚車
璖白玉以寄菩薩不起貪著无有取心作是
思惟世尊所說寧自割身取肉而食於他之
財不與非取菩薩摩訶薩學般若波羅蜜持
戒堅固若魔及魔眷屬以妙色形試菩薩心
不動搖作是思惟世尊所說一切諸法如夢幻
化无二无別自性離故菩薩摩訶薩學般若
波羅蜜雖懃持戒不求生人若作人王不求生
天若作天王身離三失无口四過意勉三愆
如此持戒不見我能持不見戒相无二无別
自性離故是名菩薩摩訶薩學般若波羅
蜜通達尸羅波羅蜜
大王菩薩摩訶薩學般若波羅蜜行羼提
波羅蜜菩薩摩訶薩於其內心常能生忍憂
悲苦惱皆悉不隨亦學外忍若他打罵終不
生瞋亦學法忍如世尊說甚深實性无人无

BD05275號　勝天王般若波羅蜜經卷一　（18–5）

蜜通達尸羅波羅蜜
大王菩薩摩訶薩學般若波羅蜜行羼提
波羅蜜菩薩摩訶薩於其內心常能生忍憂
悲苦惱皆悉不隨亦學外忍若他打罵終不
生瞋亦學法忍如世尊說甚深實性无人无
法不生寂靜即是涅槃聞如此說心不驚怖作
是思惟不學是法云何能得阿耨多羅三藐
三菩提深觀三毒如是貪瞋於何處起何因緣
生何因緣滅作是觀察不見有生及可生法
不見能滅及所滅法如是忍心相續不斷
於六時中无有間隟不擇境界父母國王我
則須忍餘可以滅即便加惡菩薩行忍不為
報恩名利仁義慚恥怖畏菩薩摩訶薩法
應行忍若人加害楇打罵辱心不傾動菩薩摩
訶薩若作國王王等有貪賊人罵詈恥辱不
示威形云我是王法應治罰即作是念我於
往昔諸世尊前發大誓願一切衆生我皆濟
拔令得阿耨多羅三藐三菩提令若起瞋則
違本誓譬如良醫發如是誓世間盲瞎我悉
治愈若自失明豈療他疾如是菩薩為除衆
生无明黑暗自起瞋恚安能救彼不見我能
忍不見可忍无二无別自性離故是名菩薩
摩訶薩學般若波羅蜜通達羼提波羅蜜
大王菩薩摩訶薩學般若波羅蜜行毗梨耶

BD05275號　勝天王般若波羅蜜經卷一　（18–6）

治愈若自失明豈療他疾如是菩薩為除衆
生无明黒暗自起瞋恚安能救彼不見我能
忍不見可忍无二无别自性離故是名菩薩
摩訶薩學般若波羅蜜通達羼提波羅蜜
大王菩薩摩訶薩學般若波羅蜜行毗梨耶
波羅蜜未滅令滅未度令度未脱令脱未安
令安未覺令覺菩薩如是行精進時有諸
惡魔為作留難謂菩薩言善男子莫脩此法
空受懃苦何以故我往昔時曽脩此法未滅
令滅未度令度未脱令脱未安令安未
覺令覺空受懃苦都无實利我從昔來多見
菩薩脩學此行並皆退轉汝可迴心以取聲聞
辟支佛乘而自滅度菩薩摩訶薩即便覺知
告言惡魔汝復道去我心如金剛非汝能壞汝
若作鄣导自得長夜苦魔即不現若餘菩薩
脩五波羅蜜未得般若波羅蜜者菩薩摩訶
薩如是精進設百千劫亦能超過況復聲聞
辟支佛乘菩薩摩訶薩行般若波羅蜜成
就佛法衆惡悉離雖行精進不疾不遅而發
大願使我得身與世尊等眉間白豪頂上肉
髻佛使法輪我亦如是辟如真金衆寳瑩飾則
為嚴淨菩薩精進亦復如是遠離垢穢所謂嬾
隋懈怠疲極不自覺知不正思惟離此垢穢
即獲清淨智慧功德而共莊嚴身不疲勞心



大願使我得身與世尊等眉間白豪頂上肉
髻佛使法輪我亦如是辟如真金衆寳瑩飾則
為嚴淨菩薩精進亦復如是遠離垢穢所謂嬾
隋懈怠疲極不自覺知不正思惟離此垢穢
即獲清淨智慧功德而共莊嚴身不疲勞心
无厭怠鄣道惡法一切不善皆悉滅除其有
助道向涅槃法悉令増長少惡不起何況其
多假使十方恒沙世界満中大火如阿鼻獄
此世界外有一衆生可度脱者菩薩摩訶薩
能從中過況多衆生不作是念无上菩提不
易可得菩薩脩行如救頭燃百千万劫如此
重擔難可荷負作是思惟過現諸佛皆脩此
行成阿耨多羅三藐三菩提我亦如是正應
脩習寧百千劫處地獄中使衆生度終不棄
捨速取涅槃如是精進心不自高於他不下
不見我能行及所行法无二无别自性離故
是名菩薩摩訶薩學般若波羅蜜通達毗
梨耶波羅蜜
大王菩薩摩訶薩學般若波羅蜜行禪波羅
蜜深種善根於大乘中世生生多習妙行
近善知識不生貪賤常在婆羅門刹利大姓
正信三寳増長善法因宿善根作如是念衆
生長夜流轉六道苦輪不息皆由貪愛菩薩
摩訶薩起厭離心知從虚妄分别而有脩多
羅中方便種種説欲過患如[illegible]如箭如刀[illegible]

近善知識不生貪賤常在婆羅門刹利大姓
正信三寶增長善法因宿善根作如是念衆
生長夜流轉六道㽕輪不息皆由貪愛菩薩
摩訶薩起厭離心知從虛妄分別而有脩多
羅中方便種種説欲過患如梨如衞如刀如
虵如泡臭穢不淨无常云何智人貪著此法
即剃鬚髮出家脩道未見令見未得令得未
證令證聞説受持若世諦第一義諦如實脩
行如法觀察所謂正見正分別正精進正語
正業正命正念正定遠離喧雜不求名聞供
養恭敬身心精進常无休息思惟此心多行
何境若善若惡无記境界若行善境則懃精
進增長善根三十七品以治諸惡不善之法
惡不善者貪恚愚癡貪欲三品謂上中下其
上品者若聞欲名遍身戰動心踊歡悦不觀
欲過厭離不生无慙无愧何謂无慙經遊獨
行恒思欲境心心相續唯見妙好不知過患
若其父母及餘尊長呵彼所欲於所尊前不
覺起諍是名无慙此人命終當生惡趣中品
欲者若離境界不恒生心下品欲者但共言
咲欲情即歇瞋亦三品上品瞋者憤恚若發
心惛目亂或造五逆若謗正法及大重罪五
逆之惡於百分中不及其一中品瞋者以瞋
恚故而造諸惡即生悔心下品瞋者心无嫌
恨但口呵毀隨生悔過癡亦如是雖作是觀



咲欲情即歇瞋亦三品上品瞋者憤恚若發
心惛目亂或造五逆若謗正法及大重罪五
逆之惡於百分中不及其一中品瞋者以瞋
恚故而造諸惡即生悔心下品瞋者心无嫌
恨但口呵毀隨生悔過癡亦如是雖作是觀
知一切法如幻夢響乾闥婆城虛妄不實顛
倒見故滅外境界内心寂靜不見我能行及
所行法无二无別自性離故是名菩薩摩訶
薩學般若波羅蜜通達禪波羅蜜
大王菩薩摩訶薩學般若波羅蜜行般若波
羅蜜正智觀色受想行識不見色生不見色
集不見色滅受想行識亦復如是何以故自
性皆空无有真實但虛名字而行般若波羅
蜜化諸衆生終不為説无業果報一切諸法
如夢如幻无我无人无衆生无壽者无養育
而説有業果報菩薩摩訶薩如是脩行般若
波羅蜜惡魔不能得便何以故近善知識成
助菩提離世間法於諸如來甚深正法歡喜
讃嘆若天若魔沙門婆羅門除佛正智无及
菩薩不見我能行及所行法无二无別自性
離故是名菩薩摩訶薩學般若波羅蜜通
達般若波羅蜜
大王菩薩摩訶薩學般若波羅蜜行優波
憍舍羅波羅蜜菩薩摩訶薩善巧迴向阿耨
多羅三藐三菩提若見華菓日夜六時供養

菩薩不見我能行及所行法无二无別自性
離故是名菩薩摩訶薩學般若波羅蜜通
達般若波羅蜜
大王菩薩摩訶薩學般若波羅蜜行優波
憍舍羅波羅蜜菩薩摩訶薩善巧迴向阿耨
多羅三藐三菩提若見華菓日夜六時供養
諸佛及菩薩衆以此善根迴向菩提華樹菓
樹亦復如是若聞如來脩多羅中說甚深義
信樂受持爲衆生說以此善根迴向菩提若
見如來塔廟形像香華供養令諸衆生離破
戒香獲得如來清淨戒香掃灑塗地令諸衆
生威儀齊整華蓋覆軍令諸衆生皆離惱熱
入僧伽藍願諸衆生悲入涅槃若出伽藍願諸
諸衆生出魔境界開伽藍門作如是願以出
世智爲諸衆生啟未開門若見閉門願爲衆
生閉閇惡趣及以三有坐時念言願諸衆生坐
菩提坐若右脇卧願諸衆生皆得涅槃起時
念言願諸衆生起離諸或若洗脚足願諸衆
生遠離塵垢礼佛旋塔願諸衆生成天人師
若有外道邪見難化即自念言我爲彼師
必不肯信且作同學或爲弟子雖處彼衆我
行多聞勝諸外道因尒降伏尊事爲師言必
信受毀其邪法爲說涅槃令入正教精脩梵
行禪定三昧得諸神通見多欲者化爲女人
第一端正令彼愛著倏忽之頃示現无常色
變膖脹爛壞臰處使其憎惡起厭離心即



必不肯信且作同學或爲弟子雖處彼衆我
行多聞勝諸外道因尒降伏尊事爲師言必
信受毀其邪法爲說涅槃令入正教精脩梵
行禪定三昧得諸神通見多欲者化爲女人
第一端正令彼愛著倏忽之頃示現无常色
變膖脹爛壞臰處使其憎惡起厭離心即
復本形爲菩薩像而爲說法令發阿耨多
羅三藐三菩提心成无上果見大乘人離善
知識學二乘道不得其果唐失大乘觀彼根
性即爲說法入无上道未發心者化令發心已
發心者教使堅固見持戒人犯少輕罪不能
懺悔懈退憂愁不復脩道即爲說法對治
懺令道勝進菩薩摩訶薩少欲知足求得
法利爲衆生說供養如來成就六波羅蜜說
法供養是爲檀波羅蜜行不違言是尸波羅
蜜若天若魔不能壞亂是羼提波羅蜜心心
相續不覺疲勸是毗梨耶波羅蜜專心一念
不緣異境是禪波羅蜜說法供養不見我我
所是般若波羅蜜不見我能行及所行法无
二无別自性離故是名菩薩摩訶薩學般
若波羅蜜通達方便波羅蜜
大王菩薩摩訶薩學般若波羅蜜行尼坻波
羅蜜菩薩發願不爲有樂出離三界求二
乘道作大願言一切衆生所攝皆入涅槃然
後我身乃成正覺未發心者即令發心已發
心者令其脩行已脩行者令得菩提得菩提

大王菩薩摩訶薩學般若波羅蜜行尸波
羅蜜菩薩發願不為有樂出離三界求二
乘道作大願言一切衆生所攝皆入涅槃然
後我身乃成正覺未發心者即令發心已發
心者令其脩行已脩行者令得菩提得菩提
者請轉法輪乃至分身舍利起塔供養復作
願言若有世界諸佛成道悉无天魔願自智
慧發无上心不由外緣又願我身常在世間一
切衆生悉令成就願新發意諸菩薩等若
聞如來說甚深法心不驚怖无邊佛道无邊
佛境无邊大悲願諸衆生皆悉通達又願我
身常生穢國不生淨土何以故譬如病人乃須
醫藥无疾不須不見我能行及所行法无二
无別自性離故是名菩薩摩訶薩學般若波
羅蜜通達願波羅蜜
大王菩薩摩訶薩學般若波羅蜜行婆羅波
羅蜜菩薩摩訶薩能伏天魔摧諸外道具足
切德智慧力故一切佛法无不脩行无不證
見以神通力用一毛縣能舉閻浮提乃至四
天下三千大千世界乃至无量百千世界能
於空中取種種寶施諸衆生十方无量无邊
世界諸佛說法无不聞持不見我能行及所
行法无二无別自性離故是名菩薩摩訶薩
學般若波羅蜜通達力波羅蜜
大王菩薩摩訶薩學般若波羅蜜行闍那波
羅蜜菩薩摩訶薩觀五陰生不見實生滅非

BD05275號　勝天王般若波羅蜜經卷一　（18–13）

行法无二无別自性離故是名菩薩摩訶薩
學般若波羅蜜通達力波羅蜜
大王菩薩摩訶薩學般若波羅蜜行闍那波
羅蜜菩薩摩訶薩觀五陰生不見實生滅非
實滅作是思惟此五陰空无我无人无衆生
无壽者无養育凡夫衆生虛妄菩薩我五陰
非我陰中无我我非五陰我中无陰凡夫愚
或不如實知流轉生死如旋火輪一切諸法自
性本空无生无滅緣合謂生緣散為滅自性
非无是故不生自性非有是故无滅菩薩摩
訶薩一切境界无有一法不通達者脩行如
是智波羅蜜二乘外道不能掩弊以智觀察
從初發心至入涅槃皆悉明了能以一法知
一切境一切境界即是一法何以故如如一故
不見我能脩及所脩法无二无別自性離故
是名菩薩摩訶薩行般若波羅蜜通達智
波羅蜜
勝天王般若波羅蜜經顯相品第二
尒時勝天王即從坐起偏袒右肩右膝著
地合掌向佛頭面作礼而白佛言世尊是般
若波羅蜜甚深何者是般若波羅蜜相佛
告勝天王言如地水火風相般若波羅蜜相
亦復如是世尊云何地相佛言普遍廣大難
可度量是為地相般若波羅蜜相亦復如
是何以故如如普遍廣大難思量故大王一切

BD05275號　勝天王般若波羅蜜經卷一　（18–14）

地合掌向佛頭面作禮而白佛言世尊是般
若波羅蜜甚深何者是般若波羅蜜相佛
告勝天王言如地水火風相般若波羅蜜相
亦復如是世尊云何地相佛言普遍廣大難
可度量是爲地相般若波羅蜜相亦復如
是何以故如如普遍廣大難思量故大王一切
藥草皆依地生一切善法皆依般若波羅蜜
生又如土地增之不喜減之不瞋離我所无
二相故般若波羅蜜亦復如是讚歎不增毀
呰不減離我所无二相故世間行來舉足下足
般若波羅蜜又如大地出種種寶般若波羅
蜜亦復如是生世間種種功德又如大地虫
蟻蚑蝱種種諸蟲不能傾動般若波羅蜜
亦復如是離我我所不可傾動又如大地若
聞師子龍鳥之聲終无驚怖般若波羅蜜
亦復如是天魔外道不能恐懼何以故不見
有人不見有法自性空故又如水大從高趣
下一切善法皆向般若波羅蜜又如水大能
潤草木得生華菓般若波羅蜜亦復如是
潤諸草昧生助道法成一切智樹得佛法菓
利益衆生又如水大清草木根能使傾拔隨
流而去般若波羅蜜亦復如是一切諸見煩
惱習氣根本悉滅永不復生又如水大性本
清淨无垢不濁般若波羅蜜亦復如是體无
煩惱故名清淨離諸惑故名爲无垢一相非

BD05275號　勝天王般若波羅蜜經卷一　(18–15)

利益衆生又如水大清草木根能使傾拔隨
流而去般若波羅蜜亦復如是一切諸見煩
惱習氣根本悉滅永不復生又如水大性本
清淨无垢不濁般若波羅蜜亦復如是體无
煩惱故名清淨離諸惑故名爲无垢一相非
異故名不濁如人夏熱遇水清凉如人患渴
得水乃止求出世法得般若波羅蜜思願亦
足又如水泉甚深難入般若波羅蜜亦復如
是諸佛境界甚深難入又如坑埳之處水悉平
等般若波羅蜜亦復如是一切聲聞辟支佛
及諸凡夫皆悉平等又如水能洗地悉得清
淨菩薩摩訶薩通達般若波羅蜜離諸煩
惱即得清淨何以故自性清淨離諸惑故又如
火大能燒一切樹木藥草不作是念我能燒物
般若波羅蜜亦復如是能滅一切煩惱習氣
亦不作是我能除滅又辟如火大悉能成熟一
切諸物般若波羅蜜亦能成熟一切佛法又
辟如火悉能乾竭一切濕物般若波羅蜜亦復
如是竭諸漏流永不復起假使火聚在雪山
頂若一由旬至十由旬皆悉能照而无是念我
能照遠般若波羅蜜亦復如是皆悉能照
聲聞緣覺及以菩薩亦不作念我能照彼又
如禽獸夜見火光恐怖遠避薄福凡夫及以二
乘若聞般若波羅蜜恐懼捨離般若波羅
蜜聞名尚難况復脩學如夜遠行迷失道路

BD05275號　勝天王般若波羅蜜經卷一　(18–16)

能照遠般若波羅蜜亦復如是皆悉能照
聲聞緣覺及以菩薩亦不作念我能照彼又
如禽獸夜見火光恐怖遠避薄福凡夫及以二
乘若聞般若波羅蜜恐懼捨離般若波羅
蜜聞名尚難况復脩學如夜遠行迷失道路
若見火光即生歡喜知有聚落詣往投趣至
則安隱永无怖畏生死曠野有福德人若聞
般若波羅蜜生大歡喜歸趣受持永離煩
惱心得安樂如世間火貴賤共同般若波羅
蜜亦復如是凡聖等有又如婆羅門剎利咸
供養火諸佛菩薩咸皆供養般若波羅蜜
又如小火能燒三千大千世界般若波羅蜜亦
復如是若聞一句則能焚燒无量煩惱大王般
若波羅蜜離垢无著寂靜无量无邊智慧等
達法性猶如虛空性无所住離相境界過諸
覺觀心心數法无有分別无生无滅自性離
故大王菩薩摩訶薩行般若波羅蜜世間
希有利益衆生猶如日月一切受用又譬如月
能除熱惱般若波羅蜜亦復如是能除一切
煩惱熱毒又譬如月世間樂見般若波羅蜜
亦復如是一切聖人之所樂見如初月日日
增長菩薩摩訶薩親近般若波羅蜜從初
發心乃至菩提漸次增長如黑分月日日漸
盡菩薩摩訶薩行般若波羅蜜煩惱結使次
第滅盡如世間月婆羅門剎利咸所讚歎若

BD05275號　勝天王般若波羅蜜經卷一　（18–17）

供養火諸佛菩薩咸皆供養般若波羅蜜
又如小火能燒三千大千世界般若波羅蜜亦
復如是若聞一句則能焚燒无量煩惱大王般
若波羅蜜離垢无著寂靜无量无邊智慧等
達法性猶如虛空性无所住離相境界過諸
覺觀心心數法无有分別无生无滅自性離
故大王菩薩摩訶薩行般若波羅蜜世間
希有利益衆生猶如日月一切受用又譬如月
能除熱惱般若波羅蜜亦復如是能除一切
煩惱熱毒又譬如月世間樂見般若波羅蜜
亦復如是一切聖人之所樂見如初月日日
增長菩薩摩訶薩親近般若波羅蜜從初
發心乃至菩提漸次增長如黑分月日日漸
盡菩薩摩訶薩行般若波羅蜜煩惱結使次
第滅盡如世間月婆羅門剎利咸所讚歎若
善男子善女人親近般若波羅蜜一切世間
天人阿脩羅皆所讚嘆如月遊行遍四天下
般若波羅蜜亦復如是若色若心无處不遍
如世間月常自莊嚴般若波羅蜜亦復如是

BD05275號　勝天王般若波羅蜜經卷一　（18–18）

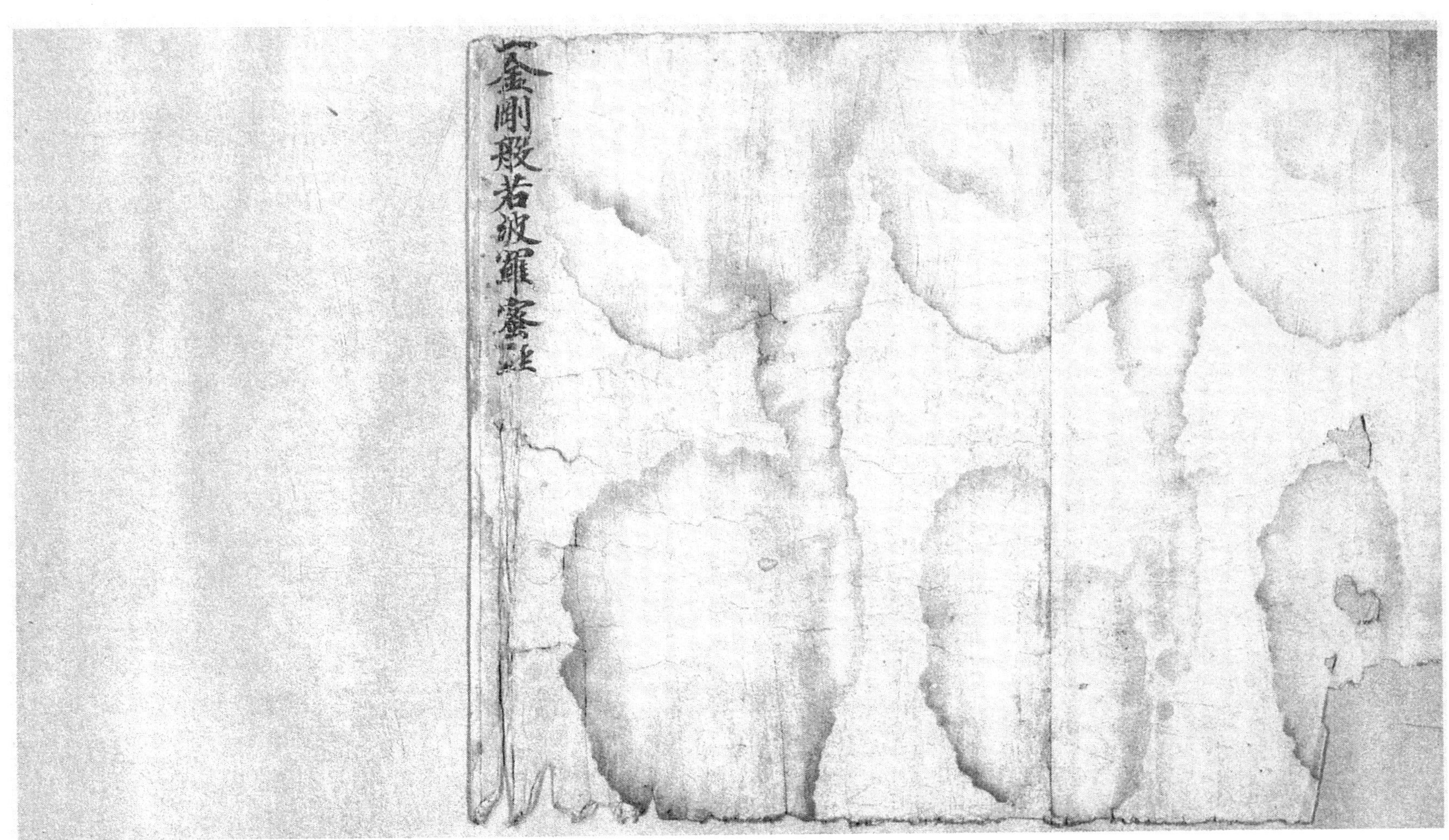


BD05276 號背　護首　（1–1）

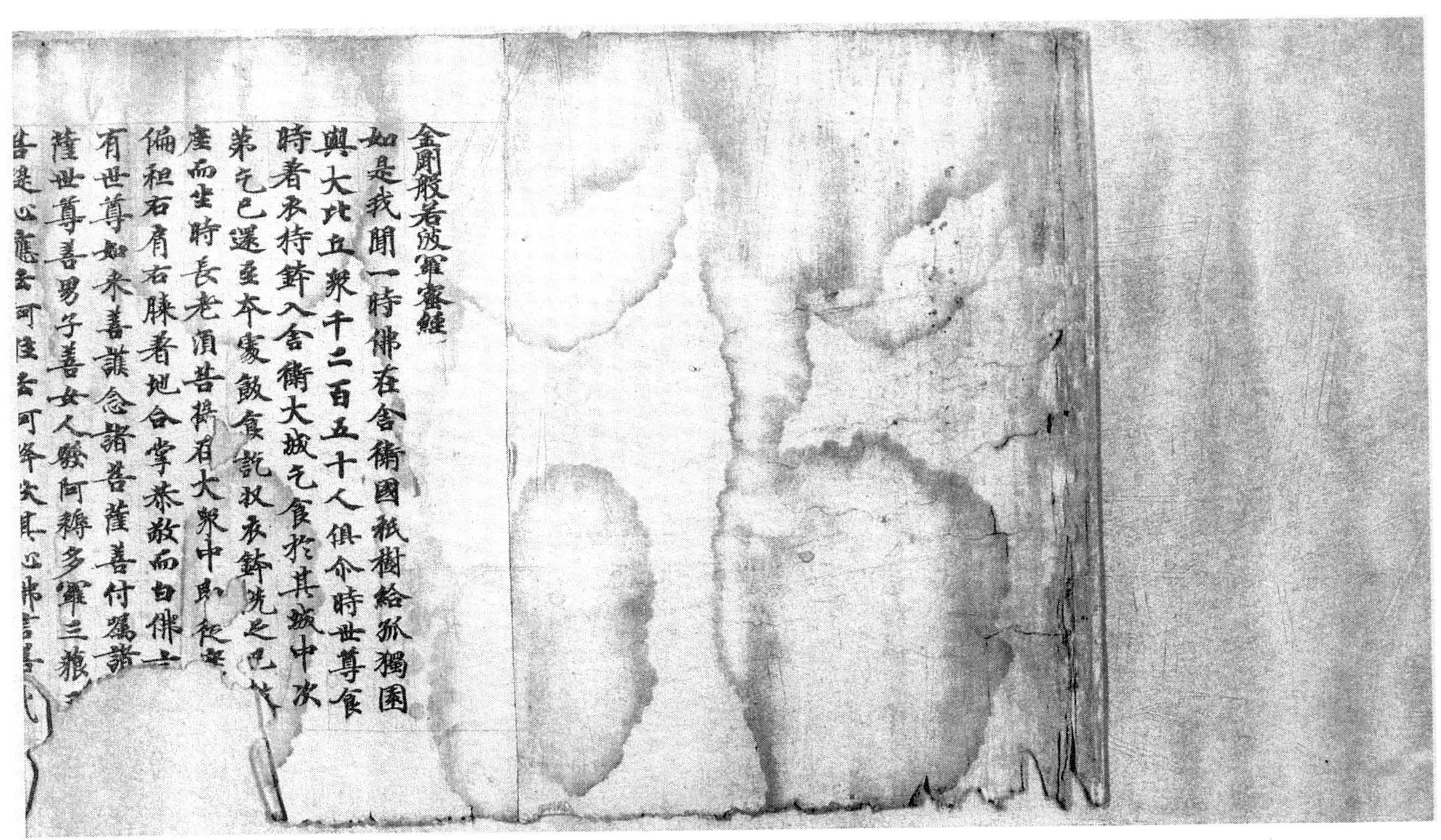

金剛般若波羅蜜經
如是我聞一時佛在舍衛國祇樹給孤獨園
與大比丘衆千二百五十人俱尒時世尊食
時著衣持鉢入舍衛大城乞食於其城中次
第乞已還至本處飯食訖收衣鉢洗足已敷
座而坐時長老須菩提在大衆中即從座
偏袒右肩右膝著地合掌恭敬而白佛言
有世尊如來善護念諸菩薩善付囑諸
薩世尊善男子善女人發阿耨多羅三藐
菩提心應云何住云何降伏其心佛言善

BD05276 號　金剛般若波羅蜜經　（2–1）

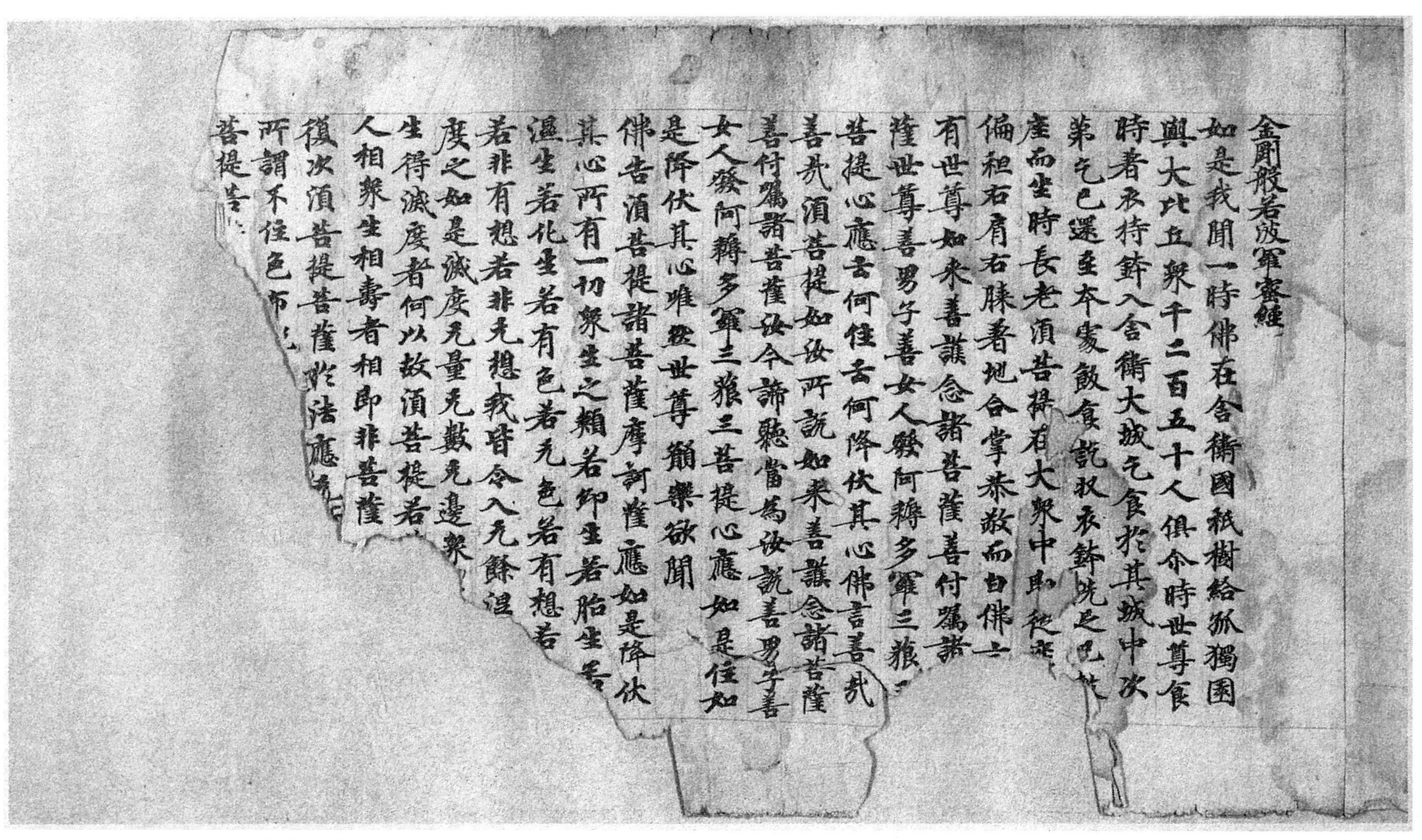

BD05276號　金剛般若波羅蜜經　（2–2）

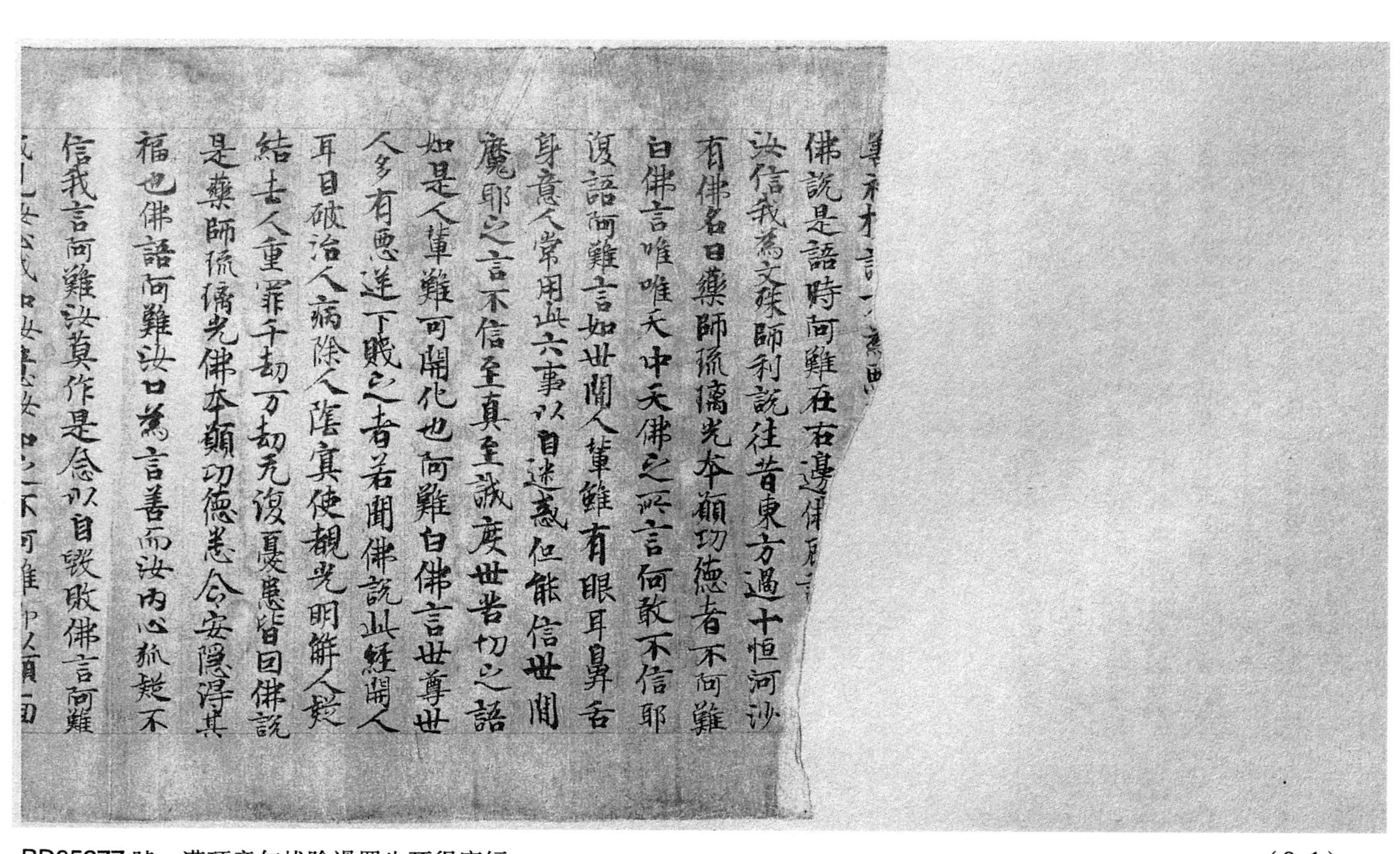

BD05277號　灌頂章句拔除過罪生死得度經　（8–1）

人多有惡逆下賤之人者若聞佛說此經開人
耳目破治人病除人墮冥使覩光明解人疑
結去人重罪千劫万劫无復憂患皆曰佛說
是藥師琉璃光佛本願功德悉令安隱得其
福也佛語阿難汝口為言善而汝內心狐疑不
信我言阿難汝莫作是念以自毀敗佛言阿難
我見汝心我知汝意汝知之人不阿難即以頭面
著地長跪白佛言審如天中天所說我造次聞
佛說是藥師琉璃光佛殊大尊貴智慧鏡
鏡難可度量我心有小疑耳敢不首伏佛言
汝智慧狹劣少見少聞佛說深妙之法无上空
義應生信敬貴重之心必當得至无上正真
道也
文殊師問佛言世尊佛說是藥師琉璃光如
來无量功德如是不審誰肯信此言者佛告
文殊言唯有百億諸菩薩摩訶薩當信此
言耳唯有十方三世諸佛當信是言
佛言我說是藥師琉璃光如來本願功德難
可得見何況得聞亦難得說難得書寫之
難得讀文殊師利若有善男子善女人能信
是經受持讀誦書著竹帛復能為他人解說
中義此皆先世已發道意令復得聞此微
妙妙法開化十方无量眾生當知此人必當得
至无上正真道也
佛告阿難我作佛以來從生死復至生死勤苦

BD05277 號　灌頂章句拔除過罪生死得度經　（8–2）

難得讀文殊師利若有善男子善女人能信
是經受持讀誦書著竹帛復能為他人解說
中義此皆先世已發道意令復得聞此微
妙妙法開化十方无量眾生當知此人必當得
至无上正真道也
佛告阿難我作佛以來從生死復至生死勤苦
累劫无所不經无所不歷无所不作无所不為如
是不可思議況復藥師琉璃光佛本願功德
者乎汝所以有疑者之復如是阿難汝聞佛
說汝諦信之莫作疑惑佛語至誠无有虛
為亦无二言佛言為信者施不為疑者說阿
難汝莫作小疑以毀大乘之業汝却後亦當
發摩訶衍心莫以小道毀汝功德也阿難言
唯天中天我從今日以去无復尒心唯佛自
當知我心耳
佛語阿難此經能照諸天宮宅若三災起時
中有天人發心念此琉璃光佛本願功德經者
皆得離於彼處之難是經能除水涸不調
是經能除他方逆賊悉令斷滅四方夷狄咎
還正治不相嬈惱國土交通人民歡樂是經
能除穀貴飢凍是經能滅惡星變怪是經
能除疫毒之病是經能救三惡道苦地獄
餓鬼畜生等苦若人得聞此經典者无不
解脫厄難者也
尒時眾中有一菩薩名曰救脫從坐而起整

BD05277 號　灌頂章句拔除過罪生死得度經　（8–3）

[illegible]
能除穀貴飢涷是經能滅惡星變怪是經
能除疫毒之病是經能救三惡道苦地獄
餓鬼畜生等苦若人得聞此經典者无不
解脫厄難者也
尒時衆中有一菩薩名曰救脫從坐而起整
衣服叉手合掌而白佛言我等今日聞佛
世尊演說過此東方恒沙世界有佛号藥
師琉璃光一切衆會靡不歡喜救脫菩薩又
手白佛言若族姓男女其有在羸著床痛
惱无救護者我今當勸請諸衆僧七日七
夜齋戒一心受持八禁六時行道四十九遍
讀是經典勸然七層之燈之勸懸五色續
命神幡阿難問救脫菩薩言續命幡燈法
則云何救脫菩薩語阿難言神幡五色四十九尺燈
亦復尒七層之燈一層七燈燈如車輪若遭厄
難閉在牢獄枷鎖著身亦當造立五色神幡
然四十九燈應放雜類衆生至四十九可得
過度危厄之難不爲諸橫惡鬼所持
救脫菩薩語阿難言若天王大臣及諸輔相
王子妃主中宮綵女若爲病苦所惱亦應造
立五色繒幡然燈續明放諸生命散雜色花
燒衆名香王當赦屋厄之人徒鎖解脫王
得其福天下太平雨澤以時人民歡樂惡龍
攝毒无病苦者四方蠻狄不生逆害國土

BD05277 號　灌頂章句拔除過罪生死得度經　（8–4）

救脫菩薩語阿難言若天王大臣及諸輔相
王子妃主中宮綵女若爲病苦所惱亦應造
立五色繒幡然燈續明放諸生命散雜色花
燒衆名香王當赦屋厄之人徒鎖解脫王
得其福天下太平雨澤以時人民歡樂惡龍
攝毒无病苦者四方蠻狄不生逆害國土
通洞慈心相向无諸怨害四海歌詠稱王之
德乘此福祿在意所生見佛聞法信受教誨
從是福報至无上道
阿難又問救脫菩薩言命可續也救脫菩
薩荅阿難言我聞世尊說有諸橫勸造幡
蓋令其脩福又言阿難昔沙弥救蟻以脩
福故盡其壽命不更苦患身體安寧福德
力强使之然也阿難因復問救脫菩薩言橫
有幾種救脫菩薩荅阿難言世尊說言橫
乃无數略而言之大橫有九一者橫病二者橫
有口舌三者橫縣官四者身羸无福又持戒
不完橫爲鬼神之所得便五者橫爲劫賊之
所剝脫六者橫爲水火之所焚漂七者橫
爲雜類禽狩所噉八者橫爲怨讎符書
厭禱邪神牽引未得其便但受其殃先亡
牽引亦名橫死九者有病不治又不修福湯
藥不順針灸失度不值良醫爲病所困
於是滅亡又信世間妖孽之師爲作恐動
寒熱言語妄發禍福所作者多心不自正

BD05277 號　灌頂章句拔除過罪生死得度經　（8–5）

厭禱邪神牽引未得其便但受其殃先亡
牽引亦名横死九者有病不治又不修福湯
藥不順針灸失度不值良醫爲病所困
於是滅亡又信世間妖𡟭之師爲作恐動
寒熱言語妄發禍福所犯者多心不自正
不能自定卜問覓禍煞猪狗牛羊種種衆
生解奏神明呼諸邪妖魍魎鬼神請乞福
祚欲望長生終不能得愚癡迷惑信邪倒
見死入地獄展轉其中无解脫時是爲九横
救脫菩薩語阿難言其世間人瘦黄之病
驚着牀求生不得求死不得考楚万端此
病人者或其前世造作惡業罪過所招殃咎
所引故使然也救脫菩薩語阿難言閻羅
王者主領世間名籍之記若人爲惡作諸非
法无孝順心造作五逆破滅三寶无君臣法
又有衆生不持五戒不信正法設有受者多
所毀犯於是地下鬼神及伺候者奏上五
官五官料簡除死定生或注録精神未判
是非若已定者奏上閻羅閻羅監察
隨罪輕重考而治之世間瘦黄之病困篤
不死一絶一生由其罪福未得料簡録其精神
在彼王所或七日二七日三七日乃至七七日名籍
定者放其精神還其身中如從夢中見其
善惡其人若明了者信驗罪福是故我今

BD05277號　灌頂章句拔除過罪生死得度經　（8–6）

隨罪輕重考而治之世間瘦黄之病困篤
不死一絶一生由其罪福未得料簡録其精神
在彼王所或七日二七日三七日乃至七七日名籍
定者放其精神還其身中如從夢中見其
善惡其人若明了者信驗罪福是故我今
勸諸四輩造續命神幡然四十九燈放諸
生命以此幡燈放生功德拔彼精神令得
度苦今世後世不遭厄難
救脫菩薩語阿難言如來世尊說是經
典歲神功德剎蓋不少座中諸鬼神有十二
神王從座而起往到佛所胡跪合掌而白佛
言我等十二鬼神在所作護若城邑聚落空
閑林中若四輩弟子誦持此經令所結願无
求不得阿難問言其名云何爲我說之救脫
菩薩言灌頂章句其名如是
神名金毗羅　神名和耆羅　神名彌佉羅　神名安陀羅
神名摩尼羅　神名宋林羅　神名因持羅　神名波耶羅
神名摩休羅　神名真陀羅　神名照頭羅　神名毗伽羅
救脫菩薩語阿難言此諸鬼神別有七千以
爲眷屬皆悉叉手低頭聽佛世尊說是藥
師琉璃光如來本願功德莫不一時捨鬼神
形得受人身長得度脫无衆惱患若人
疾急厄難之日當以五色縷結其名字得
如願已然後解結令人得福灌頂章句法應

BD05277號　灌頂章句拔除過罪生死得度經　（8–7）

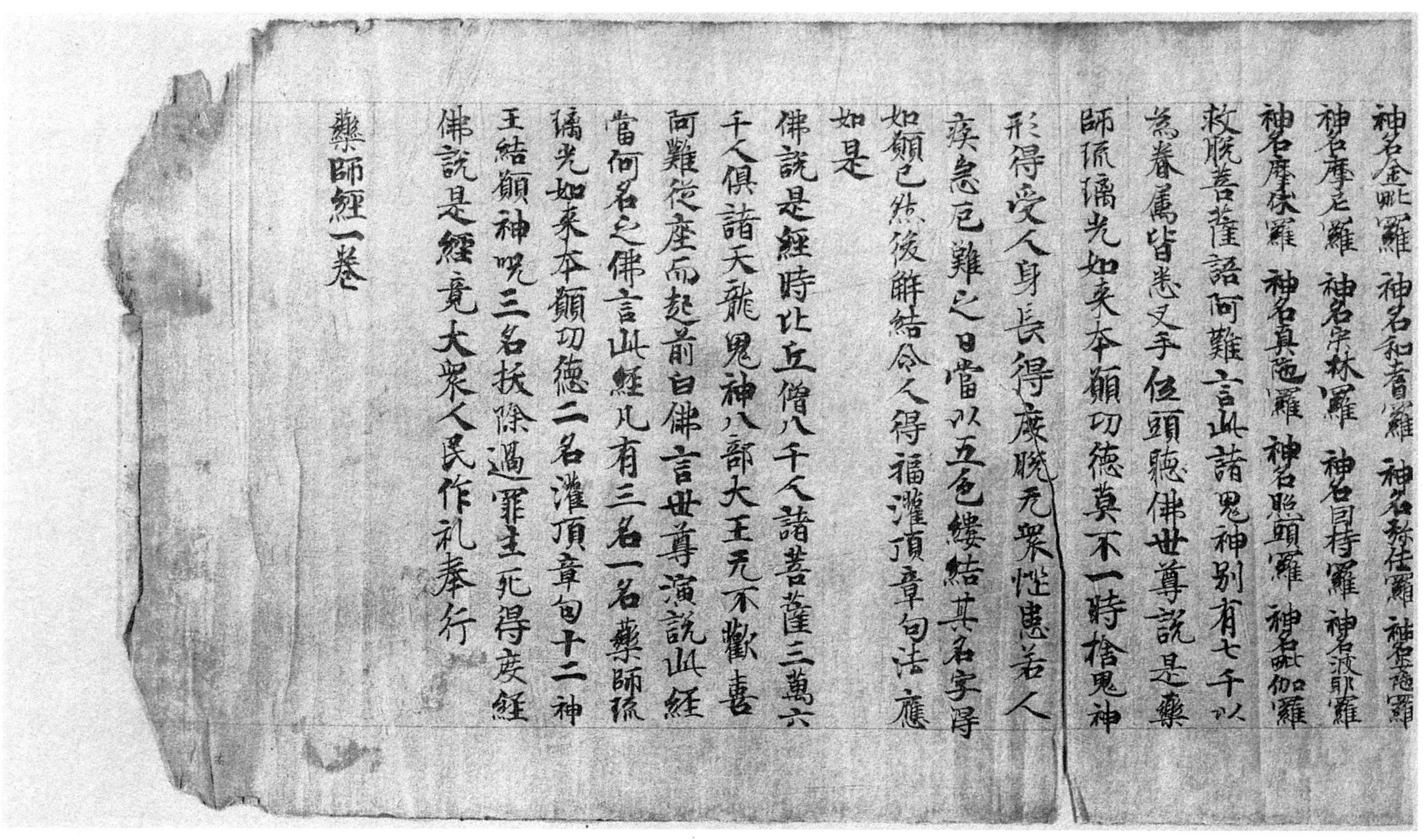

神名金毗羅　神名和耆羅　神名彌佉羅　神名安陀羅
神名摩尼羅　神名宋林羅　神名因持羅　神名波耶羅
神名摩休羅　神名真陀羅　神名照頭羅　神名毗伽羅
救脫菩薩語阿難言此諸鬼神別有七千以
為眷屬皆悉叉手低頭聽佛世尊說是藥
師琉璃光如來本願功德莫不一時捨鬼神
形得受人身長得度脫无衆惱患若人
疾急厄難之日當以五色縷結其名字得
如願已然後解結令人得福灌頂章句法應
如是
佛說是經時比丘僧八千人諸菩薩三萬六
千人俱諸天龍鬼神八部大王无不歡喜
阿難從座而起前白佛言世尊演說此經
當何名之佛言此經凡有三名一名藥師琉
璃光如來本願功德二名灌頂章句十二神
王結願神呪三名拔除過罪生死得度經
佛說是經竟大衆人民作禮奉行
藥師經一卷

BD05277 號　灌頂章句拔除過罪生死得度經　　（8–8）

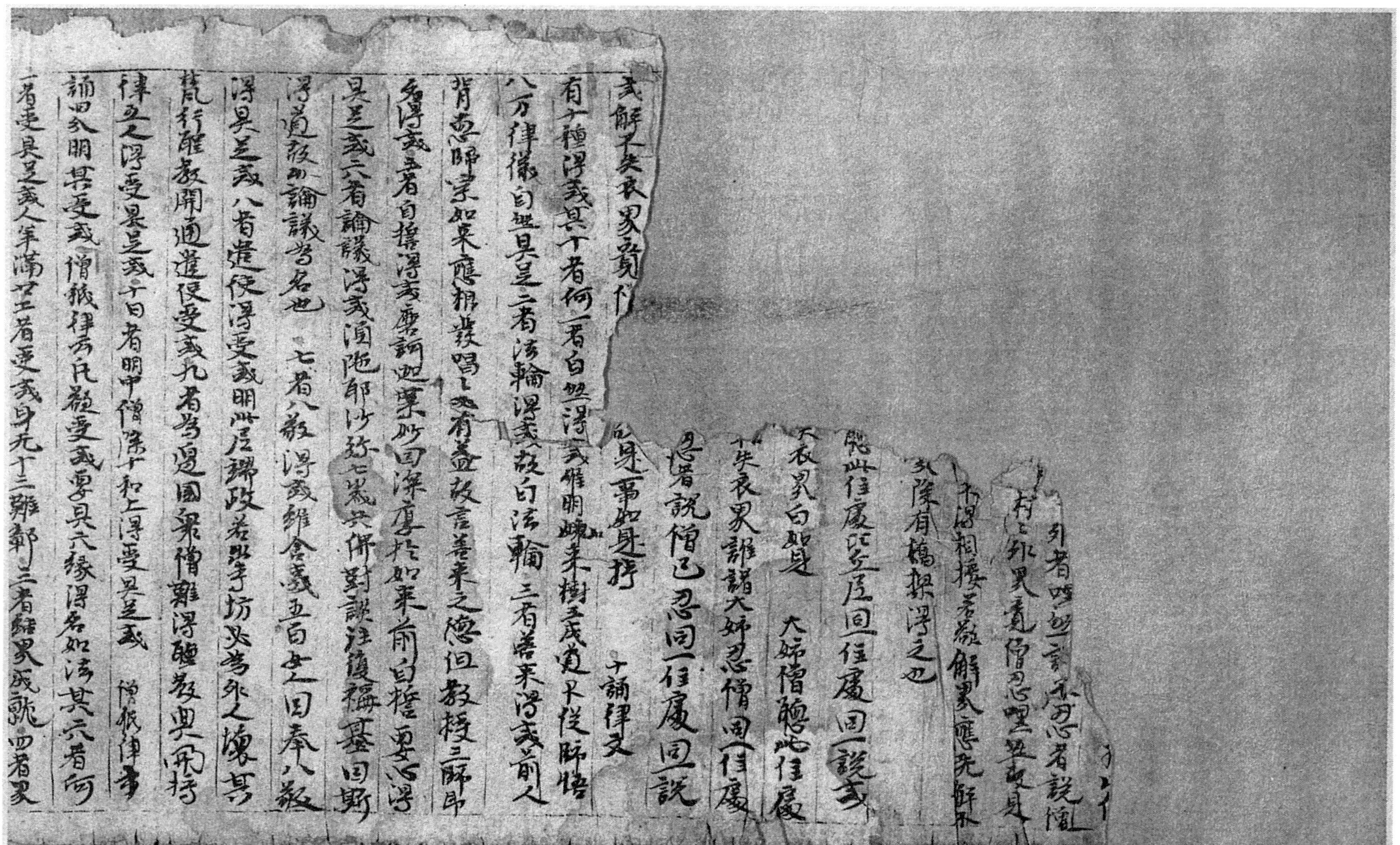

BD05278 號　大比丘尼雜羯磨　　（18–1）

得負致四諍議為名也　七者八教得義雖合義五百女人因奉八教
得具足義　八者遣使得受義明此尼端政若出寺坊恐為外人壞其
梵行雖教開遣遣使受義　九者為邊國衆僧難得聽教與戒持
律五人得受具足義　十日者明中僧滿十和上得受具足義　僧祇律云
誦四分明其受義僧祇律云民難受義要具六緣得名如法　其六者何
一者受具足義人年滿廿　二者受義身无十三難　三者結界成就　四者界
内僧盡集无其別衆　五者羯磨成就穢文无其多少　六者僧數滿
足者具六緣名善受戒　若六十闕一不得名戒　十誦律文要具十德堪與
作和上　一得受依止及度沙弥　何者為十　一持戒具足　二學戒　三學定
四學慧　五多聞毗尼　六多聞阿毗曇　七能自看病使看病　八能自出罪使人
出罪　九弟子若梵行難能自脫難使人脫難　十具十臘戒就　若具德勘
与人受作四種依闍梨　何等為五　一知輕　二知重　三知犯　四知不犯　五
知臘戒就　比丘尼不具十德者比丘尼教戒
比丘尼詣尼僧乞畜衆羯磨文　大姊僧聽　我比丘尼某甲求衆僧
乞度人受具足戒　比丘尼僧觀察此人堪能教受學戒二事　罰依不者
法二者衣食　若不堪當語言妹比勿度人　若堪能當与作羯磨　大姊僧
聽　此某甲比丘尼今從衆僧乞受具足戒　若僧時到僧忍聽　僧与某甲
比丘尼受人具足戒　白如是　大姊僧聽　此比丘尼某甲今從乞受具足戒　僧
与今某甲比丘尼受人具足戒　誰諸大姊忍僧与某甲比丘尼受人具
足戒者嘿然　誰不忍者說　僧已忍与某甲比丘尼受人具足戒竟
僧忍嘿然故　是事如是持　若沙弥尼受十戒及受法六戒叉摩尼戒
依止弟子從師乞羯磨法及尼与作羯磨法　一如法
比丘尼畜衆度沙弥文　大姊僧聽　此某甲欲從某甲求剃髮　若僧時
到僧忍聽　為某甲剃髮　白如是　大姊聽　僧此某甲求出家　若我僧
某甲歸依佛歸法歸僧……

BD05278號　大比丘尼雜羯磨

（18–2）

足戒者嘿然　誰不忍者說　僧已忍与某甲比丘尼受人具足戒竟
僧忍嘿然故　是事如是持　若沙弥尼受十戒及受法六戒叉摩尼戒
依止弟子從師乞羯磨法及尼与作羯磨法　一如法
比丘尼畜衆度沙弥文　大姊僧聽　此某甲欲從某甲求剃髮　若僧時
到僧忍聽　為某甲剃髮　白如是　大姊聽　僧此某甲求出家　若我僧
某甲歸依佛歸法歸僧　我今隨佛出家　和上尼某甲　如來无所著等正
覺是世我尊　三說　我某甲歸依佛竟歸法竟歸僧竟　我今隨
佛出家竟　和上尼某甲　如來无所著等正覺是我世尊　三說
受十戒法文
盡形壽不得殺生是沙弥戒能持不　若言能
盡形壽不得偷盜是沙弥戒能持不　若言能
盡形壽不得婬是沙弥戒能持不　若言能
盡形壽不妄語是沙弥戒能持不　若言能
盡形壽不飲酒是沙弥戒能持不　若言能
盡形壽不得著華鬘香塗身是沙弥戒能持不　若言能
盡形壽不得歌儛唱伎故往觀聽是沙弥戒能持不　若言能
盡形壽不得高廣大牀上坐是沙弥戒能持不　若言能
盡形壽不捉生像金銀寶物是沙弥戒能持不　若言能
盡形壽不得非時食是沙弥戒能持不　若言能
如是沙弥十戒盡形壽不得犯能持不　若言能
汝已受戒竟當供養三寶佛寶法寶僧寶　懃修三業坐禪誦經勸助
衆事　聽童女十八者二年學戒年滿廿二聽僧中受戒　若年十歲曾適
者聽二年學戒年十二与受戒　應如是与二歲學戒　沙弥尼應詣比丘尼僧中
二和僧足已戒師應教請和上尼作如是言
十誦律文式叉摩尼受法文　大姊憶念　我沙弥尼某甲求尊為和上

BD05278號　大比丘尼雜羯磨

（18–3）

BD05278 號　大比丘尼雜羯磨　　（18–4）

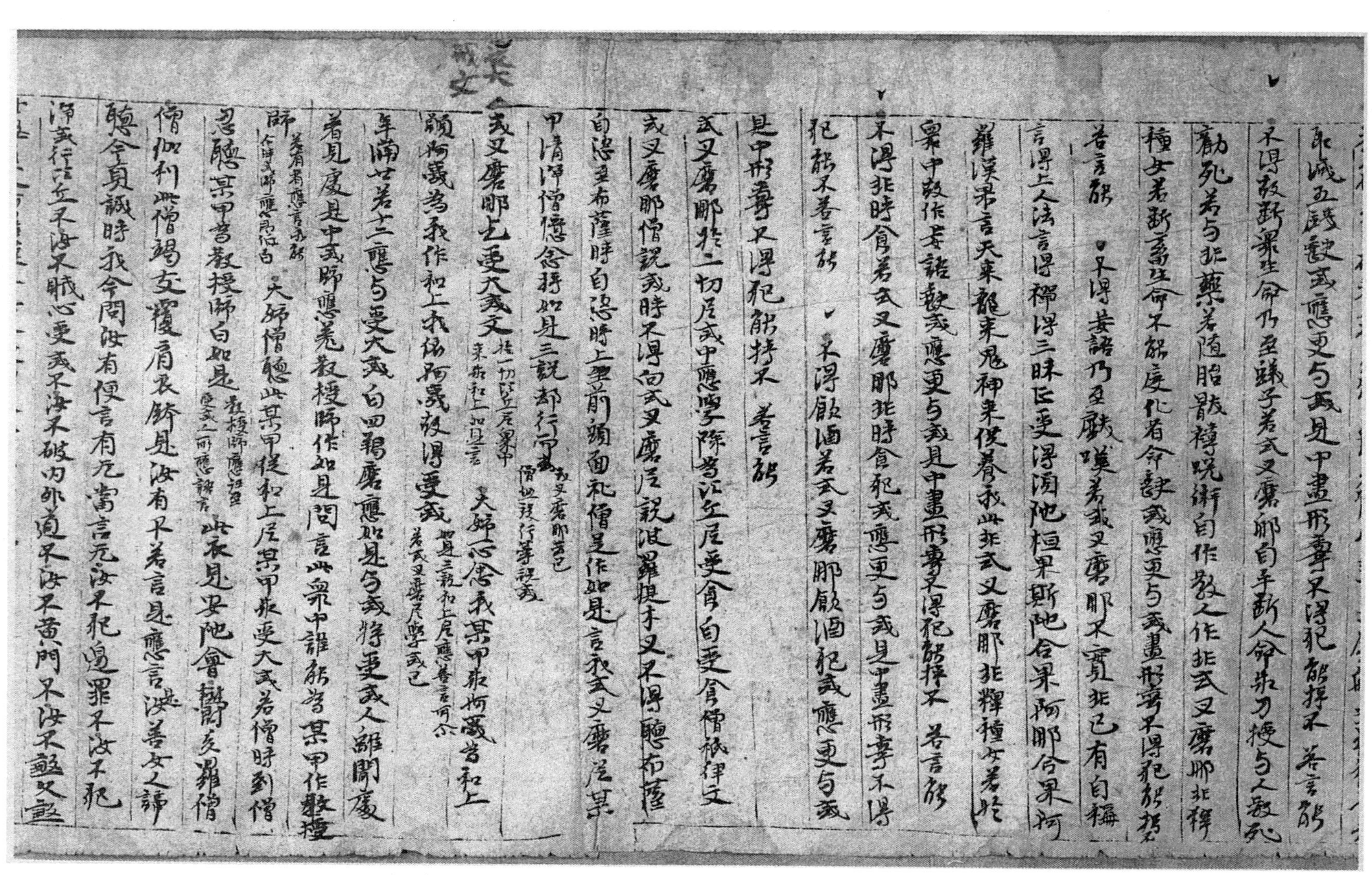

BD05278 號　大比丘尼雜羯磨　　（18–5）

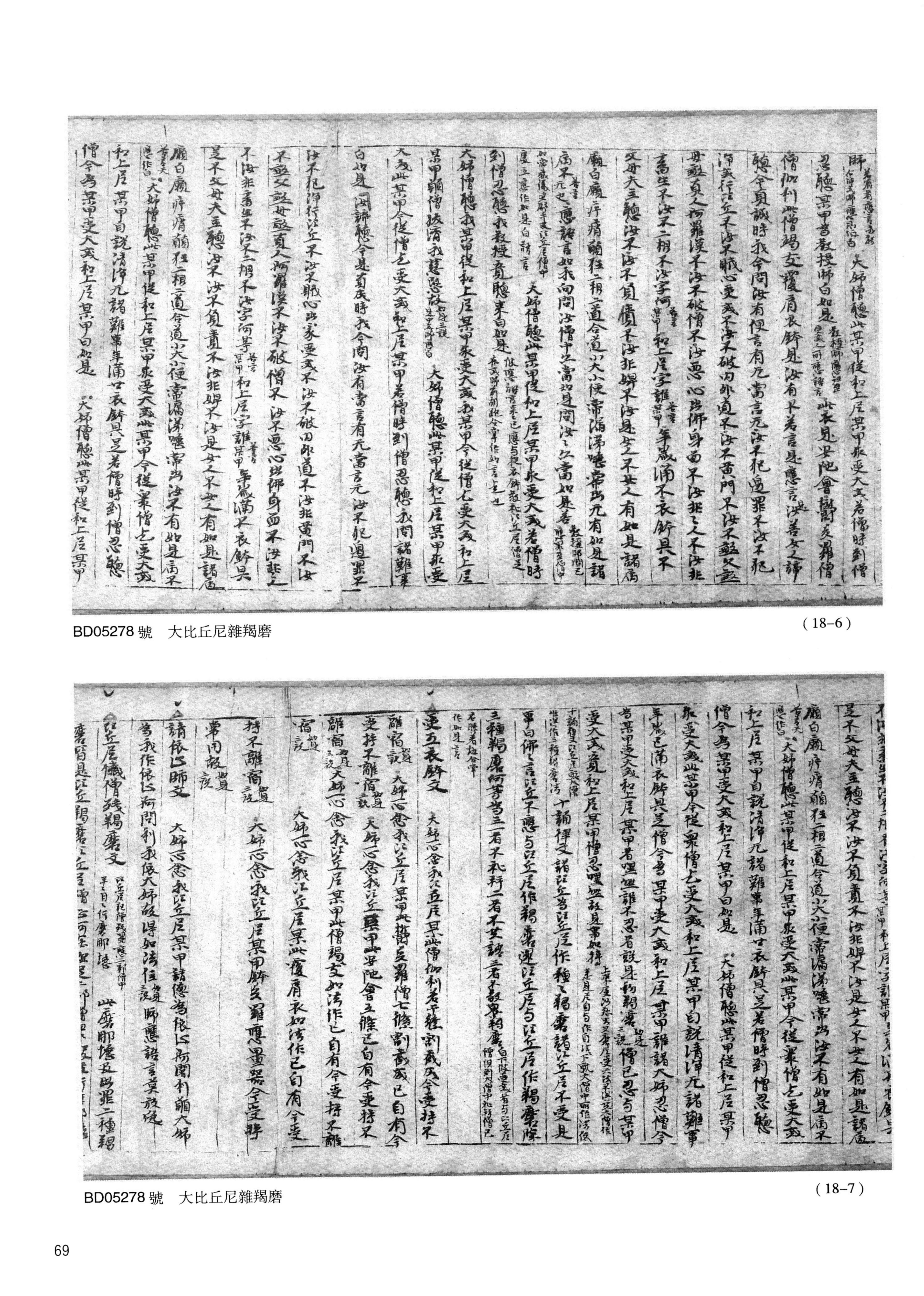

BD05278號　大比丘尼雜羯磨

（18–6）

BD05278號　大比丘尼雜羯磨

（18–7）

[illegible]三説

常用故 如是三説

請依止師文　大姊一心念我比丘尼某甲請德爲依止和闍利願大姊爲我作依止和闍利我依大姊故得如法住 如是三説 師應語言莫放逸

比丘尼懺僧殘羯磨文　比丘尼犯僧殘罪應二部僧中半月半月行摩那埵 此摩那埵及出罪二種羯磨皆是比丘羯磨比丘尼僧比丘可在出足二部僧衆數種行摩那埵時應至僧中偏露右肩脱革屣禮僧足右膝著地合掌作如是白言

懺偷蘭遮羯磨文　大姊憶念我比丘尼某甲犯分許波羅夷罪僧殘邊某罪及偷蘭遮罪我今衆僧中發露懺悔願與偷蘭遮懺悔慈愍故 如是三説　大姊僧聽是比丘尼某甲犯波羅夷僧殘邊某罪及偷蘭遮罪我今衆僧中發露懺悔若僧時到僧忍聽僧今與比丘尼某甲某罪及偷蘭遮罪懺悔白如是

犯捨墮衣於僧中捨文　大姊僧聽我比丘尼某甲故畜分許長衣下日犯捨墮今與僧 如是三説

僧中乞懺悔文　大姊僧聽我比丘尼某甲故畜分許長衣過十日犯捨墮此衣已捨與僧犯某罪今從衆僧乞懺悔願僧聽我比丘尼某甲懺悔慈愍故 如是三説更問誦文懺悔至一比丘尼所作如是白言 我比丘尼某甲今請大姊懺悔 受懺者應作白已然後懺悔

僧中受懺者白文　大姊僧聽比丘尼某甲故畜分許長衣過十日犯捨墮此已捨與僧犯某罪今從衆僧乞懺悔若僧時到僧忍聽我受比丘尼某甲懺悔白如是

對僧中一人前懺悔文　大姊一心念我比丘尼某甲故畜分許長衣過十日畜犯捨墮此衣已捨與僧某甲犯波逸提罪不憶數今從大姊懺悔不敢覆藏懺悔易安樂不懺悔不安樂憶念犯發露知而不覆藏懺悔即安樂不懺悔不安樂憶念犯發露知而不覆藏大姊憶念我清淨戒身具足清淨布薩 如是三説受懺者應語言 自責汝心生厭離 答言爾

BD05278號　大比丘尼雜羯磨　（18–8）

對僧中一人前懺悔文　大姊一心念我比丘尼某甲故畜分許長衣過十日畜犯捨墮此衣已捨與僧某甲犯波逸提罪不憶數今從大姊懺悔不敢覆藏懺悔易安樂不懺悔不安樂憶念犯發露知而不覆藏懺悔即安樂不懺悔不安樂憶念犯發露知而不覆藏大姊憶念我清淨戒身具足清淨布薩 如是三説受懺者應語言 自責汝心生厭離 答言爾

僧明日還此比丘尼衣羯磨文　大姊僧聽此比丘尼某甲故畜分許長衣過日下犯捨墮此衣已捨與僧若僧時到僧忍聽僧今持此衣還此比丘尼衣某甲白如是　大姊僧聽此比丘尼故犯分許長過十日犯捨墮此衣已捨與僧僧今還此比丘尼某甲衣誰諸大姊忍僧今還此比丘尼某甲衣者嘿然誰不忍者説僧已忍還此比丘尼某甲衣竟僧忍嘿然故是事如是持 捨與衆人亦二人亦一人懺悔竟亦如是衆中還 懺者應辭邊作如是言

尼僧差人教授羯磨文　大姊僧聽若僧時到僧忍聽僧今差比丘尼某甲爲比丘尼僧故半月半月往比丘僧中求教授白如是　大姊僧聽僧今差某甲比丘尼爲比丘尼僧故半月半月往比丘僧中求教授誰諸大姊忍僧差某甲比丘尼爲比丘尼僧故半月半月往比丘僧中求教授者嘿然誰不忍者説僧已忍差比丘尼某甲爲比丘尼僧故半月半月往比丘僧中求教授竟僧忍嘿然故是事如是持 須至半月半月往大僧中請比丘尼所求僧足身偏袒合掌白如是言　大德一心念某甲寺比丘尼差我比丘尼某甲衆和合和比丘僧足求教授 如是三説復囑比丘僧説戒時應如是白　大德聽僧某寺比丘尼僧差比丘尼某甲衆和合和大德僧足求教授 如是三説　比丘尼明日應往問可不比丘應期往比丘尼應期迎比丘明不往者安吉羅若比丘尼期往不迎者比丘安吉羅若比丘尼聞教授師來當半道迎至寺內供給所須洗浴具美飲食供養從此後養若不者安吉羅　若比丘尼僧盡病若衆不和合不滿遣信往禮拜問訊若比丘尼盡病若衆不和合若衆不滿亦當遣信往禮拜問訊若不往者安吉羅 如是隨事

BD05278號　大比丘尼雜羯磨　（18–9）

比丘尼應期迎比丘期不往者突吉羅比丘尼期迎不迎者亦突吉羅若比丘
尼聞教授師來當半道迎至寺內供給所須洗浴具美飲食隨病
所供養若不者突吉羅　若比丘尼僧盡病若衆不和合不滿
遣信往禮拜問訊若比丘尼盡病若衆不和合若衆不滿五當遣
信往禮拜問訊若不往者突吉羅

說戒及與欲清淨法第四與欲　大姊僧一心念
我比丘尼某甲有佛法僧事我如法僧事與欲清淨　若言與汝
欲若言我說欲若言我與欲若現身相若廣說盡成與欲若
不成與欲自恣時與欲亦同但言我自恣欲皆是異耳

受欲清淨文　大姊一心念衆長比丘尼有佛法僧事我
與衆長比丘尼受欲及清淨如法僧事與欲及清淨布薩說戒
今日布薩日衆時衆僧集會說戒
大姊一心念今日衆僧十五日說戒我比丘尼某甲清淨　衆一應一心念
今日衆僧十五日說戒我比丘尼某甲清淨

八難事起及有餘緣略說戒文　八難者王難賊難火難水難
病難非人難惡虫難是爲八難及有餘緣者大衆集床座少若
衆多病大衆集床坐上覆蓋不周或天雨若布施及若鬪諍事
起論阿毗曇毗尼說法夜已久明相未出應作羯磨說戒若明
相出不得宿受欲清淨羯磨說戒應隨事近遠可廣說便
廣說不者如法治可略說便略說不者如法治若難事近不得略
說者應從坐起去　依僧祇律文　諸大姊是九
僧伽婆尸沙法僧常聞諸大姊是卅尼薩耆波夜提法僧常聞
諸大姊是百卌一波夜提法僧常聞諸大姊是八波羅提提舍尼法
僧常聞諸大姊是衆學法僧常聞諸大姊是七滅諍法僧

BD05278號　大比丘尼雜羯磨

（18–10）

廣說不者如法治可略說便略說不者如法治若難事近不得略
說者應從坐起去　依僧祇律文　諸大姊是九
僧伽婆尸沙法僧常聞諸大姊是卅尼薩耆波夜提法僧常聞
諸大姊是百卌一波夜提法僧常聞諸大姊是八波羅提提舍尼法
僧常聞諸大姊是衆學法僧常聞諸大姊是七滅諍法僧
常聞

八敬法文　何等爲八　一者雖百歲比丘尼見新受戒比丘應起迎
禮拜與敷淨坐具此法應尊重讚嘆盡形壽不得過　二者比丘尼
不應罵詈比丘呵嘖比丘不應誹謗言破戒破見破威儀此法應尊重
讚嘆盡形壽不得過　三者比丘尼不應爲比丘作舉作憶念作自
言不應遮他覓罪說戒自恣不應呵比丘比丘應呵比丘尼此法應尊重
讚嘆盡形壽不得過　四者式叉摩那學戒已從比丘僧乞受大
戒此法應尊重讚嘆盡形壽不得過　五者比丘尼犯僧殘罪應
在二部僧中半月行摩那埵此法應尊重讚嘆盡形壽不得過
六者比丘尼半月從僧乞教授此法應尊重讚嘆盡形壽不得過
七者比丘尼不應在無比丘僧處夏安居此法應尊重讚嘆盡形壽
不得過　八者比丘尼僧安居竟應往比丘僧中衆三事自恣見聞疑
此法應尊重讚嘆盡形壽不得過

安居及分房敷具法文　大姊一心念我比丘尼某甲依某甲聚落
某甲僧伽藍某甲房前三月夏安居房舍破修治故　依某甲持律
若有疑事當往問

受七日法文　大姊一心念我比丘尼某甲受七日法出界外爲某甲事故
還此中安居白大姊令知

受過七日法文　大姊僧聽我比丘尼某甲受過七日法若十五日若一月出
界外爲某事故還此中安居聽受

與過七日羯磨文　大姊僧聽若僧時到僧忍聽比丘尼某甲受過七日

BD05278號　大比丘尼雜羯磨

（18–11）

還此中安居白大姊僧知 如是三說

更過七日法文 大姊僧聽，我比丘尼某甲更過七日法，若十五日若一月出界外為某事故，還此中安居。慈愍故 如是三說

白過七日羯磨文 大姊僧聽，若僧時到僧忍聽，比丘尼某甲受過七日法，若十五日若一月出界外為某事故，還此中安居。白如是 大姊僧聽，比丘尼某甲受過七日法，若十五日若一月出界外為某事故，還此中安居。誰諸大姊忍比丘尼某甲受過七日法，若十五日若一月出界外為某事故，還此中安居者嘿然，誰不忍者說。僧已忍，與比丘尼某甲受過七日法，若十五日若一月出界外為某事故，還此中安居竟。僧忍嘿然故，是事如是持

比丘尼安居竟差尼往大僧中求自恣文 大姊僧聽，若僧時到僧忍聽，僧今差比丘尼某甲為比丘尼故往大僧中說三事自恣見聞疑。白如是 大姊僧聽，僧差某甲比丘尼為比丘尼故往大僧中說三事自恣見聞疑。誰諸大姊忍僧差比丘尼某甲為比丘尼故往大僧中說三事自恣者嘿然，誰不忍者說。僧已忍差比丘尼某甲為比丘尼故往大僧中說三事自恣見聞疑竟。僧忍嘿然故，是事如是持

大德僧聽，某甲比丘尼僧夏安居竟，比丘尼僧說三事自恣見聞疑，大德慈愍故語我，若見罪當如法懺悔 第二第三亦如是說

僧自恣日便自恣，而僧廣撫佛言不應爾，若比丘尼十四日自恣，比丘尼僧十五日自恣，若大僧病若衆不和合若衆不滿，比丘尼應遣信和請問辭，不看實言罷，若比丘尼衆病若衆不和合若衆不滿，比丘尼亦當遣信和請問信，不看實言罷

差自恣人文 大姊僧聽，若僧時到僧忍聽，僧差比丘尼某甲作受自恣人。白如是 大姊僧聽，僧差比丘尼某甲作受自恣人。誰諸大姊忍僧差比丘尼某甲作受自恣人者嘿然，不忍說。僧已忍差比丘尼某甲作受自恣人竟。僧忍嘿然故，是事如是持

BD05278號 大比丘尼雜羯磨 (18-12)

遣信和請問信，不看實言罷

差自恣人文 大姊僧聽，若僧時到僧忍聽，僧差比丘尼某甲作受自恣人。白如是 大姊僧聽，僧差比丘尼某甲作受自恣人。誰諸大姊忍僧差比丘尼某甲作受自恣人者嘿然，不忍說。僧已忍差比丘尼某甲作受自恣人竟。僧忍嘿然故，是事如是持

極差人白僧自恣文 大姊僧聽，今日衆僧自恣，若僧時到僧忍聽，僧今和合自恣。白如是 大姊僧一心念，衆僧今日自恣，我比丘尼某甲亦自恣。若見聞疑罪，大姊哀愍故語我，若見知罪當如法懺悔

若四人已更互自恣文 大姊一心念，衆僧今日自恣，我比丘尼某甲亦清淨自恣，衆僧今日自恣，我比丘尼某甲亦清淨

八難事起白僧略三語自恣文 大姊僧聽，今有難事，若僧時到僧忍聽，僧今三語自恣。白如是

白受功德衣文 大姊僧聽，今日衆僧受功德衣，若僧時到僧忍聽，僧今和合受功德衣。白如是

差持功德衣人文 大姊僧聽，僧差比丘尼某甲為僧持功德衣。誰諸大姊忍僧差比丘尼某甲為僧持功德衣者嘿然，不忍者說。僧已忍差比丘尼某甲為僧持功德衣竟。僧忍嘿然故，是事如是持

羯磨衣與持功德衣人文 大姊僧聽，此住處得可分衣現前僧應分。若僧時到僧忍聽，僧今持此衣與某甲比丘尼，此比丘尼某甲當持此衣為僧受作功德衣，於此住處持。白如是 大姊僧聽，此住處僧得可分衣現前僧應分，僧今持此衣與比丘尼某甲，此比丘尼當持此衣為僧受作功德衣於此住處持。誰諸大姊忍僧持此衣與比丘尼某甲，比丘尼某甲當持此衣為僧受作功德衣於此住處持者嘿然，誰不忍者說。僧已忍持此衣與比丘尼某甲，比丘尼某甲當持此衣為僧受作功德衣於此住處持竟。僧忍嘿然故，是事如是持

持功德衣人持衣衆僧前白之 大姊僧聽，今日衆僧受功德衣

BD05278號 大比丘尼雜羯磨 (18-13)

比丘尼某甲比丘尼某甲當持此衣為僧受作功德衣於此住處持
者嘿然誰不忍者說僧已忍持此衣與比丘尼某甲此比丘尼某甲當
持此衣為僧受作功德衣於此住處持竟僧忍嘿然故是事如是持
△持功德衣人持衣來眾僧前白之　大姊僧聽今日眾僧受功德衣
若僧時到僧忍聽僧今和合受功德衣白如　白已持衣說文
此衣眾僧當受功德衣此衣今眾僧受作功德衣此已受作功德衣竟　三說
△眾僧各各受作功德衣文　其受衣已善受此中所有功德衣名
稱屬我隨應答言爾出
△出功德衣文　僧集和合未受大戒者出不來者說欲及清淨
僧今何所為今日眾僧出功德衣若僧時到僧忍聽僧今和合
出功德衣白如是　分衣物及分亡者衣物法第八
△僧分四方僧得施物羯磨文　大姊僧聽此住處若衣若非衣現前
僧應分若僧時到僧忍聽僧今與比丘尼某甲比丘尼某甲當還與僧
白如是　大姊僧聽此住處若衣若非衣現前僧應分僧今與比丘
尼某甲比丘尼某甲當還與僧誰諸大姊忍此住處若衣若非衣現
前僧應分僧今與比丘尼某甲彼比丘尼某甲當還僧與者嘿然誰
不忍者說僧已忍與比丘尼某甲比丘尼某甲當還與僧竟僧忍嘿
然故是事如是持
大姊一心念是住處得可分衣物現前僧應分是
中無僧此衣物屬我及大姊我及大姊受用　是住處得可分衣物現前
應分是中無僧此衣物屬我我受用如是三說
△看病人持亡者衣物至僧中白文　大姊僧聽比丘尼某甲此住處
命過比丘尼某甲所有衣鉢坐具針筒盛衣攝此住處現前僧
應分　△亡比丘尼衣物與看病人文　大姊僧聽比丘尼某甲命過所有
衣鉢坐具針筒盛衣攝現前僧應分若僧時到僧忍聽僧
今與看病比丘尼某甲白如　大姊僧聽比丘尼某甲命過所有
衣鉢坐具針筒盛衣攝器現前僧應分僧今與比丘尼某甲

BD05278號　大比丘尼雜羯磨

（18–14）

△看病人持亡者衣物至僧中……
命過比丘尼某甲所有衣鉢坐具針筒盛衣攝此住處現前僧
應分　△亡比丘尼衣物與看病人文　大姊僧聽比丘尼某甲命過所有
衣鉢坐具針筒盛衣攝現前僧應分若僧時到僧忍聽僧
今與看病比丘尼某甲白如　大姊僧聽比丘尼某甲命過所有
衣鉢坐具針筒盛衣攝器現前僧應分僧今與比丘尼某甲看
病人誰諸大姊忍僧與比丘尼某甲看病人衣鉢坐具針筒盛衣
攝器者嘿然誰不忍者說僧已忍與比丘尼某甲看病人衣鉢
坐具針筒盛攝器竟僧忍嘿然故是事如是持
△僧分亡者餘衣物　大姊僧聽比丘尼某甲命過所有若衣若非衣
現前僧應分若僧時到僧忍聽僧今與比丘尼某甲比丘尼某
甲當還與僧白如　大姊僧聽比丘尼某甲命過所有若衣
若非衣現前僧應分僧今與比丘尼某甲比丘尼某甲當還與僧
誰諸大姊忍比丘尼某甲命過所有若衣若非現前僧應分僧
與比丘尼某甲比丘尼某甲當還與僧者嘿然誰不忍者說僧已忍與
比丘尼某甲比丘尼某甲當還與僧竟僧忍嘿然故是事如是持
△若亡者二分亡者衣物文　大姊一心念比丘尼某甲命過所有若衣若
非衣現前僧應分此住處無僧是衣物屬我及大姊我及我受用
比丘尼某甲命過所有衣物若衣若非衣現前僧應分此住處無僧
是衣物屬我我受用
△尼自乞作小房文　大姊僧聽我比丘尼某甲自乞房無主自為己
我今從僧乞知無難無妨處　大姊僧我比丘尼某甲自乞作房無
主自為己今從僧乞處分無難處無妨處若僧時到僧忍聽

BD05278號　大比丘尼雜羯磨

（18–15）

是衣物屬我々受用

△當白乞作小房文　大姊僧聽我比丘尼某甲自乞房无主自爲已

我今從僧乞知无難无妨處　大姊僧我比丘尼某甲自乞作房无

主自爲已今從僧乞處分无難處无妨處若僧時到僧忍聽

僧今與比丘尼某甲處分无難无妨處白如是　大姊僧聽此比丘尼

某甲自乞作房无主自爲已從僧乞處分无難處无妨處

僧今與比丘尼某甲處分无難處无妨處誰諸大姊忍僧與比丘

尼某甲處分无難處无妨處竟僧忍嘿然故是事如是持

△老病比丘尼乞畜杖絡囊文　大姊僧聽我比丘尼某甲老病不能

无杖絡囊而行今從衆僧乞畜杖絡囊願僧聽我畜杖絡囊

慈愍故　大姊僧聽比丘尼某甲老病不能无杖絡囊而行今從

衆僧乞畜杖絡囊若僧時到僧忍聽僧今聽此比丘尼畜杖

絡囊白如是　大姊僧聽比丘尼某甲老病不能无杖絡囊而行

今從衆僧乞畜杖絡囊僧今聽此比丘尼畜杖絡囊誰諸大姊

忍僧今聽此比丘尼某甲畜杖絡囊者嘿然誰不忍者說僧已忍

聽此比丘尼畜杖絡囊竟是事如是持

△非時入村囑授文　大姊一心念我比丘尼某甲非時入村至某甲家爲如是事

白大姊令知　△更請已食前食後入村囑授文　大姊一心念我比丘尼某甲

有緣事欲入某甲聚落至某甲家白大姊令知

△貢寶請施文　大姊一心念我比丘尼某甲有此長衣未作淨今當請施

与大姊爲貢寶淨故

BD05278 號　大比丘尼雜羯磨

（18–16）

白大姊令知　△更請已食前食後入村囑授文　大姊一心念我比丘尼某甲

有緣事欲入某甲聚落至某甲家白大姊令知

△貢寶請施文　大姊一心念我比丘尼某甲有此長衣未作淨今當請施

与大姊爲貢寶淨故

△七法藥淨文　佛言從今日不聽作淨羯磨若作得突吉羅先作者

應捨 此指淨地主處有　依十誦不聽結淨地一切僧食具須淨一白衣作食施主

請言衆僧今請作食施主僧家所有一切生熟食具皆作檀越

物意衆僧受用如是淨施主許作竟僧家自有及餘處

得來但使屬僧一切生熟食盡不犯內宿內煮若先不作淨令

始欲並者先所有飲食器大僧知者盡是不淨若將与比丘尼

及白衣家博換所得器大僧不得手捉若同觸器及換身

不須傳易若寺先有處檀越亦須請作施主何以如此衆

僧家物不必盡是一檀越物要須請作施主貢盜更餘處

得來者亦屬此一檀越衆僧得淨依十誦律作檀越淨法

易處无累若依餘律結淨地難成難護

大比丘尼雜羯磨一卷

BD05278 號　大比丘尼雜羯磨

（18–17）

BD05278 號　大比丘尼雜羯磨　（18–18）

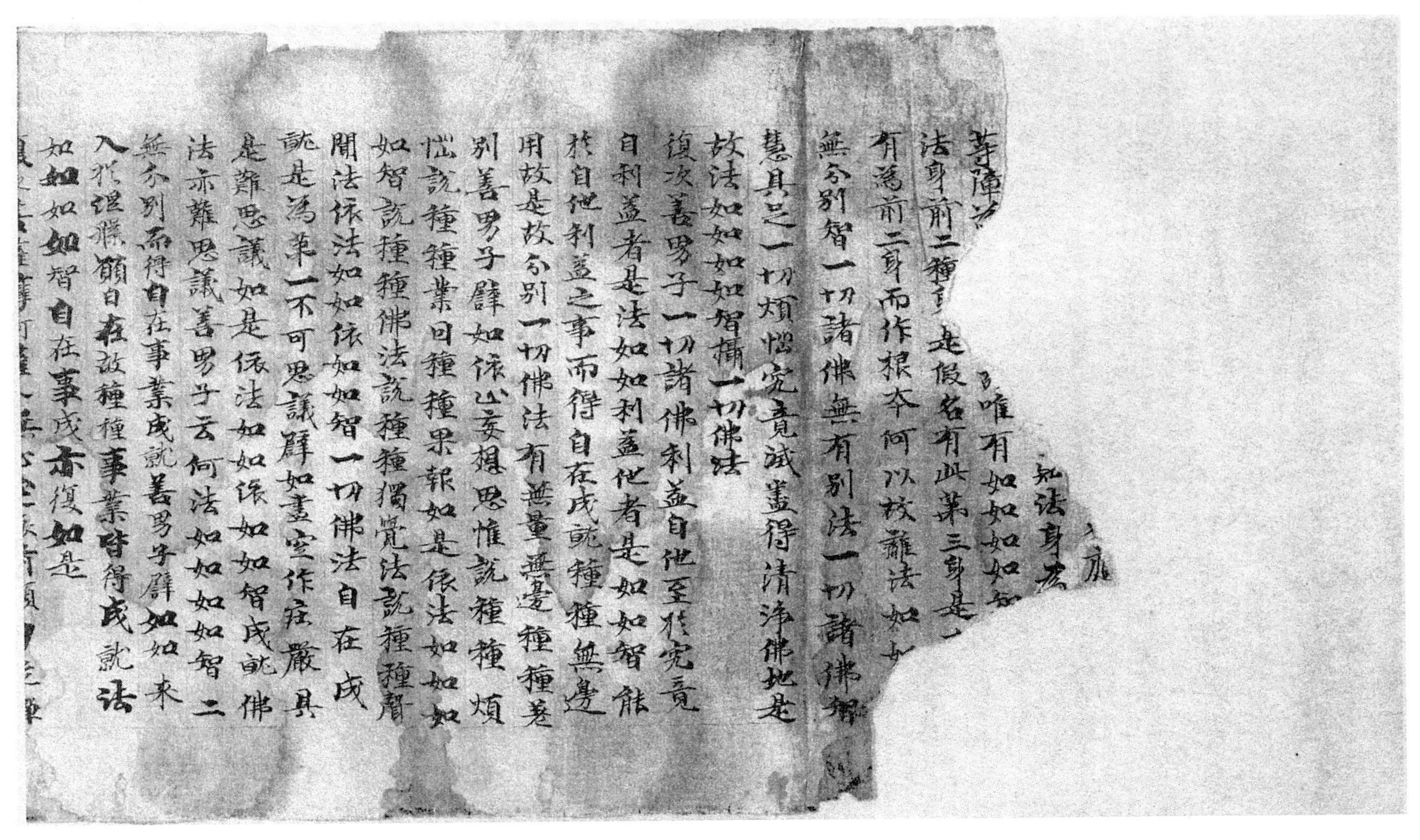

BD05279 號　金光明最勝王經卷二　（18–1）

說是爲第一不可思議譬如畫空作莊嚴具
是難思議如是依法如如依如如智成就佛
法亦難思議善男子云何法如如如如智二
無分別而得自在事業成就善男子譬如如來
入於涅槃願自在故種種事業皆得成就法
如如如如智自在事成亦復如是
復次菩薩摩訶薩入無心定依前願力從禪
定起作衆事業如是二法無有分別自在事
成善男子譬如日月無有分別亦如水鏡無
有分別光明亦無分別三種和合得有影生
如是法如如如如智亦無分別以願自在故
衆生有感現應化身如日月影和合出現復
次善男子譬如無量無邊水鏡依於光故空
影得現種種異相空者即是無相善男子如
是受化諸弟子等是法身影以願力故於二
種身現種種相於法身地無有異相善男
子依此二身一切諸佛說有餘涅槃依此法身
說無餘涅槃何以故一切餘法究竟盡故依
此三身一切諸佛說無住處涅槃爲二身故
不住涅槃離於法身無有別佛何故二身不
住涅槃二身假名不實念念生滅不定住故
數數出現以不定故法身不爾是故二身不
住涅槃法身不二是故不住涅槃故依三身
說無住涅槃
善男子一切凡夫爲三相故有縛有障遠離
三身不至三身何者爲三一者遍計所執相
二者依他起相三者成就相如是諸相不能
解故不能滅故不能淨故是故不得至於三
身如是三相能解能滅能淨故是故諸佛具

BD05279號　金光明最勝王經卷二　（18–2）

住涅槃法身不二是故不住涅槃故依三身
說無住涅槃
善男子一切凡夫爲三相故有縛有障遠離
三身不至三身何者爲三一者遍計所執相
二者依他起相三者成就相如是諸相不能
解故不能滅故不能淨故是故不得至於三
身如是三相能解能滅能淨故是故諸佛具
足三身善男子諸凡夫人未能除遣此三心
故遠離三身不能得至何者爲三一者起事
心二者依根本心三者根本心依諸伏道起
事心盡依法斷道依根本心盡依最勝道根
本心盡起事心滅故得現化身依根本心滅
故得顯應身根本心滅故得至法身是故一
切如來具足三身
善男子一切諸佛於第一身與諸佛同事
於第二身與諸佛同意於第三身與諸佛同
體善男子是初佛身隨衆生意有多種故現
種種相是故說多第二佛身弟子一意故現
一相是故說一第三佛身過一切種相非執
相境界是故說名不一不二善男子是第一身
依於應身得顯現故是第二身依於法身
得顯現故是法身者是真實有無依處故
善男子如是三身以有義故而說於常以有義
故說於無常化身者恒轉法輪處處隨緣方
便相續不斷絕故是故說常非是本故是足大
用不顯現故說爲無常應身者從無始來相
續不斷一切諸佛不共之法能攝持故衆生
無盡用亦無盡是故說常非是本故以具足
用不顯現故說爲無常法身者非是行法無

BD05279號　金光明最勝王經卷二　（18–3）

故說於无常化身者恒轉法輪處處隨緣方
便相續不斷絕故是故說常非是本故是足大
用不顯現故說爲无常應身者從無始來相
續不斷一切諸佛不共之法能攝持故衆生
無盡用亦無盡是故說常非是本故以具足
用不顯現故說爲無常法身者非是行法無
有異相是根本故猶如虛空是故說常善男
子離無分別智更無勝智離法如如無勝境
界是法如如是慧如如二種如如如如不一不
異是故法身慧清淨故滅清淨故是二清淨
是故法身具足清淨
復次善男子分別三身有四種異有化身非應
身有應身非化身有化身亦應身有非化
身亦非應身何者化身非應身謂諸如來般
涅槃後以願自在故隨緣利益是名化身何
者應身非化身是地前身何者化身亦應身
謂住有餘涅槃之身何者非化身非應身謂
是法身善男子是法身者二無所有所顯現
故何者名爲二無所有於此法身相及相處
二者是無非有非無非一非異非數非非數非
明非闇如是如如智不見相及相處不見非有
非無不見非一非異不見非數非非數不見
非明非闇是故當知境界清淨智慧清淨不
可分別無有中間爲滅道本故於此法身
能顯如來種種事業善男子是身因緣境界
處所果依於本難思議故若了此義是身即
是大乘是如來性是如來藏依於此身得發
初心修行地心而得顯現不退地心亦皆得

BD05279號　金光明最勝王經卷二　（18–4）

非明非闇是故當知境界清淨智慧清淨不
可分別無有中間爲滅道本故於此法身
能顯如來種種事業善男子是身因緣境界
處所果依於本難思議故若了此義是身即
是大乘是如來性是如來藏依於此身得發
初心修行地心而得顯現不退地心亦皆得
現一生補處心金剛之心如來之心而悉顯現
無量無邊如來妙法皆悉顯現依此法身不
可思議摩訶三昧而得顯現依此法身得現
一切大智是故二身依於三昧依於智慧而
得顯現如此法身依於自體說常說我依大
三昧故說於樂依於大智故說清淨是故如
來常住自在安樂清淨依大三昧一切禪定
首楞嚴等一切念處大法念等大慈大悲
一切陀羅尼一切神通一切自在一切法平等攝
受如是佛法悉皆出現依此大智十力四無所
畏四無礙辯一百八十不共之法一切希有
不可思議法悉皆顯現譬如依如意寶珠
無量無邊種種珍寶悉皆得現如是依大三
昧寶依大智慧寶能出種種無量無邊諸
佛妙法善男子如是法身三昧智慧過一切
相不著於相不可分別非常非斷是名中道雖
有分別體无分別雖有三數而無三體不增不
減猶如夢幻亦無所執亦無能執法體如如
是解脫處過死王境越生死闇一切衆生不
能修行所不能至一切諸佛菩薩之所住處
善男子譬如有人願欲得金處處求覓遂得
金礦既得礦已即便碎之擇取精者爐中銷
鍊得清淨金隨意迴轉作諸鐶釧種種嚴具

BD05279號　金光明最勝王經卷二　（18–5）

相不[illegible]
有分別體无分別雖有三數而無三體不增不
減猶如夢幻亦無所執亦無能執法體如如
是解脫處過死王境越生死闇一切衆生不
能修行所不能至一切諸佛菩薩之所住處
善男子譬如有人願欲得金處處求覓遂得
金礦既得礦已即便碎之擇取精者爐中銷
鍊得清淨金隨意迴轉作諸鐶釧種種嚴具
雖有諸用金性不改
復次善男子若善男子善女人求勝解脫修
行世善得見如来及弟子衆得親近已白佛
言世尊何者為善何者不善何者正修得清
淨行諸佛如来及弟子衆見彼問時如是思
惟是善男子善女人欲求清淨欲聽正法即
便為說令其開悟彼既聞已正念憶持發心
修行得精進力除懶墮障滅一切罪於諸學
處離不尊重息掉悔心入於初地依初地心
除利有情障得入二地於此地中除不逼惱
障入於三地於此地中除心軟淨障入於四地
於此地中除善方便入於五地於此地中除
見真俗障入於六地於此地中除見行相障
入於七地於此地中除不見滅相障入於八
八地於此地中除不見生相障入於九地
於此地中除六通障入於十地於此地中除
所知障除根本心入如来地如来地者由三
淨故名極清淨云何為三一者煩惱淨二者
苦淨三者相淨譬如真金鎔銷治鍊既燒打
已無復塵垢為顯金性本清淨故金體清淨
非謂無金譬如濁水澄渟清淨無復滓穢為

BD05279 號　金光明最勝王經卷二　　（18–6）

於此地中除六通障入於十地於此地中除
所知障除根本心入如来地如来地者由三
淨故名極清淨云何為三一者煩惱淨二者
苦淨三者相淨譬如真金鎔銷治鍊既燒打
已無復塵垢為顯金性本清淨故金體清淨
非謂無金譬如濁水澄渟清淨無復滓穢為
顯水性本清淨故非謂無水如是法身與煩
惱雜苦集除已無復餘習為顯佛性本清淨
故非謂無體譬如虛空烟雲塵霧之所障蔽
若除屏已是空界淨非謂無空如是法身一
切衆苦悉皆盡故說為清淨非謂無體譬如
有人於睡夢中見大河水漂泛其身運手
動足截流而渡得至彼岸由彼身心不懈退
故從夢覺已不見有水彼此岸別非謂無心生
死妄想既滅盡已是覺清淨非謂無覺如是
法界一切妄想不復生故說為清淨非是諸
佛無其實體
復次善男子是法身者惑障清淨能現應身
業障清淨能現化身智障清淨能現法身譬
如依空出電依電出光如是依法身故能現
應身依應身故能現化身由性淨故能現法
身智慧清淨能現應身三昧清淨能現化身
此三清淨是法如如不異如如一味如如解脫
如如究竟如如是故諸佛體無有異善男子若
有善男子善女人說於如来是我大師若
作如是决定信者此人即應淨心解了如来
之身無有別異善男子以是義故於諸境界
不正思惟悉皆除斷即知彼法無有二相
亦無分別聖所修行如如於彼無有二相正

BD05279 號　金光明最勝王經卷二　　（18–7）

如如究竟如如是故諸佛所無有異善男子若
有善男子善女人說於如來是我大師若
作如是決定信者此人即應淨心解了如來
之身無有別異善男子以是義故於諸境界
不正思惟悉皆除斷即知彼法無有二相
亦無分別聖所修行如如於彼無有二相正
修行故如是如是一切諸障悉皆除滅如如
一切障滅如是如是法如如如智得最清淨
如如法界正智清淨如是如是一切自在具
足攝受皆得成就一切諸障悉皆除滅一切
切諸障得清淨故是名真如正智真實之相
如是見者是名聖見是則名為真實見佛何
以故如實得見法真如故是故諸佛悉能普
見一切如來何以故聲聞獨覺已出三界求
真實境不能知見如是聖人所不能知一切
凡夫皆生疑惑顛倒分別不能得度如兔浮
海必不能過所以者何力微劣故凡夫之人亦
復如是不能通達法如如故然諸如來無分
別心於一切法得大自在具足清淨深智
慧故是自境界不共他故是故諸佛如來於無量
無邊阿僧祇劫不惜身命難行苦行方得此
身最上無比不可思議過言說境是妙寂靜離
諸怖畏善男子如是知見法真如者無生老死壽
命無限無有睡眠亦無飢渴心常在定無有散
動若於如來起諍論心是則不能見於如來
諸佛所說皆能利益有聽聞者無不解脫諸
惡禽獸惡人惡鬼不相逢值由聞法故果報
無盡然諸如來無無記事一切境界無欲知

BD05279 號　金光明最勝王經卷二　（18–8）

身最上無比不可思議過言說境是妙寂靜離
諸怖畏善男子如是知見法真如者無生老死壽
命無限無有睡眠亦無飢渴心常在定無有散
動若於如來起諍論心是則不能見於如來
諸佛所說皆能利益有聽聞者無不解脫諸
惡禽獸惡人惡鬼不相逢值由聞法故果報
無盡然諸如來無無記事一切境界無欲知
心生死涅槃無有異想如來所說無不決定
諸佛如來四威儀中無非智攝一切諸法無
不為慈悲所攝無有不為利益安樂諸眾生
者善男子若有善男子善女人於此金光
明經聽聞信解不墮地獄餓鬼傍生阿蘇羅
道常處人天不生下賤恒得親近諸佛如來
聽受正法常生諸佛清淨國土所以者何由
得聞此甚深法故是善男子善女人則為如
來已知已記當得不退阿耨多羅三藐三菩
提若善男子善女人於此甚深微妙之法一
經耳者當知是人不謗如來不毀正法不輕
聖眾一切眾生未種善根令得種故已種善根
令增長成熟故一切世界所有眾生皆勸修
行六波羅蜜多
爾時虛空藏菩薩梵釋四王諸天眾等即從
座起偏袒右肩合掌恭敬頂禮佛足白佛言
世尊若所在處講說如是金光明王微妙經典
於其國土有四種利益何者為四一者國王
軍眾強盛無諸怨敵離於疾病壽命延長

BD05279 號　金光明最勝王經卷二　（18–9）

令得長壽故一切世界所有眾生皆勸修
行六波羅蜜多
爾時虛空藏菩薩梵釋四王諸天眾等即從
座起偏袒右肩合掌恭敬頂礼佛足白佛言
世尊若所在處講說如是金光明王微妙經典
於其國土有四種利益何者為四一者國王
軍眾強盛無諸怨敵離於疾病壽命延長
吉祥安樂正法興顯二者中宮妃后王子諸
臣和悅無諍離於諂佞王所愛重三者沙門
婆羅門及諸國人修行正法無病安樂無枉死
者於諸福田悉皆修立四者於三時中四大調
適常為諸天增加守護慈悲平等無傷害心
令諸眾生歸敬三寶皆願修習菩提之行是
為四種利益之事世尊我等亦常為弘經
故隨逐如是持經之人所在住處為作利益
佛言善哉善哉善男子如是如是汝等應
當勤心流布此妙經則令正法久住於世

金光明最勝王經夢見懺悔品第四

爾時妙幢菩薩親於佛前聞妙法已歡喜踊
躍一心思惟還至本處於夜夢中見大金鼓
光明晃耀猶如日輪於此光中得見十方無
量諸佛於寶樹下坐瑠璃座無量百千大眾
圍繞而為說法見一婆羅門桴擊金鼓出大音
聲聲中演說妙伽他明懺悔法妙幢聞
已皆悉憶持繫念而住至天曉已與無量百
千大眾圍繞持諸供具出王舍城詣鷲峯山
至世尊所礼佛足已布設香花右繞三匝退



量諸佛於寶樹下坐瑠璃座無量百千大眾
圍繞而為說法見一婆羅門桴擊金鼓出大音
聲聲中演說妙伽他明懺悔法妙幢聞
已皆悉憶持繫念而住至天曉已與無量百
千大眾圍繞持諸供具出王舍城詣鷲峯山
至世尊所礼佛足已布設香花右繞三匝退
坐一面合掌恭敬瞻仰尊顏白佛言世尊我
於夢中見婆羅門以手執桴擊妙金鼓出大
音聲聲中演說微妙伽他明懺悔法我皆憶
持唯願世尊降大慈悲聽我所說即於佛前
而說頌曰

我於昨夜中　夢見大金鼓　其形極姝妙　周遍有金光
猶如盛日輪　光明皆普耀　充滿十方界　咸見於諸佛
在於寶樹下　各處瑠璃座　無量百千眾　恭敬而圍繞
有一婆羅門　以杖擊金鼓　於其鼓聲內　說此妙伽他
金光明鼓出妙聲　遍至三千大千界
能滅三塗極重罪　及以人中諸苦厄
由此金鼓聲威力　永滅一切煩惱障
斷除怖畏令安隱　譬如自在牟尼尊
佛於生死大海中　積行修成一切智
能令眾生覺品具　究竟咸歸功德海
由此金鼓出妙聲　普令聞者獲梵響
證得無上菩提果　常轉清淨妙法輪
住壽不可思議劫　隨機說法利群生
能斷煩惱眾苦流　貪瞋癡等皆除滅
若有眾生處惡趣　大火猛焰周遍身
若得聞是妙鼓音　即能離苦歸依佛

由此金鼓出妙聲　普令聞者獲梵響
證得無上菩提果　常轉清淨妙法輪
住壽不可思議劫　隨機說法利群生
能斷煩惱衆苦流　貪瞋癡等皆除滅
若有衆生處惡趣　大火猛焰周遍身
若得聞是妙鼓音　即能離苦歸依佛
皆得成就宿命智　能憶過去百千生
悉皆正念牟尼尊　得聞如來甚深教
由聞金鼓勝妙音　常得親近於諸佛
悉能捨離諸惡業　純修清淨諸善品
一切天人有情類　慇重至誠祈願者
得聞金鼓妙音聲　能令所求皆滿足
衆生墮在無間獄　猛火炎熾苦焚身
無有救護處輪迴　聞者能令苦除滅
人天餓鬼傍生中　所有現受諸苦難
得聞金鼓發妙響　皆蒙離苦得解脫
現在十方界　常住兩足尊　願以大悲心　哀愍憶念我
衆生無歸依　亦無有救護　為如是等類　能作大歸依
我先所作罪　極重諸惡業　今對十力前　至心皆懺悔
我不信諸佛　亦不敬尊親　不務修衆善　常造諸惡業
或自恃尊高　種姓及財位　盛年行放逸　常造諸惡業
心恒起邪念　口陳於惡言　不見於過罪　常造諸惡業
恒作愚夫行　無明闇覆心　隨順不善友　常造諸惡業
或因諸戲樂　或復懷憂惱　為貪瞋所纏　故我造諸惡
親近不善人　及由慳嫉意　貧窮行諂誑　故我造諸惡
雖不樂衆過　由有怖畏故　及不得自在　故我造諸惡
或為躁動心　或因瞋恚恨　及以飢渴惱　故我造諸惡

BD05279 號　金光明最勝王經卷二　（18–12）

心恒起邪念　口陳於惡言　不見於過罪　常造諸惡業
恒作愚夫行　無明闇覆心　隨順不善友　常造諸惡業
或因諸戲樂　或復懷憂惱　為貪瞋所纏　故我造諸惡
親近不善人　及由慳嫉意　貧窮行諂誑　故我造諸惡
雖不樂衆過　由有怖畏故　及不得自在　故我造諸惡
或為躁動心　或因瞋恚恨　及以飢渴惱　故我造諸惡
由飲食衣服　及貪愛女人　煩惱火所燒　故我造諸惡
於佛法僧衆　不生恭敬心　作如是衆罪　我今悉懺悔
於獨覺菩薩　亦無恭敬心　作如是衆罪　我今悉懺悔
無知謗正法　不孝於父母　作如是衆罪　我今悉懺悔
由愚癡憍慢　及以貪瞋力　作如是衆罪　我今悉懺悔
我於十方界　供養無數佛　當願拔衆生　令離諸苦難
願一切有情　皆令住十地　福智圓滿已　成佛導群迷
我為諸衆生　苦行百千劫　以大智慧力　皆令出苦海
我為諸含識　演說甚深經　最勝金光明　能除諸惡業
若人百千劫　造諸極重罪　暫時能發露　衆惡盡消除
依此金光明　作如是懺悔　由斯能速盡　一切諸苦業
勝定百千種　不思議總持　根力覺道支　修習常無倦
我當至十地　具足珍寶處　圓滿佛功德　濟度生死流
我於諸佛海　甚深功德藏　妙智難思議　皆令得具足
唯願十方佛　觀察護念我　皆以大悲心　哀受我懺悔
我於多劫中　所造諸惡業　由斯生苦惱　哀愍願消除
我造諸惡業　常生憂怖心　於四威儀中　曾無歡樂想
諸佛具大悲　能除衆生怖　願受我懺悔　令得離憂苦
我有煩惱障　及以諸報業　願以大悲水　洗濯令清淨
我先作諸罪　及現造惡業　至心皆發露　咸願得蠲除
未來諸惡業　防護令不起　設令有違者　終不敢覆藏

BD05279 號　金光明最勝王經卷二　（18–13）

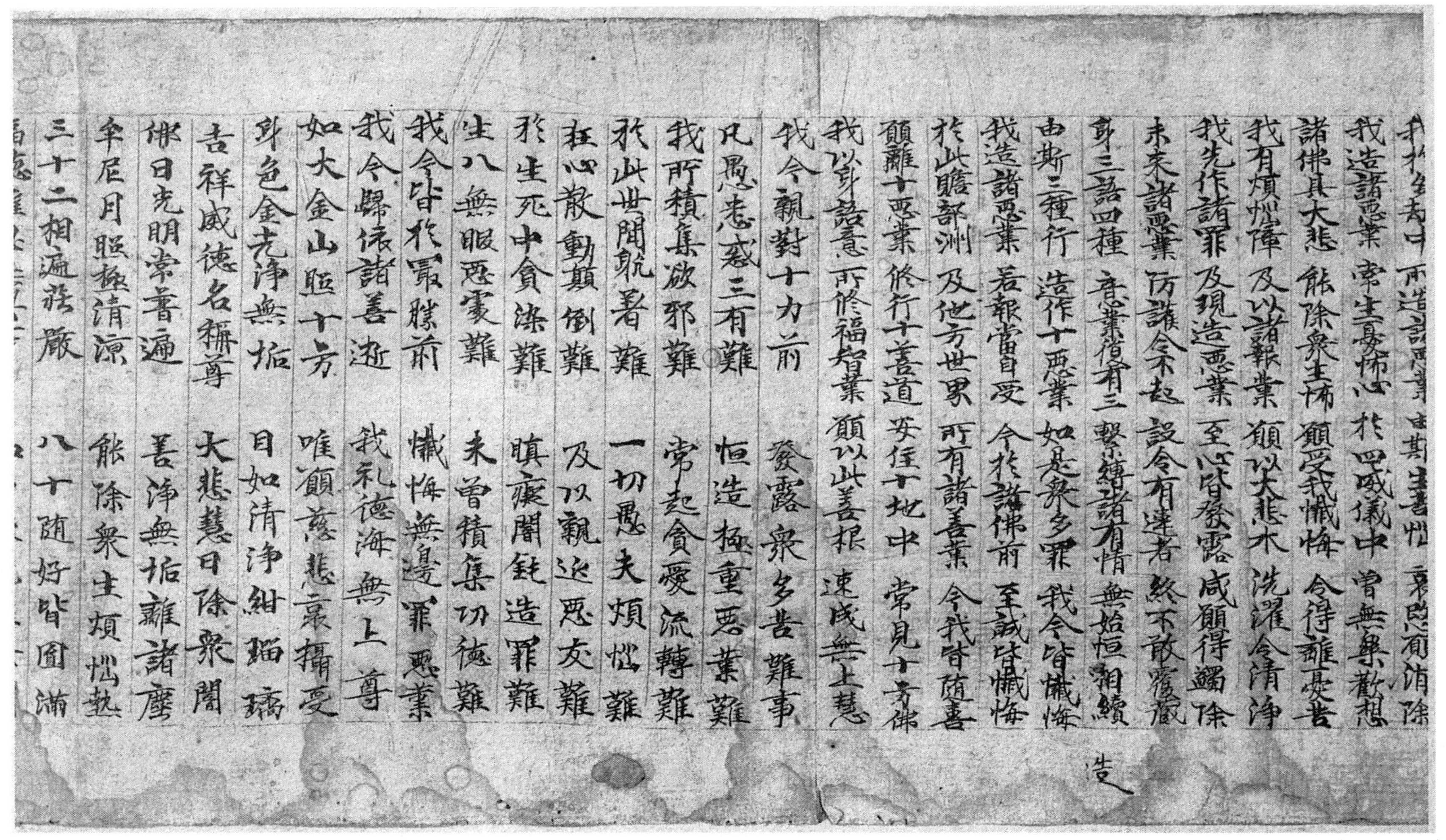
我於無量劫中　所造諸惡業　由斯生苦惱　哀愍願消除
我造諸惡業　常生憂怖心　於四威儀中　曾無歡樂想
諸佛具大悲　能除衆生怖　願受我懺悔　令得離憂苦
我有煩惱障　及以諸報業　願以大悲水　洗濯令清淨
我先作諸罪　及現造惡業　至心皆發露　咸願得蠲除
未來諸惡業　防護令不起　設令有違者　終不敢覆藏
身三語四種　意業復有三　繫縛諸有情　無始恒相續
由斯三種行　造作十惡業　如是衆多罪　我今皆懺悔
我造諸惡業　苦報當自受　今於諸佛前　至誠皆懺悔
於此贍部洲　及他方世界　所有諸善業　今我皆隨喜
願離十惡業　修行十善道　安住十地中　常見十方佛
我以身語意　所修福智業　願以此善根　速成無上慧
我今親對十力前　發露衆多苦難事
凡愚迷惑三有難　恒造極重惡業難
我所積集欲邪難　常起貪愛流轉難
於此世間耽著難　一切愚夫煩惱難
狂心散動顛倒難　及以親近惡友難
於生死中貪染難　瞋癡闇鈍造罪難
生八無暇惡處難　未曾積集功德難
我今皆於最勝前　懺悔無邊罪惡業
我今歸依諸善逝　我禮德海無上尊
如大金山照十方　唯願慈悲哀攝受
身色金光淨無垢　目如清淨紺琉璃
吉祥威德名稱尊　大悲慧日除衆闇
佛日光明常普遍　善淨無垢離諸塵
牟尼月照極清涼　能除衆生煩惱熱
三十二相遍莊嚴　八十隨好皆圓滿

BD05279號　金光明最勝王經卷二　　（18–14）

如大金山照十方　唯願慈悲哀攝受
身色金光淨無垢　目如清淨紺琉璃
吉祥威德名稱尊　大悲慧日除衆闇
佛日光明常普遍　善淨無垢離諸塵
牟尼月照極清涼　能除衆生煩惱熱
三十二相遍莊嚴　八十隨好皆圓滿
福德難思無與等　如日流光照世間
色如瑠璃淨無垢　猶如滿月處虛空
妙頗梨網映金軀　種種光明以嚴飾
於生死苦暴流中　老病憂愁水所漂
如是苦海難堪忍　佛日舒光令永竭
我今稽首一切智　三千世界希有尊
光明晃耀紫金身　種種妙好皆嚴飾
如大海水量難知　大地微塵不可數
如妙高山叵稱量　亦如虛空無有際
諸佛功德亦如是　一切有情不能知
於無量劫諦思惟　無有能知德海岸
盡此大地諸山岳　析如微塵能算知
毛端滴海尚可量　佛之功德無能數
一切有情皆共讚　世尊名稱諸功德
清淨相好妙莊嚴　不可稱量知分齊
我之所有衆善業　願得速成無上尊
廣說正法利群生　悉令解脫於衆苦
降伏大力魔軍衆　當轉無上正法輪
久住劫數難思議　充足衆生甘露味
猶如過去諸最勝　六波羅蜜皆圓滿
滅諸貪欲及瞋癡　降伏煩惱除衆苦

BD05279號　金光明最勝王經卷二　　（18–15）

廣說正法利群生　悉令解脫於衆苦
降伏大力魔軍衆　當轉無上正法輪
久住劫數難思議　充足衆生甘露味
猶如過去諸最勝　六波羅蜜皆圓滿
滅諸貪欲及瞋癡　降伏煩惱除衆苦
願我常得宿命智　能憶過去百千生
亦常憶念牟尼尊　得聞諸佛甚深法
願我以斯諸善業　奉事無邊最勝尊
遠離一切不善因　恒得修行真妙法
一切世界諸衆生　悉皆離苦得安樂
所有諸根不具足　令彼身相皆圓滿
若有衆生遭病苦　身形羸瘦無所依
咸令病苦得消除　諸根色力皆充滿
若犯王法當刑戮　衆苦逼迫生憂惱
彼受如斯極苦時　無有歸依能救護
若受鞭杖枷鎖繫　種種苦具切其身
無量百千憂惱時　逼迫身心無暫樂
皆令得免於繫縛　及以鞭杖苦楚事
將臨刑者得命全　衆苦皆令永除盡
若有衆生飢渴逼　令得種種殊勝味
盲者得視聾者聞　跛者能行瘂能語
貧窮衆生獲寶藏　倉庫盈溢無所乏
皆令得受上妙樂　無一衆生受苦惱
一切人天皆樂見　容儀溫雅甚端嚴
悉皆現受無量樂　受用豐饒福德具
隨彼衆生念伎樂　衆妙音聲皆現前

BD05279 號　金光明最勝王經卷二　（18–16）

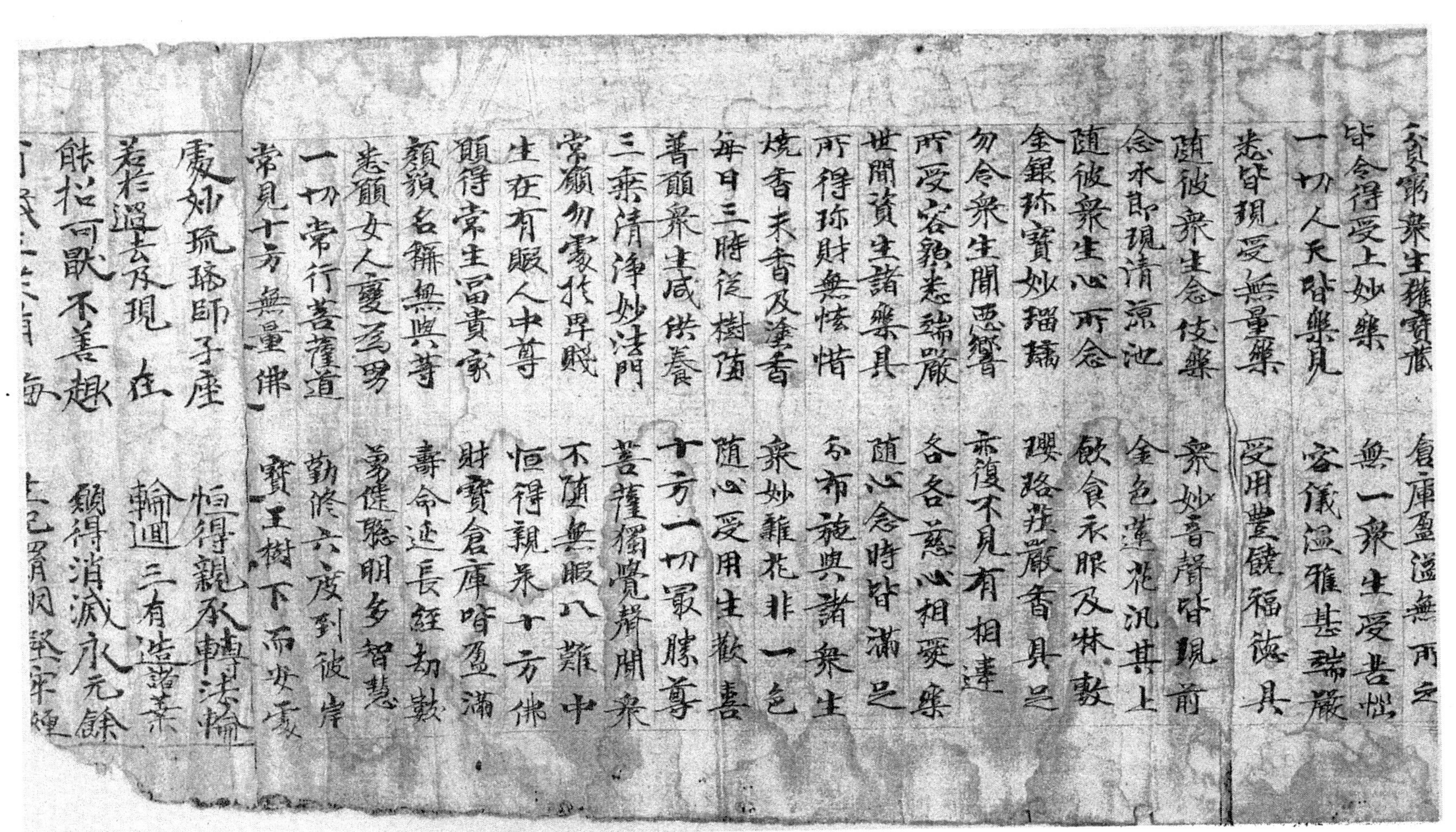
貧窮衆生獲寶藏　倉庫盈溢無所乏
皆令得受上妙樂　無一衆生受苦惱
一切人天皆樂見　容儀溫雅甚端嚴
悉皆現受無量樂　受用豐饒福德具
隨彼衆生念伎樂　衆妙音聲皆現前
念水即現清涼池　金色蓮花泛其上
隨彼衆生心所念　飲食衣服及林敷
金銀珎寶妙瑠璃　瓔珞莊嚴皆具足
勿令衆生聞惡響　亦復不見有相違
所受容貌悉端嚴　各各慈心相愛樂
世間資生諸樂具　隨心念時皆滿足
所得珎財無悋惜　分布施與諸衆生
燒香末香及塗香　衆妙雜花非一色
每日三時從樹墮　隨心受用生歡喜
普願衆生咸供養　十方一切最勝尊
三乘清淨妙法門　菩薩獨覺聲聞衆
常願勿處於卑賤　不墮無暇八難中
生在有暇人中尊　恒得親承十方佛
願得常生富貴家　財寶倉庫皆盈滿
顏貌名稱無與等　壽命延長經劫數
悉願女人變為男　勇健聰明多智慧
一切常行菩薩道　勤修六度到彼岸
常見十方無量佛　寶王樹下而安處
處妙琉璃師子座　恒得親承轉法輪
若於過去及現在　輪迴三有造諸業
能招可厭不善趣　願得消滅永無餘

BD05279 號　金光明最勝王經卷二　（18–17）

燒香[illegible]香及塗香　[illegible]妙雜[illegible]上一[illegible]
每日三時從樹隨　隨心受用生歡喜
普願衆生咸供養　十方一切最勝尊
三乘清淨妙法門　菩薩獨覺聲聞衆
常願勿處於卑賤　不墮無暇八難中
生在有暇人中尊　恒得親承十方佛
願得常生富貴家　財寶倉庫皆盈滿
顏貌名稱無與等　壽命延長經劫數
悉願女人變為男　勇健聰明多智慧
一切常行菩薩道　勤修六度到彼岸
常見十方無量佛　寶王樹下而安處
處妙琉璃師子座　恒得親承轉法輪
若於過去及現在　輪迴三有造諸業
能招可厭不善趣　願得消滅永無餘
一切衆生於有海　生死羂網堅牢縛
願以智劍為斷除　離苦速證菩提處
衆生於此贍部內　或於他方世界中
所作種種勝福田　我[illegible]
[illegible]勝業[illegible]

BD05279號　金光明最勝王經卷二　（18–18）

作礼圍繞以諸華香而散其處
復次須菩提善男子善女人受持讀誦此經
若為人輕賤是人先世罪業應墮惡道以今
世人輕賤故先世罪業則為消滅當得阿耨
多羅三藐三菩提須菩提我念過去无量阿
僧祇劫於然燈佛前得值八百四千万億那
由他諸佛悉皆供養承事无空過者若復有
人於後末世能受持讀誦此經所得功德於
我所供養諸佛功德百分不及一千万億分
乃至筭數譬喻所不能及須菩提若善男子
善女人於後末世有受持讀誦此經所得功
德我若具說者或有人聞心則狂亂狐疑不
信須菩提當知是經義不可思議果報亦不
可思議
尒時須菩提白佛言世尊善男子善女人發
阿耨多羅三藐三菩提心云何應住云何降
伏其心佛告須菩提善男子善女人發阿耨
多羅三藐三菩提者當生如是心我應滅度
一切衆生滅度一切衆生已而无有一衆生
[illegible]滅[illegible]者何以故[illegible]菩薩有我相人相衆生
[illegible]何須菩提實无

BD05280號　金剛般若波羅蜜經　（1–1）

若子病愈父母亦愈菩薩如是於諸衆生愛
之若子衆生病則菩薩病衆生病愈菩薩亦
愈又言是病何所因起菩薩疾者以大悲起
文殊師利言居士此室何以空无侍者維摩
詰言諸佛國土亦復皆空又問以何爲空荅
曰以空空又問空何用空荅曰以无分別空
故空又問空可分別耶荅曰分別亦空又問
空當於何求荅曰當於六十二見中求又問
六十二見當於何求荅曰當於諸佛解脫中
求又問諸佛解脫當於何求荅曰當於一切
衆生心行中求又仁所問何无侍者一切衆
魔及諸外道皆吾侍也所以者何衆魔者樂
生死菩薩於生死而不捨外道者樂諸見菩
薩於諸見而不動文殊師利言居士所疾爲
何等相維摩詰言我病无形不可見又問此
病身合耶心合耶荅曰非身合身相離故亦
非心合心如幻故又問地大水大火大風大
於此四大何大之病荅曰是病非地大亦不
離地大水火風大亦復如是而衆生病從四
大起以其有病是故我病



何等相維摩詰言我病无形不可見又問此
病身合耶心合耶荅曰非身合身相離故亦
非心合心如幻故又問地大水大火大風大
於此四大何大之病荅曰是病非地大亦不
離地大水火風大亦復如是而衆生病從四
大起以其有病是故我病
尒時文殊師利問維摩詰言菩薩應云何慰
喻有疾菩薩維摩詰言說身无常不說猒離
於身說身有苦不說樂於涅槃說身无我而
說教導衆生說身空寂不說畢竟寂滅說
悔先罪而不說入於過去以己之疾愍於彼疾
當識宿世无數劫苦當念饒益一切衆生憶
所脩福念於淨命勿生憂惱常起精進當作
醫王療治衆病菩薩應如是慰喻有疾菩薩
令其歡喜
文殊師利言居士有疾菩薩云何調伏其心
維摩詰言有疾菩薩應作是念今我此病皆
從前世妄想顛倒諸煩惱生无有實法誰受
病者所以者何四大合故假名爲身四大无
主身亦无我又此病起皆由著我是故於我
不應生著既知病本即除我想及衆生想當
起法想應作是念但以衆法合成此身起唯
法起滅唯法滅又此法者各不相知起時不
言我起滅時不言我滅彼有疾菩薩爲滅法
想當作是念此法想者亦是顛倒顛倒者是
即大患我應離之云何爲離離我我所云何
離我我所謂離二法云何離二法謂不念內

法起滅唯法滅又此法者各不相知起時不
言我起滅時不言我滅彼有疾菩薩為滅法
想當作是念此法想者亦是顛倒顛倒者是
即大患我應離之云何為離離我我所云何
離我我所謂離二法云何離二法謂不念內
外諸法行於平等云何平等謂我等涅槃等
所以者何我及涅槃此二皆空以何為空但
以名字故空如此二法无決定性得是平等
无有餘病唯有空病空病亦空是有疾菩薩
以无所受而受諸受未具佛法亦不滅受而
取證也設身有苦念惡趣眾生起大悲心我
既調伏亦當調伏一切眾生但除其病而不
除法為斷病本而教導之何謂病本謂有攀
緣從有攀緣則為病本何所攀緣謂之三界
云何斷攀緣以无所得若无所得則无攀緣
何謂无所得謂離二見何謂二見謂內見外見
是无所得文殊師利是為有疾菩薩調伏其
心為斷老病死苦是菩薩菩提若不如是已
所脩治為无惠利譬如勝怨乃可為勇如是
兼除老病死者菩薩之謂也彼有疾菩薩應
復作是念如我此病非真非有眾生病亦非
真非有作是觀時於諸眾生若起大悲愛見
悲者即應捨離所以者何菩薩斷除客塵煩惱
而起大悲愛見悲者則於生死有疲厭心若能
離此无有疲厭在在所生不為愛見之所覆
世所生无縛能為眾生說法解縛如佛所說
若自有縛能解彼縛无有是處若自无縛能

BD05281號　維摩詰所說經卷中

（18-3）

真非有作是觀時於諸眾生若起大悲愛見
悲者即應捨離所以者何菩薩斷除客塵煩惱
而起大悲愛見悲者則於生死有疲厭心若能
離此无有疲厭在在所生不為愛見之所覆
世所生无縛能為眾生說法解縛如佛所說
若自有縛能解彼縛无有是處若自无縛能
解彼縛斯有是處是故菩薩不應起縛何謂
縛何謂解貪著禪味是菩薩縛以方便生是
菩薩解又无方便慧縛有方便慧解无慧方
便縛有慧方便解何謂无方便慧縛謂菩薩
以愛見心莊嚴佛土成就眾生於空无相无
作法中而自調伏是名无方便慧縛何謂有
方便慧解謂不以愛見心莊嚴佛土成就眾
生於空无相无作法中以自調伏而不疲厭
是名有方便慧解何謂无慧方便縛謂菩薩
住貪欲瞋恚邪見等諸煩惱而殖眾德本是
名无慧方便縛何謂有慧方便解謂離諸貪
欲瞋恚邪見等諸煩惱而殖眾德本迴向阿
耨多羅三藐三菩提是名有慧方便解
文殊師利彼有疾菩薩應如是觀諸法又復
觀身无常苦空非我是名為慧雖身有疾常
在生死饒益一切而不厭惓是名方便又復
觀身身不離病病不離身是病是身非新非
故是名為慧設身有病而不永滅是名方便
文殊師利有疾菩薩應如是調伏其心不住
其中亦復不住不調伏心所以者何若住不
調伏心是愚人法若住調伏心是聲聞法是

BD05281號　維摩詰所說經卷中

（18-4）

觀身身不離病病不離身是病是身非新非
故是名為慧設身有病而不永滅是名方便
文殊師利有疾菩薩應如是調伏其心不住
其中亦復不住不調伏心所以者何若住不
調伏心是愚人法若住調伏心是聲聞法是
故菩薩不當住於調伏不調伏心離此二法
是菩薩行在於生死不為汙行住於涅槃不
永滅度是菩薩行非凡夫行非賢聖行是菩
薩行非垢行非淨行是菩薩行雖過魔行而
現降伏眾魔是菩薩行求一切智无非時求是
菩薩行雖觀諸法不生而不入正位是菩薩
行雖觀十二緣起而入諸耶見是菩薩行雖
攝一切眾生而不愛著是菩薩行雖樂遠離
而不依身心盡是菩薩行雖行三界而不壞
法性是菩薩行雖行於空而殖眾德本是菩
薩行雖行无相而度眾生是菩薩行雖行无
作而現受身是菩薩行雖行无起而起一切
善行是菩薩行雖行六波羅蜜而遍知眾生
心心數法是菩薩行雖行六通而不盡漏是
菩薩行雖行四无量心而不貪著生於梵世
是菩薩行雖行禪定解脫三昧而不隨禪生
是菩薩行雖行四念處而不永離身受心法
是菩薩行雖行四正勤而不捨身心精進是
菩薩行雖行四如意足而得自在神通是菩
薩行雖行五根而分別眾生諸根利鈍是菩
薩行雖行五力而樂求佛十力是菩薩行雖
行七覺分而分別佛之智慧是菩薩行雖行

BD05281號　維摩詰所說經卷中

(18-5)

是菩薩行雖行四念處而不永離身受心法
是菩薩行雖行四正勤而不捨身心精進是
菩薩行雖行四如意足而得自在神通是菩
薩行雖行五根而分別眾生諸根利鈍是菩
薩行雖行五力而樂求佛十力是菩薩行雖
行七覺分而分別佛之智慧是菩薩行雖行
八正道而樂行无量佛法是菩薩行雖行止
觀助道之法而不畢竟墮於寂滅是菩薩行
雖行諸法不生不滅而以相好莊嚴其身是
菩薩行雖現聲聞辟支佛威儀而不捨佛法
是菩薩行雖隨諸法究竟淨相而隨所應為
現其身是菩薩行雖觀諸佛國土永寂如空
而現種種清淨佛土是菩薩行雖得佛道轉
于法輪入於涅槃而不捨於菩薩之道是菩
薩行說是語時文殊師利所將大眾其中八
千天子皆發阿耨多羅三藐三菩提心

不思議品第六

尒時舍利弗見此室中无有牀座作是念斯
諸菩薩大弟子眾當於何坐長者維摩詰知
其意語舍利弗言云何仁者為法來耶求牀
座耶舍利弗言我為法來非為牀座維摩詰
言唯舍利弗夫求法者不貪軀命何況牀座
夫求法者非有色受想行識之求非有界入
之求非有欲色无色之求唯舍利弗夫求法
者不著佛求不著法求不著眾求夫求法者
无見苦求无斷集求无造盡證脩道之求所
以者何法无戲論若言我當見苦斷集證滅

BD05281號　維摩詰所說經卷中

(18-6)

言唯舍利弗夫求法者不貪軀命何況牀座
夫求法者非有色受想行識之求非有界入
之求非有欲色无色之求唯舍利弗夫求法
者不著佛求不著法求不著衆求夫求法者
无見苦求无斷集求无造盡證脩道之求所
以者何法无戲論若言我當見苦斷集證滅
脩道是則戲論非求法也唯舍利弗法名寂
滅若行生滅是求生滅非求法也法名无染
若染於法乃至涅槃是則染著非求法也法
无行處若行於法是則行處非求法也法无
取捨若取捨法是則取捨非求法也法无處
所若著處所是則著處非求法也法名无相
若隨相識是則求相非求法也法不可住若
住於法是則住法非求法也法不可見聞覺
知若行見聞覺知是則見聞覺知非求法也
法名无為若行有為是求有為非求法也是
故舍利弗若求法者於一切法應无所求說
是語時五百天子於諸法中得法眼淨
尒時長者維摩詰問文殊師利仁者遊於无
量千万億阿僧祇國何等佛土有好上妙功
德成就師子之座文殊師利言居士東方度
卅六恒河沙國有世界名須弥相其佛号須
弥燈王今現在彼佛身長八万四千由旬其
師子座高八万四千由旬嚴飾第一於是長
者維摩詰現神通力即時彼佛遣三万二千
師子座高廣嚴淨來入維摩詰室諸菩薩大
弟子釋梵四天王等昔所未見其室廣博悉

BD05281號　維摩詰所說經卷中　（18–7）

弥燈王今現在彼佛身長八万四千由旬其
師子座高八万四千由旬嚴飾第一於是長
者維摩詰現神通力即時彼佛遣三万二千
師子座高廣嚴淨來入維摩詰室諸菩薩大
弟子釋梵四天王等昔所未見其室廣博悉
苞容三万二千師子之座无所妨礙於毗耶離
城及閻浮提四天下亦不迫迮悉見如故尒
時維摩詰語文殊師利就師子座與諸菩薩
上人俱坐當自立身如彼坐像其得神通菩
薩即自變身為四万二千由旬坐師子座諸
新發意菩薩及大弟子皆不能昇尒時維摩
詰語舍利弗就師子座舍利弗言居士此座
高廣吾不能昇維摩詰言唯舍利弗為須弥
燈王如來作礼乃可得坐於是新發意菩薩
及大弟子即為須弥燈王如來作礼便得坐
師子座舍利弗言居士未曾有也如是小室
乃容受此高廣之座於毗耶離城无所妨礙
又於閻浮提聚落城邑及四天下諸天龍王
鬼神宮殿亦不迫迮維摩詰言唯舍利弗諸
佛菩薩有解脫名不可思議若菩薩住是解
脫者以須弥之高廣內芥子中无所增減須
弥山王本相如故而四天王忉利諸天不覺
不知己之所入唯應度者乃見須弥入芥子
中是名不可思議解脫法門又以四大海水
入一毛孔不嬈魚鼈黿鼉水性之屬而彼大
海本相如故諸龍鬼神阿脩羅等不覺不知

BD05281號　維摩詰所說經卷中　（18–8）

不知己之所入唯應度者乃見須弥入芥子
中是名不可思議解脫法門又以四大海水
入一毛孔不嬈魚鼈黿鼉水性之屬而彼大
海本相如故諸龍鬼神阿脩羅等不覺不知
己之所入於此衆生亦无所嬈又舍利弗住
不可思議解脫菩薩斷取三千大千世界如
陶家輪著右掌中擲過恒河沙世界之外其
中衆生不覺不知己之所往又復還置本處
都不使人有往來想而此世界本相如故又
舍利弗或有衆生樂久住世而可度者菩薩
即演七日以為一劫令彼衆生謂之一劫或
有衆生不樂久住而可度者菩薩即促一劫
以為七日令彼衆生謂之七日又舍利弗住
不可思議解脫菩薩以一切佛土嚴飾之事
集在一國示於衆生又菩薩以一佛土衆生
置之右掌飛到十方遍示一切而不動本處
又舍利弗十方衆生供養諸佛之具菩薩於
一毛孔皆令得見又十方國土所有日月星
宿於一毛孔普使見之又舍利弗十方世界
所有諸風菩薩悉能吸著口中而身无損外
諸樹木亦不摧折又十方世界劫盡燒時以
一切火內於腹中火事如故而不為害又於
下方過恒河沙等諸佛世界取一佛土舉著
上方過恒沙无數世界如持針鋒舉一棗
葉而无所嬈又舍利弗住不可思議解脫菩
薩能以神通現作佛身或現辟支佛身或現
聲聞身或現帝釋身或現梵王身或現世主

BD05281 號　維摩詰所說經卷中　（18–9）

一切火內於腹中火事如故而不為害又於
下方過恒河沙等諸佛世界取一佛土舉著
上方過恒沙无數世界如持針鋒舉一棗
葉而无所嬈又舍利弗住不可思議解脫菩
薩能以神通現作佛身或現辟支佛身或現
聲聞身或現帝釋身或現梵王身或現世主
身或現轉輪王身又十方世界所有衆聲上
中下音皆能變之令作佛聲演出无常苦空
无我之音及十方諸佛所說種種之法皆於
其中普令得聞舍利弗我今略說菩薩不可
思議解脫之力若廣說者窮劫不盡是時迦
葉聞說菩薩不可思議解脫法門歎未曾有
謂舍利弗譬如有人於盲者前現衆色像非
彼所見一切聲聞聞是不可思議解脫法門
不能解了為若此也智者聞是其誰不發阿
耨多羅三藐三菩提心我等何為永絕其根
於此大乘已如敗種一切聲聞聞是不可思
議解脫法門皆應號泣聲震三千大千世界
一切菩薩應大喜慶頂受此法若有菩薩信
解不可思議解脫門者一切魔衆无如之何
大迦葉說是語時三万二千天子皆發阿耨
多羅三藐三菩提心
尒時維摩詰語大迦葉仁者十方无量阿僧
祇世界中作魔王者多是住不可思議解脫
菩薩以方便力教化衆生現作魔王又迦葉
十方无量菩薩或有人從乞手足耳鼻頭目
髓腦血肉皮骨聚落城邑妻子奴婢象馬車
[illegible]

BD05281 號　維摩詰所說經卷中　（18–10）

多羅三藐三菩提心
尒時維摩詰語大迦葉仁者十方无量阿僧
祇世界中作魔王者多是住不可思議解脫
菩薩以方便力教化衆生現作魔王又迦葉
十方无量菩薩或有人從乞手足耳鼻頭目
髓腦血肉皮骨聚落城邑妻子奴婢象馬車
乘金銀瑠璃車渠馬瑙珊瑚虎珀真珠珂貝
衣服飲食如此乞者多是住不可思議解脫
菩薩以方便力而往試之令其堅固所以者
何住不可思議解脫菩薩有威德力故行逼
迫示諸衆生如是難事凡夫下劣无有力勢
不能如是逼迫菩薩譬如龍象蹴踏非驢所
堪是名住不可思議解脫菩薩智慧方便之
門

觀衆生品第七

尒時文殊師利問維摩詰言菩薩云何觀於
衆生維摩詰言譬如幻師見所幻人菩薩觀
衆生為若此如智者見水中月如鏡中見其
面像如熱時焰如呼聲響如空中雲如水聚
沫如水上泡如芭蕉堅如電久住如第五大
如第六陰如第七情如十三入如十九界菩
薩觀衆生為若此如无色界色如燋穀牙如
須陁洹身見如阿那含入胎如阿羅漢三毒
如得忍菩薩貪恚毀禁如佛煩惱習如盲者
見色如入滅盡定出入息如空中鳥跡如石
女兒如化人煩惱如夢所見已悟如滅度者
受身如无烟之火菩薩觀衆生為若此



薩觀衆生為若此如无色界色如燋穀牙如
須陁洹身見如阿那含入胎如阿羅漢三毒
如得忍菩薩貪恚毀禁如佛煩惱習如盲者
見色如入滅盡定出入息如空中鳥跡如石
女兒如化人煩惱如夢所見已悟如滅度者
受身如无烟之火菩薩觀衆生為若此
文殊師利言若菩薩作是觀者云何行慈維
摩詰言菩薩作是觀已自念我當為衆生說
如斯法是即真實慈也行寂滅慈无所生故
行不熱慈无煩惱故行等之慈等三世故行
无諍慈无所起故行不二慈內外不合故行
无壞慈畢竟盡故行堅固慈心无毀故行清
淨慈諸法性淨故行无邊慈如虛空故行阿
羅漢慈破結賊故行菩薩慈安衆生故行如
來慈得如相故行佛之慈覺衆生故行自然
慈无因得故行菩提慈等一味故行无比慈
斷諸愛故行大悲慈導以大乘故行无猒慈
觀空无我故行法施慈无遺惜故行持戒慈
化毀禁故行忍辱慈護彼我故行精進慈荷
負衆生故行禪定慈不受味故行智慧慈无
不知時故行方便慈一切示現故行无隱慈
直心清淨故行深心慈无雜行故行无誑慈
不虛假故行安樂慈令得佛樂故菩薩之慈
為若此也
文殊師利又問何謂為悲答曰菩薩所作功
德皆與一切衆生共之何謂為喜答曰有所
饒益歡喜无悔何謂為捨答曰所作福祐无

不懈倦故行安樂慈令得佛樂故菩薩之慈
為若此也
文殊師利又問何謂為悲荅曰菩薩所作功
德皆與一切衆生共之何謂為喜荅曰有所
饒益歡喜无悔何謂為捨荅曰所作福祐无
所希望文殊師利又問生死有畏菩薩當何
所依維摩詰言菩薩於生死畏中當依如來
功德之力文殊師利又問菩薩欲依如來功
德之力當於何住荅曰菩薩欲依如來功德
力者當住度脫一切衆生又問欲度衆生當
何所除荅曰欲度衆生除其煩惱又問欲除
煩惱當何所行荅曰當行正念又問云何行
於正念荅曰當行不生不滅又問何法不生
何法不滅荅曰不善不生善法不滅又問善
不善孰為本荅曰身為本又問身孰為本荅
曰欲貪為本又問欲貪孰為本荅曰虛妄分
別為本又問虛妄分別孰為本荅曰顛倒想
為本又問顛倒想孰為本荅曰无住為本又
問无住孰為本荅曰无住則无本文殊師利
從无住本立一切法
時維摩詰室有一天女見諸大人聞所說法
便現其身即以天華散諸菩薩大弟子上華
至諸菩薩即皆墮落至大弟子便著不墮一
切弟子神力去華不能令去尒時天問舍利
弗何故去華荅曰此華不如法是以去之天
曰勿謂此華為不如法所以者何是華无所
分別仁者自生分別想耳若於佛法出家有



便現其身即以天華散諸菩薩大弟子上華
至諸菩薩即皆墮落至大弟子便著不墮一
切弟子神力去華不能令去尒時天問舍利
弗何故去華荅曰此華不如法是以去之天
曰勿謂此華為不如法所以者何是華无所
分別仁者自生分別想耳若於佛法出家有
所分別為不如法若无分別是則如法觀諸
菩薩華不著者以斷一切分別想故譬如人
畏時非人得其便如是弟子畏生死故色聲
香味觸得其便已離畏者一切五欲无能為
也結習未盡華著身耳結習盡者華不著也
舍利弗言天止此室其已久如荅曰我止此
室如耆年解脫舍利弗言止此久耶天曰耆
年解脫亦何如久舍利弗默然不荅天曰如
何耆舊大智而默荅曰解脫者无所言說故
吾於是不知所云天曰言說文字皆解脫相
所以者何解脫者不內不外不在兩間文字
亦不內不外不在兩間是故舍利弗无離文
字說解脫也所以者何一切諸法皆是解脫
相舍利弗言不復以離婬怒癡為解脫乎天
曰佛為增上慢人說離婬怒癡為解脫耳若
无增上慢者佛說婬怒癡性即是解脫舍利
弗言善哉善哉天女汝何所得以何為證辯
乃如是天曰无得无證故辯如是所以者何
若有得有證者則於佛法為增上慢
舍利弗問天汝於三乘為何志求天曰以聲
聞法化衆生故我為聲聞以因緣法化衆生
故我為辟支佛以大悲法化衆生故我為大乘

弗言善哉善哉天女汝何所得以何為證辯
乃如是天曰无得无證故辯如是所以者何
若有得有證者則於佛法為增上慢
舍利弗問天汝於三乘為何志求天曰以聲
聞法化衆生故我為聲聞以因緣法化衆生
故我為辟支佛以大悲化衆生故我為大乘
舍利弗如人入瞻蔔林唯齅瞻蔔不齅餘香
如是若入此室但聞佛功德之香不樂聞聲
聞辟支佛功德香也舍利弗其有釋梵四天
王諸天龍鬼神等入此室者聞斯上人講說
正法皆樂佛功德之香發心而出舍利弗吾
止此室十有二年初不聞說聲聞辟支佛法
但聞菩薩大慈大悲不可思議諸佛之法舍
利弗此室常現八未曾有難得之法何等為
八此室常以金色光照晝夜无異不以日月
所照為明是為一未曾有難得之法此室入
者不為諸垢之所惱也是為二未曾有難得
之法此室常有釋梵四天王他方菩薩來會
不絕是為三未曾有難得之法此室常說六
波羅蜜不退轉法是為四未曾有難得之法
此室常作天人第一之樂絃出无量法化之
聲是為五未曾有難得之法此室有四大藏
衆寶積滿周窮濟乏求得无盡是為六未曾
有難得之法此室釋迦牟尼佛阿弥陁佛阿
閦佛寶德寶焰寶月寶嚴難勝師子響一切
利成如是等十方无量諸佛是上人念時即
皆為來廣說諸佛秘要法藏說已還去是為

BD05281號　維摩詰所說經卷中　（18–15）

聲是為五未曾有難得之法此室有四大藏
衆寶積滿周窮濟乏求得无盡是為六未曾
有難得之法此室釋迦牟尼佛阿弥陁佛阿
閦佛寶德寶焰寶月寶嚴難勝師子響一切
利成如是等十方无量諸佛是上人念時即
皆為來廣說諸佛秘要法藏說已還去是為
七未曾有難得之法此室一切諸天嚴飾宮
殿諸佛淨土皆於中現是為八未曾有難得
之法舍利弗此室常現八未曾有難得之法
誰有見斯不思議事而復樂於聲聞法乎
舍利弗言汝何以不轉女身天曰我從十二
年來求女人相了不可得當何所轉譬如幻
師化作幻女若有人問何以不轉女身是人
為正問不舍利弗言不也幻无定相當何所
轉天曰一切諸法亦復如是无有定相云何
乃問不轉女身即時天女以神通力變舍利
弗令如天女天自化身如舍利弗而問言何
以不轉女身舍利弗以天女像而荅言我今
不知何轉而變為女身天曰舍利弗若能轉
此女身則一切女人亦當能轉如舍利弗非
女而現女身一切女人亦復如是雖現女身
而非女也是故佛說一切諸法非男非女即
時天女還攝神力舍利弗身還復如故天問
舍利弗女身色相今何所在舍利弗言女身
色相无在无不在天曰一切諸法亦復如是

BD05281號　維摩詰所說經卷中　（18–16）

女而現女身一切女人亦復如是雖現女身
而非女也是故佛說一切諸法非男非女即
時天女還攝神力舍利弗身還復如故天問
舍利弗女身色相今何所在舍利弗言女身
色相无在无不在天曰一切諸法亦復如是
无在无不在夫无在无不在者佛所說也舍
利弗問天汝於此沒當生何所天曰佛化所
生吾如彼生曰佛化所生非沒生也天曰衆
生猶然无沒生也舍利弗問天汝久如當得
阿耨多羅三藐三菩提天曰如舍利弗還為
凡夫我乃當成阿耨多羅三藐三菩提舍利
弗言我作凡夫无有是處天曰我得阿耨多
羅三藐三菩提亦无是處所以者何菩提无
住處是故无有得者舍利弗言今諸佛得阿
耨多羅三藐三菩提已得當得如恒河沙皆
何謂乎天曰皆以世俗文字數故說有三世
非謂菩提有去來今天曰舍利弗汝得阿羅
漢道耶曰无所得故而得天曰諸佛菩薩亦
復如是无所得故而得尒時維摩詰語舍利
弗是天女曾已供養九十二億佛已能遊戲
菩薩神通所願具足得无生忍住不退轉以
本願故隨意能現教化衆生

佛道品第八

尒時文殊師利問維摩詰言菩薩云何通達
佛道維摩詰言若菩薩行於非道是為通達
佛道又問云何菩薩行於非道荅曰若菩薩

BD05281號　維摩詰所說經卷中

（18–17）

凡夫我乃當成阿耨多羅三藐三菩提舍利
弗言我作凡夫无有是處天曰我得阿耨多
羅三藐三菩提亦无是處所以者何菩提无
住處是故无有得者舍利弗言今諸佛得阿
耨多羅三藐三菩提已得當得如恒河沙皆
何謂乎天曰皆以世俗文字數故說有三世
非謂菩提有去來今天曰舍利弗汝得阿羅
漢道耶曰无所得故而得天曰諸佛菩薩亦
復如是无所得故而得尒時維摩詰語舍利
弗是天女曾已供養九十二億佛已能遊戲
菩薩神通所願具足得无生忍住不退轉以
本願故隨意能現教化衆生

佛道品第八

尒時文殊師利問維摩詰言菩薩云何通達
佛道維摩詰言若菩薩行於非道是為通達
佛道又問云何菩薩行於非道荅曰若菩薩
行五无間而无惱恚至于地獄无諸罪垢至

BD05281號　維摩詰所說經卷中

（18–18）

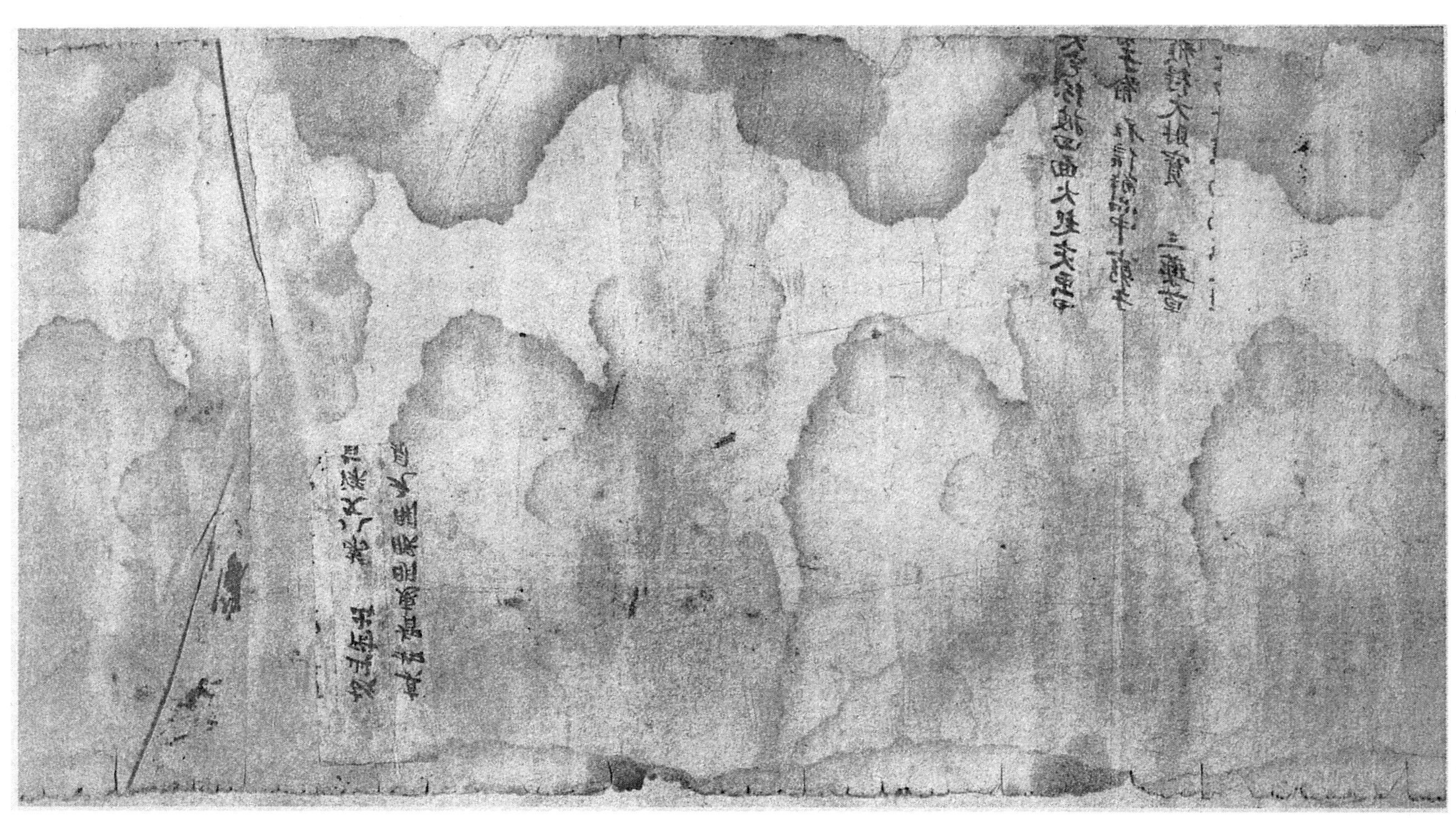

BD05281 號背　妙法蓮華經疏殘片（擬）　（1–1）

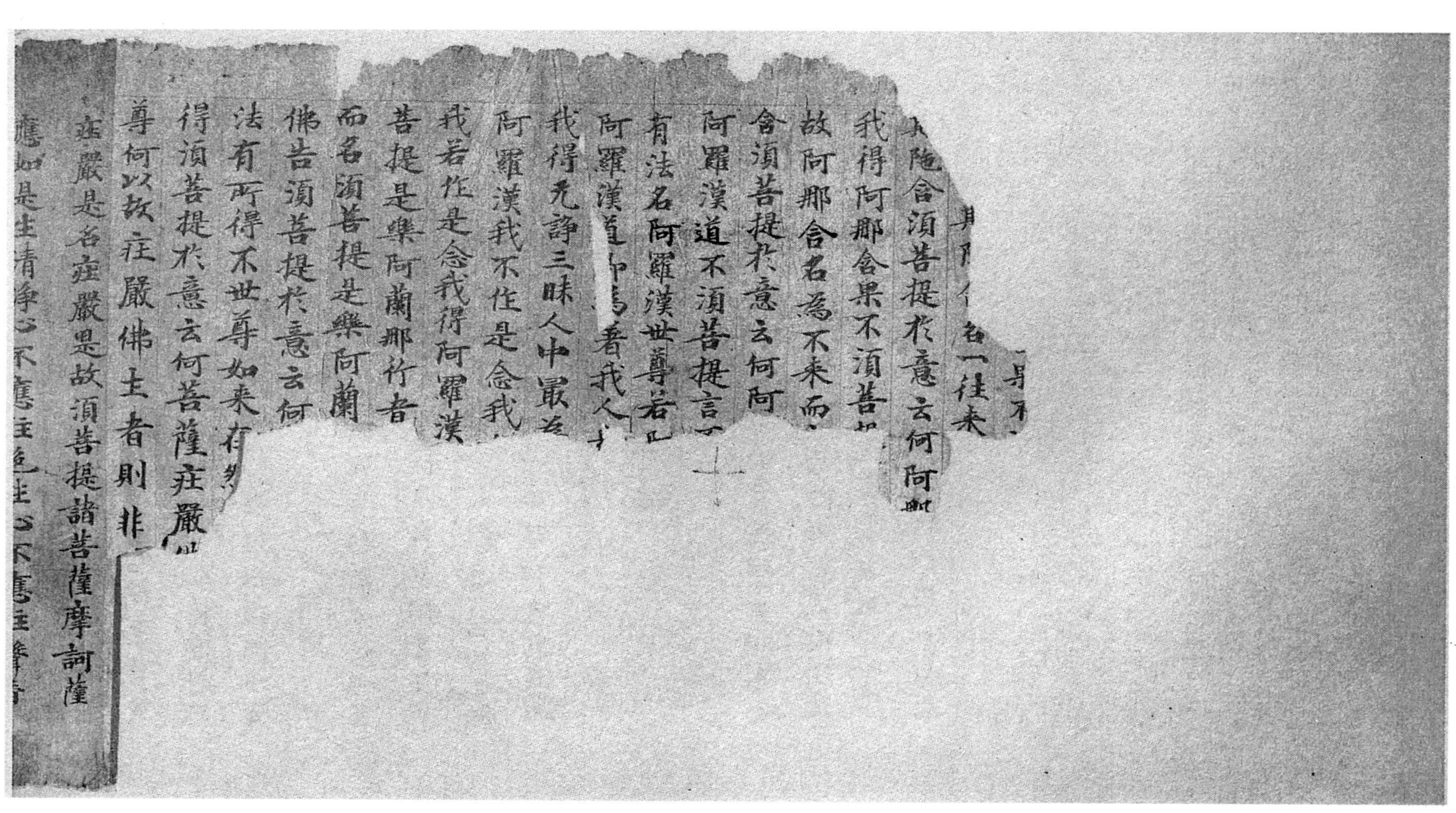

BD05282 號 A　金剛般若波羅蜜經　（6–1）

佛告須菩提於意云何
法有所得不世尊如來在[illegible]
得須菩提於意云何菩薩莊嚴[illegible]
尊何以故莊嚴佛土者則非
莊嚴是名莊嚴是故須菩提諸菩薩摩訶薩
應如是生清淨心不應住色生心不應住聲香
味觸法生心應无所住而生其心須菩提譬
如有人身如須弥山王於意云何是身為大
不須菩提言甚大世尊何以故佛說非身是
名大身
須菩提如恒河中所有沙數如是沙等恒河
於意云何是諸恒河沙寧為多不須菩提言
甚多世尊但諸恒河尚多无數何況其沙須
菩提我今實言告汝若有善男子善女人以
七寶滿尒所恒河沙數三千大千世界以用
布施得福多不須菩提言甚多世尊佛告須
菩提若善男子善女人於此經中乃至受持
四句偈等為他人說而此福德勝前福德
復次須菩提隨說是經乃至四句偈等當知
此處一切世間天人阿脩羅皆應供養如佛
塔廟何況有人盡能受持讀誦須菩提當知
是人成就最上第一希有之法若是經典所
在之處則為有佛若尊重弟子
尒時須菩提白佛言世尊當何名此經我等
云何奉持佛告須菩提是經名為金剛般若
波羅蜜以是名字汝當奉持所以者何須菩

BD05282 號 B　金剛般若波羅蜜經　（6–2）

是人成就最上第一希有之法若是經典所
在之處則為有佛若尊重弟子
尒時須菩提白佛言世尊當何名此經我等
云何奉持佛告須菩提是經名為金剛般若
波羅蜜以是名字汝當奉持所以者何須菩
提佛說般若波羅蜜則非般若波羅蜜須菩
提於意云何如來有所說法不須菩提白佛
言世尊如來无所說須菩提於意云何三千
大千世界所有微塵是為多不須菩提言甚
多世尊須菩提諸微塵如來說非微塵是名
微塵如來說世界非世界是名世界須菩提
於意云何可以卅二相見如來不不也世尊
何以故如來說卅二相即是非相是名卅二
相須菩提若有善男子善女人以恒河沙等
身命布施若復有人於此經中乃至受持四
句偈等為他人說其福甚多
尒時須菩提聞說是經深解義趣涕淚悲泣
而白佛言希有世尊佛說如是甚深經典我
從昔來所得慧眼未曾得聞如是之經世尊
若復有人得聞是經信心清淨則生實相當
知是人成就第一希有功德世尊是實相者
則是非相是故如來說名實相世尊我今得
聞如是經典信解受持不足為難若當來世
後五百歲其有眾生得聞是經信解受持是
人則為第一希有何以故此人无我相人相

BD05282 號 B　金剛般若波羅蜜經　（6–3）

若復有人得聞是經信心清淨則生實相當
知是人成就第一希有功德世尊是實相者
則是非相是故如來說名實相世尊我今得
聞如是經典信解受持不足為難若當來世
後五百歲其有衆生得聞是經信解受持是
人則為第一希有何以故此人无我相人相
衆生相壽者相所以者何我相即是非相人
相衆生相壽者相即是非相何以故離一切
諸相則名諸佛
佛告須菩提如是如是若復有人得聞是經
不驚不怖不畏當知是人甚為希有何以故
須菩提如來說第一波羅蜜非第一波羅蜜
是名第一波羅蜜須菩提忍辱波羅蜜如來
說非忍辱波羅蜜何以故須菩提如我昔為
歌利王割截身體我於尒時无我相无人相
无衆生相无壽者相何以故我於往昔節節
支解時若有我相人相衆生相壽者相應生
瞋恨須菩提又念過去於五百世作忍辱仙
人於尒所世无我相无人相无衆生相无壽
者相是故須菩提菩薩應離一切相發阿耨
多羅三藐三菩提心不應住色生心不應住
聲香味觸法生心應生无所住心若心有住
則為非住是故佛說菩薩心不應住色布施
須菩提菩薩為利益一切衆生應如是布施
如來說一切諸相即是非相又說一切衆生
則非衆生須菩提如來是真語者實語者如

BD05282 號 B　金剛般若波羅蜜經　（6–4）

聲香味觸法生心應生无所住心若心有住
則為非住是故佛說菩薩心不應住色布施
須菩提菩薩為利益一切衆生應如是布施
如來說一切諸相即是非相又說一切衆生
則非衆生須菩提如來是真語者實語者如
語者不誑語者不異語者須菩提如來所得
法此法无實无空須菩提若菩薩心住於法
而行布施如人入闇則无所見若菩薩心不
住法而行布施如人有目日光明照見種種
色須菩提當來之世若有善男子善女人能
於此經受持讀誦則為如來以佛智慧悉知
是人悉見是人皆得成就无量无邊功德
須菩提若有善男子善女人初日分以恒河
沙等身布施中日分復以恒河沙等身布施
後日分亦以恒河沙等身布施如是无量百
千万億劫以身布施若復有人聞此經典信
心不逆其福勝彼何況書寫受持讀誦為人
解說須菩提以要言之是經有不可思議不
可稱量无邊功德如來為發大乘者說為發
最上乘者說若有人能受持讀誦廣為人說
如來悉知是人悉見是人皆成就不可量不
可稱无有邊不可思議功德如是人等則為
荷擔如來阿耨多羅三藐三菩提何以故須
菩提若樂小法者著我見人見衆生見壽者
見則於此經不能聽受讀誦為人解說須菩
提在在處處若有此經一切世間天人阿脩

BD05282 號 B　金剛般若波羅蜜經　（6–5）

須菩提若有善男子善女人初日分以恒河
沙等身布施中日分復以恒河沙等身布施
後日分亦以恒河沙等身布施如是无量百
千万億劫以身布施若復有人聞此經典信
心不逆其福勝彼何況書寫受持讀誦為人
解說須菩提以要言之是經有不可思議不
可稱量无邊功德如來為發大乘者說為發
最上乘者說若有人能受持讀誦廣為人說
如來悉知是人悉見是人皆成就不可量不
可稱无有邊不可思議功德如是人等則為
荷擔如來阿耨多羅三藐三菩提何以故須
菩提若樂小法者著我見人見衆生見壽者
見則於此經不能聽受讀誦為人解說須菩
提在在處處若有此經一切世間天人阿脩
羅所應供養當知此處則為是塔皆應恭敬

BD05282號B　金剛般若波羅蜜經　　（6–6）

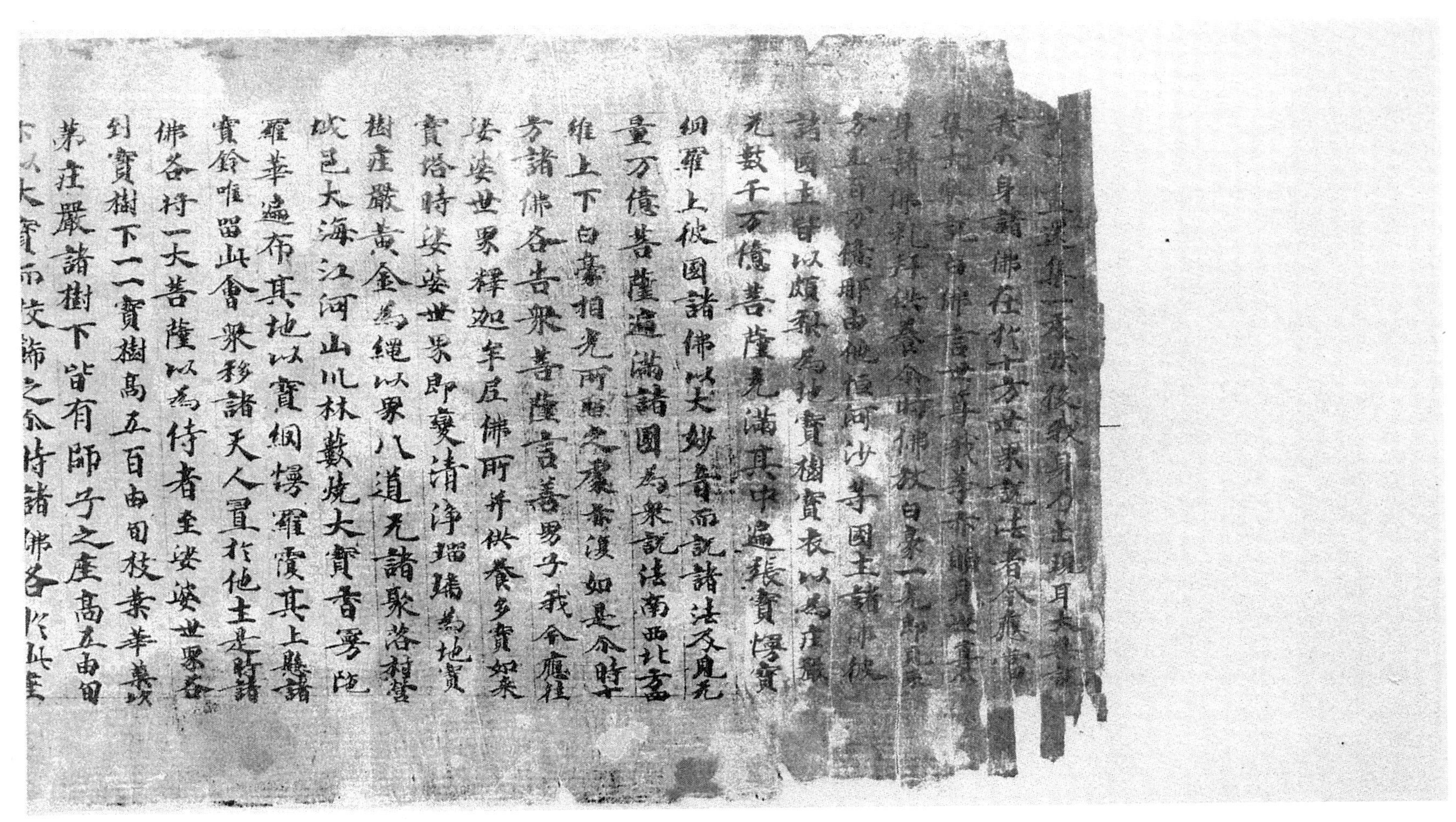
一處然後我身乃出現耳大樂說
我分身諸佛在於十方世界說法者今應當
集大樂說白佛言世尊我等亦願欲見世尊
身諸佛禮拜供養爾時佛放白毫一光即見東
方五百万億那由他恒河沙等國土諸佛彼
諸國土皆以頗梨為地寶樹寶衣以為莊嚴
无數千万億菩薩充滿其中遍張寶幔寶
網羅上彼國諸佛以大妙音而說諸法及見无
量千万億菩薩遍滿諸國為衆說法南西北方四
維上下白毫相光所照之處亦復如是爾時十
方諸佛各告衆菩薩言善男子我今應往
娑婆世界釋迦牟尼佛所并供養多寶如來
寶塔時娑婆世界即變清淨瑠璃為地寶
樹莊嚴黃金為繩以界八道无諸聚落村營
城邑大海江河山川林藪燒大寶香曼陀
羅華遍布其地以寶網幔羅覆其上懸諸
寶鈴唯留此會衆移諸天人置於他土是時諸
佛各將一大菩薩以為侍者至娑婆世界各
到寶樹下一一寶樹高五百由旬枝葉華菓次
第莊嚴諸樹下皆有師子之座高五由旬
亦以大寶而校飾之爾時諸佛各於此座

BD05283號　妙法蓮華經卷四　　（15–1）

樹莊嚴黃金為繩以界八道无諸聚落村營
城邑大海江河山川林藪燒大寶香曼陀
羅華遍布其地以寶網幔羅覆其上懸諸
寶鈴唯留此會衆移諸天人置於他土是時諸
佛各將一大菩薩以為侍者至娑婆世界各
到寶樹下一一寶樹高五百由旬枝葉華菓次
第莊嚴諸樹下皆有師子之座高五由旬
亦以大寶而挍飾之尒時諸佛各於此座
結跏趺坐如是展轉遍滿三千大千世界而於
釋迦牟尼佛一方所分之身猶故未盡時釋迦
牟尼佛欲容受所分身諸佛故八方各更變
二百万億那由他國皆令清淨无有地獄餓
鬼畜生及阿脩羅又移諸天人置於他土所
化之國亦以瑠璃為地寶樹莊嚴樹高五百
由旬枝葉華菓次第嚴飾樹下皆有寶師
子座高五由旬種種諸寶以為莊挍亦无大海
江河及目真隣陀山摩訶目真隣陀山鐵圍
山大鐵圍山須弥山等諸山王通為一佛國
土寶地平正寶交露幔遍覆其上懸諸幡蓋
燒大寶香諸天寶華遍布其地釋迦牟尼佛
為諸佛當來坐故復於八方各更變二百万億
那由他國皆令清淨无有地獄餓鬼畜生及
阿脩羅又移諸天人置於他土所化之國亦
以瑠璃為地寶樹莊嚴樹高五百由旬枝葉華
菓次第莊嚴樹下皆有寶師子座高五由
旬亦以大寶而挍飾之亦无大海江河及目
真隣陀山摩訶目真隣陀山鐵圍山大鐵
圍山須弥山等諸山王通為一國土

BD05283號　妙法蓮華經卷四　（15–2）

阿脩羅又移諸天人置於他土所化之國亦
以瑠璃為地寶樹莊嚴樹高五百由旬枝葉華
菓次第莊嚴樹下皆有寶師子座高五由
旬亦以大寶而挍飾之亦无大海江河及目
真隣陀山摩訶目真隣陀山鐵圍山大鐵
圍山須弥山等諸山王通為一國土寶地平
正寶交露幔遍覆其上懸諸幡蓋燒大寶
香諸天寶華遍布其地尒時東方釋迦牟
尼所分之身百千万億那由他恒河沙等
國土中諸佛各各說法來集於此如是次第
十方諸佛皆悉來集坐於八方尒時一一方四百
万億那由他國土諸佛如來遍滿其中是時諸
佛各在寶樹下坐師子座皆遣侍者問訊釋
迦牟尼佛各賫寶華滿掬而告之言善男子
汝往詣耆闍崛山釋迦牟尼佛所如我辭曰
少病少惱氣力安樂及菩薩聲聞衆悉安
隱不以此寶華散佛供養而作是言彼某甲
佛與欲開此寶塔諸佛遣使亦復如是尒時
釋迦牟尼佛見所分身佛悉已來集各各坐
於師子之座皆聞諸佛與欲同開寶塔即
從座起住虛空中一切四衆起立合掌一心觀佛
於是釋迦牟尼佛以右指開七寶塔戶出大
音聲如却關鑰開大城門即時一切衆會
皆見多寶如來於寶塔中坐師子座全身不
散如入禪定又聞其言善哉善哉釋迦牟尼
佛快說是法華經我為聽是經故而來至此尒
時四衆等見過去无量千万億劫滅度佛
說如是言歎未曾有以天寶華聚

BD05283號　妙法蓮華經卷四　（15–3）

於是釋迦牟尼佛以右指開七寶塔戶出大
音聲如却關鑰開大城門即時一切衆會
皆見多寶如來於寶塔中坐師子座全身不
散如入禪定又聞其言善哉善哉釋迦牟尼
佛快說是法華經我為聽是經故而來至此爾
時四衆等見過去无量千万億劫滅度佛
說如是言歎未曾有以天寶華聚散多寶
佛及釋迦牟尼佛上爾時多寶佛於寶塔
中分半座與釋迦牟尼佛而作是言釋迦牟
佛可就此座即時釋迦牟尼佛入其塔坐
其半座結跏趺坐爾時大衆見二如來在七寶
塔中師子座上結跏趺坐各作是念佛座高遠
唯願如來以神通力令我等輩俱處虛空即
時釋迦牟尼佛以神通力接諸大衆皆在虛
空以大音聲普告四衆誰能於此娑婆國
土廣說妙法華經今正是時如來不久當
入涅槃佛欲以此妙法華經付囑有在爾時
世尊欲重宣此義而說偈言
聖主世尊　雖久滅度　在寶塔中　尚為法來
諸人云何　不勤為法　此佛滅度　无鞅數劫
處處聽法　以難遇故　彼佛本願　我滅度後
在在所往　常為聽法　又我分身　无量諸佛
如恒沙等　來欲聽法　及見滅度　多寶如來
各捨妙土　及弟子衆　天人龍神　諸供養事
令法久住　故來至此　為坐諸佛　以神通力
移无量衆　令國清淨　諸佛各各　詣寶樹下
如清涼池　蓮華莊嚴　其寶樹下　諸師子座
佛坐其上　光明嚴飾　如夜闇中　然大炬火

BD05283號　妙法蓮華經卷四

（15–4）

各捨妙土　及弟子衆　天人龍神　諸供養事
令法久住　故來至此　為坐諸佛　以神通力
移无量衆　令國清淨　諸佛各各　詣寶樹下
如清涼池　蓮華莊嚴　其寶樹下　諸師子座
佛坐其上　光明嚴飾　如夜闇中　然大炬火
身出妙香　遍十方國　衆生蒙薰　喜不自勝
譬如大風　吹小樹枝　以是方便　令法久住
告諸大衆　我滅度後　誰能護持　說讀斯經
今於佛前　自說誓言　其多寶佛　雖久滅度
以大誓願　而師子吼　多寶如來　及與我身
所集化佛　當知此意　諸佛子等　誰能護法
當發大願　令得久住　其有能護　此經法者
則為供養　我及多寶　此多寶佛　處於寶塔
常遊十方　為是經故　亦復供養　諸來化佛
莊嚴光飾　諸世界者　若說此經　則為見我
多寶如來　及諸化佛　諸善男子　各諦思惟
此為難事　宜發大願　諸餘經典　數如恒沙
雖說此等　未足為難　若接須彌　擲置他方
无數佛土　亦未為難　若以指足　動大千界
遠擲他國　亦未為難　若立有頂　為衆演說
无量餘經　亦未為難　若佛滅後　於惡世中
能說此經　是則為難　假使有人　手把虛空
而以遊行　亦未為難　於我滅後　若自書持
若使人書　是則為難　若以大地　置足甲上
昇於梵天　亦未為難　佛滅度後　於惡世中
暫讀此經　是則為難　假使劫燒　擔負乾草
入中不燒　亦未為難　我滅度後　若持此經

BD05283號　妙法蓮華經卷四

（15–5）

能說此經　是則為難　假使有人　手把虛空
而以遊行　亦未為難　於我滅後　若自書持
若使人書　是則為難　若以大地　置足甲上
昇於梵天　亦未為難　佛滅度後　於惡世中
暫讀此經　是則為難　假使劫燒　擔負乾草
入中不燒　亦未為難　我滅度後　若持此經
為一人說　是則為難　若持八万　四千法藏
十二部經　為人演說　令諸聽者　得六神通
雖能如是　亦未為難　於我滅後　聽受此經
問其義趣　是則為難　若人說法　令千万億
无量无數　恒沙眾生　得阿羅漢　具六神通
雖有是益　亦未為難　於我滅後　若能奉持
如斯經典　是則為難　我為佛道　於无量土
從始至今　廣說諸經　而於其中　此經第一
若有能持　則持佛身　諸善男子　於我滅後
誰能護持　讀誦此經　今於佛前　自說誓言
此經難持　若暫持者　我則歡喜　諸佛亦然
如是之人　諸佛所歎　是則勇猛　是則精進
是名持戒　行頭陀者　則為疾得　无上佛道
能持來世　讀持此經　是真佛子　住淳善地
佛滅度後　能解其義　是諸天人　世間之眼
於恐畏世　能須臾說　一切天人　皆應供養

妙法蓮華經提婆達多品第十二

尒時佛告諸菩薩及天人四眾吾於過去无
量劫中求法華經无有懈惓於多劫中常
作國王發願求於无上菩提心不退轉為欲
滿足六波羅蜜勤行布施心无悋惜象馬七



於恐畏世　能須臾說　[illegible]

妙法蓮華經提婆達多品第十二

尒時佛告諸菩薩及天人四眾吾於過去无
量劫中求法華經无有懈惓於多劫中常
作國王發願求於无上菩提心不退轉為欲
滿足六波羅蜜勤行布施心无悋惜象馬七
珎國城妻子奴婢僕從頭目髓腦身肉手
足不惜軀命時世人民壽命无量為於法故
捨捐國位委政太子擊鼓宣令四方求法
誰能為我說大乘者吾當終身供給走使
時有仙人來白王言我有大乘名妙法華經
不違我當為宣說王聞仙言歡喜踊躍
即隨仙人供給所須採菓汲水拾薪設食
乃至以身而為床座身心无惓于時奉事
經於千歲為於法故精勤給侍令无所乏
尒時世尊欲重宣此義而說偈言

我念過去劫　為求大法故　雖作世國王　不貪五欲樂
椎鍾告四方　誰有大法者　若為我解說　身當為奴僕
時有阿私仙　來白於大王　我有微妙法　世間所希有
若能脩行者　吾當為汝說　時王聞仙言　心生大喜悅
即隨便仙人　供給於所須　採薪及菓蓏　隨時恭敬與
情存妙法故　身心无懈惓　普為諸眾生　勤求於大法
亦不為己身　及以五欲樂　故為大國王　勤求獲此法
遂致得成佛　今故為汝說

佛告諸比丘尒時王者則我身是時仙人者今
提婆達多是由提婆達多善知識故令我
具足六波羅蜜慈悲喜捨三十二相八十種好
紫磨金色十力四无所畏四攝法十八不共

情存妙法故　身心无懈惓　普為諸衆生　勤求於大法
亦不為己身　及以五欲樂　故為大國王　勤求獲此法
遂致得成佛　今故為汝說
佛告諸比丘尒時王者則我身是時仙人者今
提婆達多是由提婆達多善知識故令我
具足六波羅蜜慈悲喜捨三十二相八十種好
紫磨金色十力四无所畏四攝法十八不共
神通道力成等正覺廣度衆生皆因提
婆達多善知識故告諸四衆提婆達多却後
過无量劫當得成佛号曰天王如來應供正
遍知明行足善逝世間解无上士調御丈夫天
人師佛世尊世界名天道時天王佛住世二
十中劫廣為衆生說於妙法恒河沙衆生
得阿羅漢果无量衆生發緣覺心恒河沙
衆生發无上道心得无生忍至不退轉時
天王佛般涅槃後正法住世二十中劫全身舍
利起七寶塔高六十由旬縱廣四十由旬諸天
人民悉以雜華末香燒香塗香衣服瓔珞幢
幡寶蓋伎樂歌頌礼拜供養七寶妙塔
无量衆生得阿羅漢无量衆生悟辟支佛
不可思議衆生發菩提心至不退轉佛告諸
比丘未來世中若有善男子善女人聞妙
法華經提婆達多品淨心信敬不生疑惑者
不墮地獄餓鬼畜生生十方佛前所生之處
常聞此經若生人天中受勝妙樂若在佛前
蓮華化生於時下方多寶世尊所從菩薩
名曰智積白多寶佛當還本土釋迦牟尼

BD05283號　妙法蓮華經卷四

（15-8）

不墮地獄餓鬼畜生生十方佛前所生之處
常聞此經若生人天中受勝妙樂若在佛前
蓮華化生於時下方多寶世尊所從菩薩
名曰智積白多寶佛當還本土釋迦牟尼
佛告智積曰善男子且待須臾此有菩薩
名文殊師利可與相見論說妙法可還本
土尒時文殊師利坐千葉蓮華大如車輪俱
來菩薩亦坐寶蓮華從於大海娑竭羅龍宮自
然踊出住虛空中詣靈鷲山從蓮華下至
於佛所頭面敬礼二世尊足脩敬已畢往智
積所共相慰問却坐一面智積菩薩問文
殊師利仁往龍宮所化衆生其數幾何文
殊師利言其數无量不可稱計非口所宣非心
所測且待須臾自當有證所言未竟无數
菩薩坐寶蓮華從海踊出詣靈鷲山住在
虛空此諸菩薩皆是文殊師利之所化度
具菩薩行皆共論說六波羅蜜本聲聞
人在虛空中說聲聞行今皆脩行大乘空
義文殊師利謂智積曰於海教化其事如
是尒時智積菩薩以偈讚曰
大智德勇健　化度无量衆　今此諸大會　及我皆已見
演暢實相義　開闡一乘法　廣度諸群生　令速成菩提
文殊師利言我於海中唯常宣說妙法華經
智積問文殊師利言此經甚深微妙諸經中
寶世所希有頗有衆生勤加精進脩行此經
速得佛不文殊師利言有娑竭羅龍王女年
始八歲智慧利根善知衆生諸根行業得

BD05283號　妙法蓮華經卷四

（15-9）

大智德勇健　化度无量衆　今此諸大會　及我皆已見
演暢實相義　開闡一乘法　廣度諸群生　令速成菩提
文殊師利言我於海中唯常宣說妙法華經
智積問文殊師利言此經甚深微妙諸經中
寶世所希有頗有衆生勤加精進脩行此經
速得佛不文殊師利言有娑竭羅龍王女年
始八歲智慧利根善知衆生諸根行業得
陁羅尼諸佛所說甚深秘藏悉能受持深入
禪定了達諸法於剎那頃發菩提心得不退轉
辯才无礙慈念衆生猶如赤子功德具足
心念口演微妙廣大慈悲仁讓志意和雅能
至菩提智積菩薩言我見釋迦如來於无量
劫難行苦行積功累德求菩提道未曾止
息觀三千大千世界乃至无有如芥子許非
是菩薩捨身命處為衆生故然後乃得成
菩提道不信此女於須臾頃便成正覺言論
未訖時龍王女忽現於前頭面礼敬却住一面
以偈讚曰
深達罪福相　遍照於十方　微妙淨法身　具相三十二
以八十種好　用莊嚴法身　天人所戴仰　龍神咸恭敬
一切衆生類　无不宗奉者　又聞成菩提　唯佛當證知
我闡大乘教　度脫苦衆生
時舍利弗語龍女言汝謂不久得无上道是
事難信所以者何女身垢穢非是法器云
何能得无上菩提佛道懸曠經无量劫勤
苦積行具脩諸度然後乃成又女人身猶
有五障一者不得作梵天王二者帝釋三者
魔王四者轉輪聖王五者佛身云何女身速



事難信所以者何女身垢穢非是法器云
何能得无上菩提佛道懸曠經无量劫勤
苦積行具脩諸度然後乃成又女人身猶
有五障一者不得作梵天王二者帝釋三者
魔王四者轉輪聖王五者佛身云何女身速
得成佛尒時龍女有一寶珠價直三千大千
世界持以上佛佛即受之龍女謂智積菩
薩尊者舍利弗言我獻寶珠世尊納受是事
疾不答言甚疾女言以汝神力觀我成佛
復速於此當時衆會皆見龍女忽然之間變
成男子具菩薩行即往南方无垢世界坐寶蓮
華成等正覺三十二相八十種好普為十方一切
衆生演說妙法尒時娑婆世界菩薩聲聞天
龍八部人與非人皆遙見彼龍女成佛普為時
會人天說法心大歡喜悉遙敬礼无量衆生
聞法解悟得不退轉无量衆生得受道記无垢
世界六反震動娑婆世界三千衆生住不退
地三千衆生發菩提心而得受記智積菩薩
及舍利弗一切衆會嘿然信受

妙法蓮華經持品第十三

尒時藥王菩薩摩訶薩及大樂說菩薩摩
訶薩與二万菩薩眷屬俱皆於佛前作是
誓言唯願世尊不以為慮我等於佛滅後當
奉持讀誦說此經典後惡世衆生善根轉少多
增上慢貪利供養增不善根遠離解脫雖難
可教化我等當起大忍力讀誦此經持說書
寫種種供養不惜身命尒時衆中五百阿羅漢

訶薩與二万菩薩眷屬俱皆於佛前作是
誓言唯願世尊不以為慮我等於佛滅後當
奉持讀誦說此經典後惡世衆生善根轉少多
增上慢貪利供養增不善根遠離解脫雖難
可教化我等當起大忍力讀誦此經持說書
寫種種供養不惜身命尒時衆中五百阿羅漢
得受記者白佛言世尊我等亦自誓願於異
國土廣說此經復有學无學八千人得受記
者從座而起合掌向佛作是誓言世尊我等
亦當於他國土廣說此經所以者何是娑婆
國中人多弊惡懷增上慢功德淺薄瞋濁
諂曲心不實故尒時佛姨母摩訶波闍波提
比丘尼與學无學比丘尼六千人俱從座而起一
心合掌瞻仰尊顏目不暫捨於時世尊告
憍曇弥何故憂色而視如來汝心將无謂我
不說汝名授阿耨多羅三藐三菩提記耶憍
曇弥我先摠說一切聲聞皆已授記今汝欲
知記者將來之世當於六万八千億諸佛法
中為大法師及六千學无學比丘尼俱為法
師汝如是漸漸具菩薩道得作佛号一切
衆生喜見如來應供正遍知明行足善逝世
間解无上士調御丈夫天人師佛世尊憍曇
弥是一切衆生喜見佛及六千菩薩轉次
授記得阿耨多羅三藐三菩提尒時羅睺
羅母耶輸陁羅比丘尼作是念世尊於授
記中獨不說我名佛告耶輸陁羅汝於來世
百千万億諸佛法中脩菩薩行為大法師

BD05283號　妙法蓮華經卷四　（15–12）

弥是一切衆生喜見佛及六千菩薩轉次
授記得阿耨多羅三藐三菩提尒時羅睺
羅母耶輸陁羅比丘尼作是念世尊於授
記中獨不說我名佛告耶輸陁羅汝於來世
百千万億諸佛法中脩菩薩行為大法師
漸具佛道於善國中當得作佛号具足
千万光相如來應供正遍知明行足善逝世間
解无上士調御丈夫天人師佛世尊佛壽无量
阿僧祇劫尒時摩訶波闍波提比丘尼及耶
輸陁羅比丘尼并其眷屬皆大歡喜得未
曾有即於佛前而說偈言
世尊導師　安隱天人　我等聞記　心安具足
諸比丘尼說是偈已白佛言世尊我等亦
能於他方國土廣宣此經尒時世尊視八十万
億那由他諸菩薩摩訶薩是諸菩薩皆是
阿惟越致轉不退法輪得諸陁羅尼即從
座起至於佛前一心合掌而作是念若世尊
告勑我等持說此經者當如佛教廣宣斯
法復作是念佛今嘿然不見告勑我當云何
時諸菩薩敬順佛意并欲自滿本願便於
佛前作師子吼而發誓言世尊我等於如來
滅後周旋往返十方世界能令衆生書寫此經
受持讀誦解說其義如法脩行正憶念皆
是佛之威力唯願世尊在於他方遙見守護
即時諸菩薩俱同發聲而說偈言
唯願不為慮　於佛滅度後　恐怖惡世中　我等當廣說
有諸无智者　惡口罵詈等　及加刀杖者　我等皆當忍

BD05283號　妙法蓮華經卷四　（15–13）

滅後旋周往反十方世界能令衆生書寫此經
受持讀誦解說其義如法脩行正憶念皆
是佛之威力唯願世尊在於他方遥見守護
即時諸菩薩俱同發聲而說偈言
唯願不為慮　於佛滅度後　恐怖惡世中　我等當廣說
有諸无智者　惡口罵詈等　及加刀杖者　我等皆當忍
惡世中比丘　耶智心諂曲　未得謂為得　我慢心充滿
或有阿練若　納衣在空閑　自謂行真道　輕賤人間者
貪著利養故　與白衣說法　為世所恭敬　如六通羅漢
是人懐惡心　常念世俗事　假名阿練若　好出我等過
而作如是言　此諸比丘等　為貪利養故　說外道論議
自作此經典　誑惑世間人　為求名聞故　分別於是經
常在大衆中　欲毀我等故　向國王大臣　婆羅門居士
及餘比丘衆　誹謗說我惡　謂是耶見人　說外道論議
我等敬佛故　悉忍是諸惡　為斯所輕言　汝等皆是佛
如此輕慢言　皆當忍受之　濁劫惡世中　多有諸恐怖
惡鬼入其身　罵詈毀辱我　我等敬信佛　當著忍辱鎧
為說是經故　忍此諸難事　我不愛身命　但惜无上道
我等於來世　護持佛所囑　世尊自當知　濁世惡比丘
不知佛方便　隨宜所說法　惡口而顰蹙　數數見擯出
遠離於塔寺　如是等衆惡　念佛告勑故　皆當忍是事
諸聚落城邑　其有求法者　我皆到其所　說佛所囑法
我是世尊使　處衆无所畏　我當善說法　願佛安隱住
我於世尊前　諸來十方佛　發如是誓言　佛自知我心

妙法蓮華經卷第四

BD05283號　妙法蓮華經卷四　（15–14）

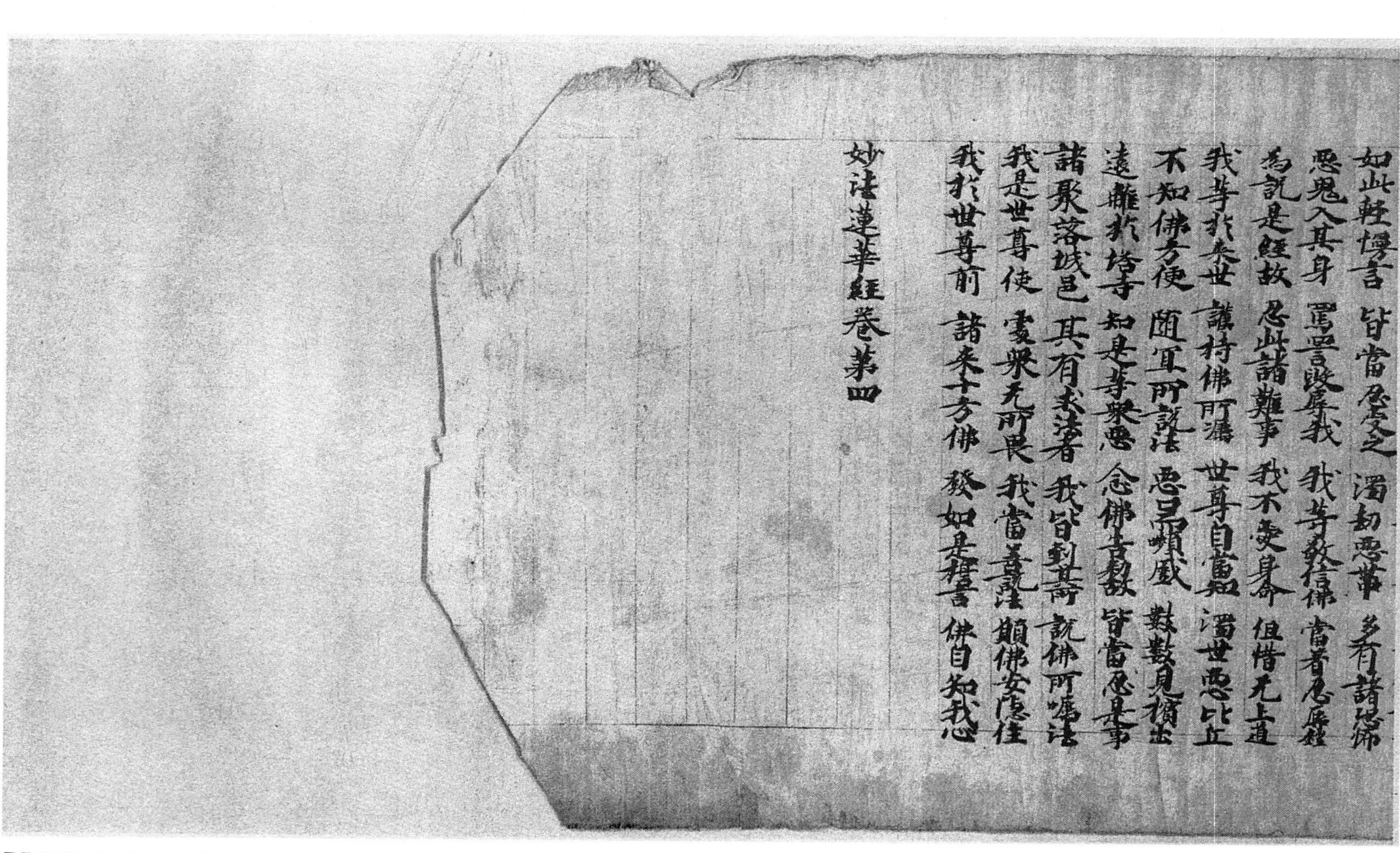
如此輕慢言　皆當忍受之　濁劫惡世中　多有諸恐怖
惡鬼入其身　罵詈毀辱我　我等敬信佛　當著忍辱鎧
為說是經故　忍此諸難事　我不愛身命　但惜无上道
我等於來世　護持佛所囑　世尊自當知　濁世惡比丘
不知佛方便　隨宜所說法　惡口而顰蹙　數數見擯出
遠離於塔寺　如是等衆惡　念佛告勑故　皆當忍是事
諸聚落城邑　其有求法者　我皆到其所　說佛所囑法
我是世尊使　處衆无所畏　我當善說法　願佛安隱住
我於世尊前　諸來十方佛　發如是誓言　佛自知我心

妙法蓮華經卷第四

BD05283號　妙法蓮華經卷四　（15–15）

BD05283 號背　勘記　（2–1）

BD05283 號背　藏文、雜寫　（2–2）

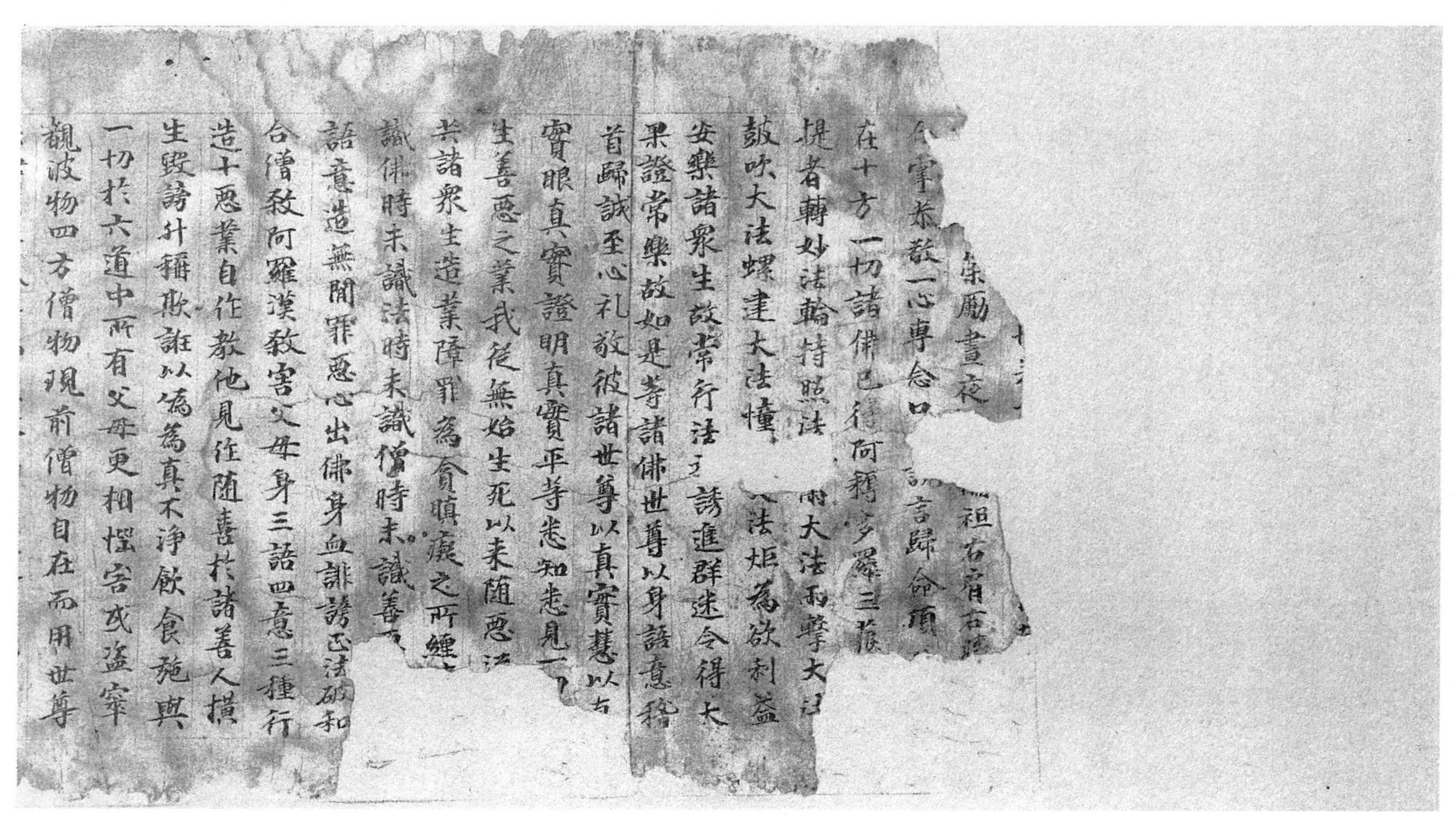
策勵晝夜[illegible]袒右肩右膝
合掌恭敬一心專念口[illegible]說言歸命頂
在十方一切諸佛已得阿耨多羅三藐
提者轉妙法輪持照法[illegible]雨大法雨擊大法
鼓吹大法螺建大法幢[illegible]法炬爲欲利益
安樂諸衆生故常行法[illegible]誘進群迷令得大
果證常樂故如是等諸佛世尊以身語意稽
首歸誠至心礼敬彼諸世尊以真實慧以[illegible]
實眼真實證明真實平等悉知悉見一[illegible]
生善惡之業我從無始生死以來隨惡[illegible]
共諸衆生造業障罪爲貪瞋癡之所纏[illegible]
識佛時未識法時未識僧時未識善[illegible]
語意造無間罪惡心出佛身血誹謗正法破和
合僧殺阿羅漢殺害父母身三語四意三種行
造十惡業自作教他見作隨喜於諸善人橫
生毀謗斗秤欺誑以僞爲真不淨飲食施與
一切於六道中所有父母更相惱害或盜窣
覩波物四方僧物現前僧物自在而用世尊

BD05284 號　金光明最勝王經卷三　（15–1）

合僧殺阿羅漢殺害父母身三語四意三種行
造十惡業自作教他見作隨喜於諸善人橫
生毀謗斗秤欺誑以僞爲真不淨飲食施與
一切於六道中所有父母更相惱害或盜窣
覩波物四方僧物現前僧物自在而用世尊
法律不樂奉行師長教示不相隨順見行聲
聞獨覺大乘行者憙生罵辱令諸行人心生
悔惱見有勝己便懷嫉妬法施財施常生慳
惜無明所覆邪見惑心不修善因令惡增長
於諸佛所而起誹謗法說非法非法說法如
是衆罪佛以真實慧真實眼真實證明真實
平等悉知悉見我今歸命對諸佛前皆悉發
露不敢覆藏未作之罪更不復作已作之罪
今皆懺悔所作業障應墮惡道地獄傍生餓
鬼之中阿蘇羅衆及八難處願我此生所有
業障皆得消滅所有惡報未來不受亦如過
去諸大菩薩修菩提行所有業障悉已懺悔
我之業障今亦懺悔皆悉發露不敢覆藏已
作之罪願得除滅未來之惡更不敢造亦如
未來諸大菩薩修菩提行所有業障悉已懺
悔我之業障今亦懺悔皆悉發露不敢覆藏
已作之罪願得除滅未來之惡更不敢造亦
如現在十方世界諸大菩薩修菩提行所有
業障悉已懺悔我之業障今亦懺悔皆悉發
露不敢覆藏已作之罪願得除滅未來之惡

BD05284 號　金光明最勝王經卷三　（15–2）

已作之罪願得除滅未來之惡更不敢造亦
如現在十方世界諸大菩薩修菩提行所有
業障悉已懺悔我之業障今亦懺悔皆悉發
露不敢覆藏已作之罪願得除滅未來之惡
更不敢造
善男子以是因緣若有造罪一剎那中不得
覆藏何况一日一夜乃至多時若有犯罪欲
求清淨心懷愧恥信於未來必有惡報生大
恐怖應如是懺如人被火燒頭燒衣救令速
滅火若未滅心不得安若人犯罪亦復如是
即應懺悔令速除滅若有願生富樂之家多
饒財寶復欲發意修習大乘亦應懺悔滅除
業障欲生豪貴婆羅門種剎帝利家及轉輪
王七寶具足亦應懺悔滅除業障
善男子若有欲生四大王衆三十三天夜摩
天覩史多天樂變化天他化自在天亦應懺
悔滅除業障若欲生梵衆梵輔大梵天少光
無量光極光淨天少淨無量淨遍淨天無雲
福生廣果無煩無熱善現天善見色究竟天
亦應懺悔滅除業障若欲求預流果一來果
不還果阿羅漢果亦應懺悔滅除業障若欲
願求三明六通聲聞獨覺自在菩提至究竟
地求一切智智淨智不思議智不動智三藐
三菩提正遍智者亦應懺悔滅除業障何以
故善男子一切諸法從因緣生如來所說異

BD05284號　金光明最勝王經卷三　（15–3）

不還果阿羅漢果亦應懺悔滅除業障若欲
願求三明六通聲聞獨覺自在菩提至究竟
地求一切智智淨智不思議智不動智三藐
三菩提正遍智者亦應懺悔滅除業障何以
故善男子一切諸法從因緣生如來所說異
相生異相滅因緣異故如是過去諸法皆已
滅盡所有業障無復遺餘是諸行法未得現
生而今得生未來業障更不復起何以故善
男子一切法空如來所說無有我人衆生壽
者亦無生滅亦無行法善男子一切諸法皆
依於本亦不可說何以故過一切相故若有
善男子善女人如是入於微妙真理生信敬
心是名無衆生而有於本以是義故說於懺
悔滅除業障
善男子若人成就四法能除業障永得清淨
云何為四一者不起邪心正念成就二者於
甚深理不生誹謗三者於初行菩薩起一切
智心四者於諸衆生起慈無量是謂為四尒
時世尊而說頌言
專心護三業　不誹謗正法　作一切智想　慈心淨業障
善男子有四業障難可滅除云何為四一者
於菩薩律儀犯極重惡二者於大乘經心生
誹謗三者於自善根不能增長四者貪著三
有無出離心復有四種對治業障云何為四
一者於十方世界一切如來至心親近說一

BD05284號　金光明最勝王經卷三　（15–4）

時世尊而說頌言

專心讚三乘　不誹謗正法　作一切智想　慈心淨業障

善男子有四業障難可滅除云何爲四一者
於菩薩律儀犯極重惡二者於大乘經心生
誹謗三者於自善根不能增長四者貪著三
有無出離心復有四種對治業障云何爲四
一者於十方世界一切如來至心親近說一
切罪二者爲一切衆生勸請諸佛說深妙法
三者隨喜一切衆生所有功德四者所有一
切功德善根悉皆迴向阿耨多羅三藐三菩
提尒時天帝釋白佛言世尊世間所有男子
女人於大乘行有能行者有不行者云何能
得隨喜一切衆生功德善根佛言善男子若
有衆生雖於大乘未能修習然於晝夜六時
偏袒右肩右膝著地合掌恭敬一心專念作
隨喜時得福無量應作是言十方世界一切
衆生現在修行施戒心慧我今皆悉深生隨
喜由作如是隨喜福故必當獲得尊重殊勝
無上無等最妙之果如是過去未來一切衆
生所有善根皆悉隨喜又於現在初行菩薩
發菩提心所有功德過百大劫行菩薩行有
大功德獲無生忍至不退轉一生補處如是
一切功德之蘊皆悉至心隨喜讚歎過去未
來一切菩薩所有功德隨喜讚歎亦復如是
復於現在十方世界一切諸佛應正遍知證
妙菩提爲度無邊諸衆生故轉無上法輪行

BD05284 號　金光明最勝王經卷三　（15–5）

發菩提心所有功德過百大劫行菩薩行有
大功德獲無生忍至不退轉一生補處如是
一切功德之蘊皆悉至心隨喜讚歎過去未
來一切菩薩所有功德隨喜讚歎亦復如是
復於現在十方世界一切諸佛應正遍知證
妙菩提爲度無邊諸衆生故轉無上法輪行
無礙法施擊法鼓吹法螺建法幢雨法雨哀
愍勸化一切衆生咸令信受皆蒙法施悉得
充足無盡安樂又復所有菩薩聲聞獨覺功
德積集善根若有衆生未具如是諸功德者
悉令具足我皆隨喜如是過去未來諸佛菩
薩聲聞獨覺所有功德亦皆至心隨喜讚歎
善男子如是隨喜當得無量功德之聚如恒
河沙三千大千世界所有衆生皆斷煩惱成阿
羅漢若有善男子善女人盡其形壽常以上
妙衣服飲食臥具醫藥而爲供養如是功德
不及如前隨喜功德千分之一何以故供養功
德有數有量不攝一切諸功德故隨喜　功
德無量無數能攝三世一切功德是故若人
欲求增長勝善根者應修如是隨喜功德若
有女人願轉女身爲男子者亦應修習隨喜
功德必得隨心現成男子尒時天帝釋白佛言
世尊已知隨喜功德勸請功德唯願爲說欲
令未來一切菩薩當轉法輪現在菩薩正修
行故佛告帝釋若有善男子善女人願求阿
耨多羅三藐三菩提者應當修行聲聞獨覺

BD05284 號　金光明最勝王經卷三　（15–6）

功德必得隨心現成男子尒時天帝釋白佛言
世尊已知隨喜功德勸請功德唯願為說欲
令未來一切菩薩當轉法輪現在菩薩正修
行故佛告帝釋若有善男子善女人願求阿
耨多羅三藐三菩提者應當修行聲聞獨覺
大乘之道是人當於晝夜六時如前威儀一
心專念作如是言我今歸依十方一切諸佛
世尊已得阿耨多羅三藐三菩提未轉無上
法輪欲捨報身入涅槃者我皆至誠頂礼勸
請轉大法輪雨大法雨然大法燈照明理趣
施無礙法莫般涅槃久住於世度脫安樂一
切衆生如前所說乃至無盡安樂我今以此
勸請功德迴向阿耨多羅三藐三菩提如過
去未來現在諸大菩薩勸請功德迴向菩提
我亦如是勸請功德迴向無上正等菩提善
男子假使有人以三千大千世界滿中七寶
供養如來若復有人勸請如來轉大法輪所
得功德其福勝彼何以故彼是財施此是法
施善男子且置三千大千世界七寶布施若
人以滿恒河沙數大千世界七寶供養一切
諸佛勸請功德亦勝於彼由其法施有五勝
利云何為五一者法施兼利自他財施不尒
二者法施能令衆生出於三界財施之福不
出欲界三者法施能淨法身財施但唯增長
於色四者法施無窮財施有盡五者法施能



諸佛勸請功德亦勝於彼由其法施有五勝
利云何為五一者法施兼利自他財施不尒
二者法施能令衆生出於三界財施之福不
出欲界三者法施能淨法身財施但唯增長
於色四者法施無窮財施有盡五者法施能
斷無明財施唯伏貪愛是故善男子勸請功
德無量無邊難可譬喻如我昔行菩薩道時
勸請諸佛轉大法輪由彼善根是故今日一
切帝釋諸梵王等勸請於我轉大法輪善男
子請轉法輪為欲度脫安樂諸衆生故我於
往昔為菩提行勸請如來久住於世莫般涅
槃依此善根我得十力四無所畏四無礙辯
大慈大悲證得無數不共之法我當入於無
餘涅槃我之正法久住於世我法身者清淨
無比種種妙相無量智慧無量自在無量功
德難可思議一切衆生皆蒙利益百千萬劫
說不能盡法身攝藏一切諸法一切諸法不
攝法身法身常住不墮常見雖復斷滅亦非
斷見能破衆生種種異見能生衆生種種真
見能解一切衆生之縛無縛可解能植衆生
諸善根本未成熟者令成熟已成熟者令解
脫無作無動遠離闠閙寂靜無為自在安樂
過於三世能現三世出於聲聞獨覺之境諸
大菩薩之所修行一切如來體無有異此等
皆由勸請功德善根力故如是法身我今已

脫無作無動遠離閙閙寂靜無爲自在安樂
過於三世能現三世出於聲聞獨覺之境諸
大菩薩之所修行一切如來體無有異此等
皆由勸請功德善根力故如是法身我今已
得是故若有欲得阿耨多羅三藐三菩提者
於諸經中一句一頌爲人解說功德善根尚
無限量何況勸請如來轉大法輪久住於世
莫般涅槃
時天帝釋復白佛言世尊若善男子善女人
爲求阿耨多羅三藐三菩提故修三乘道所
有善根云何迴向一切智智佛告天帝善男
子若有衆生欲求菩提修三乘道所有善根
願迴向者當於晝夜六時慇重至心作如是
說我從無始生死以來於三寶所修行成就
所有善根乃至施與傍生一摶之食或以善
言和解諍訟或受三歸及諸學處或復懺悔
勸請隨喜所有善根我今作意悉皆攝取迴
施一切衆生無悔悋心是解脫分善根所攝
如佛世尊之所知見不可稱量無礙清淨如
是所有功德善根悉以迴施一切衆生不住
相心不捨相心我亦如是功德善根悉以迴
施一切衆生願皆獲得如意之手搖空出寶
滿衆生願富樂無盡智慧無窮妙法辯才悉
皆無滯共諸衆生同證阿耨多羅三藐三菩
提得一切智因此善根更復出生無量善法

BD05284號　金光明最勝王經卷三　（15–9）

相心不捨相心我亦如是功德善根悉以迴
施一切衆生願皆獲得如意之手搖空出寶
滿衆生願富樂無盡智慧無窮妙法辯才悉
皆無滯共諸衆生同證阿耨多羅三藐三菩
提得一切智因此善根更復出生無量善法
亦皆迴向無上菩提又如過去諸大菩薩修
行之時功德善根悉皆迴向一切種智現在
未來亦復如是然我所有功德善根亦皆迴
向阿耨多羅三藐三菩提是諸善根願共一
切衆生俱成正覺如餘諸佛坐於道場菩提
樹下不可思議無礙清淨住於無盡法藏陁
羅尼首楞嚴定破魔波旬無量兵衆應見覺
知應可通達如是一切一剎那中悉皆照了
於後夜中獲甘露法證甘露義我及衆生願
皆同證如是妙覺猶如
無量壽佛　勝光佛　妙光佛　阿閦佛
功德善光佛　師子光明佛　百光明佛　網光明佛
寶相佛　寶焰佛　焰明佛　焰威光明佛
吉祥上王佛　微妙聲佛　妙莊嚴佛　法幢佛
上勝身佛　可愛色身佛　光明遍照佛　梵淨王佛
上性佛
如是等如來應正遍知過去未來及以現在
亦現應化得阿耨多羅三藐三菩提轉無上
法輪爲度衆生我亦如是廣說如上
善男子若有淨信男子女人於此金光明最

BD05284號　金光明最勝王經卷三　（15–10）

上性佛
如是等如來應正遍知過去未來及以現在
示現應化得阿耨多羅三藐三菩提轉無上
法輪為度衆生我亦如是廣說如上
善男子若有淨信男子女人於此金光明最
勝經王滅業障品受持讀誦憶念不忘為他
廣說得無量無邊大功德聚譬如三千大千
世界所有衆生一時皆得成就人身得人身
已成獨覺道若有男子女人盡其形壽恭敬
尊重四事供養一一獨覺各施七寶如須彌
山此諸獨覺入涅槃後皆以珍寶起塔供養
其塔高廣十二踰繕那以諸花香寶幢幡蓋
常為供養善男子於意云何是人所獲功德
寧為多不天帝釋言甚多世尊善男子若復
有人於此金光明微妙經典衆經之王滅業
障品受持讀誦憶念不忘為他廣說所獲功
德於前所說供養功德百分不及一百千萬
億分乃至算數譬喻所不能及何以故是善
男子善女人住正行中勸請十方一切諸佛
轉無上法輪皆為諸佛歡喜讚歎善男子如
我所說一切施中法施為勝是故善男子於
三寶所設諸供養不可為比勸受三歸持一
切戒無有毀犯三業不空不可為比一切世
界一切衆生隨力隨能隨所願樂於三乘中
勸發菩提心不可為比於三世中一切世界



我所說一切施中法施為勝是故善男子於
三寶所設諸供養不可為比勸受三歸持一
切戒無有毀犯三業不空不可為比一切世
界一切衆生隨力隨能隨所願樂於三乘中
勸發菩提心不可為比於三世中一切世界
所有衆生皆得無礙速令成就無量功德不
可為比三世剎土一切衆生令無障礙得三
菩提不可為比三世剎土一切衆生勸令速
出四惡道苦不可為比三世剎土一切衆生
勸令除滅極重惡業不可為比一切苦惱勸
令解脫不可為比一切怖畏苦惱逼切皆令
得解不可為比三世佛前一切衆生所有功
德勸令隨喜發菩提願不可為比勸除惡行
罵辱之業一切功德皆願成就所在生中勸
請供養尊重讚歎一切三寶勸請衆生淨
修福行成滿菩提不可為比是故當知勸請一
切世界三世三寶勸請滿足六波羅蜜勸請
轉於無上法輪勸請住世經無量劫演說無
量甚深妙法功德甚深無能比者
爾時天帝釋及恒河女神无量梵王四大天衆
從座而起偏袒右肩右膝著地合掌頂禮
白佛言世尊我等皆得聞是金光明最勝王
經今悉受持讀誦通利為他廣說依此法住
何以故世尊我等欲求阿耨多羅三藐三菩
提隨順此義種種勝相如法行故爾時梵
王及天帝釋等於說法處皆以種種曼陀羅

從座而起偏袒右肩右膝著地合掌頂礼
白佛言世尊我等皆得聞是金光明最勝王
經今悉受持讀誦通利為他廣說依此法住
何以故世尊我等欲求阿耨多羅三藐三菩
提隨順此義種種勝相如法行故尒時梵
王及天帝釋等於說法處皆以種種曼陁羅
花而散佛上三千大千世界地皆大動一切天
皷及諸音樂不皷自鳴放金色光遍滿世界
出妙音聲時天帝釋白佛言世尊此等皆是
金光明經威神之力慈悲普救種種利益種
種增長菩薩善根滅諸業障佛言如是如是
如汝所說何以故善男子我念往昔過无量
百千阿僧祇劫有佛名寶王大光照如來應
正遍知出現於世住世六百八十億劫尒時
寶王大光照如來為欲度脫人天釋梵沙門
婆羅門一切眾生令安樂故當出現時初會
說法度百千億万眾皆得阿羅漢果諸漏
已盡三明六通自在無礙於第二會復度九
十千億億万眾皆得阿羅漢果諸漏已盡三
明六通自在無礙於第三會復度九十八千
億億万眾皆得阿羅漢果圓滿如上
善男子我於尒時作女人身名福寶光明於
第三會親近世尊受持讀誦是金光明經為
他廣說求阿耨多羅三藐三菩提故時彼世
尊為我授記此福寶光明女於未來世當得



億億万眾皆得阿羅漢果圓滿如上
善男子我於尒時作女人身名福寶光明於
第三會親近世尊受持讀誦是金光明經為
他廣說求阿耨多羅三藐三菩提故時彼世
尊為我授記此福寶光明女於未來世當得
作佛号釋迦牟尼如來應正遍知明行足善
逝世間解无上士調御丈夫天人師佛世尊
捨女身後從是以來越四惡道生人天中受
上妙樂八十四百千生作轉輪王至于今日
得成正覺名稱普聞遍滿世界時會大眾忽
然皆見寶王大光照如來轉无上法輪說微
妙法善男子去此索訶世界東方過百千恒
河沙數佛土有世界名寶莊嚴其寶王大光
照如來今現在彼未般涅槃說微妙法廣化
群生汝等見者即是彼佛
善男子若有善男子善女人聞是寶王大光
照如來名号者於菩薩地得不退轉至大涅
槃若有女人聞是佛名者臨命終時得見彼
佛來至其所既見佛已究竟不復更受女身
善男子是金光明微妙經典種種利益種種
增長菩薩善根滅諸業障善男子若有苾芻
苾芻尼鄔波索迦鄔波斯迦隨在何處為人
講說是金光明微妙經典於其國土皆獲四
種福利善根云何為四一者國王无病離諸
災厄二者壽命長遠无有障礙三者无諸怨

芰蒭尼鄔波索迦鄔波斯迦隨在何處為人
講說是金光明微妙經典於其國土皆獲四
種福利善根云何為四一者國王无病離諸
灾厄二者壽命長遠无有障礙三者无諸怨
敵兵衆勇健四者安隱豐樂正法流通何以
故如是人王常為釋梵四王藥叉之衆共守
護故
尒時世尊告天衆曰善男子是事實不是時
无量釋梵四王及藥叉衆俱時同聲荅世尊
言如是如是若有國土講宣讀誦此妙經王
是諸國主我等四王常來擁護行住共俱其
王若有一切灾障及諸怨敵我等四王皆使
消殄憂愁疾疫亦令除差增益壽命感應禎
祥所願遂心恒生歡喜我等亦能令其國中
所有軍兵悉皆勇健佛言善哉善哉善男子
如汝所說汝當脩行何以故是諸國主如法
行時一切人民隨王脩習如法行者汝等皆
蒙色力勝利宮殿光明眷屬强盛時釋梵等
白佛言如是世尊佛言若有講讀此妙經典
流通之處於其國中大臣輔相有四種益云
何為四一者更相親穆尊重愛念二者常為

BD05284號　金光明最勝王經卷三　（15–15）

[illegible]
如未來諸大菩薩脩菩提行所有業障悉已懺
悔我之業障今亦懺悔皆悉發露不敢覆藏已
作之罪願得除滅未來之惡更不敢造亦如
現在十方世界諸大菩薩脩菩提行所有
業障悉已懺悔我之業障今亦懺悔皆悉發
露不敢覆藏已作之罪願得除滅未來之惡
更不敢造
善男子以是因緣若有造罪一剎那中不得
覆藏何況一日一夜乃至多時若有犯罪欲
求清淨心懷慚恥信於未來必有惡報生大
恐怖應如是懺如人被火燒頭燒衣救令速
滅火若未滅心不得安若人犯罪亦復如是
即應懺悔令速除滅若有願生富樂之家多
饒財寶復欲發意脩習大乘亦應懺悔滅
除業障欲生豪貴婆羅門種剎帝利家及轉
輪王七寶具足亦應懺悔滅除業障
善男子若有欲生四大王衆三十三天夜摩
天覩史多天樂變化天他化自在天亦應
懺悔滅除業障若欲生梵衆梵輔大梵天

BD05285號　金光明最勝王經卷三　（13–1）

[illegible]若有[illegible]生官爵之家多
饒財寶復欲發意修習大乘亦應懺悔滅
除業障欲生豪貴婆羅門種剎帝利家及轉
輪王七寶具足亦應懺悔滅除業障
善男子若有欲生四大王衆三十三天夜摩
天覩史多天樂變化天他化自在天亦應
懺悔滅除業障若欲生梵衆梵輔大梵天
少光无量光極光淨天少淨无量淨遍淨天
无雲福生廣果无煩无熱善現天善見色究
竟天亦應懺悔滅除業障若欲求預流果一
來果不還果阿羅漢果亦應懺悔滅除業障
若欲願求三明六通聲聞獨覺自在菩提至
究竟地一切智淨智不思議智不動智三藐
三菩提正遍智者亦應懺悔滅除業障何以
故善男子一切諸法從因緣生如來所說異
相生異相滅因緣異故如是過去諸法皆已
滅盡所有業障无復遺餘是諸行法未得現
生而今得生未來業障更不復起何以故善
男子一切法空如來所說无有我人衆生壽
者亦无生滅亦无行法善男子一切諸法皆
依於本亦不可說何以故過一切相故若有
善男子善女人如是入於微妙真理生信敬
心是名无衆生而有於本以是義故說於懺
悔滅除業障
善男子若人成就四法能除業障永得清淨
云何為四一者不起邪心正念成就二者於甚
深理不生誹謗三者於初行菩薩起一切智



心是名无衆生而有於本以是義故說於懺
悔滅除業障
善男子若人成就四法能除業障永得清淨
云何為四一者不起邪心正念成就二者於甚
深理不生誹謗三者於初行菩薩起一切智
心四者於諸衆生起慈无量是謂為四尒時
世尊而說頌言
專心護三業　不誹謗深法　作一切智想　慈心淨業障
善男子有四業障難可滅除云何為四一者於
菩薩律儀犯極重惡二者於大乘經心生誹
謗三者於自善根不能增長四者貪著三有
无出離心復有四種對治業障云何為四一
者於十方世界一切如來至心親近說一切
罪二者為一切衆生勸請諸佛說深妙法三
者隨喜一切衆生所有功德四者所有一切功德
善根悉皆迴向阿耨多羅三藐三菩提尒時天
帝釋白佛言世尊世間所有男子女人於大
乘行有能行者有不行者云何能得隨喜
一切衆生功德善根佛言善男子若有衆
生雖於大乘未能修習然於晝夜六時
偏袒右肩右膝著地合掌恭敬一心專念作
隨喜時得福无量應作是言十方世界一切衆
生現在修行施戒心惠我今皆悉深生隨喜
由作如是隨喜福故必當獲得尊重殊勝无
上无等最妙之果如是過去未來一切衆生
所有善根皆悉隨喜又於現在初行菩薩發
菩提心所有功德過百大劫行菩薩行有大

随喜時得福无量應作是言十方世界一切衆
生現在修行施戒心恵我今皆悉深生随喜
由住如是随喜福故必當猶得尊重殊勝无
上无等最妙之果如是過去未來一切衆生
所有善根皆悉随喜又於現在初行菩薩發
菩提心所有功德過百大劫行菩薩行有大
功德獲无上忍至不退轉一生補處如是一
切功德之蘊皆悉至心随喜讚歎過去未來
一切菩薩所有功德随喜讚歎亦復如是復
於現在十方世界一切諸佛應正遍知證
妙菩提為度无邊諸衆生故轉无上法
輪行无礙法施擊法鼓吹螺建法幢雨
法雨哀愍勸化一切衆生咸令信受皆蒙
法施悉得充足无盡安樂又復所有菩薩聲
聞獨覺功德積集善根若有衆生未具如是
諸功德者悉令具足我皆随喜如是過去未
來諸佛菩薩聲聞獨覺所有功德亦皆至心随
喜讚歎善男子如是随喜當得无量功德之聚
如恒河沙三千大千世界所有衆生皆斷煩惱成阿
羅漢若有善男子善女人盡其形壽常以上
妙衣服飲食卧具醫藥而為供養如是功德
不及如前随喜功德千分之一何以故供養功
德有數有量不攝一切諸功德故随喜功德
无量无數能攝三世一切功德是故若人欲
求增長勝善根者應修如是随喜功德若
有女人願轉女身為男子者亦應修習随
喜功德必得随心現成男子尒時天帝釋白

BD05285 號　金光明最勝王經卷三　（13–4）

妙衣服飲食卧具醫藥而為供養如是功德
不及如前随喜功德千分之一何以故供養功
德有數有量不攝一切諸功德故随喜功德
无量无數能攝三世一切功德是故若人欲
求增長勝善根者應修如是随喜功德若
有女人願轉女身為男子者亦應修習随
喜功德必得随心現成男子尒時天帝釋白
佛言世尊已知随喜功德勸請功德唯願為
説欲令未來一切菩薩當轉法輪現在菩薩
正修行故佛告帝釋若有善男子善女人願
求阿耨多羅三藐三菩提者應當修行聲聞
獨覺大乘之道是人當於晝夜六時如前威
儀一心專念作如是言我今歸依十方一切諸
佛世尊已得阿耨多羅三藐三菩提未轉无上
法輪欲捨報身入涅槃者我皆至誠頂禮勸
請轉大法輪雨大法雨然大法燈照明理趣
施无礙法莫般涅槃久住於世度脫安樂一
切衆生如前所説乃至无盡安樂我今以此
勸請功德迴向阿耨多羅三藐三菩提如過
去未來現在諸大菩薩勸請功德迴向菩提
我亦如是勸請功德迴向无上正等菩提善
男子假使有人以三千大千世界滿中七寶
供養如來若復有人勸請如來轉大法輪所
得功德其福勝彼何以故彼是財施此是法施
善男子且置三千大千世界七寶布施若人
以滿恒河沙數大千世界七寶供養一切諸
佛勸請功德亦勝於彼由其法施有五勝利

BD05285 號　金光明最勝王經卷三　（13–5）

男子假使有人以三千大千世界滿中七寶
供養如來若復有人勸請如來轉大法輪所
得功德其福勝彼何以故彼是財施此是法施
善男子且置三千大千世界七寶布施若人
以滿恒河沙數大千世界七寶供養一切諸
佛勸請功德亦勝於彼由其法施有五勝利
云何爲五一者法施兼利自他財施不尒二
者法施能令衆生出於三界財施之福不出
欲界三者法施能淨法身財施但唯增長於
色四者法施无窮財施有盡五者法施能
斷无明財施唯伏貪愛是故善男子勸請
功德无量无邊難可譬喻如我昔行菩薩道時
勸請諸佛轉大法輪由彼善根是故今日一
切帝釋諸梵王等勸請於我轉大法輪善男
子請轉法輪爲欲度脫安樂諸衆生故我於
往昔爲菩提行勸請如來久住於世莫般涅
槃依此善根我得十力四无所畏四无礙辯
大慈大悲證得无數不共之法我當入於无
餘涅槃我之正法久住於世我法身者清淨
无比種種妙相无量智惠无量自在无量功
德難可思議一切衆生皆蒙利益百千萬劫
說不能盡法身攝藏一切諸法一切諸法不
攝法身法身常住不墮常見雖復斷滅亦非
斷見能破衆生種種異見能生衆生種種
真見能解一切衆生之縛无縛可解能植衆
生諸善根本未成熟者令成熟已成熟者令
解脫无作无動遠離闇鬧寂靜无爲自在安

BD05285號　金光明最勝王經卷三　（13–6）

攝法身常住不墮常見雖復斷滅亦非
斷見能破衆生種種異見能生衆生種種
真見能解一切衆生之縛无縛可解能植衆
生諸善根本未成熟者令成熟已成熟者令
解脫无作无動遠離闇鬧寂靜无爲自在安
樂過於三世能現三世出於聲聞獨覺之
境諸大菩薩之所修行一切如來體无有異
此等皆由勸請功德善根力故如是法身我
今已得是故若有欲得阿耨多羅三藐三菩
提者於諸經中一句一頌爲人解說功德善
根尚无限量何況勸請如來轉大法輪久住
於世莫般涅槃
時天帝釋復白佛言世尊若善男子善女
人爲求阿耨多羅三藐三菩提故修三乘道
所有善根云何迴向一切智智佛告天帝善
男子若有衆生欲求菩提修三乘道所有善
根願迴向者當於晝夜六時慇重至心作如
是說我從无始生死以來於三寶所修行成
就所有善根乃至施與傍生一摶之食或以
善言和解諍訟或受三歸及諸學處或復懺
悔勸請隨喜所有善根我今作意悉皆攝取
迴施一切衆生无悔悋心是解脫分善根所
攝如佛世尊之所知見不可稱量无礙清淨
如是所有功德善根悉以迴施一切衆生不
住相心不捨相心我亦如是功德善根悉以
迴施一切衆生願皆獲得如意之手撝空出
寶滿衆生願富樂无盡智惠无窮妙法辯才

BD05285號　金光明最勝王經卷三　（13–7）

迴施一切衆生无悔恡心是解脱分善根所
攝如佛世尊之所知見不可稱量无礙清淨
如是所有功德善根悉以迴施一切衆生不
住相心不捨相心我亦如是功德善根悉以
迴施一切衆生願皆獲得如意之手撝空出
寶滿衆生願富樂无盡智惠无窮妙法辯才
悉皆无滯共諸衆生同證阿耨多羅三藐三
菩提得一切智因此善根更復出生无量善
法亦皆迴向无上菩提又如過去諸大菩薩
修行之時功德善根悉皆迴向一切種智現在
未來亦復如是然我所有功德善根亦皆迴
向阿耨多羅三藐三菩提是諸善根願共一
切衆生俱成正覺如餘諸佛坐於道場菩提
樹下不可思議无礙清淨住於无盡　法藏
陁羅尼首楞嚴定破魔波旬无量兵衆應
見覺知應可通達如是一切一刹那中悉皆照
了於後夜中獲甘露法證甘露義我及衆生
願皆同證如是妙覺猶如
无量壽佛　勝光佛　妙光佛　阿閦佛
功德善光佛　師子光明佛　百光明佛　網光明佛
寶相佛　寶焰佛　焰明佛　焰盛光明佛
吉祥上王佛　微妙聲佛　妙莊嚴佛　法幢佛
上勝身佛　可愛色身佛　光明遍照佛　梵淨王佛
上性佛
如是等如來應正遍知過去未來及以現在
示現應化得阿耨多羅三藐三菩提轉无上
法輪為度衆生我亦如是廣說如上

BD05285號　金光明最勝王經卷三　（13–8）

上勝身佛　可愛色身佛　光明遍照佛　梵淨王佛
上性佛
如是等如來應正遍知過去未來及以現在
示現應化得阿耨多羅三藐三菩提轉无上
法輪為度衆生我亦如是廣說如上
善男子若有淨信男子女人於此金光明最
勝經王滅業障品受持讀誦憶念不忘為
他廣說得无量无邊大功德聚譬如三千大
千世界所有衆生一時皆得成就人身得人
身已成獨覺道若有男子女人盡其形壽恭
敬尊重四事供養一一獨覺各施七寶如須
弥山此諸獨覺入涅槃後皆以珎寶起塔供
養其塔高廣十二踰繕那以諸花香寶幢幡
蓋常為供養善男子於意云何是人所獲功
德寧為多不天帝釋言甚多世尊善男子
若復有人於此金光明微妙經典衆經之王
滅業障品受持讀誦憶念不忘為他廣說所
獲功德於前所說供養功德百分不及一百
千萬億分乃至校量譬喻所不能及何以故是
善男子善女人住正行中勸請十方一切諸佛
轉无上法輪皆為諸佛歡喜讚歎善男子
如我所說一切施中法施為勝是故善男子
於三寶所設諸供養不可為比勸受三歸持
一切戒无有毀犯三業不空不可為比一切世
界一切衆生隨力隨能隨所願樂於三乘中
勸發菩提心不可為比於三世中一切世界
所有衆生皆得无礙速令成就无量功德

BD05285號　金光明最勝王經卷三　（13–9）

如我所說一切施中法施爲勝是故善男子
於三寶所設諸供養不可爲比勸受三歸持
一切戒无有毀犯三業不空不可爲比一切世
界一切衆生隨力隨能隨所願樂於三乘中
勸發菩提心不可爲比於三世中一切世界
所有衆生皆得无礙速令成就无量功德不
可爲比三世剎土一切衆生令无障礙得三
菩提不可爲比三世剎土一切衆生勸令速
出四惡道苦不可爲比三世剎土一切衆生
勸令除滅極重惡業不可爲比一切苦惱勸
令解脫不可爲比一切怖畏苦惱逼切皆令
得解不可爲比三世佛前一切衆生所有功
德勸令隨喜發菩提願不可爲比勸除惡行
罵辱之業一切功德皆願成就所在生中勸
請供養尊重讚歎一切三寶勸請衆生淨修
福行成滿菩提不可爲比是故當知勸請
一切世界三世三寶勸請滿足六波羅蜜勸
請轉於无上法輪勸請住世經无量劫演說
无量甚深妙法功德甚深无能比者
尒時天帝釋及恒河女神无量梵王四大天
衆從座而起偏袒右肩右膝著地合掌頂禮
白佛言世尊我等皆得聞是金光明冣勝王
經今悉受持讀誦通利爲他廣說依此法住
何以故世尊我等欲求阿耨多羅三藐三菩
提隨順此義種種勝相如法行故尒時梵王
及天帝釋等於說法處皆以種種曼陁羅



衆從座而起偏袒右肩右膝著地合掌頂禮
白佛言世尊我等皆得聞是金光明冣勝王
經今悉受持讀誦通利爲他廣說依此法住
何以故世尊我等欲求阿耨多羅三藐三菩
提隨順此義種種勝相如法行故尒時梵王
及天帝釋等於說法處皆以種種曼陁羅
花而散佛上三千大千世界地皆大動一切
天鼓及諸音樂不鼓自鳴放金色光遍滿世
界出妙音聲時天帝釋白佛言世尊此等皆
是金光明經威神之力慈悲普救種種利益
種種增長菩薩善根滅諸業障佛言如是如
是如汝所說何以故善男子我念往昔過无
量百千阿僧祇劫有佛名寶王大光照如來
應正遍知出現於世住世六百八十億劫尒時
寶王大光照如來爲欲度脫人天釋梵沙門
婆羅門一切衆生令安樂故當出現時初會
說法度百千億億万衆皆得阿羅漢果諸漏
已盡三明六通自在无礙於第二會復度九
十千億億萬衆皆得阿羅漢果諸漏已盡三
明六通自在无礙於第三會復度九十八千
億億万衆皆得阿羅漢果圓滿如上
善男子我於尒時住女人身名福寶光明於
第三會親近世尊受持讀誦是金光明經爲
他廣說求阿耨多羅三藐三菩提故時彼世
尊爲我授記此福寶光明女於未來世當得
作佛号釋迦牟尼如來應正遍知明行足善
逝世間解无上士調御丈夫天人師佛世尊

善男子我於尒時作女人身名福寶光明於
第三會親近世尊受持讀誦是金光明經為
他廣說求阿耨多羅三藐三菩提故時彼世
尊為我授記此福寶光明女於未來世當得
作佛号釋迦牟尼如來應正遍知明行足善
逝世間解无上士調御丈夫天人師佛世尊
捨女身後從是以來越四惡道生人天中受
上妙樂八十四百千生作轉輪王至于今日
得成正覺名稱普聞遍滿世界時會大衆忽
然皆見寶王大光照如來轉无上法輪說微
妙法善男子去此索訶世界東方過百千恒
河沙數佛土有世界名寶莊嚴其寶王大光
照如來今現在彼未般涅槃說微妙法廣化
群生妙等見者即是彼佛
善男子若有善男子善女人聞是寶王大光照
如來名号者於菩薩地得不退轉至大涅槃
若有女人聞是佛名者臨命終時得見彼佛
来至其所既見佛已究竟不復更受女身善
男子是金光明微妙經典種種利益種種增
長菩薩善根滅諸業障善男子若有苾芻苾
芻尼鄔波索迦鄔波斯迦隨在何處為人
講說是金光明微妙經典於其國土皆獲四
種福利善根云何為四一者國王无病離諸災
厄二者壽命長遠无有障礙三者无諸怨敵
兵衆勇健四者安隱豊樂正法流通何以故
如是人王常為釋梵四王藥叉之衆共守護故
尒時世尊告天衆曰善男子是事實不是時

BD05285號　金光明最勝王經卷三　　（13–12）

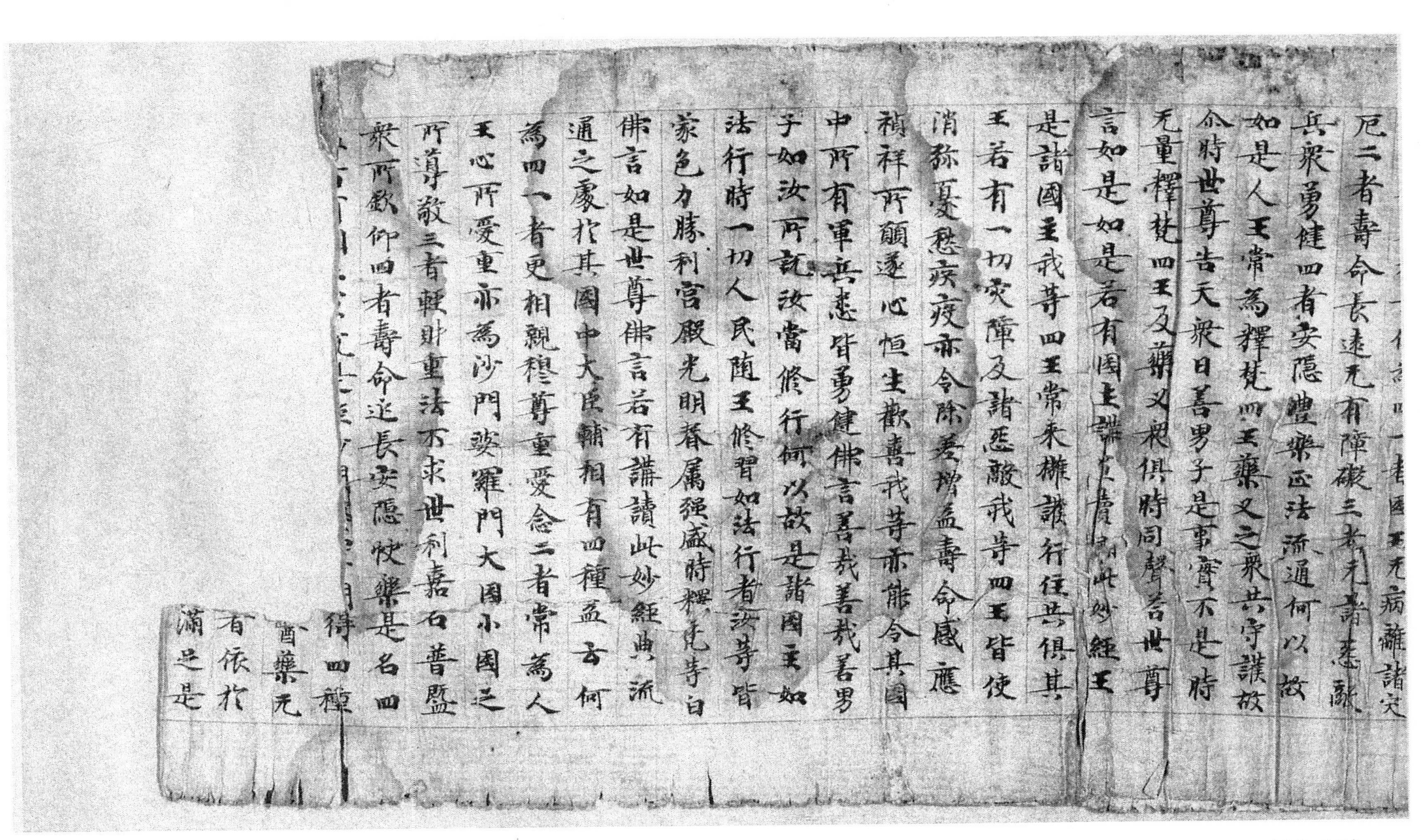

[illegible]一者國王无病離諸災
厄二者壽命長遠无有障礙三者无諸怨敵
兵衆勇健四者安隱豊樂正法流通何以故
如是人王常為釋梵四王藥叉之衆共守護故
尒時世尊告天衆曰善男子是事實不是時
无量釋梵四王及藥叉衆俱時同聲答世尊
言如是如是若有國土講宣讀誦此妙經王
是諸國王我等四王常來擁護行住共俱其
王若有一切災障及諸怨敵我等四王皆使
消殄憂愁疾疫亦令除差增益壽命感應
禎祥所願遂心恒生歡喜我等亦能令其國
中所有軍兵悉皆勇健佛言善哉善哉善男
子如汝所說汝當修行何以故是諸國王如
法行時一切人民隨王修習如法行者汝等皆
蒙色力勝利宮殿光明眷屬強盛時釋梵等白
佛言如是世尊佛言若有講讀此妙經典流
通之處於其國中大臣輔相有四種益云何
為四一者更相親穆尊重愛念二者常為人
王心所愛重亦為沙門婆羅門大國小國之
所遵敬三者輕財重法不求世利嘉名普蓋
衆所欽仰四者壽命延長安隱快樂是名四
[illegible]得四種
普藥无
有依於
滿足是

BD05285號　金光明最勝王經卷三　　（13–13）

南无智光那雲光佛　南无[illegible]佛
南无无鄣盡吼佛　南无普光明奮迅師子佛
南无法界吼境界慧月佛　南无一切虛空樂說覺光佛
南无祕害善名佛　南无普聲寂靜吼佛
南无甘露山威德佛　南无法界吼聲佛
南无善堅羅鋼堅佛　南无佛靈空鏡像頭髻佛
南无光明月徽塵佛　南无善智滿月面佛
南无清淨智華光明佛　南无寶大山勝王佛
南无作所作德大光明佛　南无寶月幢佛
南无三時繫身佛　南无寶勝光明威德王佛
南无普智行佛　南无实海燃燈佛
南无法无垢吼王佛　南无不可說一切德稱幢佛
南无長辟本願无垢月佛　南无相智義燃燈佛
南无法起寶齊聲佛　南无勝照藏王佛
南无乘幢佛　南无法海波頭摩廣信无畏天佛
南无海吼光王佛　南无无垢法山佛
南无法輪光明語佛　南无法日勝雲佛
南无海海光聲王佛　南无法智輪燃燈佛

BD05286號　佛名經（二十卷本）卷一〇　（4–1）

南无長辟本願无垢月佛　南无相智義燃燈佛
南无法起寶齊聲佛　南无勝照藏王佛
南无乘幢佛　南无法海波頭摩廣信无畏天佛
南无海吼光王佛　南无无垢法山佛
南无法輪光明語佛　南无法日勝雲佛
南无海海說聲王佛　南无法智輪燃燈佛
南无法華雞都幢雲佛　南无法实山雞都王佛
南无法行深勝月佛　南无法智普鏡佛
南无藏普智作照佛　南无山王勝藏王佛
南无普門賢照佛　南无連一切法精進幢佛
南无法寶華勝雲佛　南无寂光明深語佛
南无法光明慈樂說光明幢南无实海佛
南无智日普光明佛　南无普輪頂佛
南无智光明王佛　南无福德光華燈佛
南无智師子雞都幢王佛　南无日光明王佛
南无寶相山佛　南无莊嚴山佛
南无日步普照佛　南无法羅鋼覺勝月佛
南无畏那羅迅師子佛　南无普智[illegible]燈佛
南无法頭摩敷身佛　南无一切德華勝海佛
南无善提輪善覺勝月佛　南无燃法炬勝月佛
南无普賢鏡像語佛　南无法幢燃燈佛
南无金剛海幢王佛　南无彌山勝雲佛
南无稱檀勝月佛　南无普切德華德光佛
南无照衆生王佛　南无勝波頭摩華藏佛
南无害实光明勝佛　南无日波頭摩佛
南无相山盡舍那佛　南无普聞名稱幢佛
南无普門光明頁弥佛　南无法戒光勝佛

BD05286號　佛名經（二十卷本）卷一〇　（4–2）

南无金剛海幢王佛　南无稱[illegible]雲佛
南无旃檀勝月佛　南无普切德華德光佛
南无照衆生王佛　南无勝波頭摩華藏佛
南无青炎光明勝佛　南无日波頭摩佛
南无相山盧舍那佛　南无普聞名稱幢佛
南无普門光明須弥佛　南无法城光勝佛
南无切德威德佛　南无相勝法力勇猛幢佛
南无轉法輪光明吼佛　南无切德山波若照佛
南无轉法月妙勝佛　南无法華盧舍那清淨離翳佛
南无寶波頭摩光明藏佛　南无寶山雲燈佛
南无普覺華佛　南无種種光明弥留藏佛
次礼十二部經般若海藏
南无新道行經　南无明度經
南无悲華經　南无大悲分陁利經
南无念佛三昧經　南无正法華經
南无妙法蓮華經　南无入楞伽經
南无楞伽阿跋多羅經　南无大般泥洹經
南无大薩遮尼乾子經　南无大衆經
南无虛空藏所問經　南无阿差末經
南无无盡意經　南无寶女經
南无菩薩淨行經　南无无言童子經
南无樹緊那羅王所問經　南无七真陁羅所問經
南无持人菩薩所問經　南无持世經
次礼諸大菩薩摩訶薩衆
南无師子奮迅行菩薩　南无不可思議菩薩
南无善勝菩薩　南无善意菩薩
南无寶語菩薩　南无愛見菩薩

BD05286 號　佛名經（二十卷本）卷一〇　（4–3）

南无持人菩薩所問經　南无持世經
次礼諸大菩薩摩訶薩衆
南无師子奮迅行菩薩　南无不可思議菩薩
南无善勝菩薩　南无善意菩薩
南无寶語菩薩　南无愛見菩薩
南无无鄣㝵菩薩　南无斷諸疑菩薩
南无寶作菩薩　南无廣德菩薩
南无讃賢菩薩　南无寶月菩薩
次礼聲聞緣覺一切賢聖
南无摩訶男辟支佛　南无善快辟支佛
南无違陁辟支佛　南无心上辟支佛
南无髮淨辟支佛　南无聲聞緣覺一切賢聖
南无過現未來三世諸佛歸命懺悔
如上所說已懺悔於三寶間輕重諸罪其餘者
惡今當次第更復懺悔經中佛說有二種
建兒一者自不作罪二者作已能懺又云二
自法能為衆生滅除衆鄣一者慚二者愧慚
者自不作惡愧者不令他作有慚愧者可
名為人若无慚愧與諸禽獸不相異也[illegible]
今日慚愧歸依十方諸佛
南无東方一寶莊嚴佛　南无南方旃檀德佛
南无西方梵音王佛　南无北方寶智首佛
南无東南方師子相佛　南无西南方寶蓋[illegible]空王佛
南无西北方歡喜進佛　南无東北方摩尼清淨佛

BD05286 號　佛名經（二十卷本）卷一〇　（4–4）

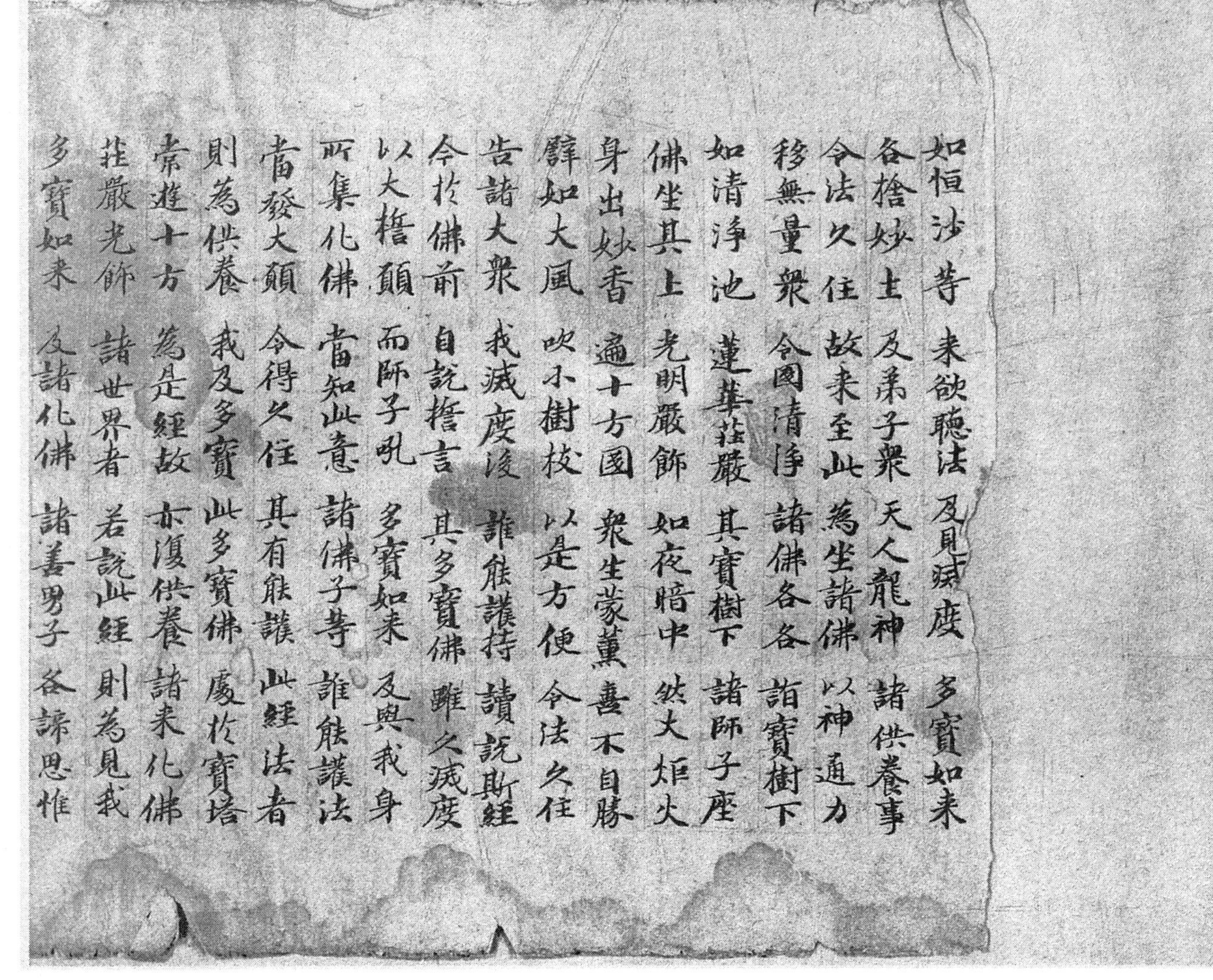
如恒沙等 来欲聽法 及見滅度 多寶如来
各捨妙土 及弟子衆 天人龍神 諸供養事
令法久住 故来至此 為坐諸佛 以神通力
移無量衆 令國清淨 諸佛各各 詣寶樹下
如清淨池 蓮華莊嚴 其寶樹下 諸師子座
佛坐其上 光明嚴飾 如夜闇中 然大炬火
身出妙香 遍十方國 衆生蒙薰 喜不自勝
譬如大風 吹小樹枝 以是方便 令法久住
告諸大衆 我滅度後 誰能護持 讀說斯經
今於佛前 自說誓言 其多寶佛 雖久滅度
以大誓願 而師子吼 多寶如来 及與我身
所集化佛 當知此意 諸佛子等 誰能護法
當發大願 令得久住 其有能護 此經法者
則為供養 我及多寶 此多寶佛 處於寶塔
常遊十方 為是經故 亦復供養 諸来化佛
莊嚴光飾 諸世界者 若說此經 則為見我
多寶如来 及諸化佛 諸善男子 各諦思惟

BD05287 號　妙法蓮華經卷四　（3–1）

今於佛前 自說誓言 其多寶佛 雖久滅度
以大誓願 而師子吼 多寶如来 及與我身
所集化佛 當知此意 諸佛子等 誰能護法
當發大願 令得久住 其有能護 此經法者
則為供養 我及多寶 此多寶佛 處於寶塔
常遊十方 為是經故 亦復供養 諸来化佛
莊嚴光飾 諸世界者 若說此經 則為見我
多寶如来 及諸化佛 諸善男子 各諦思惟
此為難事 宜發大願 諸餘經典 數如恒沙
雖說此等 未足為難 若接須弥 擲置他方
無數佛土 亦未為難 若以足指 動大千界
遠擲他國 亦未為難 若立有頂 為衆演說
無量餘經 亦未為難 若佛滅後 於惡世中
能說此經 是則為難 假使有人 手把虛空
而以遊行 亦未為難 於我滅後 若自書持
若使人書 是則為難 若以大地 置足甲上
昇於梵天 亦未為難 佛滅度後 於惡世中
暫讀此經 是則為難 假使劫燒 擔負乾草
入中不燒 亦未為難 我滅度後 若持此經
為一人說 是則為難 若持八萬 四千法藏
十二部經 為人演說 令諸聽者 得六神通
雖能如是 亦未為難 於我滅後 聽受此經
問其義趣 是則為難 若人說法 令千萬億
無量無數 恒沙衆生 得阿羅漢 具六神通
雖有是益 亦未為難 於我滅後 若能奉持
如斯經典 是則為難 我為佛道 於無量土
從始至今 廣說諸經 而於其中 此經第一
若有能持 則持佛身 諸善男子 於我滅後
[illegible]

BD05287 號　妙法蓮華經卷四　（3–2）

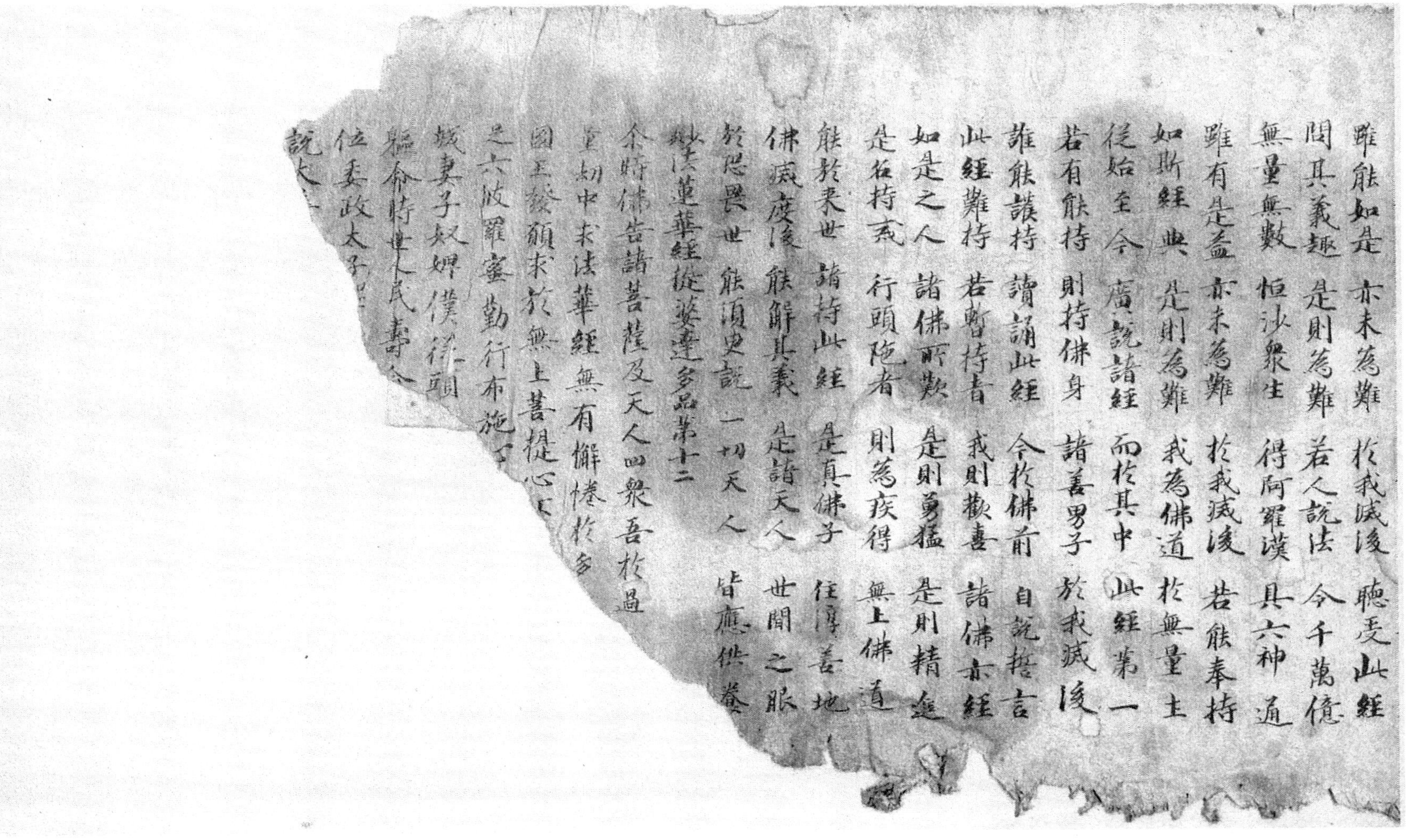
雖能如是　亦未為難　於我滅後　聽受此經
問其義趣　是則為難　若人說法　令千萬億
無量無數　恒沙衆生　得阿羅漢　具六神通
雖有是益　亦未為難　於我滅後　若能奉持
如斯經典　是則為難　我為佛道　於無量土
從始至今　廣說諸經　而於其中　此經第一
若有能持　則持佛身　諸善男子　於我滅後
誰能護持　讀誦此經　今於佛前　自說誓言
此經難持　若暫持者　我則歡喜　諸佛亦然
如是之人　諸佛所歎　是則勇猛　是則精進
是名持戒　行頭陀者　則為疾得　無上佛道
能於來世　讀持此經　是真佛子　住淳善地
佛滅度後　能解其義　是諸天人　世間之眼
於恐畏世　能須臾說　一切天人　皆應供養
妙法蓮華經提婆達多品第十二
尒時佛告諸菩薩及天人四衆吾於過
量劫中求法華經無有懈惓於多
國王發願求於無上菩提心不
足六波羅蜜勤行布施
城妻子奴婢僕從頭
軀命時世人民壽命
位委政太子
說大

BD05287 號　妙法蓮華經卷四　（3–3）

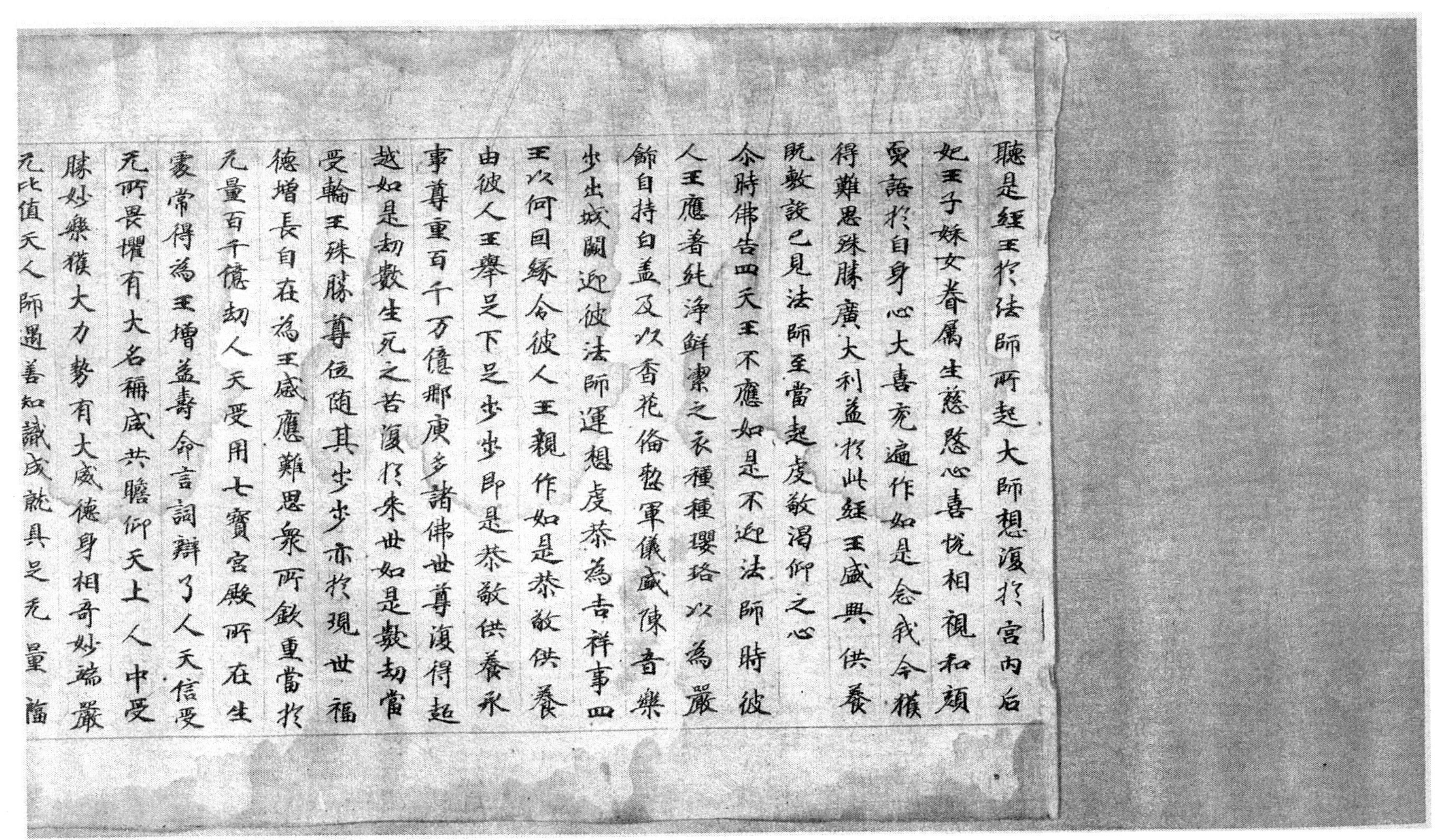
聽是經王於法師所起大師想復於宮內后
妃王子婇女眷屬生慈愍心喜悅相視和顏
軟語於自身心大喜充遍作如是念我今獲
得難思殊勝廣大利益於此經王盛興供養
既敷設已見法師至當起虔敬渴仰之心
尒時佛告四天王不應如是不迎法師時彼
人王應著純淨鮮潔之衣種種瓔珞以為嚴
飾自持白蓋及以香花備整軍儀盛陳音樂
步出城闕迎彼法師運想虔恭為吉祥事四
王以何因緣令彼人王親作如是恭敬供養
由彼人王舉足下足步步即是恭敬供養承
事尊重百千万億那庾多諸佛世尊復得超
越如是劫數生死之苦復於來世如是數劫當
受輪王殊勝尊位隨其步步亦於現世福
德增長自在為王感應難思衆所欽重當於
无量百千億劫人天受用七寶宮殿所在生
處常得為王增益壽命言詞辯了人天信受
无所畏懼有大名稱咸共瞻仰天上人中受
勝妙樂獲大力勢有大威德身相奇妙端嚴
无比值天人師遇善知識成就具足无量福

BD05288 號　金光明最勝王經卷六　（2–1）

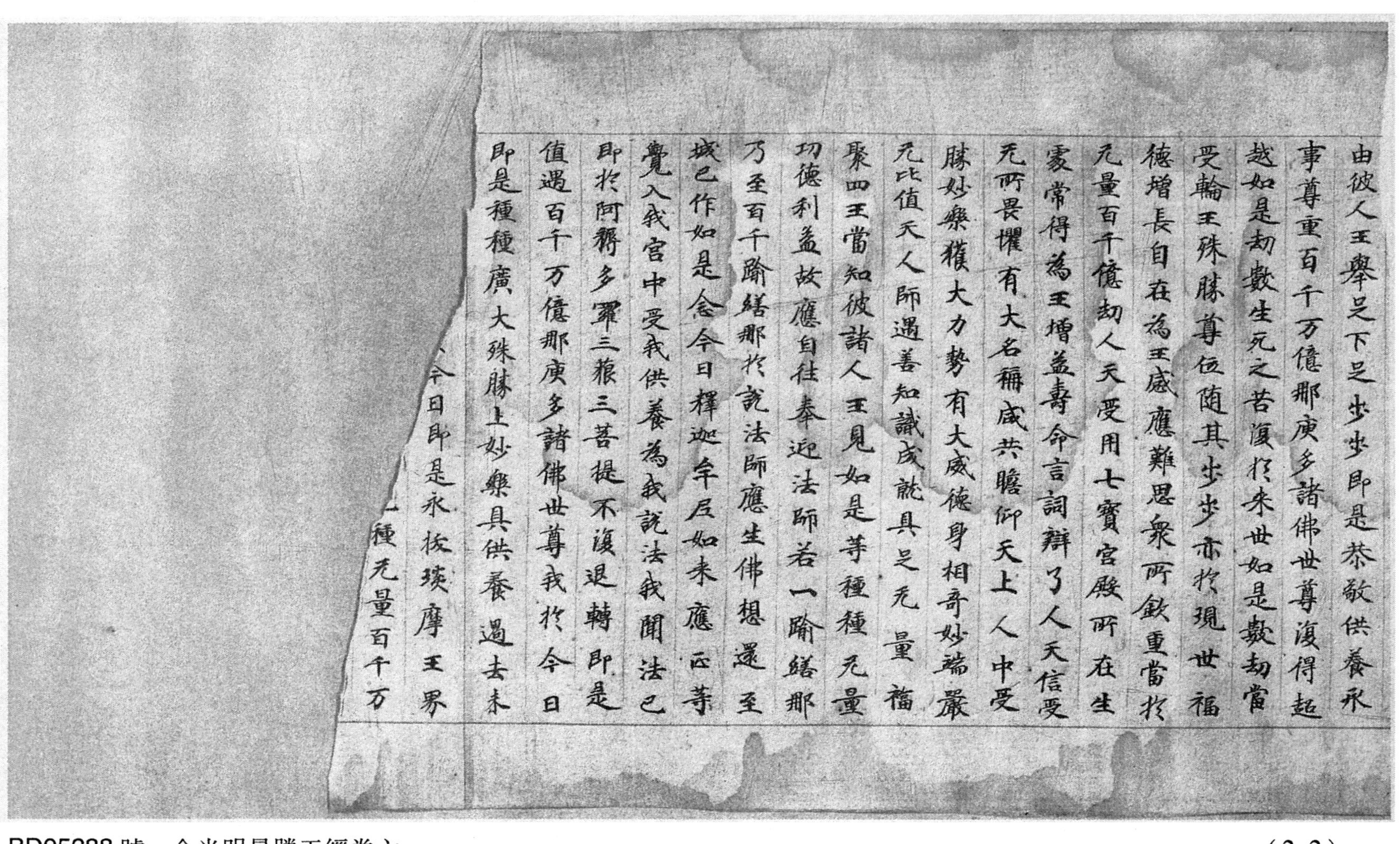

由彼人王舉足下足步步即是恭敬供養承
事尊重百千万億那庾多諸佛世尊復得超
越如是劫數生死之苦復於未世如是數劫當
受輪王殊勝尊位隨其步步亦於現世福
德增長自在為王感應難思衆所欽重當於
无量百千億劫人天受用七寶宮殿所在生
處常得為王增益壽命言詞辯了人天信受
无所畏懼有大名稱咸共瞻仰天上人中受
勝妙樂獲大力勢有大威德身相奇妙端嚴
无比值天人師遇善知識成就具足无量福
聚四王當知彼諸人王見如是等種種无量
功德利益故應自往奉迎法師若一踰繕那
乃至百千踰繕那於說法師應生佛想還至
城已作如是念今日釋迦牟尼如來應正等
覺入我宮中受我供養為我說法我聞法已
即於阿耨多羅三藐三菩提不復退轉即是
值遇百千万億那庾多諸佛世尊我於今日
即是種種廣大殊勝上妙樂具供養過去未
今日即是永拔琰摩王界
種无量百千万

BD05288 號　金光明最勝王經卷六　（2–2）

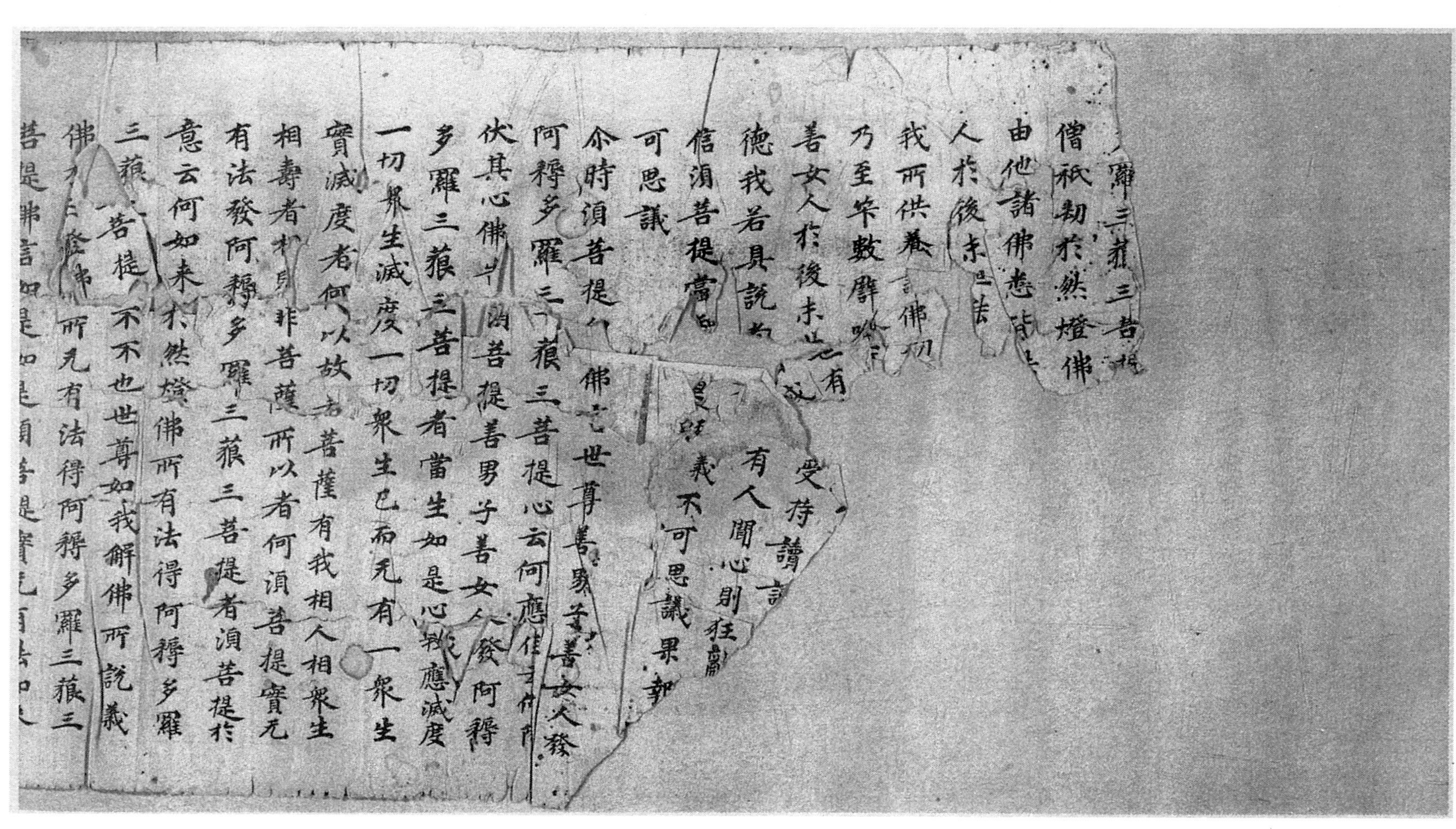

BD05289 號　金剛般若波羅蜜經　（7–1）

相壽者則非菩薩所以者何須菩提實无
有法發阿耨多羅三藐三菩提者須菩提於
意云何如來於然燈佛所有法得阿耨多羅
三藐三菩提不不也世尊如我解佛所說義
佛於然燈佛所无有法得阿耨多羅三藐三
菩提佛言如是如是須菩提實无有法如來
得阿耨多羅三藐三菩提須菩提若有法如
來得阿耨多羅三藐三菩提然燈佛則不
與我受記汝於來世當得作佛号釋迦牟尼
以實无有法得阿耨多羅三藐三菩提是故
然燈佛與我受記作是言汝於來世當得作
佛号釋迦牟尼何以故如來者即諸法如義
若有人言如來得阿耨多羅三藐三菩提須
菩提實无有法佛得阿耨多羅三藐三菩提
須菩提如來所得阿耨多羅三藐三菩提於
是中无實无虛是故如來說一切法皆是佛
法須菩提所言一切法者即非一切法是故
名一切法須菩提譬如人身長大須菩提言
世尊如來說人身長大則為非大身是名大
身須菩提菩薩亦如是若作是言我當滅度
无量眾生則不名菩薩何以故須菩提實无
有法名為菩薩是故佛說一切法无我无人
无眾生无壽者須菩提若菩薩作是言我當
莊嚴佛土是不名菩薩何以故如來說莊嚴
佛土者即非莊嚴是名莊嚴須菩提若菩薩
通達无我法者如來說名真是菩薩
須菩提於意云何如來有肉眼不如是世尊

BD05289 號　金剛般若波羅蜜經　（7–2）

有法名為菩薩是故佛說一切法无我无人
无眾生无壽者須菩提若菩薩作是言我當
莊嚴佛土是不名菩薩何以故如來說莊嚴
佛土者即非莊嚴是名莊嚴須菩提若菩薩
通達无我法者如來說名真是菩薩
須菩提於意云何如來有肉眼不如是世尊
如來有肉眼須菩提於意云何如來有天眼
不如是世尊如來有天眼須菩提於意云何
如來有慧眼不如是世尊如來有慧眼須菩
提於意云何如來有法眼不如是世尊如來
有法眼須菩提於意云何如來有佛眼不如
是世尊如來有佛眼須菩提於意云何恒河
中所有沙佛說是沙不如是世尊如來說是
沙須菩提於意云何如一恒河中所有沙有
如是等恒河是諸恒河所有沙數佛世界
如是寧為多不甚多世尊佛告須菩提尒所國
土中所有眾生若干種心如來悉知何以故
如來說諸心皆為非心是名為心所以者何須
菩提過去心不可得現在心不可得未來心
不可得須菩提於意云何若有人滿三千
大千世界七寶以用布施是人以是因緣得
福多不如是世尊此人以是因緣得福甚多
須菩提若福德有實如來不說得福德多以
福德无故如來說得福德多
須菩提於意云何佛可以具足色身見不不
也世尊如來不應以具足色身見何以故如
來說具足色身即非具足色身是名具足色

BD05289 號　金剛般若波羅蜜經　（7–3）

福多不如是世尊此人以是因緣得福甚多
須菩提若福德有實如来不說得福德多以
福德无故如来說得福德多
須菩提於意云何佛可以具足色身見不不
也世尊如来不應以具足色身見何以故如
来說具足色身即非具足色身是名具足色
身須菩提於意云何如来可以具足諸相見
不不也世尊如来不應以具足諸相見何以
故如来說諸相具足即非具足是名諸相具
足須菩提汝勿謂如来作是念我當有所說
法莫作是念何以故若人言如来有所說法
即為謗佛不能解我所說故須菩提說法者
无法可說是名說法須菩提白佛言世尊佛
得阿耨多羅三藐三菩提為无所得耶如是
如是須菩提我於阿耨多羅三藐三菩提乃
至无有少法可得是名阿耨多羅三藐三菩
提復次須菩提是法平等无有高下是名阿
耨多羅三藐三菩提以无我无人无衆生无
壽者脩一切善法則得阿耨多羅三藐三菩
提須菩提所言善法者如来說非善法是名
善法須菩提若三千大千世界中所有諸須
弥山王如是等七寶聚有人持用布施若人
以此般若波羅蜜經乃至四句偈等受持為
他人說於前福德百分不及一百千万億分
乃至算數譬喻所不能及
須菩提於意云何汝等勿謂如来作是念我
當度衆生須菩提莫作是念何以故實无有

BD05289 號　金剛般若波羅蜜經　（7–4）

以此般若波羅蜜經乃至四句偈等受持為
他人說於前福德百分不及一百千万億分
乃至算數譬喻所不能及
須菩提於意云何汝等勿謂如来作是念我
當度衆生須菩提莫作是念何以故實无有
衆生如来度者若有衆生如来度者如来則
有我人衆生壽者須菩提如来說有我者則
非有我而凡夫之人以為有我須菩提凡夫
者如来說則非凡夫須菩提於意云何可以
卅二相觀如来不須菩提言如是如是以卅
二相觀如来佛言須菩提若以卅二相觀如
来者轉輪聖王則是如来須菩提白佛言世
尊如我解佛所說義不應以卅二相觀如来
尒時世尊而說偈言
若以色見我　以音聲求我
是人行邪道　不能見如来
須菩提汝若作是念如来不以具足相故得
阿耨多羅三藐三菩提須菩提莫作是念如
来不以具足相故得阿耨多羅三藐三菩提
須菩提汝若作是念發阿耨多羅三藐三菩
提者說諸法斷滅相莫作是念何以故發阿
耨多羅三藐三菩提者於法不說斷滅相須
菩提若菩薩以滿恒河沙等世界七寶布施
若復有人知一切法无我得成於忍此菩薩
勝前菩薩所得功德須菩提以諸菩薩不受
福德故須菩提白佛言世尊云何菩薩不受
福德須菩提菩薩所作福德不應貪著是故
說不受福德須菩提若有人言如来若来若

BD05289 號　金剛般若波羅蜜經　（7–5）

菩提若菩薩以滿恒河沙等世界七寶布施
若復有人知一切法无我得成於忍此菩薩
勝前菩薩所得功德須菩提以諸菩薩不受
福德故須菩提白佛言世尊云何菩薩不受
福德須菩提菩薩所作福德不應貪著是故
說不受福德須菩提若有人言如來若來若
去若坐若卧是人不解我所說義何以故如
來者无所從來无所去故名如來
須菩提若善男子善女人以三千大千世界
碎為微塵於意云何是微塵衆寧為多不甚
多世尊何以故若是微塵衆實有者佛則不
說是微塵衆所以者何佛說微塵衆則非微
塵衆是名微塵衆世尊如來所說三千大千
世界則非世界是名世界何以故若世界實有
者則是一合相如來說一合相則非一合相是
名一合相須菩提一合相者則是不可說
但凡夫之人貪著其事須菩提若人言佛說
我見人見衆生見壽者見須菩提於意
云何是人解我所說義不世尊是人不解如
來所說義何以故世尊說我見人見衆生見
壽者見即非我見人見衆生見壽者見是
名我見人見衆生見壽者見須菩提發阿耨
多羅三藐三菩提心者於一切法應如是知如
是見如是信解不生法相須菩提所言法相
者如來說即非法相是名法相須菩提若有
人以滿无量阿僧祇世界七寶持用布施若
有善男子善女人發菩薩心者持於此經乃至

BD05289號　金剛般若波羅蜜經

（7–6）

名一合相須菩提一合相者則是不可說
但凡夫之人貪著其事須菩提若人言佛說
我見人見衆生見壽者見須菩提於意
云何是人解我所說義不世尊是人不解如
來所說義何以故世尊說我見人見衆生見
壽者見即非我見人見衆生見壽者見是
名我見人見衆生見壽者見須菩提發阿耨
多羅三藐三菩提心者於一切法應如是知如
是見如是信解不生法相須菩提所言法相
者如來說即非法相是名法相須菩提若有
人以滿无量阿僧祇世界七寶持用布施若
有善男子善女人發菩薩心者持於此經乃至
四句偈等受持讀誦為人演說其福勝彼云
何為人演說不取於相如如不動何以故
一切有為法　如夢幻泡影　如電亦如電　應作如是觀
佛說是經已長老須菩提及諸比丘比丘尼
優婆塞優婆夷一切世間天人阿脩羅等
聞佛所說皆大歡喜信受奉行
金剛般若波羅蜜經

BD05289號　金剛般若波羅蜜經

（7–7）

尒時大迦葉嘆言善哉善哉文殊師利快說
此語誠如所言塵勞之疇為如来種我等今
者不復堪任發阿耨多羅三藐三菩提心乃
至五无間罪猶能發意生於佛法而今我等
永不能發譬如根敗之士其於五欲不能復
利如是聲聞諸結斷者於佛法中无所復益
永不志願是故文殊師利凡夫於佛法有返
復而聲聞无也所以者何凡夫聞佛法能起
无上道心不斷三寶正使聲聞終身聞佛法
力无畏等永不能發无上道意
尒時會中有菩薩名普現色身問維摩詰言
居士父母妻子親戚眷屬吏民知識悉為是
誰奴婢僮僕象馬車乘皆何所在於是維摩
詰以偈答曰
智度菩薩母　方便以為父　一切衆導師　无不由是生
法喜以為妻　慈悲心為女　善心誠實男　畢竟空寂舍
弟子衆塵勞　隨意之所轉　道品善知識　由是成正覺
諸度法等侶　四攝為伎女　歌詠誦法言　以此為音樂
揔持之園苑　无漏法林樹　覺意淨妙花　解脫智慧菓
八解之浴池　定水湛然滿　布以七淨華　浴此无垢人

BD05290 號　維摩詰所說經卷中　（4–1）

詰以偈答曰
智度菩薩母　方便以為父　一切衆導師　无不由是生
法喜以為妻　慈悲心為女　善心誠實男　畢竟空寂舍
弟子衆塵勞　隨意之所轉　道品善知識　由是成正覺
諸度法等侶　四攝為伎女　歌詠誦法言　以此為音樂
揔持之園苑　无漏法林樹　覺意淨妙花　解脫智慧菓
八解之浴池　定水湛然滿　布以七淨華　浴此无垢人
象馬五通馳　大乘以為車　調御以一心　遊於八正路
相具以嚴容　衆好飾其姿　慚愧之上服　深心為華鬘
富有七財寶　教授以滋息　如所說脩行　迴向為大利
四禪為牀坐　從於淨命生　多聞增智慧　以為自覺音
甘露法之食　解脫味為漿　淨心以澡浴　戒品為塗香
摧滅煩惱賊　勇健无能踰　降伏四種魔　勝幡建道場
雖知无起滅　示彼故有生　悉現諸國土　如日无不見
供養於十方　无量億如来　諸佛及己身　无有分別想
雖知諸佛國　及與衆生空　而常脩淨土　教化於群生
諸有衆生類　形聲及威儀　无畏力菩薩　一時能盡現
覺知衆魔事　而示隨其行　以善方便智　隨意皆能現
或示老病死　成就諸群生　了知如幻化　通達无有礙
或現劫盡燒　天地皆洞然　衆人有常想　照令知无常
无數億衆生　俱來請菩薩　一時到其舍　化令向佛道
經書禁呪術　工巧諸伎藝　盡現行此事　饒益諸群生
世間衆道法　悉於中出家　因以解人惑　而不墮邪見
或作日月天　梵王世界主　或時作地水　或復作風火
劫中有疾疫　現作諸藥草　若有服之者　除病消衆毒
劫中有飢饉　現身作飲食　先救彼飢渴　却以法語人
[illegible]　化彼諸衆生　令住无諍地

BD05290 號　維摩詰所說經卷中　（4–2）

无數億衆生 俱來請菩薩 一時到其舍 化令向佛道
經書禁呪術 工巧諸伎藝 盡現行此事 饒益諸群生
世間衆道法 悉於中出家 因以解人惑 而不墮邪見
或作日月天 梵王世界主 或時作地水 或復作風火
劫中有疾疫 現作諸藥草 若有服之者 除病消衆毒
劫中有飢饉 現身作飲食 先救彼飢渴 却以法語人
劫中有刀兵 為之起慈悲 化彼諸衆生 令住无諍地
若有大戰陣 立之以等力 菩薩現威勢 降伏使和安
一切國土中 諸有地獄處 輒往到于彼 勉濟其苦惱
一切國土中 畜生相食噉 皆現生於彼 為之作利益
示受於五欲 亦復現行禪 令魔心憒亂 不能得其便
火中生蓮花 是可謂希有 在欲而行禪 希有亦如是
或現作婬女 引諸好色者 先以欲鈎牽 後令入佛智
或為邑中主 或作商人導 國師及大臣 以祐利衆生
諸有貧窮者 現作无盡藏 因以勸導之 令發菩提心
我心憍慢者 現為大力士 消伏諸貢高 令住佛上道
其有恐懼衆 居前而慰安 先施以无畏 後令發道心
或現離婬欲 為五通仙人 開導諸群生 令住戒忍慈
見須供事者 現為作僮僕 既悅可其意 乃發以道心
隨彼之所須 得入於佛惠 以善方便力 皆能給足之
如是道无量 所行无有涯 智慧无邊際 度脫无數衆
假令一切佛 於无數億劫 讚嘆其功德 猶尚不能盡
誰聞如是法 不發菩提心 除彼不肖人 癡冥无智者

入不二法門品第九

尒時維摩詰語衆菩薩言 諸仁者 云何菩薩
入不二法門 各隨所樂說之 會中有菩薩名

BD05290號　維摩詰所說經卷中　（4–3）

諸有貧窮者 現作无盡藏 因以勸導之 令發菩提心
我心憍慢者 現為大力士 消伏諸貢高 令住佛上道
其有恐懼衆 居前而慰安 先施以无畏 後令發道心
或現離婬欲 為五通仙人 開導諸群生 令住戒忍慈
見須供事者 現為作僮僕 既悅可其意 乃發以道心
隨彼之所須 得入於佛惠 以善方便力 皆能給足之
如是道无量 所行无有涯 智慧无邊際 度脫无數衆
假令一切佛 於无數億劫 讚嘆其功德 猶尚不能盡
誰聞如是法 不發菩提心 除彼不肖人 癡冥无智者

入不二法門品第九

尒時維摩詰語衆菩薩言 諸仁者 云何菩薩
入不二法門 各隨所樂說之 會中有菩薩名
法自在說言 諸仁者 生滅為二 法本不生 今
則无滅 得此无生法忍 是為入不二法門
德守菩薩曰 我我所為二 因有我故便有我
所 若无有我 則无我所 是為入不二法門
不眴菩薩曰 受不受為二 若法不受 則不可
得 以不可得故 无取无捨 无作无行 是為入
不二法門

BD05290號　維摩詰所說經卷中　（4–4）

座而坐時長老須菩提
偏袒右肩右膝着地合掌恭敬而白佛言希
有世尊如來善護念諸菩薩善付囑諸菩薩
世尊善男子善女人發阿耨多羅三藐三菩
提心應云何住云何降伏其心佛言善哉善
哉須菩提如汝所說如來善護念諸菩薩善
付囑諸菩薩汝今諦聽當為汝說善男子善
女人發阿耨多羅三藐三菩提心應如是住
如是降伏其心唯然世尊願樂欲聞
佛告須菩提諸菩薩摩訶薩應如是降伏其
心所有一切衆生之類若卵生若胎生若濕
生若化生若有色若无色若有想若无想若
非有想若非无想我皆令入无餘涅槃而滅度
之如是滅度无量无數无邊衆生實无
衆生得滅度者何以故須菩提若菩薩有我
相人相衆生相壽者相即非菩薩
復次須菩提菩薩於法應无所住行於布施
所謂不住色布施不住聲香味觸法布施須
菩提菩薩應如是布施不住於相何以故若

BD05291號　金剛般若波羅蜜經　（16–1）

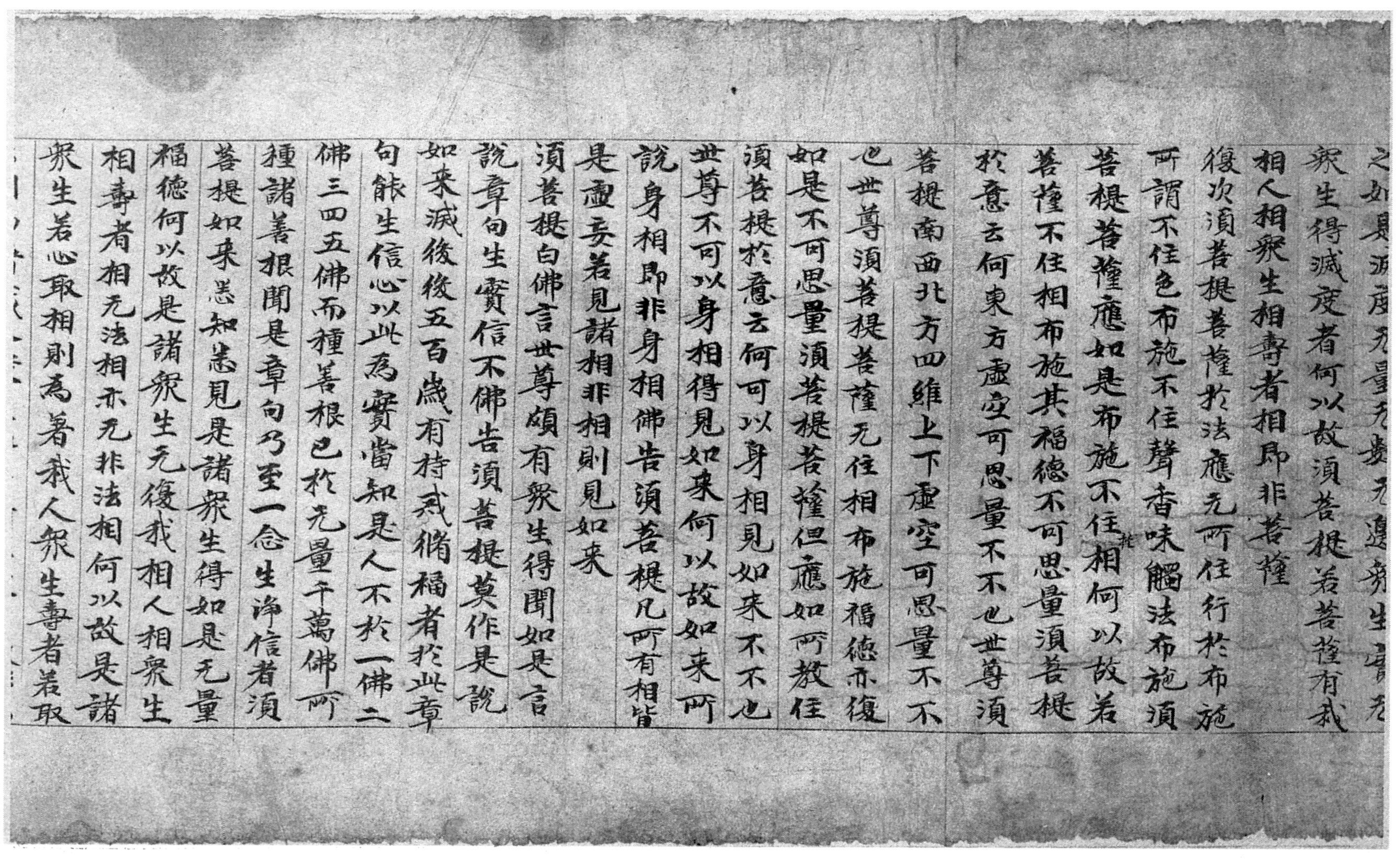
之如是滅度无量无數无邊衆生實无
衆生得滅度者何以故須菩提若菩薩有我
相人相衆生相壽者相即非菩薩
復次須菩提菩薩於法應无所住行於布施
所謂不住色布施不住聲香味觸法布施須
菩提菩薩應如是布施不住於相何以故若
菩薩不住相布施其福德不可思量須菩提
於意云何東方虛空可思量不不也世尊須
菩提南西北方四維上下虛空可思量不不
也世尊須菩提菩薩无住相布施福德亦復
如是不可思量須菩提菩薩但應如所教住
須菩提於意云何可以身相見如來不不也
世尊不可以身相得見如來何以故如來所
說身相即非身相佛告須菩提凡所有相皆
是虛妄若見諸相非相則見如來
須菩提白佛言世尊頗有衆生得聞如是言
說章句生實信不佛告須菩提莫作是說
如來滅後後五百歲有持戒脩福者於此章
句能生信心以此為實當知是人不於一佛二
佛三四五佛而種善根已於无量千萬佛所
種諸善根聞是章句乃至一念生淨信者須
菩提如來悉知悉見是諸衆生得如是无量
福德何以故是諸衆生无復我相人相衆生
相壽者相无法相亦无非法相何以故是諸
衆生若心取相則為著我人衆生壽者若取

BD05291號　金剛般若波羅蜜經　（16–2）

種諸善根聞是章句乃至一念生淨信者須
菩提如來悉知悉見是諸衆生得如是无量
福德何以故是諸衆生无復我相人相衆生
相壽者相无法相亦无非法相何以故是諸
衆生若心取相則為著我人衆生壽者若取
法相即著我人衆生壽者何以故若取非法
相即著我人衆生壽者是故不應取法不應
取非法以是義故如來常說汝等比丘知我
說法如筏喻者法尚應捨何況非法
須菩提於意云何如來得阿耨多羅三藐三
菩提耶如來有所說法耶須菩提言如我解
佛所說義无有定法名阿耨多羅三藐三菩
提亦无有定法如來可說何以故如來所說
法皆不可取不可說非法非非法所以者何
一切賢聖皆以无為法而有差別
須菩提於意云何若人滿三千大千世界七
寶以用布施是人所得福德寧為多不須菩
提言甚多世尊何以故是福德即非福德性
是故如來說福德多若復有人於此經中受
持乃至四句偈等為他人說其福勝彼何以故
須菩提一切諸佛及諸佛阿耨多羅三藐三
菩提法皆從此經出須菩提所謂佛法者
即非佛法
須菩提於意云何須陁洹能作是念我得須
陁洹果不須菩提言不也世尊何以故須陁洹

BD05291 號　金剛般若波羅蜜經　（16–3）

持乃至四句偈等為他人說其福勝彼何以故
須菩提一切諸佛及諸佛阿耨多羅三藐三
菩提法皆從此經出須菩提所謂佛法者
即非佛法
須菩提於意云何須陁洹能作是念我得須
陁洹果不須菩提言不也世尊何以故須陁洹
名為入流而无所入不入色聲香味觸法是
名須陁洹須菩提於意云何斯陁含能作
是念我得斯陁含果不須菩提言不也世尊
何以故斯陁含名一往來而實无往來是名
斯陁含須菩提於意云何阿那含能作是念
我得阿那含果不須菩提言不也世尊何以
故阿那含名為不來而實无來是故名阿那
含須菩提於意云何阿羅漢能作是念我得
阿羅漢道不須菩提言不也世尊何以故實
无有法名阿羅漢世尊若阿羅漢作是念我
得阿羅漢道即為著我人衆生壽者世尊佛
說我得无諍三昧人中最為第一是第一離
欲阿羅漢我不作是念我是離欲阿羅漢世
尊我若作是念我得阿羅漢道世尊則不說
須菩提是樂阿蘭那行者以須菩提實无所
行而名須菩提是樂阿蘭那行
佛告須菩提於意云何如來昔在然燈佛所
於法有所得不世尊如來在然燈佛所於法
實无所得須菩提於意云何菩薩莊嚴佛土

BD05291 號　金剛般若波羅蜜經　（16–4）

行而名須菩提是樂阿蘭那行
佛告須菩提於意云何如来昔在然燈佛所
於法有所得不世尊如来在然燈佛所於法
實无所得須菩提於意云何菩薩莊嚴佛土
不不也世尊何以故莊嚴佛土者則非莊嚴
是名莊嚴是故須菩提諸菩薩摩訶薩應
如是生清淨心不應住色生心不應住聲香味
觸法生心應无所住而生其心須菩提譬如
有人身如須弥山王於意云何是身為大不
須菩提言甚大世尊何以故佛說非身是名
大身須菩提如恒河中所有沙數如是沙等
恒河於意云何是諸恒河沙寧為多不須菩
提言甚多世尊但諸恒河尚多无數何況其
沙須菩提我今實言告汝若有善男子善女
人以七寶滿尒所恒河沙數三千大千世界
以用布施得福多不須菩提言甚多世尊佛
告須菩提若善男子善女人於此經中乃至
受持四句偈等為他人說而此福德勝前福
德復次須菩提隨說是經乃至四句偈等當
知此處一切世間天人阿脩羅皆應供養如
佛塔廟何況有人盡能受持讀誦須菩提當
知是人成就最上第一希有之法若是經典
所在之處則為有佛若尊重弟子
尒時須菩提白佛言世尊當何名此經我等
云何奉持佛告須菩提是經名為金剛般若

BD05291 號　金剛般若波羅蜜經　（16–5）

佛塔廟何況有人盡能受持讀誦須菩提當
知是人成就最上第一希有之法若是經典
所在之處則為有佛若尊重弟子
尒時須菩提白佛言世尊當何名此經我等
云何奉持佛告須菩提是經名為金剛般若
波羅蜜以是名字汝當奉持所以者何須菩
提佛說般若波羅蜜則非般若波羅蜜須菩
提於意云何如来有所說法不須菩提白佛
言世尊如来无所說須菩提於意云何三千
大千世界所有微塵是為多不須菩提言甚
多世尊須菩提諸微塵如来說非微塵是名
微塵如来說世界非世界是名世界須菩提
於意云何可以三十二相見如来不不也世尊
不可以三十二相得見如来何以故如来說三
十二相即是非相是名三十二相須菩提若有
善男子善女人以恒河沙等身命布施若復
有人於此經中乃至受持四句偈等為他人
說其福甚多
尒時須菩提聞說是經深解義趣涕淚悲泣
而白佛言希有世尊佛說如是甚深經典我
從昔来所得慧眼未曾得聞如是之經世尊
若復有人得聞是經信心清淨則生實相當
知是人成就第一希有功德世尊是實相者
則是非相是故如来說名實相世尊我今得
聞如是經典信解受持不足為難若當來世

BD05291 號　金剛般若波羅蜜經　（16–6）

而白佛言希有世尊佛說如是甚深經典我
從昔来所得慧眼未曾得聞如是之經世尊
若復有人得聞是經信心清淨則生實相當
知是人成就第一希有功德世尊是實相者
則是非相是故如来說名實相世尊我今得
聞如是經典信解受持不足爲難若當來世
後五百歲其有衆生得聞是經信解受持是
人則爲第一希有何以故此人无我相人相
衆生相壽者相所以者何我相即是非相人
相衆生相壽者相即是非相何以故離一切
諸相則名諸佛
佛告須菩提如是如是若復有人得聞是經
不驚不怖不畏當知是人甚爲希有何以故
須菩提如来說第一波羅蜜非第一波羅蜜
是名第一波羅蜜
須菩提忍辱波羅蜜如来說非忍辱波羅蜜
何以故須菩提如我昔爲歌利王割截身體
我於尒時无我相无人相无衆生相无壽者
相何以故我於往昔節節支解時若有我相
人相衆生相壽者相應生瞋恨須菩提又念
過去於五百世作忍辱仙人於尒所世无我
相无人相无衆生相无壽者是故須菩提
菩薩應離一切相發阿耨多羅三藐三菩提
心不應住色生心不應住聲香味觸法生心
應生无所住心若心有住則爲非住是故佛
說菩薩心不應住色布施須菩提菩薩爲利



人相衆生相壽者相應生瞋恨須菩提又念
過去於五百世作忍辱仙人於尒所世无我
相无人相无衆生相无壽者是故須菩提
菩薩應離一切相發阿耨多羅三藐三菩提
心不應住色生心不應住聲香味觸法生心
應生无所住心若心有住則爲非住是故佛
說菩薩心不應住色布施須菩提菩薩爲利
益一切衆生應如是布施如来說一切諸相
即是非相又說一切衆生則非衆生須菩提
如来是真語者實語者如語者不誑語者不
異語者須菩提如来所得法此法无實无虛
須菩提若菩薩心住於法而行布施如人入
闇則无所見若菩薩心不住法而行布施如人
有目日光明照見種種色須菩提當來之
世若有善男子善女人能於此經受持讀誦
則爲如来以佛智慧悉知是人悉見是人皆
得成就无量无邊功德
須菩提若有善男子善女人初日分以恒河
沙等身布施中日分復以恒河沙等身布施
後日分亦以恒河沙等身布施如是无量百
千萬億劫以身布施若復有人聞此經典信
心不逆其福勝彼何況書寫受持讀誦爲人
解說須菩提以要言之是經有不可思議不
可稱量无邊功德如来爲發大乘者說爲發
最上乘者說若有人能受持讀誦廣爲人

心不逆其福勝彼何况書寫受持讀誦爲人
解說須菩提以要言之是經有不可思議不
可稱量无邊功德如來爲發大乘者說爲發
㝡上乘者說若有人能受持讀誦廣爲人
說如來悉知是人悉見是人皆得成就不可
量不可稱无有邊不可思議功德如是人等
則爲荷擔如來得阿耨多羅三藐三菩提何以
故須菩提若樂小法者著我見人見衆生見壽
者見則於此經不能聽受讀誦爲人解說須
菩提在在處處若有此經一切世間天人阿
脩羅所應供養當知此處則爲是塔皆應恭
敬作礼圍繞以諸華香而散其處
復次須菩提善男子善女人受持讀誦此經若
爲人輕賤是人先世罪業應墮惡道以今世
人輕賤故先世罪業則爲消滅當得阿耨
多羅三藐三菩提須菩提我念過去无量阿
僧祇劫於然燈佛前得值八百四千萬億那
由他諸佛悉皆供養承事无空過者若復有
人於後末世能受持讀誦此經所得功德於我
所供養諸佛功德百分不及一千萬億分
乃至筭數譬喻所不能及須菩提若善男子
善女人於後末世有受持讀誦此經所得功
德我若具說者或有人聞心則狂亂狐疑不
信須菩提當知是經義不可思議果報亦不

BD05291 號　金剛般若波羅蜜經　（16–9）

人於後末世能受持讀誦此經所得功德於我
所供養諸佛功德百分不及一千萬億分
乃至筭數譬喻所不能及須菩提若善男子
善女人於後末世有受持讀誦此經所得功
德我若具說者或有人聞心則狂亂狐疑不
信須菩提當知是經義不可思議果報亦不
可思議
尒時須菩提白佛言世尊善男子善女人發
阿耨多羅三藐三菩提心云何應住云何降伏
其心佛告須菩提善男子善女人發阿耨多
羅三藐三菩提者當生如是心我應滅度
一切衆生滅度一切衆生已而无有一衆生實
滅度何以故若菩薩有我相人相衆生相
壽者相則非菩薩所以者何須菩提實无有
法發阿耨多羅三藐三菩提者須菩提於意
云何如來於然燈佛所有法得阿耨多羅三
藐三菩提不不也世尊如我解佛所說義
佛於然燈佛所无有法得阿耨多羅三藐三菩
提佛言如是如是須菩提實无有法如來得
阿耨多羅三藐三菩提須菩提若有法如
來得阿耨多羅三藐三菩提者然燈佛則不
与我受記汝於來世當得作佛号釋迦牟尼
以實无有法得阿耨多羅三藐三菩提是故
然燈佛与我受記作是言汝於來世當得作
佛号釋迦牟尼何以故如來者即諸法如義
若有人言如來得阿耨多羅三藐三菩提須

BD05291 號　金剛般若波羅蜜經　（16–10）

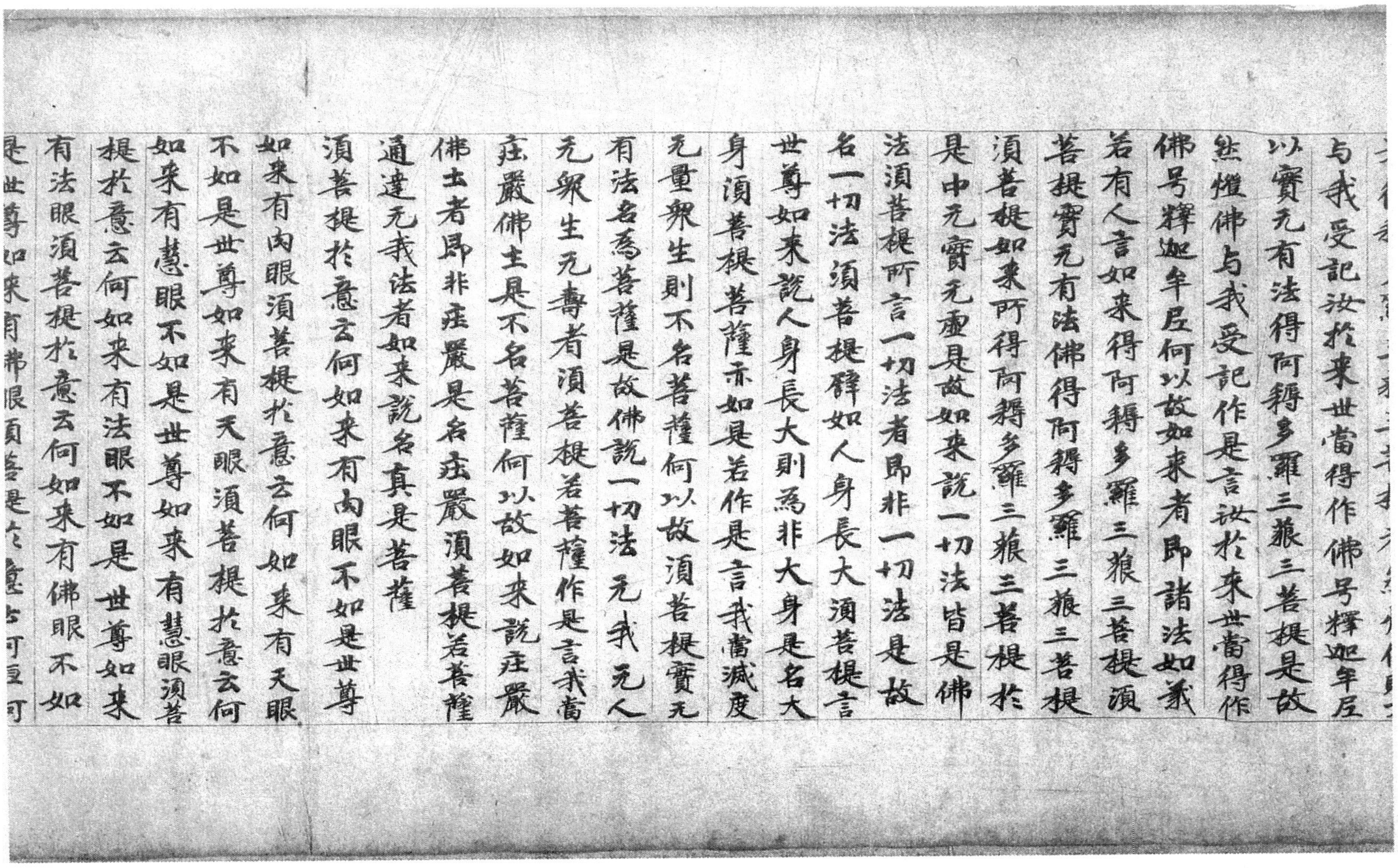
与我受記汝於来世當得作佛号釋迦牟尼
以實无有法得阿耨多羅三藐三菩提是故
然燈佛与我受記作是言汝於来世當得作
佛号釋迦牟尼何以故如来者即諸法如義
若有人言如来得阿耨多羅三藐三菩提須
菩提實无有法佛得阿耨多羅三藐三菩提
須菩提如来所得阿耨多羅三藐三菩提於
是中无實无虛是故如来說一切法皆是佛
法須菩提所言一切法者即非一切法是故
名一切法須菩提譬如人身長大須菩提言
世尊如来說人身長大則為非大身是名大
身須菩提菩薩亦如是若作是言我當滅度
无量衆生則不名菩薩何以故須菩提實无
有法名為菩薩是故佛說一切法无我无人
无衆生无壽者須菩提若菩薩作是言我當
莊嚴佛土是不名菩薩何以故如来說莊嚴
佛土者即非莊嚴是名莊嚴須菩提若菩薩
通達无我法者如来說名真是菩薩
須菩提於意云何如来有肉眼不如是世尊
如来有肉眼須菩提於意云何如来有天眼
不如是世尊如来有天眼須菩提於意云何
如来有慧眼不如是世尊如来有慧眼須菩
提於意云何如来有法眼不如是世尊如来
有法眼須菩提於意云何如来有佛眼不如
是世尊如来有佛眼須菩提於意云何

BD05291 號　金剛般若波羅蜜經　(16–11)

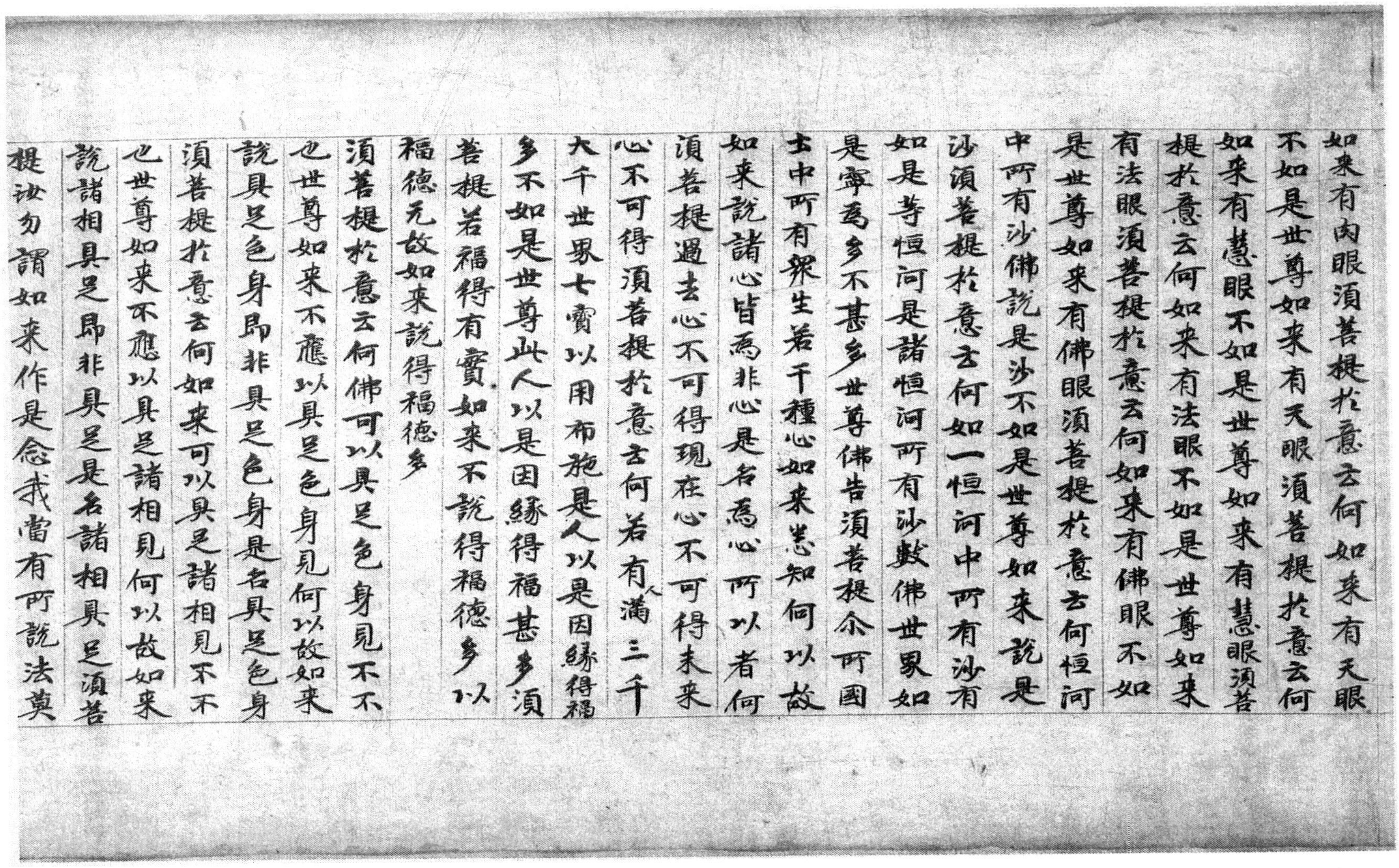
如来有肉眼須菩提於意云何如来有天眼
不如是世尊如来有天眼須菩提於意云何
如来有慧眼不如是世尊如来有慧眼須菩
提於意云何如来有法眼不如是世尊如来
有法眼須菩提於意云何如来有佛眼不如
是世尊如来有佛眼須菩提於意云何恒河
中所有沙佛說是沙不如是世尊如来說是
沙須菩提於意云何如一恒河中所有沙有
如是等恒河是諸恒河所有沙數佛世界如
是寧為多不甚多世尊佛告須菩提尒所國
土中所有衆生若干種心如来悉知何以故
如来說諸心皆為非心是名為心所以者何
須菩提過去心不可得現在心不可得未来
心不可得須菩提於意云何若有人滿三千
大千世界七寶以用布施是人以是因緣得福
多不如是世尊此人以是因緣得福甚多須
菩提若福得有實如来不說得福德多以
福德无故如来說得福德多
須菩提於意云何佛可以具足色身見不不
也世尊如来不應以具足色身見何以故如来
說具足色身即非具足色身是名具足色身
須菩提於意云何如来可以具足諸相見不不
也世尊如来不應以具足諸相見何以故如来
說諸相具足即非具足是名諸相具足須菩
提汝勿謂如来作是念我當有所說法莫

BD05291 號　金剛般若波羅蜜經　(16–12)

須菩提於意云何如来可以具足諸相見不不
也世尊如来不應以具足諸相見何以故如来
說諸相具足即非具足是名諸相具足須菩
提汝勿謂如来作是念我當有所說法莫
作是念何以故若人言如来有所說法即為
謗佛不能解我所說故須菩提說法者无法
可說是名說法須菩提白佛言世尊佛得阿
耨多羅三藐三菩提為无所得耶如是如是
須菩提我於阿耨多羅三藐三菩提乃至无
有少法可得是名阿耨多羅三藐三菩提復
次須菩提是法平等无有高下是名阿耨
多羅三藐三菩提以无我无人无衆生无壽者
脩一切善法則得阿耨多羅三藐三菩提須
菩提所言善法者如来說非善法是名善法
須菩提若三千大千世界中所有諸須弥山
王如是等七寶聚有人持用布施若人以此般
若波羅蜜經乃至四句偈等受持讀誦為他人
說於前福德百分不及一百千萬億分乃至筭
數譬喻所不能及
須菩提於意云何汝等勿謂如来作是念我
當度衆生須菩提莫作是念何以故實无有
衆生如来度者若有衆生如来度者如来則有
我人衆生壽者須菩提如来說有我者則非
有我而凡夫之人以為有我須菩提凡夫者如来
說則非凡夫須菩提於意云何可以三



當度衆生須菩提莫作是念何以故實无有
衆生如来度者若有衆生如来度者如来則有
我人衆生壽者須菩提如来說有我者則非
有我而凡夫之人以為有我須菩提凡夫者如来
說則非凡夫須菩提於意云何可以三
十二相觀如来不須菩提言如是如是以三
十二相觀如来佛言須菩提若以三十二相
觀如来者轉輪聖王則是如来須菩提白佛
言世尊如我解佛所說義不應以三十二相觀
如来尒時世尊而說偈言
若以色見我　以音聲求我　是人行邪道　不能見如来
須菩提汝若作是念如来不以具足相故得
阿耨多羅三藐三菩提須菩提莫作是念如
来不以具足相故得阿耨多羅三藐三菩提
須菩提汝若作是念發阿耨多羅三藐三菩
提者說諸法斷滅相莫作是念何以故發阿
耨多羅三藐三菩提者於法不說斷滅相須
菩提若菩薩以滿恒河沙等世界七寶布施
若復有人知一切法无我得於忍此菩薩勝
前菩薩所得功德須菩提以諸菩薩不受
福德故須菩提白佛言世尊云何菩薩不受
福德須菩提菩薩所作福德不應貪着是故
說不受福德須菩提若有人言如来若来若
去若坐若卧是人不解我所說義何以故如
来者无所從来亦无所去故名如来

福德故須菩提白佛言世尊云何菩薩不受
福德須菩提菩薩所作福德不應貪著是故
說不受福德須菩提若有人言如來若來若
去若坐若卧是人不解我所說義何以故如
來者无所從來亦无所去故名如來
須菩提若善男子善女人以三千大千世界
碎為微塵於意云何是微塵衆寧為多不甚
多世尊何以故若是微塵衆實有者佛則不
說是微塵衆所以者何佛說微塵衆則非微
塵衆是名微塵衆世尊如來所說三千大千
世界則非世界是名世界何以故若世界實
有者則是一合相如來說一合相則非一合
相是名一合相須菩提一合相者則是不可
說但凡夫之人貪著其事須菩提若人言佛
說我見人見衆生見壽者見須菩提於意
云何是人解我所說義不世尊是人不解如來
所說義何以故世尊說我見人見衆生見壽
者見即非我見人見衆生見壽者見是名我
見人見衆生見壽者見須菩提發阿耨多羅
三藐三菩提心者於一切法應如是知如是見
如是信解不生法相須菩提所言法相者如
來說即非法相是名法相須菩提若有人
以滿无量阿僧祇世界七寶持用布施若有
善男子善女人發菩薩心者持於此經乃至
四句偈等受持讀誦為人演說其福勝彼云

BD05291號　金剛般若波羅蜜經　（16–15）

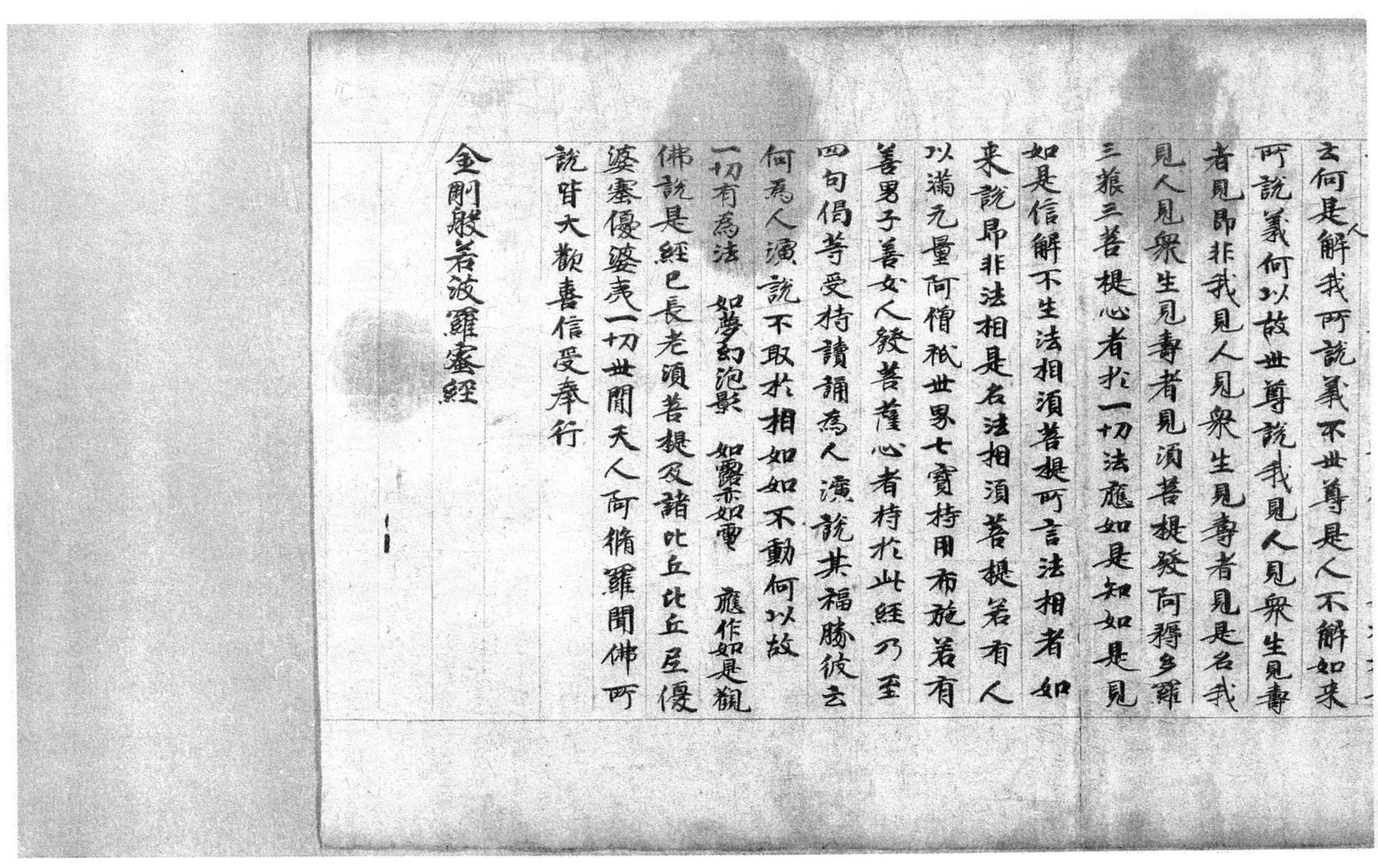
云何是人解我所說義不世尊是人不解如來
所說義何以故世尊說我見人見衆生見壽
者見即非我見人見衆生見壽者見是名我
見人見衆生見壽者見須菩提發阿耨多羅
三藐三菩提心者於一切法應如是知如是見
如是信解不生法相須菩提所言法相者如
來說即非法相是名法相須菩提若有人
以滿无量阿僧祇世界七寶持用布施若有
善男子善女人發菩薩心者持於此經乃至
四句偈等受持讀誦為人演說其福勝彼云
何為人演說不取於相如如不動何以故
一切有為法　如夢幻泡影　如露亦如電　應作如是觀
佛說是經已長老須菩提及諸比丘比丘尼優
婆塞優婆夷一切世間天人阿脩羅聞佛所
說皆大歡喜信受奉行

金剛般若波羅蜜經

BD05291號　金剛般若波羅蜜經　（16–16）

流沙古來敬謁[illegible]大慈大悲普覆令見尊
儀言已悲泣雨淚向山頂礼礼已舉頭忽見
一老人從山中出來遂作婆羅門語謂僧曰
法師情存慕道追訪聖蹤不憚劬勞遠尋
遺跡然漢地眾生多造罪業出家之輩亦
多犯戒律唯有佛頂尊勝陀羅尼經能滅眾
惡業未知法師頗將此經來不僧曰貧道直來
礼謁不將經來老人曰既不將經空來何益縱
見文殊亦何必識師可到向西國取此經來流
傳漢土即是遍奉眾聖廣利群生拯濟幽明
報諸佛恩也師取經來至此弟子當示師文
殊師利菩薩所在僧聞此語不勝喜躍遂裁
抑悲淚至心敬礼舉頭之頃忽不見老人其
僧驚愕倍更虔心繫念傾誠迴還西國取佛
頂尊勝陀羅尼經至永淳二年迴至西京具以
上事聞奏大帝大帝遂將其本入內請日照
三藏法師及勅司賓寺典客令杜行顗等共
譯此經施僧絹三十疋其經本禁在內不出
其僧悲泣奏曰貧道捐軀委命遠取經來

BD05292 號 1　佛頂尊勝陀羅尼經序（佛陀波利本）　（12–1）

抑悲淚至心敬礼舉頭之頃忽不見老人其
僧驚愕倍更虔心繫念傾誠迴還西國取佛
頂尊勝陀羅尼經至永淳二年迴至西京具以
上事聞奏大帝大帝遂將其本入內請日照
三藏法師及勅司賓寺典客令杜行顗等共
譯此經施僧絹三十疋其經本禁在內不出
其僧悲泣奏曰貧道捐軀委命遠取經來
情望普濟群生救拔苦難不以財寶為念不
以名利關懷請還經本流行庶望含靈同
益帝遂留翻得之經還僧梵本其僧得梵本
將向西明寺訪得善梵語漢僧貞奏共翻譯
帝隨其請僧遂對諸大德共貞翻譯訖僧將
梵本向五臺山入山於今前後所翻兩本普流
行於代小小語有不同者幸勿怪焉至垂拱三
年定覺寺主僧志靜因停在神都魏國寺
親見日照三藏法師問其逗留一如上說志靜
遂就三藏法師諮受神咒法師於是口宣梵
音經二七日句句委授具足梵音一無差失
仍更取舊梵本勘校所有脫錯悉皆改定
其咒初注云最後別翻者是也其咒句稍異
於杜令所翻者其新咒改定不錯并注其音
訖後有學者幸詳此焉至永昌元年八月於
大敬愛寺見西明寺上座澄法師問其逗留
亦如前說其翻經僧順貞見在西明寺此
經救拔幽顯最不可思議恐學者不知故具

BD05292 號 1　佛頂尊勝陀羅尼經序（佛陀波利本）　（12–2）

訖後有學者韋詳此爲至永昌元年八月於
大敬愛寺見西明寺上座澄法師問其逗留
亦如前說其翻經僧順貞見在住西明寺此
經救拔幽顯不可思議恐學者不知故具
錄委曲以傳未悟
佛頂尊勝陁羅尼經　罽賓沙門佛陁波利奉　詔譯
如是我聞一時薄伽梵在室羅筏住誓多林給
孤獨園與大苾蒭衆千二百五十人俱又與
諸大菩薩僧万二千人俱尒時三十三天於善
法堂會有一天子名曰善住與諸大天遊於
園觀又與大天受勝尊貴與諸天女前後
圍繞歡喜遊戲種種音樂共相娛樂受諸
快樂尒時善住天子即於夜分聞有聲言善
住天子却後七日命將欲盡命終之後生贍
部洲受七返畜生身即受地獄苦從地獄出
希得人身生於貧賤處於母胎即无兩目
尒時善住天子聞此聲已即大驚怖身毛皆
竪愁憂不樂速疾往詣天帝釋所悲啼
哭惶怖无計頂礼帝釋二足尊已白帝釋
言聽我所說我與諸天女共相圍繞受諸快
樂聞有聲言善住天子却後七日命將欲
盡命終之後生贍部洲七返畜生身受七身
已即墮諸地獄從地獄出希得人身生貧賤家
而无兩目天帝云何令我得免斯苦尒時帝

BD05292 號 2　佛頂尊勝陀羅尼經（佛陀波利本）　（12–3）

言聽我所說我與諸天女共相圍繞受諸快
樂聞有聲言善住天子却後七日命將欲
盡命終之後生贍部洲七返畜生身受七身
已即墮諸地獄從地獄出希得人身生貧賤家
而无兩目天帝云何令我得免斯苦尒時帝
釋聞善住天子語已甚大驚愕即自思惟此
善住天子受何七返惡道之身尒時帝釋須臾
靜住入定諦觀即見善住當受七返惡道之身
所謂豬狗野干獼猴蟒蛇烏鷲等身食諸穢
惡不淨之物尒時帝釋觀見善住天子當墮
七返惡道之身極助苦惱痛割於心諦思无
計何所歸依唯有如來應正等覺令其善住
得免斯苦
尒時帝釋即於此日初夜分時以種種華鬘
塗香末香以妙天衣莊嚴執持往詣誓多林
園於世尊所到已頂礼佛足右繞七匝即於
佛前廣大供養佛前胡跪而白佛言世尊善
住天子云何當受七返畜生惡之身具如上
說
尒時如來頂上放種種光遍滿十方一切世
界已其光還來繞佛三匝佛口入佛便微
笑告帝釋言天帝有陁羅尼名爲如來佛
頂尊勝能淨一切惡道能淨除一切生死苦惱
又能淨除諸地獄閻羅王界畜生之苦又破一
切地獄能迴向善道天帝此佛頂尊勝陁羅

BD05292 號 2　佛頂尊勝陀羅尼經（佛陀波利本）　（12–4）

笑告帝釋言天帝有陁羅尼名為如来佛
尊勝頂能淨一切惡道能淨除一切生死苦惱
又能淨除諸地獄閻羅王界畜生之苦又破一
切地獄能迴向善道天帝此佛頂尊勝陁羅
尼若有人聞一經於耳先世所造一切地獄惡
業皆悉消滅當得清淨之身隨所生處憶
持不忘從一佛剎至一佛剎從一天界至一天
界遍歷三十三天所生之處憶持不忘天
帝若人命欲將終須臾憶念此陁羅尼還得
增壽得身口意淨身无苦痛隨其福利隨
處安隱一切如来之所觀視一切天神恒常侍
衛為人所敬惡障消滅一切菩薩同心覆護
天帝若人能須臾讀誦此陁羅尼者此人所
有一切地獄畜生閻羅王界餓鬼之苦破壞
消滅无有遺餘諸佛剎土及諸天宮一切菩
薩所住之門无有障礙隨意趣入尒時帝釋
白佛言世尊唯願如来為衆生說增壽命之
法尒時世尊知帝釋意之所念樂聞佛說
是陁羅尼法即說呪曰
那謨薄伽跋帝一啼隸路迦囉底毗失瑟吒引折佉反
耶二勃陁引耶三薄伽跋帝四怛姪他五唵引六毗輸
馱耶七娑摩三漫多皤婆娑八娑撥囉拏揭
底伽訶那娑破引皤婆輸地九阿鼻詵者獲揭多
伐折那阿蜜唎多毗曬雞此取蜀字呼聲喚十阿引訶囉阿訶

BD05292 號 2　佛頂尊勝陀羅尼經（佛陀波利本）　（12–5）

馱耶七娑摩三漫多皤婆娑八娑撥囉拏揭
底伽訶那娑破引皤婆輸地九阿鼻詵者獲揭多
伐折那阿蜜唎多毗曬雞此取蜀字呼聲喚十阿引訶囉阿訶
囉十一阿引瑜撒地引囉尼十二輸馱耶輸馱耶十三伽伽那
毗輸提十四烏瑟尼沙毗折耶輸提十五娑訶娑
娑囉囉引哆濕民珊珠地帝十六薩引婆怛他揭
多地瑟恥多引那頞地瑟恥帝姪慕𪘲十七
拔折囉迦引耶僧訶多那輸提十八薩婆風囉拏
毗輸提十九鉢囉底祢代羅怛阿揄輸提廿薩末耶頞地
瑟恥帝廿一末祢摩末祢廿二怛闥多倍他俱胝鉢唎
輸提廿三毗薩普吒勃地毗輸提廿四社耶社耶廿五毗社
耶毗社耶廿六薩末囉薩末囉勃陁頞地瑟恥多輸
提廿七跋折棃跋折囉揭鞞廿八跋折藍婆代都廿九
摩摩某甲薩婆薩埵上寫迦引耶毗輸提卅薩婆
揭底鉢唎輸提卅一薩婆怛他揭多三摩濕
婆娑芳歌反頞地瑟恥帝卅二勃地耶勃耶卅三地耶反蒲
馱耶蒲馱耶三漫多鉢唎輸提卅四薩婆怛他
揭多地瑟恥多引那頞地瑟恥帝卅五莎婆訶
佛告帝釋言此呪名淨除一切惡道佛頂尊
勝陁羅尼能除一切罪業等障能破一切穢
惡道苦天帝此大陁羅尼八十八殑伽沙俱
胝百千諸佛同共宣說隨喜受持大如来智
印印之為破一切衆生穢惡道故為一切地獄
畜生閻羅王界衆生得解脫故臨急苦難墮

BD05292 號 2　佛頂尊勝陀羅尼經（佛陀波利本）　（12–6）

胝百千諸佛同共宣說隨喜受持大如來智
印印之為破一切衆生穢惡道義故為一切地獄
畜生閻羅王界衆生得解脫故臨急苦難墮
生死海中衆生得解脫故短命薄福无救諸
衆生樂雜染惡業衆生故說又此陁羅尼
印於贍部洲住持力故能令地獄惡道衆生
種種流轉生死薄福衆生不信善惡業失
正道衆生等得解脫義故
佛告天帝我說此陁羅尼付囑於汝汝當授
與善住天子復當受持讀誦思惟愛樂
憶念供養於贍部洲一切衆生廣為宣說此
陁羅尼印亦為一切諸天子故說此陁羅尼印
囑於汝天帝汝當善持守護勿令忘失
天帝若人須臾得聞此陁羅尼千劫已來積
造惡業重障應受種種流轉生死地獄餓
鬼畜生閻羅王界阿脩羅身夜叉羅刹鬼
神布單那羯吒布單那阿波娑摩羅蚊蝱
狗蟒蛇一切諸鳥及諸猛獸一切蠢動含靈乃
至蟻子之身更不重受即得轉生諸佛如來一
生補處菩薩同會處生或得大姓婆羅門家
生或得大刹利種家生或得豪貴最勝家生天
帝此人得如上貴處生者皆由聞此陁羅尼
故轉所生處皆得清淨天帝乃至得到菩提
道場最勝之處皆由讚美此陁羅尼功德如
是天帝此陁羅尼名為吉祥能淨一切惡道此



生或得大刹利種家生或得豪貴最勝家生天
帝此人得如上貴處生者皆由聞此陁羅尼
故轉所生處皆得清淨天帝乃至得到菩提
道場最勝之處皆由讚美此陁羅尼功德如
是天帝此陁羅尼名為吉祥能淨一切惡道此
佛頂尊勝陁羅尼猶如日藏摩尼之寶淨
无瑕穢淨等虛空光焰照徹无不周遍若諸
衆生持此陁羅尼亦復如是亦如閻浮檀金
明淨柔軟令人喜見不為穢惡之所染著天
帝若有衆生持此陁羅尼亦復如是乘斯善
淨得生善道天帝此陁羅尼所在之處若能
書寫流通受持讀誦聽聞供養能如是者一
切惡道皆得清淨一切地獄苦惱皆消滅佛告天
帝若人能書寫此陁羅尼安高幢上或安高山
或安樓上乃至安置窣堵波中天帝若有苾
芻苾芻尼優婆塞優婆夷族姓男族姓女於
幢等上或見或與相近其影映身或風吹陁
羅尼上幢等上塵落在身上天帝彼諸衆生
所有罪業應墮惡道地獄畜生閻羅王界
餓鬼阿脩羅身惡道之苦悉皆不受亦不為
罪垢之所染汙天帝此等衆生為一切諸佛之所
授
記皆得不退轉於阿耨多羅三藐三菩提
天帝何况更以多諸供具華鬘塗香末香
幢幡蓋等衣服瓔珞作諸莊嚴於四衢道造
窣堵波安置陁羅尼合掌恭敬旋繞行道歸
[illegible]

授記皆得不退轉於阿耨多羅三藐三菩提
天帝何况更以多諸供具華鬘塗香末香
幢幡蓋等衣服瓔珞作諸莊嚴於四衢道造
窣堵波安置陀羅尼合掌恭敬旋繞行道歸
依禮拜天帝彼人能如是供養者名摩訶薩埵
真是佛子持法棟梁又是如來全身舍利窣
堵波中
爾時閻摩羅法王於時夜分來詣佛所到已
以種種天衣妙華塗香莊嚴供養已繞佛
七匝頂禮佛足而作是言我聞如來演說讚
持大力陀羅尼者我常隨逐守護不令持者
墮於地獄以彼隨順如來言教而護念之
爾時護世四天王繞佛三匝白佛言世尊惟
願如來為我廣說持陀羅尼法爾時佛告
四天大王汝今諦聽我當為汝宣說受持此陀
羅尼法亦為短命諸衆生說當先洗浴著
新淨衣白月圓滿十五日時持齋誦此陀羅尼
滿其千遍令短命衆生還得增壽永離病
苦一切業障悉皆消滅一切地獄諸苦亦得解
脫諸飛鳥畜生含靈之類聞此陀羅尼一經
於耳盡此一身更不復受
佛言若遇大惡病聞此陀羅尼即得永離一
切諸病亦得消滅應墮惡道亦得除斷即
得往生寂靜世界從此身已後更不受胞胎之
身所生之處蓮華化生一切生處憶持不忘

BD05292 號 2　佛頂尊勝陀羅尼經（佛陀波利本）　（12–9）

佛言若遇大惡病聞此陀羅尼即得永離一
切諸病亦得消滅應墮惡道亦得除斷即
得往生寂靜世界從此身已後更不受胞胎之
身所生之處蓮華化生一切生處憶持不忘
常識宿命
佛言若人先造一切極重罪業遂即命終乘
斯惡業應墮地獄或墮畜生閻羅王界或
墮餓鬼乃至墮大阿鼻地獄或生水中或生
禽獸異類之身取其亡者隨身分骨以土一把
誦此陀羅尼二十一遍散亡者骨上即得生天佛
言若人能日日誦此陀羅尼二十一遍能消一切
世間廣大供養捨身往生極樂世界若常誦
念得大涅槃復增壽命受勝快樂捨此身已
即得往生種種微妙諸佛剎土常與諸佛俱
會一處一切如來恒為演說微妙之義一切
世尊即授其記身光照曜一切佛剎佛言若
誦此陀羅尼法於其佛前先取淨土作壇隨
其大小方四角作以種種草華散於壇上燒
衆名香右膝著地胡跪心常念佛作慕陀羅
尼印屈其頭指以大母指押合掌當其心上
誦此陀羅尼一百八遍訖於其壇中如雲王
雨華能遍供養八十八俱胝殑伽沙那庾多
百千諸佛彼佛世尊咸共讚言善哉希有真
是佛子即得无障礙智三昧得大菩提心莊

BD05292 號 2　佛頂尊勝陀羅尼經（佛陀波利本）　（12–10）

尼印屈其頭指以大毋指押合掌當其心上
誦此陁羅尼一百八遍訖於其壇中如雲王
雨華能遍供養八十八俱胝殑伽沙那庾多
百千諸佛彼佛世尊咸共讚言善哉希有真
是佛子即得无障礙智三昧得大菩提心莊
嚴三昧持此陁羅尼法應如是佛言天帝我
以此方便一切衆生應墮地獄道令得解脫
一切惡道亦得清淨復令持者增益壽命天
帝汝去将我陁羅尼授與善住天子滿其七
日汝與善住俱来見我
尒時天帝於世尊所受此陁羅尼法奉持還
於本天授與善住天子尒時善住天子受此
陁羅尼已滿六日六夜依法受持一切願滿
應受一切惡道等苦即得解脫住菩提道
增壽无量甚大歡喜高聲歎言希有如来
希有妙法希有明驗甚為難得令我解脫
尒時帝釋至第七日與善住天子将諸天衆
嚴持華鬘塗香末香寶幢幡蓋天衣瓔珞
微妙莊嚴往詣佛所設大供養以妙天衣及諸
瓔珞供養世尊繞百千匝於佛前立踊躍
歡喜坐而聽法
尒時世尊舒金色臂摩善住天子頂而為
說法授菩提記佛言此經名淨一切惡道佛
頂尊勝陁羅尼汝當受持尒時大衆聞法
歡喜信受奉行

BD05292 號 2　佛頂尊勝陀羅尼經（佛陀波利本）　（12–11）

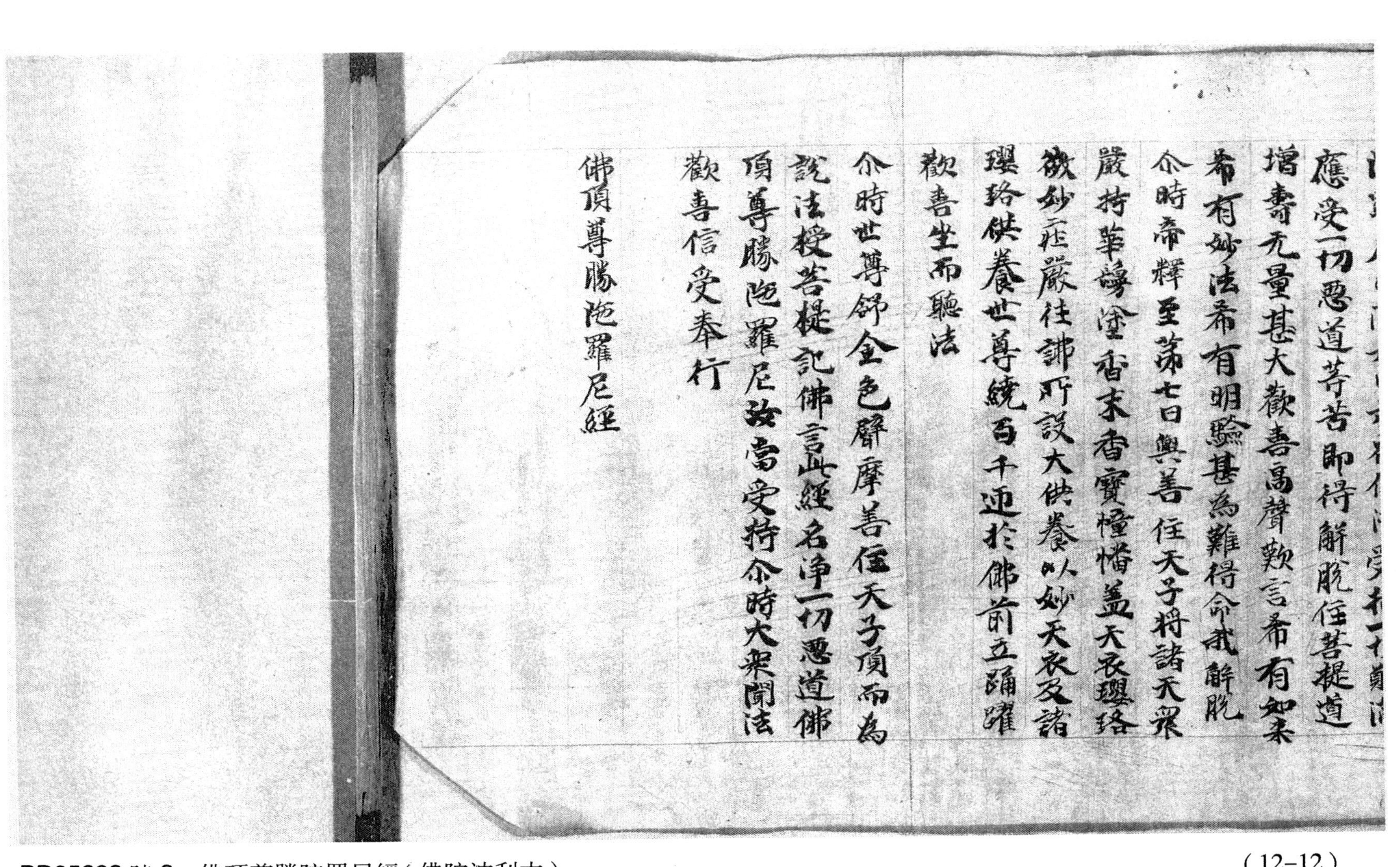
應受一切惡道等苦即得解脫住菩提道
增壽无量甚大歡喜高聲歎言希有如来
希有妙法希有明驗甚為難得令我解脫
尒時帝釋至第七日與善住天子将諸天衆
嚴持華鬘塗香末香寶幢幡蓋天衣瓔珞
微妙莊嚴往詣佛所設大供養以妙天衣及諸
瓔珞供養世尊繞百千匝於佛前立踊躍
歡喜坐而聽法
尒時世尊舒金色臂摩善住天子頂而為
說法授菩提記佛言此經名淨一切惡道佛
頂尊勝陁羅尼汝當受持尒時大衆聞法
歡喜信受奉行
佛頂尊勝陁羅尼經

BD05292 號 2　佛頂尊勝陀羅尼經（佛陀波利本）　（12–12）

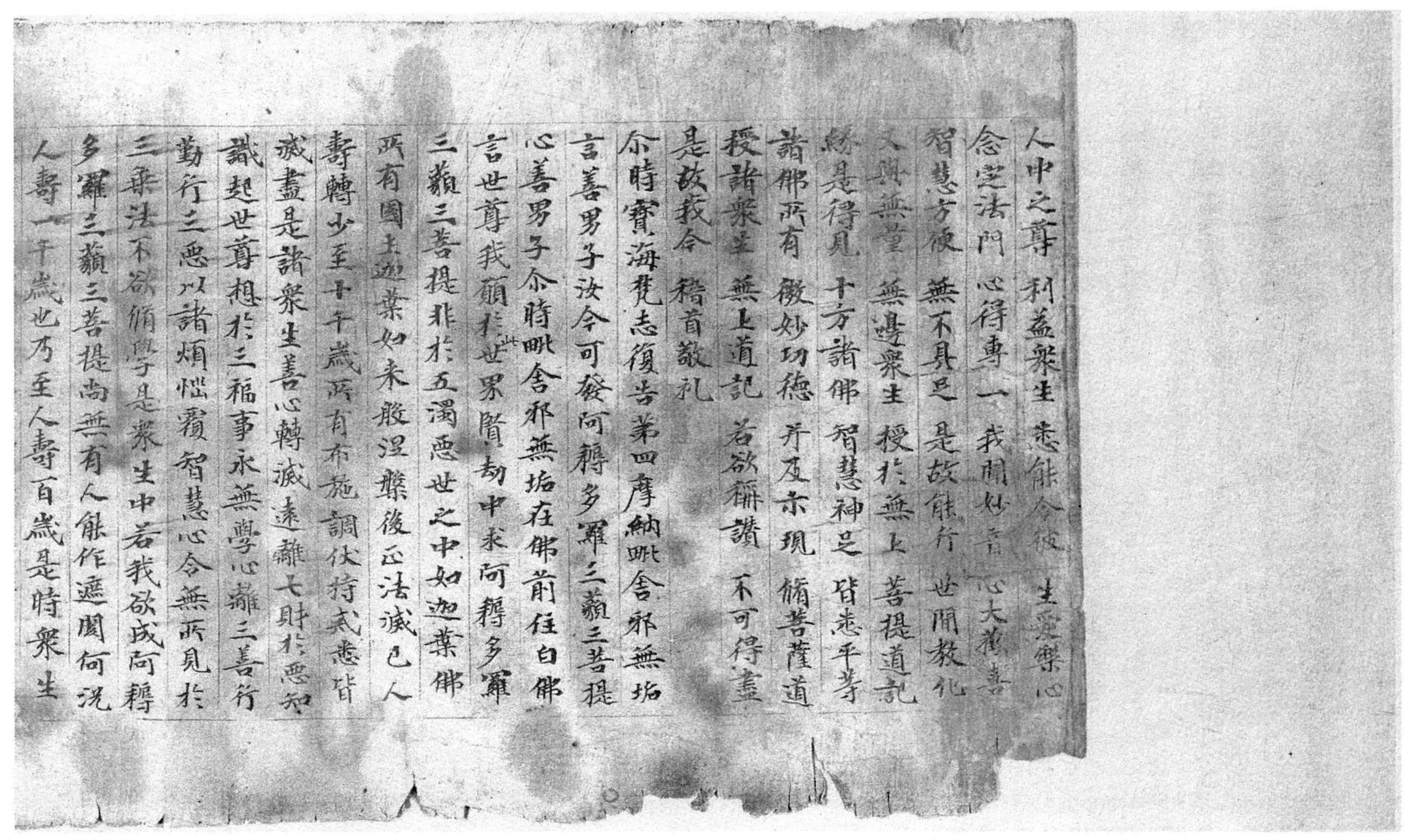

人中之尊　利益衆生　悉能令彼　生愛樂心
念定法門　心得專一　我聞妙音　心大歡喜
智慧方便　無不具足　是故能行　世間教化
又與無量　無邊衆生　授於無上　菩提道記
緣是得見　十方諸佛　智慧神足　皆悉平等
諸佛所有　微妙功德　并及示現　脩菩薩道
授諸衆生　無上道記　若欲稱讚　不可得盡
是故我今　稽首敬礼
尒時寶海梵志復告第四摩納毗舍邪無垢
言善男子汝今可發阿耨多羅三藐三菩提
心善男子尒時毗舍邪無垢在佛前住白佛
言世尊我願於世界賢劫中求阿耨多羅
三藐三菩提非於五濁惡世之中如迦葉佛
所有國土迦葉如來般涅槃後正法滅已人
壽轉少至千歲所有布施調伏持戒悉皆
滅盡是諸衆生善心轉滅遠離七財於惡知
識起世尊想於三福事永無學心離三善行
勤行三惡以諸煩惱覆智慧心令無所見於
三乘法不欲脩學是衆生中若我欲成阿耨
多羅三藐三菩提尚無有人能作遮閡何況
人壽一千歲也乃至人壽百歲是時衆生

BD05293號　悲華經卷五　（6–1）

壽轉少至千歲所有布施調伏持戒悉皆
滅盡是諸衆生善心轉滅遠離七財於惡知
識起世尊想於三福事永無學心離三善行
勤行三惡以諸煩惱覆智慧心令無所見於
三乘法不欲脩學是衆生中若我欲成阿耨
多羅三藐三菩提尚無有人能作遮閡何況
人壽一千歲也乃至人壽百歲是時衆生
乃至有善法名字何況有行善根之者五
濁惡世人民壽命稍稍減少乃至十歲刀劫復
起我於尒時當從天来擁護衆生爲現善法
令離不善乃至安住十善法中離於十惡煩
惱諸結悉令清淨滅五濁世衆生乃至壽八
萬歲尒時我當成阿耨多羅三藐三菩提是
時衆生少於貪婬瞋恚愚癡無明慳悋嫉妬
我於尒時爲諸衆生說三乘法令得安住世
尊爲我所願成就得已利者唯願如来授我
阿耨多羅三藐三菩提記世尊若我不得
如是授記我於今者當求聲聞或求緣覺
如其乘力疾得解脫度於生死時寶藏佛
告毗舍邪無垢言善男子菩薩有四懈怠若
菩薩成就如是四法者貪著生死於生死獄受
諸苦惱不能疾成阿耨多羅三藐三菩提何
等四下行下伴下施下願云何菩薩下行或有菩
薩破身口意不善諸業是名下行云何下伴
親近聲聞及辟支佛與其從事是名菩薩下
伴云何下施不能一切捨諸所有於受者中
心生分別爲得天上受快樂故而行布施是

BD05293號　悲華經卷五　（6–2）

諸苦惱不能疾成阿耨多[illegible]
等四下行下伴下施下願云何菩薩下行或有菩
薩破身口意不善諸業是名下行云何下伴
親近聲聞及辟支佛與共從事是名菩薩下
伴云何下施不能一切捨諸所有於受者中
心生分別爲得天上受快樂故而行布施是
名菩薩下施云何下願不能一心願取諸佛
淨妙世界所作捨願不爲調伏一切衆生是
名菩薩之下願也菩薩成是四懈怠法久處
生死受諸苦惱不能疾成阿耨多羅三藐三
菩提善男子復有四法菩薩成就則能疾成
阿耨多羅三藐三菩提何等四一能持禁戒
淨身口意二親近脩學大乘之人
與共同事三所有之物能一切捨以大悲心
施於一切四一心願取種種莊嚴諸佛世界亦
爲調伏一切衆生是名四法菩薩成就則能
疾成阿耨多羅三藐三菩提復有四法菩
薩成就能持無上菩提之道何等四精勤行
於諸波羅蜜攝取一切無量衆生心常不離
四無量行遊戲諸通是名四法菩薩成就能
持無上菩提之道復有四法令心無厭何等
四一行施二聽法三脩行四攝取衆生如是
四法令心無厭菩薩應學復有四無盡藏
是諸菩薩所應成就何等四一者信根二者
說法三善根願四者攝取貧窮衆生是爲
菩薩四無盡藏具足脩滿復有四清淨法
菩薩成就何等四持戒清淨以無我故三
昧清淨無衆生故智慧清淨無壽命故解脫

BD05293號　悲華經卷五

（6–3）

是諸菩薩所應成就何等四一者信根二者
說法三善根願四者攝取貧窮衆生是爲
菩薩四無盡藏具足脩滿復有四清淨法
菩薩成就何等四持戒清淨以無我故三
昧清淨無衆生故智慧清淨無壽命故解脫
知見清淨以無人故是爲四清淨法菩薩成就
以是故疾成阿耨多羅三藐三菩提轉虛空
法輪轉不可思議法輪轉不可量法輪轉無
我法輪轉無言說法輪轉出世法輪轉通達
法輪轉諸天人所不能轉微妙之輪善男子未
來之世過一恒河沙等阿僧祇劫入第二恒河
沙等阿僧祇劫後分初入賢劫五濁惡世壽
命增益至八万歲汝於是中成阿耨多羅三藐
三菩提號曰弥勒如來應供正遍知明行足
善逝世間解無上士調御丈夫天人師佛世
尊　尒時睒舍狎摩納在於佛前頭面禮足却
住一面以種種華香末香塗香供養於佛及
比丘僧以偈讚佛
世尊無垢　如真金山　眉間豪相　白如珂雪
應時爲我　說微妙法　記我未世　作天人師
誰有見聞　而當不取　仙聖大覺　世燈功德
善男子尒時寶海梵志一千摩納唯除一
人盡共讚誦比陁外典皆已勸化於阿耨
多羅三藐三菩提如拘留孫伽那迦牟尼迦
葉弥勒其第五者名師子光明亦如是其
千人中唯除二人其餘皆願於賢劫中成阿
耨多羅三藐三菩提於其衆中最下小者名
持力捷疾寶海梵志復教令發阿耨多羅

BD05293號　悲華經卷五

（6–4）

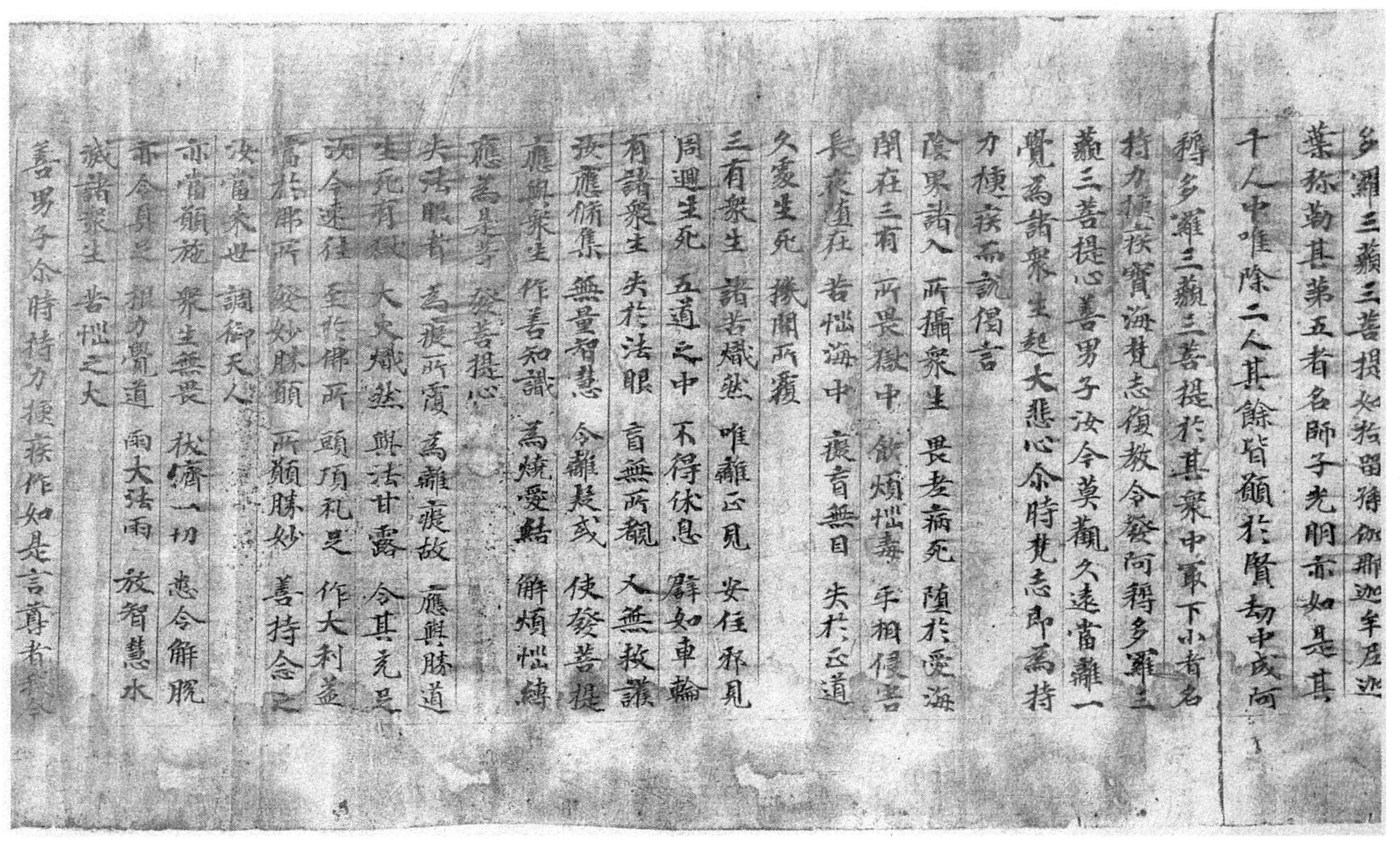
多羅三藐三菩提如拘留孫伽那迦牟尼迦
葉彌勒其第五者名師子光明亦如是其
千人中唯除二人其餘皆願於賢劫中成阿
耨多羅三藐三菩提於其衆中最下小者名
持力捷疾寶海梵志復教令發阿耨多羅三
藐三菩提心善男子汝今莫觀久遠當離一
覺為諸衆生起大悲心尒時梵志即為持
力捷疾而說偈言
陰界諸入　所攝衆生　畏老病死　墮於愛海
閉在三有　所畏獄中　飲煩惱毒　手相侵害
長夜直在　苦惱海中　癡盲無目　失於正道
久處生死　擾亂所覆
三有衆生　諸苦熾然　唯離正見　安住邪見
周迴生死　五道之中　不得休息　譬如車輪
有諸衆生　失於法眼　盲無所覩　又無救護
汝應修集　無量智慧　令離疑惑　使發菩提
應與衆生　作善知識　為燒愛結　解煩惱縛
應為是等　發菩提心
失法眼者　為癡所覆　為離癡故　應與勝道
生死有獄　大火熾然　與法甘露　令其充足
汝今速往　至於佛所　頭頂禮足　作大利益
當於佛所　發妙勝願　所願勝妙　善持念之
汝當來世　調御天人
亦當願施　衆生無畏　拔濟一切　悉令解脫
亦令具足　根力覺道　雨大法雨　放智慧水
滅諸衆生　苦惱之大
善男子尒時持力捷疾作如是言尊者我今

BD05293號　悲華經卷五　（6–5）

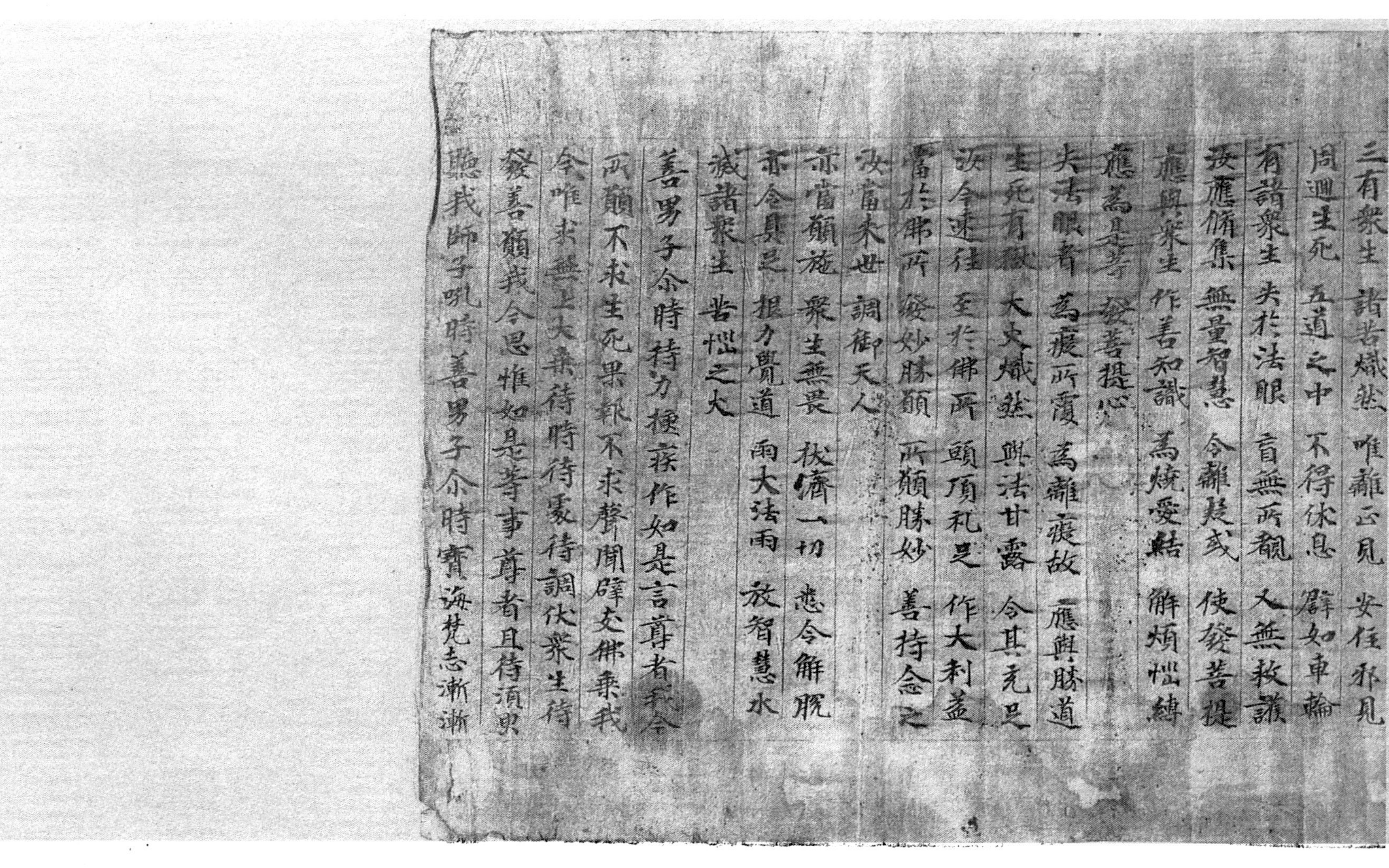
三有衆生　諸苦熾然　唯離正見　安住邪見
周迴生死　五道之中　不得休息　譬如車輪
有諸衆生　失於法眼　盲無所覩　又無救護
汝應修集　無量智慧　令離疑惑　使發菩提
應與衆生　作善知識　為燒愛結　解煩惱縛
應為是等　發菩提心
失法眼者　為癡所覆　為離癡故　應與勝道
生死有獄　大火熾然　與法甘露　令其充足
汝今速往　至於佛所　頭頂禮足　作大利益
當於佛所　發妙勝願　所願勝妙　善持念之
汝當來世　調御天人
亦當願施　衆生無畏　拔濟一切　悉令解脫
亦令具足　根力覺道　雨大法雨　放智慧水
滅諸衆生　苦惱之大
善男子尒時持力捷疾作如是言尊者我今
所願不求生死果報不求聲聞辟支佛乘我
今唯求無上大乘待時待處待調伏衆生待
發善願我今思惟如是等事尊者且待須臾
聽我師子吼時善男子尒時寶海梵志漸漸

BD05293號　悲華經卷五　（6–6）

若常慈苦　慈遂增長　如人喜眠　眠則滋多
貪婬嗜酒　亦復如是
如王所言世无良醫治身心者今有大師名
耐闍耶毗羅伍子一切知見其智淵深猶如
大海有大威德具大神通能令衆生離諸疑
網一切衆生不知見覺唯是一人獨知見覺
今者近在王舍城住為諸弟子說如是法一
切衆中若是王者自在隨意造作善惡雖為
衆惡悉无有罪如火燒物无淨不淨王亦如
是與火同性譬如大地淨穢普載雖為是事
初无瞋喜王亦如是與地同性譬如水性淨
穢俱洗雖為是事亦不憂喜王亦如是與水
同性譬如風性淨穢等吹雖為是事亦无憂
喜王亦如是與風同性如秋髡樹春則還生
雖復髡斫實无有罪一切衆生亦復如是此
間命終還此間生以還生故當有何罪一切
衆生苦樂果報悉皆不由現在世業因在過
去現在受果現在无因未來无果以現果故

BD05294號　大般涅槃經（北本）卷一九　（2-1）

衆惡悉无有罪如火燒物无淨不淨王亦如
是與火同性譬如大地淨穢普載雖為是事
初无瞋喜王亦如是與地同性譬如水性淨
穢俱洗雖為是事亦不憂喜王亦如是與水
同性譬如風性淨穢等吹雖為是事亦无憂
喜王亦如是與風同性如秋髡樹春則還生
雖復髡斫實无有罪一切衆生亦復如是此
間命終還此間生以還生故當有何罪一切
衆生苦樂果報悉皆不由現在世業因在過
去現在受果現在无因未來无果以現果故
衆生持戒懃脩精進遮現惡果以持戒故則
得无漏得无漏故盡有漏業以盡業故衆苦
所令其療治身心苦痛王若見者衆罪則除
王即荅言審有是師能除我罪我當歸依復
有一臣名悉知義即至王所作如是言王今
何故形不端嚴如失國者如泉枯涸池无蓮
華樹无華葉破戒比丘身无威德為身痛耶
為心病乎王即荅言今我身心豈得无病我
父先王慈愍流念然我不孝不知報恩常以

BD05294號　大般涅槃經（北本）卷一九　（2-2）

等處於生死已集無量無邊福聚後宮眷屬
已得擁護宮宅諸衰悉已消滅國土無有怨
賊鞿剋他方怨敵不能假陵汝等四王如是
人王應作如是供養正法清淨聽受是妙經
典及恭敬供養尊重讚嘆持是經典四部之
衆亦當迴此所得殊勝功德之分施與汝等
及餘眷屬諸天鬼神衆集如是諸善功德現
世常得無量無邊不可思議自在之利成德
勢力成就具足能以正法摧伏諸惡
尒時四王白佛言世尊若未來世有諸人王
作如是等恭敬正法至心聽受是妙經典及恭
敬供養尊重讚嘆持是經典四部之衆嚴
治舍宅香汁灑地專心正念聽說法時我等
四王亦當在中共聽此法願諸人王爲自利
故以已所得功德少分施與我等世尊是諸
人王於說法者所坐之處爲我等故燒種種
香供養是經是妙香氣於一念頃即至我等

BD05295號　金光明經卷二　（4–1）

敬供養尊重讚嘆持是經典四部之衆嚴
治舍宅香汁灑地專心正念聽說法時我等
四王亦當在中共聽此法願諸人王爲自利
故以已所得功德少分施與我等世尊是諸
人王於說法者所坐之處爲我等故燒種種
香供養是經是妙香氣於一念頃即至我等
諸天宮殿其香即時變成香蓋其香微妙
金色晃曜照我等宮釋宮梵宮大辯神天功
德神天堅牢地神散脂鬼神大將軍二十八
部鬼神大將摩醯首羅金剛密迹摩尼跋陀
鬼神大將鬼子母與五百鬼子周匝圍繞阿
耨達龍王娑竭羅龍王如是等衆自於宮殿
各各得聞是妙香氣及見香蓋光明普照
是香蓋光明亦照一切諸天宮殿佛告四王是香
蓋光明非但至汝四王宮殿何以故是諸人王
手擎香鑪供養經時其香遍布於一念
頃遍至三千大千世界百億日月百億大海
百億須弥山百億大鐵圍山小鐵圍山及諸
山王百億四天下百億四天王百億三十三
天乃至百億非想非非想天於此三千大千
世界百億三十三天一切龍鬼乾闥婆阿脩羅
迦樓羅緊那羅摩睺羅伽宮殿虛空悉滿
種種香烟雲蓋其蓋金光亦照宮殿如是三
千大千世界所有種種香烟香蓋皆是此經
威神力故是諸人王手擎香鑪供養經時種
種香氣不但遍此三千大千世界於一念頃
亦遍十方無量無邊恒河沙等百千万億

BD05295號　金光明經卷二　（4–2）

世界百億三十三天一切龍鬼乾闥婆阿脩羅
迦樓羅緊那羅摩睺羅伽宮殿虛空悉滿
種種香烟雲蓋其蓋金光亦照宮殿如是三
千大千世界所有種種香烟香蓋皆是此經
威神力故是諸人王手擎香爐供養經時種
種香氣不但遍此三千大千世界於 一切須
亦遍十方無量無邊恒河沙等百千万億
諸佛世界於諸佛上虛空之中亦成香蓋金
色普照亦復如是諸佛世尊聞是妙香見是
香蓋及金色光於十方界恒河沙等諸佛世
尊作如是等神力變化已異口同音於說法
者稱讚善哉善哉大士汝能廣宣流布如是
甚深微妙經典則為成就無量無邊不可
思議功德之聚若有聞是甚深經典所得
功德則為不少況持讀誦為他衆生開示分
別演說其義何以故善男子金光明微妙
經典無量無邊億那由他諸菩薩等若得聞
者即不退轉於阿耨多羅三藐三菩提尒時
十方無量無邊恒河沙等諸佛世界現在諸
佛異口聲作如是言善男子汝於來世畢
定當得坐於道場菩提樹下於三界中最尊
最勝出過一切衆生之上勤脩力故受諸苦
行善能莊嚴菩提道場能壞三千大千世界
外道邪論摧伏諸魔惡賊異形覺了諸法苐
一寂滅清淨無垢甚深無上菩提之道善男
子汝已能坐金剛坐處轉於無上諸佛所讚
十二種行甚深法輪能擊無上最大法鼓能

BD05295號　金光明經卷二　（4–3）

別演說其義何以故善男子金光明微妙
經典無量無邊億那由他諸菩薩等若得聞
者即不退轉於阿耨多羅三藐三菩提尒時
十方無量無邊恒河沙等諸佛世界現在諸
佛異口聲作如是言善男子汝於來世畢
定當得坐於道場菩提樹下於三界中最尊
最勝出過一切衆生之上勤脩力故受諸苦
行善能莊嚴菩提道場能壞三千大千世界
外道邪論摧伏諸魔惡賊異形覺了諸法苐
一寂滅清淨無垢甚深無上菩提之道善男
子汝已能坐金剛坐處轉於無上諸佛所讚
十二種行甚深法輪能擊無上最大法鼓能
吹无上極妙法螺能竪無上最勝法幢能然
無上極明法炬能雨無上甘露法雨能斷无量
煩惱惡結能令無量百千万億那由他衆度於
無岸可畏大海能脫生死無際輪轉復遇無量
百千万億那由他佛
尒時四天王復白佛言世尊是金光明微妙
經典能得未來現在種種無量功德是故人

BD05295號　金光明經卷二　（4–4）

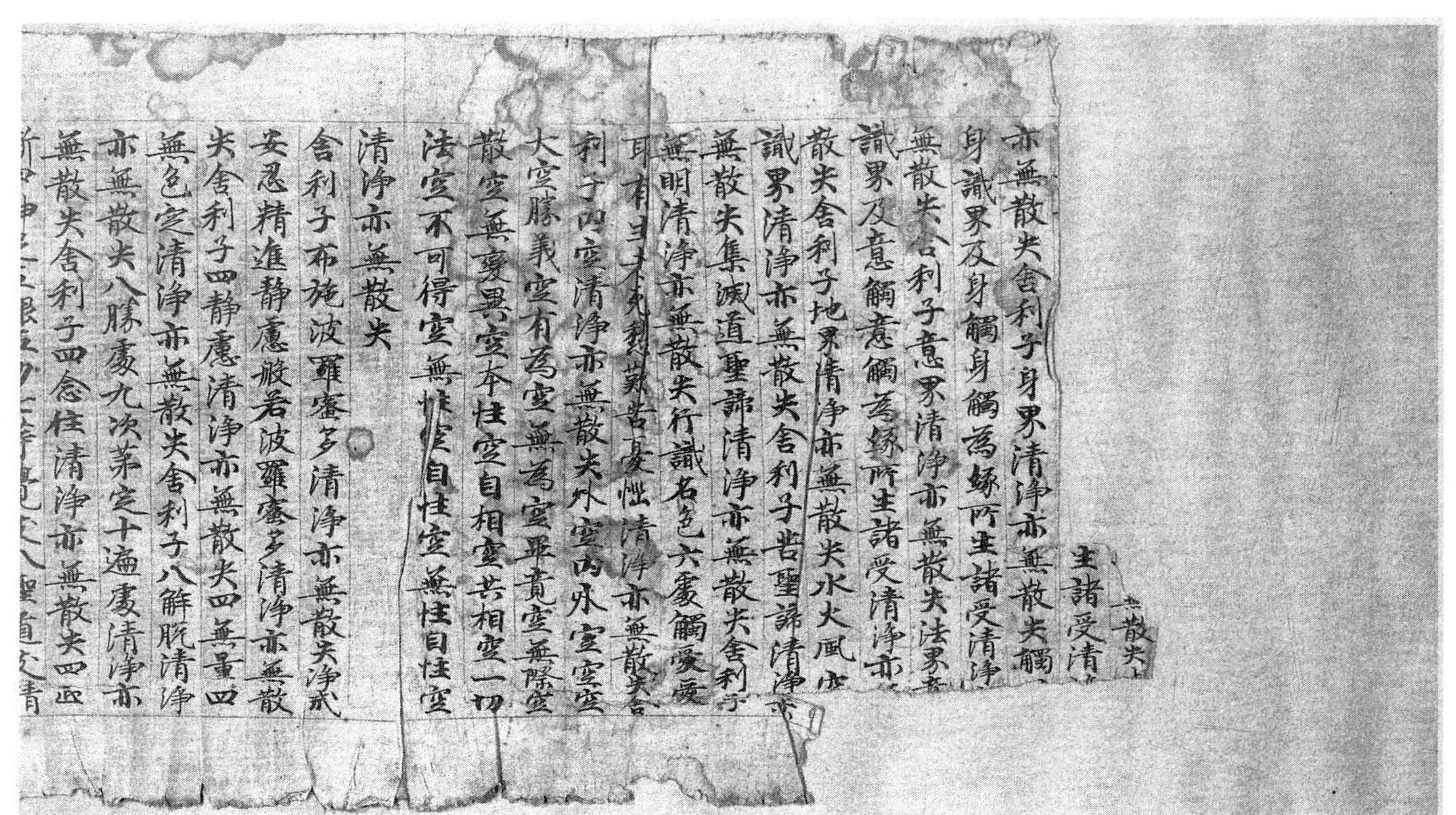

散失
主諸受清
亦無散失舍利子身界清淨亦無散失觸
身識界及身觸身觸為緣所生諸受清淨
無散失舍利子意界清淨亦無散失法界意
識界及意觸意觸為緣所生諸受清淨亦
散失舍利子地界清淨亦無散失水火風空
識界清淨亦無散失舍利子苦聖諦清淨亦
無散失集滅道聖諦清淨亦無散失舍利子
無明清淨亦無散失行識名色六處觸受愛
取有生老死愁歎苦憂惱清淨亦無散失舍
利子內空清淨亦無散失外空內外空空空
大空勝義空有為空無為空畢竟空無際空
散空無變異空本性空自相空共相空一切
法空不可得空無性空自性空無性自性空
清淨亦無散失
舍利子布施波羅蜜多清淨亦無散失淨戒
安忍精進靜慮般若波羅蜜多清淨亦無散
失舍利子四靜慮清淨亦無散失四無量四
無色定清淨亦無散失舍利子八解脫清淨
亦無散失八勝處九次第定十遍處清淨亦
無散失舍利子四念住清淨亦無散失四正
斷四神足五根五力七等覺支八聖道支清

BD05296號　大般若波羅蜜多經卷六九　（4–1）

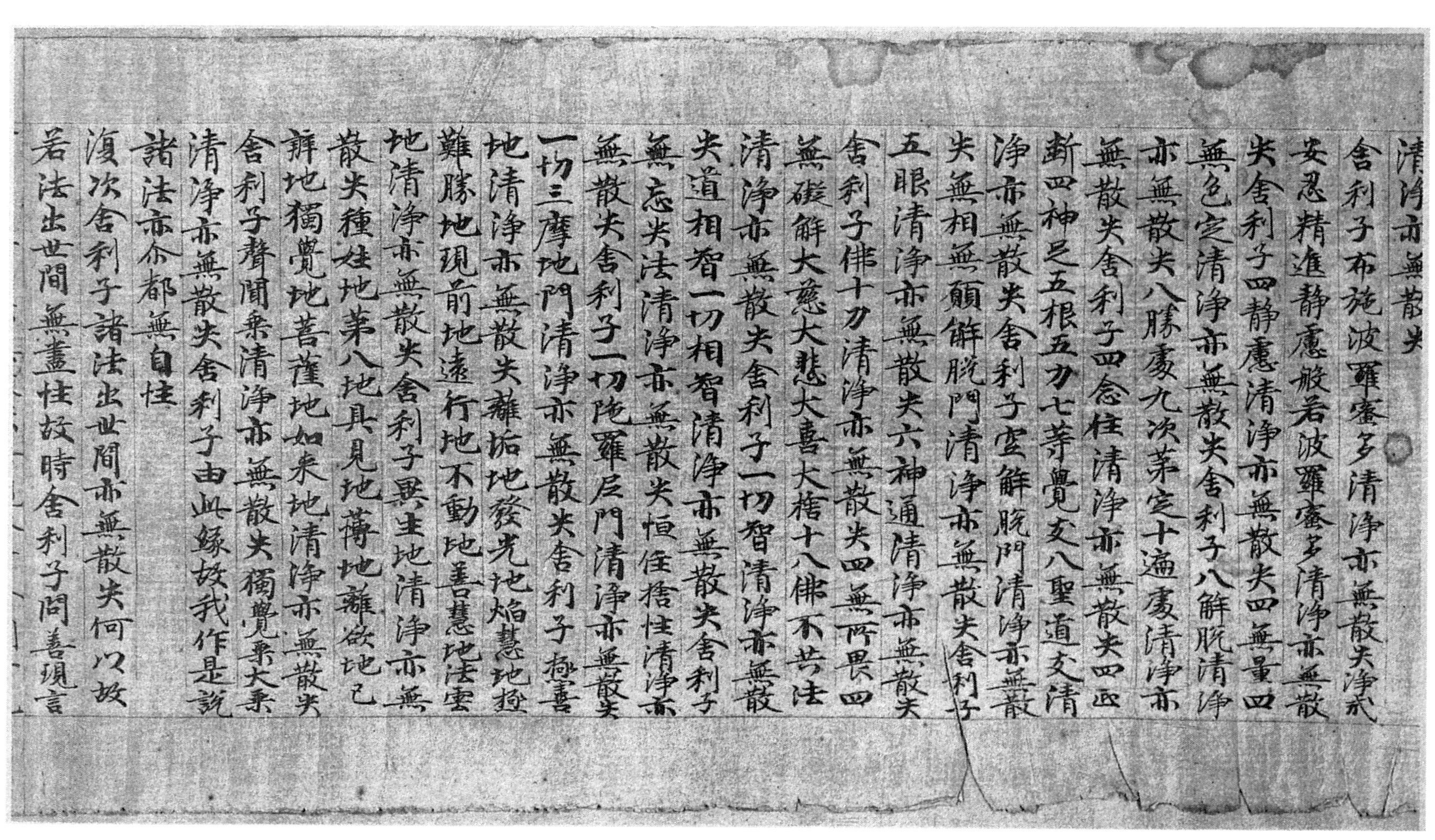

清淨亦無散失
舍利子布施波羅蜜多清淨亦無散失淨戒
安忍精進靜慮般若波羅蜜多清淨亦無散
失舍利子四靜慮清淨亦無散失四無量四
無色定清淨亦無散失舍利子八解脫清淨
亦無散失八勝處九次第定十遍處清淨亦
無散失舍利子四念住清淨亦無散失四正
斷四神足五根五力七等覺支八聖道支清
淨亦無散失舍利子空解脫門清淨亦無散
失無相無願解脫門清淨亦無散失舍利子
五眼清淨亦無散失六神通清淨亦無散失
舍利子佛十力清淨亦無散失四無所畏四
無礙解大慈大悲大喜大捨十八佛不共法
清淨亦無散失舍利子一切智清淨亦無散
失道相智一切相智清淨亦無散失舍利子
無忘失法清淨亦無散失恒住捨性清淨亦
無散失舍利子一切陀羅尼門清淨亦無散失
一切三摩地門清淨亦無散失舍利子極喜
地清淨亦無散失離垢地發光地焰慧地極
難勝地現前地遠行地不動地善慧地法雲
地清淨亦無散失舍利子異生地清淨亦無
散失種姓地第八地具見地薄地離欲地已
辦地獨覺地菩薩地如來地清淨亦無散失
舍利子聲聞乘清淨亦無散失獨覺乘大乘
清淨亦無散失舍利子由此緣故我作是說
諸法亦爾都無自性
復次舍利子諸法出世間亦無散失何以故
若法出世間無盡性故時舍利子問善現言

BD05296號　大般若波羅蜜多經卷六九　（4–2）

舍利子聲聞乘清淨亦無散失獨覺乘大乘
清淨亦無散失舍利子由此緣故我作是說
諸法亦尒都無自性
復次舍利子諸法出世間亦無散失何以故
若法出世間無盡性故時舍利子問善現言
何法出世間亦無散失善現荅言舍利子色
出世間亦無散失受想行識出世間亦無散
失舍利子眼處出世間亦無散失耳鼻舌身
意處出世間亦無散失舍利子色處出世間
亦無散失聲香味觸法處出世間亦無散失
舍利子眼界出世間亦無散失色界眼識界
及眼觸眼觸為緣所生諸受出世間亦無散
失舍利子耳界出世間亦無散失聲界耳識
界及耳觸耳觸為緣所生諸受出世間亦無
散失舍利子鼻界出世間亦無散失香界鼻
識界及鼻觸鼻觸為緣所生諸受出世間亦
無散失舍利子舌界出世間亦無散失味界
舌識界及舌觸舌觸為緣所生諸受出世間
亦無散失舍利子身界出世間亦無散失觸
界身識界及身觸身觸為緣所生諸受出世
間亦無散失舍利子意界出世間亦無散失
法界意識界及意觸意觸為緣所生諸受出
世間亦無散失舍利子地界出世間亦無散
失水火風空識界出世間亦無散失舍利子
苦聖諦出世間亦無散失集滅道聖諦出世
間亦無散失舍利子無明出世間亦無散失
行識名色六處觸受愛取有生老死愁歎苦
憂惱出世間亦無散失舍利子內空出世間

BD05296號　大般若波羅蜜多經卷六九　（4–3）

及眼觸眼觸為緣所生諸受出世間亦無散
失舍利子耳界出世間亦無散失聲界耳識
界及耳觸耳觸為緣所生諸受出世間亦無
散失舍利子鼻界出世間亦無散失香界鼻
識界及鼻觸鼻觸為緣所生諸受出世間亦
無散失舍利子舌界出世間亦無散失味界
舌識界及舌觸舌觸為緣所生諸受出世間
亦無散失舍利子身界出世間亦無散失觸
界身識界及身觸身觸為緣所生諸受出世
間亦無散失舍利子意界出世間亦無散失
法界意識界及意觸意觸為緣所生諸受出
世間亦無散失舍利子地界出世間亦無散
失水火風空識界出世間亦無散失舍利子
苦聖諦出世間亦無散失集滅道聖諦出世
間亦無散失舍利子無明出世間亦無散失
行識名色六處觸受愛取有生老死愁歎苦
憂惱出世間亦無散失舍利子內空出世間
亦無散失外空內外空空空大空勝義空有
為空無為空畢竟空無際空散空無變異
空本性空自相空共相空一切法空不可得空
無性空自性空無性自性空出世間亦無散
失舍利子布施波羅蜜多出世間亦無散失

BD05296號　大般若波羅蜜多經卷六九　（4–4）

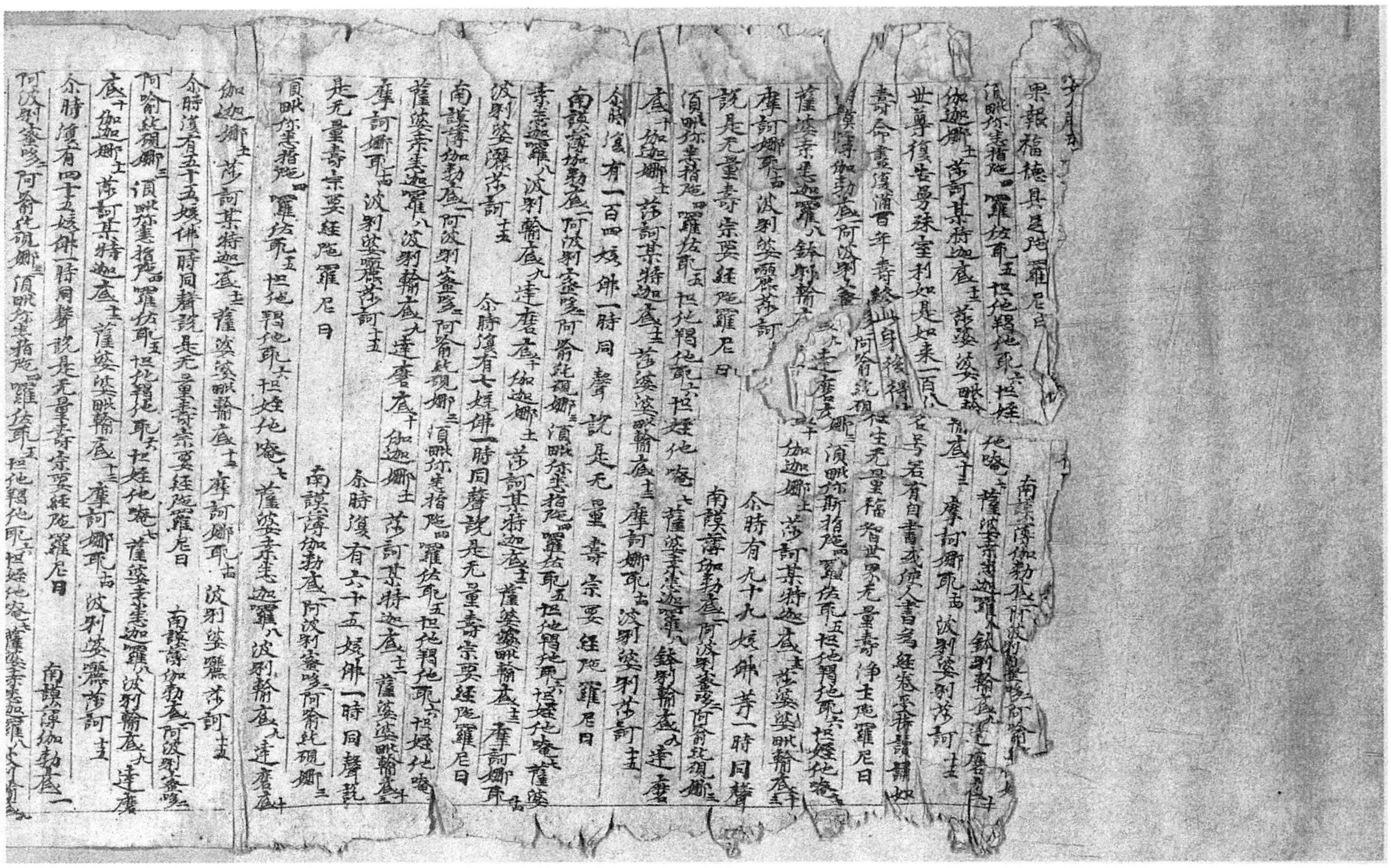

BD05297號　無量壽宗要經　　（5–1）

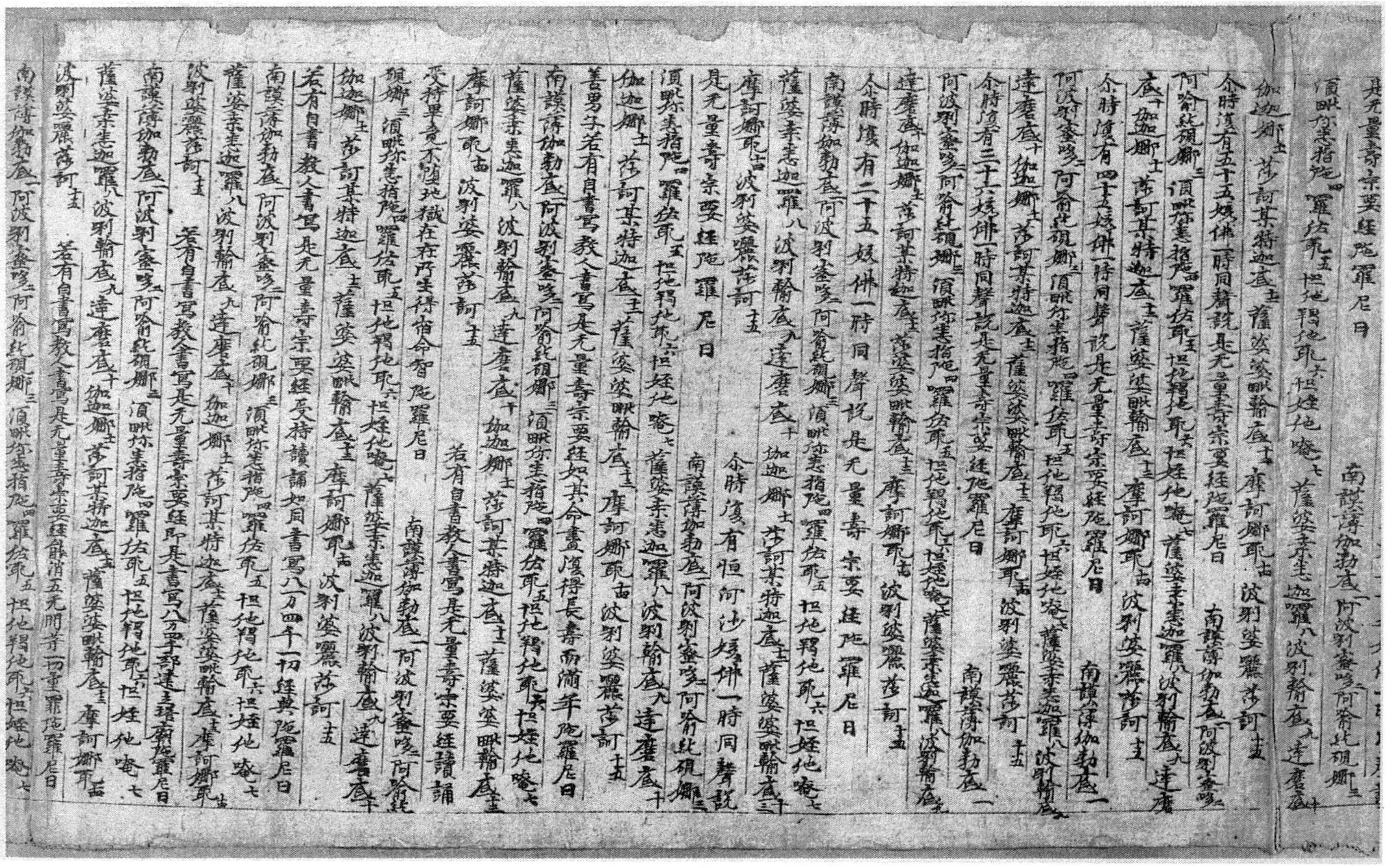

BD05297號　無量壽宗要經　　（5–2）

南謨薄伽勃底一阿波唎蜜哆二阿喻紇硯那三須毗你失指陀四囉佐耶五怛他羯他耶六怛姪他唵七
薩婆桑悉迦囉八波唎輸底九達磨底十伽迦那十一莎訶某特迦底十二薩婆婆毗輸底十三摩訶娜耶十四
波唎婆囉莎訶十五　若有自書寫教人書寫是无量壽宗要經即是書寫八万四千部建立塔廟陀羅尼曰
南謨薄伽勃底一阿波唎蜜哆二阿喻紇硯那三須毗你失指陀四囉佐耶五怛他羯他耶六怛姪他唵七
薩婆桑悉迦囉八波唎輸底九達磨底十伽迦那十一莎訶某特迦底十二薩婆婆毗輸底十三摩訶娜耶十四
波唎婆囉莎訶十五　若有自書寫教人書寫是无量壽宗要經能消五无間等一切重罪陀羅尼曰
南謨薄伽勃底一阿波唎蜜哆二阿喻紇硯那三須毗你失指陀四囉佐耶五怛他羯他耶六怛姪他唵七
薩婆桑悉迦囉八波唎輸底九達磨底十伽迦那十一莎訶某特迦底十二薩婆婆毗輸底十三
摩訶娜耶十四波唎婆囉莎訶十五　若有自書寫教人書寫是无量壽宗要經受
持讀誦護有重罪猶如須弥盡能除滅陀羅尼曰　南謨薄伽勃底一阿波唎蜜哆二
阿喻紇硯那三須毗你失指陀四囉佐耶五怛他羯他耶六怛姪他唵七薩婆桑悉迦囉八波唎輸底九達
磨底十伽迦那十一莎訶某特迦底十二薩婆婆毗輸底十三摩訶娜耶十四波唎婆囉莎訶十五
若有自書寫教人書寫是无量壽宗要經受持讀誦若魔魔之眷屬夜叉羅刹不得其便終无橫
死陀羅尼曰　南謨薄伽勃底一阿波唎蜜哆二阿喻紇硯那三須毗你失指陀四囉佐耶五怛他羯他耶六怛姪他唵七
薩婆桑悉迦囉八波唎輸底九達磨底十伽迦那十一莎訶某特迦底十二薩婆婆毗輸底十三
摩訶娜耶十四波唎婆囉莎訶十五　若有自書寫教人書寫是无量壽宗要經受持讀誦
當命終時有九十九姟佛現其人前千佛授手能遊一切佛刹莫於此經生於疑惑陀羅尼曰
南謨薄伽勃底一阿波唎蜜哆二阿喻紇硯那三須毗你失指陀四囉佐耶五怛他羯他耶六怛姪他唵七
薩婆桑悉迦囉八波唎輸底九達磨底十伽迦那十一莎訶某特迦底十二薩婆婆毗輸底十三
摩訶娜耶十四波唎婆囉莎訶十五　若有自書寫教人書寫是无量壽宗要經
受持讀誦常得四天大王隨其衛護陀羅尼曰　南謨薄伽勃底一阿波唎蜜哆二阿喻紇
硯那三須毗你失指陀四囉佐耶五怛他羯他耶六怛姪他唵七薩婆桑悉迦囉八波唎輸底九達磨
底十伽迦那十一莎訶某特迦底十二薩婆婆毗輸底十三摩訶娜耶十四波唎婆囉莎訶十五
若有自書寫教人書寫是无量壽宗要經受持讀誦當得往生西方極樂世界阿弥陀淨土陀羅尼曰
南謨薄伽勃底一阿波唎蜜哆二阿喻紇硯那三須毗你失指陀四囉佐耶五怛他羯他耶六怛姪他唵七
薩婆桑悉迦囉八波唎輸底九達磨底十伽迦那十一莎訶某特迦底十二薩婆婆毗輸底十三
摩訶娜耶十四波唎婆囉莎訶十五　若有方所自書寫使人書寫是无量壽經
典之處則為是塔皆應恭敬作禮若是畜生或為鳥獸得聞是經如是等類皆當不
久得成一切種智陀羅尼曰　南謨薄伽勃底一阿波唎蜜哆二阿喻紇硯
那三須毗你失指陀四囉佐耶五怛他羯他耶六怛姪他唵七薩婆桑悉迦囉八波唎輸底九達磨底十
伽迦那十一莎訶某特迦底十二薩婆婆毗輸底十三摩訶娜耶十四波唎婆囉莎訶十五
若有於是无量壽經自書寫若使人書畢竟不受女人之身陀羅尼曰
南謨薄伽勃底一阿波唎蜜哆二阿喻紇硯那三須毗你失指陀四囉佐耶五怛他羯他耶六怛姪他唵七
薩婆桑悉迦囉八波唎輸底九達磨底十伽迦那十一莎訶某特迦底十二薩婆婆毗輸底十三摩訶娜耶十四

BD05297號　無量壽宗要經　（5–3）

人得成一切種智陀羅尼曰　南謨薄伽勃底一阿波唎蜜哆二阿喻紇硯
那三須毗你失指陀四囉佐耶五怛他羯他耶六怛姪他唵七薩婆桑悉迦囉八波唎輸底九達磨底十
伽迦那十一莎訶某特迦底十二薩婆婆毗輸底十三摩訶娜耶十四波唎婆囉莎訶十五
若有於是无量壽經自書寫若使人書畢竟不受女人之身陀羅尼曰
南謨薄伽勃底一阿波唎蜜哆二阿喻紇硯那三須毗你失指陀四囉佐耶五怛他羯他耶六怛姪他唵七
薩婆桑悉迦囉八波唎輸底九達磨底十伽迦那十一莎訶某特迦底十二薩婆婆毗輸底十三摩訶娜耶十四
波唎婆囉莎訶十五　若有能於是經少分能惠施者等於三千大千世界滿中七寶布施陀羅尼曰
南謨薄伽勃底一阿波唎蜜哆二阿喻紇硯那三須毗你失指陀四囉佐耶五怛他羯他耶六怛姪
他唵七薩婆桑悉迦囉八波唎輸底九達磨底十伽迦那十一莎訶某特迦底十二薩婆婆
毗輸底十三摩訶娜耶十四波唎婆囉莎訶十五　若有能供養是經者則是供養
一切諸經等无有異陀羅尼曰　南謨薄伽勃底一阿波唎蜜哆二阿喻紇硯那三
須毗你失指陀四囉佐耶五怛他羯他耶六怛姪他唵七薩婆桑悉迦囉八波唎輸底九達磨底十
伽迦那十一莎訶某特迦底十二薩婆婆毗輸底十三摩訶娜耶十四波唎婆囉莎訶十五
如是毗婆尸佛　尸棄佛　毗舍浮佛　俱留孫佛　俱那含牟尼佛　迦葉佛　釋迦牟尼佛
若有人以七寶供養如是七佛其福有限書寫受持是无量壽經典所有功德不可限量陀羅尼曰
南謨薄伽勃底一阿波唎蜜哆二阿喻紇硯那三須毗你失指陀四囉佐耶五怛他羯他耶六怛姪他
唵七薩婆桑悉迦囉八波唎輸底九達磨底十伽迦那十一莎訶某特迦底十二薩婆婆毗
輸底十三摩訶娜耶十四波唎婆囉莎訶十五　若有七寶等於須弥以用布施其福上
能知其限量是无量壽經典其福不可知數陀羅尼曰　南謨薄伽勃底一阿波唎蜜哆二
阿喻紇硯那三須毗你失指陀四囉佐耶五怛他羯他耶六怛姪他唵七薩婆桑悉迦囉八波唎輸底九
達磨底十伽迦那十一莎訶某特迦底十二薩婆婆毗輸底十三摩訶娜耶十四波唎婆囉莎訶十五
如是四大海水可知滴數是无量壽經典所生果報不可數量陀羅尼曰
南謨薄伽勃底一阿波唎蜜哆二阿喻紇硯那三須毗你失指陀四囉佐耶五怛他羯他耶六怛姪他
唵七薩婆桑悉迦囉八波唎輸底九達磨底十伽迦那十一莎訶某特迦底十二薩婆婆
毗輸底十三摩訶娜耶十四波唎婆囉莎訶十五　若有自書使人書寫是无
量壽經典又能讚持供養即如恭敬供養一切十方佛土如來无有別異陀羅尼曰
南謨薄伽勃底一阿波唎蜜哆二阿喻紇硯那三須毗你失指陀四囉佐耶五怛他羯他耶六
怛姪他唵七薩婆桑悉迦囉八波唎輸底九達磨底十伽迦那十一莎訶某特迦底十二
薩婆婆毗輸底十三摩訶娜耶十四波唎婆囉莎訶十五
布施力能成正覺　悟布施力入師子　布施力能聲普聞　慈悲階漸最能入
持戒力能成正覺　悟持戒力入師子　持戒力能聲普聞　慈悲階漸最能入
忍辱力能成正覺　悟忍辱力入師子　忍辱力能聲普聞　慈悲階漸最能入
精進力能成正覺　悟精進力入師子　精進力能聲普聞　慈悲階漸最能入
禪定力能成正覺　悟禪定力入師子　禪定力能聲普聞　慈悲階漸最能入

BD05297號　無量壽宗要經　（5–4）

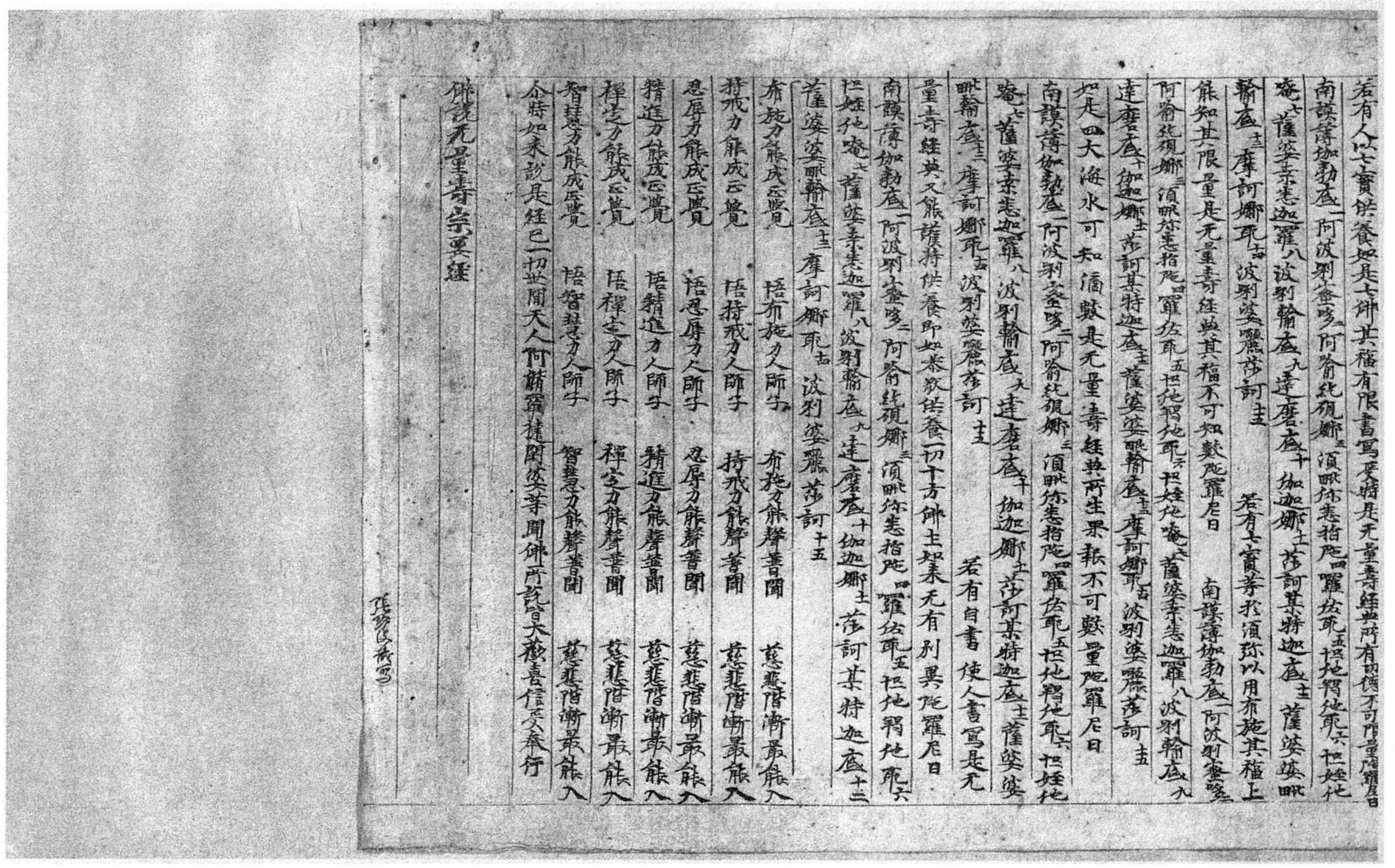

若有人以七寶供養如是七佛，其福有限。書寫受持是无量壽經典，所有功德不可限量。陁羅尼曰
南謨薄伽勃底一 阿波唎蜜哆二 阿喻紇硯娜三 須毗你悉指陁四 囉佐耶五 怛他羯他耶六 怛姪他
唵七 薩婆桑悉迦羅八 波唎輸底九 達磨底十 伽伽娜十一 莎訶某特迦底十二 薩婆婆毗
輸底十三 摩訶娜耶十四 波唎婆羅莎訶十五　若有七寶等於須弥，以用布施，其福上
能知其限量。是无量壽經典，其福不可知數。陁羅尼曰　南謨薄伽勃底一 阿波唎蜜哆二
阿喻紇硯娜三 須毗你悉指陁四 囉佐耶五 怛他羯他耶六 怛姪他唵七 薩婆桑悉迦羅八 波唎輸底九
達磨底十 伽伽娜十一 莎訶某特迦底十二 薩婆婆毗輸底十三 摩訶娜耶十四 波唎婆羅莎訶十五
如是四大海水可知渧數，是无量壽經典所生果報不可數量。陁羅尼曰
南謨薄伽勃底一 阿波唎蜜哆二 阿喻紇硯娜三 須毗你悉指陁四 囉佐耶五 怛他羯他耶六 怛姪他
唵七 薩婆桑悉迦羅八 波唎輸底九 達磨底十 伽伽娜十一 莎訶某特迦底十二 薩婆婆
毗輸底十三 摩訶娜耶十四 波唎婆羅莎訶十五　若有自書、使人書寫是无
量壽經典，又能護持供養，即如恭敬供養一切十方佛土如來，无有別異。陁羅尼曰
南謨薄伽勃底一 阿波唎蜜哆二 阿喻紇硯娜三 須毗你悉指陁四 囉佐耶五 怛他羯他耶六
怛姪他唵七 薩婆桑悉迦羅八 波唎輸底九 達磨底十 伽伽娜十一 莎訶某特迦底十二
薩婆婆毗輸底十三 摩訶娜耶十四 波唎婆羅莎訶十五
布施力能成正覺　悟布施力人師子　布施力能聲普聞　慈悲階漸最能入
持戒力能成正覺　悟持戒力人師子　持戒力能聲普聞　慈悲階漸最能入
忍辱力能成正覺　悟忍辱力人師子　忍辱力能聲普聞　慈悲階漸最能入
精進力能成正覺　悟精進力人師子　精進力能聲普聞　慈悲階漸最能入
禪定力能成正覺　悟禪定力人師子　禪定力能聲普聞　慈悲階漸最能入
智慧力能成正覺　悟智慧力人師子　智慧力能聲普聞　慈悲階漸最能入
尒時如來說是經已，一切世間天人阿脩羅揵闥婆等，聞佛所說，皆大歡喜，信受奉行。

佛說无量壽宗要經

張略沒藏寫

BD05297號　無量壽宗要經　（5–5）

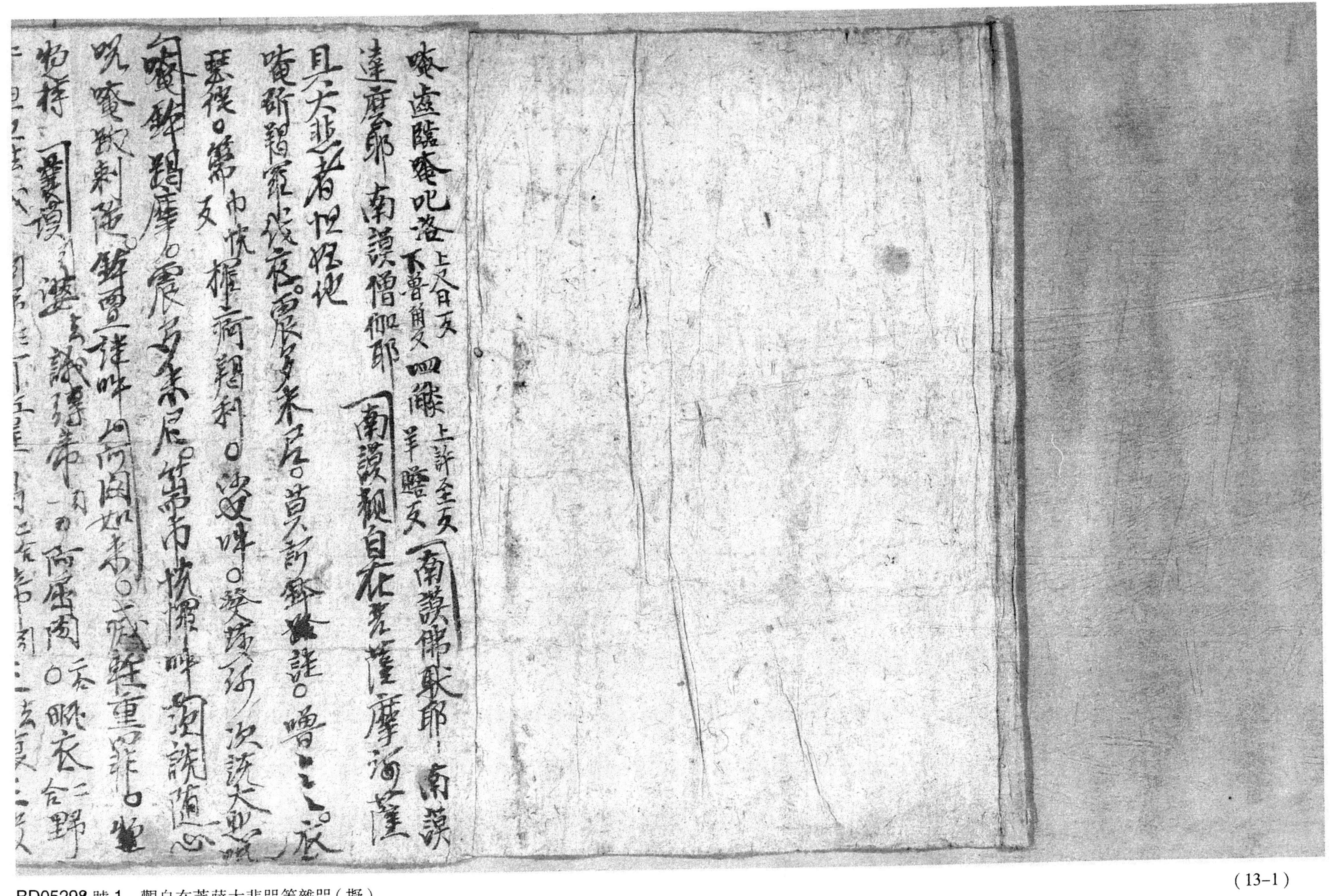

BD05298 號 1　觀自在菩薩大悲咒等雜咒（擬）

（13–1）

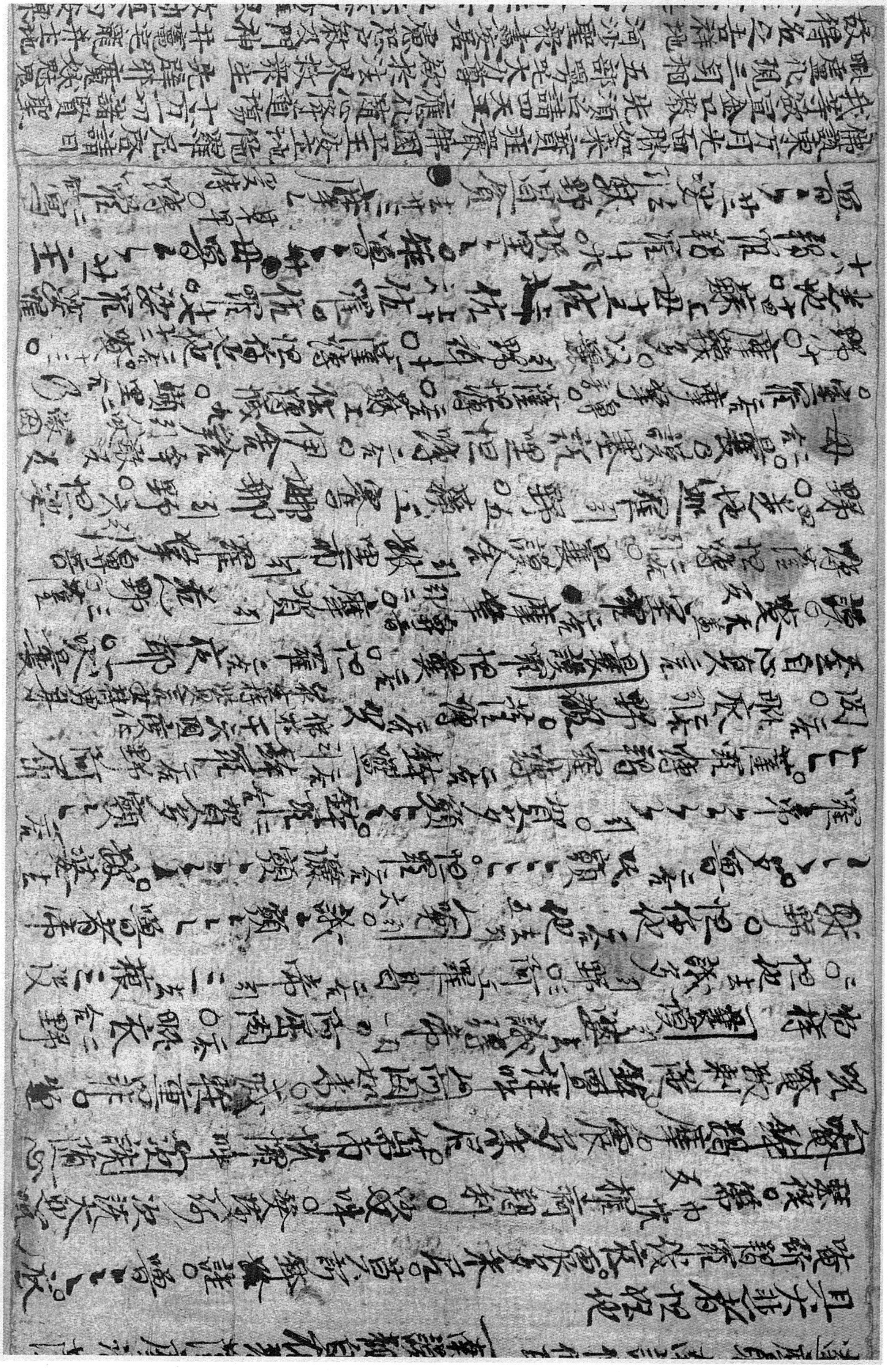

BD05298號 1 觀自在菩薩大悲咒等雜咒（擬）

（13–2）

佛說東方月光面勝如來寶莊嚴佛國土王安立地陁羅尼啓請曰
我等欲宣金口教　先須召請四天王　應化隨心降道場　十方一切諸賢聖
毗盧化現三身相　五部曼吒大力尊　欲於法界救衆生　先辟邪魔魅鬼
故得名之吉祥地　河沙聖衆盡安居　竈宅户啟及門神　并竈宅龍并土地
聞之秘密心驚起　恐怕東西住不安　如來慈力難思　故勅真言安衆
即須隨順如來教　合掌虔心聽密言　惣願自生佛會中　作礼虔恭敬本位
南无唱囉怛那哆囉夜耶　南无阿唎夜　婆嚧羯帝爍鉢囉夜　菩提薩埵
婆耶　摩訶薩埵婆耶　摩訶迦嚧尼迦夜　哆唎　薩哆唎　奄　南无三滿哆
没馱喃　始哩始哩　一始哩　迦哩　始哩也　婆摩訶　佛說五部持念在道場主毗
盧化身灌頂吉祥金色大輪王陁羅尼啓請　稽首恒沙三昧海　法身聖者
大輪王　瑜伽五部曼拏羅　悉地金剛為上首　一身現化百八臂　手手皆結
羅尼　念得大頭霹靂聲　降伏邪魔諸外道　空裏跳躑輪刀劍　中口嘯吼忿
雷鳴　轉目迴時睛電光　忿怒頻眉實可畏　有大神力自在力　隨心發念應
其身　來往猶如刹那　聖者威風不可測　手持寶杵金剛杵　金剛忿怒金
剛鈎　左右童子嚴天花　无邊聖者皆來請　南无悉地哩也　底哩伽喃　奄尾
耶嗅耶　尾耶嗅耶　摩訶嘶迦哩　扶析哩　扶嘶羅　娑邏娑邏　娑邏諸　娑羅
諸馱羅諸陁羅諸　尾耶耶　摩訶鉢羅捕夜　娑摩訶　佛說金剛蓮花
部大摧碎金剛啓　稽首皈依蓮花藏　阿明調御釋迦文　佛前徽塵菩薩衆
妙智文殊海會尊　十方鬼王喇荼等　八大金剛并眷屬　及与二十八天王
摧碎金剛為上首　我佛摧碎修羅衆　除滅外道魔王運　諸說摧碎大金剛
聽說金剛妙章句　我今將此化天口　念此真言為有情　伏願大士借威光
句句摧邪除障惱　當處土地及龍神　現在道場諸聽衆　一聞攘大魁持門
一歷耳根常解脫　三途永息波吒苦　六趣長休渰溟聲　總願承此大因緣
得證菩提常樂果　佛說大摧碎金剛延壽陁羅尼真言曰　曩謨囉怛
曩怛羅夜野　曩謨捺析那播曩羅波哆曳　怛你他　怛囉哆　怛囉哆　都嚕哆
都嚕哆　薩保哆　薩母哆野　薩母哆野　語那　語那　語那　語那　播野　語耶　耶播
野　薩曩縛　薩埵保　母哆母哆　薩母哆野　没囉摩　薩母哆野　没囉摩
三没囉摩　三没囉摩　薩縛播吽哆你　虞嚕虞嚕　虞嚕　薩虞
嚕野　薩縛尾哆播曩　播羅　薩保哆你　虞哆播囉　摩訶哆播　播囉
打哆阿薩你羅　播囉　野趣播囉　鉢囉　難那　羯囉播　播邊
野鑠迦哆迦哆　摩哆摩哆　摩哆哆　母那　哆那　母哆那　没囉　拏哆耶　哆那
野鑠　左羅你　左羅　賀曩　你賀曩　娑羅　娑羅　娑羅　嚩羅　嚩羅　尾
哆那野　鑠盡那盡那　播囉野　鑠擬哩　吒囉野　鑠　没羅賀　没羅

BD05298 號 2　大摧碎金剛延壽陀羅尼真言及前儀（擬）

（13–3）

咒食施一切面燃餓鬼飲食水法

心念某甲　發心奉持　一器淨食　普施十方　窮盡虛空
周遍法界　微塵剎中　所有國土　一切餓鬼　先亡久遠
山川地主　乃至曠野　諸鬼神等　請來集此　我今悲愍
普施汝食　願汝各各　受我此食　轉將供養　盡虛空界
佛及聖賢　一切有情　汝与有情　普皆飽滿　亦願汝等
承加持食　離苦解脫　生天受樂　十方淨土　隨意遊往
發菩提心　行菩提行　當來作佛　永莫退轉　先得道者
誓相度脫　又願汝等　晝夜恒常　擁護於我　滿我所願
願此施食　所生功德　普將迴施　一切有情　与諸有情
平等共有　共諸有情　同將此福　盡皆迴施　真如法界
無上菩提　一切智智　願速成佛　勿招餘果　願承此法
疾得成就
合掌當心誦此偈已即作開喉嚨印以右手大母指与中
指相撚餘三指雖微屈即是此名普集真言曰

無上菩提　一切智智　願速成佛　切摧餘果　免義此法

疾得成就

合掌當心誦此偈已，即作開喉請召印，以右手大母指與中

指相捻，餘三指離散，相即是此名普集真言曰

曩謨步布哩迦哩多哩怛他誐哆野

唵引　步布哩帝迦多哩怛他誐哆野

結此印誦此真言，廣運悲心，令法界微塵中一切餓鬼悉皆來

集，不極大慈，啟咽喉，悲開無畏，得食此食，飲甘露，即以左手

持食器，右手作前請召印，誦施甘露面餓鬼飲食真言，唯改

一真言一彈指，以大母指中指相捻，彈指作聲，三指微開稍曲

即是此名破地獄普召餓鬼印

爾時世尊即說無量威德自在光明如來陀羅尼曰

曩莫薩嚩二合　怛他蘗多　阿嚩路枳帝唵引　婆羅上　婆

囉　三婆羅吽　三婆羅吽

結此印誦此真言七遍已，一一餓鬼皆得度伽陀國所用之

斛七七斛食，食此食已皆得生天，或生淨土，能令行者業

障轉除，增長壽命，見世獲福無量無邊，況當來也

次誦開餓鬼咽喉施甘露法味真言，作施無畏印，以右

手豎臂當右肩展五指，即是真言曰

曩謨素嚕播野怛他誐哆野怛你也他二合　唵引　素嚕

素嚕鉢羅二合　素嚕　婆嚩二合引　賀引

BD05298 號 3　咒食施一切面燃餓鬼飲食水法（異本）

（13–5）

次誦開餓鬼咽喉施甘露真言作施無畏以右
手竪臂當右肩展五指即是真言曰
曩謨素嚕播野怛他誐哆野怛你也他唵引素嚕
素嚕鉢囉素嚕鉢囉二合素嚕娑嚩二合賀引
作施無畏印誦此甘露味真言七遍已能令飲食變成
無量乳及甘露能開一切餓鬼咽喉及令飲食廣得增多
平等得也
次作毗盧遮那一字心水輪觀想真言字門在右手中由如
乳色變成功德乳海流出一切甘露醍醐即引手臨食上扣持
此字七遍即展五指下臨食器中觀想乳等從字中流出
猶白月乳海一切餓鬼悉得飽滿無所乏少此名施一切餓鬼飲
食即真言曰
曩謨引　三滿哆沒馱喃引　鑁
觀相誦真言已寫於淨地無人行處或水中池邊樹下唯不
得瀉於桃柳石榴樹下瀉說更志心稱五如來
名号功德無量
曩謨多寶如來　能令鬼神等无量劫來所積罪業悉得清淨
曩謨離怖畏如來　能令諸鬼離諸怖畏
曩謨廣博身如來　能令諸鬼捨鉢咽貧得廣大身
曩謨妙色身如來　能令諸鬼捨醜陋形得妙色身
曩謨甘露王如來　能令諸鬼變成飯食得甘露味

BD05298 號 3　咒食施一切面燃餓鬼飲食水法（異本）　（13–6）

曩謨多寶如來　能令鬼神等无量劫來所積罪業皆得清淨
曩謨離怖畏如來　能令諸鬼離諸怖畏
曩謨廣博身如來　能令諸鬼捨針咽質得虛空身
曩謨妙色身如來　能令諸鬼捨醜陋形得妙色身
曩謨甘露王如來　能令諸鬼變膿血食得甘露味
若施食已行者更為鬼等受菩薩三昧耶戒真言誦三
遍出金剛大道場大明呪經真言曰
唵[引]　三摩野　薩怛鑁[三合]
誦三遍已一切鬼神等得聞甚深妙法盡得生天具足三
昧耶戒獲福无量發遣真言曰　是金剛解脫　誦之度厄
唵[引]　嚩日囉[二合]　謨訖叉[二合]　穆
若誦發遣真言先作金剛拳以大指捻頭指仰手彈作
聲是名發遣印每得食了誦七遍七彈指令鬼等去者
不發遣即不去也　施食及水軌儀一本

多寶如來真言
曩謨[引]　婆誐嚩諦　囉怛曩[二合]　部多野　怛他[去引]　蘖多野
離怖畏如來真言
曩謨[引]　婆誐嚩諦　阿佩孕迦囉野　怛他[去引]　蘖多野
廣博身如來真言
曩謨[引]　婆誐嚩諦　尾補攞誐怛囉[二合]野　怛他[上引]　蘖多野

(13–7)

BD05298 號 3　咒食施一切面燃餓鬼飲食水法（異本）
BD05298 號 4　多寶如來等五如來真言（擬）

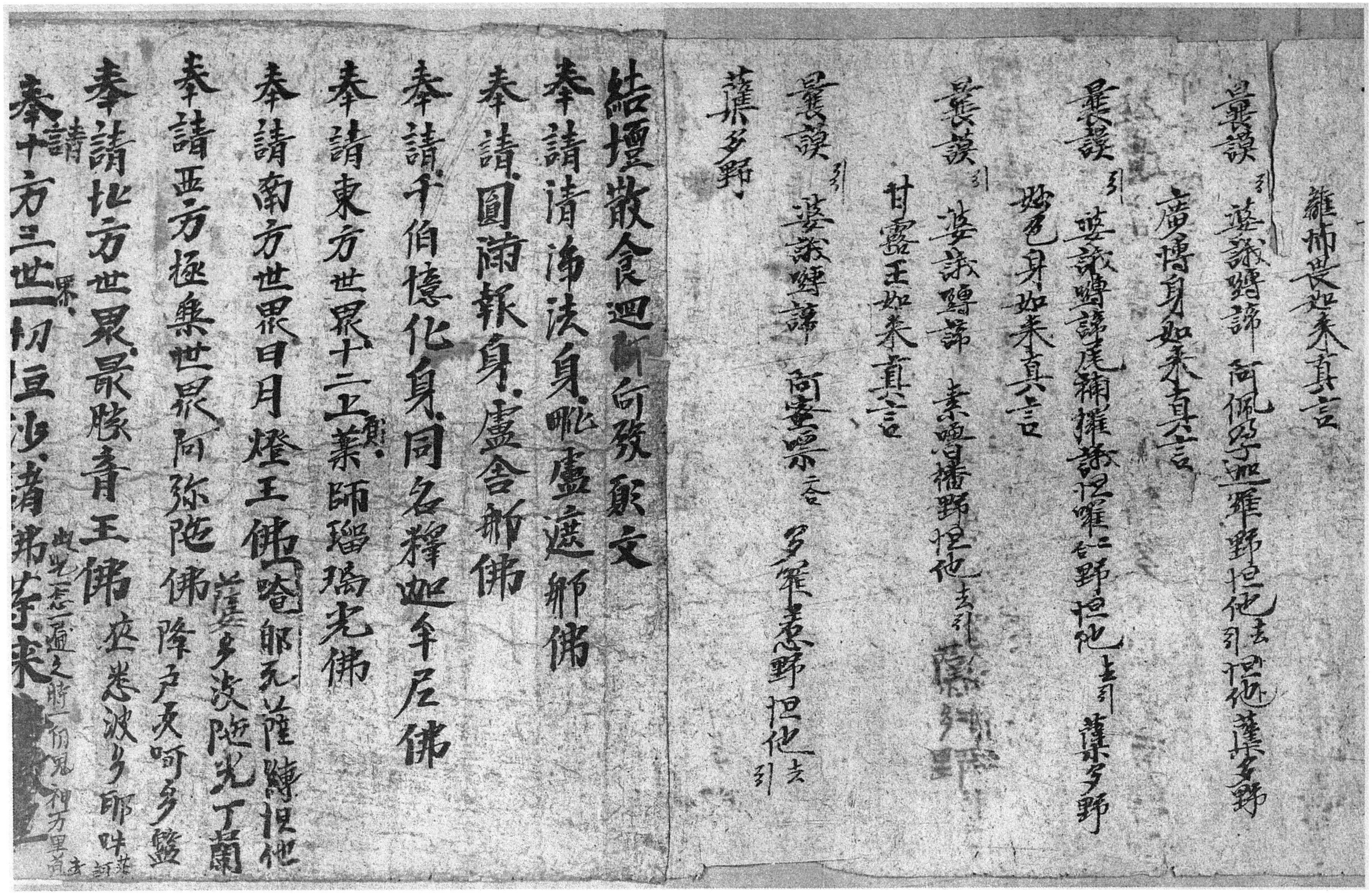

BD05298 號 4　多寶如來等五如來真言（擬）

BD05298 號 5　結壇散食迴向發願文

（13–8）

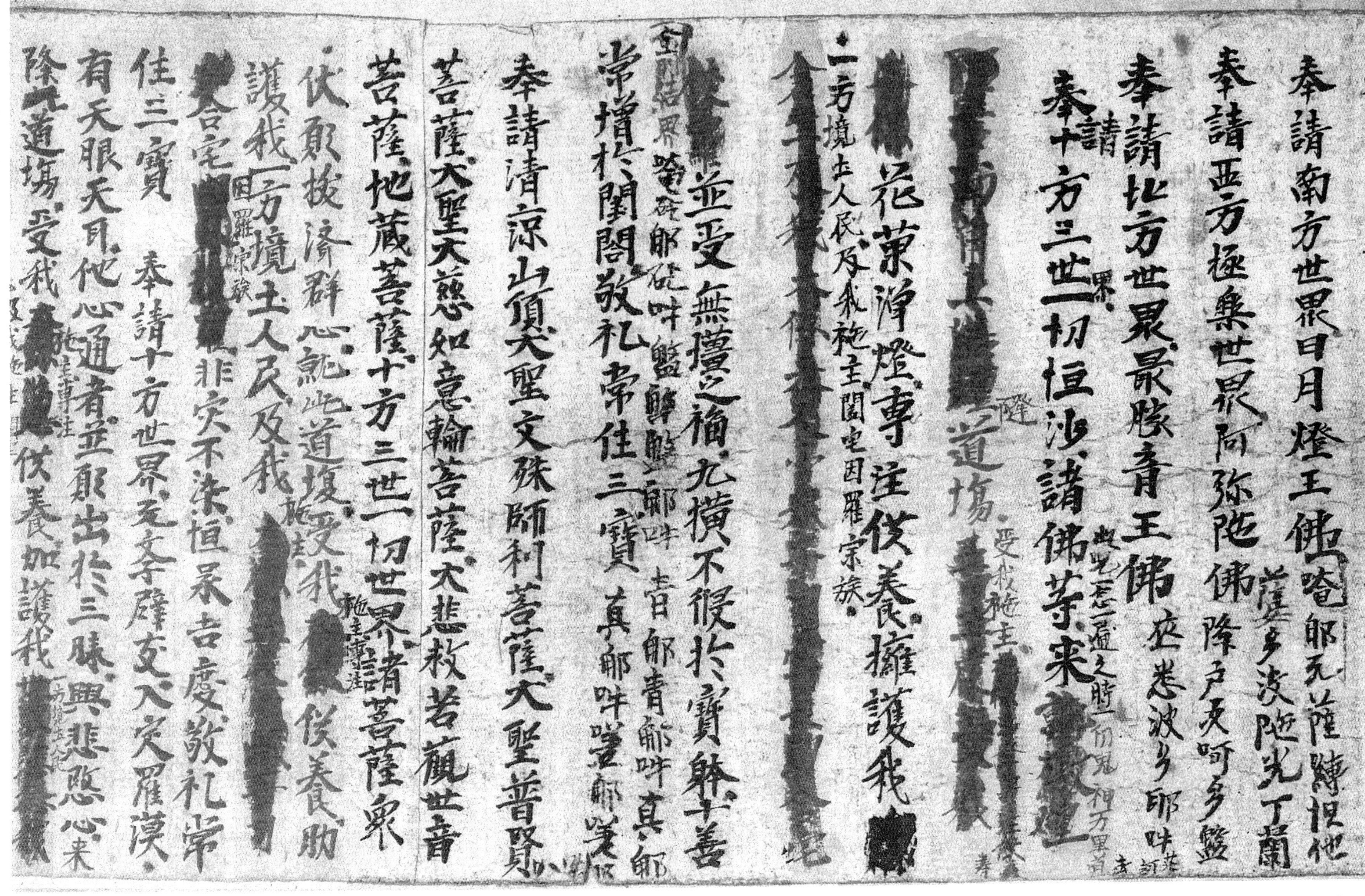

BD05298號5　結壇散食迴向發願文

（13–9）

伏願拔濟群心，就此道場受我[illegible]供養食，助
護我一方境土人民，及我[illegible]
舍宅[illegible]非災不染，恒承吉慶。敬礼常
住三寶　奉請十方世界無文字辟支、入定羅漢、
有天眼、天耳、他心通者，並願出於三昧，興悲愍心，来
降道場，受我[illegible]供養，加護我[illegible]
[illegible]姻羅眷族，複
[illegible]
蘖閑闠敬礼常住三寶　奉請東方提頭賴叱
天王，主領一切乹闥婆神、毗舍遮鬼，并諸眷屬，
来降道場。奉請南方世界毗樓勒叉天王，主領
一切鳩盤吒鬼、毗脇多鬼，并諸眷屬，来降道場
奉請西方毗樓博叉天王，主領一切諸大毒龍，及
富單那鬼，并諸眷屬，来降道場。
奉請北方毗沙門天王，主領一切夜叉羅剎，二十八
部藥叉大將，并諸眷屬，来降道場。
奉請上方釋提桓因，主領一切日月天子、星宿五官、
三十二神、四金剛首，并諸眷屬，来降道場
奉請下方堅牢地神，主領一切山岳靈祇、江河魍
魎，并諸眷屬，来降道場　奉請三界九地二十八部
䣛羅延神、散支大將、金剛蜜跡、轉輪聖王、護塔
善神、護迦藍神、三般五戒菩薩藏神、闍羅天子、㕧
人羅叉、行病鬼王、五道大神、太山府君、察命司錄、
五羅八王、三司六府、奏使考典、賴案是非、善惡童

BD05298 號 5　結壇散食迴向發願文　（13–10）

毗并諸眷屬來降道場　奉請三界九地二十八部
那羅延神散支大將金剛密跡轉輪聖王護塔
善神護伽藍神三皈五戒菩薩藏神閻羅天子五
人羅叉行病鬼王五道大神太山府君察命司錄
五羅八王三司六府奏使考典類案是非善惡童
子大阿鼻獄羅剎夜叉小捺洛迦牛頭獄卒諸知
是等雜類鬼神皆不義思大威神力並願空飛
雨驟電擊雷奔來降道場　所修功德並願效
歡喜心證當懺悔敬礼常住三寶
奉請四天王衆二十八部藥叉大將乾闥婆衆毗舍
闍鬼鳩槃荼鬼及富單那鬼毗茘多鬼夜叉羅
剎等一切鬼族眾並將眷屬來降道場受我施主
所請淨食香燈錢財五穀花菓六時音樂
供養衛護我　一境及我
永離刀兵之難永離賊施之難永離非災之難
永離假毒之難永離水災之難永離火災難永離虵毒
之難永離蠱毒之難永離疾闘之難永離毒龍惡戰
之難所有一切不祥之難等不占我不及我門諸神鬼等
願當擁護福比高山受等深江祿同滄海門列朱
軒千秋万古永保長年敬礼常住三寶
奉請江河淮濟諸大龍王海首雷公蠼光窺電諸龍
王衆等并諸眷屬來此道場受我　結壇道場香
花燈燭重弓飲食錢財五穀六時音樂方啟供養食飯

（13–11）

BD05298 號 5　結壇散食迴向發願文

願當擁護福祉高山受等滄江祿同滄海門列朱
軒千秋万古永保長年敬礼常住三寶
奉請江河淮濟諸大龍王海首雷公霹光霹電諸龍
王衆等并諸眷屬来此道場受我（施主）結壇道場香
花燈燭重〻飲食錢財五穀六時音樂万般供養願
祈雷霆之怒發歡喜之心調順風雨五穀豐登夏
旱秋霜不占境内家慝万人並昌百年豐之吉至心歸
命敬礼常住三寶
散神食与了次打斷鬼處（奉請諸神鬼等受我施主）結壇道
場所施飲食如似滄海賜汝錢財如同高山賜汝明
燈照之黑暗似汝轉念願汝往生淨土永離鬼耶若
是天上人間壙野丘陵塚墓孤墳離鄉失井不得
歸魂或非自勢殺作而死或墜名鎖道
不怕蕀死不得生處或流浪而行或孤[illegible]
陣鬪死或他崖落死兩覆之間作作群蛾
鬼或是新死在其中蔭未得生處訪作親識促
爲我禍或是客死之鬼未得歸還欲作禍祟汝
等諸鬼受我（施主）結壇道場淨食香燈錢財
五穀花菓音樂供養願汝等迴禍爲福守
護我（施主合家娘羅合族）及我
兇斯賊禍歸衣他界莫損万人永離鬼邪
敬礼常住三寶　若是江河淨塔一切魍魎道路
林間巖穴淨壇訪鎮神鬼並願来就道場領受
（施主）淨信供養食隨經散[illegible]

BD05298 號 5　結壇散食迴向發願文　　（13–12）

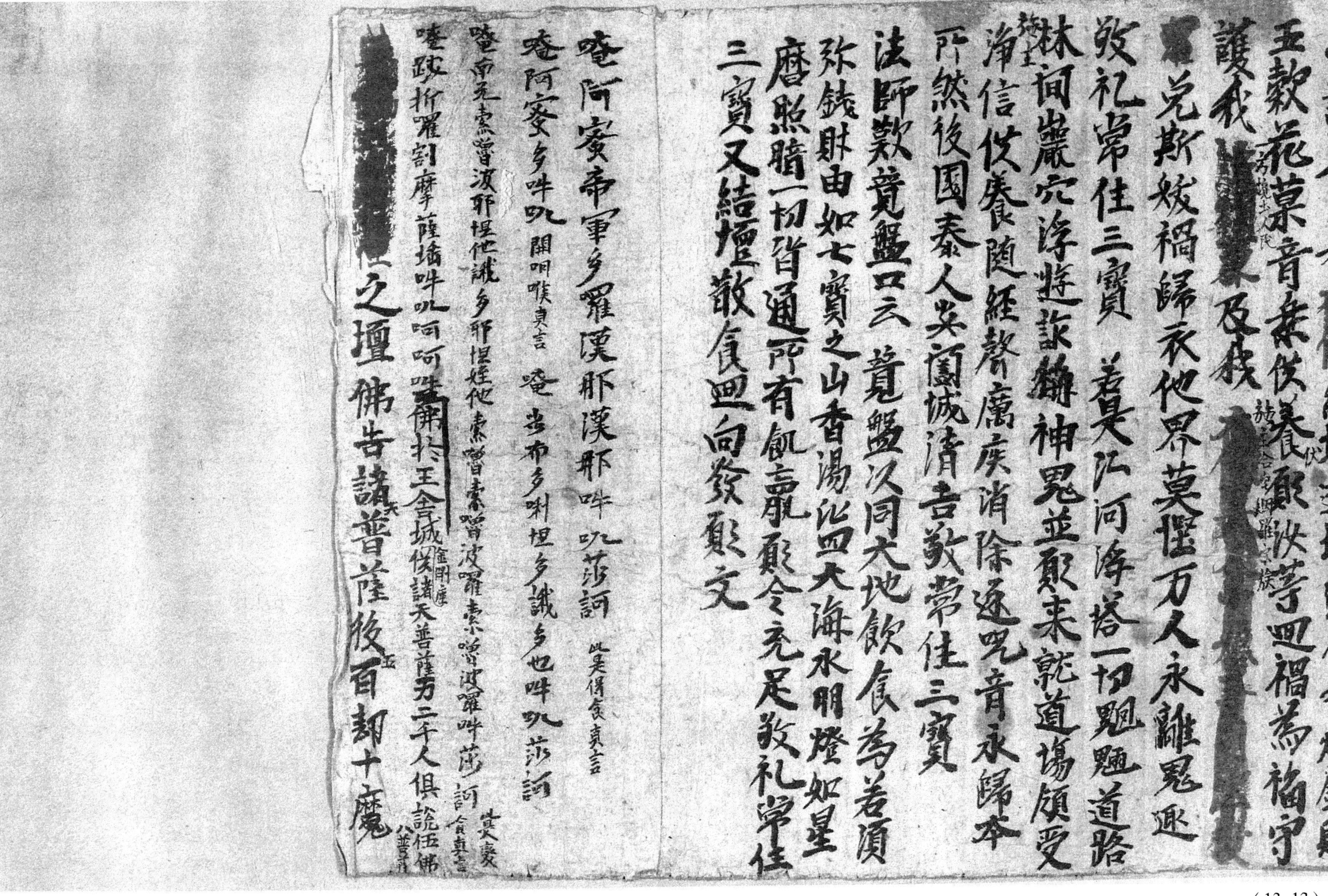

（13–13）

BD05298 號 5 結壇散食迴向發願文
BD05298 號 6 得食真言等真言雜鈔（擬）
BD05298 號 7 說五佛八菩薩壇經（擬）

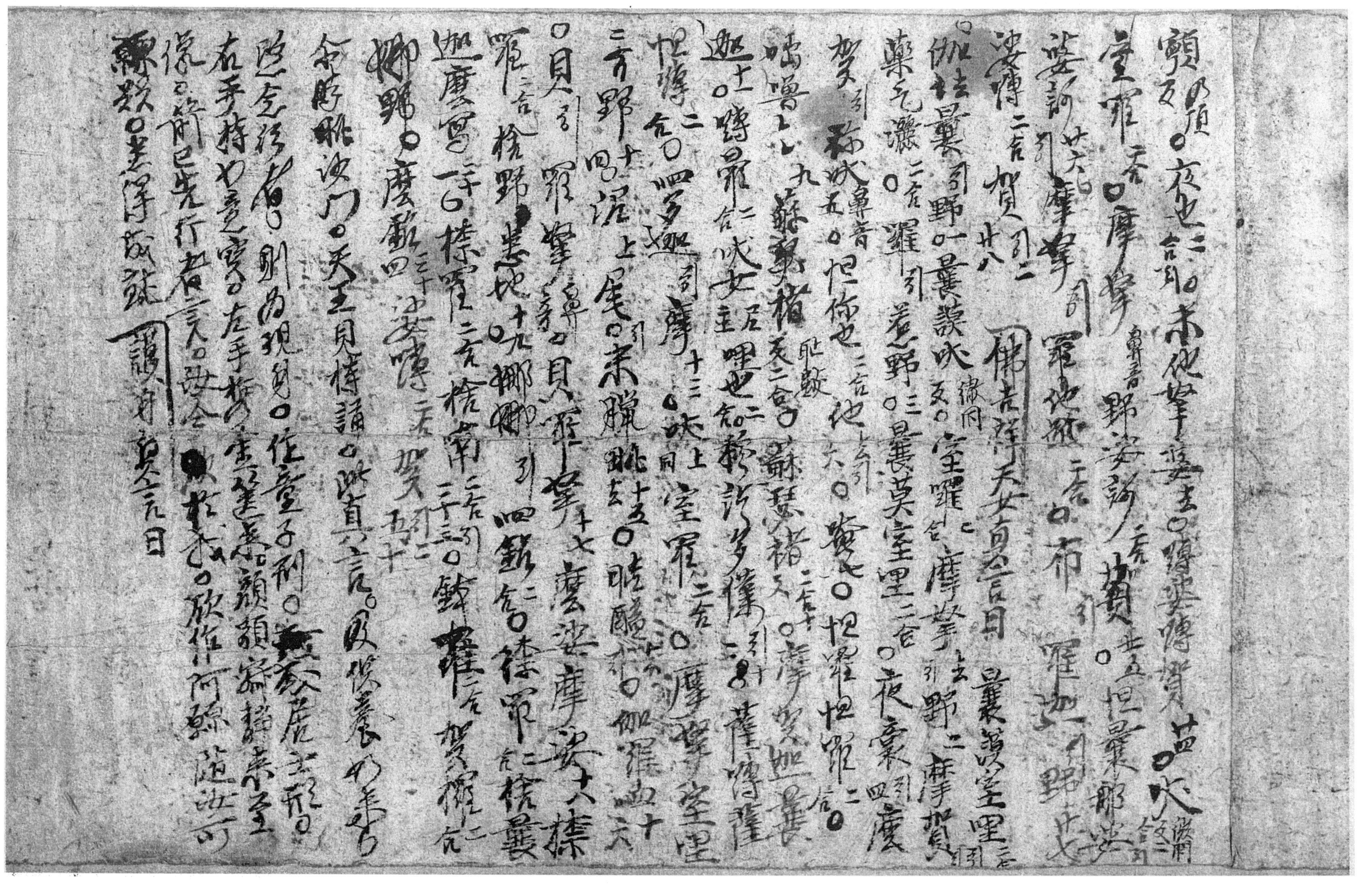

（7–2）

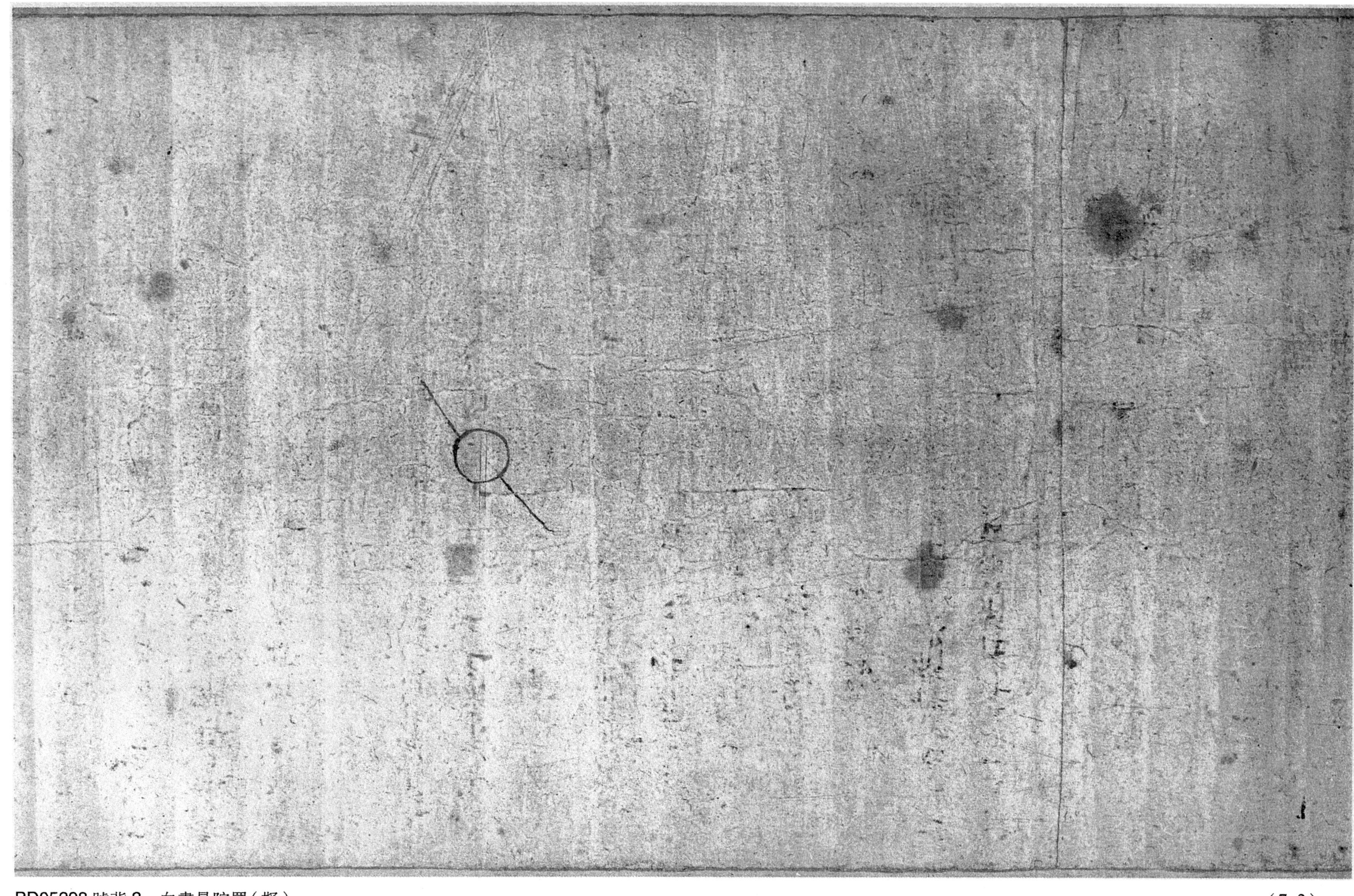

BD05298號背3　白畫曼陀羅（擬）　（7–3）

BD05298 號背 3　白畫曼陀羅（擬）

（7–4）

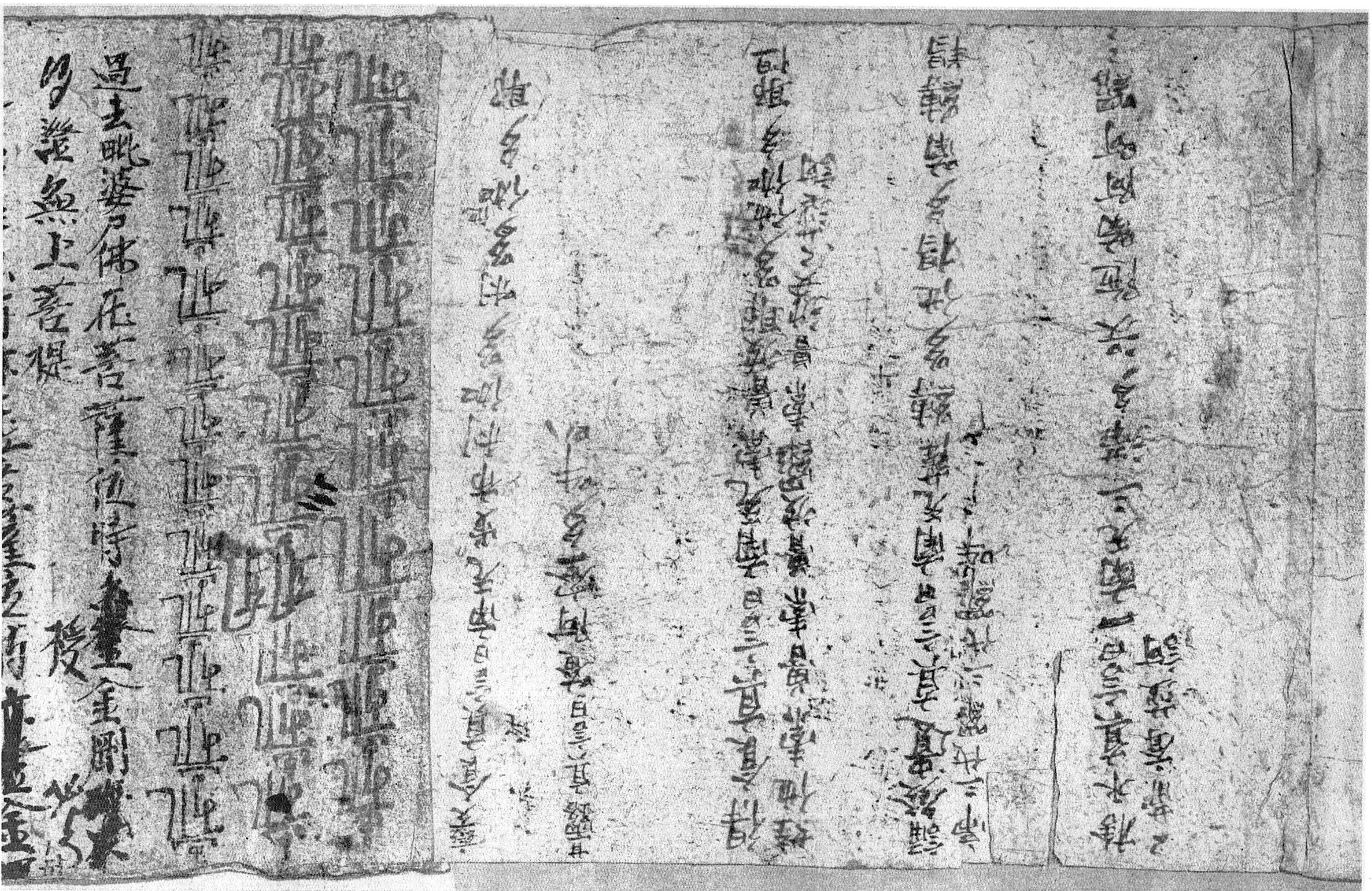

BD05298 號背 4　變食真言等真言雜鈔（擬）

BD05298 號背 5　梵文種子字習字雜寫（擬）

（7–5）

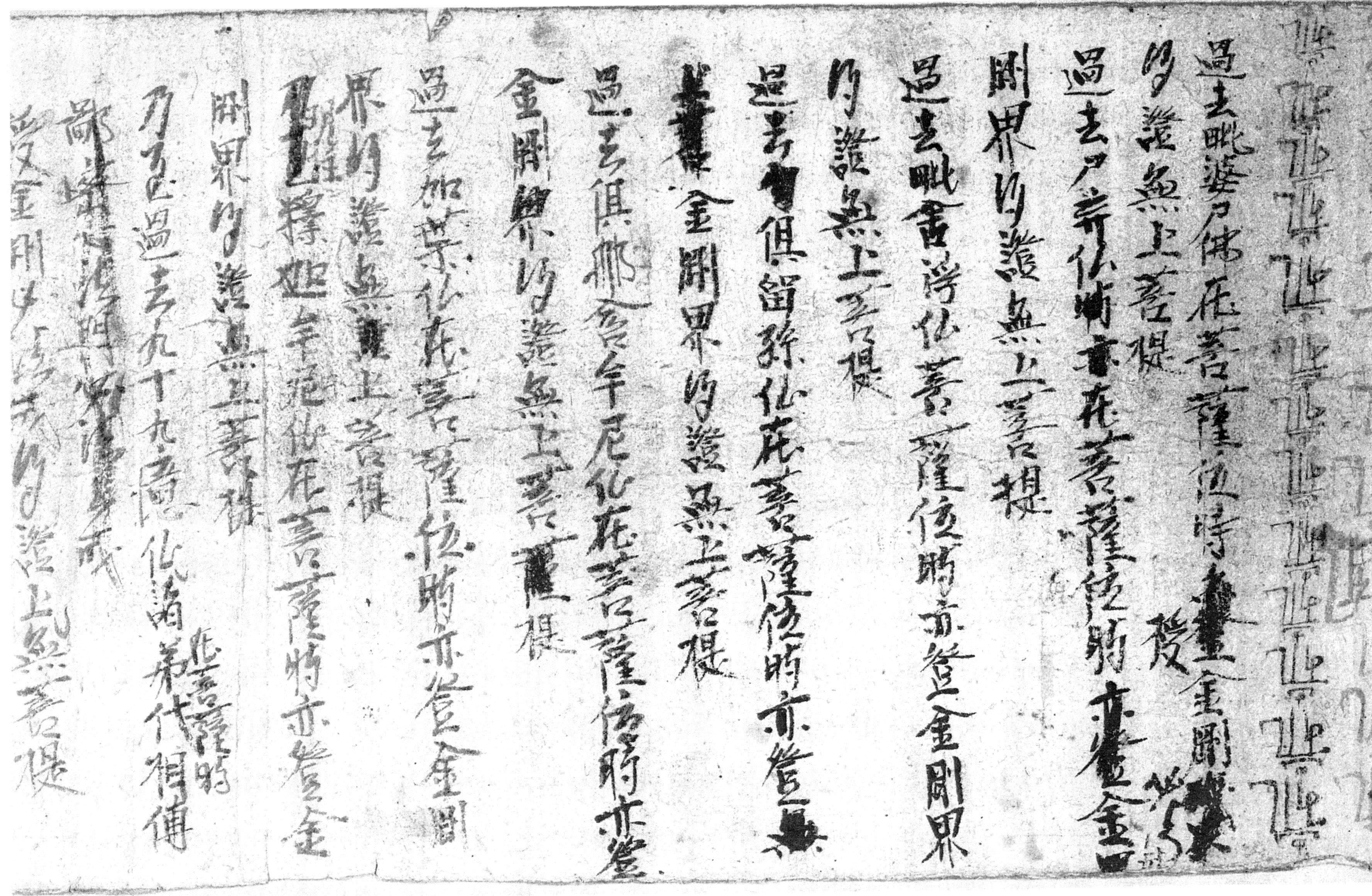

BD05298號背 6　授金剛心法心地法門戒（擬）

（7–6）

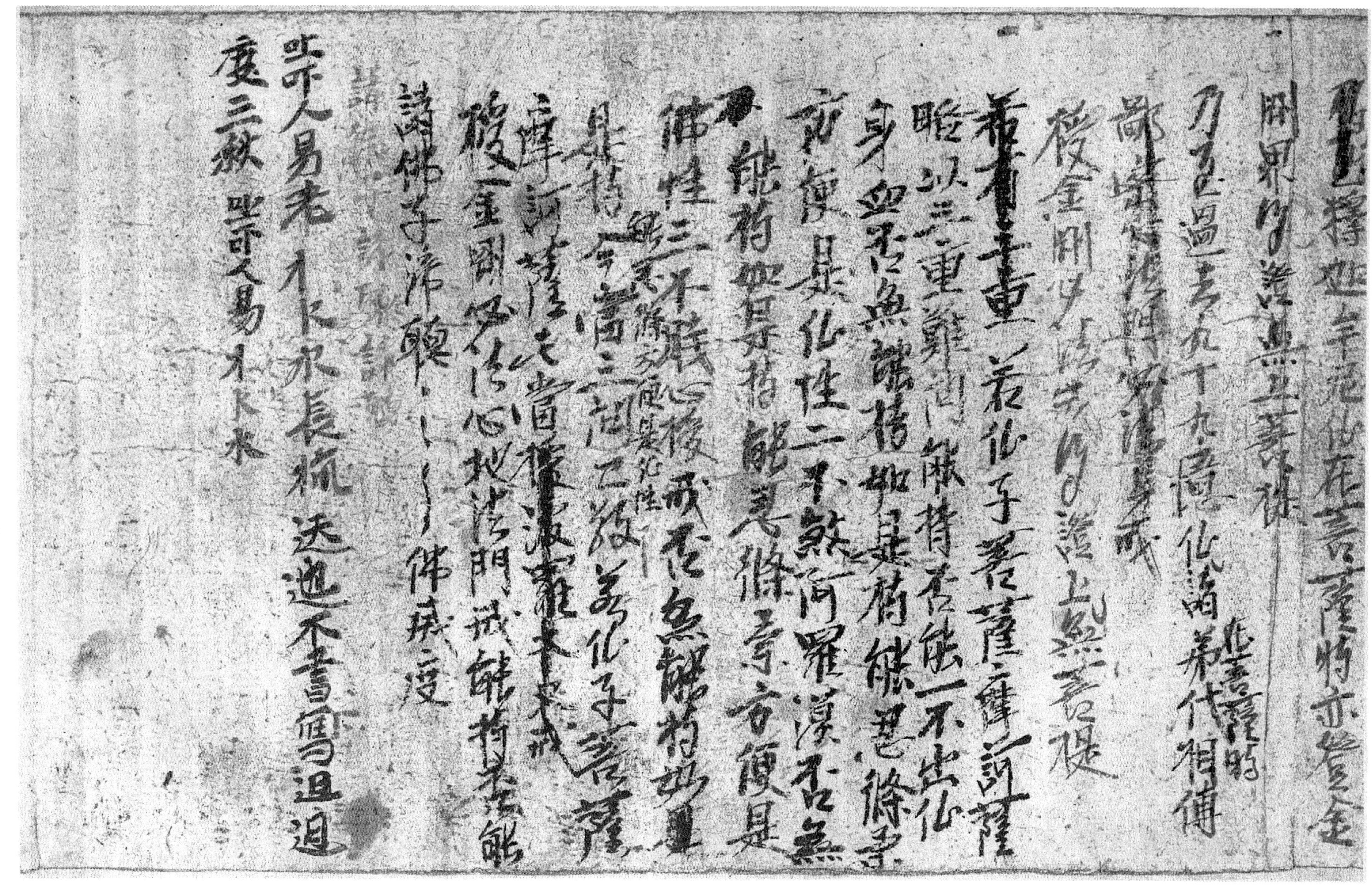

BD05298號背6　授金剛心法心地法門戒（擬）　　（7–7）

BD05298號背7　文字遊戲五言詩（擬）

久乃　［…］量
壽命无數劫　久脩業所得　汝等有智者　勿於此生疑
當斷令永盡　佛語實不虛　如醫善方便　為治狂子故
實在而言死　无能說虛妄　我亦為世父　救諸苦患者
為凡夫顛倒　實在而言死　以常見我故　而生憍恣心
放逸著五欲　墮於惡道中　我常知眾生　行道不行道
隨應所可度　為說種種法　每自作是意　以何令眾生
得入无上慧　速成就佛身
妙法蓮華經分別功德品第十七
尒時大會聞佛說壽命劫數長遠如是无量
无邊阿僧祇眾生得大饒益於時世尊告彌
勒菩薩摩訶薩阿逸多我說是如來壽命
長遠時六百八十万億那由他恒河沙眾生得
无生法忍復千倍菩薩摩訶薩得聞持陀羅
尼門復有一世界微塵數菩薩摩訶薩得樂
說无礙辯才復有一世界微塵數菩薩摩
訶薩得百万億无量旋陀羅尼復有三千大
千世界微塵數菩薩摩訶薩能轉不退法
輪復有二千中國土微塵數菩薩摩訶薩能
轉清淨法輪復有小千國土微塵數菩薩摩

BD05299號　妙法蓮華經卷五　（2–1）

尼門復有一世界微塵數菩薩摩訶薩得樂
說无礙辯才復有一世界微塵數菩薩摩
訶薩得百万億无量旋陀羅尼復有三千大
千世界微塵數菩薩摩訶薩能轉不退法
輪復有二千中國土微塵數菩薩摩訶薩能
轉清淨法輪復有小千國土微塵數菩薩摩
訶薩八生當得阿耨多羅三藐三菩提復有四
四天下微塵數菩薩摩訶薩四生當得阿
耨多羅三藐三菩提復有三四天下微塵數
菩薩摩訶薩三生當得阿耨多羅三藐三菩
提復有二四天下微塵數菩薩摩訶薩二生當
得阿耨多羅三藐三菩提復有一四天下微
塵數菩薩摩訶薩一生當得阿耨多羅三藐
三菩提復有八世界微塵數眾生皆發阿耨
多羅三藐三菩提心佛說是諸菩薩摩訶薩
得大法利時於虛空中雨曼陀羅華摩訶曼
陀羅華以散无量百千万億寶樹下師座上
諸佛并散七寶塔中師子座上釋迦牟尼佛
及久滅度多寶如來亦散一切諸大菩薩及四
部眾又雨細末栴檀沉水香等於虛空中天
鼓自鳴妙聲深遠又雨千種天衣垂諸瓔珞
真珠瓔珞摩尼瓔珞如意瓔珞遍於九方
眾寶香鑪燒无價香自然周至供養大會一
一佛上有諸菩薩執持幡蓋次第而上至于

BD05299號　妙法蓮華經卷五　（2–2）

无勝菩

嚴土菩薩金髻菩薩珠髻菩薩弥勒菩薩
文殊師利法王子菩薩如是等三万二千人
俱
復有万梵天王尸棄等從餘四天下來詣佛
所而聽法復有万二千天帝亦從餘四天下
來在會坐并餘大威力諸天龍神夜叉乾闥
婆阿脩羅迦樓羅緊那羅摩睺羅伽等悉
來會坐諸比丘比丘尼優婆塞優婆夷俱來
會坐彼時佛與无量百千之衆恭敬圍繞而為
說法譬如須弥山王顯于大海安處衆寶師
子之座蔽於一切諸來大衆
尒時毗耶離城有長者子名曰寶積與五百
長者子俱持七寶蓋來詣佛所頭面礼足各
以其蓋共供養佛佛之威神令諸寶蓋合成
一蓋遍覆三千大千世界而此世界廣長之
相悉於中現又此三千大千世界諸須弥山
雪山目真隣陁山摩訶目真隣陁山香山寶
山金山黑山鐵圍山大鐵圍山大海江河川

BD05300 號　維摩詰所說經卷上　（28–1）

長者子俱持七寶蓋來詣佛所頭面礼足各
以其蓋共供養佛佛之威神令諸寶蓋合成
一蓋遍覆三千大千世界而此世界廣長之
相悉於中現又此三千大千世界諸須弥山
雪山目真隣陁山摩訶目真隣陁山香山寶
山金山黑山鐵圍山大鐵圍山大海江河川
流泉源及日月星辰天宮龍宮諸尊神宮
悉現於寶蓋中又十方諸佛諸佛說法亦現
於寶蓋中尒時一切大衆覩佛神力嘆未曾
有合掌礼佛瞻仰尊顏目不暫捨長者子
寶積即於佛前以偈頌曰
目淨脩廣如青蓮　心淨已度諸禪定
久積淨業稱无量　導衆以寂故稽首
既見大聖以神變　普現十方无量土
其中諸佛演說法　於是一切悉見聞
法王法力超群生　常以法財施一切
能善分別諸法相　於第一義而不動
已於諸法得自在　是故稽首此法王
說法不有亦不无　以因緣故諸法生
无我无造无受者　善惡之業亦不亡
始在佛樹力降魔　得甘露滅覺道成
已无心意无受行　而悉摧伏諸外道
三轉法輪於大千　其輪本來常清淨
天人得道此為證　三寶於是現世間
以斯妙法濟群生　一受不退常寂滅
度老病死大藥王　當礼法海德无邊

BD05300 號　維摩詰所說經卷上　（28–2）

[illegible]
已无心意无受行　而悉摧伏諸外道
三轉法輪扵大千　其輪本來常清淨
天人得道此為證　三寶扵是現世間
以斯妙法濟群生　一受不退常寂滅
度老病死大醫王　當禮法海德无邊
毀譽不動如須弥　扵善不善等以慈
心行平等如虛空　孰聞人寶不敬承
今奉世尊此微蓋　扵中現我三千界
諸天龍神所居宮　乾闥婆等及夜叉
悉見世間諸所有　十力哀現是化變
衆覩希有皆歎佛　今我稽首三界尊
大聖法王衆所歸　淨心觀佛靡不欣
各見世尊在其前　斯則神力不共法
佛以一音演說法　衆生隨類各得解
皆謂世尊同其語　斯則神力不共法
佛以一音演說法　衆生各各隨所解
普得受行獲其利　斯則神力不共法
佛以一音演說法　或有恐畏或歡喜
或生厭離或斷疑　斯則神力不共法
稽首十力大精進　稽首已得无所畏
稽首住扵不共法　稽首一切大導師
稽首能斷衆結縛　稽首已到扵彼岸
稽首能度諸世間　稽首永離生死道
悉知衆生來去相　善扵諸法得解脫
不着世間如蓮花　常善入扵空寂行

BD05300號　維摩詰所說經卷上　（28–3）

稽首十力大精進　稽首已得无所畏
稽首住扵不共法　稽首一切大導師
稽首能斷衆結縛　稽首已到扵彼岸
稽首能度諸世間　稽首永離生死道
悉知衆生來去相　善扵諸法得解脫
不着世間如蓮花　常善入扵空寂行
達諸法相无罣礙　稽首如空無所依
尒時長者子寶積說此偈已白佛言世尊
是五百長者子皆已發阿耨多羅三藐三菩
提心願聞得佛國土清淨唯願世尊說諸菩
薩淨土之行佛言善哉寶積乃能為諸菩薩
問扵如來淨土之行諦聽諦聽善思念之當
[illegible]
佛言寶積衆生之類是菩薩佛土所以者何
菩薩隨所化衆生而取佛土隨所調伏衆生
而取佛土隨諸衆生應以何國入佛智慧而
取佛土隨諸衆生應以何國起菩薩根而取
佛土所以者何菩薩取扵淨國皆為饒益諸
衆生故譬如有人欲扵空地造立宮室隨意
无礙若扵虛空終不能成菩薩如是為成就
衆生故願取佛國願取佛國者非扵空也寶積
當知直心是菩薩淨土菩薩成佛時不諂衆
生來生其國深心是菩薩淨土菩薩成佛時
具足功德衆生來生其國發大乘心是菩薩
淨土菩薩成佛時大乘衆生來生其國布施
是菩薩淨土菩薩成佛時一切能捨衆生來生

BD05300號　維摩詰所說經卷上　（28–4）

眾生故願取佛國願取佛國者非於空也寶積
當知直心是菩薩淨土菩薩成佛時不諂眾
生來生其國深心是菩薩淨土菩薩成佛時
具足功德眾生來生其國發大乘心是菩薩
淨土菩薩成佛時大乘眾生來生其國布施
是菩薩淨土菩薩成佛時一切能捨眾生來生
其國持戒是菩薩淨土菩薩成佛時行十善
道滿願眾生來生其國忍辱菩薩淨土菩
薩成佛時三十二相莊嚴眾生來生其國精
進是菩薩淨土菩薩成佛時勤脩一切功德
眾生來生其國禪定是菩薩淨土菩薩成
佛時攝心不亂眾生來生其國智慧是菩薩
淨土菩薩成佛時正定眾生來生其國四无量心
是菩薩淨土菩薩成佛時成就慈悲喜捨眾
生來生其國四攝法是菩薩淨土菩薩成佛
時解脫所攝眾生來生其國方便是菩薩淨
土菩薩成佛時於一切法方便无礙眾生來
生其國三十七道品是菩薩淨土菩薩成佛
時念處正勤神足根力覺道眾生來生其
國迴向心是菩薩淨土菩薩成佛時得一切
具足功德國土說除八難是菩薩淨土菩薩
成佛時國土无有三惡八難自守戒行不譏
彼闕是菩薩淨土菩薩成佛時國土无有犯
禁之名十善是菩薩淨土菩薩成佛時命不
中夭大富梵行所言誠諦常以軟語眷屬
不離善和諍訟言必饒益不嫉不恚正見

BD05300號　維摩詰所說經卷上　（28–5）

成佛時國土无有三惡八難自守戒行不譏
彼闕是菩薩淨土菩薩成佛時國土无有犯
禁之名十善是菩薩淨土菩薩成佛時命不
中夭大富梵行所言誠諦常以軟語眷屬
不離善和諍訟言必饒益不嫉不恚正見
眾生來生其國如是寶積菩薩隨其直心則
能發行隨其發行則得深心隨其深心則意
調伏隨意調伏則如說行隨如說行則能迴
向隨其迴向則有方便隨其方便則成就眾
生隨成就眾生則佛土淨隨佛土淨則說法
淨隨說法淨則智慧淨隨智慧淨則其心淨
隨其心淨則一切功德淨是故寶積若菩薩
欲得淨土當淨其心隨其心淨則佛土淨
尒時舍利弗承佛威神作是念若菩薩心淨
則佛土淨者我世尊本為菩薩時意豈不淨
而是佛土不淨若此佛知其念即告之言於
意云何日月豈不淨耶而盲者不見對曰不
也世尊是盲者過非日月咎舍利弗眾生罪
故不見如來佛國嚴淨非如來咎舍利弗我
見此土清淨而汝不見尒時螺髻梵王語舍
利弗勿作是意謂此佛土以為不淨所以者
何我見釋迦牟尼佛土清淨譬如自在天宮
舍利弗言我見此土丘陵坑坎荊蕀沙礫土
石諸山穢惡充滿螺髻梵言仁者心有高下
不依佛慧故見此土為不淨耳舍利弗菩薩

BD05300號　維摩詰所說經卷上　（28–6）

何我見釋迦牟尼佛土清淨譬如自在天宮
舍利弗言我見此土丘陵坑坎荊棘沙礫土
石諸山穢惡充滿螺髻梵言仁者心有高下
不依佛慧故見此土爲不淨耳舍利弗菩薩
於一切衆生悉皆平等深心清淨依佛智慧
則能見此佛土清淨於是佛以足指案地即
時三千大千世界若干百千珎寶嚴飾譬如
寶莊嚴佛无量功德寶莊嚴土一切大衆歎
未曾有而皆自見坐寶蓮華佛告舍利弗
汝且觀是佛土嚴淨舍利弗言唯然世尊本
所不見本所不聞今佛國土嚴淨悉現佛語
舍利弗我佛國土常淨若此爲欲度斯下劣
人故示是衆惡不淨土耳譬如諸天共寶器
食隨其福德飯色有異如是舍利弗若人心
淨便見此土功德莊嚴當佛現此國土嚴
淨之時寶積所將五百長者子皆得无生
法忍八万四千人發阿耨多羅三藐三菩提心
佛攝神足於是世界還復如故求聲聞乘
三万二千天及人知有爲法皆悉无常遠
塵離垢得法眼淨八千比丘不受諸法漏
盡意解

方便品第二

尒時毗耶離大城中有長者名維摩詰已
曾供養无量諸佛深植善本得无生忍辯才
无礙遊戲神通逮諸摠持獲无所畏降魔勞

BD05300號　維摩詰所説經卷上　（28–7）

盡意解

方便品第二

尒時毗耶離大城中有長者名維摩詰已
曾供養无量諸佛深植善本得无生忍辯才
无礙遊戲神通逮諸摠持獲无所畏降魔勞
怨入深法門善於智度通達方便大願成就明
了衆生心之所趣又能分別諸根利鈍久於
佛道心已純淑決定大乘諸有所作能善思
量住佛威儀心大如海諸佛咨嗟弟子釋梵
世主所敬欲度人故以善方便居毗耶離資
財无量攝諸貧民奉戒清淨攝諸毀禁以忍
調行攝諸恚怒以大精進攝諸懈怠一心禪
寂攝諸亂意以決定慧攝諸无智雖爲白衣
奉持沙門清淨律行雖處居家不著三界示
有妻子常脩梵行現有眷屬常樂遠離雖服
寶飾而以相好嚴身雖復飲食而以禪悅爲
味若至博弈戲處輒以度人受諸異道不毀
正信雖明世典常樂佛法一切見敬爲供養
中最執持正法攝諸長幼一切治生諧偶雖
獲俗利不以喜悅遊諸四衢饒益衆生入治
正法救護一切入講論處導以大乘入諸學
堂誘開童蒙入諸婬舍示欲之過入諸酒肆
能立其志若在長者長者中尊爲說勝法若
在居士居士中尊斷其貪著若在剎利剎利
中尊教以忍辱若在婆羅門婆羅門中尊除
其我慢若在大臣大臣中尊教以正法若在

BD05300號　維摩詰所説經卷上　（28–8）

棠誘開童曚入諸婬舍示欲之過入諸酒肆
能立其志若在長者長者中尊為說勝法若
在居士居士中尊斷諸貪著若在剎利剎利
中尊教以忍辱若在婆羅門婆羅門中尊除
其我慢若在大臣大臣中尊教以正法若在
王子王子中尊示以忠孝若在內官內官中
尊化政宮女若在庶民庶民中尊令興福力
若在梵天梵天中尊誨以勝慧若在帝釋帝
釋中尊示現无常若在護世護世中尊護諸
衆生長者維摩詰以如是等无量方便饒益
衆生其以方便現身有疾以其疾故國王大
臣長者居士婆羅門等及諸王子并餘官屬
无數千人皆往問疾其往者維摩詰因以身
疾廣為說法諸仁者是身无常无強无力无
堅速朽之法不可信也為苦為惱衆病所集
諸仁者如此身明智者所不怙是身如聚沫
不可撮摩是身如泡不得久立是身如焰從
渴愛生是身如芭蕉中无有堅是身如幻從
顛倒起是身如夢為虛妄見是身如影從業
緣現是身如響屬諸因緣是身如浮雲須臾
變滅是身如電念念不住是身无主為如地
是身无我為如火是身无壽為如風是身无
人為如水是身不實四大為家是身為空離
我我所是身无知如草木瓦礫是身无作風
力所轉是身不淨穢惡充滿是身為虛偽雖
假以澡浴衣食必歸磨滅是身為災百一病



變滅是身如電念念不住是身无主為如地
是身无我為如火是身无壽為如風是身无
人為如水是身不實四大為家是身為空離
我我所是身无知如草木瓦礫是身无作風
力所轉是身不淨穢惡充滿是身為虛偽雖
假以澡浴衣食必歸磨滅是身為災百一病
惱是身如丘井為老所逼是身无定為要當
死是身如毒蛇如怨賊如空聚陰界諸入所
共合成諸仁者此可患厭當樂佛身所以者
何佛身者即法身也從无量功德智慧生從
戒定慧解脫解脫知見生從慈悲喜捨生從
布施持戒忍辱柔和勤行精進禪定解脫三
昧多聞智慧諸波羅蜜生從方便生從六通
生從三明生從三十七道品生從止觀生從十
力四无所畏十八不共法生從斷一切不善
法集一切善法生從真實生從不放逸生從
如是无量清淨法生如來身諸仁者欲得佛
身斷一切衆生病者當發阿耨多羅三藐三
菩提心如是長者維摩詰為諸問疾者如
應說法令无數千人皆發阿耨多羅三藐
三菩提心

弟子品第三

爾時長者維摩詰自念寢疾于牀世尊大
慈寧不垂愍佛知其意即告舍利弗汝行詣
維摩詰問疾舍利弗白佛言世尊我不堪任詣
[illegible]所以者何憶念我昔曾於林宴坐樹

應說法令无數

三菩提心

弟子品第三

尒時長者維摩詰自念寢疾于床世尊大
慈寧不垂愍佛知其意即告舍利弗汝行詣
維摩詰問疾舍利弗白佛言世尊我不堪任詣
彼問疾所以者何憶念我昔曾於林宴坐樹
下時維摩詰來謂我言唯舍利弗不必是
坐為宴坐也夫宴坐者不於三界現身意是
為宴坐不起滅定而現諸威儀是為宴坐不
捨道法而現凡夫事是為宴坐心不住內亦
不在外是為宴坐於諸見不動而脩行三十
七品是為宴坐不斷煩惱而入涅槃是為宴
坐若能如是坐者佛所印可時我世尊聞是
語已默然而止不能加報故我不任詣彼
問疾

佛告大目揵連汝行詣維摩詰問疾目連白
佛言世尊我不堪任詣彼問疾所以者何憶
念我昔入毗耶離大城於里巷中為諸居士
說法時維摩詰來謂我言唯大目連為白衣
居士說法不當如仁者所以說夫說法者當如
法說无衆生離衆生垢故法无有我離我
垢故法无壽命離生死故法无有人前後際
斷故法常寂然滅諸相故法離於相无所緣
故法无名字言語斷故法无有說離覺觀故
法无形相如虛空故法无戲論畢竟空故法



居士說法不當如仁者所以說夫說法者當如
法說无衆生離衆生垢故法无有我離我
垢故法无壽命離生死故法无有人前後際
斷故法常寂然滅諸相故法離於相无所緣
故法无名字言語斷故法无有說離覺觀故
法无形相如虛空故法无戲論畢竟空故法
无我所離我所故法无分別離諸識故法无
有比无相待故法不屬因不在緣故法同法
性入諸法故法隨於如无所隨故法住實際
諸邊不動故法无動搖不依六塵故法无去
來常不住故法順空隨无相應无作法離好
醜法无增損法无生滅法无所歸法過眼耳
鼻舌身心法无高下法常住不動法離一切
觀行唯大目連法相如是豈可說乎夫說法
者无說无示其聽法者无聞无得譬如幻士
為幻人說法當建是意而為說法當了衆生
根有利鈍善於知見无所罣礙以大悲心讚
于大乘念報佛恩不斷三寶然後說法維摩
詰說是法時八百居士發阿耨多羅三藐三
菩提心我无此辯是故不任詣彼問疾

佛告大迦葉汝行詣維摩詰問疾迦葉白
佛言世尊我不堪任詣彼問疾所以者何憶念
我昔於貧里而行乞食時維摩詰來謂我言
唯大迦葉有慈悲心而不能普捨豪富從
貧乞迦葉住平等法應次行乞食為不食故
應行乞食為壞和合相故應取揣食為不受故

佛告大迦葉汝行詣維摩詰問疾迦葉白
佛言世尊我不堪任詣彼問疾所以者何憶念
我昔於貧里而行乞食時維摩詰來謂我言
唯大迦葉有慈悲心而不能普捨豪富從
貧乞迦葉住平等法應次行乞食為不食故
應行乞食為懷和合相故應取揣食為不受故
應受彼食以空聚相入於聚落所見色與盲
等所聞聲與響等所嗅香與風等所食味不
分別受諸觸如智證知諸法如幻相无自性
无他性本自不然今則无滅迦葉若不能捨
八邪入八解脫以邪相入正法以一食施一切
供養諸佛及眾賢聖然後可食如是食者
非有煩惱非離煩惱非入定意非起定意非
住世間非住涅槃其有施者无大福无小福
不為益不為損是為正入佛道不依聲聞迦
葉若如是食為不空食人之施也時我世尊
聞說是語得未曾有即於一切菩薩深起敬
心復作是念斯有家名辯才智慧乃能如
是其誰不發阿耨多羅三藐三菩提心我
從是來不復勸人以聲聞辟支佛行是故
不任詣彼問疾
佛告須菩提汝行詣維摩詰問疾須菩提
白佛言世尊我不堪任詣彼問疾所以者何憶
念我昔入其舍從乞食時維摩詰取我鉢盛滿
飯謂我言唯須菩提若能於食等者諸法亦等

BD05300號　維摩詰所說經卷上　（28–13）

從是來不復勸人以聲聞辟支佛行是故
不任詣彼問疾
佛告須菩提汝行詣維摩詰問疾須菩提
白佛言世尊我不堪任詣彼問疾所以者何憶
念我昔入其舍從乞食時維摩詰取我鉢盛滿
飯謂我言唯須菩提若能於食等者諸法亦等
諸法等者於食亦等如是行乞乃可取食若
須菩提不斷婬怒癡亦不與俱不壞於身而
隨一相不滅癡愛起於明脫以五逆相而得解
脫亦不解不縛不見四諦非不見諦非得果
非不得果非凡夫非離凡夫法非聖人非不聖
人雖成就一切法而離諸法相乃可取食若
須菩提不見佛不聞法彼外道六師富蘭那
迦葉末伽梨拘賒梨子刪闍夜毗羅胝子阿
耆多翅舍欽婆羅迦羅鳩馱迦旃延尼揵陀
若提子等是汝之師因其出家彼師所墮汝
亦隨墮乃可取食若須菩提入諸邪見不到
彼岸住於八難不得无難同於煩惱離清淨
法汝得无諍三昧一切眾生亦得是定其施汝
者不名福田供養汝者墮三惡道為與眾魔
共一手作諸勞侶汝與眾魔及諸塵勞等
无有異於一切眾生而有怨心謗諸佛毀於
法而不入眾數終不得滅度汝若如是乃可取
食時我世尊聞此茫然不識是何言不知以何
荅便置鉢欲出其舍維摩詰言唯須菩提取
鉢勿懼於意云何如來所作化人若以是事

BD05300號　維摩詰所說經卷上　（28–14）

无有異於一切衆生而有惡心謗言佛毀於
法而不入衆數終不得滅度汝若如是乃可取
食時我世尊聞此茫然不識是何言不知以何
荅便置鉢欲出其舍維摩詰言唯須菩提取
鉢勿懼於意云何如來所作化人若以是事
詰寧有懼不我言不也維摩詰一切諸法如
幻化相汝今不應有所懼也所以者何一切言
說不離是相至於智者不着文字故无所懼
何以故文字性離无有文字是則解脫解脫
相者則諸法也維摩詰說是法時二百天子
得法眼淨故我不任詣彼問疾
佛告富樓那彌多羅尼子汝行詣維摩詰問
疾富樓那白佛言世尊我不堪任詣彼問疾
所以者何憶念我昔於大林中在一樹下為
諸新學比丘說法時維摩詰來謂我言唯
富樓那先當入定觀此人心然後說法无以穢
食置於寶器當知是比丘心之所念无以瑠璃
同彼水精汝不能知衆生根原无得發起以
小乘法彼自无瘡勿傷之也欲行大道莫示
小徑无以大海內於牛跡无以日光等彼螢
火唯富樓那此比丘久發大乘心中忘此意
如何以小乘法而教導之我觀小乘智慧微
淺猶如盲人不能分別一切衆生根之利
鈍時維摩詰即入三昧令此比丘自識宿命
曾於五百佛所殖衆德本迴向阿耨多羅三藐
三菩提心時豁然遂得本心於是諸



淺猶如盲人不能分別一切衆生根之利
鈍時維摩詰即入三昧令此比丘自識宿命
曾於五百佛所殖衆德本迴向阿耨多羅三藐
三菩提心時豁然遂得本心於是諸
首礼維摩詰足時維摩詰因為說法於阿
耨多羅三藐三菩提不復退轉我念聲聞不
觀人根不應說法是故不任詣彼問疾
佛告摩訶迦旃延汝行詣維摩詰問疾迦旃
延白佛言世尊我不堪任詣彼問疾所以者
何憶念昔者佛為諸比丘略說法要我即於
後敷演其義謂无常義苦義空義无我義
寂滅義時維摩詰來謂我言唯迦旃延无以生
滅心行說實相法迦旃延諸法畢竟不生不
滅是无常義五受陰洞達空无所起是苦義
諸法究竟无所有是空義於我无我而不二
是无我義法本不然今則无滅是寂滅義說
是法時彼諸比丘心得解脫故我不任詣彼
問疾
佛告阿那律汝行詣維摩詰問疾阿那律白
佛言世尊我不堪任詣彼問疾所以者何憶
念我昔於一處經行時有梵王名曰嚴淨與
万梵俱放淨光明來詣我所稽首作礼問我
言幾何阿那律天眼所見我即荅言仁者吾
見此釋迦牟尼佛土三千大千世界如觀掌
中菴摩勒果時維摩詰來謂我言唯阿那律

佛言世尊我不堪任
念我昔於一處經行時有梵王名曰嚴淨與
万梵俱放淨光明来詣我所稽首作礼問我
言幾何阿那律天眼所見我即荅言仁者吾
見此釋迦牟尼佛土三千大千世界如觀掌
中菴摩勒果時維摩詰来謂我言唯阿那律
天眼所見為作相耶无作相耶假使作相則
與外道五通等若无作相即是无為不應有
見世尊我時嘿然彼諸梵聞其言得未曾有
即為作礼而問曰世孰有真天眼者維摩詰
言有佛世尊得真天眼常在三昧悉見諸佛
國不以二相於是嚴淨梵王及其眷屬五百
梵天皆發阿耨多羅三藐三菩提心礼維摩
詰足忽然不現故我不任詣彼問疾
佛告優波離汝行詣維摩詰問疾優波離白
佛言世尊我不堪任詣彼問疾所以者何憶
念昔者有二比丘犯律行以為耻不敢問佛
来問我言唯優波離我等犯律誠以為耻不
敢問佛願解疑悔得免斯咎我即為其如法
解說時維摩詰来謂我言唯優波離无重增
此二比丘罪當直除滅勿擾其心所以者何
彼罪性不在內不在外不在中間如佛所說
心垢故衆生垢心淨故衆生淨心亦不在內
不在外不在中間如其心然罪垢亦然諸法
亦然不出於如如優波離以心相得解脫時
寧有垢不我言不也維摩詰一切衆生心想

BD05300 號　維摩詰所說經卷上　（28–17）

彼罪性不在內不在外不在中間如佛所說
心垢故衆生垢心淨故衆生淨心亦不在內
不在外不在中間如其心然罪垢亦然諸法
亦然不出於如如優波離以心相得解脫時
寧有垢不我言不也維摩詰一切衆生心想
无垢亦復如是唯優波離妄想是垢无妄
想是淨顛倒是垢无顛倒是淨取我是垢不
取我是淨優波離一切法生滅不住如幻如
電諸法不相待乃至一念不住諸法皆妄見
如夢如焰如水中月如鏡中像以妄想生其
知此者是名奉律其知此者是名善解於是
二比丘言上智哉是優波離所不及持律之
上而不能說我荅言自捨如来未有聲聞及
菩薩能制其樂說之辯其智慧明達為若此
也時二比丘疑悔即除發阿耨多羅三藐三
菩提心作是願言令一切衆生皆得是辯故
我不任詣彼問疾
佛告羅睺羅汝行詣維摩詰問疾羅睺羅白
佛言世尊我不堪任詣彼問疾所以者何憶
念昔時毗耶離諸長者子来詣我所稽首作
礼問我言唯羅睺羅汝佛之子捨轉輪王位
出家為道其出家者有何等利我即如法為
說出家功德之利時維摩詰来謂我言唯羅
睺羅不應說出家功德之利所以者何无利
无功德是為出家有為法者可說有利有功
德夫出家者為无為法无為法中无利无功

BD05300 號　維摩詰所說經卷上　（28–18）

出家爲道其出家者有何等利我即如法爲
說出家功德之利時維摩詰來謂我言唯羅
睺羅不應說出家功德之利所以者何无利
无功德是爲出家有爲法者可說有利有功
德夫出家者爲无爲法无爲法中无利无功
德羅睺羅夫出家者无彼无此亦无中閒離
六十二見處於涅槃智者所受聖所行處降伏
衆魔度五道淨五眼得五力立五根不惱於
彼離衆雜惡摧諸外道超越假名出淤泥无
繫著无我所无所受无擾亂内懷喜護彼意
隨禪定離衆過若能如是是真出家於是維
摩詰詰諸長者子汝等於正法中宜共出家
所以者何佛世難值諸長者子言居士我聞
佛言父母不聽不得出家維摩詰言然汝等
便發阿耨多羅三藐三菩提心是即出家是
即具足尒時三十二長者子皆發阿耨多羅
三藐三菩提心故我不任詣彼問疾
佛告阿難汝行詣維摩詰問疾阿難白佛言
世尊我不堪任詣彼問疾所以者何憶念昔
時世尊身小有疾當用牛乳我即持鉢詣大
婆羅門家門下立時維摩詰來謂我言唯阿
難何爲晨朝持鉢住此我言居士世尊身小
有疾當用牛乳故來至此維摩詰言止止阿
難莫作是語如來身者金剛之體諸惡已斷
衆善普會當有何疾當有何惱嘿往阿難勿
謗如來莫使異人聞此麁言无令大威德諸

BD05300號　維摩詰所説經卷上　（28–19）

有疾當用牛乳故來至此維摩詰言止止阿
難莫作是語如來身者金剛之體諸惡已斷
衆善普會當有何疾當有何惱嘿往阿難勿
謗如來莫使異人聞此麁言无令大威德諸
天及他方淨土諸來菩薩得聞斯語阿難轉
輪聖王以少福故尚得无病豈况如來无量
福會普勝者哉行矣阿難勿使我等受斯恥
也外道梵志若聞此語當作是念何名爲師自
疾不能救而能救諸疾人可密速去勿使人聞
當知阿難諸如來身即是法身非思欲身佛
爲世尊過於三界佛身无漏諸漏已盡佛身
无爲不墮諸數如此之身當有何病時我世
尊實懷慙愧得无近佛而謬聽耶即聞空中
聲曰阿難如居士言但爲佛出五濁惡世現行
斯法度脫衆生行矣阿難取乳勿慙世尊維
摩詰知慧辯才爲若此也是故不任詣彼問
疾如是五百大弟子各各向佛說其本緣稱述
維摩詰所言皆曰不任詣彼問疾
菩薩品第四
於是佛告弥勒菩薩汝行詣維摩詰問疾弥
勒白佛言世尊我不堪任詣彼問疾所以者
何憶念我昔爲兜率天王及其眷屬說不退
轉地之行時維摩詰來謂我言弥勒世尊授
仁者記一生當得阿耨多羅三藐三菩提爲用
何生得受記乎過去耶未來耶現在耶若過

BD05300號　維摩詰所説經卷上　（28–20）

勒白佛言世尊我不堪任詣彼問疾所以者
何憶念我昔為兜率天王及其眷屬說不退
轉地之行時維摩詰來謂我言弥勒世尊授
仁者記一生當得阿耨多羅三藐三菩提為用
何生得受記乎過去耶未來耶現在耶若過
去生過去生已滅若未來生未來生未至若
現在生現在生无住如佛所說比丘汝今即時
亦生亦老亦滅若以无生得受記者无生即
是正位於正位中亦无受記亦无得阿耨多
羅三藐三菩提心云何弥勒受一生記乎為從
如生得受記耶為從如滅得受記耶若以如
生得受記者如无有生若以如滅得受記者
如无有滅一切衆生皆如也一切法亦如也衆
聖賢亦如也至於弥勒亦如也若弥勒得受
記者一切衆生亦應受記所以者何夫如者
不二不異若弥勒得阿耨多羅三藐三菩提
者一切衆生皆亦應得所以者何一切衆生
即菩提相若弥勒滅度者一切衆生亦當滅
度所以者何諸佛知一切衆生畢竟寂滅即
涅槃相不復更滅是故弥勒无以此法誘諸
天子實无發阿耨多羅三藐三菩提心者亦
无退者弥勒當令此諸天子捨於分別菩提
之見所以者何菩提者不可以身得不可以
心得寂滅是菩提滅諸相故不觀是菩提離
諸緣故不行是菩提无憶念故斷是菩提捨



无退者弥勒當令此諸天子捨於分別菩提
之見所以者何菩提者不可以身得不可以
心得寂滅是菩提滅諸相故不觀是菩提離
諸緣故不行是菩提无憶念故斷是菩提捨
諸見故離是菩提離諸妄想故障是菩提障
諸願故不入是菩提无貪著故順是菩提順於
如故住是菩提住法性故至是菩提至實際
故不二是菩提離意法故等是菩提等虛空故
无為是菩提无生住滅故智是菩提了衆生
心行故不會是菩提諸入不會故不合是菩提
離煩惱習故无處是菩提无形色故假名是菩
提名字空故如化是菩提无取捨故无亂是菩
提常自靜故善寂是菩提性清淨故无取是菩
提離攀緣故无異是菩提諸法等故无比是菩
提无可喻故微妙是菩提諸法難知故世尊維
摩詰說是法時二百天子得无生法忍故我不
任詣彼問疾
佛告光嚴童子汝行詣維摩詰問疾光嚴白
佛言世尊我不堪任詣彼問疾所以者何憶
念我昔出毗耶離大城時維摩詰方入城我
即為作礼而問言居士從何所來荅我言吾
從道場來我問道場者何所是荅曰直心是
道場无虛假故發行是道場能辦事故深心
是道場增益功德故菩提心是道場无錯謬
故布施是道場不望報故持戒是道場得願

即為作禮而問言居士從何所來荅我言吾
從道場來我問道場者何所是荅曰直心是
道場无虛假故發行是道場能辦事故深心
是道場增益功德故菩提心是道場无錯謬
故布施是道場不望報故持戒是道場得願
具故忍辱是道場於諸眾生心无礙故精進
是道場不懈退故禪定是道場心調柔故智
慧是道場現見諸法故慈是道場等眾生故
悲是道場忍疲苦故喜是道場悅樂法故捨
是道場憎愛斷故神通是道場成就六通故
解脫是道場能背捨故方便是道場教化眾
生故四攝法是道場攝眾生故多聞是道場
如聞行故伏心是道場正觀諸法故三十七品是
道場捨有為法故諦是道場不誑世間故緣
起是道場无明乃至老死皆无盡故諸煩惱
是道場知如實故眾生是道場知无我故一
切法是道場知諸法空故降魔是道場不傾
動故三界是道場无所趣故師子吼是道場无
所畏故力无畏不共法是道場无諸過故三
明是道場无餘礙故一念知一切法是道場
成就一切智故如是善男子菩薩若應諸波
羅蜜教化眾生諸有所作舉足下足當知皆
從道場來住於佛法矣說是法時五百天人
皆發阿耨多羅三藐三菩提心故我不任詣
彼問疾
佛告持世菩薩汝行詣維摩詰問疾持世白

BD05300號　維摩詰所說經卷上

(28–23)

從道場來住於佛法矣說是法時五百天人
皆發阿耨多羅三藐三菩提心故我不任詣
彼問疾
佛告持世菩薩汝行詣維摩詰問疾持世白
佛言世尊我不堪任詣彼問疾所以者何憶
念我昔住於靜室時魔波旬從万二千天女
狀如帝釋鼓樂絃歌來詣我所與其眷屬稽
首我足合掌恭敬於一面立我意謂是帝釋
而語之言善來憍尸迦雖福應有不當自恣
當觀五欲无常以求善本於身命財而脩堅
法即語我言正士受是万二千天女可備掃
灑我言憍尸迦无以此非法之物要我沙門
釋子此非我宜所言未訖時維摩詰來謂我
言非帝釋也是為魔來嬈固汝耳即語魔言
是諸女等可以與我如我應受魔即驚懼念
維摩詰將无惱我欲隱形去而不能隱盡其
神力亦不得去即聞空中聲曰波旬以女與
之乃可得去魔以畏故俛仰而與尒時維摩
詰語諸女言魔以汝等與我今汝皆當發阿
耨多羅三藐三菩提心即隨所應而為說法
令發道意復言汝等已發道意有法樂可以
自娛不應復樂五欲樂也天女即問何謂法
樂荅言樂常信佛樂欲聽法樂供養眾樂離
五欲樂觀五陰如怨賊樂觀四大如毒蛇樂
觀內入如空聚樂隨護道意樂饒益眾生樂
敬養師樂廣行施樂堅持戒樂忍辱柔和樂

BD05300號　維摩詰所說經卷上

(28–24)

令發道意汝言汝等已發道意有法樂可以
自娛不應復樂五欲樂也天女即問何謂法
樂荅言樂常信佛樂欲聽法樂供養衆樂離
五欲樂觀五陰如怨賊樂觀四大如毒虵樂
觀内入如空聚樂隨護道意樂饒益衆生樂
敬養師樂廣行施樂堅持戒樂忍辱柔和樂
勤集善根樂禪定不亂樂離垢明慧樂廣菩
提心樂降伏衆魔樂斷諸煩惱樂淨佛國土
樂成就相好故脩諸功德樂莊嚴道場樂聞
深法不畏樂三脫門不樂非時樂近同學樂
於非同學中心无恚礙樂將護惡知識樂近
善知識樂心喜清淨樂脩无量道品之法是
為菩薩法樂於是波旬告諸女言我欲與汝
俱還天宫諸女言以我等與此居士有法樂我
等甚樂不復樂五欲樂也魔言居士可捨此
女一切所有施於彼者是為菩薩維摩詰言
我已捨矣汝便將去令一切衆生得法願具足
於是諸女問維摩詰我等云何止於魔宫
維摩詰言諸姊有法門名无盡燈汝等當學
无盡燈者譬如一燈然百千燈冥者皆明明終
不盡如是諸姊夫一菩薩開導百千衆生令
發阿耨多羅三藐三菩提心於其道意亦不
滅盡隨所説法而自增益一切善法是名无
盡燈也汝等雖住魔宫以是无盡燈令无
數天子天女皆發阿耨多羅三藐三菩提心者
為報佛恩亦大饒益一切衆生尒時天女頭

BD05300號　維摩詰所說經卷上　（28–25）

不盡如是諸姊夫一菩薩開導百千衆生令
發阿耨多羅三藐三菩提心於其道意亦不
滅盡隨所説法而自增益一切善法是名无
盡燈也汝等雖住魔宫以是无盡燈令无
數天子天女皆發阿耨多羅三藐三菩提心者
為報佛恩亦大饒益一切衆生尒時天女頭
面禮維摩詰足隨魔還宫忽然不現世尊
維摩詰有如是自在神力智慧辯才故我不
任詣彼問疾
佛告長者子善得汝行詣維摩詰問疾善
得白佛言世尊我不堪任詣彼問疾所以者何
憶念我昔自於父舍設大施會供養一切沙
門婆羅門及諸外道貧窮下賤孤獨乞人期
滿七日時維摩詰來入會中謂我言長者子
夫大施會不當如汝所設當為法施之會何
用是財施會為我言居士何謂法施之會法
施會者无前无後一時供養一切衆生是名
法施之會何謂也謂以菩提起於慈心以救
衆生起大悲心以持正法起於喜心以攝智
慧行於捨心以攝慳貪起檀波羅蜜以化犯
戒起尸波羅蜜以无我法起羼提波羅蜜以
離身心相起毗棃耶波羅蜜以菩提相起禪
波羅蜜以一切智起般若波羅蜜教化衆生
而起於空不捨有為法而起无相示現受生
而起无作護持正法起方便力以度衆生起
四攝法以敬事一切起除慢法於身命財起

BD05300號　維摩詰所說經卷上　（28–26）

戒起尸波羅蜜以无我法起羼提波羅蜜以
離身心相起毗梨耶波羅蜜以菩提相起禪
波羅蜜以一切智起般若波羅蜜教化衆生
而起於空不捨有爲法而起无相示現受生
而起无作護持正法起方便力以度衆生起
四攝法以敬事一切起除慢法於身命財起
三堅法於六念中起思念法於六和敬起質
直心正行善法起於淨命心淨歡喜起近賢
聖不憎惡人起調伏心以出家法起於深心
以如說行起於多聞以无諍法起空閑處趣向
佛慧起於宴坐解衆生縛起脩行地以具
相好及淨佛土起福德業知一切衆生心念
如應說法起於智業知一切法不取不捨入
一相門起於慧業斷一切煩惱一切鄣礙一
切不善法起一切善業以得一切智慧一切
善法起於一切助佛道法如是善男子是爲
法施之會若菩薩住是法施會者爲大施主
亦爲一切世間福田世尊維摩詰說是法時
婆羅門衆中二百人皆發阿耨多羅三藐三
菩提心我時心得清淨歎未曾有稽首礼
維摩詰足即解瓔珞價直百千以上之不肯
取我言居士願必納之隨意所與維摩詰乃受
瓔珞分作二分持一分施此會中一最下乞
人持一分奉彼難勝如來一切衆會皆見光
明國土難勝如來又見珠瓔在彼佛上變成

BD05300號　維摩詰所說經卷上　　（28–27）

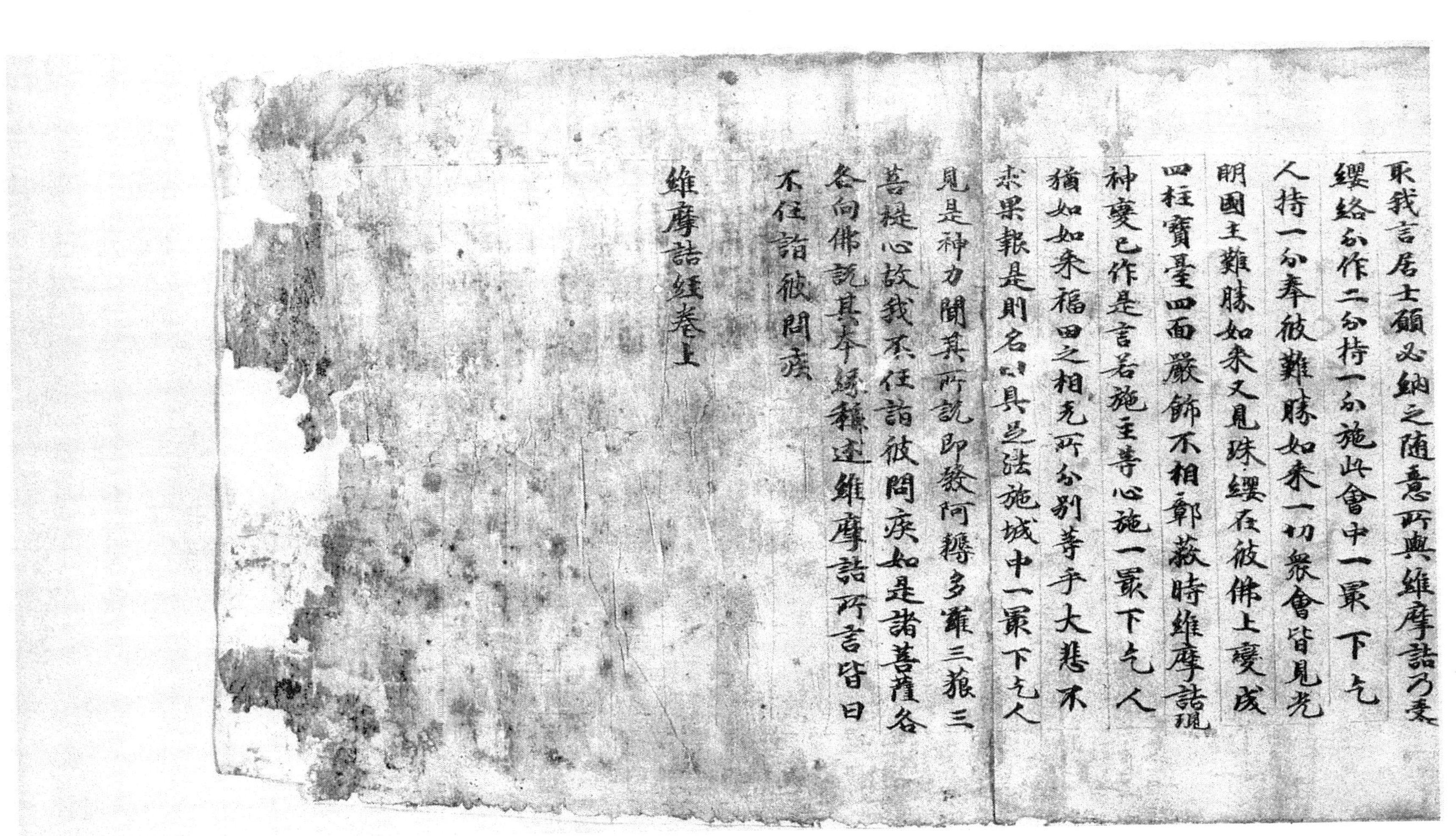
取我言居士願必納之隨意所與維摩詰乃受
瓔珞分作二分持一分施此會中一最下乞
人持一分奉彼難勝如來一切衆會皆見光
明國土難勝如來又見珠瓔在彼佛上變成
四柱寶臺四面嚴飾不相鄣蔽時維摩詰現
神變已作是言若施主等心施一最下乞人
猶如如來福田之相无所分別等于大悲不
求果報是則名曰具足法施城中一最下乞人
見是神力聞其所說即發阿耨多羅三藐三
菩提心故我不任詣彼問疾如是諸菩薩各
各向佛說其本緣稱述維摩詰所言皆曰
不任詣彼問疾

維摩詰經卷上

BD05300號　維摩詰所說經卷上　　（28–28）

忍復有八十那庾
心復有八萬四千衆生遠塵離垢
生淨法眼由是因緣令此世界一
山大海六種變動及現種種希有之相常啼
菩薩聞是語已踊躍歡喜作是念言我今已
為獲大善利謂因我問法涌菩薩令諸有情
得聞如是甚深般若波羅蜜多說諸如來應
正等覺无來去相令尒所衆獲大饒益我由
如來殊勝善根之能成辦所求无上正等菩
提我於无上正等菩提无復疑慮我於來世
定成如來應正等覺利益安樂无量有情作
是念已歡喜踊躍上昇虛空七多羅樹復作
是念當以何等供養大師法涌菩薩用酬為
我說法之恩時天帝釋知其所念化作无量
微妙香花欲持施與常啼菩薩而作是言大
士今者哀愍我故可受此花持以供養法涌
菩薩大士應受我等供養我今助成大士功
德所以者何因大士故我等无量百千有情
獲大饒益謂必當證所求无上正等菩提大
士當知諸有能為一切有情經於无量无數

BD05301號　大般若波羅蜜多經卷四〇〇　（2–1）

是念已歡喜踊躍上昇虛空七多羅樹復作
是念當以何等供養大師法涌菩薩用酬為
我說法之恩時天帝釋知其所念化作无量
微妙香花欲持施與常啼菩薩而作是言大
士今者哀愍我故可受此花持以供養法涌
菩薩大士應受我等供養我今助成大士功
德所以者何因大士故我等无量百千有情
獲大饒益謂必當證所求无上正等菩提大
士當知諸有能為一切有情經於无量无數
大劫受諸勤苦如大士者甚為難得是故今
應受我所施
尒時常啼菩薩摩訶薩受天帝釋微妙香花
奉散供養法涌菩薩摩訶薩已從虛空下頂
礼雙足合掌恭敬白言大師我從今日願以
身命奉屬大師以充給使作是語已法涌菩
薩摩訶薩前合掌而住時長者女及諸眷屬
合掌恭敬白常啼言我等從今亦以身命眷
屬供侍願垂納受以此善根願當獲得如是
勝法同尊所證願當來世恒親近尊常隨從
尊供養諸佛及諸菩薩同脩梵行常啼菩薩
即報彼言汝等至誠隨屬我者

BD05301號　大般若波羅蜜多經卷四〇〇　（2–2）

婆塞優婆夷
迦樓羅緊那羅摩睺
於佛前受阿耨多羅
三藐三菩提記心大歡喜踊躍无量各各脫
身所著上衣以供養佛釋提桓因梵天王等
與无數天子亦以天妙衣天曼陀羅華摩訶
曼陀羅華等供養於佛所散天衣住虛空中
而自迴轉諸天伎樂百千萬種於虛空中一
時俱作雨眾天華而作是言佛昔於波羅柰
初轉法輪今乃復轉无上最大法輪尒時諸
天子欲重宣此義而說偈言
昔於波羅柰　轉四諦法輪　分別說諸法　五眾之生滅
今復轉最妙　无上大法輪　是法甚深奧　少有能信者
我等從昔來　數聞世尊說　未曾聞如是　深妙之上法
世尊說是法　我等皆隨喜　大智舍利弗　今得受尊記
我等亦如是　必當得作佛　於一切世間　最尊无有上
佛道叵思議　方便隨宜說　我所有福業　今世若過世
及見佛功德　盡迴向佛道
尒時舍利弗白佛言世尊我今无復疑悔親

BD05302 號　妙法蓮華經卷二　（26–1）

我等亦如是　必當得作佛　於一切世間　最尊无有上
佛道叵思議　方便隨宜說　我所有福業　今世若過世
及見佛功德　盡迴向佛道
尒時舍利弗白佛言世尊我今无復疑悔親
於佛前得受阿耨多羅三藐三菩提記是諸
千二百心自在者昔住學地佛常教化言我
法能離生老病死究竟涅槃是學无學人亦
各自以離我見及有无見等謂得涅槃而今
於世尊前聞所未聞皆墮疑惑善哉世尊願
為四眾說其因緣令離疑悔尒時佛告舍利
弗我先不言諸佛世尊以種種因緣譬喻言
辭方便說法皆為阿耨多羅三藐三菩提耶
是諸所說皆為化菩薩故然舍利弗今當復
以譬喻更明此義諸有智者以譬喻得解舍
利弗若國邑聚落有大長者其年衰邁財冨
无量多有田宅及諸僮僕其家廣大唯有一
門多諸人眾一百二百乃至五百人止住其
中堂閣朽故牆壁頹落柱根腐敗梁棟傾危
周帀俱時欻然火起焚燒舍宅長者諸子若
十二十或至三十在此宅中長者見是大火
從四面起即大驚怖而作是念我雖能於此
所燒之門安隱得出而諸子等於火宅內樂
著嬉戲不覺不知不驚不怖火來逼身苦
痛切己心不猒患无求出意舍利弗是長者作

BD05302 號　妙法蓮華經卷二　（26–2）

周帀俱時欻然火起焚燒舍宅長者諸子若
十二十或至三十在此宅中長者見是大火
從四面起即大驚怖而作是念我雖能於此
所燒之門安隱得出而諸子等於火宅内樂
著嬉戲不覺不知不驚不怖火來逼身苦
痛切已心不猒患无求出意舍利弗是長者作
是思惟我身手有力當以衣裓若以机案從
舍出之復更思惟是舍唯有一門而復狹小
諸子幼稚未有所識戀著戲處或當墮落爲
火所燒我當爲説怖畏之事此舍已燒宜時
疾出无令爲火之所燒害作是念已如所思
惟具告諸子汝等速出父雖憐愍善言誘喻
而諸子等樂著嬉戲不肯信受不驚不畏了
无出心亦復不知何者是火何者爲舍云何
爲失但東西走戲視父而已尒時長者即作
是念此舍已爲大火所燒我及諸子若不時
出必爲所焚我今當設方便令諸子等得免
斯害父知諸子先心各有所好種種珍玩奇
異之物情必樂著而告之言汝等所可玩好
希有難得汝若不取後必憂悔如此種種羊
車鹿車牛車今在門外可以遊戲汝等於此
火宅宜速出來隨汝所欲皆當與汝尒時諸
子聞父所説珍玩之物適其願故心各勇鋭
互相推排競共馳走爭出火宅是時長者見
諸子等安隱得出皆於四衢道中露地而坐

BD05302 號　妙法蓮華經卷二　（26–3）

車鹿車牛車今在門外可以遊戲汝等於此
火宅宜速出來隨汝所欲皆當與汝尒時諸
子聞父所説珍玩之物適其願故心各勇鋭
互相推排競共馳走爭出火宅是時長者見
諸子等安隱得出皆於四衢道中露地而坐
无復鄣礙其心泰然歡喜踊躍時諸子等各
白父言父先所許玩好之具羊車鹿車牛車
願時賜與舍利弗尒時長者各賜諸子等一
大車其車高廣衆寶莊挍周帀欄楯四面懸
鈴又於其上張設幰蓋亦以珍奇雜寶而嚴
飾之寶繩交絡垂諸華瓔重敷綩綖安置丹
枕駕以白牛膚色充潔形體姝好有大筋力
行步平正其疾如風又多僕從而侍衛之所
以者何是大長者財富无量種種諸藏悉皆
充溢而作是念我財物无極不應以下劣小
車與諸子等今此幼童皆是吾子愛无偏黨
我有如是七寶大車其數无量應當等心各
各與之不宜差别所以者何以我此物周給
一國猶尚不匱何況諸子是時諸子各乘大
車得未曾有非本所望舍利弗於汝意云何
是長者等與諸子珍寶大車寧有虚妄不舍
利弗言不也世尊是長者但令諸子得免火
難全其軀命非爲虚妄何以故若全身命便
爲已得玩好之具况復方便於彼火宅而拔
濟之世尊若是長者乃至不與冣小一車猶

BD05302 號　妙法蓮華經卷二　（26–4）

車得未曾有非本所望舍利弗於汝意云何
是長者等與諸子珎寶大車寧有虛妄不舍
利弗言不也世尊是長者但令諸子得免火
難全其軀命非爲虛妄何以故若全身命便
爲已得玩好之具況復方便於彼火宅而拔
濟之世尊若是長者乃至不與冣小一車猶
不虛妄何以故是長者先作是意我以方便
令子得出以是因緣无虛妄也何況長者自知
財富无量欲饒益諸子等與大車佛告舍
利弗善哉善哉如汝所言舍利弗如来亦復
如是則爲一切世間之父於諸怖畏衰惱憂
患无明暗蔽永盡无餘而悉成就无量知見
力无所畏有大神力及智慧力具足方便智
慧波羅蜜大慈大悲常无懈惓恒求善事利
益一切而生三界朽故火宅爲度衆生生老
病死憂悲苦惱愚癡暗蔽三毒之火教化令
得阿耨多羅三藐三菩提見諸衆生爲生老
病死憂悲苦惱之所燒煑亦以五欲財利故
受種種苦又以貪著追求故現受衆苦後受
地獄畜生餓鬼之苦若生天上及在人間貧
窮困苦愛別離苦怨憎會苦如是等種種諸
苦衆生没在其中歡喜遊戲不覺不知不驚
不怖亦不生猒不求解脫於此三界火宅東
西馳走雖遭大苦不以爲患舍利弗佛見此
已便作是念我爲衆生之父應拔其苦難與

BD05302 號　妙法蓮華經卷二　（26–5）

窮困苦愛別離苦怨憎會苦如是等種種諸
苦衆生没在其中歡喜遊戲不覺不知不驚
不怖亦不生猒不求解脫於此三界火宅東
西馳走雖遭大苦不以爲患舍利弗佛見此
已便作是念我爲衆生之父應拔其苦難與
无量无邊佛智慧樂令其遊戲舍利弗如来
復作是念若我但以神力及智慧力捨於方
便爲諸衆生讚如来知見力无所畏者衆生
不能以是得度所以者何是諸衆生未免生
老病死憂悲苦惱而爲三界火宅所燒何由
能解佛之智慧舍利弗如彼長者雖復身手
有力而不用之但以慇懃方便免濟諸子火
宅之難然後各與珎寶大車如来亦復如是
雖有力无所畏而不用之但以智慧方便於
三界火宅拔濟衆生爲說三乘聲聞辟支佛
佛乘而作是言汝等莫得樂住三界火宅勿
貪麤弊色聲香味觸也若貪著生愛則爲所
燒汝速出三界當得三乘聲聞辟支佛佛乘
我今爲汝保任此事終不虛也汝等但當勤
脩精進如来以是方便誘進衆生復作是言
汝等當知此三乘法皆是聖所稱歎自在无
繫无所依求乘是三乘以无漏根力覺道禪
定解脫三昧等而自娛樂便得无量安隱快
樂舍利弗若有衆生內有智性從佛世尊聞

BD05302 號　妙法蓮華經卷二　（26–6）

脩精進如來以是方便誘進衆生復作是言
汝等當知此三乘法皆是聖所稱歎自在无
繫无所依求乘是三乘以无漏根力覺道禪
定解脫三昧等而自娛樂便得无量安隱快
樂舍利弗若有衆生內有智性從佛世尊聞
法信受慇懃精進欲速出三界自求涅槃是
名聲聞乘如彼諸子為求羊車出於火宅若
有衆生從佛世尊聞法信受慇懃精進求自
然慧樂獨善寂深知諸法因緣是名辟支佛
乘如彼諸子為求鹿車出於火宅若有衆生
從佛世尊聞法信受勤脩精進求一切智佛
智自然智无師智如來知見力无所畏愍念安
樂无量衆生利益天人度脫一切是名大
乘菩薩求此乘故名為摩訶薩如彼諸子為
求牛車出於火宅舍利弗如彼長者見諸子
等安隱得出火宅到无畏處自惟財富无量
等以大車而賜諸子如來亦復如是為一切
衆生之父若見无量億千衆生以佛教門出
三界苦怖畏險道得涅槃樂如來尒時便作
是念我有无量无邊智慧力无畏等諸佛法
藏是諸衆生皆是我子等與大乘不令有人
獨得滅度皆以如來滅度而滅度之是諸衆
生脫三界者悉與諸佛禪定解脫等娛樂之
具皆是一相一種聖所稱歎能生淨妙第一
之樂舍利弗如彼長者初以三車誘引諸子



藏是諸衆生皆是我子等與大乘不令有人
獨得滅度皆以如來滅度而滅度之是諸衆
生脫三界者悉與諸佛禪定解脫等娛樂之
具皆是一相一種聖所稱歎能生淨妙第一
之樂舍利弗如彼長者初以三車誘引諸子
然後但與大車寶物莊嚴安隱第一然彼長
者无虛妄之咎如來亦復如是无有虛妄初
說三乘引導衆生然後但以大乘而度脫之
何以故如來有无量智慧力无所畏諸法之
藏能與一切衆生大乘之法但不盡能受舍
利弗以是因緣當知諸佛方便力故於一佛
乘分別說三佛欲重宣此義而說偈言
譬如長者　有一大宅　其宅久故　而復頓弊
堂舍高危　柱根摧朽　梁棟傾斜　基陛頹毀
牆壁圮坼　泥塗褫落　覆苫亂墜　椽梠差脫
周障屈曲　雜穢充遍　有五百人　止住其中
鵄梟鵰鷲　烏鵲鳩鴿　蚖蛇蝮蝎　蜈蚣蚰蜒
守宮百足　鼬貍鼷鼠　諸惡虫輩　交横馳走
屎尿臭處　不淨流溢　蜣蜋諸虫　而集其上
狐狼野干　咀嚼踐蹋　嚌齧死屍　骨肉狼藉
由是群狗　競來搏撮　飢羸慞惶　處處求食
鬪諍齟掣　啀喍嘷吠　其舍恐怖　變狀如是
處處皆有　魑魅魍魎　夜叉惡鬼　食噉人肉
毒虫之屬　諸惡禽獸　孚乳產生　各自藏護
夜叉競來　爭取食之　食之既飽　惡心轉熾

由是群狗 競來搏撮 飢羸慞惶 處處求食
鬪諍齟掣 嘊喍嘷吠 其舍恐怖 變狀如是
處處皆有 魑魅魍魎 夜叉惡鬼 食噉人肉
毒虫之屬 諸惡禽獸 孚乳產生 各自藏護
夜叉競來 爭取食之 食之既飽 惡心轉熾
鬪諍之聲 甚可怖畏 鳩槃荼鬼 蹲踞土埵
或時離地 一尺二尺 往反遊行 縱逸嬉戲
捉狗兩足 撲令失聲 以脚加頸 怖狗自樂
復有諸鬼 其身長大 裸形黑瘦 常住其中
發大惡聲 叫呼求食 復有諸鬼 其咽如針
復有諸鬼 首如牛頭 或食人肉 或復噉狗
頭髮蓬亂 殘害凶險 飢渴所逼 叫喚馳走
夜叉餓鬼 諸惡鳥獸 飢急四向 窺看窓牖
如是諸難 恐畏无量 是朽故宅 屬于一人
其人近出 未久之間 於後舍宅 欻然火起
四面一時 其焰俱熾 棟梁椽柱 爆聲震裂
摧折墮落 墻壁崩倒 諸鬼神等 揚聲大叫
鵰鷲諸鳥 鳩槃荼等 周章惶怖 不能自出
惡獸毒虫 藏竄孔穴 毗舍闍鬼 亦住其中
薄福德故 為火所逼 共相殘害 飲血噉肉
野干之屬 並已前死 諸大惡獸 競來食噉
臭烟熢㶿 四面充塞 蜈蚣蚰蜒 毒虵之類
為火所燒 爭走出穴 鳩槃荼鬼 隨取而食
又諸餓鬼 頭上火然 飢渴熱惱 周章悶走
其宅如是 甚可怖畏 毒害火灾 衆難非一

BD05302 號　妙法蓮華經卷二　（26–9）

野干之屬 並已前死 諸大惡獸 競來食噉
臭烟熢㶿 四面充塞 蜈蚣蚰蜒 毒虵之類
為火所燒 爭走出穴 鳩槃荼鬼 隨取而食
又諸餓鬼 頭上火然 飢渴熱惱 周章悶走
其宅如是 甚可怖畏 毒害火灾 衆難非一
是時宅主 在門外立 聞有人言 汝諸子等
先因遊戲 來入此宅 稚小无知 歡娛樂着
長者聞已 驚入火宅 方宜救濟 令无燒害
告喻諸子 說衆患難 惡鬼毒虫 灾火蔓莚
衆苦次第 相續不絕 毒虵蚖蝮 及諸夜叉
鳩槃荼鬼 野干狐狗 鵰鷲鵄梟 百足之屬
飢渴惱急 甚可怖畏 此苦難處 況復大火
諸子无知 雖聞父誨 猶故樂着 嬉戲不已
是時長者 而作是念 諸子如此 益我愁惱
今此舍宅 无一可樂 而諸子等 躭湎嬉戲
不受我教 將為火害 即便思惟 設諸方便
告諸子等 我有種種 珍玩之具 妙寶好車
羊車鹿車 大牛之車 今在門外 汝等出來
吾為汝等 造作此車 隨意所樂 可以遊戲
諸子聞說 如此諸車 即時奔競 馳走而出
到於空地 離諸苦難 長者見子 得出火宅
住於四衢 坐師子座 而自慶言 我今快樂
此諸子等 生育甚難 愚小无知 而入險宅
多諸毒虫 魑魅可畏 大火猛焰 四面俱起
而此諸子 貪樂嬉戲 我已救之 令得脫難

BD05302 號　妙法蓮華經卷二　（26–10）

到於空地　離諸苦難　長者見子　得出火宅
住於四衢　坐師子座　而自慶言　我今快樂
此諸子等　生育甚難　愚小无知　而入險宅
多諸毒虫　魑魅可畏　大火猛焰　四面俱起
而此諸子　貪樂嬉戲　我已救之　令得脫難
是故諸人　我今快樂　尒時諸子　知父安坐
皆詣父所　而白父言　願賜我等　三種寶車
如前所許　諸子出來　當以三車　隨汝所欲
今正是時　唯垂給與　長者大富　庫藏衆多
金銀琉璃　車𤦲馬瑙　以衆寶物　造諸大車
莊校嚴飾　周帀欄楯　四面懸鈴　金繩交絡
真珠羅網　張施其上　金華諸瓔　處處垂下
衆綵雜飾　周帀圍繞　柔軟繒纊　以為茵蓐
上妙細疊　價直千億　鮮白淨潔　以覆其上
有大白牛　肥壯多力　形體姝好　以駕寶車
多諸儐從　而侍衛之　以是妙車　等賜諸子
諸子是時　歡喜踊躍　乘是寶車　遊於四方
嬉戲快樂　自在无礙　告舍利弗　我亦如是
衆聖中尊　世間之父　一切衆生　皆是吾子
深著世樂　无有慧心　三界无安　猶如火宅
衆苦充滿　甚可怖畏　常有生老　病死憂患
如是等火　熾然不息　如來已離　三界火宅
寂然閑居　安處林野　今此三界　皆是我有
其中衆生　悉是吾子　而今此處　多諸患難
唯我一人　能為救護　雖復教詔　而不信受

BD05302號　妙法蓮華經卷二　（26–11）

如是等火　熾然不息　如來已離　三界火宅
寂然閑居　安處林野　今此三界　皆是我有
其中衆生　悉是吾子　而今此處　多諸患難
唯我一人　能為救護　雖復教詔　而不信受
於諸欲染　貪著深故　是以方便　為說三乘
令諸衆生　知三界苦　開示演說　出世間道
是諸子等　若心決定　具足三明　及六神通
有得緣覺　不退菩薩　汝舍利弗　我為衆生
以此譬喻　說一佛乘　汝等若能　信受是語
一切皆當　成得佛道　是乘微妙　清淨第一
於諸世間　為无有上　佛所悅可　一切衆生
所應稱讚　供養禮拜　无量億千　諸力解脫
禪定智慧　及佛餘法　得如是乘　令諸子等
日夜劫數　常得遊戲　與諸菩薩　及聲聞衆
乘此寶乘　直至道場　以是因緣　十方諦求
更无餘乘　除佛方便　告舍利弗　汝諸人等
皆是吾子　我則是父　汝等累劫　衆苦所燒
我皆濟拔　令出三界　我雖先說　汝等滅度
但盡生死　而實不滅　今所應作　唯佛智慧
若有菩薩　於是衆中　能一心聽　諸佛實法
諸佛世尊　雖以方便　所化衆生　皆是菩薩
若人小智　深著愛欲　為此等故　說於苦諦
衆生心喜　得未曾有　佛說苦諦　真實无異
若有衆生　不知苦本　深著苦因　不能暫捨
為是等故　方便說道　諸苦所因　貪欲為本

BD05302號　妙法蓮華經卷二　（26–12）

若有菩薩　於是衆中　能一心聽　諸佛實法
諸佛世尊　雖以方便　所化衆生　皆是菩薩
若人小智　深著愛欲　為此等故　說於苦諦
衆生心喜　得未曾有　佛說苦諦　真實无異
若有衆生　不知苦本　深著苦因　不能暫捨
為是等故　方便說道　諸苦所因　貪欲為本
若滅貪欲　无所依止　滅盡諸苦　名第三諦
為滅諦故　脩行於道　離諸苦縛　名得解脫
是人於何　而得解脫　但離虛妄　名為解脫
其實未得　一切解脫　佛說是人　未實滅度
斯人未得　无上道故　我意不欲　令至滅度
我為法王　於法自在　安隱衆生　故現於世
汝舍利弗　我此法印　為欲利益　世間故說
在所遊方　勿妄宣傳　若有聞者　隨喜頂受
當知是人　阿鞞跋致　若有信受　此經法者
是人已曾　見過去佛　恭敬供養　亦聞是法
若人有能　信汝所說　則為見我　亦見於汝
及比丘僧　并諸菩薩　斯法華經　為深智說
淺識聞之　迷惑不解　一切聲聞　及辟支佛
於此經中　力所不及　汝舍利弗　尚於此經
以信得入　況餘聲聞　其餘聲聞　信佛語故
隨順此經　非已智分　又舍利弗　憍慢懈怠
計我見者　莫說此經　凡夫淺識　深著五欲
聞不能解　亦勿為說　若人不信　毀謗此經
則斷一切　世間佛種　或復顰蹙　而懷疑惑
汝當聽說　此人罪報　若佛在世　若滅度後



隨順此經　非已智分　又舍利弗　憍慢懈怠
計我見者　莫說此經　凡夫淺識　深著五欲
聞不能解　亦勿為說　若人不信　毀謗此經
則斷一切　世間佛種　或復顰蹙　而懷疑惑
汝當聽說　此人罪報　若佛在世　若滅度後
其有誹謗　如斯經典　見有讀誦　書持經者
輕賤憎嫉　而懷結恨　此人罪報　汝今復聽
其人命終　入阿鼻獄　具足一劫　劫盡更生
如是展轉　至无數劫　從地獄出　當墮畜生
若狗野干　其形頊瘦　黧黮疥癩　人所觸嬈
又復為人　之所惡賤　常困飢渴　骨肉枯竭
生受楚毒　死被瓦石　断佛種故　受斯罪報
若作駱駝　或生驢中　身常負重　加諸杖捶
但念水草　餘无所知　謗斯經故　獲罪如是
有作野干　來入聚落　身體疥癩　又无一目
為諸童子　之所打擲　受諸苦痛　或時致死
於此死已　更受蟒身　其形長大　五百由旬
聾騃无足　宛轉腹行　為諸小虫　之所唼食
晝夜受苦　无有休息　謗斯經故　獲罪如是
若得為人　諸根闇鈍　矬陋攣躄　盲聾背傴
有所言說　人不信受　口氣常臭　鬼魅所著
貧窮下賤　為人所使　多病痟瘦　无所依怙
雖親附人　人不在意　若有所得　尋復忘失
若脩醫道　順方治病　更增他疾　或復致死
若自有病　无人救療　設服良藥　而復增劇

貧窮下賤　為人所使　多病痟瘦　无所依怙
雖親附人　人不在意　若有所得　尋復忘失
若脩醫道　順方治病　更增他疾　或復致死
若自有病　无人救療　設服良藥　而復增劇
若他反逆　抄劫竊盜　如是等罪　横羅其殃
如斯罪人　永不見佛　衆聖之王　說法教化
如斯罪人　常生難處　狂聾心亂　永不聞法
於无數劫　如恒河沙　生輙聾瘂　諸根不具
常處地獄　如遊園觀　在餘惡道　如己舍宅
駝驢猪狗　是其行處　謗斯經故　獲罪如是
若得為人　聾盲瘖瘂　貧窮諸衰　以自莊嚴
水腫乾痟　疥癩癰疽　如是等病　以為衣服
身常臭處　垢穢不淨　深著我見　增益瞋恚
婬欲熾盛　不擇禽獸　謗斯經故　獲罪如是
告舍利弗　謗斯經者　若說其罪　窮劫不盡
以是因緣　我故語汝　无智人中　莫說此經
若有利根　智慧明了　多聞強識　求佛道者
如是之人　乃可為說　若人曾見　億百千佛
殖諸善本　深心堅固　如是之人　乃可為說
若人精進　常脩慈心　不惜身命　乃可為說
若人恭敬　无有異心　離諸凡愚　獨處山澤
如是之人　乃可為說　又舍利弗　若見有人
捨惡知識　親近善友　如是之人　乃可為說
若見佛子　持戒清淨　如淨明珠　求大乘經
如是之人　乃可為說　若人无瞋　質直柔耎

BD05302號　妙法蓮華經卷二　（26–15）

若人恭敬　无有異心　離諸凡愚　獨處山澤
如是之人　乃可為說　又舍利弗　若見有人
捨惡知識　親近善友　如是之人　乃可為說
若見佛子　持戒清淨　如淨明珠　求大乘經
如是之人　乃可為說　若人无瞋　質直柔耎
常愍一切　恭敬諸佛　如是之人　乃可為說
復有佛子　於大衆中　以清淨心　種種因緣
譬喻言辭　說法无礙　如是之人　乃可為說
若有比丘　為一切智　四方求法　合掌頂受
但樂受持　大乘經典　乃至不受　餘經一偈
如是之人　乃可為說　如人至心　求佛舍利
如是求經　得已頂受　其人不復　志求餘經
亦未曾念　外道典籍　如是之人　乃可為說
告舍利弗　我說是相　求佛道者　窮劫不盡
如是人等　則能信解　汝當為說　妙法華經

## 妙法蓮華經信解品第四

尒時慧命須菩提摩訶迦旃延摩訶迦葉摩
訶目揵連從佛所聞未曾有法世尊授舍利
弗阿耨多羅三藐三菩提記發希有心歡喜
踊躍即從座起整衣服偏袒右肩右膝著地
一心合掌曲躬恭敬瞻仰尊顔而白佛言我
等居僧之首年並朽邁自謂已得涅槃无所
堪任不復進求阿耨多羅三藐三菩提世尊
往昔說法既久我時在座身體疲懈但念空
无相无作於菩薩法遊戲神通淨佛國土成

BD05302號　妙法蓮華經卷二　（26–16）

一心合掌曲躬恭敬瞻仰尊顏而白佛言我
等居僧之首年並朽邁自謂已得涅槃无所
堪任不復進求阿耨多羅三藐三菩提世尊
往昔說法既久我時在座身體疲懈但念空
无相无作於菩薩法遊戲神通淨佛國土成
就衆生心不喜樂所以者何世尊令我等出
於三界得涅槃證又今我等年已朽邁於佛
教化菩薩阿耨多羅三藐三菩提不生一念
好樂之心我等今於佛前聞授聲聞阿耨多
羅三藐三菩提記心甚歡喜得未曾有不謂
於今忽然得聞希有之法深自慶幸獲大善
利无量珎寶不求自得世尊我等今者樂說
譬喻以明斯義譬若有人年既幼稚捨父逃
逝久住他國或十二十至五十歲年既長大
加復窮困馳騁四方以求衣食漸漸遊行遇
向本國其父先來求子不得中止一城其家
大富財寶无量金銀瑠璃珊瑚虎珀頗梨珠
等其諸倉庫悉皆盈溢多有僮僕臣佐吏民
象馬車乘牛羊无數出入息利乃遍他國商
估賈客亦甚衆多時貧窮子遊諸聚落經歷
國邑遂到其父所止之城父每念子與子離
別五十餘年而未曾向人說如此事但自思
惟心懷悔恨自念老朽多有財物金銀珎寶
倉庫盈溢无有子息一旦終沒財物散失无

BD05302 號　妙法蓮華經卷二

（26–17）

國邑遂到其父所止之城父每念子與子離
別五十餘年而未曾向人說如此事但自思
惟心懷悔恨自念老朽多有財物金銀珎寶
倉庫盈溢无有子息一旦終沒財物散失无
所委付是以慇懃每憶其子復作是念我若
得子委付財物坦然快樂无復憂慮世尊尒
時窮子傭賃展轉遇到父舍住立門側遥見
其父踞師子床寶几承足諸婆羅門刹利居
士皆恭敬圍繞以真珠瓔珞價直千萬莊嚴
其身吏民僮僕手執白拂侍立左右覆以寶
帳垂諸華幡香水灑地散衆名華羅列寶
物出內取與有如是等種種嚴飾威德特尊窮
子見父有大力勢即懷恐怖悔來至此竊作
是念此或是王或是王等非我傭力得物之
處不如往至貧里肆力有地衣食易得若久
住此或見逼迫強使我作作是念已疾走而
去時富長者於師子座見子便識心大歡喜
即作是念我財物庫藏今有所付我常思念
此子无由見之而忽自來甚適我願我雖年
朽猶故貪惜即遣傍人急追將還尒時使者
疾走往捉窮子驚愕稱怨大喚我不相犯何
為見捉使者執之愈急強牽將還于時窮子
自念无罪而被囚執此必定死轉更惶怖悶
絕躄地父遥見之而語使言不須此人勿強
將來以冷水灑面令得醒悟莫復與語所以

BD05302 號　妙法蓮華經卷二

（26–18）

疾走往捉窮子驚愕稱怨大喚我不相犯何
為見捉使者執之愈急強牽將還于時窮子
自念无罪而被囚執此必定死轉更惶怖悶
絕躄地父遥見之而語使言不須此人勿強
將來以冷水灑面令得醒悟莫復與語所以
者何父知其子志意下劣自知豪貴為子所
難審知是子而以方便不語他人云是我子
使者語之我今放汝隨意所趣窮子歡喜得
未曾有從地而起往至貧里以求衣食尒時
長者將欲誘引其子而設方便密遣二人形
色憔悴无威德者汝可詣彼徐語窮子此有
作處倍與汝直窮子若許將來使作若言欲
何所作便可語之雇汝除糞我等二人亦共
汝作時二使人即求窮子既已得之具陳上
事尒時窮子先取其價尋與除糞其父見子
愍而怪之又以他日於窻牖中遥見子身羸
瘦憔悴糞土塵坌汙穢不淨即脫瓔珞細耎
上服嚴飾之具更著麁弊垢膩之衣塵土坌
身右手執持除糞之器狀有所畏語諸作人
汝等勤作勿得懈息以方便故得近其子後
復告言咄男子汝常此作勿復餘去當加汝
價諸有所須瓫器米麵塩酢之屬莫自疑難
亦有老弊使人須者相給好自安意我如汝
父勿復憂慮所以者何我年老大而汝少壯
汝常作時无有欺怠瞋恨怨言都不見汝有



復告言咄男子汝常此作勿復餘去當加汝
價諸有所須瓫器米麵塩酢之屬莫自疑難
亦有老弊使人須者相給好自安意我如汝
父勿復憂慮所以者何我年老大而汝少壯
汝常作時无有欺怠瞋恨怨言都不見汝有
此諸惡如餘作人自今已後如所生子即時
長者更與作字名之為兒尒時窮子雖欣此
遇猶故自謂客作賤人由是之故於二十年
中常令除糞過是已後心相體信入出无難
然其所止猶在本處世尊尒時長者有疾自
知將死不久語窮子言我今多有金銀珎寶
倉庫盈溢其中多少所應取與汝悉知之我
心如是當體此意所以者何今我與汝便為
不異宜加用心无令漏失尒時窮子即受教
勑領知眾物金銀珎寶及諸庫藏而无悕取
一飡之意然其所止故在本處下劣之心亦
未能捨復經少時父知子意漸已通泰成就
大志自鄙先心臨欲終時而命其子并會親
族國王大臣剎利居士皆悉已集即自宣言
諸君當知此是我子我之所生於某城中捨
吾逃走跉跰辛苦五十餘年其本字某我名
某甲昔在本城懷憂推覓忽於此間遇會得
之此實我子我實其父今我所有一切財物
皆是子有先所出內是子所知世尊是時窮
子聞父此言即大歡喜得未曾有而作是念

其甲昔在本城懷憂推覓忽於此間遇會得
之此實我子我實其父今我所有一切財物
皆是子有先所出内是子所知世尊是時窮
子聞父此言即大歡喜得未曾有而作是念
我本无心有所悕求今此寶藏自然而至世
尊大富長者則是如來我等皆似佛子如來
常說我等為子世尊我等以三苦故於生死
中受諸熱惱迷惑无知樂著小法今日世尊
令我等思惟蠲除諸法戲論之糞我等於中
勤加精進得至涅槃一日之價既得此已心
大歡喜自以為足便自謂言於佛法中勤精進
故所得弘多然世尊先知我等心著弊欲樂
於小法便見縱捨不為分別汝等當有如來
知見寶藏之分世尊以方便力說如來智慧
我等從佛得涅槃一日之價以為大得於此
大乘无有志求我等又因如來智慧為諸菩
薩開示演說而自於此无有志願所以者何
佛知我等心樂小法以方便力隨我等說而
我等不知真是佛子今我等方知世尊於佛
智慧无所悋惜所以者何我等昔來真是佛
子而但樂小法若我等有樂大之心佛則為
我說大乘法今此經中唯說一乘而昔於菩
薩前毀呰聲聞樂小法者然佛實以大乘教
化是故我等說本无心有所悕求今法王大

BD05302號　妙法蓮華經卷二　（26–21）

子而但樂小法若我等有樂大之心佛則為
我說大乘法今此經中唯說一乘而昔於菩
薩前毀呰聲聞樂小法者然佛實以大乘教
化是故我等說本无心有所悕求今法王大
寶自然而至如佛子所應得者皆已得之尒
時摩訶迦葉欲重宣此義而說偈言
我等今日　聞佛音教　歡喜踊躍　得未曾有
佛說聲聞　當得作佛　无上寶聚　不求自得
譬如童子　幼稚无識　捨父逃逝　遠到他土
周流諸國　五十餘年　其父憂念　四方推求
求之既疲　頓止一城　造立舍宅　五欲自娛
其家巨富　多諸金銀　車渠馬瑙　真珠瑠璃
象馬牛羊　輦轝車乘　田業僮僕　人民衆多
出入息利　乃遍他國　商估賈人　无處不有
千萬億衆　圍繞恭敬　常為王者　之所愛念
羣臣豪族　皆共宗重　以諸緣故　往來者衆
豪富如是　有大力勢　而年朽邁　益憂念子
夙夜惟念　死時將至　癡子捨我　五十餘年
庫藏諸物　當如之何　尒時窮子　求索衣食
從邑至邑　從國至國　或有所得　或无所得
飢餓羸瘦　體生瘡癬　漸次經歷　到父住城
傭賃展轉　遂至父舍　尒時長者　於其門內
施大寶帳　處師子座　眷屬圍繞　諸人侍衛
或有計算　金銀寶物　出內財產　注記券疏

BD05302號　妙法蓮華經卷二　（26–22）

飢餓羸瘦　體生瘡癬　漸次經歷　到父住城
傭賃展轉　遂至父舍　尒時長者　於其門內
施大寶帳　處師子座　眷屬圍繞　諸人侍衛
或有計算　金銀寶物　出內財產　注記券疏
窮子見父　豪貴尊嚴　謂是國王　若是王等
驚怖自怪　何故至此　覆自念言　我若久住
或見逼迫　強驅使作　思惟是已　馳走而去
借問貧里　欲往傭作　長者是時　在師子座
遙見其子　嘿而識之　即勅使者　追捉將來
窮子驚喚　迷悶躃地　是人執我　必當見殺
何用衣食　使我至此　長者知子　愚癡狹劣
不信我言　不信是父　即以方便　更遣餘人
眇目矬陋　无威德者　汝可語之　云當相雇
除諸糞穢　倍與汝價　窮子聞之　歡喜隨來
為除糞穢　淨諸房舍　長者於牖　常見其子
念子愚劣　樂為鄙事　於是長者　著弊垢衣
執除糞器　往到子所　方便附近　語令勤作
既益汝價　并塗足油　飲食充足　薦席厚暖
如是苦言　汝當勤作　又以耎語　若如我子
長者有智　漸令入出　經二十年　執作家事
示其金銀　真珠頗梨　諸物出入　皆使令知
猶處門外　止宿草庵　自念貧事　我无此物
父知子心　漸已曠大　欲與財物　即聚親族
國王大臣　剎利居士　於此大眾　說是我子
捨我他行　經五十歲　自見子來　已二十年

BD05302號　妙法蓮華經卷二　（26–23）

示其金銀　真珠頗梨　諸物出入　皆使令知
猶處門外　止宿草庵　自念貧事　我无此物
父知子心　漸已曠大　欲與財物　即聚親族
國王大臣　剎利居士　於此大眾　說是我子
捨我他行　經五十歲　自見子來　已二十年
昔於某城　而失是子　周行求索　遂來至此
凡我所有　舍宅人民　悉以付之　恣其所用
子念昔貧　志意下劣　今於父所　大獲珍寶
并及舍宅　一切財物　甚大歡喜　得未曾有
佛亦如是　知我樂小　未曾說言　汝等作佛
而說我等　得諸无漏　成就小乘　聲聞弟子
佛勅我等　說最上道　脩習此者　當得成佛
我承佛教　為大菩薩　以諸因緣　種種譬喻
若干言辭　說无上道　諸佛子等　從我聞法
日夜思惟　精勤脩習　是時諸佛　即授其記
汝於來世　當得作佛　一切諸佛　秘藏之法
但為菩薩　演其實事　而不為我　說斯真要
如彼窮子　得近其父　雖知諸物　心不悕取
我等雖說　佛法寶藏　自无志願　亦復如是
我等內滅　自謂為足　唯了此事　更无餘事
我等若聞　淨佛國土　教化眾生　都无欣樂
所以者何　一切諸法　皆悉空寂　无生无滅
无大无小　无漏无為　如是思惟　不生喜樂
我等長夜　於佛知慧　无貪无著　无復志願
而自於法　謂是究竟　我等長夜　脩習空法

BD05302號　妙法蓮華經卷二　（26–24）

我等若聞 淨佛國土 教化衆生 都无欣樂
所以者何 一切諸法 皆悉空寂 无生无滅
无大无小 无漏无為 如是思惟 不生喜樂
我等長夜 於佛智慧 无貪无著 无復志願
而自於法 謂是究竟 我等長夜 脩習空法
得脫三界 苦惱之患 住冣後身 有餘涅槃
佛所教化 得道不虛 則為已得 報佛之恩
我等雖為 諸佛子等 說菩薩法 以求佛道
而於是法 永无願樂 導師見捨 觀我心故
初不勸進 說有實利 如富長者 知子志劣
以方便力 柔伏其心 然後乃付 一切財物
佛亦如是 現希有事 知樂小者 以方便力
調伏其心 乃教大智 我等今日 得未曾有
非先所望 而今自得 如彼窮子 得无量寶
世尊我今 得道得果 於无漏法 得清淨眼
我等長夜 持佛淨戒 始於今日 得其果報
法王法中 久脩梵行 今得无漏 无上大果
我等今者 真是聲聞 以佛道聲 令一切聞
我等今者 真阿羅漢 於諸世間 天人魔梵
普於其中 應受供養 世尊大恩 以希有事
憐愍教化 利益我等 无量億劫 誰能報者
手足供給 頭頂礼敬 一切供養 皆不能報
若以頂戴 兩肩荷負 於恒沙劫 盡心恭敬
又以美膳 无量寶衣 及諸卧具 種種湯藥
牛頭栴檀 及諸珍寶 以起塔廟 寶衣布地

BD05302號　妙法蓮華經卷二　（26–25）

法王法中 久脩梵行 今得无漏 无上大果
我等今者 真是聲聞 以佛道聲 令一切聞
我等今者 真阿羅漢 於諸世間 天人魔梵
普於其中 應受供養 世尊大恩 以希有事
憐愍教化 利益我等 无量億劫 誰能報者
手足供給 頭頂礼敬 一切供養 皆不能報
若以頂戴 兩肩荷負 於恒沙劫 盡心恭敬
又以美膳 无量寶衣 及諸卧具 種種湯藥
牛頭栴檀 及諸珍寶 以起塔廟 寶衣布地
如斯等事 以用供養 於恒沙劫 亦不能報
諸佛希有 无量无邊 不可思議 大神通力
无漏无為 諸法之王 能為下劣 忍于斯事
取相凡夫 隨宜為說 諸佛於法 得冣自在
知諸衆生 種種欲樂 及其志力 隨所堪任
以无量喻 而為說法 隨諸衆生 宿世善根
又知成熟 未成熟者 種種籌量 分別知已
於一乘道 隨宜說三

妙法蓮華經卷第二

BD05302號　妙法蓮華經卷二　（26–26）

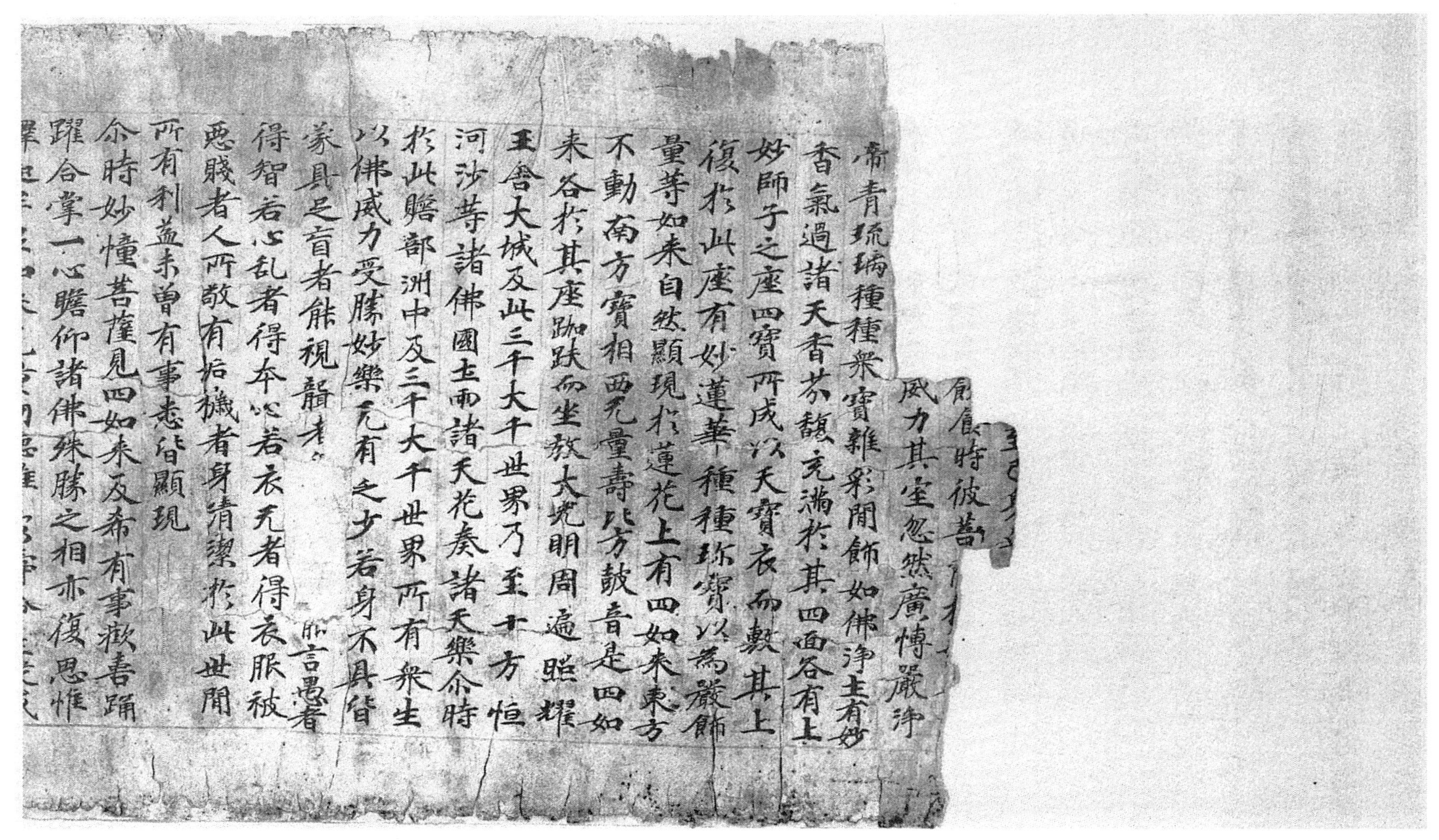

BD05303號　金光明最勝王經卷一　　（12–1）

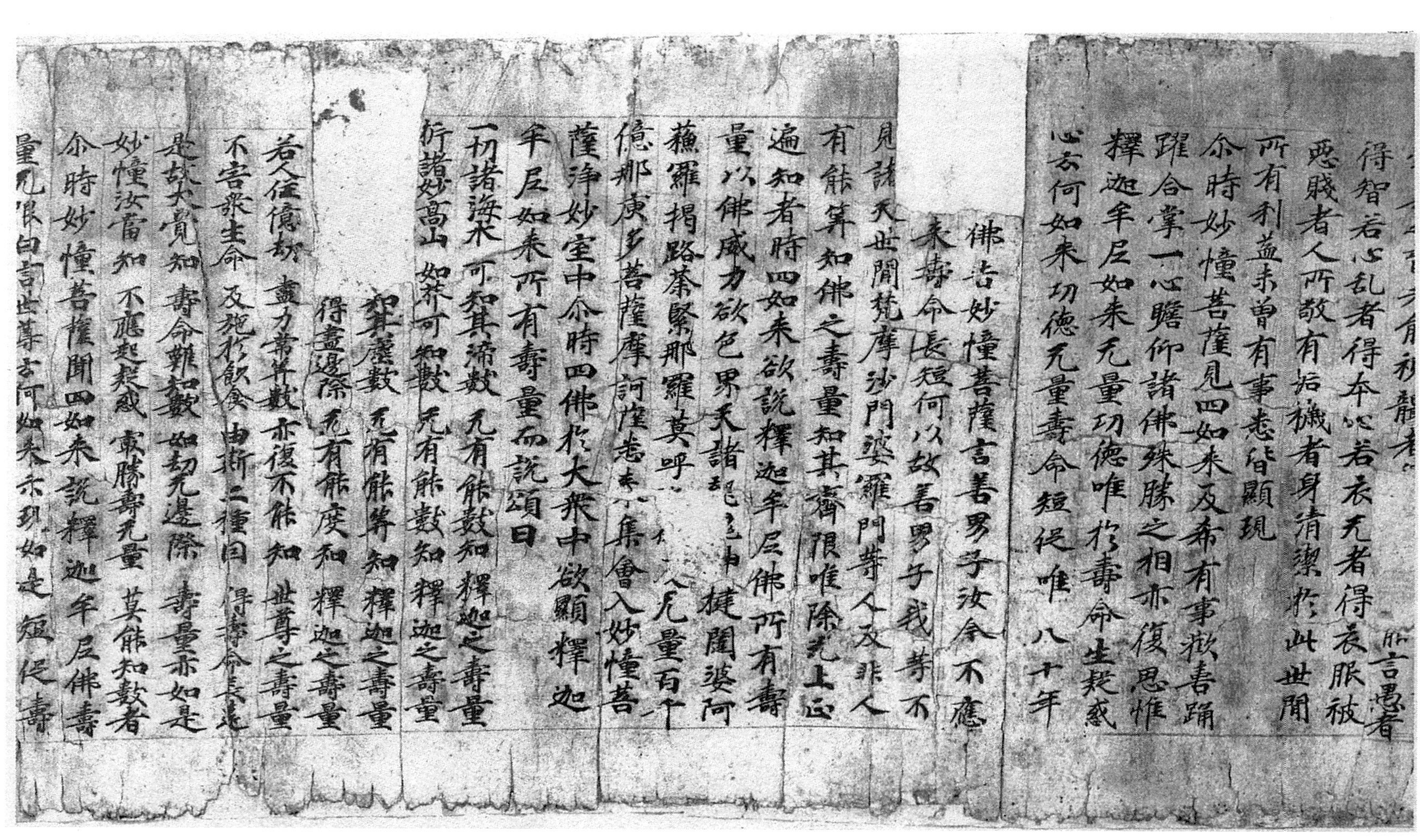

BD05303號　金光明最勝王經卷一　　（12–2）

[illegible]世尊之壽量
不害衆生命　及施於飲食　由斯二種因　得壽命長遠
是故大覺知　壽命難知數　如劫无邊際　壽量亦如是
妙幢汝當知　不應起疑惑　最勝壽无量　莫能知數者
尒時妙幢菩薩聞四如來說釋迦牟尼佛壽
量无限白言世尊云何如來示現如是短促壽
量時四世尊告妙幢菩薩言善男子彼釋迦
牟尼佛於五濁世出現之時人壽百年稟
性下劣善根微薄復无信解此諸衆生多有
我見人見衆生壽者養育邪見我我所見
常見等為欲利益此諸異生及衆外道如
是等類令生正解速得成就无上菩提是故釋
迦牟尼如來示現如是短促壽命善男子然
彼如來欲令衆生見涅槃已生難遭想憂苦
等想於佛世尊所說經教速當受持讀誦通
利為人解說不生謗毀是故如來現斯短壽
何以故彼諸衆生若見如來不般涅槃不生
恭敬難遭之想如來所說甚深經典亦不受
持讀誦通利為人宣說所以者何以常見佛
不尊重故善男子譬如有人見其父母多有
財產珍寶豐盈便於財物不生希有難遭之
想所以者何於父母物生常想故善男子彼諸
衆生亦復如是若見如來不入涅槃不生
希有難遭之想所以者何常見故善男子
譬如有人父母貧窮資財乏少然彼貧人或
詣王家或大臣舍見其倉庫種種珍財悉皆
盈滿生希有心難遭之想時彼貧人為欲求
財廣設方便策勤无怠所以者何為捨貧窮

BD05303 號　金光明最勝王經卷一　（12–3）

衆生亦復如是若見如來不入涅槃不生
希有難遭之想所以者何常見故善男子
譬如有人父母貧窮資財乏少然彼貧人或
詣王家或大臣舍見其倉庫種種珍財悉皆
盈滿生希有心難遭之想時彼貧人為欲求
財廣設方便策勤无怠所以者何為捨貧窮
受安樂故善男子彼諸衆生亦復如是若見
如來入於涅槃生難遭想乃至憂苦等想復
作是念於无量劫諸佛如來出現於世如烏
曇跋花時乃一現彼諸衆生發希有心起難遭
想若遇如來心生敬信聞說正法生實語想所
有經典悉皆受持不生毀謗善男子以是
因緣彼佛世尊不久住世速入涅槃善男子
是諸如來以如是等善巧方便成就衆生尒
時四佛說是語已忽然不現
尒時妙幢菩薩摩訶薩與无量百千菩薩及
无量億那庾多百千衆生俱共往詣鷲峯山
中釋迦牟尼如來正遍知所頂禮佛足在一面
立時妙幢菩薩以如上事具白世尊時四如來
亦詣鷲峯至釋迦牟尼佛所各隨本方就
座而坐告侍者菩薩言善男子汝今可詣釋
迦牟尼佛所為我致問少病少惱起居輕利
安樂行不復作是言善哉善哉釋迦牟尼如
來今可演說金光明經甚深法要為欲饒益
一切衆生除去飢饉令得安樂我當隨喜時
彼侍者各詣釋迦牟尼佛所頂禮雙足却住
一面俱白佛言彼天人師致問无量少病少
惱起居輕利安樂行不復作是言善哉善哉

BD05303 號　金光明最勝王經卷一　（12–4）

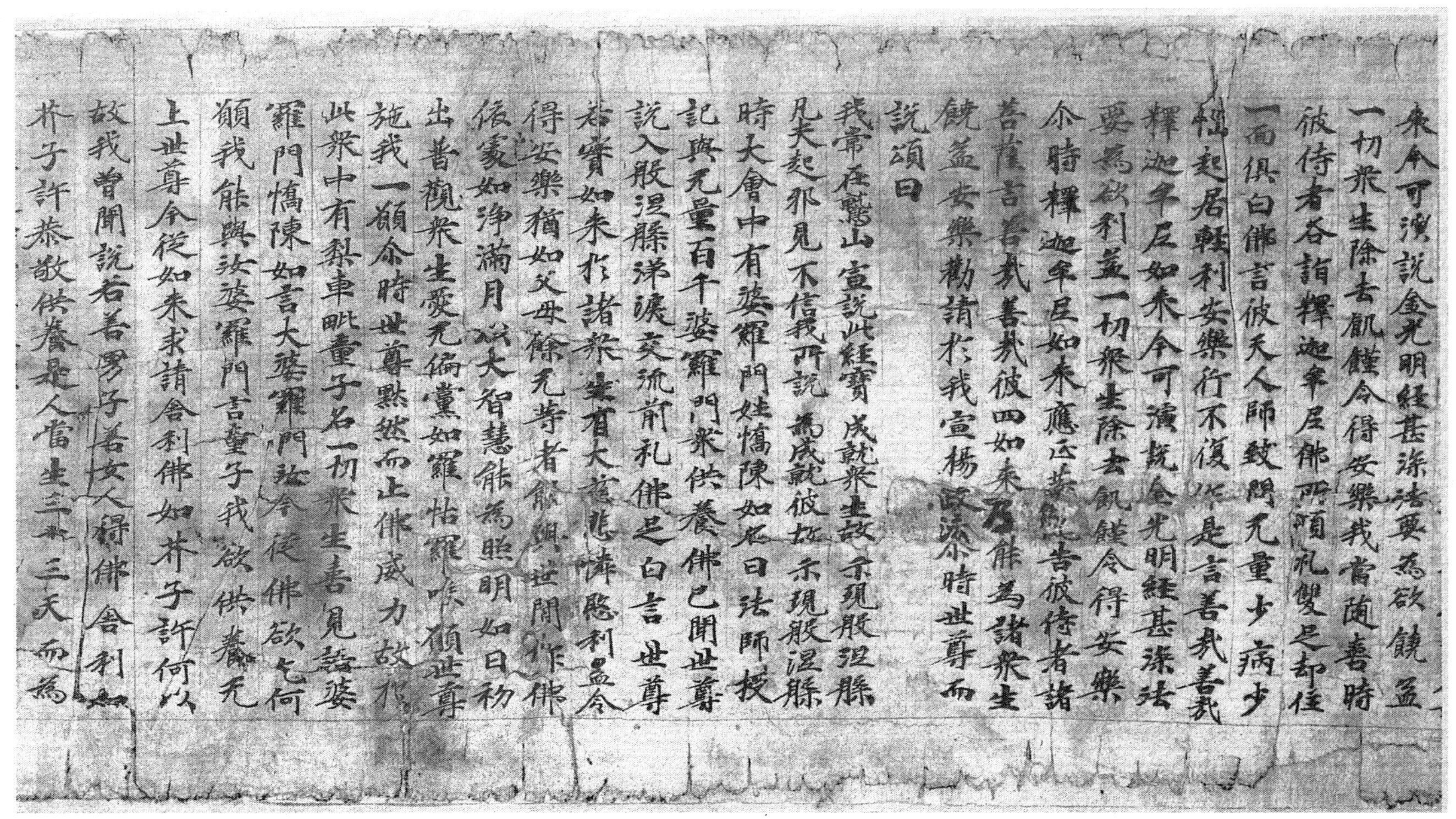

來今可演說金光明經甚深法要為欲饒益
一切衆生除去飢饉令得安樂我當隨喜時
彼侍者各詣釋迦牟尼佛所頂礼雙足却住
一面俱白佛言彼天人師致問无量少病少
惱起居輕利安樂行不復作是言善哉善哉
釋迦牟尼如來今可演說金光明經甚深法
要為欲利益一切衆生除去飢饉令得安樂
尒時釋迦牟尼如來應正等覺告彼侍者諸
菩薩言善哉善哉彼四如來乃能為諸衆生
饒益安樂勸請於我宣揚深法尒時世尊而
說頌曰
我常在鷲山　宣說此經寶　成就衆生故　示現般涅槃
凡夫起邪見　不信我所說　為成就彼故　示現般涅槃
時大會中有婆羅門姓憍陳如名曰法師授
記與无量百千婆羅門衆供養佛已聞世尊
說入般涅槃涕淚交流前礼佛足白言世尊
若實如來於諸衆生有大慈悲憐愍利益令
得安樂猶如父母餘无等者能與世間作歸
依處如淨滿月以大智慧能為照明如日初
出普觀衆生愛无偏黨如羅怙羅唯願世尊
施我一願尒時世尊默然而止佛威力故於
此衆中有梨車毗童子名一切衆生喜見語婆
羅門憍陳如言大婆羅門汝今從佛欲乞何
願我能與汝婆羅門言童子我欲供養无
上世尊今從如來求請舍利如芥子許何以
故我曾聞說若善男子善女人得佛舍利如
芥子許恭敬供養是人當生三十三天而為

BD05303號　金光明最勝王經卷一　（12–5）

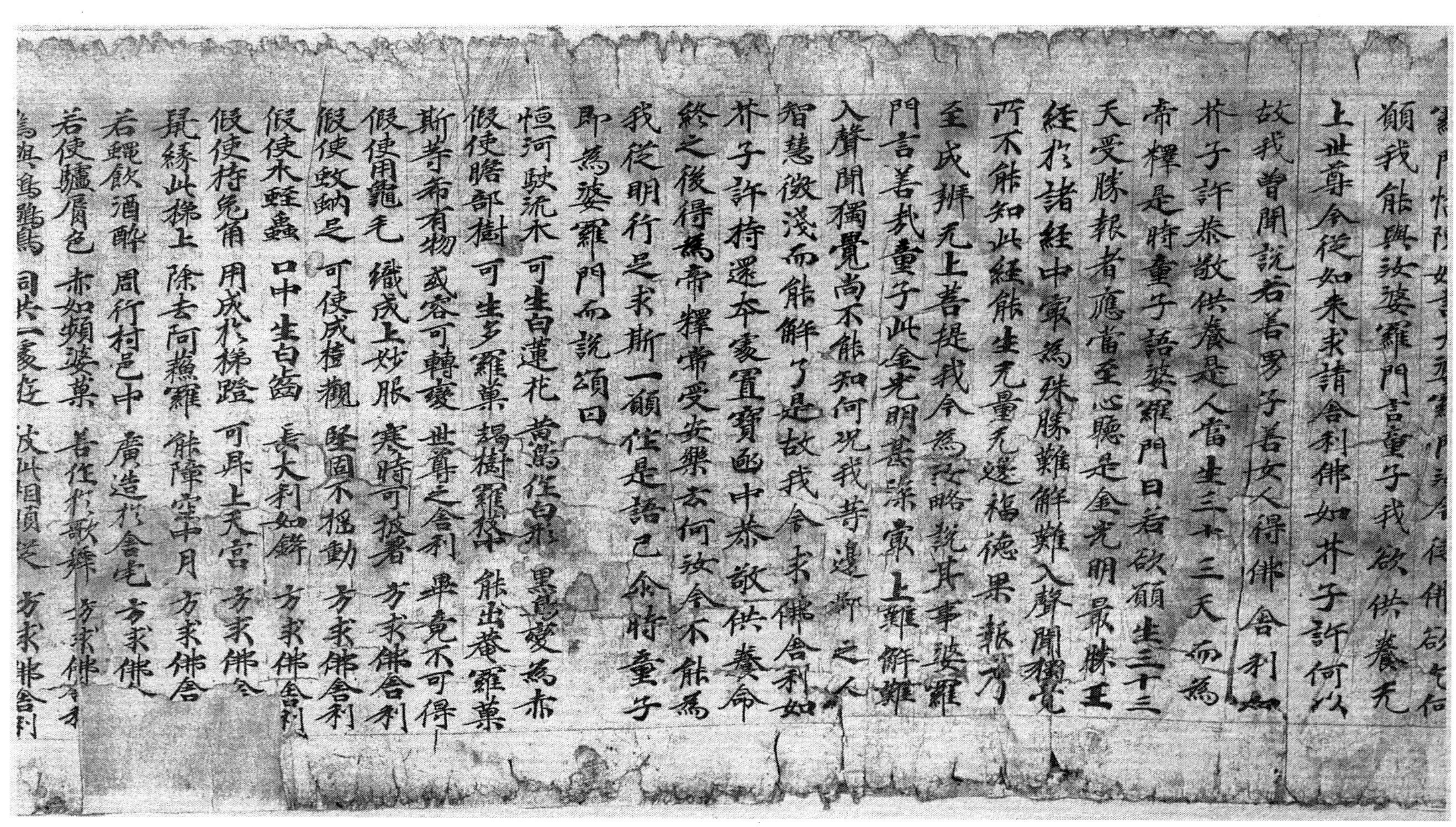

羅門憍陳如言大婆羅門汝今從佛欲乞何
願我能與汝婆羅門言童子我欲供養无
上世尊今從如來求請舍利如芥子許何以
故我曾聞說若善男子善女人得佛舍利如
芥子許恭敬供養是人當生三十三天而為
帝釋是時童子語婆羅門曰若欲願生三十三
天受勝報者應當至心聽是金光明最勝王
經於諸經中最為殊勝難解難入聲聞獨覺
所不能知此經能生无量无邊福德果報乃
至成辦无上菩提我今為汝略說其事婆羅
門言善哉童子此金光明甚深最上難解難
入聲聞獨覺尚不能知何况我等邊鄙之人
智慧微淺而能解了是故我今求佛舍利如
芥子許持還本處置寶函中恭敬供養命
終之後得為帝釋常受安樂云何汝今不能為
我從明行足求斯一願作是語已尒時童子
即為婆羅門而說頌曰
恒河駛流水　可生白蓮花　黃鳥作白形　黑鳥變為赤
假使贍部樹　可生多羅菓　朅樹羅枝中　能出菴羅菓
斯等希有物　或容可轉變　世尊之舍利　畢竟不可得
假使用龜毛　織成上妙服　寒時可披著　方求佛舍利
假使蚊蚋足　可使成樓觀　堅固不搖動　方求佛舍利
假使水蛭蟲　口中生白齒　長大利如鋒　方求佛舍利
假使持兔角　用成於梯蹬　可昇上天宮　方求佛舍
鼠緣此梯上　齧食阿蘇羅　能障空中月　方求佛舍利
若蠅飲酒醉　周行村邑中　廣造於舍宅　方求佛
若使驢脣色　赤如頻婆菓　善作於歌舞　方求佛
烏與鵂鶹鳥　同共一處住　彼此相順從　方求佛舍利

BD05303號　金光明最勝王經卷一　（12–6）

假使[illegible]
假使持兔角 用成於梯蹬 可昇上天宮 方求佛舍
鼠緣此梯上 除去阿蘇羅 能障空中月 方求佛舍
若蠅飲酒醉 周行村邑中 廣造於舍宅 方求佛
若使驢脣色 赤如頻婆菓 善作於歌舞 方求佛[illegible]
烏與鵂鶹鳥 同共一處遊 彼此相順從 方求佛舍利
假使波羅葉 可成於傘蓋 能遮於大雨 方求佛舍利
假使大船舶 盛滿諸財寶 能令陸地行 方求佛舍利
假使鷦鷯鳥 以嘴銜香山 隨處任遊行 方求佛舍利
尒時法師授記婆羅門聞此頌已亦以伽他
荅一切衆生喜見童子曰
善哉大童子 此衆中吉祥 善巧方便心 得佛无上記
如來大威德 能救護世間 仁可至心聽 我今次第說
諸佛境難思 世間无與等 法身性常住 脩行无差別
諸佛體皆同 所說法亦尒 諸佛无作者 亦復本无生
世尊金剛體 權現於化身 是故佛舍利 无如芥子許
佛非血肉身 云何有舍利 方便留身骨 為益諸衆生
法身是正覺 法界即如來 此是佛真身 亦說如是法
尒時會中三万二千天子聞說如來壽命長
遠皆發阿耨多羅三藐三菩提心歡喜踊躍
得未曾有異口同音而說頌曰
佛不般涅槃 正法亦不滅 為利衆生故 示現有滅盡
世尊不思議 妙體无異相 為利衆生故 現種種莊嚴
尒時妙幢菩薩親於佛前及四如來幷二大
士諸天子所聞說釋迦牟尼如來壽量事已復
從座起合掌恭敬白佛言世尊若實如是
諸佛如來不般涅槃无舍利者云何經中說
有涅槃及佛舍利令諸人天恭敬供養過去

BD05303號　金光明最勝王經卷一　（12–7）

佛不般涅槃 正法亦不滅 為利衆生故 示現有滅盡
世尊不思議 妙體无異相 為利衆生故 現種種莊嚴
尒時妙幢菩薩親於佛前及四如來幷二大
士諸天子所聞說釋迦牟尼如來壽量事已復
從座起合掌恭敬白佛言世尊若實如是
諸佛如來不般涅槃无舍利者云何經中說
有涅槃及佛舍利令諸人天恭敬供養過去
諸佛現有身骨流布於世人天供養得福无
邊今復言无致生疑惑唯願世尊哀愍我等
廣為分別
尒時佛告妙幢菩薩及諸大衆汝等當知云
般涅槃有舍利者是密意說如是之義當一
心聽善男子菩薩摩訶薩如是應知有其
十法能解如來應正等覺真實理趣說有究
竟大般涅槃云何為十一者諸佛如來究竟斷
盡煩惱障所知障故名為涅槃二者諸佛涅
來善能解了有情无性及法无性故名為
涅槃三者能轉身依及法依故名為涅槃四
者於諸有情任運休息化因緣名為涅槃
五者證得真實无差別相平等法身故名為
涅槃六者了知生死及以涅槃无二性故名
為涅槃七者於一切法了其根本證清淨故
名為涅槃八者於一切法无生无滅善脩行
故名為涅槃九者真如法界實際平等得正
智故名為涅槃十者於諸法性及涅槃性得
无差別故名為涅槃是謂十法說有涅槃
復次善男子菩薩摩訶薩如是應知復有十

BD05303號　金光明最勝王經卷一　（12–8）

為涅槃七者於一切法了其根本證清淨故
名為涅槃八者於一切法无生无滅善脩行
故名為涅槃九者真如法界實際平等得正
智故名為涅槃十者於諸法性及涅槃性得
无差別故名為涅槃是謂十法說有涅槃
復次善男子菩薩摩訶薩如是應知復有十
法能解如來應正等覺真實理趣說有究竟
大般涅槃云何為十一者一切煩惱以樂欲為
本從樂欲生諸佛世尊斷樂欲故名為涅
槃二者以諸如來斷諸樂欲不取一法以不
取故无去无來无所取故名為涅槃三者以
无去來及无所取是則法身不生不滅无生
滅故名為涅槃四者此无生滅非言所宣言語
斷故名為涅槃五者无有我人唯法生滅
得轉依故名為涅槃六者煩惱隨惑皆是客
塵法性是主无來无去佛了知故名為涅槃七
者真如是實餘皆虛妄實性體者即是真如
真如性者即是如來名為涅槃八者實際之
性无有戲論唯獨如來證實際法戲論永
斷名為涅槃九者无生是實生是虛妄愚癡
之人漂溺生死如來體實无有虛妄名涅槃十
者不實之法是從緣生真實之法不從緣
起如來法身體是真實名為涅槃善男子
是謂十法說有涅槃
復次善男子菩薩摩訶薩如是應知復
法能解如來應正等覺真實理趣說有
大般涅槃云何為十一者如來善知施及施田

BD05303號　金光明最勝王經卷一　（12–9）

起如來法身體是真實名為涅槃善男子
是謂十法說有涅槃
復次善男子菩薩摩訶薩如是應知復
法能解如來應正等覺真實理趣說有
大般涅槃云何為十一者如來善知施及施田
无我我所此施及果不正分別永　滅故名
為涅槃二者如來善知戒及戒　我所
此戒及果不正分別永除滅故名為涅槃
三者如來善知忍及忍果无我我所忍及
果不正分別永除滅故名為涅槃四者如來
善知勤及勤果无我我所此勤及果不正分
別永除滅故名為涅槃五者如來善知定
定果无我我所此定及果不正分別
故名為涅槃六者如來善知慧及慧
我所此慧及果不正分別永除滅故
七者謂諸佛如來善能了知一切有
有情一切諸法皆无性不正分別永除
為涅槃八者若自愛著便起追求由
受衆苦惱諸佛如來除自愛故永絕
追求故名為涅槃九者有為之法皆
无為法者數量皆除佛離有為證
數量故名為涅槃十者如來了知有情
體性皆空離空非有空性即是真法
為涅槃善男子是謂十法說有涅槃
復次善男子豈唯如來不般涅槃
復有十種希有之法是如來行云何為十一
者生死過失涅槃寂靜由於生死及以涅槃

BD05303號　金光明最勝王經卷一　（12–10）

體性皆空離空非有空性即是真法
爲涅槃善男子是謂十法說有涅槃
復次善男子豈唯如來不般涅槃
復有十種希有之法是如來行云何爲十一
者生死過失涅槃寂靜由於生死及以涅槃
證平等故不處流轉不住涅槃於諸有情不
生厭背是如來行二者佛於衆生不作是念
此是愚夫行顛倒見爲諸煩惱之所
令開悟令其解脫然由往昔慈善
有情隨其根性意樂勝解不起分
度示教利喜盡未來際无有窮盡是如
三者佛无是念我今演說十二分教利益有
情然由往昔慈善根力於彼有情廣說乃至
盡未來際无有窮盡是如來行四者佛无是
念我今往彼城邑聚落王及大臣婆羅門剎
帝利薜舍戍達羅等舍從其乞食然由往昔
身語意行串習力故任運詣彼爲利益事而
行乞食是如來行五者如來之身无有飢渴
亦无便利羸備之相雖行乞取而无所食亦
无分別然爲任運利益有情是有食相是如
來行六者佛无是念此諸衆生有上中下隨
彼機性而爲說法然佛世尊无有分別隨其
器量善應機緣爲彼說法是如來行七者佛
无是念此類有情不恭敬我常於我所出呵
罵言不能與彼共爲言論彼類有情恭敬於
我常於我所共相讚歎我當與彼共爲言說
然而如來起慈悲心平等无二是如來行八

BD05303號　金光明最勝王經卷一　（12–11）

身語意行串習力故任運詣彼爲利益事而
行乞食是如來行五者如來之身无有飢渴
亦无便利羸備之相雖行乞取而无所食亦
无分別然爲任運利益有情是有食相是如
來行六者佛无是念此諸衆生有上中下隨
彼機性而爲說法然佛世尊无有分別隨其
器量善應機緣爲彼說法是如來行七者佛
无是念此類有情不恭敬我常於我所出呵
罵言不能與彼共爲言論彼類有情恭敬於
我常於我所共相讚歎我當與彼共爲言說
然而如來起慈悲心平等无二是如來行八
者諸佛如來无有愛憎憍慢貪惜及諸煩惱
然而如來常樂寂靜讚歎少欲離諸諠鬧是
如來行九者如來无有一法不知不善通達
於一切處鏡智現前无有分別然而如來見
彼有情所作事業隨意轉方便誘引令得
出離是如來行十者如來若見一分有情得
富盛時不生歡喜見其衰損不起憂感然
如來見彼有情脩習正行无礙大慈自然

BD05303號　金光明最勝王經卷一　（12–12）

BD05303 號背　殘文書　（1–1）

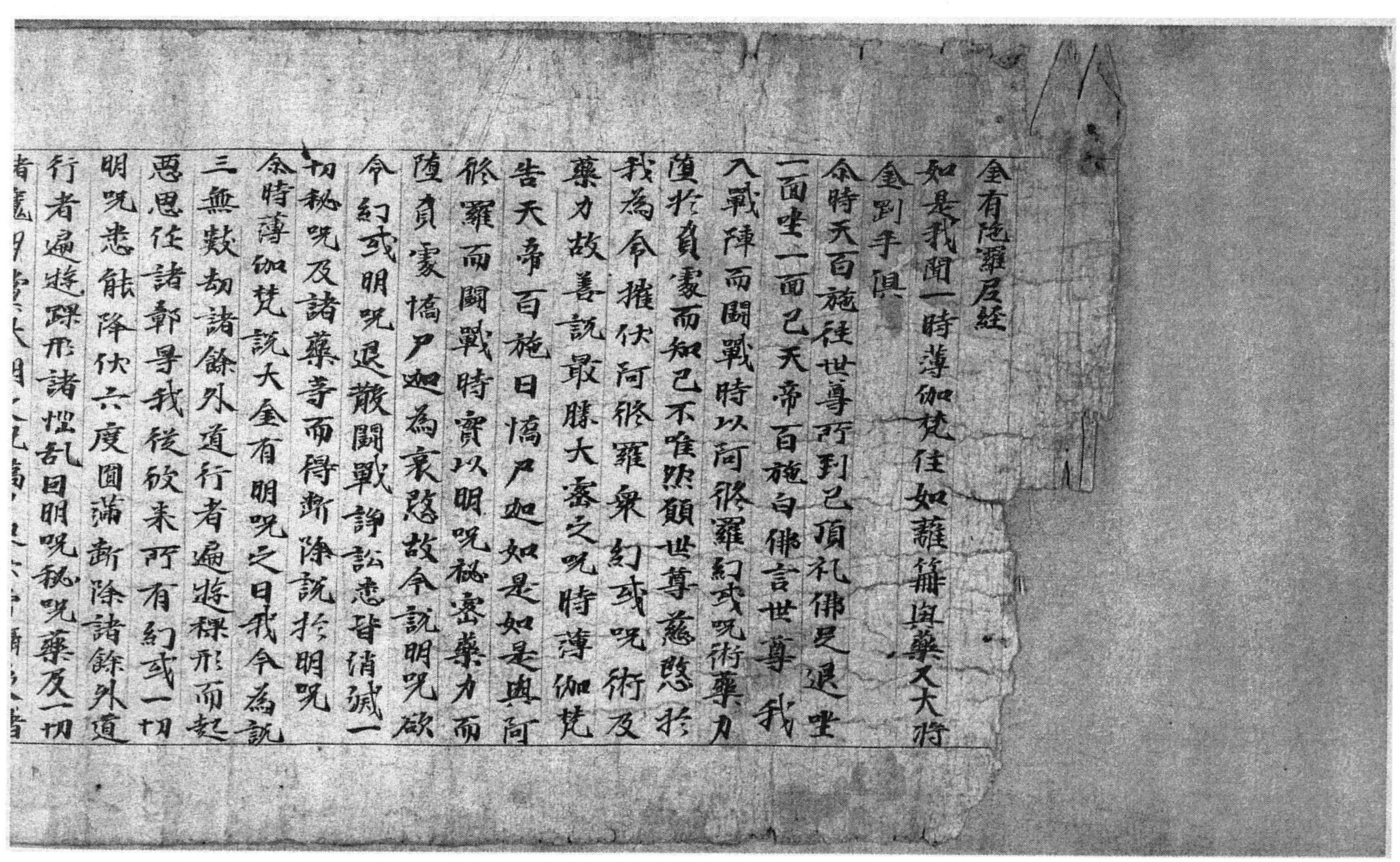

BD05304 號　金有陀羅尼經　（5–1）

切秘呪及諸藥等而得斷除說於明呪
尒時薄伽梵說大金有明呪之日我今為說
三無數劫諸餘外道行者遍遊隷形而起
惡思往諸鄣㝵我從彼來所有幻惑一切
明呪悉能降伏六度圓滿斷除諸餘外道
行者遍遊躶形諸惱亂曰明呪秘呪藥及一切
諸魔朋黨大明之呪憍尸迦汝當攝受諸
有情故受持最勝大秘密呪天帝白言
如是世尊唯然受教尒時世尊即說金有
大明呪曰
怛也他唵 希你希你 希離希離 命離命離
希明離 你希你希 你希囉秘你 乾佐那跛鞁
哺鞁抱哆蒲怛囉 阿地訖梨鞁 閑鞁閑鞁
閑哆蒲怛囉 阿地迦囉鞁 訶那訶那 訶婆訶
婆 親馱親馱 頻那頻那 薄伽跋鞁 佉秘佉
攢婆你 悉謨婆你 畔馱你 牟訶你 阿牟伽樂
鞁馱囉你 訖梨那訖梨那 伽多梼磨耶婆
攢婆也攢婆也 畔佐也畔佐也 悉戰婆也
悉戰婆也 畔馱也畔馱也 牟訶也牟訶也
所有一切若天幻惑若龍幻惑若藥叉幻惑
若羅刹幻惑若緊那羅幻惑若乹闥婆幻
惑若阿脩羅幻惑若莫呼洛迦幻惑若大腹
行幻惑若持明呪幻惑若持明呪戍就王幻
惑若仙幻惑若持一切明呪幻惑若羣生幻惑
若一切幻惑囉囉囉囉 囉佐也囉佐也 姤磨姤磨
姤姤磨 囉婆囉婆 囉婆那 佐剎蘭單 伽蘭佗孫
訶那訶那 薩婆辯哆 奢吔盧難 悉謨婆也

BD05304號 金有陀羅尼經 （5–2）

惑若阿脩羅幻惑若莫呼洛迦幻惑若大腹
行幻惑若持明呪幻惑若持明呪戍就王幻
惑若仙幻惑若持一切明呪幻惑若羣生幻惑
若一切幻惑囉囉囉囉 囉佐也囉佐也 姤磨姤磨
姤姤磨 囉婆囉婆 囉婆那 佐剎蘭單 伽蘭佗孫
訶那訶那 薩婆辯哆 奢吔盧難 悉謨婆也
婆刃悉謨婆也 秀迊悉謨婆也 摩南悉謨婆也
婆盧難悉謨婆也 惡你實悉謨婆也 攢幹執哆梨哆
梨馱囉鞁推 馱囉寧跂 奢訶悉鞁 幹奢他也
婆世那 若有於我能 為惡叡諸瞋嗔恚具拯
惡心鬪諍撫諍欲作 而無利益者 訶那訶那
哆訶哆訶 跛佐波佐 半佐也半佐也 攢婆也攢婆
也 悉謨婆也 悉謨婆也 半馱也 牟訶也 牟訶也
摩訶 牟訶你薄伽跋鞁蕯訶
於一切怖畏嬈惱疾疫顛守護我叭馱莎訶
憍尸迦若善男子若善女人若王若王大臣能
憶此金有明呪者彼無他怖畏於彼部黨他所
敵軍不能侵惱亦非天亦非龍亦非藥叉亦非乹
闥婆亦非阿脩羅亦非緊那羅亦非莫呼
洛迦亦非持明呪者亦非飛空母等亦不非時
而捨壽命明呪秘呪一切諸藥不能為害他所敵
軍不能侵遶他所敵軍而不勝令力不能害
水火毒藥明呪秘呪一切諸藥而不能穢還
着於彼自作教隨喜造罪彼之處所憍尸迦
是故淨信苾芻苾芻尼烏波索迦烏波斯迦
善男子善女人等以此明呪呪水七遍自洗

BD05304號 金有陀羅尼經 （5–3）

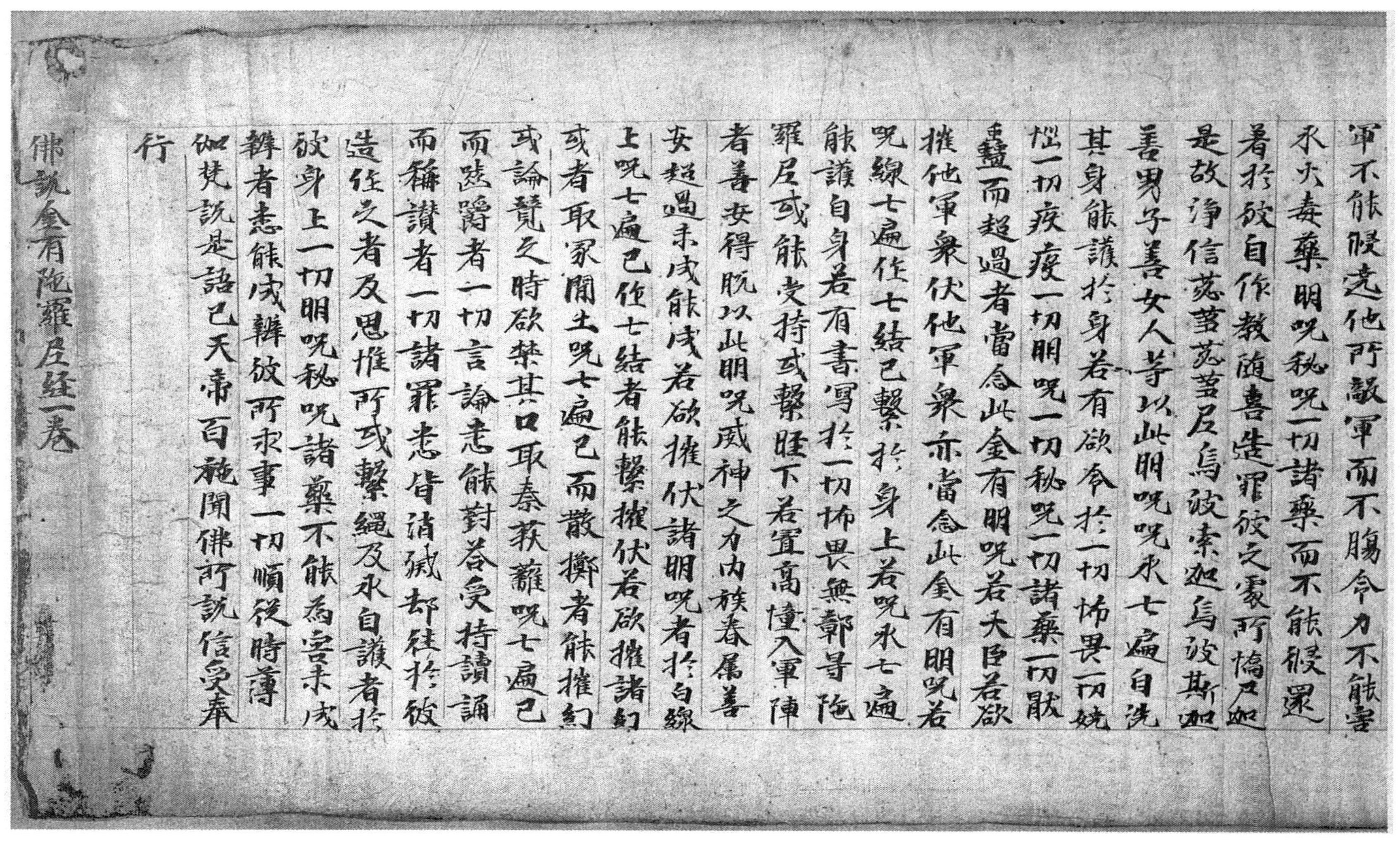

軍不能侵嬈他所敵軍而不勝令力不能害
永大毒藥明呪秘呪一切諸藥而不能侵還
著於彼自作教隨喜造罪彼之處所憍尸迦
是故淨信苾芻苾芻尼烏波索迦烏波斯迦
善男子善女人等以此明呪呪承七遍自洗
其身能護於身若有欲令於一切怖畏一切嬈
惱一切疾疫一切明呪一切秘呪一切諸藥一切厭
蠱而超過者當念此金有明呪若大臣若欲
摧他軍衆伏他軍衆亦當念此金有明呪若
呪線七遍作七結已繫於身上若呪承七遍
能護自身若有書寫於一切怖畏無鄣导陁
羅尼或能受持或繫腰下若置高幢入軍陣
者善安得脫以此明呪威神之力內族眷屬善
安超過未成能成若欲摧伏諸明呪者於白線
上呪七遍已作七結者能繫摧伏若欲摧諸幻
或者取冢間土呪七遍已而散擲者能摧幻
或論覺之時欲禁其口取桼䔧蘺呪七遍已
而踐蹋者一切言論悉能對答受持讀誦
而稱讚者一切諸罪悉皆消滅却往於彼
造作之者及思惟所或繫縄及永自護者於
彼身上一切明呪秘呪諸藥不能為害未成
辦者悉能成辦彼所求事一切順從時薄
伽梵說是語已天帝百施聞佛所說信受奉
行

佛說金有陀羅尼經一卷

BD05304號　金有陀羅尼經　（5–4）

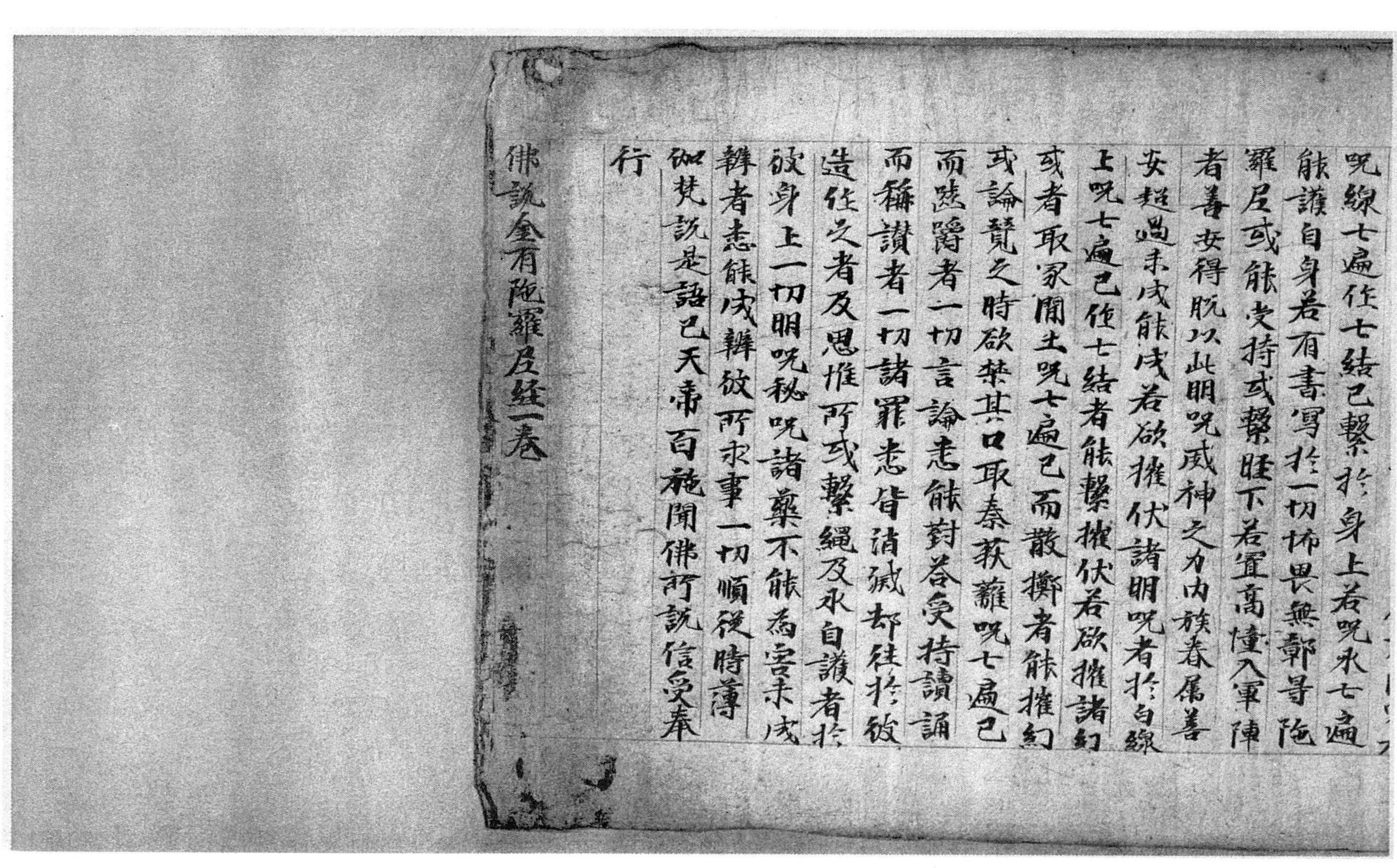

呪線七遍作七結已繫於身上若呪承七遍
能護自身若有書寫於一切怖畏無鄣导陁
羅尼或能受持或繫腰下若置高幢入軍陣
者善安得脫以此明呪威神之力內族眷屬善
安超過未成能成若欲摧伏諸明呪者於白線
上呪七遍已作七結者能繫摧伏若欲摧諸幻
或者取冢間土呪七遍已而散擲者能摧幻
或論覺之時欲禁其口取桼䔧蘺呪七遍已
而踐蹋者一切言論悉能對答受持讀誦
而稱讚者一切諸罪悉皆消滅却往於彼
造作之者及思惟所或繫縄及永自護者於
彼身上一切明呪秘呪諸藥不能為害未成
辦者悉能成辦彼所求事一切順從時薄
伽梵說是語已天帝百施聞佛所說信受奉
行

佛說金有陀羅尼經一卷

BD05304號　金有陀羅尼經　（5–5）

BD05304 號背　藏文題記　（1–1）

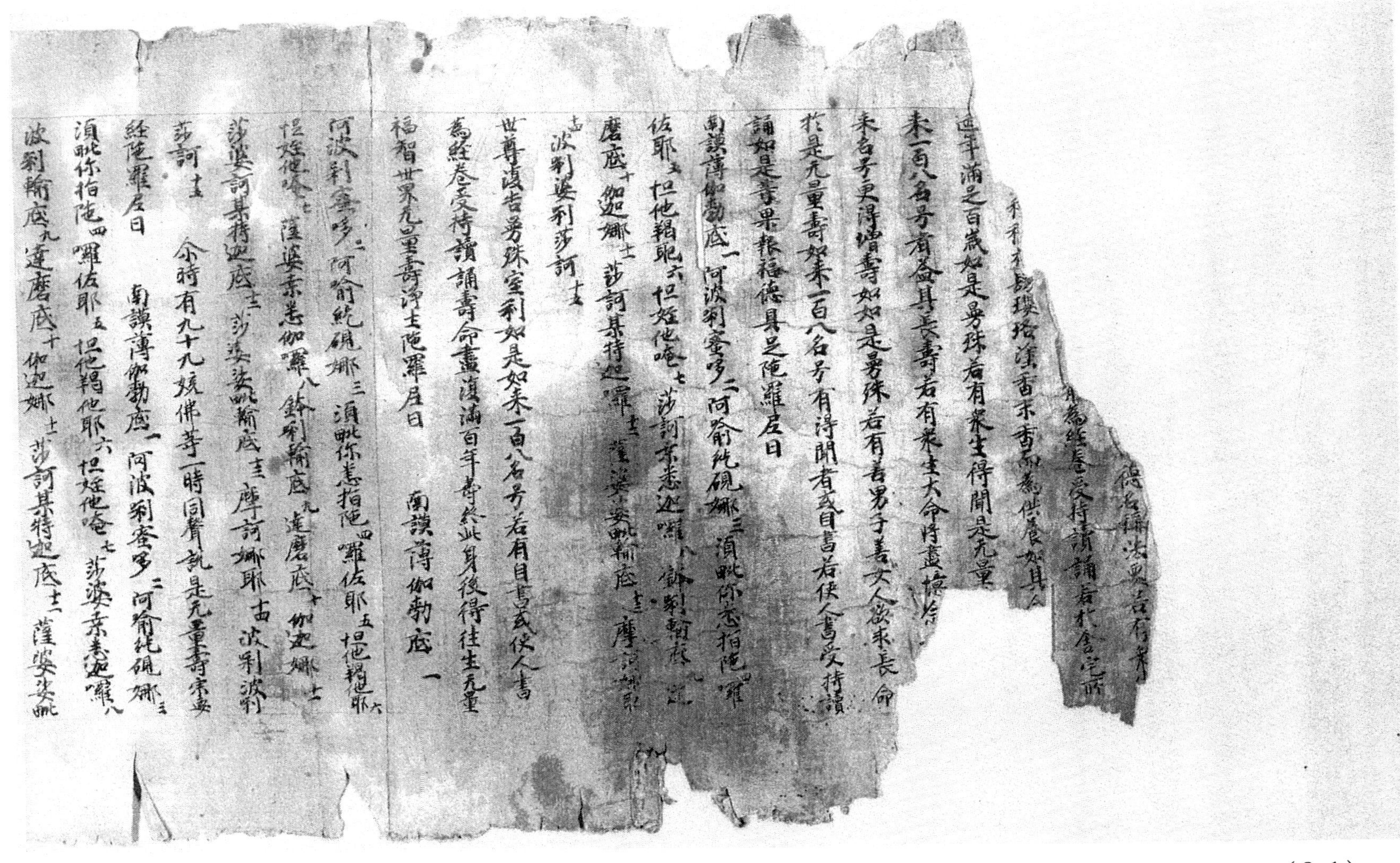

BD05305 號　無量壽宗要經　（8–1）

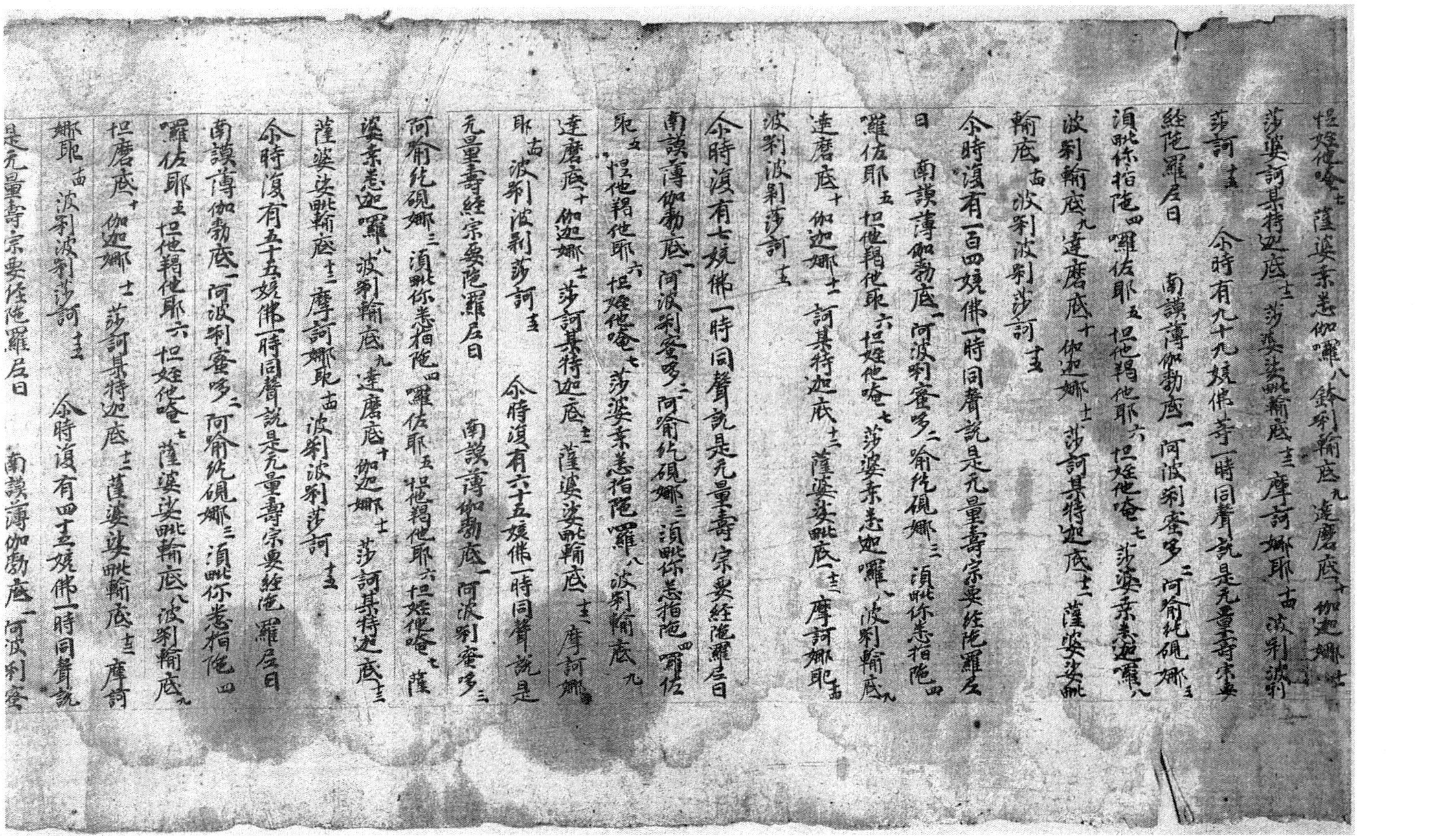

怛姪他唵七 薩婆桑悉伽囉八 鉢唎輸底九 達磨底十 伽迦娜十一
莎婆訶某特迦底十二 莎婆婆毗輸底十三 摩訶娜耶十四 波唎波唎
莎訶十五 尒時有九十九殑伽佛一時同聲說是无量壽宗要
經陁羅尼曰 南謨薄伽勃底一 阿波唎蜜哆二 阿喻紇硯娜三
須毗你指陁四 囉佐耶五 怛他羯他耶六 怛姪他唵七 莎婆桑悉迦囉八
波唎輸底九 達磨底十 伽迦娜十一 莎訶某特迦底十二 薩婆婆毗
輸底十四 波唎波唎莎訶十五
尒時復有一百四殑伽佛一時同聲說是无量壽宗要經陁羅尼
曰 南謨薄伽勃底一 阿波唎蜜哆二 喻紇硯娜三 須毗你悉指陁四
囉佐耶五 怛他羯他耶六 怛姪他唵七 莎婆桑悉迦囉八 波唎輸底九
達磨底十 伽迦娜十一 訶某特迦底十二 薩婆婆毗底十三 摩訶娜耶十四
波唎波唎莎訶十五
尒時復有七殑伽佛一時同聲說是无量壽宗要經陁羅尼曰
南謨薄伽勃底一 阿波唎蜜哆二 阿喻紇硯娜三 須毗你悉指陁四 囉佐
耶五 怛他羯他耶六 怛姪他唵七 莎婆桑悉指陁囉八 波唎輸底九
達磨底十 伽迦娜十一 莎訶某特迦底十二 薩婆婆毗輸底十三 摩訶娜
耶十四 波唎波唎莎訶十五 尒時復有六十五殑伽佛一時同聲說是
无量壽經宗要陁羅尼曰 南謨薄伽勃底一 阿波唎蜜哆二
阿喻紇硯娜三 須毗你悉指陁四 囉佐耶五 怛他羯他耶六 怛姪他唵七 薩
婆桑悉迦囉八 波唎輸底九 達磨底十 伽迦娜十一 莎訶某特迦底十二
薩婆婆毗輸底十三 摩訶娜耶十四 波唎波唎莎訶十五
尒時復有五十五殑伽佛一時同聲說是无量壽宗要經陁羅尼曰
南謨薄伽勃底一 阿波唎蜜哆二 阿喻紇硯娜三 須毗你悉指陁四
囉佐耶五 怛他羯他耶六 怛姪他唵七 薩婆婆毗輸底八 波唎輸底九
怛磨底十 伽迦娜十一 莎訶某特迦底十二 薩婆婆毗輸底十三 摩訶
娜耶十四 波唎波唎莎訶十五 尒時復有四十五殑伽佛一時同聲說
是无量壽宗要經陁羅尼曰 南謨薄伽勃底一 阿波唎蜜

BD05305號 無量壽宗要經 （8–2）

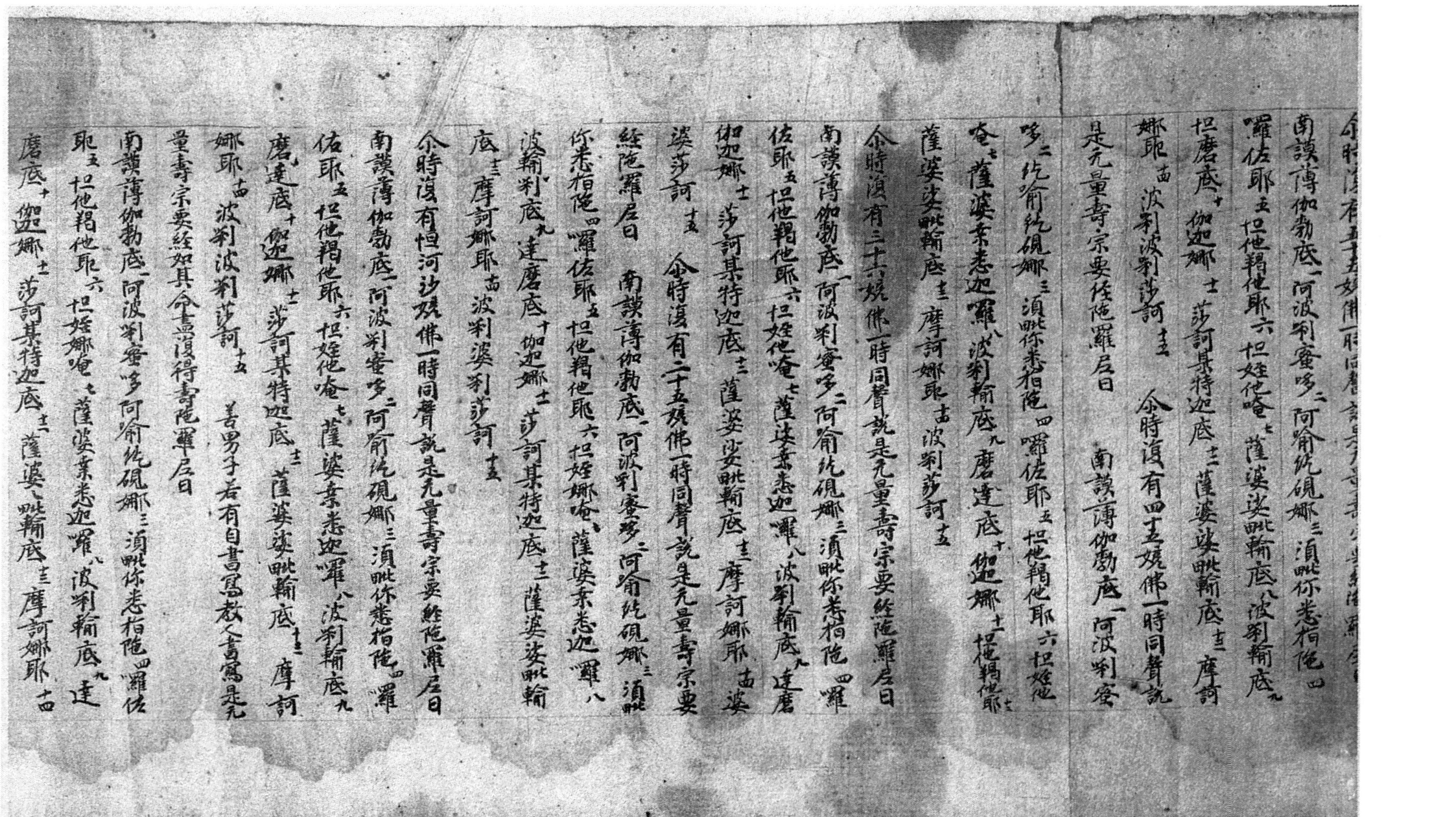

尒時復有五十五殑伽佛一時同聲說是无量壽宗要經陁羅尼曰
南謨薄伽勃底一 阿波唎蜜哆二 阿喻紇硯娜三 須毗你悉指陁四
囉佐耶五 怛他羯他耶六 怛姪他唵七 薩婆婆毗輸底八 波唎輸底九
怛磨底十 伽迦娜十一 莎訶某特迦底十二 薩婆婆毗輸底十三 摩訶
娜耶十四 波唎波唎莎訶十五 尒時復有四十五殑伽佛一時同聲說
是无量壽宗要經陁羅尼曰 南謨薄伽勃底一 阿波唎蜜
哆二 紇喻紇硯娜三 須毗你悉指陁四 囉佐耶五 怛他羯他耶六 怛姪他
唵七 薩婆桑悉迦囉八 波唎輸底九 磨達底十 伽迦娜十一 怛他羯他耶十一
薩婆婆毗輸底十三 摩訶娜耶十四 波唎波唎莎訶十五
尒時復有三十六殑伽佛一時同聲說是无量壽宗要經陁羅尼曰
南謨薄伽勃底一 阿波唎蜜哆二 阿喻紇硯娜三 須毗你悉指陁四 囉
佐耶五 怛他羯他耶六 怛姪他唵七 薩婆桑悉迦囉八 波唎輸底九 達磨
伽迦娜十一 莎訶某特迦底十二 薩婆婆毗輸底十三 摩訶娜耶十四 婆
婆莎訶十五 尒時復有二十五殑伽佛一時同聲說是无量壽宗要
經陁羅尼曰 南謨薄伽勃底一 阿波唎蜜哆二 阿喻紇硯娜三 須毗
你悉指陁四 囉佐耶五 怛他羯他耶六 怛姪娜唵七 薩婆桑悉迦囉八
波輸唎底九 達磨底十 伽迦娜十一 莎訶某特迦底十二 薩婆婆毗輸
底十三 摩訶娜耶十四 波唎婆唎莎訶十五
尒時復有恒河沙殑佛一時同聲說是无量壽宗要經陁羅尼曰
南謨薄伽勃底一 阿波唎蜜哆二 阿喻紇硯娜三 須毗你悉指陁四 囉
佐耶五 怛他羯他耶六 怛姪他唵七 薩婆桑悉迦囉八 波唎輸底九
磨達底十 伽迦娜十一 莎訶某特迦底十二 薩婆婆毗輸底十三 摩訶
娜耶十四 波唎波唎莎訶十五 善男子若有自書寫教人書寫是无
量壽宗要經如其命盡復得壽陁羅尼曰
南謨薄伽勃底一 阿波唎蜜哆 阿喻紇硯娜三 須毗你悉指陁四 囉佐
耶五 怛他羯他耶六 怛姪娜唵七 薩婆桑悉迦囉八 波唎輸底九 達
磨底十 伽迦娜十一 莎訶某特迦底十二 薩婆婆毗輸底十三 摩訶娜耶十四

BD05305號 無量壽宗要經 （8–3）

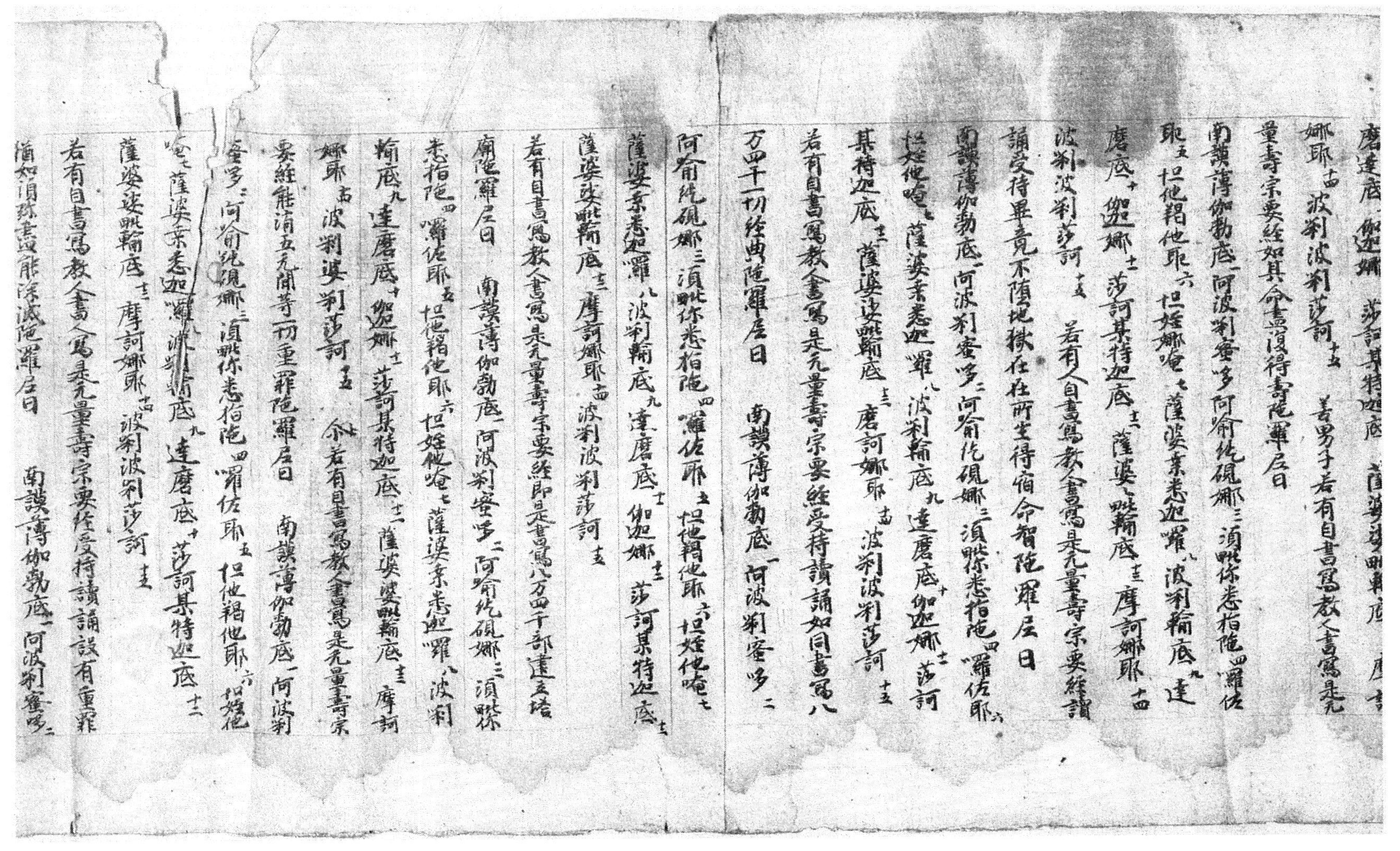

磨達底 伽迦娜 莎訶某特迦底 薩婆娑毗輸底 摩訶
娜耶十四 波唎波唎莎訶十五 若男子若有自書寫教人書寫是无
量壽宗要經如其命盡復得壽陁羅尼曰
南謨薄伽勃底一阿波唎蜜多二阿喻紇硯娜三須毗你悉指陁四囉佐
耶五怛他羯他耶六怛姪他唵七薩婆桑悉迦囉八波唎輸底九達
磨底十伽迦娜十一莎訶某特迦底十二薩婆娑毗輸底十三摩訶娜耶十四
波唎波唎莎訶十五 若有人自書寫教人書寫是无量壽宗要經讀
誦受持畢竟不墮地獄在在所生得宿命智陁羅尼曰
南謨薄伽勃底一阿波唎蜜多二阿喻紇硯娜三須毗你悉指陁四囉佐耶六
怛姪他唵七薩婆桑悉迦囉八波唎輸底九達磨底十伽迦娜十一莎訶
某特迦底十二薩婆娑毗輸底十三摩訶娜耶十四波唎波唎莎訶十五
若有自書寫教人書寫是无量壽宗要經受持讀誦如同書寫八
万四千一切經典陁羅尼曰 南謨薄伽勃底一阿波唎蜜多二
阿喻紇硯娜三須毗你悉指陁四囉佐耶五怛他羯他耶六怛姪他唵七
薩婆桑悉迦囉八波唎輸底九達磨底十伽迦娜十一莎訶某特迦底十二
薩婆娑毗輸底十三摩訶娜耶十四波唎波唎莎訶十五
若有自書寫教人書寫是无量壽宗要經即是書寫八万四千部建立塔
廟陁羅尼曰 南謨薄伽勃底一阿波唎蜜多二阿喻紇硯娜三須毗你
悉指陁四囉佐耶五怛他羯他耶六怛姪他唵七薩婆桑悉迦囉八波唎
輸底九達磨底十伽迦娜十一莎訶某特迦底十二薩婆娑毗輸底十三摩訶
娜耶十四波唎婆唎莎訶十五 尒若有自書寫教人書寫是无量壽宗
要經能消五无間等一切重罪陁羅尼曰 南謨薄伽勃底一阿波唎
蜜多二阿喻紇硯娜三須毗你悉指陁四囉佐耶五怛他羯他耶六怛姪他
唵七薩婆桑悉迦囉八波唎輸底九達磨底十莎訶某特迦底十二
薩婆娑毗輸底十三摩訶娜耶十四波唎波唎莎訶十五
若有自書寫教人書寫是无量壽宗要經受持讀誦設有重罪
猶如須彌盡皆能除滅陁羅尼曰 南謨薄伽勃底一阿波唎蜜多二

BD05305 號　無量壽宗要經　（8–4）

薩婆娑毗輸底十三摩訶娜耶十四波唎波唎莎訶十五
若有自書寫教人書寫是无量壽宗要經受持讀誦設有重罪
猶如須彌盡皆能除滅陁羅尼曰 南謨薄伽勃底一阿波唎蜜多二
阿喻紇硯娜三須毗你悉指耶四怛他羯他耶六怛姪娜唵七薩婆桑悉
迦囉八波唎輸底九達磨底十伽迦娜十一莎訶某特迦底十二薩
婆娑毗輸底十三摩訶娜耶十四波唎波唎莎訶十五
若有自書寫教人書寫是无量壽宗要經受持讀誦若魔之眷屬
夜叉羅剎不得其便終无枉死陁羅尼曰 南謨薄伽勃底一
阿波唎蜜多二阿喻紇硯娜三須毗你悉指陁四囉佐耶五怛他羯他
他耶六怛姪他唵七薩婆桑悉迦囉八波唎輸底九達磨底十伽
迦耶十一莎訶某特迦底 薩婆娑毗輸底十三摩訶娜耶十四波唎波唎
莎訶十五 若有自書寫教人書寫是无量壽宗要經受持讀誦當知命
終時有九十九姟佛現其人前千佛授手能遊一切佛剎莫於此經生於疑
惑陁羅尼曰 南謨薄伽勃底一阿波唎蜜多二阿喻紇硯娜三須毗你
悉指陁 囉佐耶五怛他羯他耶六怛姪他唵七薩婆桑悉迦囉八波唎輸
底九達磨底十伽迦娜十一莎訶某特迦底十二薩婆娑毗輸底十三摩訶
娜耶十四波唎波唎莎訶十五 若有自書寫教人書寫是无量壽宗要
受持讀誦常得四大天王隨其衛護陁羅尼曰 南謨伽勃底一阿波
唎蜜多二阿喻紇硯娜三須毗你悉指陁四囉佐耶六怛姪娜唵六怛他羯
他耶七薩婆桑悉迦耶八波唎輸底九達磨底十伽迦娜十一莎訶某特伽底十二
薩婆娑毗輸底十三摩訶娜耶十四波唎波唎莎訶十五
若有自書寫教人書寫是无量壽宗要經受持讀誦當得往生西方極
樂世界阿彌陁淨土陁羅尼曰 南謨薄伽勃底一阿波唎蜜多二阿
喻紇硯娜三須毗你悉指陁四囉佐耶五怛他羯他耶六怛姪娜唵七薩婆桑悉迦囉八
波唎輸底達磨底十伽迦娜十一薩婆某特伽底十二薩婆毗輸底十三摩訶娜
耶十四波唎波唎莎訶十五 若有五百自寫使人寫是无量壽經典之處則為

BD05305 號　無量壽宗要經　（8–5）

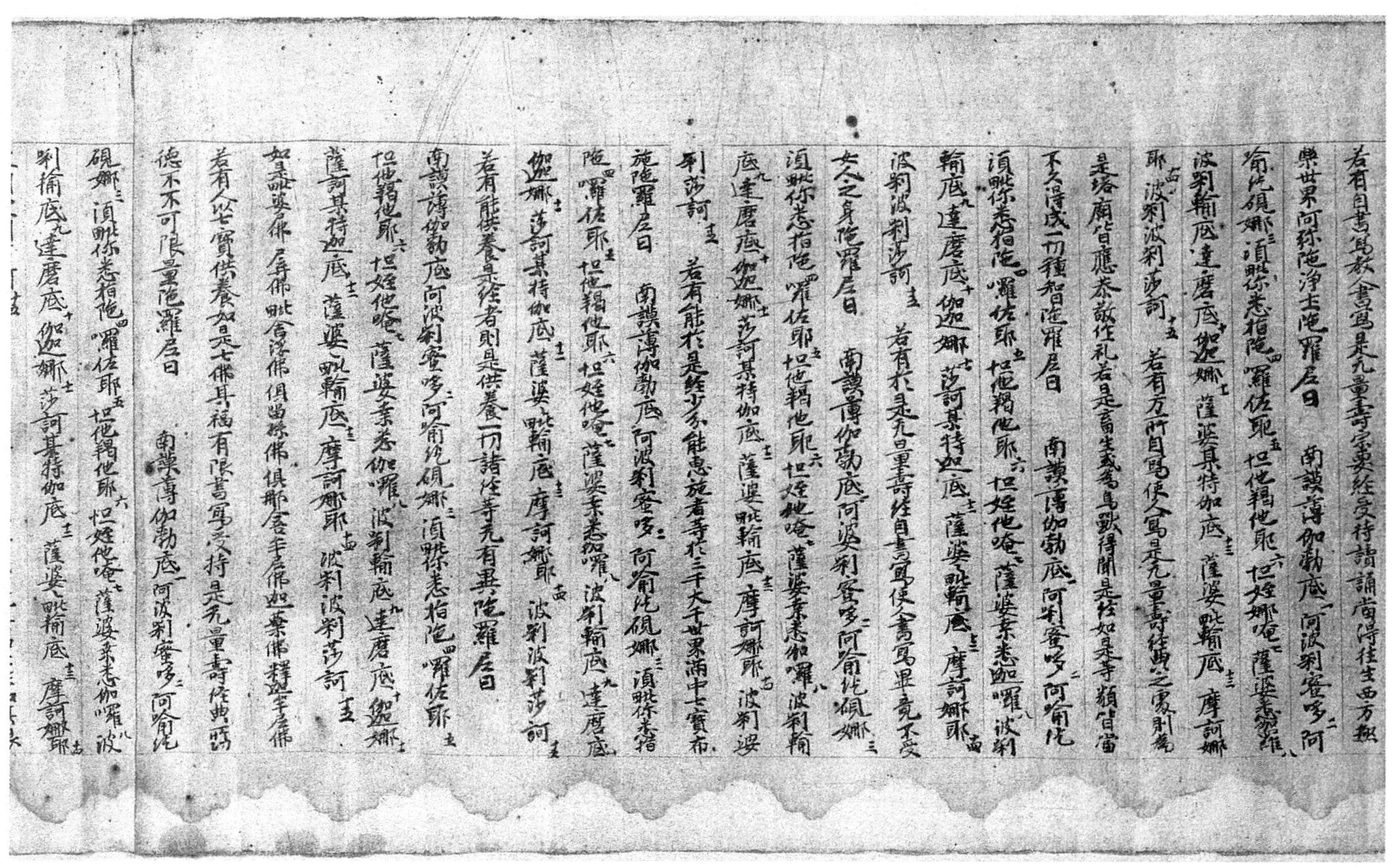
若有自書寫教人書寫是无量壽宗要經受持讀誦當得往生西方極
樂世界阿弥陁淨土陁羅尼曰　南謨薄伽勃底一阿波唎蜜哆二阿
喻紇硯娜三須毗你悉指陁四囉佐耶五怛他羯他耶六怛姪他唵七薩婆桒悉迦囉八
波唎輸底九達磨底十伽迦娜十一薩婆其特伽底十二薩婆毗輸底十三摩訶娜
耶十四波唎波唎莎訶十五　若有方所自書使人寫是无量壽經典之處則爲
是塔廟皆應恭敬作礼若是畜生鳥獸得聞是經如來等類皆當
不久得成一切種智陁羅尼曰　南謨薄伽勃底一阿唎蜜哆二阿喻紇
須毗你悉指陁四囉佐耶五怛他羯他耶六怛姪他唵七薩婆桒悉迦囉八波唎
輸底九達磨底十伽迦娜十一莎訶其特伽底十二薩婆毗輸底十三摩訶娜耶十四
波唎波唎莎訶十五　若有於是无量壽經自書使人書寫畢竟不受
女人之身陁羅尼曰　南謨薄伽勃底一阿波唎蜜哆二阿喻紇硯娜三
須毗你悉指陁四囉佐耶五怛他羯他耶六怛姪他唵七薩婆桒悉伽囉八波唎輸
底九達磨底十伽迦娜十一莎訶其特伽底十二薩婆毗輸底十三摩訶娜耶十四波唎婆
唎莎訶十五　若有能於是經少分能惠施者等於三千大千世界滿中七寶布
施陁羅尼曰　南謨薄伽勃底一阿波唎蜜哆二阿喻紇硯娜三須毗你悉指
陁四囉佐耶五怛他羯他耶六怛姪他唵七薩婆桒悉伽囉八波唎輸底九達磨底十
伽迦娜十一莎訶其特伽底十二薩婆毗輸底十三摩訶娜耶十四波唎波唎莎訶十五
若有能供養是經者則是供養一切諸經等无有異陁羅尼曰
南謨薄伽勃底一阿波唎蜜哆二阿喻紇硯娜三須毗你悉指陁四囉佐耶五
怛他羯他耶六怛姪他唵七薩婆桒悉伽囉八波唎輸底九達磨底十伽迦娜十一
莎訶其特伽底十二薩婆毗輸底十三摩訶娜耶十四波唎波唎莎訶十五
如毗婆尸佛尸棄佛毗舍浮佛俱留孫佛俱那含牟尼佛迦葉佛釋迦牟尼佛
若有以七寶供養如是七佛其福有限書寫受持是无量壽經典所
德不可限量陁羅尼曰　南謨薄伽勃底一阿波唎蜜哆二阿喻紇
硯娜三須毗你悉指陁四囉佐耶五怛他羯他耶六怛姪他唵七薩婆桒悉伽囉八波
唎輸底九達磨底十伽迦娜十一莎訶其特伽底十二薩婆毗輸底十三摩訶娜耶十四

BD05305 號　無量壽宗要經　（8–6）

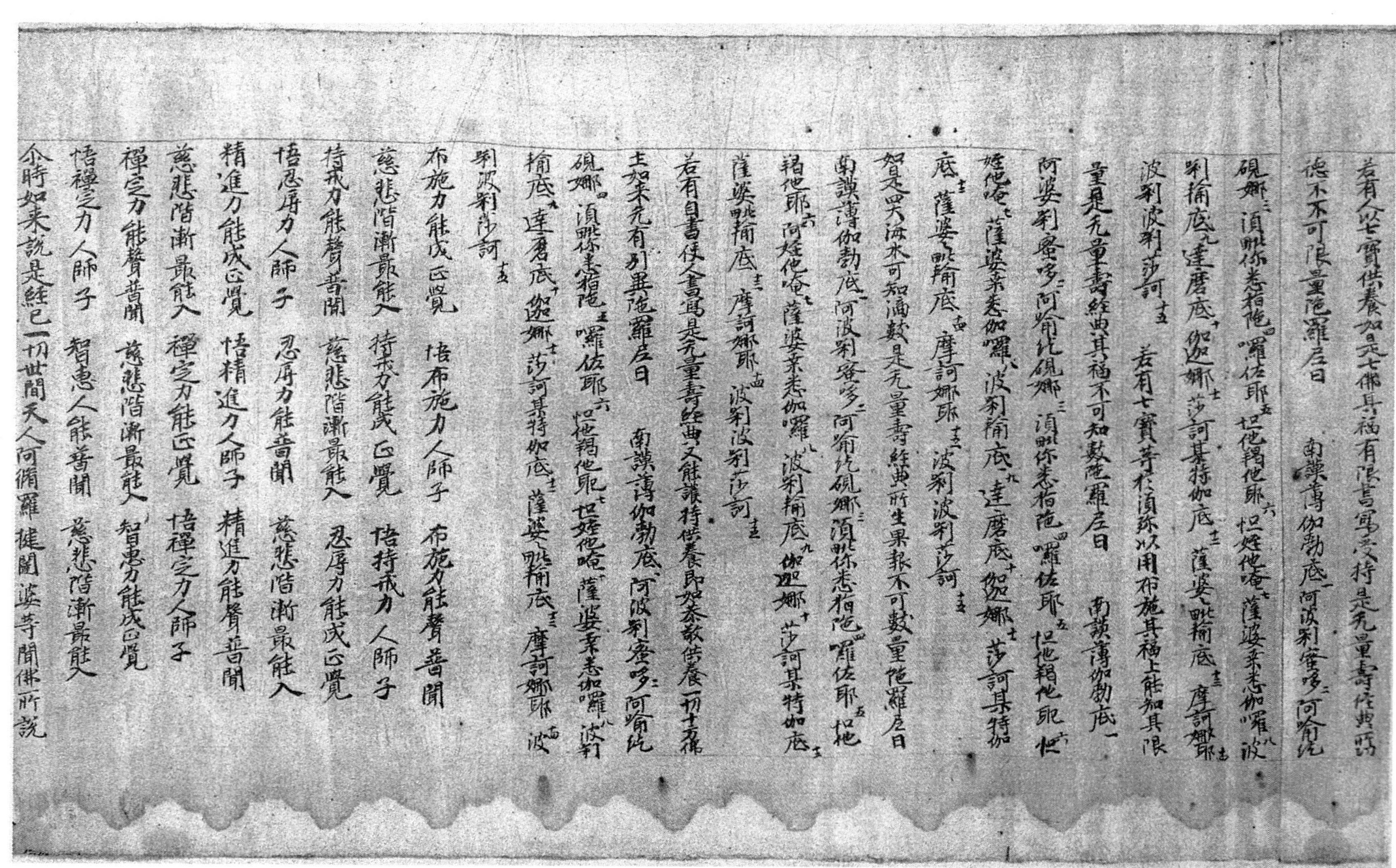
若有以七寶供養如是七佛其福有限書寫受持是无量壽經典所
德不可限量陁羅尼曰　南謨薄伽勃底一阿波唎蜜哆二阿喻紇
硯娜三須毗你悉指陁四囉佐耶五怛他羯他耶六怛姪他唵七薩婆桒悉伽囉八波
唎輸底九達磨底十伽迦娜十一莎訶其特伽底十二薩婆毗輸底十三摩訶娜耶十四
波唎波唎莎訶十五　若有七寶等於須弥以用布施其福上能知其限
量是无量壽經典其福不可知數陁羅尼曰　南謨薄伽勃底一
阿波唎蜜哆二阿喻紇硯娜三須毗你悉指陁四囉佐耶五怛他羯他耶六怛
姪他唵七薩婆桒悉伽囉八波唎輸底九達磨底十伽迦娜十一莎訶其特伽
底十二薩婆毗輸底十三摩訶娜耶十四波唎波唎莎訶十五
如是四大海水可知滴數是无量壽經典所生果報不可數量陁羅尼曰
南謨薄伽勃底一阿波唎蜜哆二阿喻紇硯娜三須毗你悉指陁四囉佐耶五怛他
羯他耶六怛姪他唵七薩婆桒悉伽囉八波唎輸底九伽迦娜十莎訶其特伽底十二
薩婆毗輸底十三摩訶娜耶十四波唎波唎莎訶十五
若有自書使人書寫是无量壽經典又能讀持供養即如恭敬供養一切十方諸
土如來无有別異陁羅尼曰　南謨薄伽勃底一阿波唎蜜哆二阿喻紇
硯娜三須毗你悉指陁四囉佐耶五怛他羯他耶六怛姪他唵七薩婆桒悉伽囉八波唎
輸底九達磨底十伽迦娜十一莎訶其特伽底十二薩婆毗輸底十三摩訶娜耶十四波
唎波唎莎訶十五
布施力能成正覺　悟布施力人師子　布施力能聲普聞
慈悲階漸最能入　持戒力能成正覺　悟持戒力人師子
持戒力能聲普聞　慈悲階漸最能入　忍辱力能成正覺
悟忍辱力人師子　忍辱力能普聞　慈悲階漸最能入
精進力能成正覺　悟精進力人師子　精進力能聲普聞
慈悲階漸最能入　禪定力能成正覺　悟禪定力人師子
禪定力能聲普聞　慈悲階漸最能入　智惠力能成正覺
悟禪定力人師子　智惠人能普聞　慈悲階漸最能入
尒時如來說是經已一切世間天人阿脩羅揵闥婆等聞佛所說

BD05305 號　無量壽宗要經　（8–7）

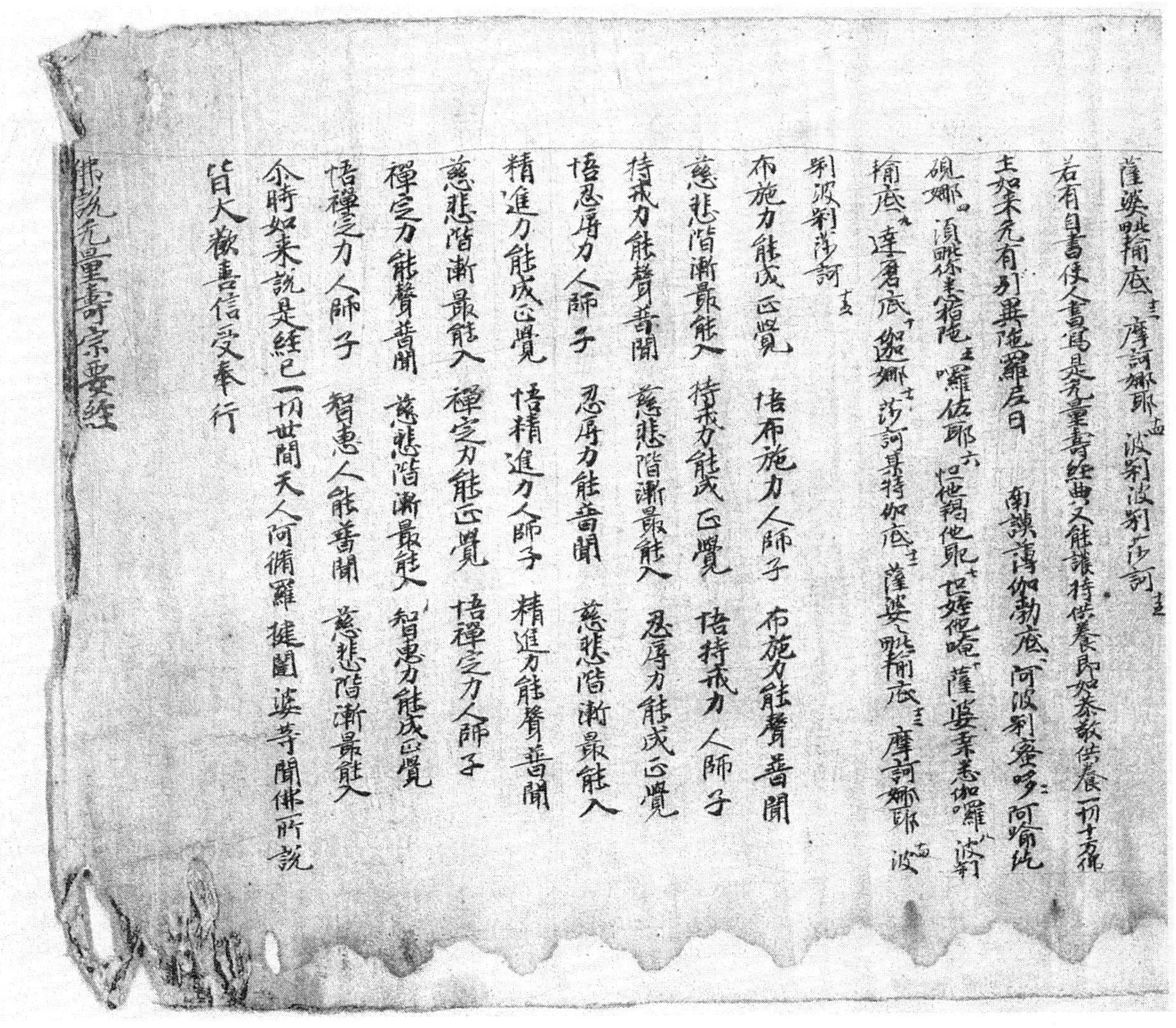

薩婆毗輸底十三　摩訶娜耶十四　波利波利莎訶十五
若有自書使人書寫是无量壽經典又能讀持供養即如恭敬供養一切十方諸
佛如來无有別異陁羅尼曰　南謨薄伽勃底一 阿波唎蜜哆二 阿喻紇
硯娜四 須毗你失指陁五 囉佐耶六 怛他羯他耶七 怛姪他唵八 薩婆桑悉伽囉九 波唎
輸底十 達磨底十一 伽伽娜十二 莎訶某持伽底十三 薩婆毗輸底十三 摩訶娜耶十四 波
唎波唎莎訶十五
布施力能成正覺　悟布施力人師子　布施力能聲普聞
慈悲階漸最能入　持戒力能成正覺　悟持戒力人師子
持戒力能聲普聞　慈悲階漸最能入　忍辱力能成正覺
悟忍辱力人師子　忍辱力能聲普聞　慈悲階漸最能入
精進力能成正覺　悟精進力人師子　精進力能聲普聞
慈悲階漸最能入　禪定力能成正覺　悟禪定力人師子
禪定力能聲普聞　慈悲階漸最能入　智惠力能成正覺
悟禪定力人師子　智惠人能普聞　慈悲階漸最能入
尒時如來說是經已一切世間天人阿脩羅揵闥婆等聞佛所說
皆大歡喜信受奉行
佛說无量壽宗要經

BD05305 號　無量壽宗要經　（8–8）

貪麁弊色聲香味觸也若貪著生愛則為所
燒汝速出三界當得三乘聲聞辟支佛佛乘
我今為汝保任此事終不虛也汝等但當勤
脩精進如來以是方便誘進衆生復作是言
汝等當知此三乘法皆是聖所稱歎自在无
繫无所依求乘是三乘以无漏根力覺道禪
定解脫三昧等而自娛樂便得无量安隱快
樂舍利弗若有衆生内有智性從佛世尊聞
法信受慇懃精進欲速出三界自求涅槃是
名聲聞乘如彼諸子為求羊車出於火宅若
有衆生從佛世尊聞法信受慇懃精進求自
然慧樂獨善寂深知諸法因緣是名辟支佛
乘如彼諸子為求鹿車出於火宅若有衆生
從佛世尊聞法信受勤脩精進求一切智佛
智自然智无師智如來知見力无所畏愍念
安樂无量衆生利益天人度脫一切是名大
乘菩薩求此乘故名為摩訶薩如彼諸子為
求牛車出於火宅舍利弗如彼長者見諸子
等安隱得出火宅到无畏處自惟財富无量

BD05306 號　妙法蓮華經卷二　（2–1）

名聲聞乘如彼諸子為求羊車出於火宅若
有衆生從佛世尊聞法信受慇懃精進求自
然慧樂獨善寂深知諸法因緣是名辟支佛
乘如彼諸子為求鹿車出於火宅若有衆生
從佛世尊聞法信受勤脩精進求一切智佛
智自然智无師智如來知見力无所畏愍念
安樂无量衆生利益天人度脫一切是名大
乘菩薩求此乘故名為摩訶薩如彼諸子為
求牛車出於火宅舍利弗如彼長者見諸子
等安隱得出火宅到无畏處自惟財富无量
等以大車而賜諸子如來亦復如是為一切
衆生之父若見无量億千衆生以佛教門出
三界苦怖畏險道得涅槃樂如來尒時便作
是念我有无量无邊智慧力无畏等諸佛法
藏是諸衆生皆是我子等與大乘不令有人
獨得滅度皆以如來滅度而滅度之是諸衆
生脫三界者悉與諸佛禪定解脫等娛樂之
具皆是一相一種聖所稱歎能生淨妙第一
之樂舍利弗如彼長者初以三車誘引諸子

BD05306號　妙法蓮華經卷二　（2–2）

所見一切聲聞聞是不可思議解脫法門不
能解了為若此也智者聞是其誰不發阿耨
多羅三藐三菩提心我等何為永絶其根於
此大乘已如敗種一切聲聞聞是不可思議
解脫法門皆應號泣聲震三千大千世界一
切菩薩應大欣慶頂受此法若有菩薩信解
不可思議解脫門者一切魔衆无如之何大
迦葉說是語時三萬二千天子皆發阿耨多
羅三藐三菩提心
尒時維摩詰語大迦葉仁者十方无量阿僧
祇世界中作魔王者多是住不可思議解脫
菩薩以方便力教化衆生現作魔王又迦葉
十方无量菩薩或有人從乞手足耳鼻頭目
髓腦血肉皮骨聚落城邑妻子奴婢象馬
車乘金銀瑠璃車𤦲馬瑙珊瑚虎魄真珠珂
貝衣服飲食如此乞者多是住不可思議解脫

BD05307號　維摩詰所說經卷中　（3–1）

尒時維摩詰語大迦葉仁者十方无量阿僧
祇世界中作魔王者多是住不可思議解脫
菩薩以方便力教化衆生現作魔王又迦葉
十方无量菩薩或有人從乞手足耳鼻頭目
髓腦血肉皮骨聚落城邑妻子奴婢象馬
車乘金銀瑠璃車渠馬瑙珊瑚虎珀真珠珂
貝衣服飲食如此乞者多是住不可思議解脫
菩薩以方便力而往試之令其堅固所以者
何住不可思議解脫菩薩有威德力故行逼
迫示諸衆生如是難事凡夫下劣无有力勢
不能如是逼迫菩薩譬如龍象蹴踏非驢所
堪是名住不可思議解脫菩薩智慧方便
之門

觀衆生品第七

尒時文殊師利問維摩詰言菩薩云何觀於
衆生維摩詰言譬如幻師見所幻人菩薩觀
衆生爲若此如智者見水中月如鏡中見其
面像如熱時焰如呼聲響如空中雲如水聚
沫如水上泡如芭蕉堅如電久住如第五大
如第六陰如第七情如十三入如十九界菩
薩觀衆生爲若此如无色界色如焦穀牙如
須陁洹身見如阿那含入胎如阿羅漢三毒
如得忍菩薩貪恚毀禁如佛煩惱習如盲者
見色如入滅盡定出入息如空中鳥跡如石女
兒如化人煩惱如夢所見已寤如滅度者受
身如无烟之火菩薩觀衆生爲若此文殊師

BD05307號　維摩詰所說經卷中　（3–2）

如第六陰如第七情如十三入如十九界菩
薩觀衆生爲若此如无色界色如焦穀牙如
須陁洹身見如阿那含入胎如阿羅漢三毒
如得忍菩薩貪恚毀禁如佛煩惱習如盲者
見色如入滅盡定出入息如空中鳥跡如石女
兒如化人煩惱如夢所見已寤如滅度者受
身如无烟之火菩薩觀衆生爲若此文殊師
利言若菩薩作是觀者云何行慈維摩詰言
菩薩作是觀已自念我當爲衆生說如斯法
是即真實慈也行寂滅慈无所生故行不熱
慈无煩惱故行等之慈等三世故行无諍慈
无所起故行不二慈内外不合故行不壞慈畢
竟盡故行堅固慈心无毀故行清淨慈諸法
性淨故行无邊慈如虛空故行阿羅漢慈
破結賊故行菩薩慈安衆生故行如來慈得
如相故行佛之慈覺衆生故行自然慈无因
得故行菩提慈等一味故行无等慈斷諸愛
故行大悲慈導以大乘故行无厭慈觀空无
我故行法施慈无遺惜故行持戒慈化毀禁
故行忍辱慈護彼我故行精進慈荷負衆生
故行禪定慈不受味故行智慧慈无不知時

BD05307號　維摩詰所說經卷中　（3–3）

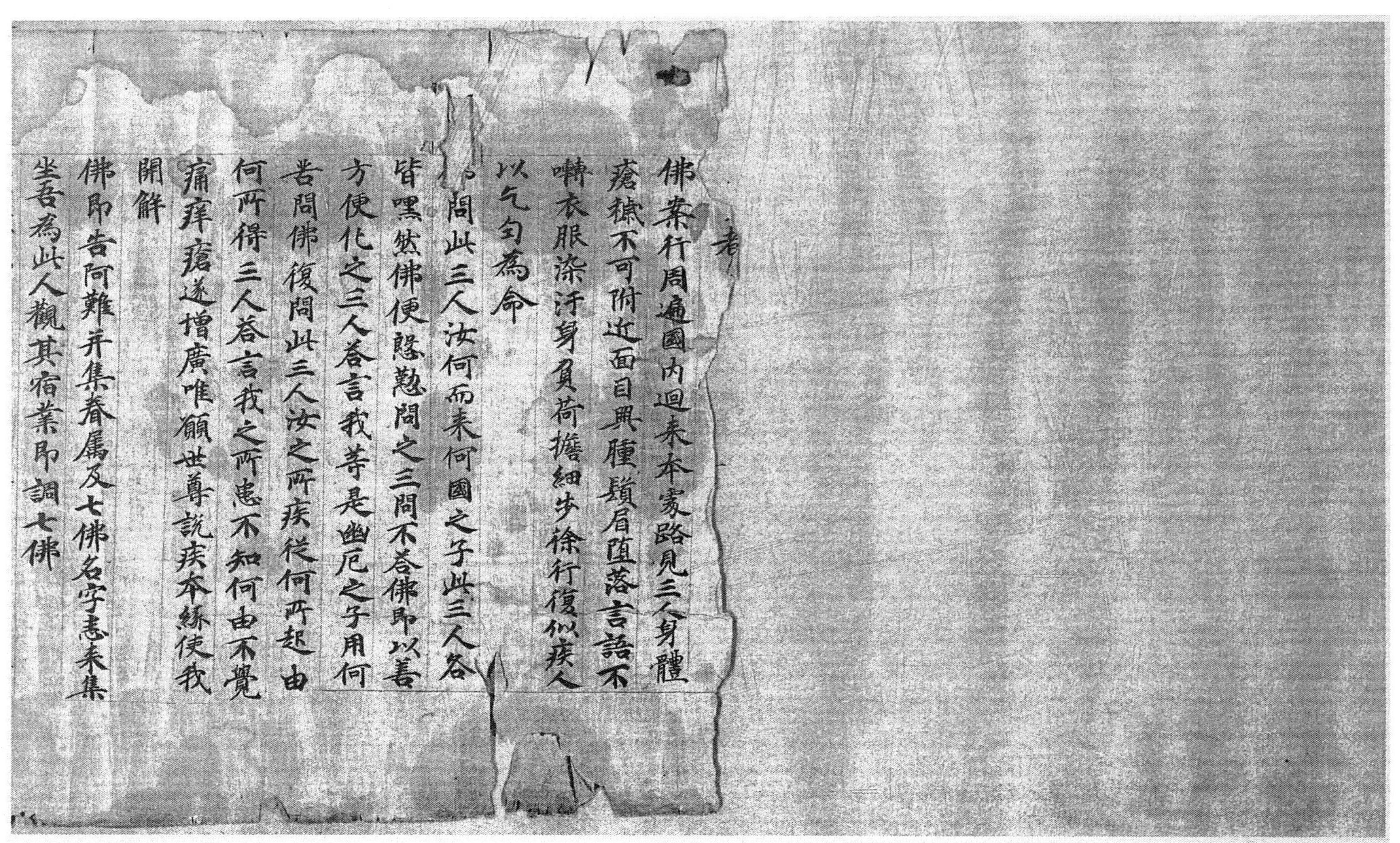

者

佛案行周遍國内迴來本家路見三人身體
瘡痍不可附近面目興腫鬚眉墮落言語不
㘅衣服染汙身負荷擔細步徐行復似疾人
以乞匂為命
佛問此三人汝何而來何國之子此三人荅
皆嘿然佛便慇懃問之三問不荅佛即以善
方便化之三人荅言我等是幽厄之子用何
苦問佛復問此三人汝之所疾從何所起由
何所得三人荅言我之所患不知何由不覺
痛痒瘡遂增廣唯願世尊說疾本緣使我
開解
佛即告阿難并集眷屬及七佛名字悉來集
坐吾為此人觀其宿業即謂七佛

BD05308號　救疾經　（6–1）

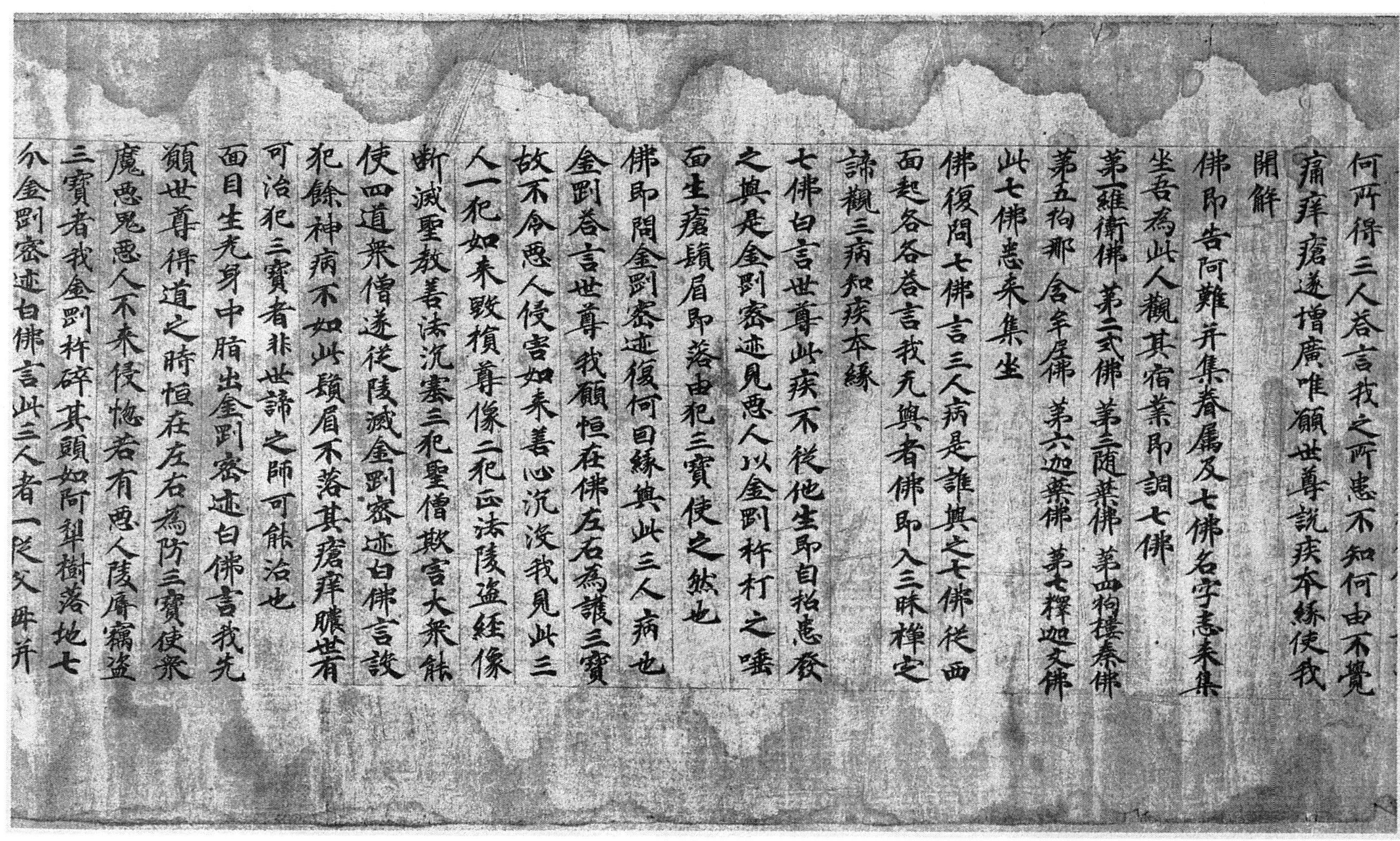

何所得三人荅言我之所患不知何由不覺
痛痒瘡遂增廣唯願世尊說疾本緣使我
開解
佛即告阿難并集眷屬及七佛名字悉來集
坐吾為此人觀其宿業即謂七佛
第一維衛佛　第二式佛　第三隨葉佛　第四拘樓秦佛
第五拘那含牟尼佛　第六迦葉佛　第七釋迦文佛
此七佛悉來集坐
佛復問七佛言三人病是誰與之七佛從西
面起各各荅言我无與者佛即入三昧禪定
諦觀三病知疾本緣
七佛白言世尊此疾不從他生即自招患發
之與是金剛密迹見惡人以金剛杵打之嗑
面生瘡鬚眉即落由犯三寶使之然也
佛即問金剛密迹復何因緣與此三人病也
金剛荅言世尊我願恒在佛左右為護三寶
故不令惡人侵害如來善心沉沒我見此三
人一犯如來毀損尊像二犯正法陵盜經像
斷滅聖教善法沉塞三犯聖僧欺害大衆觝
使四道衆僧逐從陵滅金剛密迹白佛言設
犯餘神病不如此鬚眉不落其瘡痒賍世有
可治犯三寶者非世諦之師可能治也
面目生瘡身中膿出金剛密迹白佛言我先
願世尊得道之時恒在左右為防三寶使衆
魔惡鬼惡人不來侵惱若有惡人陵辱竊盜
三寶者我金剛杵碎其頭如阿梨樹落地七
分金剛密迹白佛言此三人者一段父母并

BD05308號　救疾經　（6–2）

可治犯三寶者[illegible]
面目生光身中脂出金剛密迹白佛言我先
願世尊得道之時恒在左右為防三寶使衆
魔惡鬼惡人不來侵惚若有惡人陵㢑竊盜
三寶者我金剛杵碎其頭如阿梨樹落地七
分金剛密迹白佛言此三人者一從父母并
及七世罪累相牽受此惡報或從自身徼犯
不覺誤有故犯不時懺悔罪遂增厚治此惡
病唯有歸心諸佛悔心七佛發露金剛至心
願七佛威力可令消滅重罪
佛告一切衆生凡三寶物有人取者不問隱
顯入手幾倍七佛眷言若是佛物入手十倍
十年不還密迹生憤能使取者惡病
若是經像之物入手七倍七年不還能使取
者惡病若是衆僧常住之物入手五倍五年
不還故生歎捍能使取者惡病
阿難白佛言世尊閻浮提人多生不信謂无
三寶侵犯者衆招致惡病罪積无數閻浮提
人殺父母害法儀及伯仲星歷有葬者殺之
正身能使惡病
若有人保任是賣者六齋之日佛前誓者使
人交報或四天王下或太子下或使者下或
三十三天下或大仙人下或剎命下或金剛
力士下當下之日注人善惡宜行善事不宜
作惡或有人偷劫經像之物知如故為使人
惡病或舉持金銀銅鐵或有闇取三寶之物
及以錢粟絹帛之物逕年有如不還能使人

BD05308 號　救疾經　（6–3）

三十三天下或大仙人下或剎命下或金剛
力士下當下之日注人善惡宜行善事不宜
作惡或有人偷劫經像之物知如故為使人
惡病或舉持金銀銅鐵或有闇取三寶之物
及以錢粟絹帛之物逕年有如不還能使人
惡病或有人呪誓撓佛形像椎擊佛身或燒
煮聖容或點滅經句或將內人僧伽藍內宿
或將內人入佛塔裏共內人言語信要或共
內人共相貪摸或身生往反如此之事能使
人惡病如此之事久久當病不至三年
或有人闇取他齋米供齋之調知而故取能
使人惡病
若有人取他綵色與他內人受者知情與者
同罪二人俱病或有人闇取僧尼雜器知而
不還能使人惡病
若有人共經像牛驢行不淨行能使人病
雖是畜生擬作經像乃至三年病
或有人將內人入三寶屋不淨行法能使人
病若有人妻掠淨行尼能使人病
若有人安經像屋裏无木函盛之在下共內
人止宿能使人病不出三年一切身招惡病
宜以苦重懺悔罪從心生罪從心滅心如天
堂心如地獄仰手是天堂覆手是地獄欲滅
身中重罪至心懺悔莫生解退佛告七佛
及金剛密迹諸大菩薩及諸眷屬此三病人云
何可濟金剛大士以發本緣令者可愍方便
方宜拔濟得免此人病苦世稱如來大慈大

BD05308 號　救疾經　（6–4）

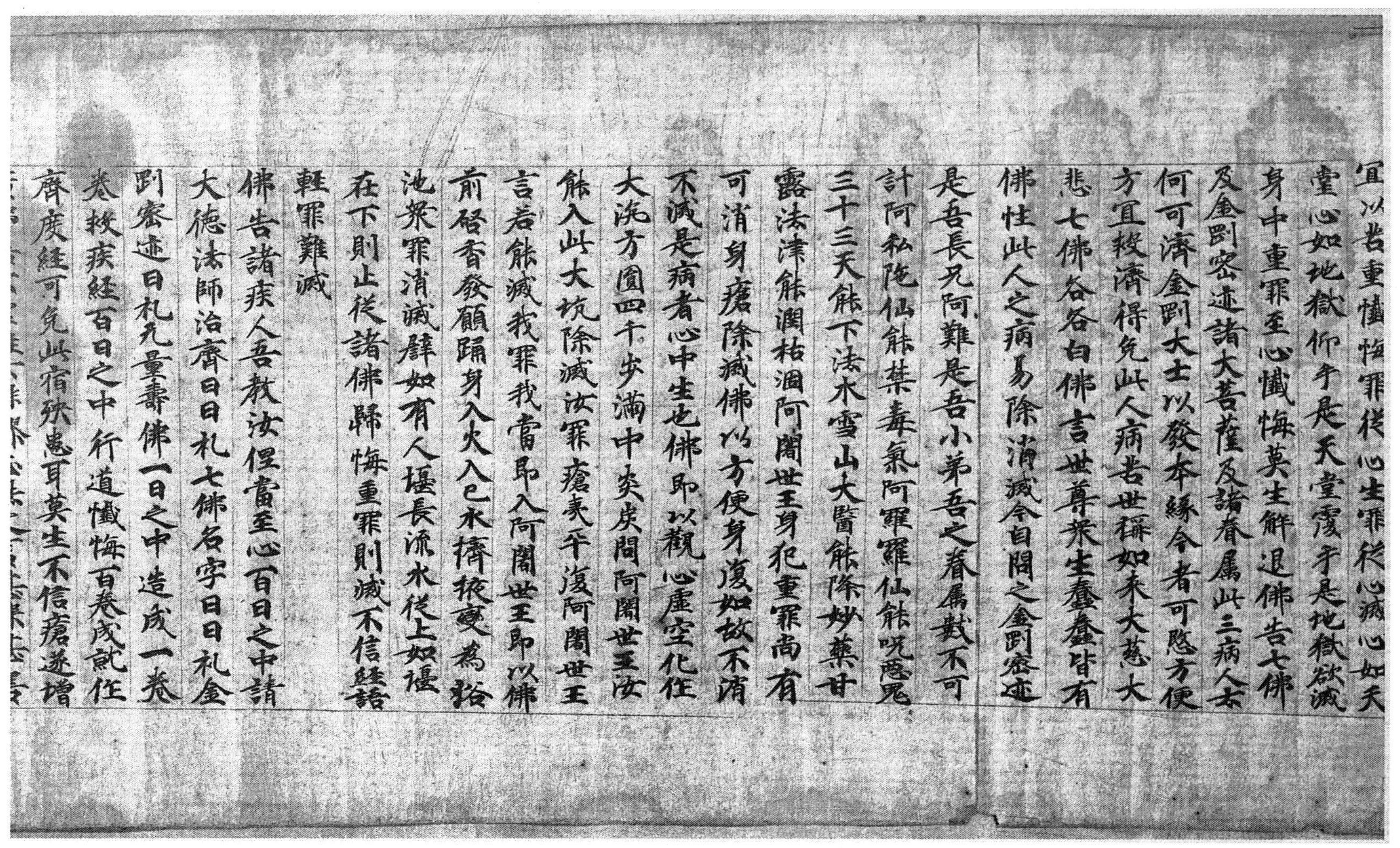
宜以苦重慚愧罪從心生罪從心滅心如天
堂心如地獄作手是天堂處手是地獄欲滅
身中重罪至心懺悔莫生解退佛告七佛
及金剛密迹諸大菩薩及諸眷屬此三病人若
何可濟金剛大士以發本緣今者可愍方便
方宜救濟得免此人病苦世尊如來大慈大
悲七佛各各白佛言世尊衆生蠢蠢皆有
佛性此人之病易除消滅今自聞之金剛密迹
是吾長兄阿難是吾小弟吾之眷屬數不可
計阿私陁仙能禁毒氣阿羅羅仙能呪惡鬼
三十三天能下法水雪山大醫能除妙藥甘
露法津能潤枯涸阿闍世王身犯重罪尚有
可消身瘡除滅佛以方便身復如故不消
不滅是病者心中生也佛即以觀心虛空化作
大浣方圓四十步滿中炎炭問阿闍世王汝
能入此大坑除滅汝罪瘡差平復阿闍世王
言若能滅我罪我當即入阿闍世王即以佛
前啓香發願踊身入火入已水擣扳變為浴
池衆罪消滅譬如有人堰長流水從上如堰
在下則止從諸佛歸悔重罪則滅不信經語
輕罪難滅
佛告諸疾人吾教汝但當至心百日之中請
大德法師治齋日日礼七佛名字日日礼金
剛密迹日礼无量壽佛一日之中造成一卷
卷救疾經百日之中行道懺悔百卷成就作
齊度經可免此宿殃患可莫生不信瘡遂增

BD05308號　救疾經　（6–5）

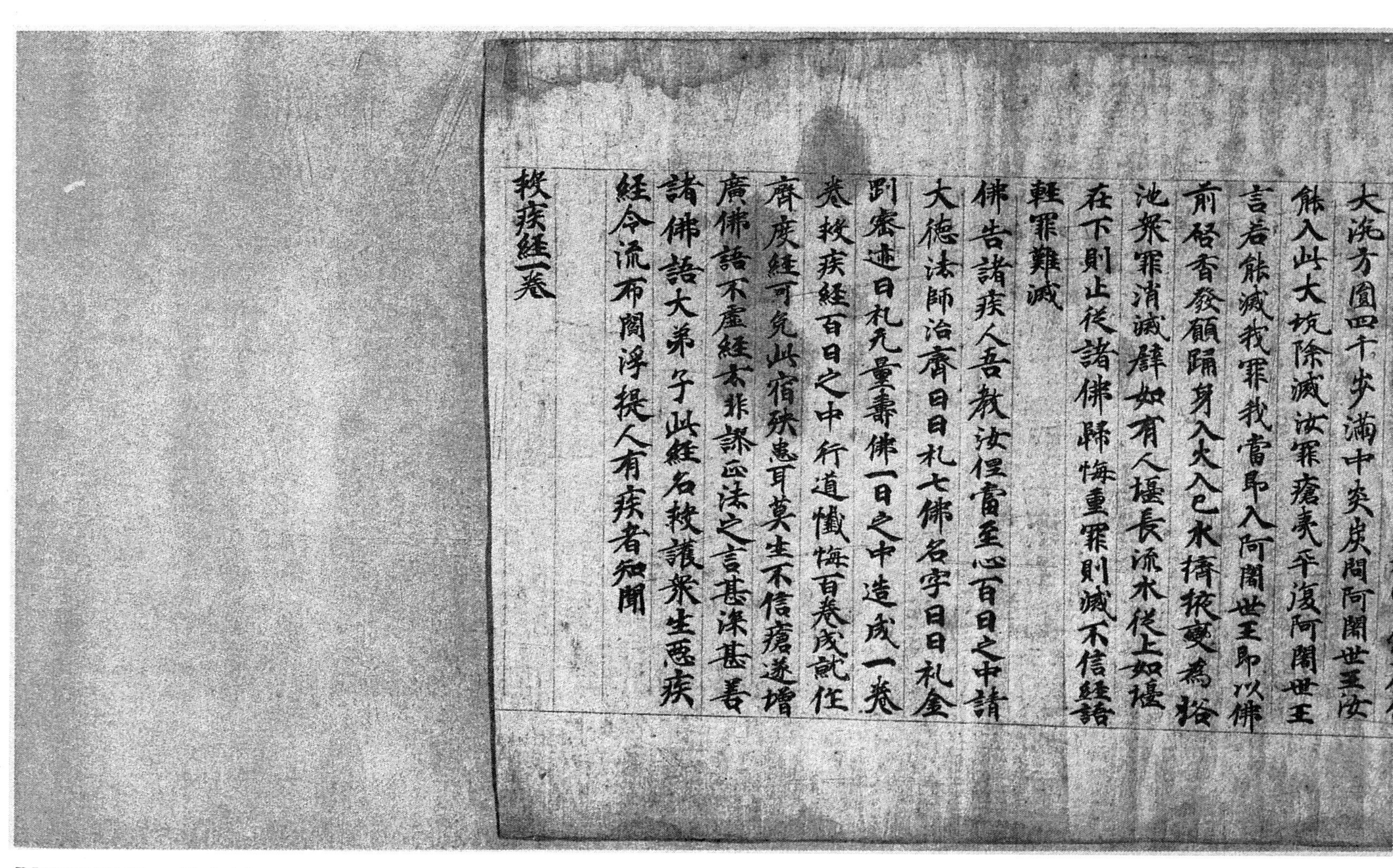
大浣方圓四十步滿中炎炭問阿闍世王汝
能入此大坑除滅汝罪瘡差平復阿闍世王
言若能滅我罪我當即入阿闍世王即以佛
前啓香發願踊身入火入已水擣扳變為浴
池衆罪消滅譬如有人堰長流水從上如堰
在下則止從諸佛歸悔重罪則滅不信經語
輕罪難滅
佛告諸疾人吾教汝但當至心百日之中請
大德法師治齋日日礼七佛名字日日礼金
剛密迹日礼无量壽佛一日之中造成一卷
卷救疾經百日之中行道懺悔百卷成就作
齊度經可免此宿殃患可莫生不信瘡遂增
廣佛語不虛經本非謬正法之言甚深甚善
諸佛語大弟子此經名救護衆生惡疾
經令流布閻浮提人有疾者知聞
救疾經一卷

BD05308號　救疾經　（6–6）

BD05308號背　雜寫　　（2–1）

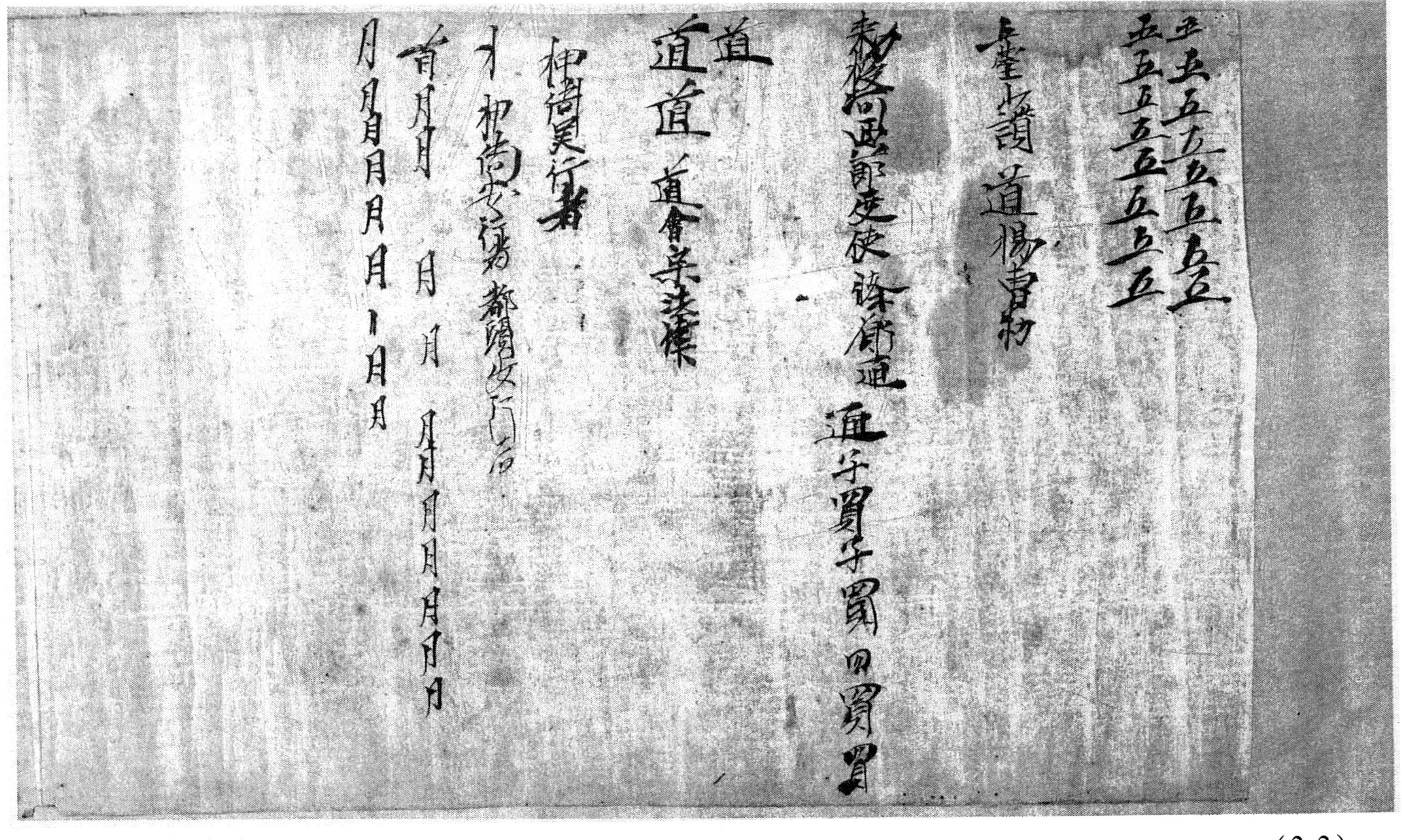

BD05308號背　雜寫　　（2–2）

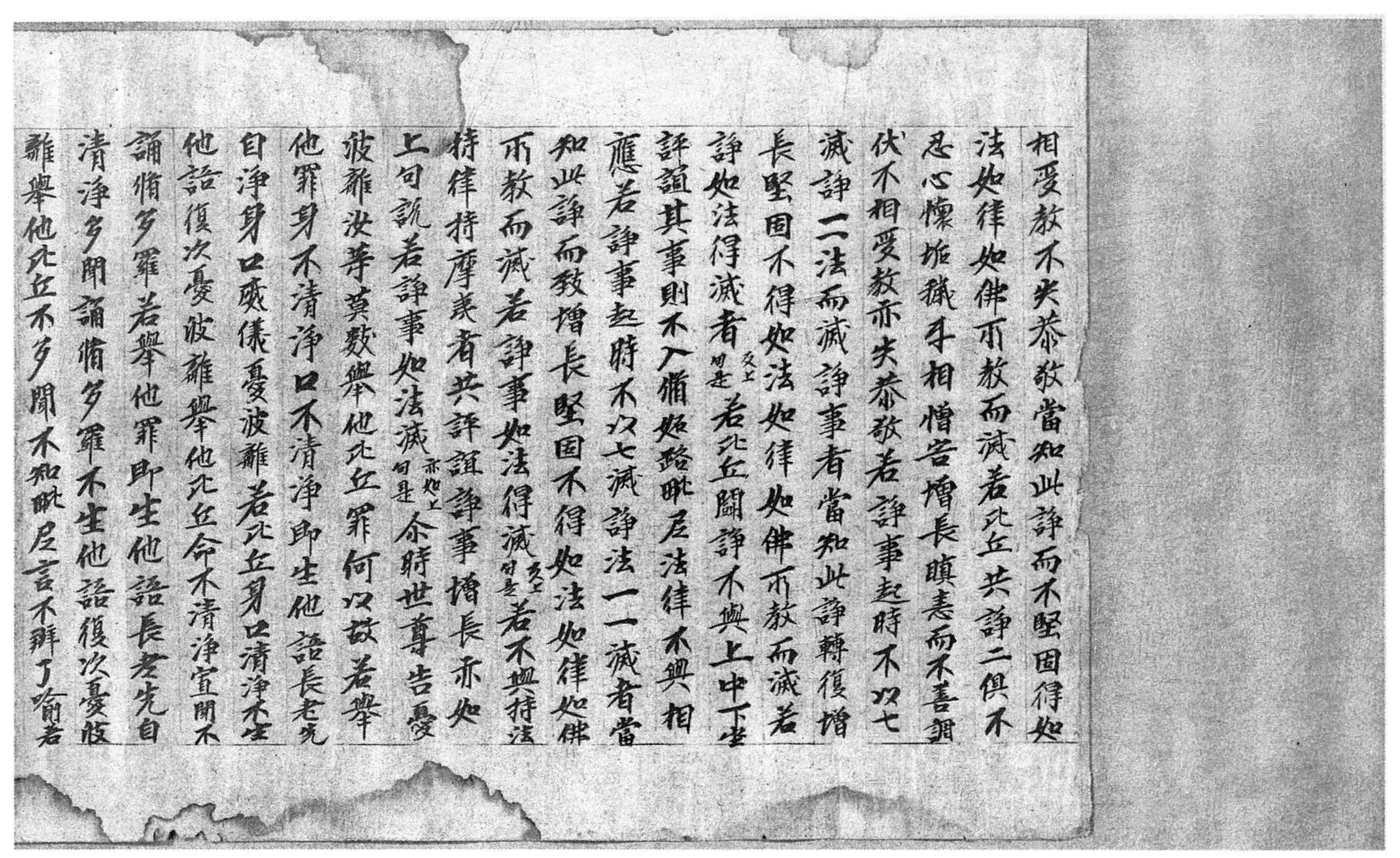

相受教不失恭敬當知此諍而不堅固得如
法如律如佛所教而滅若比丘共諍二俱不
忍心懷垢穢手相憎害增長瞋恚而不善調
伏不相受教亦失恭敬若諍事起時不以七
滅諍一一法而滅諍事者當知此諍轉復增
長堅固不得如法如律如佛所教而滅若
諍如法得滅者(文上句是)若比丘鬪諍不與上中下坐
評論其事則不入脩妒路毗尼法律不與相
應若諍事起時不以七滅諍法一一滅者當
知此諍而轉增長堅固不得如法如律如佛
所教而滅若諍事如法得滅(文上句是)若不與持法
持律持摩夷者共評論諍事增長亦如
上句說若諍事如法滅(亦如上句是)尒時世尊告憂
波離汝等莫數舉他比丘罪何以故若舉
他罪身不清淨口不清淨即生他語長老先
自淨身口威儀憂波離若比丘身口清淨不生
他語復次憂波離舉他比丘命不清淨宜聞不
誦脩多羅若舉他罪即生他語長老先自
清淨多聞誦脩多羅不生他語復次憂波
離舉他比丘不多聞不知毗尼言不辨了喻若

BD05309 號　四分律(兌廢稿)卷六〇　(2–1)

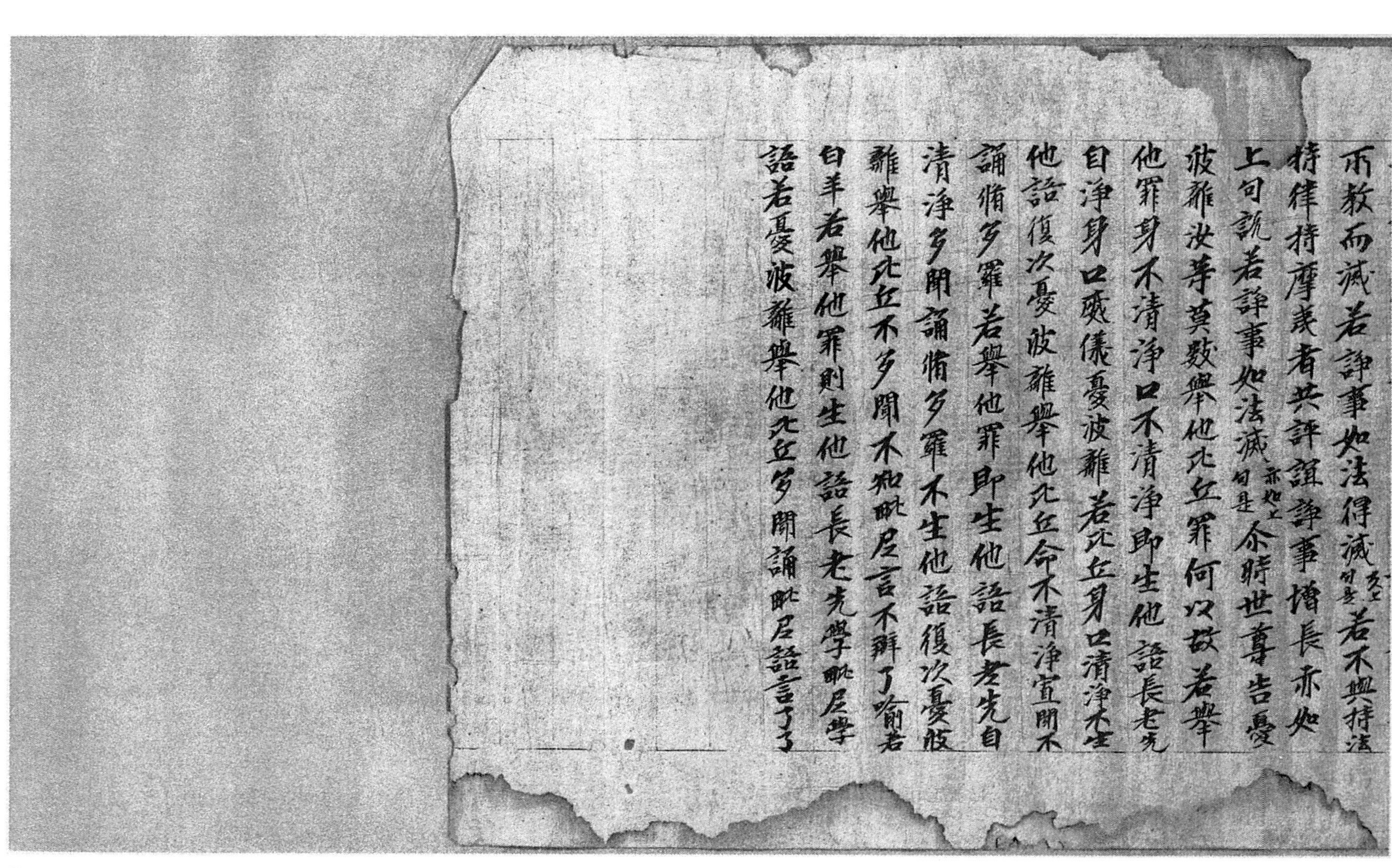

所教而滅若諍事如法得滅(文上句是)若不與持法
持律持摩夷者共評論諍事增長亦如
上句說若諍事如法滅(亦如上句是)尒時世尊告憂
波離汝等莫數舉他比丘罪何以故若舉
他罪身不清淨口不清淨即生他語長老先
自淨身口威儀憂波離若比丘身口清淨不生
他語復次憂波離舉他比丘命不清淨宜聞不
誦脩多羅若舉他罪即生他語長老先自
清淨多聞誦脩多羅不生他語復次憂波
離舉他比丘不多聞不知毗尼言不辨了喻若
自羊若舉他罪則生他語長老先學毗尼學
語若憂波離舉他比丘多聞誦毗尼語言了了

BD05309 號　四分律(兌廢稿)卷六〇　(2–2)

花

受愛取有生老死不行布施波羅蜜多亦不
內空亦不行外空內外空空空大空勝義空
有爲空無爲空畢竟空無際空散無散空本
性空自共相空一切法空不可得空無性空
自性空無性自性空不行真如亦不行法界
法性不虛妄性不變異性平等性離生性法
定法住實際虛空界不思議界不行苦聖諦
亦不行集滅道聖諦不行四念住亦不行四
正斷四神足五根五力七等覺支八聖道支
不行四靜慮亦不行四無量四無色定不行
八解脫亦不行八勝處九次第定十遍處不行
空解脫門亦不行無相無願解脫門不行淨
觀地亦不行種姓地第八地具見地薄地離
欲地已辦地獨覺地菩薩地如來地不行極
喜地亦不行離垢地發光地焰慧地極難勝
地現前地遠行地不動地善慧地法雲地
不行一切陁羅尼門亦不行一切三摩地門

BD05310號　大般若波羅蜜多經（兌廢稿）卷四五三　（2–1）

定法住實際虛空界不思議界不行苦聖諦
亦不行集滅道聖諦不行四念住亦不行四
正斷四神足五根五力七等覺支八聖道支
不行四靜慮亦不行四無量四無色定不行
八解脫亦不行八勝處九次第定十遍處不行
空解脫門亦不行無相無願解脫門不行淨
觀地亦不行種姓地第八地具見地薄地離
欲地已辦地獨覺地菩薩地如來地不行極
喜地亦不行離垢地發光地焰慧地極難勝
地現前地遠行地不動地善慧地法雲地
不行一切陁羅尼門亦不行一切三摩地門
不行五眼亦不行六神通不行佛十力亦不
行四無所畏四無礙解大慈大悲大喜大捨
十八佛不共法不行無忘失法亦不行恒住
捨性不行預流果亦不行一來不還阿羅漢
果獨覺菩提不行一切智亦不行道相智一
切相智所以者何如是諸法能行所行及由此
行行時行處皆不可得世尊若菩薩摩訶

BD05310號　大般若波羅蜜多經（兌廢稿）卷四五三　（2–2）

BD05311 號　金剛般若波羅蜜經　（12–1）

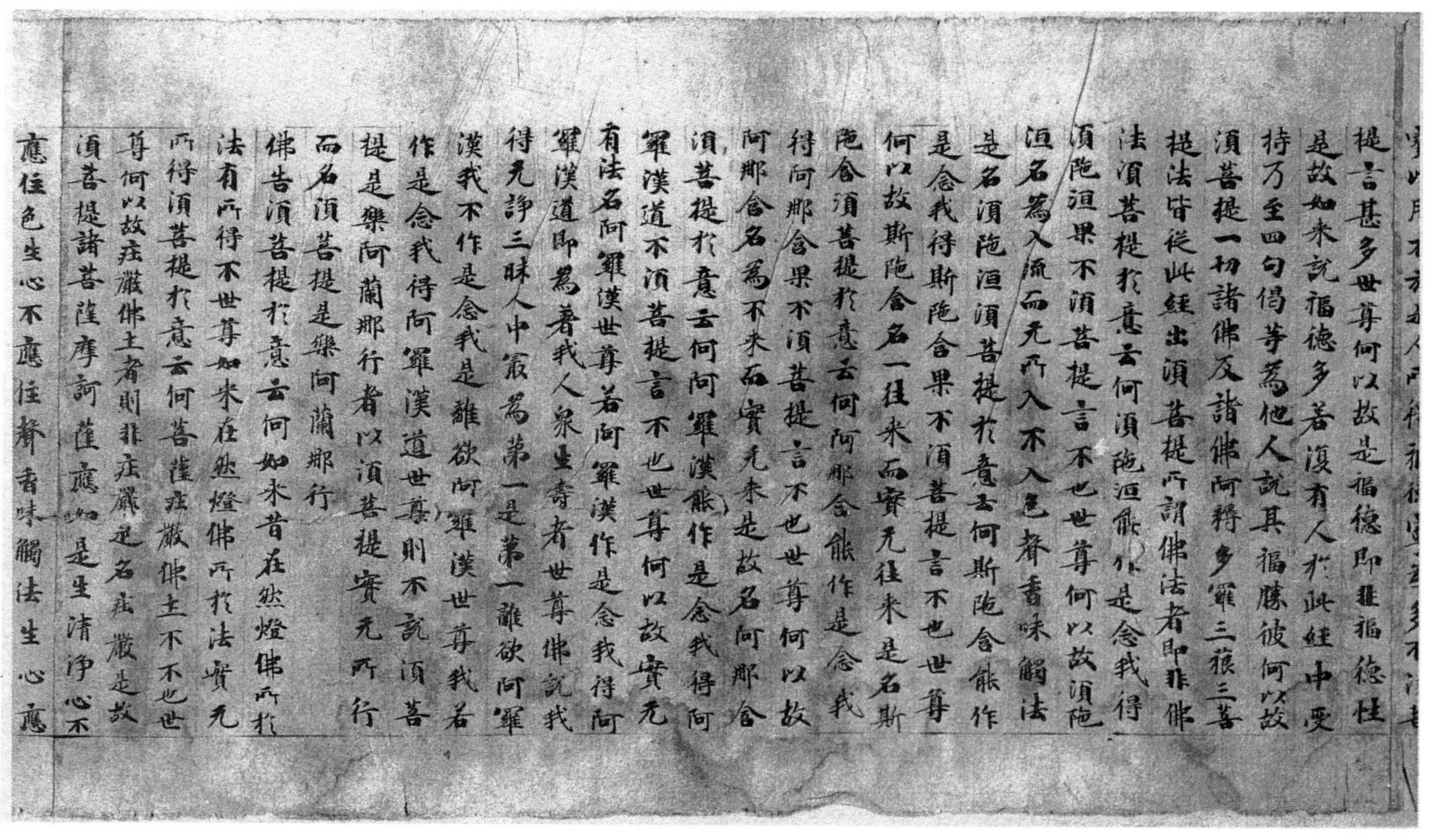

BD05311 號　金剛般若波羅蜜經　（12–2）

佛告須菩提於意云何如來昔在然燈佛所於
法有所得不世尊如來在然燈佛所於法實无
所得須菩提於意云何菩薩莊嚴佛土不不也世
尊何以故莊嚴佛土者則非莊嚴是名莊嚴是故
須菩提諸菩薩摩訶薩應如是生清淨心不
應住色生心不應住聲香味觸法生心應
无所住而生其心須菩提譬如有人身如須弥
山王於意云何是身為大不須菩提言甚
大世尊何以故佛說非身是名大身須菩
提如恒河中所有沙數如是沙等恒河於意
云何是諸恒河沙寧為多不須菩提言甚
多世尊但諸恒河尚多无數何況其沙須菩
我今實言告汝若有善男子善女人以七寶
滿尒所恒河沙數三千大千世界以用布施
得福多不須菩提言甚多世尊佛告須菩
提若善男子善女人於此經中乃至受持四
句偈等為他人說而此福德勝前福德
復次須菩提隨說是經乃至四句偈等當知此
處一切世間天人阿脩羅皆應供養如佛塔
廟何況有人盡能受持讀誦須菩提當知是
人成就最上第一希有之法若是經典所在之
處則為有佛若尊重弟子
尒時須菩提白佛言世尊當何名此經我等
云何奉持佛告須菩提是經名為金剛般若
波羅蜜以是名字汝當奉持所以者何須菩
提佛說般若波羅蜜則非般若波羅蜜須菩
提於意云何如來有所說法不須菩提白佛言
世尊如來无所說須菩提於意云何三千大千
世界所有微塵是為多不須菩提言甚多世

BD05311 號　金剛般若波羅蜜經　（12–3）

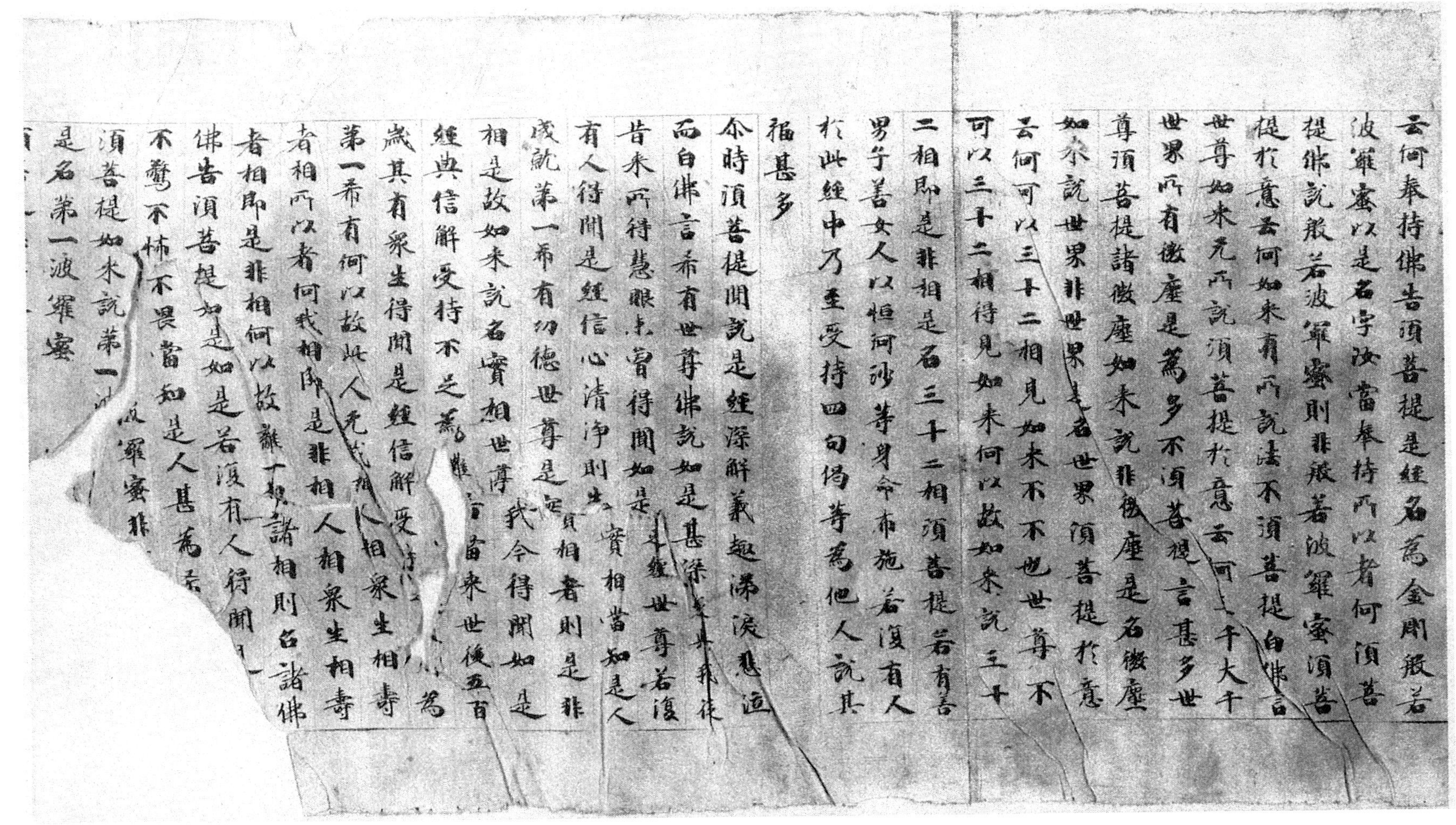
云何奉持佛告須菩提是經名為金剛般若
波羅蜜以是名字汝當奉持所以者何須菩
提佛說般若波羅蜜則非般若波羅蜜須菩
提於意云何如來有所說法不須菩提白佛言
世尊如來无所說須菩提於意云何三千大千
世界所有微塵是為多不須菩提言甚多世
尊須菩提諸微塵如來說非微塵是名微塵
如來說世界非世界是名世界須菩提於意
云何可以三十二相見如來不不也世尊不
可以三十二相得見如來何以故如來說三十
二相即是非相是名三十二相須菩提若有善
男子善女人以恒河沙等身命布施若復有人
於此經中乃至受持四句偈等為他人說其
福甚多
尒時須菩提聞說是經深解義趣涕淚悲泣
而白佛言希有世尊佛說如是甚深經典我從
昔來所得慧眼未曾得聞如是之經世尊若復
有人得聞是經信心清淨則生實相當知是人
成就第一希有功德世尊是實相者則是非
相是故如來說名實相世尊我今得聞如是
經典信解受持不足為難若當來世後五百
歲其有衆生得聞是經信解受持是人則為
第一希有何以故此人无我相人相衆生相壽
者相所以者何我相即是非相人相衆生相壽
者相即是非相何以故離一切諸相則名諸佛
佛告須菩提如是如是若復有人得聞是經
不驚不怖不畏當知是人甚為希
須菩提如來說第一波羅蜜非
是名第一波羅蜜

BD05311 號　金剛般若波羅蜜經　（12–4）

者相即是非相何以故離一切諸相則名諸佛
佛告須菩提如是如是若復有人得聞
不驚不怖不畏當知是人甚為希
須菩提如來說第一波羅蜜非
是名第一波羅蜜
須菩提忍辱波羅蜜如來
何以故須菩提如我昔為
我於尒時无我相无人相无
何以故我於往昔節節支解
相眾生相壽者相應生瞋恨須
去於五百世作忍辱仙人於尒所
人相无眾生相无壽者相是故
應離一切相發阿耨多羅三藐
應住色生心不應住聲香味觸
无所住心若心有住則為非住是故佛說菩
薩心不應住色布施須菩提菩薩為利益一
切眾生應如是布施如來說一切諸相即是非
相又說一切眾生則非眾生須菩提如來是真
語者實語者如語者不誑語者不異語者須
菩提如來所得法此法无實无虛須菩提若菩
薩心住於法而行布施如人入闇則无所見若
菩薩心不住法而行布施如人有目日光明
照見種種色須菩提當來之世若有善男子善
女人能於此經受持讀誦則為如來以佛智慧
悉知是人悉見是人皆得成就无量无邊功德
須菩提若有善男子善女人初日分以恒河沙
等身布施中日分復以恒河沙等身布施後日
分亦以恒河沙等身布施如是无量百千万
億劫以身布施若復有人聞此經典信心不逆

BD05311號　金剛般若波羅蜜經　（12–5）

照見種種色須菩提當來之世若有善男子善
女人能於此經受持讀誦則為如來以佛智慧
悉知是人悉見是人皆得成就无量无邊功德
須菩提若有善男子善女人初日分以恒河沙
等身布施中日分復以恒河沙等身布施後日
分亦以恒河沙等身布施如是无量百千万
億劫以身布施若復有人聞此經典信心不逆
其福勝彼何況書寫受持讀誦為人解說須菩
提以要言之是經有不可思議不可稱量无邊
功德如來為發大乘者說為發最上乘者說
若有人能受持讀誦廣為人說如來悉知是人
悉見是人皆得成就不可量不可稱无有邊
不可思議功德如是人等則為荷擔如來阿
耨多羅三藐三菩提何以故須菩提若樂小
法者著我見人見眾生見壽者見則於此經
不能聽受讀誦為人解說須菩提在在處
處若有此經一切世間天人阿脩羅所應供
養當知此處則為是塔皆應恭敬作礼圍
遶以諸華香而散其處
復次須菩提善男子善女人受持讀誦此經
若為人輕賤是人先世罪業應墮惡道以今
世人輕賤故先世罪業則為消滅當得阿耨多
羅三藐三菩提須菩提我念過去无量阿
僧祇劫於然燈佛前得值八百四千万億那由
他諸佛悉皆供養承事无空過者若復有
人於後末世能受持讀誦此經所得功德於
我所供養諸佛功德百分不及一千万億分乃
至算數譬喻所不能及須菩提若善男子善
女人於後末世有受持讀誦此經所得功德我
若具說者或有人聞心則狂亂狐疑不信須

BD05311號　金剛般若波羅蜜經　（12–6）

他諸佛悉皆供養承事无空過者若復有
人於後末世能受持讀誦此經所得功德於
我所供養諸佛功德百分不及一千万億分
至筭數譬喻所不能及須菩提若善男子善
女人於後末世有受持讀誦此經所得功德我
若具說者或有人聞心則狂亂狐疑不信須
菩提當知是經義不可思議果報亦不可
思議
尒時須菩提白佛言世尊善男子善女人發
阿耨多羅三藐三菩提心云何應住云何降
伏其心佛告須菩提善男子善女人發阿耨
多羅三藐三菩提者當生如是心我應滅度
一切衆生滅度一切衆生已而无有一衆生實
滅度者何以故若菩薩有我相人相衆生相
壽者相則非菩薩所以者何須菩提實无有
法發阿耨多羅三藐三菩提者須菩提於
意云何如來於然燈佛所有法得阿耨多
羅三藐三菩提不不也世尊如我解佛所說
義佛於然燈佛所无有法得阿耨多羅三
藐三菩提佛言如是如是須菩提實无有
法如來得阿耨多羅三藐三菩提須菩提若
有法如來得阿耨多羅三藐三菩提者然燈
佛則不與我受記汝於來世當得作佛号釋
迦牟尼以實无有法得阿耨多羅三藐三菩提
是故然燈佛與我受記作是言汝於來世當
得作佛号釋迦牟尼何以故如來者即諸法
如義若有人言如來得阿耨多羅三藐三菩
提須菩提實无有法佛得阿耨多羅三藐三
菩提須菩提如來所得阿耨多羅三藐三菩

BD05311號　金剛般若波羅蜜經　（12–7）

迦牟尼以實无有法得阿耨多羅三藐三菩提
是故然燈佛與我受記作是言汝於來世當
得作佛号釋迦牟尼何以故如來者即諸法
如義若有人言如來得阿耨多羅三藐三菩
提須菩提實无有法佛得阿耨多羅三藐三
菩提須菩提如來所得阿耨多羅三藐三菩
提於是中无實无虛是故如來說一切法皆是
佛法須菩提所言一切法者即非一切法是故
名一切法須菩提譬如人身長大須菩提言世尊
如來說人身長大則為非大身是名大身
須菩提菩薩亦如是若作是言我當滅度无
量衆生則不名菩薩何以故須菩提實无有
法名為菩薩是故佛說一切法无我无人无衆
生无壽者須菩提若菩薩作是言我當莊嚴
佛土是不名菩薩何以故如來說莊嚴佛土者
即非莊嚴是名莊嚴須菩提若菩薩通達无
我法者如來說名真是菩薩
須菩提於意云何如來有肉眼不如是世尊
如來有肉眼須菩提於意云何如來有天眼
不如是世尊如來有天眼須菩提於意云何如
來有慧眼不如是世尊如來有慧眼須菩提
於意云何如來有法眼不如是世尊如來有
法眼須菩提於意云何如來有佛眼不如是世
尊如來有佛眼須菩提於意云何恒河中所
有沙佛說是沙不如是世尊如來說是沙須
菩提於意云何如一恒河中所有沙有如是等
恒河是諸恒河所有沙數佛世界如是寧為
多不甚多世尊佛告須菩提尒所國土中
所有衆生若干種心如來悉知何以故如來

BD05311號　金剛般若波羅蜜經　（12–8）

尊如来有佛眼須菩提於意云何恒河中所
有沙佛說是沙不如是世尊如来說是沙須
菩提於意云何如一恒河中所有沙有如是等
恒河是諸恒河所有沙數佛世界如是寧為
多不甚多世尊佛告須菩提尒所國土中
所有衆生若干種心如来悉知何以故如来
說諸心皆為非心是名為心所以者何須菩
提過去心不可得現在心不可得未来心不可
得須菩提於意云何若有人滿三千大千世
界七寶以用布施是人以是因緣得福多不如
是世尊此人以是因緣得福甚多須菩提若福
德有實如来不說得福德多以福德无故如
来說得福德多
須菩提於意云何佛可以具足色身見不不也
世尊如来不應以具足色身見何以故如来說
具足色身即非具足色身是名具足色身須
菩提於意云何如来可以具足諸相見不不也
世尊如来不應以具足諸相見何以故如来說諸
相具足即非具足是名諸相具足須菩提汝勿
謂如来作是念我當有所說法莫作是念何
以故若人言如来有所說法即為謗佛不能解
我所說故須菩提說法者无法可說是名
說法
須菩提白佛言世尊佛得阿耨多羅三藐三菩
提為无所得耶如是如是須菩提我於阿耨多
羅三藐三菩提乃至无有少法可得是名阿
耨多羅三藐三菩提復次須菩提是法平等
无有高下是名阿耨多羅三藐三菩提以无
我无人无衆生无壽者脩一切善法則得阿耨

BD05311號　金剛般若波羅蜜經　（12–9）

提為无所得耶如是如是須菩提我於阿耨多
羅三藐三菩提乃至无有少法可得是名阿
耨多羅三藐三菩提復次須菩提是法平等
无有高下是名阿耨多羅三藐三菩提以无
我无人无衆生无壽者脩一切善法則得阿耨
多羅三藐三菩提須菩提所言善法者如来說
非善法是名善法
須菩提若三千大千世界中所有諸須弥山王
如是等七寶聚有人持用布施若人以此般
若波羅蜜經乃至四句偈等受持讀誦為
他人說於前福德百分不及一百千万億分乃
至筭數譬喻所不能及
須菩提於意云何汝等勿謂如来作是念我當
度衆生須菩提莫作是念何以故實无有、
衆生如来度者若有衆生如来度者如来則有
我人衆生壽者須菩提如来說有我者則非
有我而凡夫之人以為有我須菩提凡夫者
如来說則非凡夫
須菩提於意云何可以卅二相觀如来不須菩
提言如是如是以卅二相觀如来佛言須菩提
若以卅二相觀如来者轉輪聖王則是如来須
菩提白佛言世尊如我解佛所說義不應以卅
二相觀如来尒時世尊而說偈言
若以色見我　以音聲求我　是人行邪道　不能見如来
須菩提汝若作是念如来不以具足相故得
阿耨多羅三藐三菩提須菩提莫作是念如
来不以具足相故得阿耨多羅三藐三菩提須
菩提汝若作是念發阿耨多羅三藐三菩提
者說諸法斷滅相莫作是念何以故發阿耨多

BD05311號　金剛般若波羅蜜經　（12–10）

須菩提汝若作是念如來不以具足相故得
阿耨多羅三藐三菩提須菩提莫作是念如
來不以具足相故得阿耨多羅三藐三菩提須
菩提汝若作是念發阿耨多羅三藐三菩提
者說諸法斷滅相莫作是念何以故發阿耨多
羅三藐三菩提者於法不說斷滅相須菩提
若菩薩以滿恒河沙等世界七寶布施若復
有人知一切法无我得成於忍此菩薩勝前
菩薩所得功德須菩提以諸菩薩不受福
德故須菩提白佛言世尊云何菩薩不受福
德須菩提菩薩所作福德不應貪著是故說
不受福德須菩提若有人言如來若來若去
若坐若臥是人不解我所說義何以故如來者
无所從來亦无所去故名如來
須菩提若善男子善女人以三千大千世界
碎為微塵於意云何是微塵衆寧為多不
甚多世尊何以故若是微塵衆實有者佛則不
說是微塵衆所以者何佛說微塵衆則非微
塵衆是名微塵衆世尊如來所說三千大千世
界則非世界是名世界何以故若世界實有
者則是一合相如來說一合相則非一合相是
名一合相須菩提一合相者則是不可說但
凡夫之人貪著其事須菩提若人言佛說
我見人見衆生見壽者見須菩提於意云何
是人解我所說義不世尊是人不解如來所
說義何以故世尊說我見人見衆生見壽者
見即非我見人見衆生見壽者見是名我見
人見衆生見壽者見須菩提發阿耨多羅三
藐三菩提心者於一切法應如是知如是見

BD05311 號　金剛般若波羅蜜經　（12–11）

名一合相須菩提一合相者則是不可說但
凡夫之人貪著其事須菩提若人言佛說
我見人見衆生見壽者見須菩提於意云何
是人解我所說義不世尊是人不解如來所
說義何以故世尊說我見人見衆生見壽者
見即非我見人見衆生見壽者見是名我見
人見衆生見壽者見須菩提發阿耨多羅三
藐三菩提心者於一切法應如是知如是見
如是信解不生法相須菩提所言法相者如
來說即非法相是名法相須菩提若有人以
滿无量阿僧祇世界七寶持用布施若有善
男子善女人發菩薩心者持於此經乃至四
句偈等受持讀誦為人演說其福勝彼云何
為人演說不取於相如如不動何以故
一切有為法　如夢幻泡影　如露亦如電　應作如是觀
佛說是經已長老須菩提及諸比丘比丘尼
優婆塞優婆夷一切世間天人阿脩羅聞佛
所說皆大歡喜信受奉行

金剛般若波羅蜜經

BD05311 號　金剛般若波羅蜜經　（12–12）

若波羅蜜多當知無二亦無二分是故般若
波羅蜜多功得威神甚爲希有
尒時具壽慶喜白佛言世尊何緣不廣稱讚
布□□□蜜多淨戒□□蜜多安忍波羅蜜
多精進波羅蜜多靜慮波羅蜜多但廣稱讚
般若波羅蜜多世尊何緣不廣稱讚內空外
空內外空空空大空勝義空有爲空無爲空
畢竟空無際空散空無變異空本性空自相
空共相空一切法空不可得空無性空自性空
無性自性空但廣稱讚般若波羅蜜多世尊
何緣不廣稱讚真如法界法性不虛妄性
不變□□平等性□□□定法住實際虛
空界不思議界但廣稱讚般若波羅蜜多世
尊何緣不廣稱讚苦聖諦集聖諦滅聖諦道
聖諦但廣稱讚般若波羅蜜多世尊何緣不
廣稱讚四靜慮四無量四無色定但廣稱讚
般若波羅蜜多世尊何緣不廣稱讚八解脫
八勝處九次第定十遍處但廣稱讚般若波
羅蜜多世尊何緣不廣稱讚四念住四正斷
四神足□□五力七等□□□聖道支但廣

BD05312號　大般若波羅蜜多經卷一〇六　（2–1）

畢竟空無際空散空無變異空本性空自相
空共相空一切法空不可得空無性空自性空
無性自性空但廣稱讚般若波羅蜜多世尊
何緣不廣稱讚真如法界法性不虛妄性
不變□□平等性□□□定法住實際虛
空界不思議界但廣稱讚般若波羅蜜多世
尊何緣不廣稱讚苦聖諦集聖諦滅聖諦道
聖諦但廣稱讚般若波羅蜜多世尊何緣不
廣稱讚四靜慮四無量四無色定但廣稱讚
般若波羅蜜多世尊何緣不廣稱讚八解脫
八勝處九次第定十遍處但廣稱讚般若波
羅蜜多世尊何緣不廣稱讚四念住四正斷
四神足□□五力七等□□□聖道支但廣
稱讚般若波羅蜜多世尊何緣不廣稱讚空
解脫門無相解脫門無願解脫門但廣稱讚
般若波羅蜜多世尊何緣不廣稱讚五眼六
神通但廣稱讚般若波羅蜜多世尊何緣不
廣稱讚佛十力四無所畏四無礙解大慈大
悲大喜大捨十八佛不共法但廣稱讚般若
波羅蜜多世尊何緣不廣稱讚無忘失法恒
住捨性但廣稱讚般若□□蜜□□□
廣稱□

BD05312號　大般若波羅蜜多經卷一〇六　（2–2）

應供正遍知明行足善逝世間解无上士調
御丈夫天人師佛世尊所種善根是故我今
隨所念方隨所視方隨所至方令无量百千
衆生受諸快樂若衣服飲食資生之具金銀
七寶真珠琉璃珊瑚虎魄璧玉珂貝悉无所
乏若有人能稱金光明微妙經典爲我供養
諸佛世尊三稱我名燒香供養供養佛已別
以香華種種美味供施於我灑散諸方當
知是人即能聚集資財寶物以是因緣增
長地味地神諸天悉得歡喜所種穀米牙莖
枝葉菓實滋茂樹神歡喜出生无量種種
諸物我時慈念諸衆生故多与資生所須之物
世尊於此北方毗沙門王有城名曰阿尼曼陁其
城有國名德華光於是國中有最勝園名曰
金幢七寶極妙此即是我常止住處若有欲
得財寶增長是人當於自所住處應淨掃灑
洗浴其身著鮮白衣妙香塗身爲我至心三
稱彼佛寶華琉璃世尊名号礼拜供養燒香
散華亦當三稱金光明經至誠發願別以香
華種種美味供施於我散灑諸方尒時當說

BD05313號　金光明經卷二　（6–1）

金幢七寶極妙此即是我常止住處若有欲
得財寶增長是人當於自所住處應淨掃灑
洗浴其身著鮮白衣妙香塗身爲我至心三
稱彼佛寶華琉璃世尊名号礼拜供養燒香
散華亦當三稱金光明經至誠發願別以香
華種種美味供施於我散灑諸方尒時當說
如是章句
波利富樓那遮利　三曼陁達舍尼
摩訶毗訶羅伽帝　三曼陁毗陁那伽帝
摩呵迦梨波帝　波婆祢
薩婆三曼陁　脩鉢梨富鎵
阿夜那達摩帝　摩訶毗鼓畢帝
摩訶弥勒簸僧祇帝　醯帝從三慱祇㣔
帝三曼陁阿咃　阿嵬婆羅尼
是灌頂章句畢定吉祥真實不虛等行
衆生及中善根應當受持讀誦通利七日七
夜受持八戒朝暮淨心香華供養十方諸佛常
爲己身及諸衆生迴向具足阿耨多羅三藐三
菩提作是誓願令我所求皆得吉祥自於所
居房舍屋宅淨潔掃除若自住處若阿蘭
若處以香泥塗地燒微妙香敷淨好坐以種
種華香布散其地以待於我我於尒時如一念
頃入其室宅即坐其座從此日夜令此居處
若村邑若僧坊若露處无所乏少若錢若金
若銀若寶若牛羊若穀米一切所須即得其
具悉受快樂若能以己所作善根最勝之分
迴與我者我當終身不遠其人於所住處至心
[illegible]

BD05313號　金光明經卷二　（6–2）

若村邑若僧坊若露處无所乏少若餘若金
若銀寶若牛羊若穀米一切所須即得其
具悉受快樂若能以己所作善根最勝之分
迴與我者我當終身不遠其人於所住處至心
護念隨其所求令得成就應當至心禮如是
等諸佛世尊其名曰寶勝如來无垢熾寶光
明王相如來金炎光明如來金百光明照藏
如來金山寶蓋如來金華炎光相如來大炬
如來寶相如來亦應敬礼信相菩薩金光明
菩薩金藏菩薩常悲菩薩法上菩薩亦應
敬礼東方阿閦如來南方寶相如來西方无
量壽佛北方微妙聲佛

金光明經堅牢地神品第九

尒時地神堅牢白佛言世尊是金光明經若
現在世若未來世在在處處若城邑聚落若
山澤空處若王宮宅世尊隨是經典所流布
處是地分中敷師子座令說法者坐其座上
廣演宣說是妙經典我當在中常作宿衛隱
蔽其身於法座下頂戴其足我聞法已得服
甘露无上法味增益身力而此大地深十六
万八千由旬從金剛際至海地上悉得衆味增
長具足豐壤肥濃過於今日 以是之故閻
浮提內藥草樹木根莖枝葉草實滋茂美
色香味皆悉具足衆生食已增長壽命色力
辯安六情諸根具足通利威德顏貌端嚴
殊特成就如是種種等已所作事業多得成辦
有大勢力精勤勇猛是故世尊閻浮提內安



浮提內藥草樹木根莖枝葉草實滋茂美
色香味皆悉具足衆生食已增長壽命色力
辯安六情諸根具足通利威德顏貌端嚴
殊特成就如是種種等已所作事業多得成辦
有大勢力精勤勇猛是故世尊閻浮提內安
隱豐樂人民熾盛一切衆生多受快樂應心適
意隨其所樂是諸衆生得是威德大勢力已
能供養是金光明經及恭敬供養受持經者
四部之衆我於尒時當往其所爲諸衆生受
快樂故請說法者廣令宣布如是妙典何以
故世尊是金光明若廣說時我及眷屬所得
功德倍過於常增長身力心進勇銳世尊我
服甘露无上味已閻浮提地縱廣七千由旬
豐壤倍常世尊如此大地衆生所依悉能增
長一切所須之物增長一切所須物已令諸
衆生隨意所用受於快樂種種飲食衣服
臥具宮殿屋宅樹木林苑河池泉井如是等
物因依於地悉皆具足是故世尊是諸衆生
爲知我恩應作是念我當畢定聽受是經供養
恭敬尊重讚歎作是念已即從住處若城邑聚
落舍宅空地往法會所聽受是經既聽受
已還其所止各應相慶作如是言我等今者
聞此甚深无上妙法已爲攝取不可思議功
德之聚值遇无量无邊諸佛三惡道報已得
解脫於未來世常生天上人中受樂是諸衆
生各於住處若爲他人演說是經若說一喻
一品一緣若復稱歎一佛菩薩一四句偈乃

聞此甚深无上妙法已[illegible]不可思議功
德之聚值遇无量无邊諸佛三惡道報已得
解脫於未來世常生天上人中受樂是諸衆
生各於住處若為他人演說是經若說一喻
一品一緣若復稱嘆一佛菩薩一四句偈乃
至一句及稱是經首題名字世尊隨是衆生
所住之處其地具足豐壤肥濃過於餘地凡
是因地所生之物悉皆增長滋茂廣大悉令
衆生受於快樂多饒財寶好行惠施心常堅
固深信三寶尒時佛告地神堅牢若有衆生
乃至聞是金光明經一句之義人中命終隨意
往生三十三天地神若有衆生為欲供養
是經典故莊嚴屋宅乃至張懸一幡一蓋
或以一衣欲界六天已有自然七寶宮殿是
人命終即往生彼地神於諸七寶宮殿之中各
各自然有七天女共相娛樂日夜常受不可
思議微妙快樂尒時地神白佛言世尊以是
因緣說法比丘坐法座時我常晝夜衛護不
離隱蔽其形在其座下頂戴其足世尊若
有衆生於百千佛所種諸善根是說法者為
是等故於閻浮提廣宣流布是妙經典不令
斷絕是諸衆生聽是經已未來世中无量百
千那由他劫於天上人中常受快樂值遇諸
佛疾成阿耨多羅三藐三菩提三惡道苦
悉斷无餘
金光明經卷第二

BD05313號　金光明經卷二　（6–5）

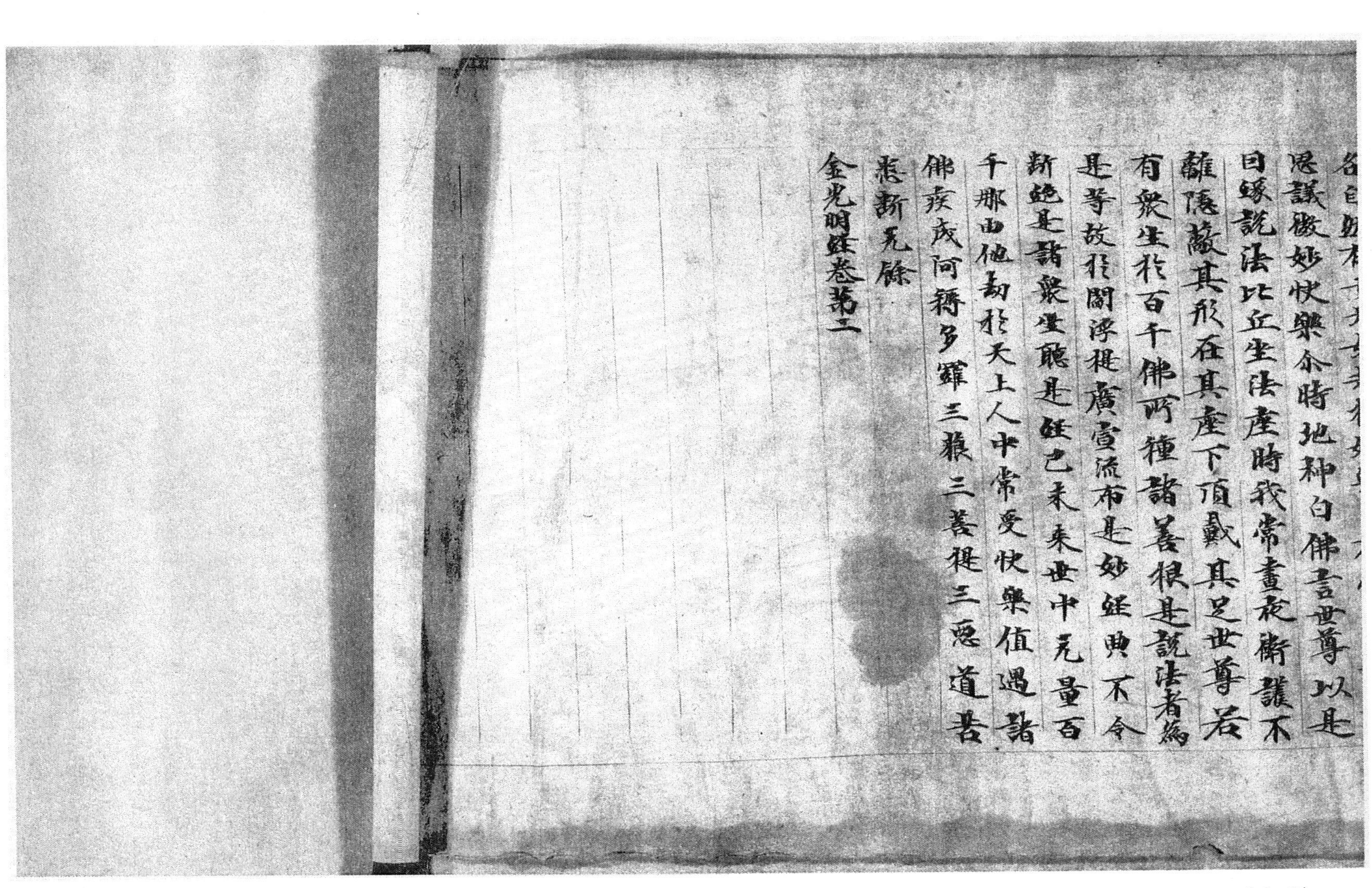
思議微妙快樂尒時地神白佛言世尊以是
因緣說法比丘坐法座時我常晝夜衛護不
離隱蔽其形在其座下頂戴其足世尊若
有衆生於百千佛所種諸善根是說法者為
是等故於閻浮提廣宣流布是妙經典不令
斷絕是諸衆生聽是經已未來世中无量百
千那由他劫於天上人中常受快樂值遇諸
佛疾成阿耨多羅三藐三菩提三惡道苦
悉斷无餘
金光明經卷第二

BD05313號　金光明經卷二　（6–6）

[illegible]
時日月燈明佛從
乘經名妙法蓮華教
小劫不起于座時會聽者
身心不動聽佛所說謂如食項是
无有一人若身若心而生懈惓日月
於六十小劫說是經已即於梵魔沙門婆
門及天人阿脩羅衆中而宣此言如来於今
日中夜當入无餘涅槃時有菩薩名曰德藏
日月燈明佛即授其記告諸比丘是德藏菩
薩次當作佛号曰淨身多陁阿伽度阿羅訶
三藐三佛陁佛授記已便於中夜入无餘涅
槃佛滅度後妙光菩薩持妙法蓮華經滿八
十小劫爲人演說日月燈明佛八子皆師妙
光妙光教化令其堅固阿耨多羅三藐三菩
提是諸王子供養　重百千万億佛已皆成
佛道其最後成佛者名曰然燈八百弟子中
有一人号曰求名貪著利養雖復讀誦衆經
而不通利多所忘失故号求名是人亦以種諸
善根因緣故得值无量百千万億諸佛供養
恭敬尊重讚歎弥勒當知尒時妙光菩薩

BD05314 號　妙法蓮華經卷一　（8–1）

提是諸王子供養　重百千万億佛已皆成
佛道其最後成佛者名曰然燈八百弟子中
有一人号曰求名貪著利養雖復讀誦衆經
而不通利多所忘失故号求名是人亦以種諸
善根因緣故得值无量百千万億諸佛供養
恭敬尊重讚歎弥勒當知尒時妙光菩薩
豈異人乎我身是也求名菩薩汝身是也今
見此瑞與本无異是故惟忖今日如来當說
大乘經名妙法蓮華教菩薩法佛所護念尒
時文殊師利於大衆中欲重宣此義而說偈
言
我念過去世　无量无數劫　有佛人中尊　号日月燈明
世尊演說法　度无量衆生　无數億菩薩　令入佛智慧
佛未出家時　所生八王子　見大聖出家　亦隨脩梵行
時佛說大乘　經名无量義　於諸大衆中　而爲廣分別
佛說此經已　即於法座上　跏趺坐三昧　名无量義處
天雨曼陁華　天鼓自然鳴　諸天龍鬼神　供養人中尊
一切諸佛土　即時大震動　佛放眉間光　現諸希有事
此光照東方　万八千佛土　示一切衆生　生死業報處
有見諸佛土　以衆寶莊嚴　琉璃頗梨色　斯由佛光照
及見諸天人　龍神夜叉衆　乾闥緊那羅　各供養其佛
又見諸如来　自然成佛道　身色如金山　端嚴甚微妙
如淨琉璃中　內現真金像　世尊在大衆　敷演深法義
一一諸佛土　聲聞衆无數　因佛光所照　悉見彼大衆
或有諸比丘　在於山林中　精進持淨戒　猶如護明珠
又見諸菩薩　行施忍辱等　其數如恒沙　斯由佛光照
又見諸菩薩　深入諸禪定　身心寂不動　以求无上道

BD05314 號　妙法蓮華經卷一　（8–2）

又見諸如來 自然成佛道 身色如金山 端嚴甚微妙
如淨琉璃中 內現真金像 世尊在大衆 敷演深法義
一一諸佛土 聲聞衆无數 因佛光所照 悉見彼大衆
或有諸比丘 在於山林中 精進持淨戒 猶如護明珠
又見諸菩薩 行施忍辱等 其數如恒沙 斯由佛光照
又見諸菩薩 深入諸禪定 身心寂不動 以求无上道
又見諸菩薩 知法寂滅相 各於其國土 說法求佛道
尒時四部衆 見日月燈佛 現大神通力 其心皆歡喜
各各自相問 是事何因緣 天人所奉尊 適從三昧起
讚妙光菩薩 汝為世間眼 一切所歸信 能奉持法藏
如我所說法 唯汝能證知 世尊既讚歎 令妙光歡喜
說是法華經 滿六十小劫 不起於此座 所說上妙法
是妙光法師 悉皆能受持 佛說是法華 令衆歡喜已
尋即於是日 告於天人衆 諸法實相義 已為汝等說
我今於中夜 當入於涅槃 汝一心精進 當離於放逸
諸佛甚難值 億劫時一遇 世尊諸子等 聞佛入涅槃
各各懷悲惱 佛滅一何速 聖主法之王 安慰无量衆
我若滅度時 汝等勿憂怖 是德藏菩薩 於无漏實相
心已得通達 其次當作佛 号曰為淨身 亦度无量衆
佛此夜滅度 如薪盡火滅 分布諸舍利 而起无量塔
比丘比丘尼 其數如恒沙 倍復加精進 以求无上道
是妙光法師 奉持佛法藏 八十小劫中 廣宣法華經
是諸八王子 妙光所開化 堅固无上道 當見无數佛
供養諸佛已 隨順行大道 相繼得成佛 轉次而授記
最後天中天 号曰燃燈佛 諸仙之導師 度脫无量衆
是妙光法師 時有一弟子 心常懷懈怠 貪著於名利
求名利无猒 多遊族姓家 棄捨所習誦 廢忘不通利

BD05314號　妙法蓮華經卷一　（8–3）

是諸八王子 妙光所開化 堅固无上道 當見无數佛
供養諸佛已 隨順行大道 相繼得成佛 轉次而授記
最後天中天 号曰燃燈佛 諸仙之導師 度脫无量衆
是妙光法師 時有一弟子 心常懷懈怠 貪著於名利
求名利无猒 多遊族姓家 棄捨所習誦 廢忘不通利
以是因緣故 号之為求名 亦行衆善業 得見无數佛
供養於諸佛 隨順行大道 具六波羅蜜 今見釋師子
其後當作佛 号名曰弥勒 廣度諸衆生 其數无有量
彼佛滅度後 懈怠者汝是 妙光法師者 今則我身是
我見燈明佛 本光瑞如此 以是知今佛 欲說法華經
今相如本瑞 是諸佛方便 今佛放光明 助發實相義
諸人今當知 合掌一心待 佛當雨法雨 充足求道者
諸求三乘人 若有疑悔者 佛當為除斷 令盡无有餘

妙法蓮華經方便品第二

尒時世尊從三昧安詳而起告舍利弗諸佛
智慧甚深无量其智慧門難解難入一切聲
聞辟支佛所不能知所以者何佛曾親近百
千万億无數諸佛盡行諸佛无量道法勇猛
精進名稱普聞成就甚深未曾有法隨宜所
說意趣難解舍利弗吾從成佛已來種種因
緣種種譬喻廣演言教无數方便引導衆生
令離諸著所以者何如來方便知見波羅蜜
皆已具足舍利弗如來知見廣大深遠无量
无礙力无所畏禪定解脫三昧深入无際成
就一切未曾有法舍利弗如來能種種分別
巧說諸法言辭柔軟悅可衆心舍利弗取要
言之无量无邊未曾有法佛悉成就止舍利
弗不須復說所以者何佛所成就第一希有

BD05314號　妙法蓮華經卷一　（8–4）

无礙力无所畏禪定解脫三昧深入无際成
就一切未曾有法舍利弗如来能種種分別
巧說諸法言辭柔軟悅可衆心舍利弗取要
言之无量无邊未曾有法佛悉成就止舍利
弗不須復說所以者何佛所成就第一希有
難解之法唯佛與佛乃能究盡諸法實相所
謂諸法如是相如是性如是體如是力如是
作如是因如是緣如是果如是報如是本末
究竟等尒時世尊欲重宣此義而說偈言
世雄不可量　諸天及世人　一切衆生類　无能知佛者
佛力无所畏　解脫諸三昧　及佛諸餘法　无能測量者
本從无數佛　具足行諸道　甚深微妙法　難見難可了
於无量億劫　行此諸道已　道場得成果　我已悉知見
如是大果報　種種性相義　我及十方佛　乃能知是事
是法不可示　言辭相寂滅　諸餘衆生類　无有能得解
除諸菩薩衆　信力堅固者　諸佛弟子衆　曾供養諸佛
一切漏已盡　住是最後身　如是諸人等　其力所不堪
假使滿世間　皆如舍利弗　盡思共度量　不能測佛智
正使滿十方　皆如舍利弗　及餘諸弟子　亦滿十方刹
盡思共度量　亦復不能知　辟支佛利智　无漏最後身
亦滿十方界　其數如竹林　斯等共一心　於億无量劫
欲思佛實智　莫能知少分　新發意菩薩　供養无數佛
了達諸義趣　又能善說法　如稻麻竹葦　充滿十方刹
一心以妙智　於恒河沙劫　咸皆共思量　不能知佛智
不退諸菩薩　其數如恒沙　一心共思求　亦復不能知
又告舍利弗　无漏不思議　甚深微妙法　我今已具得
唯我知是相　十方佛亦然　舍利弗當知　諸佛語无異



一心以妙智　於恒河沙劫　咸皆共思量　不能知佛智
不退諸菩薩　其數如恒沙　一心共思求　亦復不能知
又告舍利弗　无漏不思議　甚深微妙法　我今已具得
唯我知是相　十方佛亦然　舍利弗當知　諸佛語无異
於佛所說法　當生大信力　世尊法久後　要當說真實
告諸聲聞衆　及求緣覺乘　我令脫苦縛　逮得涅槃者
佛以方便力　示以三乘教　衆生處處著　引之令得出
尒時大衆中有諸聲聞漏盡阿羅漢阿若憍
陳如等千二百人及發聲聞辟支佛心比丘
比丘尼優婆塞優婆夷各作是念今者世尊
何故慇懃稱歎方便而作是言佛所得法甚
深難解有所言說意趣難知一切聲聞辟支
佛所不能及佛說一解脫義我等亦得此法
到於涅槃而今不知是義所趣尒時舍利弗
知四衆心疑自亦未了而白佛言世尊何因
何緣慇懃稱歎諸佛第一方便甚深微妙難
解之法我自昔来未曾從佛聞如是說今者
四衆咸皆有疑唯願世尊敷演斯事世尊何
故慇懃稱歎甚深微妙難解之法尒時舍利
弗欲重宣此義而說偈言
慧日大聖尊　久乃說是法　自說得如是　力无畏三昧
禪定解脫等　不可思議法　道場所得法　无能發問者
我意難可測　亦无能問者　无問而自說　稱歎所行道
智慧甚微妙　諸佛之所得　无漏諸羅漢　及求涅槃者
今皆墮疑網　佛何故說是　其求緣覺者　比丘比丘尼
諸天龍鬼神　及乾闥婆等　相視懷猶豫　瞻仰兩足尊
是事為云何　願佛為解說　於諸聲聞衆　佛說我第一
我今自於智　疑惑不能了　為是究竟法　為是所行道

我意難可測　亦无能問者　无問而自說　稱歎所行道
智慧甚微妙　諸佛之所得　无漏諸羅漢　及求涅槃者
今皆墮疑網　佛何故說是　其求緣覺者　比丘比丘尼
諸天龍鬼神　及乾闥婆等　相視懷猶豫　瞻仰兩足尊
是事為云何　願佛為解說　於諸聲聞衆　佛說我第一
我今自於智　疑惑不能了　為是究竟法　為是所行道
佛口所生子　合掌瞻仰待　願出微妙音　時為如實說
諸天龍神等　其數如恒沙　求佛諸菩薩　大數有八万
又諸万億國　轉輪聖王至　合掌以敬心　欲聞具足道
尒時佛告舍利弗止止不須復說若說是事
一切世間諸天及人皆當驚疑舍利弗重白
佛言世尊唯願說之唯願說之所以者何是
會无數百千万億阿僧祇衆生曾見諸佛諸
根猛利智慧明了聞佛所說則能敬信尒時
舍利弗欲重宣此義而說偈言
法王无上尊　唯說願勿慮　是會无量衆　有能敬信者
佛復止舍利弗若說是事一切世間天人阿
脩羅皆當驚疑增上慢比丘將墜於大坑尒
時世尊重說偈言
止止不須說　我法妙難思　諸增上慢者　聞必不敬信
尒時舍利弗重白佛言世尊唯願說之唯願
說之今此會中如我等比百千億世世已曾
從佛受化如此人等必能敬信長夜安隱
多所饒益尒時舍利弗欲重宣此義而說偈
言
无上兩足尊　願說第一法　我為佛長子　唯垂分別說
是會无量衆　能敬信此法　佛已曾世世　教化如是等
皆一心合掌　欲聽受佛語　我等千二百　及餘求佛者



時世尊重說偈言
止止不須說　我法妙難思　諸增上慢者　聞必不敬信
尒時舍利弗重白佛言世尊唯願說之唯願
說之今此會中如我等比百千億世世已曾
從佛受化如此人等必能敬信長夜安隱
多所饒益尒時舍利弗欲重宣此義而說偈
言
无上兩足尊　願說第一法　我為佛長子　唯垂分別說
是會无量衆　能敬信此法　佛已曾世世　教化如是等
皆一心合掌　欲聽受佛語　我等千二百　及餘求佛者
願為此衆故　唯垂分別說　是等聞此法　則生大歡喜
尒時世尊告舍利弗汝已慇勤三請豈得不
說汝今諦聽善思念之吾當為汝分別解說
說此語時會中有比丘比丘尼優婆塞優婆
夷五千人等即從座起礼佛而退所以者何
此輩罪根深重及增上慢未得謂得未證謂
證有如此失是以不住世尊嘿然而不制止
尒時佛告舍利弗我今此衆无復枝葉純有
貞實舍利弗如是增上慢人退亦佳矣汝今
弗言唯然世

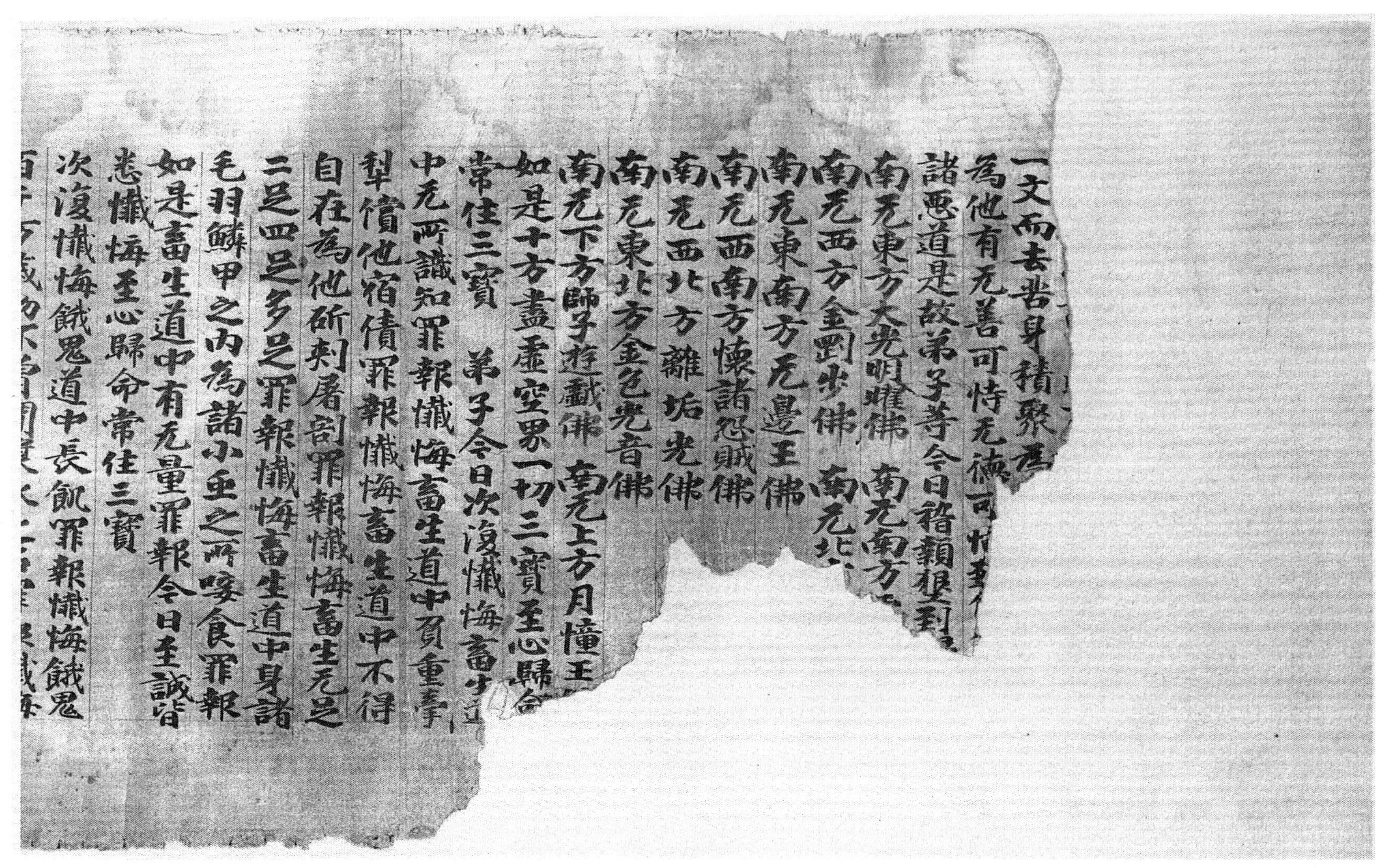

一文而去皆身積聚在
為他有无善可恃无德可怙
諸惡道是故弟子等今日稽顙根到
南无東方大光明曜佛　南无南方
南无西方金剛步佛　南无北
南无東南方无邊王佛
南无西南方懷諸怨賊佛
南无西北方離垢光佛
南无東北方金色光音佛
南无下方師子遊戲佛　南无上方月幢王
如是十方盡虛空界一切三寶至心歸命
常住三寶　弟子今日次復懺悔畜生道
中无所識知罪報懺悔畜生道中負重牽
犁償他宿債罪報懺悔畜生道中不得
自在為他所刺屠割罪報懺悔畜生无足
二足四足多足罪報懺悔畜生道中身諸
毛羽鱗甲之內為諸小虫之所唼食罪報
如是畜生道中有无量罪報今日至誠皆
悉懺悔至心歸命常住三寶
次復懺悔餓鬼道中長飢罪報懺悔餓鬼
百千万歲初不曾聞漿水之名罪報懺悔

BD05315號　佛名經（十六卷本）卷一三　　（10–1）

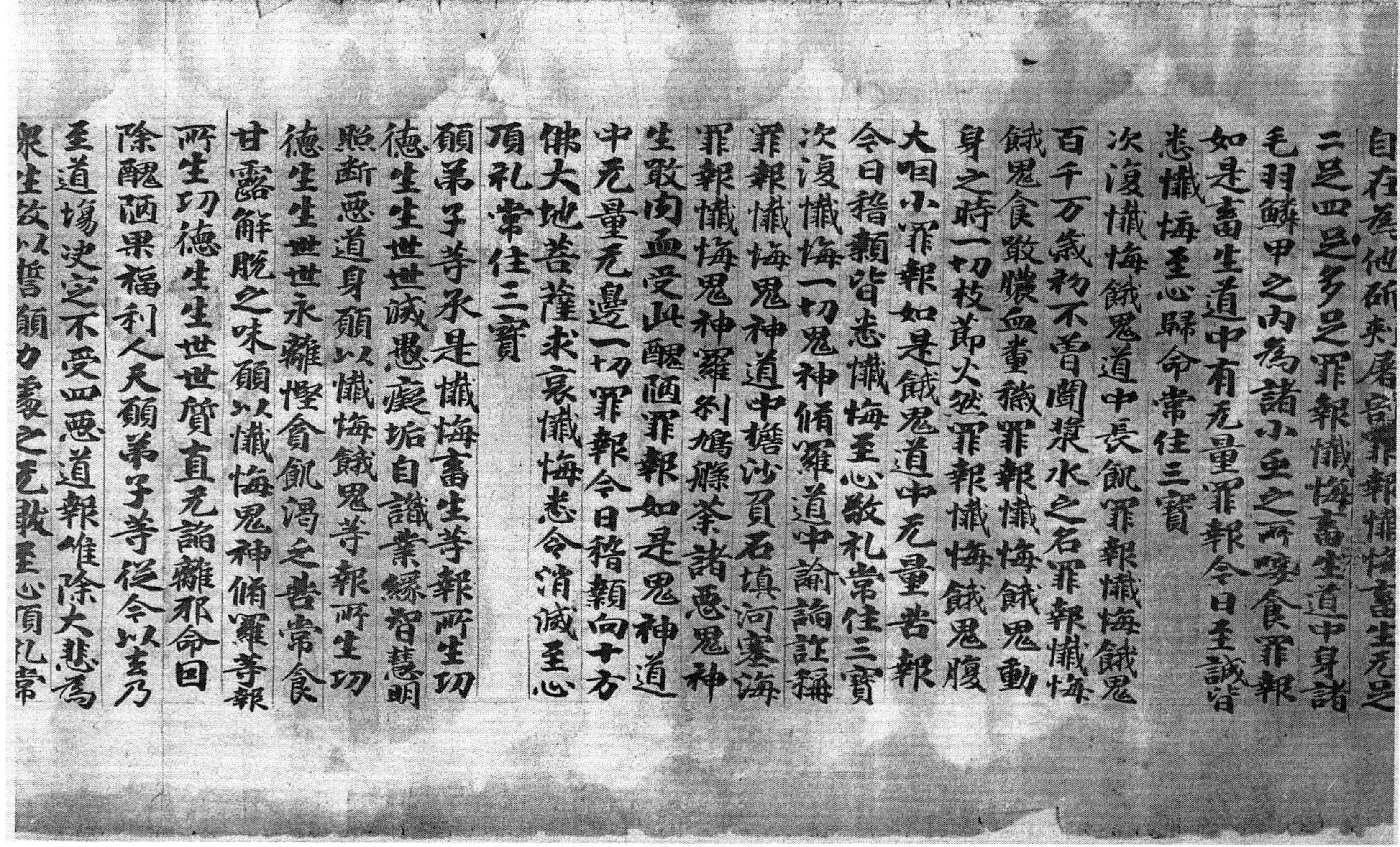

自在為他所刺屠割罪報懺悔畜生无足
二足四足多足罪報懺悔畜生道中身諸
毛羽鱗甲之內為諸小虫之所唼食罪報
如是畜生道中有无量罪報今日至誠皆
悉懺悔至心歸命常住三寶
次復懺悔餓鬼道中長飢罪報懺悔餓鬼
百千万歲初不曾聞漿水之名罪報懺悔
餓鬼食噉膿血糞穢罪報懺悔餓鬼動
身之時一切支節火然罪報懺悔餓鬼腹
大咽小罪報如是餓鬼道中无量苦報
今日稽顙皆悉懺悔至心敬礼常住三寶
次復懺悔一切鬼神脩羅道中諛諂誑稱
罪報懺悔鬼神道中擔沙負石填河塞海
罪報懺悔鬼神羅刹鳩槃荼諸惡鬼神
生噉血肉受此醜陋罪報如是鬼神道
中无量无邊一切罪報今日稽顙向十方
佛大地菩薩求哀懺悔悉令消滅至心
頂礼常住三寶
願弟子等承是懺悔畜生等報所生功
德生生世世滅愚癡垢自識業緣智慧明
照斷惡道身願以懺悔餓鬼等報所生功
德生生世世永離慳貪飢渴之苦常食
甘露解脫之味願以懺悔鬼神脩羅等報
所生功德生生世世質直无諂離邪命因
除醜陋果福利人天願弟子等從今以去乃
至道場決定不受四惡道報唯除大悲為
衆生故以誓願力處之无厭至心頂礼常

BD05315號　佛名經（十六卷本）卷一三　　（10–2）

甘露解脫之味願以懺悔鬼神脩羅等報
所生功德生生世世質直无諂離邪命回
除醜陋果福利人天願弟子等從今以去乃
至道場決定不受四惡道報唯除大悲為
衆生故以誓願力處之无猒至心頂礼常
住三寶
舍利弗汝當至心歸命北方佛
南无勝藏佛　南无自在藏佛
南无无邊華龍一俱蘇摩生佛
南无降伏諸魔勇猛佛
南无定諸魔佛　南无法像佛
南无功德勝佛　南无山降光佛
南无法王佛　南无普恭敬燈佛
從此以上一万佛十二部經一切賢聖
南无地勝佛　南无成就如來家佛
南无一切寶成就佛
南无陁羅尼文句決定義佛
南无忍自在王佛　南无成就一切稱佛
南无三世智自在佛　南无勝歸依德善住佛
南无種種摩尼光佛　南无勝功德佛
南无佛功德勝佛　南无无餘證佛
南无得佛眼佛　南无隨過去佛
南无大慈成就悲勝佛　南无住持師子智佛
南无无衆生住寶際王佛
南无自家法得成就佛
南无大智莊嚴身佛　南无智稱佛
南无佛法首佛　南无一切衆生德佛

BD05315號　佛名經（十六卷本）卷一三　（10–3）

南无大慈成就悲勝佛　南无住持師子智佛
南无无衆生住寶際王佛
南无自家法得成就佛
南无大智莊嚴身佛　南无智稱佛
南无佛法首佛　南无一切衆生德佛
南无過一切法聞佛　南无自在因隨羅佛
南无滿足意佛　南无大璃瑠佛
南无菩提光明佛
南无不可思議法智光明佛
南无真檀不空王佛　南无不除波頭摩幢佛
南无法財聲王佛　南无釋法善知稱佛
南无智顯劫佛
南无佛眼清淨分陁利佛
南无智自在稱佛　南无斷无邊疑佛
南无衆生方便自在王佛
南无无邊覺奮迅无畏思惟佛
南无法行地善住佛　南无普衆生勇着佛
南无降伏諸魔力堅意佛
南无天王自在寶合王佛
南无如寶脩行藏佛
南无能生一切歡喜月見佛
南无大迅覺迅佛
南无種種摩尼聲吼王佛
南无无歡王佛　南无不退了勇猛佛
南无佛主莊嚴身佛　南无智根本華幢佛
南无化身无畏稱佛　南无一切龍摩尼藏佛
南无法聲自在佛　南无法甘露旃梨羅佛

BD05315號　佛名經（十六卷本）卷一三　（10–4）

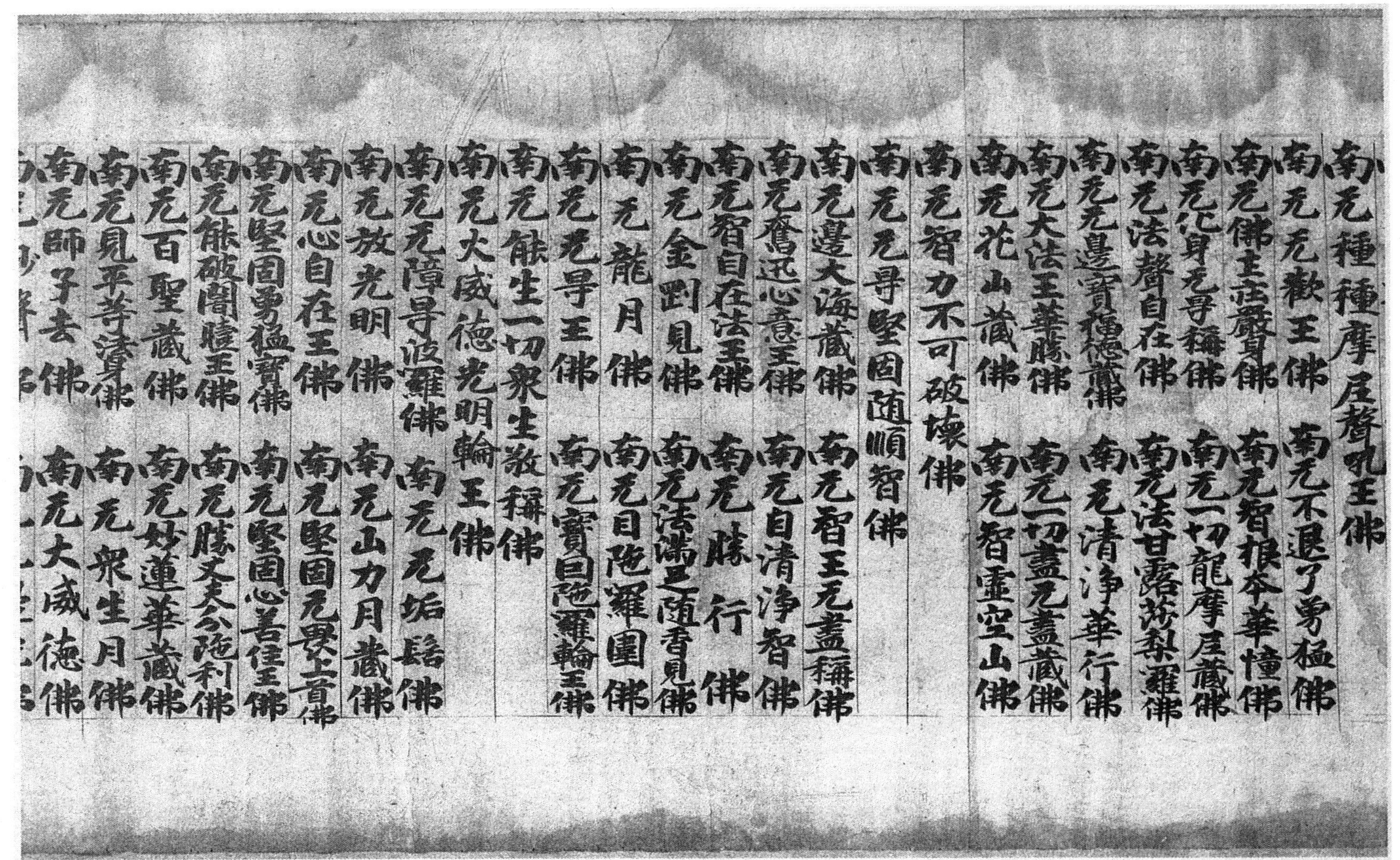

南无種種摩尼聲吼王佛
南无无歡王佛　南无不退了勇猛佛
南无佛土莊嚴身佛　南无智根本華幢佛
南无化身无尋稱佛　南无一切龍摩尼藏佛
南无法聲自在佛　南无法甘露莎梨羅佛
南无无邊寶種德藏佛　南无清淨華行佛
南无大法王華勝佛　南无一切盡无盡藏佛
南无花山藏佛　南无智虛空山佛
南无智力不可破壞佛
南无无尋堅固隨順智佛
南无邊大海藏佛　南无智王无盡稱佛
南无奮迅心意王佛　南无自清淨智佛
南无智自在法王佛　南无勝行佛
南无金剛見佛　南无法滿足隨香見佛
南无龍月佛　南无目陁羅團佛
南无无尋王佛　南无寶因陁羅輪王佛
南无能生一切眾生歡稱佛
南无大威德光明輪王佛
南无无障尋波羅佛　南无无垢髻佛
南无放光明佛　南无山力月藏佛
南无心自在王佛　南无堅固无畏上首佛
南无堅固勇猛寶佛　南无堅固心善住王佛
南无能破闇癡王佛　南无勝丈夫分陁利佛
南无百聖藏佛　南无妙蓮華藏佛
南无見平等清身佛　南无眾生月佛
南无師子去佛　南无大威德佛

BD05315 號　佛名經（十六卷本）卷一三　（10–5）

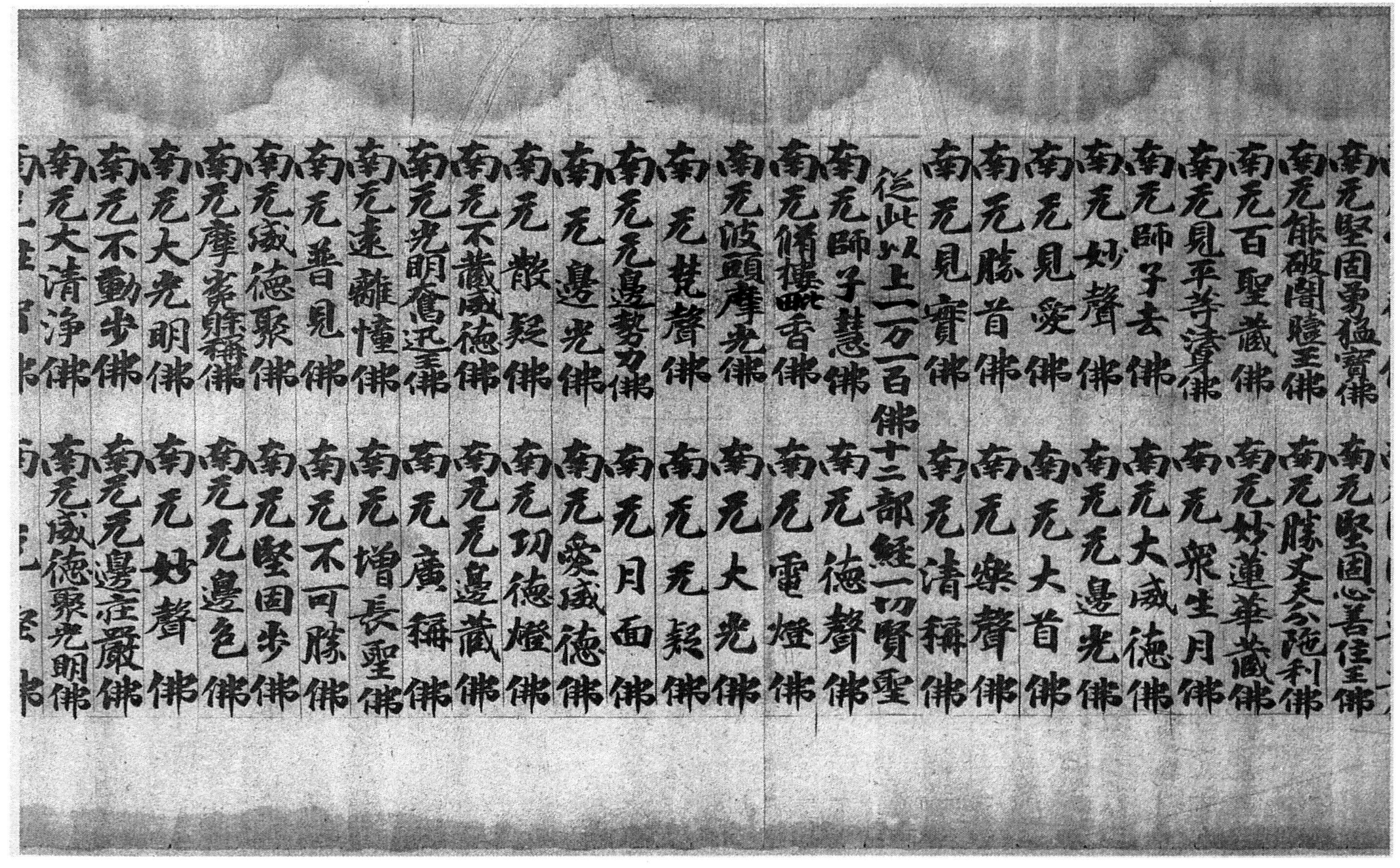

南无堅固勇猛寶佛　南无堅固心善住王佛
南无能破闇癡王佛　南无勝丈夫分陁利佛
南无百聖藏佛　南无妙蓮華藏佛
南无見平等清身佛　南无眾生月佛
南无師子去佛　南无大威德佛
南无妙聲佛　南无无邊光佛
南无見愛佛　南无大首佛
南无勝首佛　南无樂聲佛
南无見寶佛　南无清稱佛
從此以上一万一百佛十二部經一切賢聖
南无師子慧佛　南无德聲佛
南无脩樓畔香佛　南无電燈佛
南无波頭摩光佛　南无大光佛
南无梵聲佛　南无无疑佛
南无无邊勢力佛　南无月面佛
南无无邊光佛　南无功德燈佛
南无散疑佛　南无愛威德佛
南无不藏威德佛　南无无邊藏佛
南无光明奮迅王佛　南无廣稱佛
南无遠離幢佛　南无增長聖佛
南无普見佛　南无不可勝佛
南无威德聚佛　南无堅固步佛
南无摩尼珠稱佛　南无无邊色佛
南无大光明佛　南无妙聲佛
南无不動步佛　南无无邊莊嚴佛
南无大清淨佛　南无威德聚光明佛

BD05315 號　佛名經（十六卷本）卷一三　（10–6）

南无成德聚佛　南无坚固步佛
南无摩尼雜稱佛　南无无邊色佛
南无大光明佛　南无妙聲佛
南无不動步佛　南无无邊莊嚴佛
南无大清淨佛　南无成德聚光明佛
南无住智佛　南无坚佛
南无愛解脫佛　南无愛无畏佛
南无甘露藏佛　南无普觀察佛
南无大脩行佛　南无細成德佛
南无十方恭敬佛　南无光明勝佛
南无重說佛　南无光明莊嚴佛
南无師子奮迅佛　南无善見佛
南无甘露步佛　南无月光明佛
南无功德稱佛　南无去根佛
南无清淨聲佛　南无无寻輪佛
南无甘露聲佛　南无眾生可敬佛
南无如意成德佛　南无无邊色佛
南无大力佛　南无決莊嚴佛
南无普照觀佛　南无奮迅德佛
南无妙色佛　南无稱意佛
南无寶莊嚴佛　南无高光明佛
南无解脫步佛　南无功德莊嚴佛
南无畢竟智佛　南无生雞兜佛
南无不動智佛　南无行竟佛
南无妙色佛　南无寶色佛
南无火聲佛　南无善思惟佛
南无功德華佛　南无思惟世間佛

BD05315號　佛名經（十六卷本）卷一三　（10–7）

南无畢竟智佛　南无生雞兜佛
南无不動智佛　南无行竟佛
南无妙色佛　南无寶色佛
南无火聲佛　南无善思惟佛
南无功德華佛　南无思惟世間佛
南无大高光佛　南无无辟喻奮迅佛
南无清淨覺佛　南无无月重佛
南无月燈佛　南无无邊光佛
南无種種日佛　南无天城佛
南无心清淨佛　南无波頭摩藏佛
南无常釋智佛　南无師子聲佛
南无无邊光佛　南无勝聲佛
南无可樂意智光佛　南无功德光佛
南无自在光佛　南无淨嚴身佛
南无无獨義佛　南无應成德佛
南无成就義智佛　南无得大聲佛
南无婆藪陀聲佛　南无贊哆光佛
從此以上万二百佛十二部經一切賢聖
南无決定思惟佛　南无薩遮華眼佛
南无鳴闍光明佛　南无毗弗波成德佛
南无憂多羅魔光佛　南无夜舍雞兜佛
南无功德清淨佛　南无法燈佛
南无勝功德佛　南无仙荷波提愛面佛
南无心荷步去佛　南无思惟眾生佛
南无莎伽羅智佛　南无波頭摩藏佛
南无蓋仙佛　南无莎羅王佛

BD05315號　佛名經（十六卷本）卷一三　（10–8）

南无功德清淨佛　南无法燈佛
南无勝功德佛　南无仙荷波提愛面佛
南无心荷步去佛　南无思惟衆生佛
南无莎伽羅智佛　南无波頭摩藏佛
南无蓋仙佛　南无莎羅王佛
南无脩利耶光佛　南无菩提味佛
南无無諸根佛　南无婆豪光佛
南无芬陁利光佛　南无孫留光佛
南无旃陁面佛　南无莎利荼去佛
南无諸方眼佛　南无法光明佛
南无尸羅波散那佛　南无阿難陁智佛
南无阿難陁色佛　南无地荼毗梨耶佛
南无提婆孫多佛　南无莎漫多智佛
南无無靜光佛　南无摩黃舍威德佛
南无善分若提陁佛　南无稱聖佛
南无稱幢佛　南无輪面佛
南无普清淨佛　南无摩訶提闍佛
南无阿羅訶應佛　南无優多耶勝佛
南无慈達他思惟佛　南无愛供養佛
南无三漫多護佛　南无尼孫佛
南无信菩提佛　南无破意佛
南无出智佛　南无勝聲佛
南无質多羅婆奈佛　南无孫荷聲佛
南无大奕騫陁佛　南无勝枸吒佛
南无阿舒伽愛佛　南无天國主佛
南无師子難提拘絺佛　南无阿難陁波頭佛

BD05315號　佛名經（十六卷本）卷一三　（10–9）

南无信菩提佛　南无破意佛
南无出智佛　南无勝聲佛
南无質多羅婆奈佛　南无孫荷聲佛
南无大奕騫陁佛　南无勝枸吒佛
南无阿舒伽愛佛　南无天國主佛
南无師子難提拘絺佛　南无阿難陁波頭佛
南无見愛佛　南无波提波王佛
南无勝難兜佛　南无方聞聲佛
南无愛眼佛　南无旃陁難兜佛
南无阿婆夜達多佛　南无耶利多王佛
南无蘇摩提婆佛　南无日光明佛
南无大稱佛　南无真聲佛
南无[illegible]愛佛　南无稱憂多羅佛
難光明佛　南无脩佉聲佛
意佛　南无婆藪陁清淨佛
佛　南无破意佛
佛　南无毗伽陁畏佛
佛　南无波薩耶智佛
南无普見佛
南无降伏諸魔威德佛
南无心荷步去佛

BD05315號　佛名經（十六卷本）卷一三　（10–10）

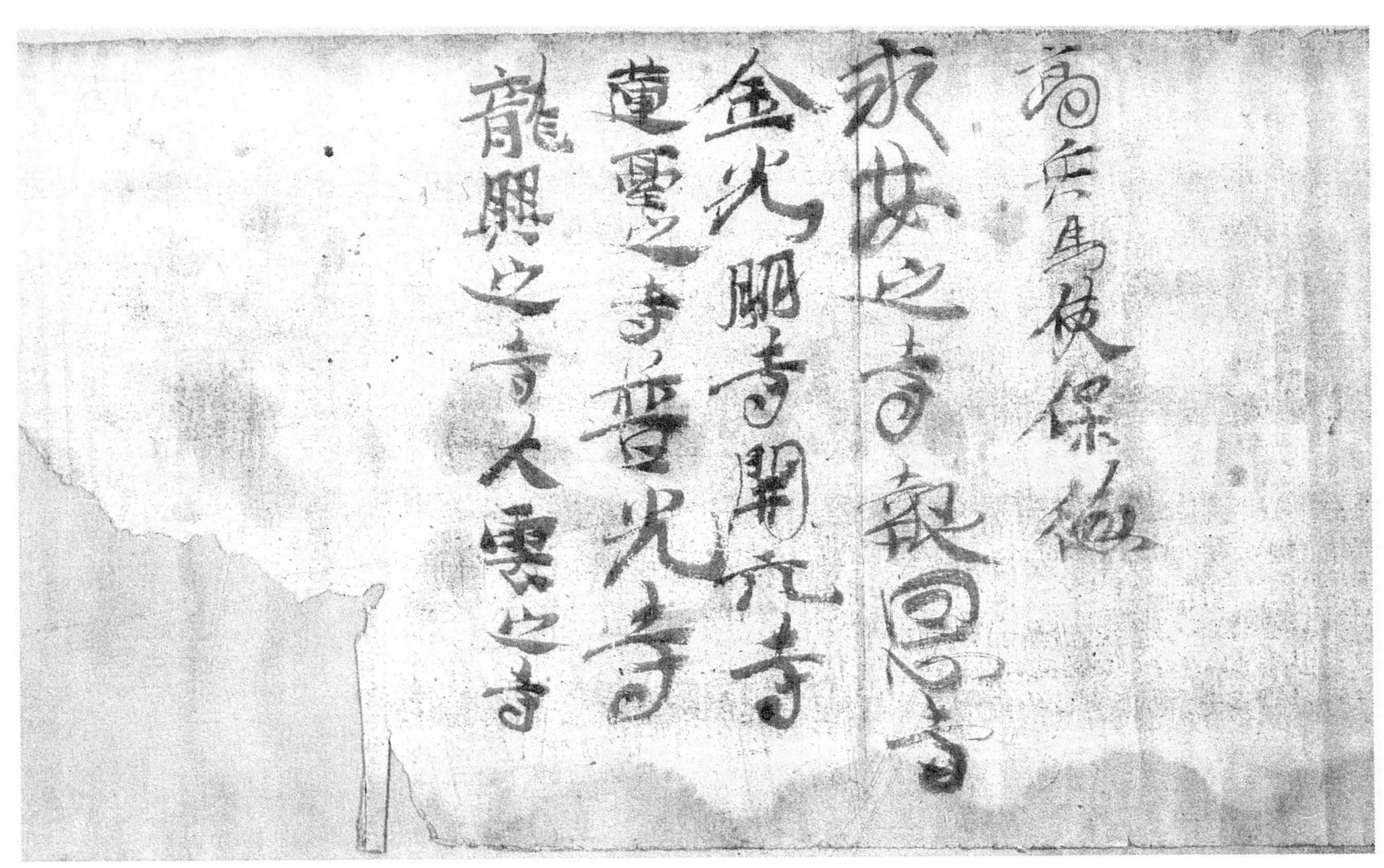
爲兵馬使保徳
永安之寺報恩寺
金光明寺開元寺
蓮臺之寺普光寺
龍興之寺大雲之寺

BD05315號背　雜寫　（1–1）

人悉見是人皆
得成就无量无邊功德
須菩提若有善男子善女人初日分以恒河
沙等身布施中日分復以恒河沙等身布施
後日分亦以恒河沙等身布施如是无量万百
千億劫以身布施若復有人聞此經典信心
不逆其福勝彼何況書寫受持讀誦為人解
說須菩提以要言之是經有不可思議不可
稱量无邊功德如來為發大乘者說為發
最上乘者說若有人能受持讀誦廣為人說
如來悉知是人悉見是人皆得成就不可量
不可稱无有邊不可思議功德如是人等則
為荷擔如來阿耨多羅三藐三菩提何以故
須菩提若樂小法者著我見人見衆生見壽
者見則於此經不能聽受讀誦為人解說須
菩提在在處處若有此經一切世間天人阿
脩羅所應供養當知此處則為是塔皆應恭
敬作禮圍繞以諸華香而散其處
復次須菩提若善男子善女人受持讀誦此
經若為人輕賤是人先世罪業應墮惡道以

BD05316號　金剛般若波羅蜜經　（9–1）

者見則於此經不能聽受讀誦為人解說須
菩提在在處處若有此經一切世間天人阿
脩羅所應供養當知此處則為是塔皆應恭
敬作禮圍繞以諸華香而散其處
復次須菩提若善男子善女人受持讀誦此
經若為人輕賤是人先世罪業應墮惡道以
今世人輕賤故先世罪業則為消滅當得阿
耨多羅三藐三菩提須菩提我念過去无量
阿僧祇劫於然燈佛前得值八百四千万億
那由他諸佛悉皆供養承事无空過者若復
有人於後末世能受持讀誦此經所得功德
於我所供養諸佛功德百分不及一千万億
分乃至筭數譬喻所不能及須菩提若善男
子善女人於後末世有受持讀誦此經所得
功德我若具說者或有人聞心則狂亂狐疑
不信須菩提當知是經義不可思議果報亦
不可思議
尒時須菩提白佛言世尊善男子善女人發
阿耨多羅三藐三菩提心云何應住云何降
伏其心佛告須菩提善男子善女人發阿耨
多羅三藐三菩提者當生如是心我應滅度
一切衆生滅度一切衆生已而无有一衆生
實滅度者何以故若菩薩有我相人相衆生
相壽者相則非菩薩所以者何須菩提實
无有法發阿耨多羅三藐三菩提須菩提於
意云何如來於然燈佛所有法得阿耨多羅

BD05316號　金剛般若波羅蜜經　（9–2）

一切衆生滅度一切衆生已而无有一衆生
實滅度者何以故若菩薩有我相人相衆生
相壽者相則非菩薩所以者何須菩提實
无有法發阿耨多羅三藐三菩提須菩提於
意云何如來於然燈佛所有法得阿耨多羅
三藐三菩提不不也世尊如我解佛所說義
佛於然燈佛所无有法得阿耨多羅三藐三
菩提佛言如是如是須菩提實无有法如來
得阿耨多羅三藐三菩提
須菩提若有法如來得阿耨多羅三藐三菩
提者然燈佛則不應與我受記汝於來世當
得作佛号釋迦牟尼以實无有法得阿耨多
羅三藐三菩提是故然燈佛與我受記作是
言汝於來世當得作佛号釋迦牟尼何以故
如來者即諸法如義若有人言如來得阿耨
多羅三藐三菩提須菩提實无有法佛得阿
耨多羅三藐三菩提須菩提如來所得阿耨
多羅三藐三菩提於是中无實无虛是故如
來說一切法皆是佛法須菩提所言一切法
者即非一切法是故名一切法須菩提譬如
人身長大須菩提言世尊如來說人身長大
則為非大身是名大身須菩提菩薩亦如是
若作是言我當滅度无量衆生則不名菩薩
何以故須菩提實无有法名為菩薩是故佛
說一切法无我无人无衆生无壽者須菩提
若菩薩作是言我當莊嚴佛土是不名菩薩

BD05316號　金剛般若波羅蜜經　（9–3）

則為非大身是名大身須菩提菩薩亦如是
若作是言我當滅度无量衆生則不名菩薩
何以故須菩提實无有法名為菩薩是故佛
說一切法无我无人无衆生无壽者須菩提
若菩薩作是言我當莊嚴佛土是不名菩薩
何以故如來說莊嚴佛土者即非莊嚴是名
莊嚴須菩提若菩薩通達无我法者如來說
名真是菩薩
須菩提於意云何如來有肉眼不如是世尊
如來有肉眼須菩提於意云何如來有天眼
不如是世尊如來有天眼須菩提於意云何
如來有慧眼不如是世尊如來有慧眼須菩
提於意云何如來有法眼不如是世尊如來
有法眼須菩提於意云何如來有佛眼不如
是世尊如來有佛眼須菩提於意云何恒河
中所有沙佛說是沙不如是世尊如來說是
沙須菩提於意云何如一恒河中所有沙有
如是等恒河是諸恒河所有沙數佛世界如
是寧為多不甚多世尊佛告須菩提尒所國
土中所有衆生若干種心如來悉知何以故
如來說諸心皆為非心是名為心所以者何須
菩提過去心不可得現在心不可得未來心
不可得須菩提於意云何若有人滿三千
大千世界七寶以用布施是人以是因緣得
福多不如是世尊此人以是因緣得福甚多

BD05316號　金剛般若波羅蜜經　（9–4）

如來說諸心皆為非心是名為心所以者何須
菩提過去心不可得現在心不可得未來心
不可得須菩提於意云何若有人滿三千
大千世界七寶以用布施是人以是因緣得
福多不如是世尊此人以是因緣得福甚多
須菩提若福德有實如來不說得福德多以
福德无故如來說得福德多
須菩提於意云何佛可以具足色身見不不
也世尊如來不應以色身見何以故如來說
具足色身即非具足色身是名具足色身須
菩提於意云何如來可以具足諸相見不不
也世尊如來不應以具足諸相見何以故如
來說諸相具足即非具足是名諸相具足須
菩提汝勿謂如來作是念我當有所說法
莫作是念何以故若人言如來有所說法即
為謗佛不能解我所說故須菩提說法者无
法可說是名說法須菩提白佛言世尊佛得
阿耨多羅三藐三菩提為无所得耶如是如
是須菩提我於阿耨多羅三藐三菩提乃至
无有少法可得是名阿耨多羅三藐三菩提
復次須菩提是法平等无有高下是名阿耨
多羅三藐三菩提以无我无人无衆生无壽
者脩一切善法則得阿耨多羅三藐三菩提
須菩提所言善法者如來說非善法是名善
法須菩提若三千大千世界中所有諸須彌

BD05316號　金剛般若波羅蜜經　（9–5）

復次須菩提是法平等无有高下是名阿耨
多羅三藐三菩提以无我无人无衆生无壽
者脩一切善法則得阿耨多羅三藐三菩提
須菩提所言善法者如来說非善法是名善
法須菩提若三千大千世界中所有諸須弥
山王如是等七寶聚有人持用布施若人以
此般若波羅蜜經乃至四句偈等受持讀誦
為他人說於前福德百分不及一百千万億分
乃至笇數譬喻所不能及
須菩提於意云何汝等勿謂如来作是念我
當度衆生須菩提莫作是念何以故實无有
衆生如来度者若有衆生如来度者如来則
有我人衆生壽者須菩提如来說有我者則
非有我而凡夫之人以為有我須菩提　凡夫
者如来說則非凡夫須菩提於意云何　可以
三十二相觀如来不須菩提言如是如是以
三十二相觀如来佛言須菩提若以三十二
相觀如来者轉輪聖王則是如来須菩提白
佛言世尊如我解佛所說義不應以三十二
相觀如来尒時世尊而說偈言
若以色見我　以音聲求我　是人行邪道　不能見如来
須菩提汝若作是念如来不以具足相故得
阿耨多羅三藐三菩提須菩提莫作是念如
来不以具足相故得阿耨多羅三藐三菩提
須菩提汝若作是念發阿耨多羅三藐三菩

BD05316號　金剛般若波羅蜜經　（9–6）

須菩提汝若作是念如来不以具足相故得
阿耨多羅三藐三菩提須菩提莫作是念如
来不以具足相故得阿耨多羅三藐三菩提
須菩提汝若作是念發阿耨多羅三藐三菩
提者說諸法斷滅相莫作是念何以故發阿
耨多羅三藐三菩提者於法不說斷滅相
須菩提若菩薩以滿恒河沙等世界七寶布
施若復有人知一切法无我得成於忍而此
菩薩勝前菩薩所得功德須菩提以諸菩薩
不受福德故須菩提白佛言世尊云何　菩薩
不受福德須菩提　菩薩所作福德不應貪著
是故說不受福德須菩提若有人言如来若
来若去若坐若卧是人不解我所說義何以
故如来者无所從来亦无所去故名如来
須菩提若善男子善女人以三千大千　世界
碎為微塵於意云何是微塵衆寧為多不甚
多世尊何以故若是微塵衆實有者佛則不
說是微塵衆所以者何佛說微塵衆則非微
塵衆是名微塵衆世尊如来所說三千大千
世界則非世界是名世界何以故若　世界實
有者則是一合相如来說一合相則非　一合
相是名一合相須菩提一合相者則　是　不可
說但凡夫之人貪著其事
須菩提若人言佛說我見人見衆生見壽者
見須菩提於意云何是人解我所說義不不

BD05316號　金剛般若波羅蜜經　（9–7）

有者則是一合相如來說一合相則非一合
相是名一合相須菩提一合相者則是不可
說但凡夫之人貪著其事
須菩提若人言佛說我見人見衆生見壽者
見須菩提於意云何是人解我所說義不不
也世尊是人不解如來所說義何以故世尊
說我見人見衆生見壽者見即非我見人見
衆生壽見者見是名我見人見衆生見壽者
見須菩提發阿耨多羅三藐三菩提心者於
一切法應如是知如是見如是信解不生法相
須菩提所言法相者如來說即非法相是
名法相須菩提若有人以滿无量阿僧祇世
界七寶持用布施若有善男子善女人發菩
薩心者持於此經乃至四句偈等受持讀誦
為人演說其福勝彼云何為人演說不取於
相如如不動何以故
一切有為法　如夢幻泡影　如露亦如電　應作如是觀
佛說是經已長老須菩提及諸比丘比丘尼
優婆塞優婆夷一切世間天人阿脩羅聞佛
所說皆大歡喜信受奉行

金剛經一卷

BD05316號　金剛般若波羅蜜經　（9–8）

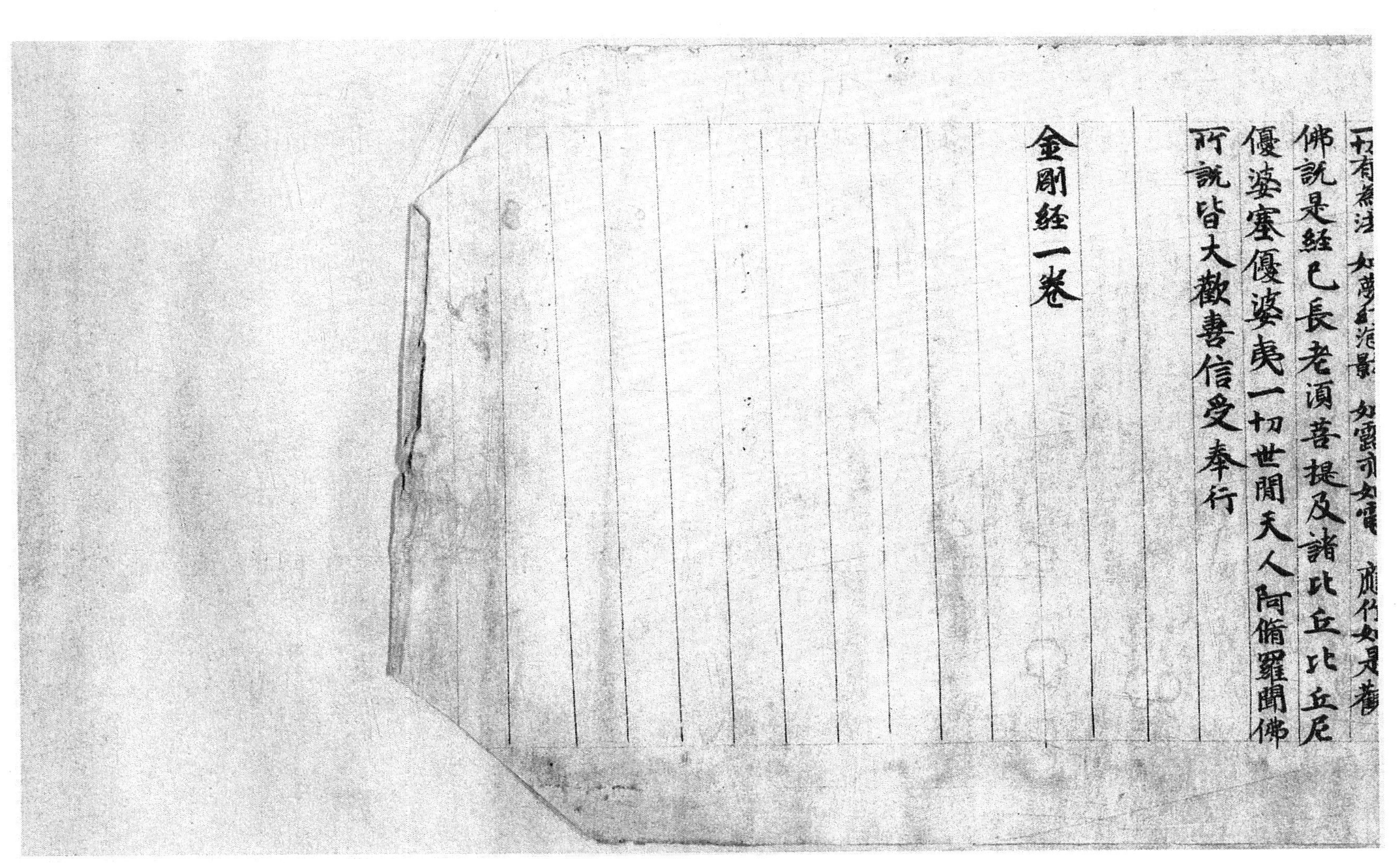

BD05316號　金剛般若波羅蜜經　（9–9）

法无形相如虚空故法无戲論畢竟空故法
无我所離我所故法无分别離諸識故法无
有比无相待故法不屬因不在緣故法同法
性入諸法故法隨於如无所隨故法住實際
諸邊不動故法无動揺不依六塵故法无去
来常不住故法順空隨无相應无作法離好
醜法无增損法无生滅法无所歸法過眼耳
鼻舌身心法无高下法常住不動法離一切觀
行唯大目連法相如是豈可說乎夫說法者
无說无示其聽法者无聞无得譬如幻士爲
幻人言法當建其意而爲說法當了衆生根
有利鈍善於知見无所罣閡以大悲心讃乎
大乘念報佛恩不斷三寶然後說法維摩詰
說是法時八百居士發阿耨多羅三藐三菩
提心我无此辯是故不任詣彼問疾
佛告大迦葉汝行詣維摩詰問疾迦葉白
佛言世尊我不堪任詣彼問疾所以者何憶念
我昔於貧里而行乞時維摩詰来謂我言唯
大迦葉有慈悲心而不能普捨豪富從貧乞

BD05317 號　維摩詰所說經卷上　（13-1）

說是法時八百居士發阿耨多羅三藐三菩
提心我无此辯是故不任詣彼問疾
佛告大迦葉汝行詣維摩詰問疾迦葉白
佛言世尊我不堪任詣彼問疾所以者何憶念
我昔於貧里而行乞時維摩詰来謂我言唯
大迦葉有慈悲心而不能普捨豪富從貧乞
迦葉住平等法應次行乞食爲不食故應行
乞食爲壊和合相故應取揣食爲不受故應
受彼食以空聚想入於衆落所見色與盲等
所聞聲與響等所嗅香與風等所食味不分
別受諸觸如智證知諸法如幻相无自性无
他性本自不然今則无滅迦葉若能不捨八
耶入八解脫以耶相入正法以一食施一切供
養諸佛及衆賢聖然後可食如是食者非
有煩惱非離煩惱非入定意非起定意非住
世間非住涅槃其有施者无大福无小福不
爲益不爲損是爲正入佛道不依聲聞迦葉
若如是食爲不空食人之施也時我世尊聞
說是語得未曾有即於一切菩薩深起敬心
復作是念斯有家名辯才智慧乃能如是其
其誰不發阿耨多羅三藐三菩提心我從是来
不復勸人以聲聞辟支佛行是故不任詣彼問
疾
佛告須菩提汝行詣維摩詰問疾須菩提白
佛言世尊我不堪任詣彼問疾所以者何憶
念我昔入其舍從乞食時維摩詰取我鉢盛

BD05317 號　維摩詰所說經卷上　（13-2）

不須勸人以聲聞辟支佛行是故不任詣彼問
疾
佛告須菩提汝行詣維摩詰問疾須菩提白
佛言世尊我不堪任詣彼問疾所以者何憶
念我昔入其舍從乞食時維摩詰取我鉢盛
滿飯謂我言唯須菩提若能於食等者諸法
亦等諸法等者於食亦等如是行乞乃可取食
若須菩提不斷婬怒癡亦不與俱不懷於身
而隨一相不滅癡愛起於明脫以五逆相而
得解脫亦不解不縛不見四諦非不見諦非
得果非凡夫非離凡夫法非聖人非聖人雖成
就一切法而離諸法相乃可取食若須菩提
不見佛不聞法彼外道六師富蘭那迦葉末
伽梨拘賒梨子那闍夜毗羅胝子阿耆多
翅舍欽婆羅迦羅鳩馱迦旃延尼揵陀
提子等是汝之師因其出家彼師所墮汝亦
隨墮乃可取食若須菩提入諸邪見不到彼
岸住於八難不得無難同於煩惱離清淨法
汝得無諍三昧一切衆生亦得是定其施汝
者不名福田供養汝者墮三惡道為與衆魔
共一手作諸勞侶汝與衆魔及諸塵勞等
無有異於一切衆生而有怨心謗諸佛毀於
法不入衆數終不得滅度汝若如是乃可取食
時我世尊聞此茫然不識是何言不知以何
荅便置鉢欲出其舍維摩詰言唯須菩提

BD05317號　維摩詰所說經卷上　（13–3）

法不入衆數終不得滅度汝若如是乃可取食
時我世尊聞此茫然不識是何言不知以何
荅便置鉢欲出其舍維摩詰言唯須菩提
取鉢勿懼於意云何如來所作化人若以是事
詰寧有懼不我言不也維摩詰言一切諸法
如幻化相汝今不應有所懼也所以者何一切
言說不離是相至於智者不著文字故無
所懼何以故文字性離無有文字是則解脫
解脫相者則諸法也維摩詰說是法時二百
天子得法眼淨故我不任詣彼問疾
佛告富樓那彌多羅尼子汝行詣維摩詰
問疾富樓那白佛言世尊我不堪任詣彼問
疾所以者何憶念我昔於大林中在一樹下為諸
新學比丘說法時維摩詰來謂我言唯富樓
那先當入定觀此人心然後說法無以穢食置
於寶器當知是比丘心之所念無以琉離同
彼水精汝不能知衆生根原無得發起以小
乘法彼自無創勿復之也欲行大道亦小逕無
以大海內於牛跡無以日光等彼熒火富
樓那此比丘久發大乘心中忘此意如何以
小乘法而教導之我觀小乘智慧微淺
猶如盲人不能分別一切衆生根之利鈍時維
摩詰即入三昧令此比丘自識宿命曾於五
百佛所殖衆德本迴向阿耨多羅三藐三菩提
即時豁然還得本心於是諸比丘稽首礼維

BD05317號　維摩詰所說經卷上　（13–4）

小乘法而教導之我觀小乘智慧微淺
猶如盲人不能分別一衆生根之利鈍時維
摩詰即入三昧令此比丘自識宿命曾於五
百佛所殖衆德本迴向阿耨多羅三藐三菩提
即時豁然還得本心於是諸比丘稽首礼維
摩詰足時維摩詰因為說法於阿耨多羅
三藐三菩提不復退轉我念聲聞不觀人根
不應說法是故不任詣彼問疾
佛告摩訶迦旃延汝行詣維摩詰問疾迦
旃延白佛言世尊我不堪任詣彼問疾所以者
何憶念昔者佛為諸比丘畧說法要我即於
後敷演其義謂无常義苦義空義无我義
寂滅義時維摩詰来謂我言唯迦旃延无
以生滅心行說實相法迦旃延諸法畢竟不生不
滅是无常義五受通達空无所起是苦義
諸法究竟无所有是空義於我无我而不二
是无我義法本不然今則无滅是寂滅義說
是法時彼諸比丘心得解脫故我不任詣彼
問疾
佛告阿那律汝行詣維摩詰問疾阿那律白
佛言世尊我不堪任詣彼問疾所以者何憶
念我昔於一處經行時有梵王名曰嚴淨與
万梵俱放淨光明来詣我所稽首作礼問我
言幾何阿那律天眼所見我即答言仁者吾
見此釋迦牟尼佛三千大千世界如觀掌中

BD05317號　維摩詰所說經卷上　（13–5）

佛言世尊我不堪任詣彼問疾所以者何憶
念我昔於一處經行時有梵王名曰嚴淨與
万梵俱放淨光明来詣我所稽首作礼問我
言幾何阿那律天眼所見我即答言仁者吾
見此釋迦牟尼佛三千大千世界如觀掌中
阿摩勒果時維摩詰来謂我言唯阿那律天
眼為作相耶无作相耶假使作相則與外道
五通等若无作相即是无為不應有見世尊
我時嘿然彼諸梵聞其言得未曾有即為作
礼而問曰世孰有真天眼者維摩詰言有佛
世尊得真天眼常在三昧悉見諸佛國不以二
相於是嚴淨梵王及其眷屬五百梵天皆
發阿耨多羅三藐三菩提心礼維摩詰足
已忽然不現故我不任詣彼問疾
佛告優波離汝行詣維摩詰問疾優波離
白佛言世尊我不堪任詣彼問疾所以者何憶
念昔者有二比丘犯律行已為恥不敢問佛
来問我言唯優波離我等犯律誠以為恥不
敢問佛願解疑悔得免斯咎我即為其如法
解說時維摩詰来謂我言唯優波離无重增
此二比丘罪當直除滅勿擾其心所以者何
彼罪性不在內不在外不在中間如佛所說
心垢故衆生垢心淨故衆生淨心亦不在內不
在外不在中間如其心然罪垢亦然諸法亦
然不出於如如優波離以心相得解脫時寧
有垢不我言不也維摩詰言一切衆生心相无

BD05317號　維摩詰所說經卷上　（13–6）

心垢故衆生垢心淨故衆生淨心亦不在內不
在外不在中間如其心然罪垢亦然諸法亦
然不出於如如優波離以心相得解脫時寧
有垢不我言不也維摩詰言一切衆生心相无
垢亦復如是唯優波離妄想是垢无妄想
是淨顛倒是垢无顛倒是淨取我是垢不取
我是淨優波離一切法生滅不住如幻如電
諸法不相待乃至一念不住諸法皆妄見如夢
如炎如水中月如鏡中像以妄想生其知
此者是名奉律其知此者是名善解於是二
比丘言上智哉是優波離所不及持律之上
而不能說我荅言自捨如來未有聲聞及菩
薩能制其樂說之辯其智慧明達爲若此也
時二比丘疑悔即除發阿耨多羅三藐三菩
提心作是願言令一切衆生皆得是辯故我
不任詣彼問疾
佛告羅睺羅汝行詣維摩詰問疾羅睺羅
白佛言世尊我不堪任詣彼問疾所以者何憶
念昔時毗耶離諸長者子來詣我所稽首作
礼問我言唯羅睺羅汝佛之子捨轉輪王位
出家爲道其出家者何有等利我即如法爲
說出家功德之利時維摩詰來謂我言唯羅
睺羅不應說出家功德之利所以者何无利
无功德是爲出家有爲法者可說有利有功
德夫出家者爲法无爲法中无利无功德羅

BD05317 號　維摩詰所說經卷上　（13–7）

說出家功德之利時維摩詰來謂我言唯羅
睺羅不應說出家功德之利所以者何无利
无功德是爲出家有爲法者可說有利有功
德夫出家者爲法无爲法中无利无功德羅
睺羅出家者无彼无此亦无中間離六
十二見處於涅槃智者所受聖所行處降
伏衆魔度五道淨五眼得五力立五根不惱於
彼離衆雜惡摧諸外道超越假名出淤泥无
繫著无我所无所受无擾亂內懷喜護彼意禪
定離衆過若能如是是真出家於是維摩詰
語諸長者子汝等於正法中宜共出家所以
者何佛世難值諸長者子言居士我聞佛言父
母不聽不得出家維摩詰言然汝等便發阿
耨多羅三藐三菩提心是即出家是即具足
尒時卅二長者子皆發阿耨多羅三藐三菩
提心故我不任詣彼問疾
佛告阿難汝行詣維摩詰問疾阿難白佛言
世尊我不堪任詣彼問疾所以者何憶念昔
時世尊身小有疾當用牛乳我即持鉢詣大
婆羅門家門下立時維摩詰來謂我言唯
阿難何爲晨朝持鉢住此我言居士世尊身
小有疾當用牛乳故來至此維摩詰言止止
阿難莫作是語如來身者金剛之體諸惡已斷
衆善普會當有何疾當有何惱嘿往阿難
勿謗如來莫使異人聞此麤言无令大威德諸

BD05317 號　維摩詰所說經卷上　（13–8）

小有疾當用牛乳故來至此維摩詰言止止
阿難莫作是語如來身者金剛之體諸惡已斷
衆善普會當有何疾當有何惱嘿往阿難
勿謗如來莫使異人聞此麁言无令大威德諸
天及他方淨土諸來菩薩得聞斯語阿難轉
輪聖王以少福故尚得无病豈况如來无量
福會普勝者哉行矣阿難勿使我等受斯耻
也外道梵志若聞此語當作是念何名為師
自疾不能救而能救諸疾人可密速去勿使
人聞當知阿難諸如來身即是法身非思欲身
佛為世尊過於三界佛身无漏諸漏已盡
佛身无為不墮諸數如此之身當有何病時
我世尊實懷慚愧得无近佛而謬聽耶即聞
空中聲曰阿難如居士言但為佛出五濁惡
世現行斯法度脫衆生行矣阿難取乳勿慚
世尊維摩詰智慧辯才為若此也是故不任
詣彼問疾如是五百大弟子各各向佛說其
本緣稱述維摩詰所言皆曰不任詣彼問疾

菩薩品第四

於是佛告弥勒菩薩汝行詣維摩詰問疾
弥勒白佛言世尊我不堪任詣彼問疾所以者
何憶念我昔為兜率天王及其眷屬說不退
轉地之行時維摩詰來謂我言弥勒世尊授
仁者記一生當得阿耨多羅三藐三菩提為
用何生得受記乎過去耶未來耶現在耶若

BD05317 號　維摩詰所說經卷上　（13-9）

弥勒白佛言世尊我不堪任詣彼問疾所以者
何憶念我昔為兜率天王及其眷屬說不退
轉地之行時維摩詰來謂我言弥勒世尊授
仁者記一生當得阿耨多羅三藐三菩提為
用何生得受記乎過去耶未來耶現在耶若
過去生過去生已滅若未來生未來生未至
若現在生現在生无住如佛所說比丘汝今
即時亦生亦老亦滅若以无生得受記者无
生即是正位於正位中亦无受記亦无得阿
耨多羅三藐三菩提云何弥勒受一生記乎為
從如生得受記耶為從如滅得受記耶若
以如生得受記者如无有生若以如滅得受
記者如无有滅一切衆生皆如也一切法亦如
也衆聖賢亦如也至於弥勒亦如也若弥勒
得受記者一切衆生亦應受記所以者何夫
如者不二不異若弥勒得阿耨多羅三藐三
菩提者一切衆生皆亦應得所以者何一切
衆生即菩提相若弥勒滅度者一切衆生當
滅度所以者何諸佛知一切衆生畢竟寂
滅即涅槃相不復更滅是故弥勒无以此法
誘諸天子實无發阿耨多羅三藐三菩提心
者亦无退者弥勒當令此諸天子捨於分別菩
提之見所以者何菩提者不可以身得不可
以心得寂滅是菩提滅諸相故不觀是菩
提離諸緣故不行是菩提无憶念故斷是菩
提捨諸見故離是菩提離諸妄想故章、是菩

BD05317 號　維摩詰所說經卷上　（13-10）

者亦无退者弥勒當令此諸天子捨於分別菩
提之見所以者何菩提者不可以身得不可
以心得寂滅是菩提滅諸相故不觀是菩
提離諸緣故不行是菩提无憶念故斷是菩
提捨諸見故離是菩提離諸妄想故章是菩
提章諸願故不入是菩提无貪著故慎是菩
提慎於如故住是菩提住法性故至是菩提
至實際故不二是菩提離意法故等是菩提
等虛空故无為是菩提无生住滅故智是菩
提了衆生心行故不會是菩提諸入不會故
不合是菩提離煩惱習故无處是菩提无形
色故假名是菩提名字空故如化是菩提无
取捨故无亂是菩提常自靜故善寂是菩提
性清淨故无取是菩提離攀緣故无異是菩
提諸法等故无比是菩提无可喻故微妙是菩
提諸法難知故世尊維摩詰說是法時二百
天子得无生法忍故我不任詣彼問疾
佛告光嚴童子汝行詣維摩詰問疾光嚴白
佛言世尊我不堪任詣彼問疾所以者何憶
念我昔出毗耶離大城時維摩詰方入城我
即為作礼而問言居士從何所來荅我言
吾從道場來我問道場者何所是荅曰直心是
道場无虛假故發行是道場能辦事故深心
是道場增益功德故菩提心是道場无錯謬
故布施是道場不望報故持戒是道場得願

BD05317 號　維摩詰所說經卷上　（13–11）

即為作礼而問言居士從何所來荅我言
吾從道場來我問道場者何所是荅曰直心是
道場无虛假故發行是道場能辦事故深心
是道場增益功德故菩提心是道場无錯謬
故布施是道場不望報故持戒是道場得願
是故忍辱是道場於諸衆生心无閡故精進
是道場不懈退故禪定是道場心調柔故智
慧是道場現見諸法故慈是道場等衆生故
悲是道場忍疲苦故喜是道場悅樂法故
捨是道場增愛斷故神通是道場成就六通
故解脫是道場能背捨故方便是道場教化
衆生故四攝是道場攝衆生故多聞是道場如
聞行故伏心是道場正觀諸法故卅七品是道
場捨有為法故諦是道場不誑世間故緣
起是道場无明乃至老死皆无盡故諸煩惱
是道場知如實故衆生是道場知无我故一
切法是道場知諸法空故降魔是道場不傾
動故三界是道場无所趣故師子吼是道場
无所畏故无畏不共法是道場无諸過故
三明是道場无餘閡故一念知一切法是道
場成就一切智故如是善男子菩薩若應諸
波羅蜜教化衆生諸有所作舉足下足當知
皆從道場來住於佛法矣說是法時五百天
人皆發阿耨多羅三藐三菩提心故我不任詣
彼問疾

BD05317 號　維摩詰所說經卷上　（13–12）

起是道場无明乃至老死皆无盡故諸煩惱
是道場知如實故衆生是道場知无我故一
切法是道場知諸法空故降魔是道場不傾
動故三界是道場无所趣故師子吼是道場
无所畏故无畏不共法是道場无諸過故
三明是道場无餘閡故一念知一切法是道
場成就一切智故如是善男子菩薩若應諸
波羅蜜教化衆生諸有所作舉足下足當知
皆從道場來住於佛法矣說是法時五百天
人皆發阿耨多羅三藐三菩提心故我不任詣
彼問疾
佛告持世菩薩汝行詣維摩詰問疾持世白
佛言世尊我不堪任詣彼問疾所以者何憶念
我昔住於靜室時魔波旬從万二千天女狀
如帝釋鼓樂絃歌來詣我所與其眷屬稽
首我足合掌恭敬於一面立我意謂是帝
釋而之言善來憍尸迦雖福應有不當自恣

BD05317 號　維摩詰所說經卷上　（13–13）

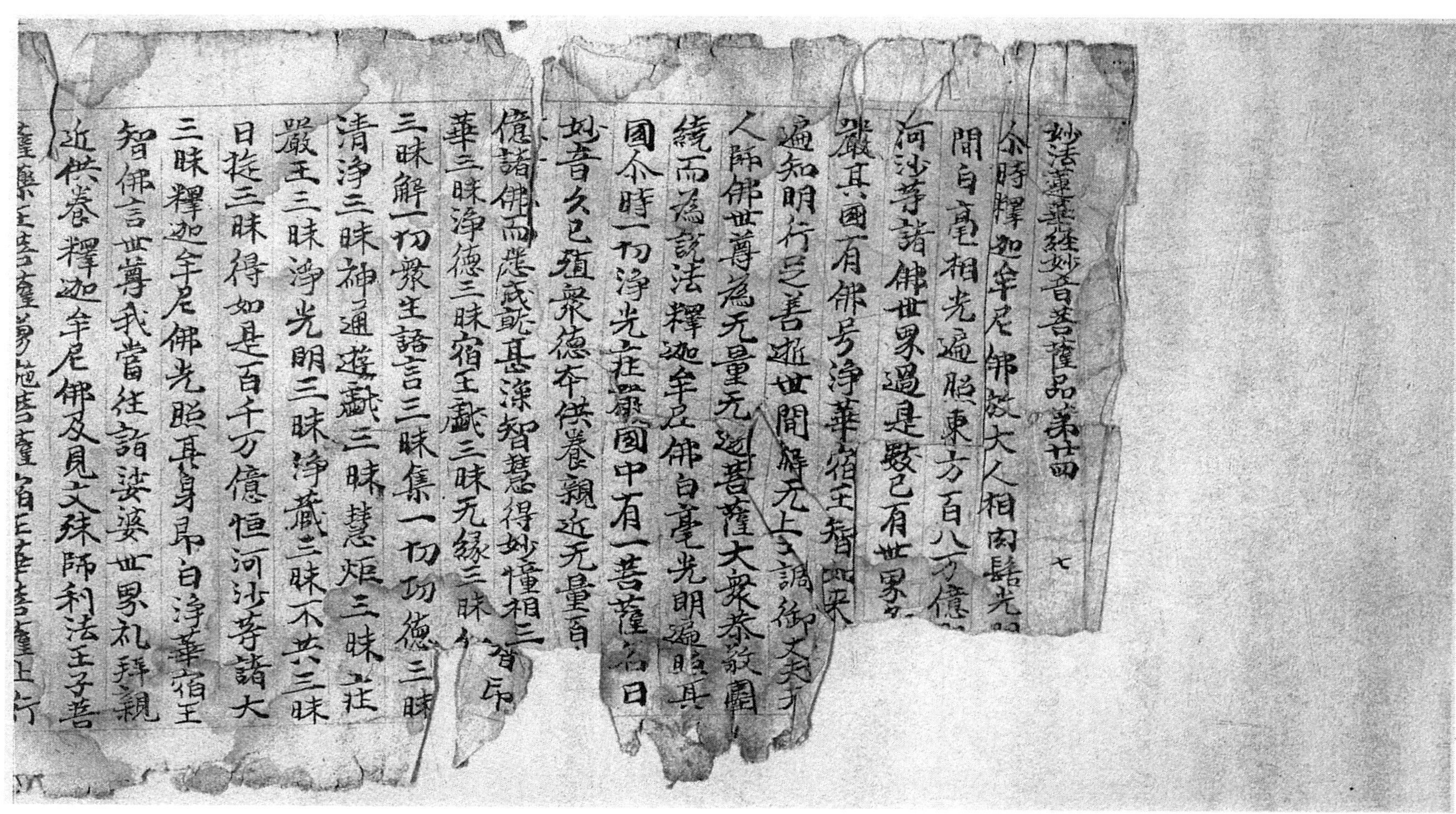
妙法蓮華經妙音菩薩品第廿四　七
尒時釋迦牟尼佛放大人相肉髻光明
間白毫相光遍照東方百八万億
河沙等諸佛世界過是數已有世界名
嚴其國有佛号淨華宿王智如來
遍知明行足善逝世間解无上士調御丈夫天
人師佛世尊為无量无邊菩薩大衆恭敬圍
繞而為說法釋迦牟尼佛白毫光明遍照其
國尒時一切淨光莊嚴國中有一菩薩名曰
妙音久已殖衆德本供養親近无量百
億諸佛而悉成就甚深智慧得妙幢相三昧法
華三昧淨德三昧宿王戲三昧无緣三昧智印
三昧解一切衆生語言三昧集一切功德三昧
清淨三昧神通遊戲三昧慧炬三昧莊
嚴王三昧淨光明三昧淨藏三昧不共三昧
日旋三昧得如是百千万億恒河沙等諸大
三昧釋迦牟尼佛光照其身即白淨華宿王
智佛言世尊我當往詣娑婆世界礼拜親
近供養釋迦牟尼佛及見文殊師利法王子菩
薩藥王菩薩勇施菩薩宿王華菩薩上行

BD05318 號　妙法蓮華經卷七　（27–1）

日旋三昧得如是百千万億恒河沙等諸大
三昧釋迦牟尼佛光照其身即白淨華宿王
智佛言世尊我當往詣娑婆世界礼拜親
近供養釋迦牟尼佛及見文殊師利法王子菩
薩藥王菩薩勇施菩薩宿王華菩薩上行
意菩薩莊嚴王菩薩藥上菩薩尒時淨華宿
王智佛告妙音菩薩汝莫輕彼國生下劣想善
男子彼娑婆世界高下不平土石諸山穢惡充滿
佛身卑小諸菩薩眾其形亦小而汝身四万二千
由旬我身六百八十万由旬汝身第一端正百千
万福光明殊妙是故汝往莫輕彼國若佛菩薩
及國土生下劣想妙音菩薩白其佛言世尊我
今詣娑婆世界皆是如來之力如來神通遊戲
如來功德智慧莊嚴於是妙音菩薩不起於座
身不動搖而入三昧以三昧力於耆闍崛山去
法座不遠化作八万四千眾寶蓮華閻浮檀金
為莖白銀為葉金剛為鬚甄叔迦寶以為其
臺尒時文殊師利法王子見是蓮華而白佛言世
尊是何因緣先現此瑞有若干千万蓮華閻浮
檀金為莖白銀為葉金剛為鬚甄叔迦寶以為
其臺尒時釋迦牟尼佛告文殊師利是妙音菩薩
摩訶薩欲從淨華宿王智佛國與八万四千菩
薩圍繞而來至此娑婆世界供養親近礼拜
於我亦欲供養聽法華經文殊師利白佛言世
尊是菩薩種何善本脩何功德而能有是大神

BD05318號　妙法蓮華經卷七

(27–2)

檀金為莖白銀為葉金剛為鬚甄叔迦寶以為
其臺尒時釋迦牟尼佛告文殊師利是妙音菩薩
摩訶薩欲從淨華宿王智佛國與八万四千菩
薩圍繞而來至此娑婆世界供養親近礼拜
於我亦欲供養聽法華經文殊師利白佛言世
尊是菩薩種何善本脩何功德而能有是大神
通力行何三昧願為我等說是三昧名字我等
亦欲勤脩行之行此三昧乃能見是菩薩色相
大小威儀進止唯願世尊以神通力彼菩薩來
令我得見尒時釋迦牟尼佛告文殊師利此久
滅度多寶如來當為汝等而現其相時多寶
佛告彼菩薩善男子來文殊師利法王子欲見
汝身于時妙音菩薩於彼國沒與八万四千菩
薩俱共發來所經諸國六種震動皆悉雨於七
寶蓮華百千天樂不鼓自鳴是菩薩目如廣大
青蓮華葉正使和合百千万月其面貌端正
復過於此身真金色无量百千功德莊嚴威德
熾盛光明照曜諸相具足如那羅延堅固之身
入七寶臺上昇虛空去地七多羅樹諸菩薩眾
恭敬圍繞而來詣此娑婆世界耆闍崛山到已
下七寶臺以價直百千瓔珞持至釋迦牟尼
佛所頭面礼足奉上瓔珞而白佛言世尊淨華
宿王智佛問訊世尊少病少惱起居輕利安樂
行不四大調和不世事可忍不眾生易度不无
多貪欲瞋恚愚癡嫉妬慳慢不无不孝父
母不敬沙門邪見不善心不攝五情不世尊

BD05318號　妙法蓮華經卷七

(27–3)

下七寶臺以價直百千瓔珞持至釋迦牟尼
佛所頭面礼足奉上瓔珞而白佛言世尊淨華
宿王智佛問訊世尊少病少惱起居輕利安樂
行不四大調和不世事可忍不衆生易度不无
多貪欲瞋恚愚癡嫉妬慳慢不无不孝父
母不敬沙門邪見不善心不攝五情不世尊
衆生能降伏諸魔怨不久滅度多寶如来在
七寶塔中来聽法不又問訊多寶如来安隱少惱
堪忍久住不世尊我今欲見多寶佛身唯願世尊
示我令見尒時釋迦牟尼佛語多寶佛是妙音
菩薩欲得相見時多寶佛告妙音言善哉善
哉汝能爲供養釋迦牟尼佛及聽法華經并見文
殊師利等故来至此尒時華德菩薩白佛言世尊
是妙音菩薩種何善根脩何功德有是神力佛
告華德菩薩過去有佛名雲雷音王多陁阿伽
度阿羅訶三藐三佛陁國名現一切世間劫名喜
見妙音菩薩於万二千歳以十万種伎樂供養
雲雷音王佛并奉上八万四千七寶鉢以是因
緣果報今生淨華宿王智佛所有是神力華
德於汝意云何尒時雲雷音王佛所妙音菩薩
伎樂供養奉上寶器者豈異人乎今此妙音菩
薩摩訶薩是華德是妙音菩薩已曾供養親
近无量諸佛久殖德本又值恒河沙等百千万
億那由他佛華德汝但見妙音菩薩其身在此而
是菩薩現種種身處處爲諸衆生說是經典
或現梵王身或現帝釋身或現自在天身或



伎樂供養奉上寶器者豈異人乎今此妙音菩
薩摩訶薩是華德是妙音菩薩已曾供養親
近无量諸佛久殖德本又值恒河沙等百千万
億那由他佛華德汝但見妙音菩薩其身在此而
是菩薩現種種身處處爲諸衆生說是經典
或現梵王身或現帝釋身或現自在天身或
現大自在天身或現天大將軍身或現毗沙門天王身
或現轉輪聖王身或現諸小王身或現長者身或現
居士身或現宰官身或現婆羅門身或現比丘比
丘尼優婆塞優婆夷身或現長者居士婦女
身或現宰官婦女身或現婆羅門婦女身或
現童男童女身或現天龍夜叉乾闥婆阿脩羅
迦樓羅緊那羅摩睺羅伽人非人等身而說是經
諸有地獄餓鬼畜生及衆難處皆能救濟乃
至於王後宮變爲女身而說是經華德是妙音
菩薩能救護娑婆世界諸衆生者是妙音菩
薩如是種種變化現身在此娑婆國土爲諸衆
生說是經典於神通變化智慧无所損減是菩薩
以若干智慧明照娑婆世界令一切衆生各得所
知於十方恒河沙世界中亦復如是若應以聲聞形
得度者現聲聞形而爲說法應以辟支佛形得度
者現辟支佛形而爲說法應以菩薩形得度者
現菩薩形而爲說法應以佛形得度者即現佛形
而爲說法如是種種隨所應度而爲現形乃至應以
滅度而得度者示現滅度華德妙音菩薩摩
訶薩成就大神通智慧之力其事如是尒時

[illegible]
現菩薩形而為說法應以佛形得度者即現佛形
而為說法如是種種隨所應度而為現形乃至應以
滅度而得度者示現滅度華德妙音菩薩摩
訶薩成就大神通智慧之力其事如是尒時
華德菩薩白佛言世尊是妙音菩薩深種善
根世尊是菩薩住何三昧而能如是在所變
現度脫衆生佛告華德菩薩善男子其三
昧名現一切色身妙音菩薩住是三昧中能如
是饒益无量衆生說是妙音菩薩品時與妙
音菩薩俱來者八万四千人皆得現一切色身三
昧此娑婆世界无量菩薩亦得是三昧及陁
羅尼尒時妙音菩薩摩訶薩供養釋迦牟尼佛
及多寶佛塔已還歸本土所經諸國六種震
動雨寶蓮華作百千万億種種伎樂既到本
國與八万四千菩薩圍繞至淨華宿王智佛
所白佛言世尊我到娑婆世界饒益衆生見
釋迦牟尼佛及見多寶佛塔礼拜供養又見文
殊師利法王子菩薩及見藥王菩薩得勤精進
力菩薩勇施菩薩等亦令是八万四千菩薩得
現一切色身三昧說是妙音菩薩來往品時四万二
千天子得无生法忍華德菩薩得法華三昧
妙法蓮華經觀世音菩薩普門品第廿五
尒時无盡意菩薩即從座起偏袒右肩合掌向
佛而作是言世尊觀世音菩薩以何因緣名
觀世音佛告无盡意菩薩善男子若有无

BD05318號　妙法蓮華經卷七　（27–6）

千天子得无生法忍華德菩薩得法華三昧
妙法蓮華經觀世音菩薩普門品第廿五
尒時无盡意菩薩即從座起偏袒右肩合掌向
佛而作是言世尊觀世音菩薩以何因緣名
觀世音佛告无盡意菩薩善男子若有无
量百千万億衆生受諸苦惱聞是觀世音菩
薩一心稱名觀世音菩薩即時觀其音聲皆
得解脫
若有持是觀世音菩薩名者設入大火火
不能燒由是菩薩威神力故若為大水所
漂稱其名号即得淺處若有百千万億
衆生為求金銀琉璃車渠馬瑙珊瑚虎魄
真珠等寶入於大海假使黑風吹其船
舫飄墮羅剎鬼國其中若有乃至一人
稱觀世音菩薩名者是諸人等皆得解
脫羅剎之難以是因緣名觀世音
若復有人臨當被害稱觀世音菩薩名者
彼所執刀杖尋段段壞而得解脫若三千大
千國土滿中夜叉羅剎欲來惱人聞其稱觀
世音菩薩名者是諸惡鬼尚不能以惡
眼視之況復加害
設復有人若有罪若无罪杻械枷鎖檢繫
其身稱觀世音菩薩名者悉皆斷壞即
得解脫若三千大千國土滿中怨賊有一商
主將諸商人齎持重寶經過險路其中一
[illegible]

BD05318號　妙法蓮華經卷七　（27–7）

設復有人若有罪若无罪杻械枷鎖檢繫
其身稱觀世音菩薩名者悉皆斷壞即
得解脫若三千大千國土滿中怨賊有一商
主將諸商人齎持重寶經過險路其中一
人作是唱言諸善男子勿得恐怖汝等應
當一心稱觀世音菩薩名号是菩薩能以
无畏施於衆生汝等若稱名者於此怨賊
當得解脫衆商人聞俱發聲言南无觀
世音菩薩稱其名故即得解脫无盡意觀
世音菩薩摩訶薩威神之力巍巍如是
若有衆生多於婬欲常念恭敬觀世音菩薩
便得離欲若多瞋恚常念恭敬觀世音菩
薩便得離瞋若多愚癡常念恭敬觀世音
菩薩便得離癡无盡意觀世音菩薩有如
是等大威神力多所饒益是故衆生常
應心念
若有女人設欲求男礼拜供養觀世音菩薩便
生福德智慧之男設欲求女便生端政有相之
女宿殖德本衆人愛敬无盡意觀世音菩
薩有如是力若有衆生恭敬礼拜觀世音菩
薩福不唐捐是故衆生皆應受持觀世音菩
薩名号无盡意若有人受持六十二億恒河沙
菩薩名字復盡形供養飲食衣服卧具醫
藥於汝意云何是善男子善女人功德多不无
盡意言甚多世尊佛言若復有人受持觀
世音菩薩名号乃至一時礼拜供養是二人福

BD05318號　妙法蓮華經卷七　（27–8）

薩福不唐捐是故衆生皆應受持觀世音菩
薩名号无盡意若有人受持六十二億恒河沙
菩薩名字復盡形供養飲食衣服卧具醫
藥於汝意云何是善男子善女人功德多不无
盡意言甚多世尊佛言若復有人受持觀
世音菩薩名号乃至一時礼拜供養是二人福
正等无異於百千万億劫不可窮盡无盡
意受持觀世音菩薩名号得如是无量
无邊福德之利
无盡意菩薩白佛言世尊觀世音菩薩云何遊
此娑婆世界云何而為衆生說法方便之力其
事云何佛告无盡意菩薩善男子若有國土
衆生應以佛身得度者觀世音菩薩即現佛身
而為說法應以辟支佛身得度者即現辟支
佛身而為說法應以聲聞身得度者即現
聲聞身而為說法應以梵王身得度者即
現梵王身而為說法應以帝釋身得度者即
現帝釋身而為說法應以自在天身得度者
即現自在天身而為說法應以大自在天身得度
者即現大自在天身而為說法應以天大將軍
身得度者即現天大將軍身而為說法應以毗沙
門身得度者即現毗沙門身而為說法應以小王
身得度者即現小王身而為說法應以長者身
得度者即現長者身而為說法應以居士身
得度者即現居士身而為說法應以宰官身
得度者即現宰官身而為說法應以婆羅門

BD05318號　妙法蓮華經卷七　（27–9）

身得度者即現小王身而為說法應以長者身
得度者即現長者身而為說法應以居士身
得度者即現居士身而為說法應以宰官身
得度者即現宰官身而為說法應以婆羅門
身得度者即現婆羅門身而為說法應以比丘
尼優婆塞優婆夷身得度者即現比丘比丘尼
優婆塞優婆夷身而為說法應以長者居士
宰官婆羅門婦女身得度者即現婦女身
而為說法應以童男童女身得度者即現童
男童女身而為說法應以天龍夜叉乾闥婆阿
修羅迦樓羅緊那羅摩睺羅伽人非人等身得
度者即皆現之而為說法應以執金剛神得度
者即現執金剛神而為說法无盡意是觀世音
菩薩成就如是功德以種種形遊諸國土度脫衆
生是故汝等應當一心供養觀世音菩薩是
觀世音菩薩摩訶薩於怖畏急難之中能施无
畏是故此娑婆世界皆号之為施无畏者无
盡意菩薩白佛言世尊我今當供養觀世音
菩薩即解頸衆寶珠瓔珞價直百千兩金而
以與之作是言仁者受此法施珎寶瓔珞時觀
世音菩薩不肯受之无盡意復白觀世音菩
薩言仁者愍我等故受此瓔珞尒時觀世音菩
薩當愍此无盡意菩薩及四衆天龍夜叉乾闥婆
阿修羅迦樓羅緊那羅摩睺羅伽人非人等故受
是瓔珞即時觀世音菩薩愍諸四衆及於天龍
人非人等受其瓔珞分作二分一分奉釋迦牟尼



世音菩薩不肯受之无盡意復白觀世音菩
薩言仁者愍我等故受此瓔珞尒時觀世音菩
薩當愍此无盡意菩薩及四衆天龍夜叉乾闥婆
阿修羅迦樓羅緊那羅摩睺羅伽人非人等故受
是瓔珞即時觀世音菩薩愍諸四衆及於天龍
人非人等受其瓔珞分作二分一分奉釋迦牟尼
佛一分奉多寶佛塔无盡意觀世音菩薩有如
是自在神力遊於娑婆世界尒時无盡意
菩薩以偈問曰
世尊妙相具　我今重問彼　佛子何因緣　名為觀世音
具足妙相尊　偈荅无盡意　汝聽觀音行　善應諸方所
弘誓深如海　歷劫不思議　侍多千億佛　發大清淨願
我今汝略說　聞名及見身　心念不空過　能滅諸有苦
假使興害意　推落大火坑　念彼觀音力　火坑變成池
或漂流巨海　龍魚諸鬼難　念彼觀音力　波浪不能沒
或在須弥峯　為人所推墮　念彼觀音力　如日虛空住
或被惡人逐　墮落金剛山　念彼觀音力　不能損一毛
或值怨賊遶　各執刀加害　念彼觀音力　咸即起慈心
或遭王難苦　臨刑欲壽終　念彼觀音力　刀尋段段壞
或囚禁枷鎖　手足被杻械　念彼觀音力　釋然得解脫
呪咀諸毒藥　所欲害身者　念彼觀音力　還著於本人
或遇惡羅剎　毒龍諸鬼等　念彼觀音力　時悉不敢害
若惡獸圍遶　利牙爪可怖　念彼觀音力　疾走无邊方
蚖虵及蝮蠍　氣毒煙火燃　念彼觀音力　尋聲自迴去
雲雷鼓掣電　降雹澍大雨　念彼觀音力　應時得消散
衆生被困厄　无量苦逼身　觀音妙智力　能救世間苦

或遇惡羅剎 毒龍諸鬼等 念彼觀音力 時悉不敢害
若惡獸圍遶 利牙爪可怖 念彼觀音力 疾走无邊方
蚖蛇及蝮蠍 氣毒煙火然 念彼觀音力 尋聲自迴去
雲雷鼓掣電 降雹澍大雨 念彼觀音力 應時得消散
衆生被困厄 无量苦逼身 觀音妙智力 能救世間苦
具足神通力 廣修智方便 十方諸國土 无剎不現身
種種諸惡趣 地獄鬼畜生 生老病死苦 以漸悉令滅
真觀清淨觀 廣大智慧觀 悲觀及慈觀 常願常瞻仰
无垢清淨光 慧日破諸闇 能伏災風火 普明照世間
悲體戒雷震 慈意妙大雲 澍甘露法雨 滅除煩惱焰
諍訟經官處 怖畏軍陣中 念彼觀音力 衆怨悉退散
妙音觀世音 梵音海潮音 勝彼世間音 是故須常念
念念勿生疑 觀世音淨聖 於苦惱死厄 能為作依怙
具一切功德 慈眼視衆生 福聚海无量 是故應頂禮
尒時持地菩薩即從座起前白佛言世尊若
有衆生聞是觀世音菩薩品自在之業普
門示現神通力者當知是人功德不少佛說
是普門品時衆中八万四千衆生皆發无
等等阿耨多羅三藐三菩提心

妙法蓮華經陀羅尼品苐二十六

尒時藥王菩薩即從座起偏袒右肩合掌
向佛而白佛言世尊若善男子善女人有能受
持法華經者若讀誦通利若書寫經卷得
幾所福佛告藥王若有善男子善女人供養
八万億那由他恒河沙等諸佛於汝意云何

BD05318號　妙法蓮華經卷七　(27–12)

向佛而白佛言世尊若善男子善女人有能受
持法華經者若讀誦通利若書寫經卷得
幾所福佛告藥王若有善男子善女人供養
八万億那由他恒河沙等諸佛於汝意云何
其所得福寧為多不甚多世尊佛言若善
男子善女人能於是經乃至受持一四句偈
讀誦解義如說修行功德甚多尒時藥王
菩薩白佛言世尊我今當與說法者陀
羅尼呪以守護之即說呪曰
安尒一 曼尒二 摩祢三 摩摩祢四 旨隸五 遮梨
苐六 賒咩羊鳴音七 賒履因雖反 多瑋八 羶輸千反 帝九
目帝十 目多履十一 娑履十二 阿瑋娑履十三 桑十四 娑履十五
叉裔十六 阿叉裔十七 阿耆膩十八 羶帝十九 賒履二十 陀羅
尼二十一 阿盧伽婆娑蘇奈反 簸蔗毗叉膩二十二 禰毗剃二十三
阿便哆都餓反 邏禰履剃二十四 阿亶哆波隸輸地余賣反 二十五
漚究隸二十六 牟究隸二十七 阿羅隸二十八 波羅隸二十九 首
迦差初几反 三十 阿三磨三履三十一 佛䭾毗吉利袠帝三十二 達磨
波利差猜離反 三十三 僧伽涅瞿沙祢三十四 婆舍婆
舍輸地三十五 曼哆邏三十六 曼哆邏叉夜多三十七 郵樓哆
三十八 郵樓哆憍舍略三十九 惡叉邏四十 惡叉冶多冶四十一
阿婆盧四十二 阿摩若荏蔗反 那多夜四十三
世尊是陀羅尼神呪六十二億恒河沙等諸
佛所說若有侵毀此法師者則為侵毀是
諸佛已時釋迦牟尼佛讚藥王菩薩言善哉
善哉藥王汝愍念擁護此法師故說是陀羅

BD05318號　妙法蓮華經卷七　(27–13)

阿婆盧二四十 阿摩若荏蔗反 那多夜四十三
世尊是陀羅尼神呪六十二億恒河沙等諸
佛所說若有侵毀此法師者則為侵毀是
諸佛已時釋迦牟尼佛讚藥王菩薩言善哉
善哉藥王汝愍念擁護此法師故說是陀羅
尼於諸衆生多所饒益尒時勇施菩薩白
佛言世尊我亦為擁護讀誦受持法華經
者說陀羅尼若此法師得是陀羅尼若夜叉
若羅剎若富單那若吉蔗若鳩槃荼若餓
鬼等伺求其短无能得便即於佛前而說
呪曰
痤誓螺反隸一 摩訶痤隸二 郁枳三 目枳四 阿隸
五 阿羅婆第六 涅隸第七 涅隸多婆第八 伊緻
猪履反柅九 韋緻柅十 旨緻柅十一 涅隸墀柅十二
涅犁墀婆底十三
世尊是陀羅尼神呪恒河沙等諸佛所說亦
皆隨喜若有侵毀此法師者則為侵毀是
諸佛已尒時毗沙門天王護世者白佛言世尊
我亦為愍念衆生擁護此法師故說是陀羅
尼即說呪曰
阿梨一 那梨二 㝹那梨三 阿那盧四 那履五
拘那履六
世尊以是神呪擁護法師我亦自當擁護持
是經者令百由旬內无諸衰患尒時持國
天王在此會中與千万億那由他乾闥婆衆
恭敬圍遶前詣佛所合掌白佛言世尊我

BD05318號　妙法蓮華經卷七

（27–14）

尼即說呪曰
阿梨一 那梨二 㝹那梨三 阿那盧四 那履五
拘那履六
世尊以是神呪擁護法師我亦自當擁護持
是經者令百由旬內无諸衰患尒時持國
天王在此會中與千万億那由他乾闥婆衆
恭敬圍遶前詣佛所合掌白佛言世尊我
亦以陀羅尼神呪擁護持法華經者即說呪曰
阿伽祢一 伽祢二 瞿利三 乾陀利四 栴陀利五
摩蹬耆六 常求利七 浮樓莎柅八 頞底九
世尊是陀羅尼神呪四十二億諸佛所說若
有侵毀此法師者則為侵毀是諸佛已尒
時有羅剎女等一名藍婆二名毗藍婆三名
曲齒四名華齒五名黑齒六名多髮七名无
猒足八名持瓔珞九名睾帝十名奪一切衆
生精氣是十羅剎女與鬼子母并其子及眷
屬俱詣佛所同聲白佛言世尊我等亦欲
擁護讀誦受持法華經者除其衰患若有伺
求法師短者令不得便即於佛前而說呪曰
伊提履一 伊提泯二 伊提履三 阿提履四 伊提履五
泥履六 泥履七 泥履八 泥履九 泥履十 樓醯十一
樓醯十二 樓醯十三 樓醯十四 多醯十五 多醯十六 多
醯十七 兜醯十八 㝹醯十九
寧上我頭上莫惱於法師若夜叉若羅剎
若餓鬼若富單那若吉蔗若毗陀羅若揵
馱若烏摩勒伽若阿跋摩羅若夜叉吉蔗若
人吉蔗若熱病若一日若二日若三日若四日

BD05318號　妙法蓮華經卷七

（27–15）

泥履六泥履七泥履八泥履九泥履十樓醯
十一樓醯十二樓醯十三樓醯十四多醯十五多醯十六多
醯十七兜醯十八㝹醯十九
寧上我頭上莫惱於法師若夜叉若羅剎
若餓鬼若富單那若吉蔗若毗陀羅若揵
馱若烏摩勒伽若阿跋摩羅若夜叉吉蔗若
人吉蔗若熱病若一日若二日若三日若四日
若至七日若常熱病若男形若女形若童
男形若童女形乃至夢中亦復莫惱即於
佛前而說偈言
若不順我呪　惱亂說法者　頭破作七分　如阿梨樹枝
如殺父母罪　亦如壓油殃　斗秤欺誑人　調達破僧罪
犯此法師者　當獲如是殃
諸羅剎女說此偈已白佛言世尊我等亦當
身自擁護受持讀誦脩行是經者令得安隱
離諸衰患消眾毒藥佛告諸羅剎女善哉
善哉汝等但能擁護受持法華經者福不可量
何況擁護具足受持供養經卷華香瓔珞末
香塗香燒香幡蓋伎樂然種種燈蘇燈油燈
諸香油燈蘇摩那華油燈瞻蔔華油燈婆師迦
華油燈優鉢羅華油燈如是等百千種供養
者睪帝汝等及眷屬應當擁護如是法師
說是陀羅尼品時六万八千人得无生法忍
妙法蓮華經妙莊嚴王本事品第二十七
尒時佛告諸大眾乃往古世過无量无邊不
可思議阿僧祇劫有佛名雲雷音宿王華智



華油燈優鉢羅華油燈如是等百千種供養
者睪帝汝等及眷屬應當擁護如是法師
說是陀羅尼品時六万八千人得无生法忍
妙法蓮華經妙莊嚴王本事品第二十七
尒時佛告諸大眾乃往古世過无量无邊不
可思議阿僧祇劫有佛名雲雷音宿王華智
多陀阿伽度阿羅呵三藐三佛陀國名光明
莊嚴劫名憙見彼佛法中有王名妙莊嚴
其王夫人名曰淨德有二子一名淨藏二名淨眼
是二子有大神力福德智慧久脩菩薩所
行之道所謂檀波羅蜜尸羅波羅蜜羼提
波羅蜜毗梨耶波羅蜜禪波羅蜜般若波羅蜜
方便波羅蜜慈悲喜捨乃至三十七助道法
皆悉明了通達又得菩薩淨三昧日星宿三
昧淨光三昧淨色三昧淨照明三昧長莊嚴
三昧大威德藏三昧於此三昧亦悉通達尒
時彼佛欲引導妙莊嚴王及愍念眾生故說
是法華經時淨藏淨眼二子到其母所合十
指爪掌白　言願母往詣雲雷音宿王華智
佛所我等亦當侍從親近供養禮拜所以者何
此佛於一切天人眾中說法華經宜應聽受母
告子言汝父信受外道深著婆羅門法汝
等應往白父與共俱去淨藏淨眼合十指爪
掌白母我等是法王子而生此邪見家母告
子言汝等當憂念汝父為現神變若得見者
心必清淨或聽我等往至佛所於是二子念

山佛於一切天人衆中說法華經宜應聽受
告子言汝父信受外道深著婆羅門法汝
等應往白父與共俱去淨藏淨眼合十指爪
掌白母我等是法王子而生此邪見家母告
子言汝等當憂念汝父為現神變若得見者
心必清淨或聽我等往至佛所於是二子念
其父故踊在虛空高七多羅樹現種種神變
於虛空中行住坐臥身上出水身下出火身
下出水身上出火或現大身滿虛空中而復
現小小復現大於空中滅忽然在地入地如水
履水如地現如是等種種神變令其父王心
淨信解時父見子神力如是心大歡喜得未
曾有合掌向子言汝等師為是誰誰之弟
子二子白言大王彼雲雷音宿王華智佛
今在七寶菩提樹下法座上坐於一切世間天
人衆中廣說法華經是我等師我是弟子父
語子言我今亦欲見汝等師可共俱往於是
二子從空中下到其母所合掌白母父王今
已信解堪任發阿耨多羅三藐三菩提心我
等為父已作佛事願母見聽於彼佛所出家
修道尒時二子欲重宣其意以偈白母
願母放我等　出家作沙門　諸佛甚難值　我等隨佛學
如優曇波羅　值佛復難是　脫諸難亦難　願聽我出家
母即告言聽汝出家所以者何佛難值故於是
二子白父母言善哉父母願時往詣雲雷音
宿王華智佛所親近供養所以者何佛難

BD05318號　妙法蓮華經卷七　（27–18）

如優曇波羅　值佛復難是　脫諸難亦難　願聽我出家
母即告言聽汝出家所以者何佛難值故於是
二子白父母言善哉父母願時往詣雲雷音
宿王華智佛所親近供養所以者何佛難
得值如優曇波羅華又如一眼之龜值浮木孔
而我等宿福深厚生值佛法是故父母當
聽我等令得出家所以者何諸佛難值時亦
難遇彼時妙莊嚴王後宮八万四千人皆悉堪
任受持是法華經淨眼菩薩於法華三昧久
通達淨藏菩薩已於無量百千万億劫通
達離諸惡趣三昧欲令一切衆生離諸惡
趣故其王夫人得諸佛集三昧能知諸佛
祕密之藏二子如是以方便力善化其父令
心信解好樂佛法於是妙莊嚴王與群臣眷
屬俱淨德夫人與後宮婇女眷屬俱其王二子
與四万二千人俱一時共詣佛所到已頭面禮
足繞佛三帀却住一面尒時彼佛為王說法示
教利喜王大歡喜尒時妙莊嚴王及其夫
人解頸真珠瓔珞價直百千以散佛上於虛
空中化成四柱寶臺臺中有大寶床敷百
千万天衣其上有佛結加趺坐放大光明尒
時妙莊嚴王作是念佛身希有端嚴殊特
成就第一微妙之色時雲雷音宿王華智佛告
四衆言汝等見是妙莊嚴王於我前合掌立
不此王於我法中作比丘精勤修習助佛道

BD05318號　妙法蓮華經卷七　（27–19）

時妙莊嚴王作是念佛身希有端嚴殊特
成就第一微妙之色時雲雷音宿王華智佛告
四衆言汝等見是妙莊嚴王於我前合掌立
不此王於我法中作比丘精勤修習助佛道
法當得作佛号娑羅樹王國名大光劫名大
高王其娑羅樹王佛有无量菩薩衆及无量
聲聞其國平正功德如是其王即時以國付弟
與夫人二子并諸眷屬於佛法中出家修
道王出家已於八万四千歲常勤精進修行
妙法華經過是已後得一切淨功德莊嚴三
昧即昇虛空高七多羅樹而白佛言世尊
此我二子已作佛事以神通變化轉我邪心令
得安住於佛法中得見世尊此二子者是我善
知識為欲發起宿世善根饒益我故來生
我家尒時雲雷音宿王華智佛告妙莊嚴
王言如是如是如汝所言若善男子善女人種
善根故世世得善知識其善知識能作佛事
示教利喜令入阿耨多羅三藐三菩提大王
當知善知識者是大因緣所謂化導令得見
佛發阿耨多羅三藐三菩提心大王汝見此二
子不此二子已曾供養六十五百千万億那由
他恒河沙諸佛親近恭敬於諸佛所受持
法華經愍念邪見衆生令住正見妙莊嚴
王即從虛空中下而白佛言世尊如來甚希
有以功德智慧故頂上肉髻光明顯照其眼

BD05318號　妙法蓮華經卷七　(27–20)

他恒河沙諸佛親近恭敬於諸佛所受持
法華經愍念邪見衆生令住正見妙莊嚴
王即從虛空中下而白佛言世尊如來甚希
有以功德智慧故頂上肉髻光明顯照其眼
長廣而紺青色眉間豪相白如珂月齒白齊
密常有光明脣色赤好如頻婆果尒時妙莊
嚴王讃歎佛如是等无量百千万億功德已
於如來前一心合掌復白佛言世尊未曾有
也如來之法具足成就不可思議微妙功德教
戒所行安隱快善我從今日不復自隨心
行不生邪見憍慢瞋恚諸惡之心說是語已
礼佛而出佛告大衆於意云何妙莊嚴王豈
異人乎今華德菩薩是其淨德夫人今佛前
光照莊嚴相菩薩是哀愍妙莊嚴王及諸
眷屬故於彼中生其二子者今藥王菩薩藥
上菩薩是是藥王藥上菩薩成就如此諸大
功德已於无量百千万億諸佛所殖衆德本
成就不可思議諸善功德若有人識是二菩薩
名字者一切世間諸天人民亦應礼拜佛說
是妙莊嚴王本事品時八万四千人遠離
塵垢於諸法中得法眼淨
妙法蓮華經普賢菩薩勸發品第二十八
尒時普賢菩薩以自在神通威德名聞與大
菩薩无量无邊不可稱數從東方來所經諸
國普皆震動雨寶蓮華作无量百千万億種

BD05318號　妙法蓮華經卷七　(27–21)

塵垢於諸法中得法眼淨
妙法蓮華經普賢菩薩勸發品第二十八
尒時普賢菩薩以自在神通威德名聞與大
菩薩无量无邊不可稱數從東方來所經諸
國普皆震動雨寶蓮華作无量百千万億種
種伎樂又與无數諸天龍夜叉乾闥婆阿
脩羅迦樓羅緊那羅摩睺羅伽人非人等大衆
圍繞各現威德神通之力到娑婆世界耆闍
崛山中頭面礼釋迦牟尼佛右繞七帀白佛
言世尊我於寶威德上王佛國遥聞此娑婆
世界說法華經與无量无邊百千万億諸菩
薩衆共來聽受唯願世尊當爲說之若善男
子善女人於如來滅後云何能得是法華經
佛告普賢菩薩若善男子善女人成就四法
於如來滅後當得是法華經一者爲諸佛護
念二者殖衆德本三者入正定聚四者發救一
切衆生之心善男子善女人如是成就四法於
如來滅後必得是經尒時普賢菩薩白
佛言世尊於後五百歲濁惡世中其有受持
是經典者我當守護除其衰患令得安隱使
无伺求得其便者若魔若魔子若魔女若
魔民若爲魔所著者若夜叉若羅剎若鳩槃
茶若毗舍闍若吉蔗若富單那若韋陀羅等
諸惱人者皆不得便是人若行若立讀誦此經
我尒時乘六牙白象王與大菩薩衆俱詣其

BD05318號　妙法蓮華經卷七　（27–22）

魔民若爲魔所著者若夜叉若羅剎若鳩槃
茶若毗舍闍若吉蔗若富單那若韋陀羅等
諸惱人者皆不得便是人若行若立讀誦此經
我尒時乘六牙白象王與大菩薩衆俱詣其
所而自現身供養守護安慰其心亦爲供養
法華經故是人若坐思惟此經尒時我復乘
白象王現其人前其人若於法華經有所忘
失一句一偈我當教之與共讀誦還令通利尒
時受持讀誦法華經者得見我身甚大歡
喜轉復精進以見我故即得三昧及陀羅尼
名爲旋陀羅尼百千万億旋陀羅尼法音方
便陀羅尼得如是等陀羅尼世尊若後世後
五百歲濁惡世中比丘比丘尼優婆塞優婆夷
求索者受持者讀誦者書寫者欲脩習是
法華經於三七日中應一心精進滿三七日已
我當乘六牙白象與无量菩薩而自圍繞
以一切衆生所憙見身現其人前而爲說法示
教利喜亦復與其陀羅尼呪得是陀羅尼
故无有非人能破壞者亦不爲女人之所惑
亂我身亦自常護是人唯願世尊聽我說
此陀羅尼呪即於佛前而說呪曰
阿檀地 途賣反 一 檀陀婆地 二 檀陀婆帝 三 檀陀鳩
舍隸 四 檀陀脩陀隸 五 脩陀隸 六 脩陀羅婆
底 七 佛馱波羶祢 八 薩婆陀羅尼阿婆多尼 九
薩婆婆沙阿婆多尼 十 脩阿婆多尼 十一 僧伽

BD05318號　妙法蓮華經卷七　（27–23）

阿檀地途賣反一檀陀婆地二檀陀婆帝三檀陀鳩
舍隸四檀陀脩陀隸五脩陀隸六脩陀羅婆
底七佛馱波羶禰八薩婆陀羅尼阿婆多尼九
薩婆婆沙阿婆多尼十脩阿婆多尼十一僧伽
婆履叉尼十二僧伽涅伽陀尼十三阿僧祇十四僧伽
波伽地十五帝隸阿惰僧伽兜略盧遮反波羅帝十六
薩婆僧伽三摩地伽蘭地十七薩婆達磨脩波
利剎帝十八薩婆薩埵樓馱憍舍略阿㝹伽
地十九辛阿毗吉利地帝二十
世尊若有菩薩得聞是陀羅尼者當知普
賢神通之力若法華經行閻浮提有受持者
應作此念皆是普賢威神之力若有受持讀
誦正憶念解其義趣如說脩行當知是行普
賢行於无量无邊諸佛所深種善根為諸如
來手摩其頭若但書寫是人命終當生忉利
天上是時八万四千天女作眾伎樂而來迎之
其人即著七寶冠於采女中娛樂快樂何況
受持讀誦正憶念解其義趣如說脩行若
有人受持讀誦解其義趣是人命終為千佛
授手令不恐怖不墮惡趣即往兜率天上弥
勒菩薩所弥勒菩薩有三十二相大菩薩眾
所共圍繞有百千万億天女眷屬而於中生
有如是等功德利益是故智者應當一心自
書若使人書受持讀誦正憶念如說脩行世
尊我今以神通力守護是經於如來滅後閻
浮提內廣令流布使不斷絕尒時釋



所共圍繞有百千万億天女眷屬而於中生
有如是等功德利益是故智者應當一心自
書若使人書受持讀誦正憶念如說脩行世
尊我今以神通力守護是經於如來滅後閻
浮提內廣令流布使不斷絕尒時釋迦牟尼
佛讚言善哉善哉普賢汝能護助是經令多
所眾生安樂利益汝已成就不可思議功德
深大慈悲從久遠來發阿耨多羅三藐三菩
提意而能作是神通之願守護是經我當
以神通力守護能受持普賢菩薩名者普
賢若有受持讀誦正憶念脩習書寫是法華
經者當知是人則見釋迦牟尼佛如從佛口聞此
經典當知是人供養釋迦牟尼佛當知是人佛
讚善哉當知是人為釋迦牟尼佛手摩其頭
當知是人為釋迦牟尼佛衣之所覆如是之
人不復貪著世樂不好外道經書手筆亦
復不憙親近其人及諸惡者若屠兒若畜猪
羊雞狗若獵師若衒賣女色是人心意質直
有正憶念有福德力是人不為三毒所惱亦
不為嫉妬我慢邪慢增上慢所惱是人少欲
知足能脩普賢之行普賢若如來滅後後五
百歲若有人見受持讀誦法華經者應作是
念此人不久當詣道場破諸魔眾得阿耨多
羅三藐三菩提轉法輪擊法鼓吹法螺雨法
雨當坐天人大眾中師子法座上普賢若於
後世受持讀誦是經典者是人不復貪著衣

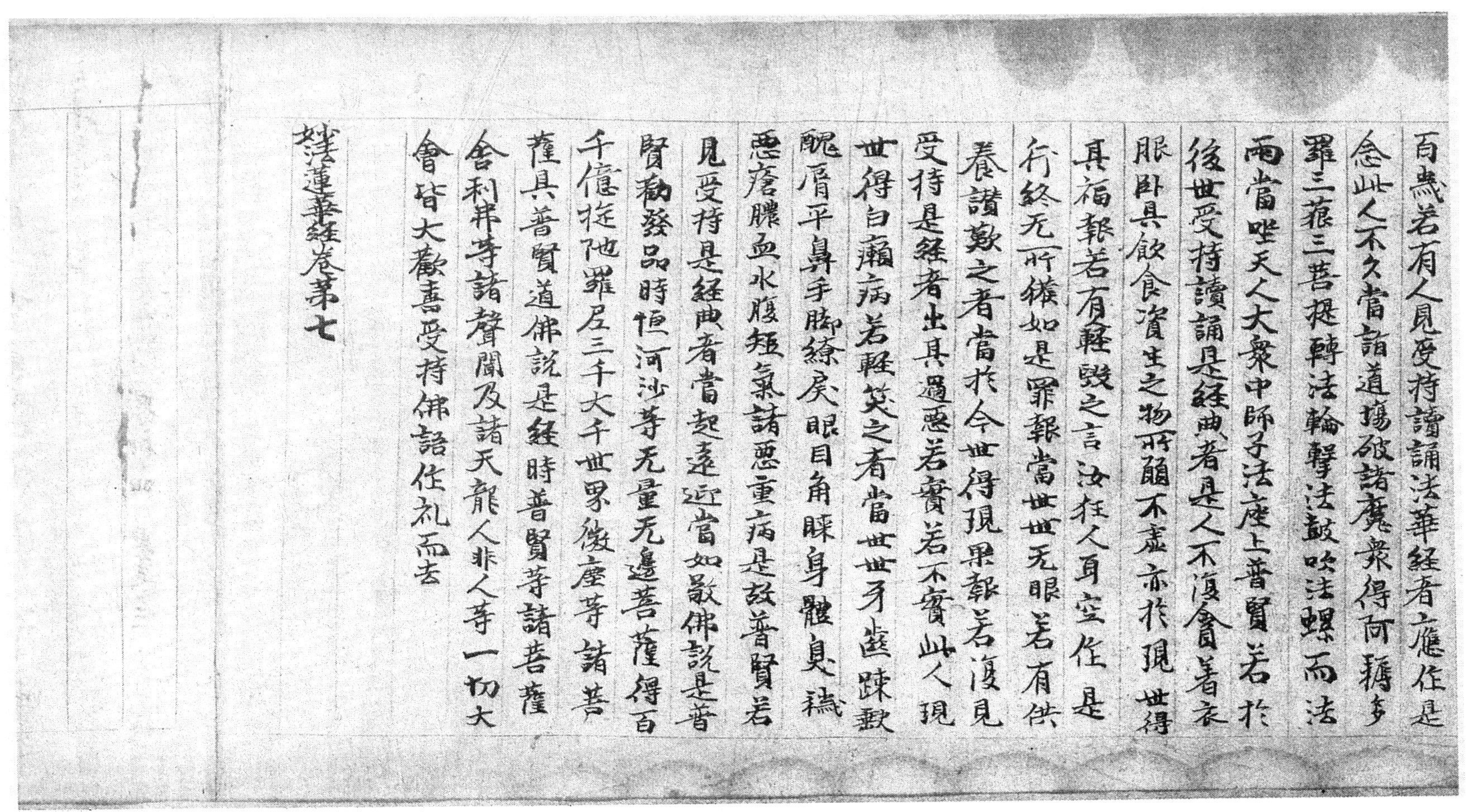
百歲若有人見受持讀誦法華經者應作是
念此人不久當詣道場破諸魔衆得阿耨多
羅三藐三菩提轉法輪擊法鼓吹法螺雨法
雨當坐天人大衆中師子法座上普賢若於
後世受持讀誦是經典者是人不復貪著衣
服卧具飲食資生之物所願不虛亦於現世得
其福報若有輕毀之言汝狂人耳空作是
行終无所獲如是罪報當世世无眼若有供
養讚歎之者當於今世得現果報若復見
受持是經者出其過惡若實若不實此人現
世得白癩病若輕笑之者當世世牙齒踈缺
醜脣平鼻手脚繚戾眼目角睞身體臭穢
惡瘡膿血水腹短氣諸惡重病是故普賢若
見受持是經典者當起遠迎當如敬佛說是普
賢勸發品時恒河沙等无量无邊菩薩得百
千億旋陁羅尼三千大千世界微塵等諸菩
薩具普賢道佛說是經時普賢等諸菩薩
舍利弗等諸聲聞及諸天龍人非人等一切大
會皆大歡喜受持佛語作禮而去

妙法蓮華經卷第七

BD05318號　妙法蓮華經卷七　（27–26）

惡瘡膿血水腹短氣諸惡重病是故普賢若
見受持是經典者當起遠迎當如敬佛說是普
賢勸發品時恒河沙等无量无邊菩薩得百
千億旋陁羅尼三千大千世界微塵等諸菩
薩具普賢道佛說是經時普賢等諸菩薩
舍利弗等諸聲聞及諸天龍人非人等一切大
會皆大歡喜受持佛語作禮而去

妙法蓮華經卷第七

BD05318號　妙法蓮華經卷七　（27–27）

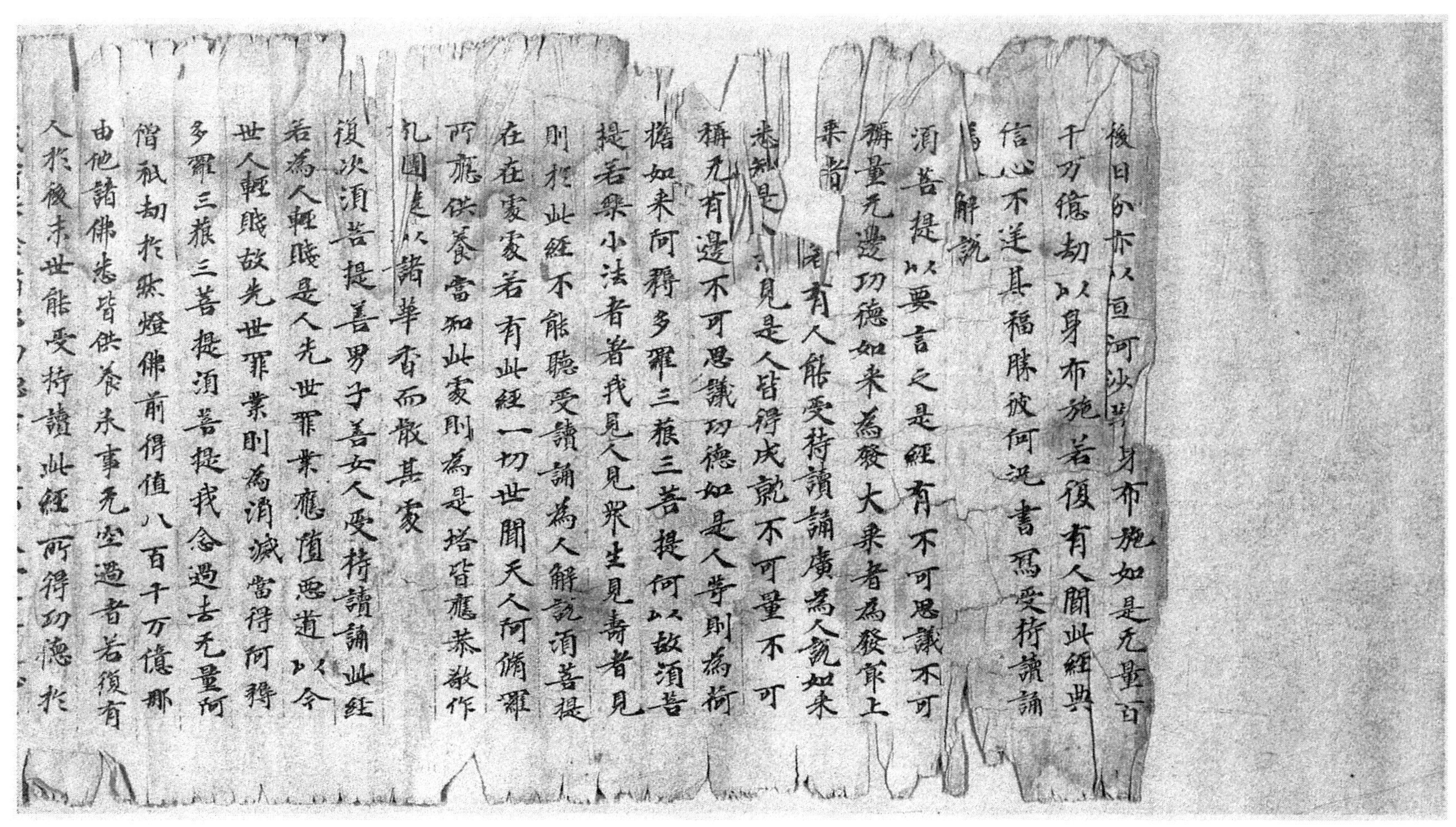

後日分亦以恒河沙等身布施如是无量百
千万億劫以身布施若復有人聞此經典
信心不逆其福勝彼何況書寫受持讀誦
爲人解說
須菩提以要言之是經有不可思議不可
稱量无邊功德如來爲發大乘者說爲發最上
乘者說若有人能受持讀誦廣爲人說如來
悉知是人悉見是人皆得成就不可量不可
稱无有邊不可思議功德如是人等則爲荷
擔如來阿耨多羅三藐三菩提何以故須菩
提若樂小法者著我見人見衆生見壽者見
則於此經不能聽受讀誦爲人解說須菩提
在在處處若有此經一切世間天人阿脩羅
所應供養當知此處則爲是塔皆應恭敬作
禮圍遶以諸華香而散其處
復次須菩提善男子善女人受持讀誦此經
若爲人輕賤是人先世罪業應墮惡道以今
世人輕賤故先世罪業則爲消滅當得阿耨
多羅三藐三菩提須菩提我念過去无量阿
僧祇劫於然燈佛前得值八百千万億那
由他諸佛悉皆供養承事无空過者若復有
人於後末世能受持讀誦此經所得功德於

BD05319號　金剛般若波羅蜜經　（3–1）

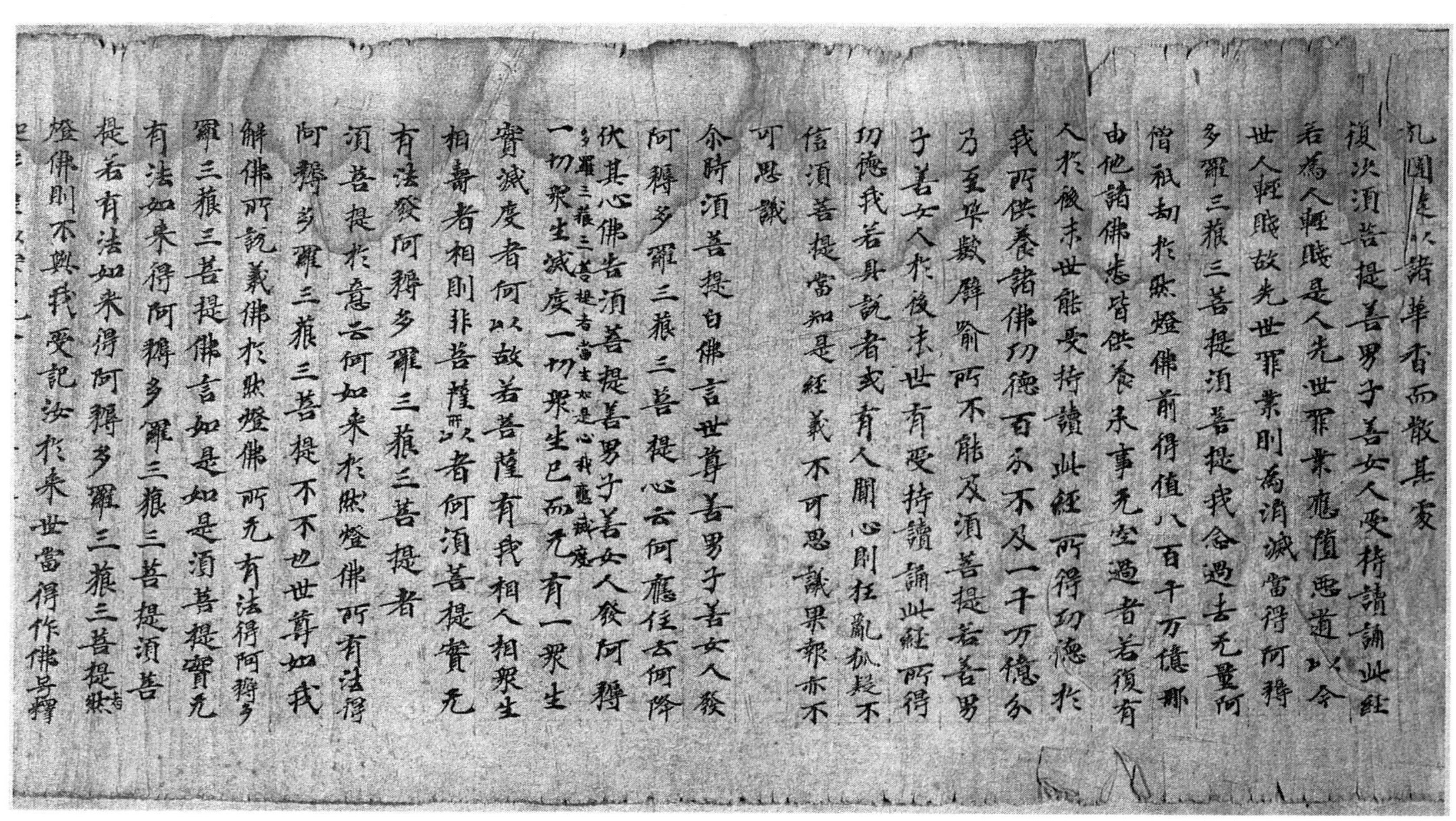

禮圍遶以諸華香而散其處
復次須菩提善男子善女人受持讀誦此經
若爲人輕賤是人先世罪業應墮惡道以今
世人輕賤故先世罪業則爲消滅當得阿耨
多羅三藐三菩提須菩提我念過去无量阿
僧祇劫於然燈佛前得值八百千万億那
由他諸佛悉皆供養承事无空過者若復有
人於後末世能受持讀誦此經所得功德於
我所供養諸佛功德百分不及一千万億分
乃至筭數譬喻所不能及須菩提若善男
子善女人於後末世有受持讀誦此經所得
功德我若具說者或有人聞心則狂亂狐疑不
信須菩提當知是經義不可思議果報亦不
可思議
尒時須菩提白佛言世尊善男子善女人發
阿耨多羅三藐三菩提心云何應住云何降
伏其心佛告須菩提善男子善女人發阿耨多羅三藐三菩提者當生如是心我應滅度
一切衆生滅度一切衆生已而无有一衆生
實滅度者何以故若菩薩有我相人相衆生
相壽者相則非菩薩所以者何須菩提實无
有法發阿耨多羅三藐三菩提者
須菩提於意云何如來於然燈佛所有法得
阿耨多羅三藐三菩提不不也世尊如我
解佛所說義佛於然燈佛所无有法得阿耨多
羅三藐三菩提佛言如是如是須菩提實无
有法如來得阿耨多羅三藐三菩提須菩
提若有法如來得阿耨多羅三藐三菩提者然
燈佛則不與我受記汝於來世當得作佛号釋

BD05319號　金剛般若波羅蜜經　（3–2）

功德我若具說者或有人聞心則狂亂狐疑不
信須菩提當知是經義不可思議果報亦不
可思議
尒時須菩提白佛言世尊善男子善女人發
阿耨多羅三藐三菩提心云何應住云何降
伏其心佛告須菩提善男子善女人發阿耨
多羅三藐三菩提者當生如是心我應滅度
一切衆生滅度一切衆生已而无有一衆生
實滅度者何以故若菩薩有我相人相衆生
相壽者相則非菩薩所以者何須菩提實无
有法發阿耨多羅三藐三菩提者
須菩提於意云何如來於然燈佛所有法得
阿耨多羅三藐三菩提不不也世尊如我
解佛所說義佛於然燈佛所无有法得阿耨多
羅三藐三菩提佛言如是如是須菩提實无
有法如來得阿耨多羅三藐三菩提須菩
提若有法如來得阿耨多羅三藐三菩提者然
燈佛則不與我受記汝於來世當得作佛号釋
迦牟尼以實无有法得阿耨多羅三藐三菩
提是故然燈佛與我受記作是言汝於來世
當得作佛号釋迦牟尼何以故如來者即諸

BD05319 號　金剛般若波羅蜜經　（3–3）

諸色一切除滅尒時世尊問彼一切菩薩衆
言汝等今者有何所見諸菩薩言世尊都无
所有唯見光明佛言諸善丈夫汝等見此光
明何似諸菩薩言世尊我唯遍見无量百千
億那由他恒河沙微塵等諸佛剎一大光明
尒時世尊還攝光明佛剎如舊如是安住是
時世尊告一切諸菩薩衆言如來若說第二
佛地汝等一切尚難知聞何況得見如來三
地乃至十地善丈夫辟如日月光明與一切
衆生作大利益彼日月力令衆生知有一日
半日一月半月乃至一年及以時分衆生不
能分別見彼日月色身汝等唯見光輪於相
如是如是如來至真等正覺一切衆生作大
利益是如來力令彼衆生得知諸法若罪若
福若世間若出世間若有漏若无漏知諸法
已彼如實證得度一切諸有壙野彼諸衆生
不能分別得見如來報身色相唯覩神通力
用應化之形是故汝等應如是知如來諸地
出過於一切音聲語言唯有名字而可說耳
尒時海妙深持自在智通菩薩摩訶薩白佛
言世尊誰是過度一切惡道佛言善丈夫若

BD05320 號　大乘同性經（兑廢稿）卷下　（2–1）

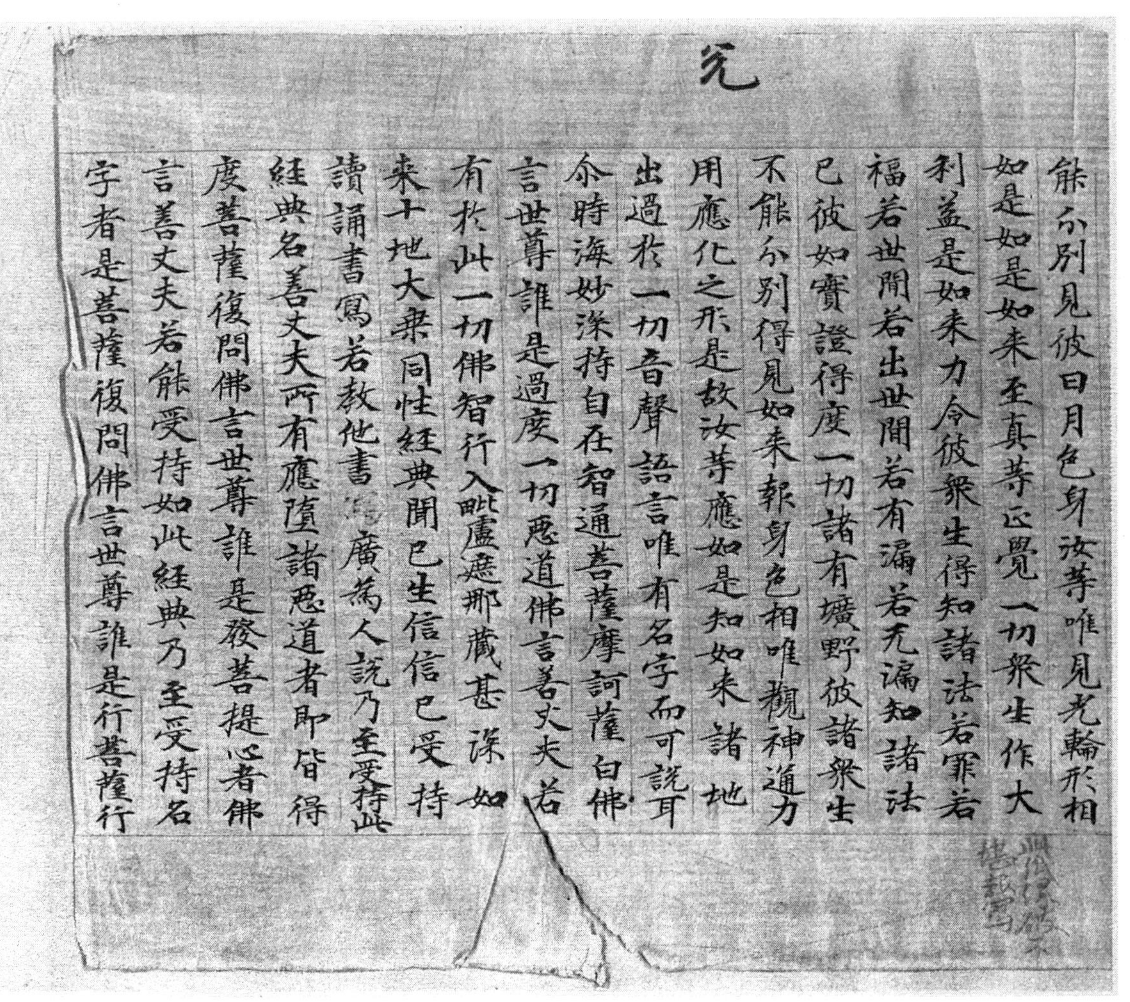

兊

能分別見彼日月色身汝等唯見光輪於相
如是如是如來至真等正覺一切衆生作大
利益是如來力令彼衆生得知諸法若罪若
福若世間若出世間若有漏若无漏知諸法
已彼如實證得度一切諸有壙野彼諸衆生
不能分別得見如來報身色相唯覩神通力
用應化之形是故汝等應如是知如來諸地
出過於一切音聲語言唯有名字而可說耳
尒時海妙深持自在智通菩薩摩訶薩白佛
言世尊誰是過度一切惡道佛言善丈夫若
有於此一切佛智行入毗盧遮那藏甚深如
來十地大乘同性經典聞已生信信已受持
讀誦書寫若教他書廣為人說乃至受持此
經典名善丈夫所有應墮諸惡道者即皆得
度菩薩復問佛言世尊誰是發菩提心者佛
言善丈夫若能受持如此經典乃至受持名
字者是菩薩復問佛言世尊誰是行菩薩行

BD05320號　大乘同性經（兊廢稿）卷下　（2–2）

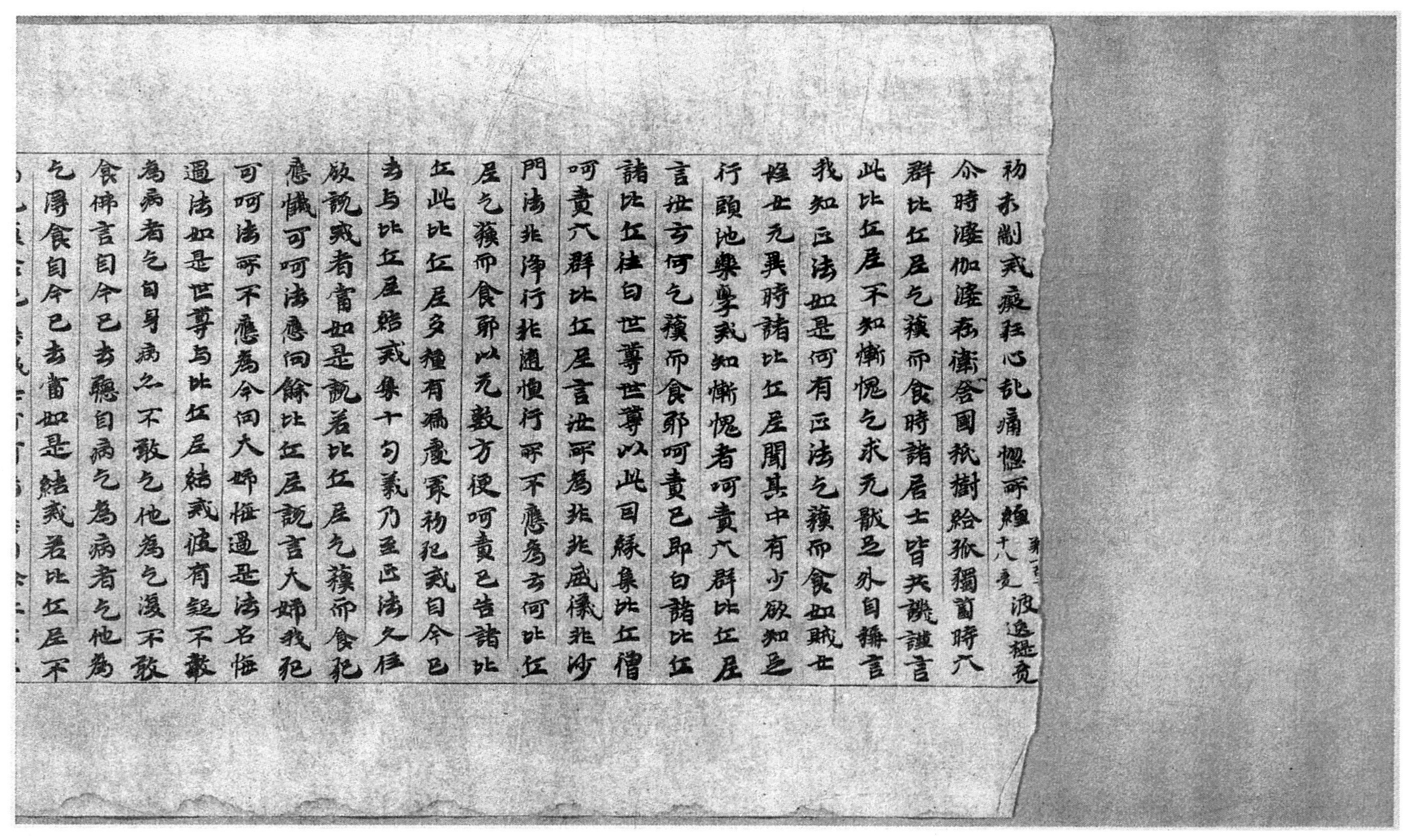

初未制戒癡狂心亂痛惱所纏十八竟　波逸提竟
尒時婆伽婆在舍衛國祇樹給孤獨園時六
群比丘尼乞蘇而食時諸居士皆共譏嫌言
此比丘尼不知慚愧乞求无猒多外自稱言
我知正法如是何有正法乞蘇而食如賊女
婬女无異時諸比丘尼聞其中有少欲知足
行頭陀樂學戒知慚愧者呵責六群比丘尼
言汝云何乞蘇而食耶呵責已即白諸比丘
諸比丘往白世尊世尊以此因緣集比丘僧
呵責六群比丘尼言汝所為非非威儀非沙
門法非淨行非隨順行所不應為云何比丘
尼乞蘇而食耶以无數方便呵責已告諸比
丘此比丘尼多種有漏處最初犯戒自今已
去與比丘尼結戒集十句義乃至正法久住
欲說戒者當如是說若比丘尼乞蘇而食犯
應懺可呵法應向餘比丘尼說言大姊我犯
可呵法所不應為今向大姊悔過是法名悔
過法如是世尊與比丘尼結戒彼有疑不敢
為病者乞自身病亦不敢乞他為乞復不敢
食佛言自今已去聽自病乞為病者乞他為
乞得食自今已去當如是結戒若比丘尼不

BD05321號　四分律第二分卷七　（3–1）

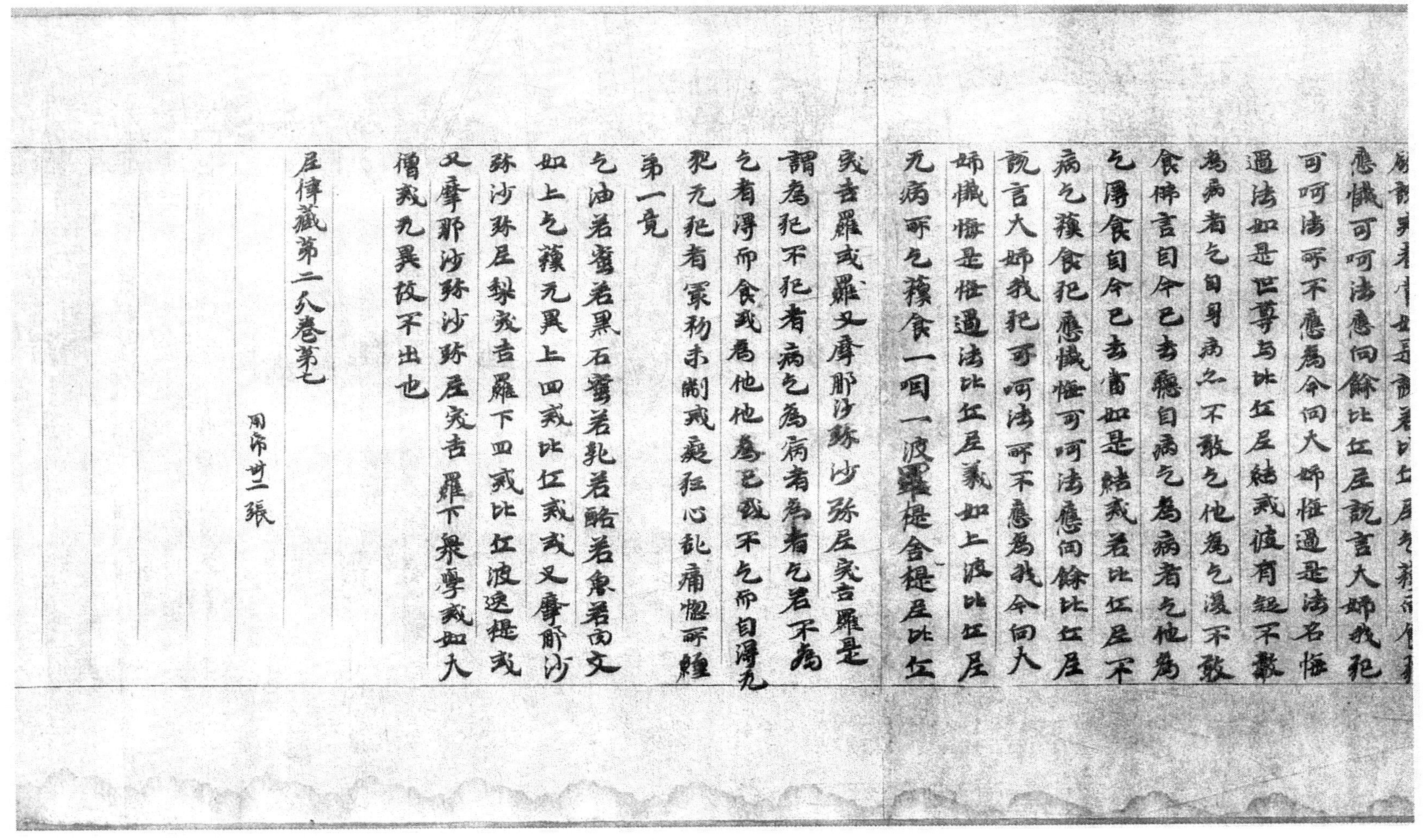

懺悔可呵法應向餘比丘尼說言大姊我犯
可呵法所不應為今向大姊悔過是法名悔
過法如是世尊与比丘尼結戒彼有疑不敢
為病者乞自身病不敢乞他為乞須不敢
食佛言自今已去聽自病乞為病者乞他為
乞得食自今已去當如是結戒若比丘尼不
病乞酥食犯應懺悔可呵法應向餘比丘尼
說言大姊我犯可呵法所不應為我今向大
姊懺悔是悔過法比丘尼義如上彼比丘尼
无病所乞酥食一咽一波羅提舍提尼比丘
突吉羅式叉摩那沙彌沙彌尼突吉羅是
謂為犯不犯者病乞為病者為者乞若不為
乞者得而食或為他他為已或不乞而自得无
犯无犯者最初未制戒痴狂心亂痛惱所纏
第一竟
乞油若蜜若黑石蜜若乳若酪若魚若肉文
如上乞蘇无異上四戒比丘戒式叉摩那沙
彌沙彌尼犁突吉羅下四戒比丘波逸提式
叉摩那沙彌沙彌尼突吉羅下衆學戒如大
僧戒无異故不出也

尼律藏第二分卷第七

用紙卅二張

BD05321號　四分律第二分卷七　（3–2）

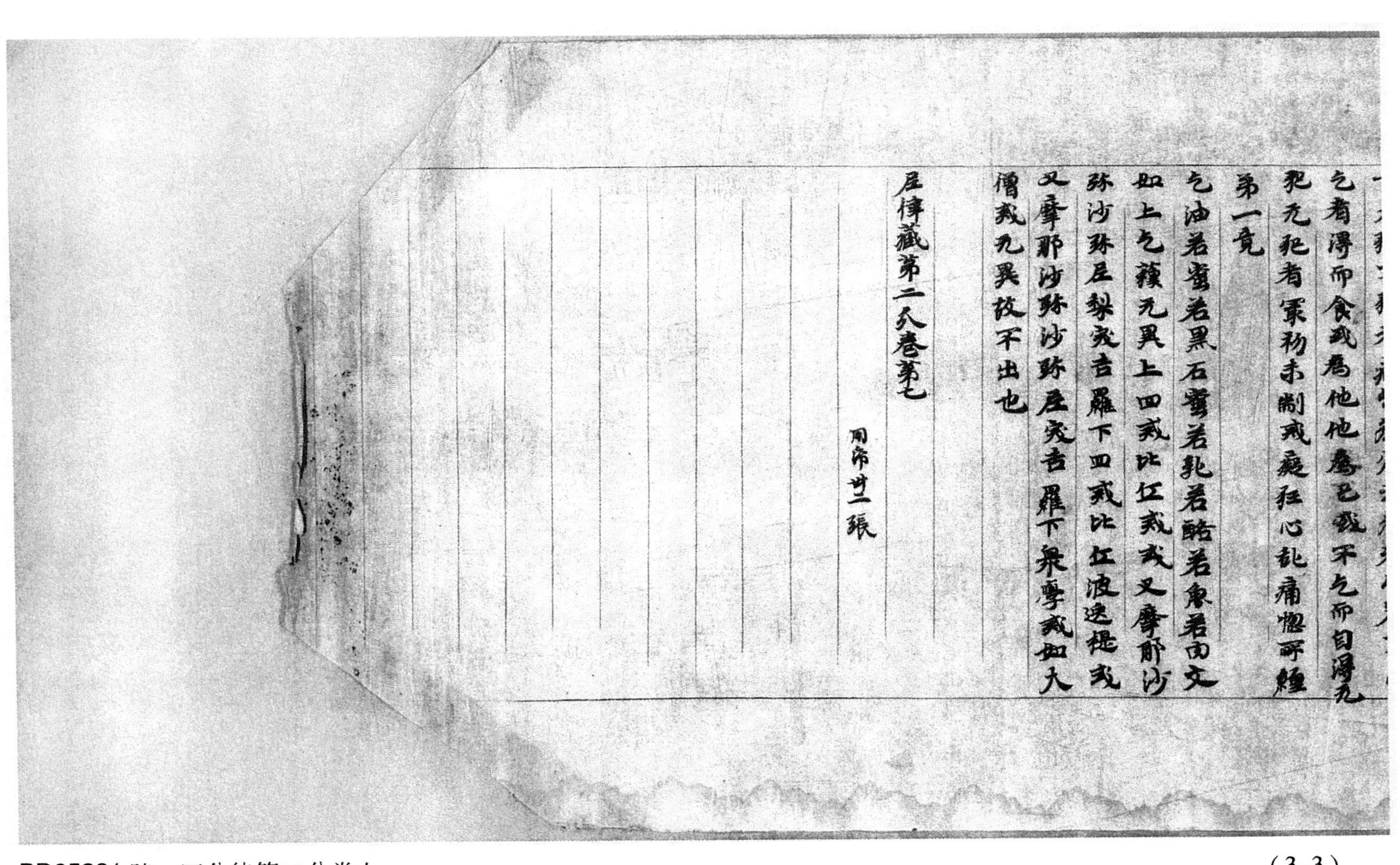


乞者得而食或為他他為已或不乞而自得无
犯无犯者最初未制戒痴狂心亂痛惱所纏
第一竟
乞油若蜜若黑石蜜若乳若酪若魚若肉文
如上乞蘇无異上四戒比丘戒式叉摩那沙
彌沙彌尼犁突吉羅下四戒比丘波逸提式
叉摩那沙彌沙彌尼突吉羅下衆學戒如大
僧戒无異故不出也

尼律藏第二分卷第七

用紙卅二張


BD05321號　四分律第二分卷七　（3–3）

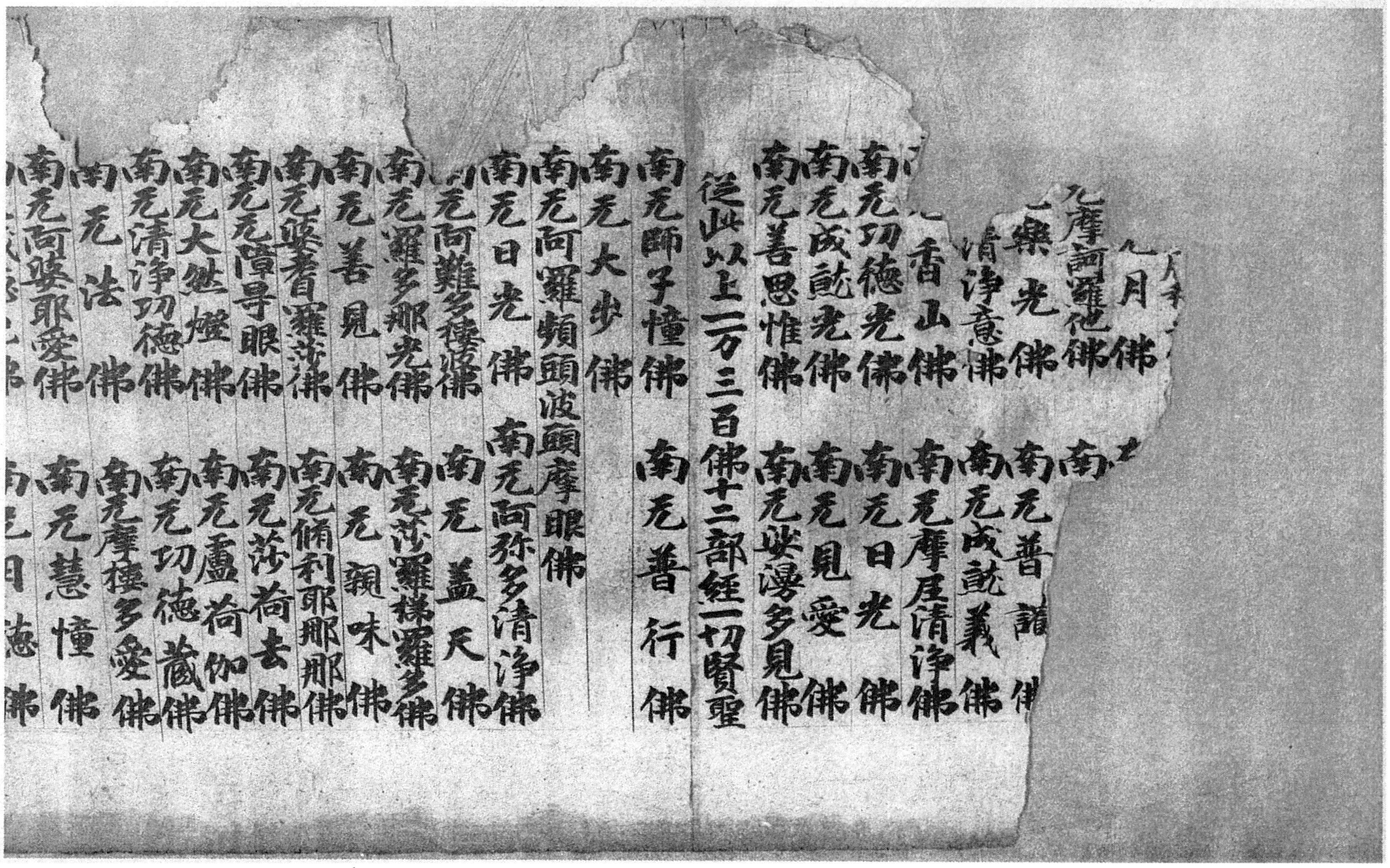

……月佛　南……
……无摩訶羅他佛　南无普譪佛
……樂光佛　南无成就義佛
清淨意佛　南无摩尼清淨佛
香山佛　南无日光佛
南无功德光佛　南无見愛佛
南无成就光佛　南无娑瀴多見佛
南无善思惟佛
從此以上二万三百佛十二部經一切賢聖
南无師子幢佛　南无善行佛
南无大步佛
南无阿羅頻頭波頤摩眼佛
南无日光佛　南无阿弥多清淨佛
南无阿難多樓波佛　南无蓋天佛
南无羅多那光佛　南无娑羅梯羅多佛
南无善見佛　南无覩味佛
南无婆耆羅娑佛　南无脩利耶那那佛
南无无障导眼佛　南无莎荷去佛
南无大然燈佛　南无盧荷伽佛
南无清淨功德佛　南无功德藏佛
南无法佛　南无摩樓多愛佛
南无阿婆耶愛佛　南无慧幢佛
……光佛　南无月德佛

BD05322號　佛名經（十六卷本）卷一三　（8–1）

南无婆耆羅娑佛
南无无障导眼佛　南无莎荷去佛
南无大然燈佛　南无盧荷伽佛
南无清淨功德佛　南无功德藏佛
南无法佛　南无摩樓多愛佛
南无阿婆耶愛佛　南无慧幢佛
南无威德光佛　南无月德佛
南无求耶婆藪佛　南无无邊光佛
南无安樂佛　南无稱雞兜佛
南无光明吼佛　南无普功德佛
南无勝雞兜佛　南无那羅延佛
南无寶清淨佛　南无普心佛
南无寶意佛　南无善意佛
南无不量威德佛　南无師子辟佛
南无光明意佛　南无那羅延天佛
南无薩遮雞兜佛　南无善住意佛
南无阿弥多天佛　南无大慧德佛
南无大幢佛　南无光明日佛
南无法佛　南无善法佛
南无旃陁婆羨佛　南无菴摩羅勝佛
南无解脫觀佛　南无羅多那光佛
南无无羅聲佛　南无普心擇佛
南无成就光佛　南无甘露眼佛
南无稱愛佛　南无善讃佛
南无天信佛　南无善量步佛
南无提婆羅佛　南无深智佛
南无斯那步佛　南无旃陁婆陁佛

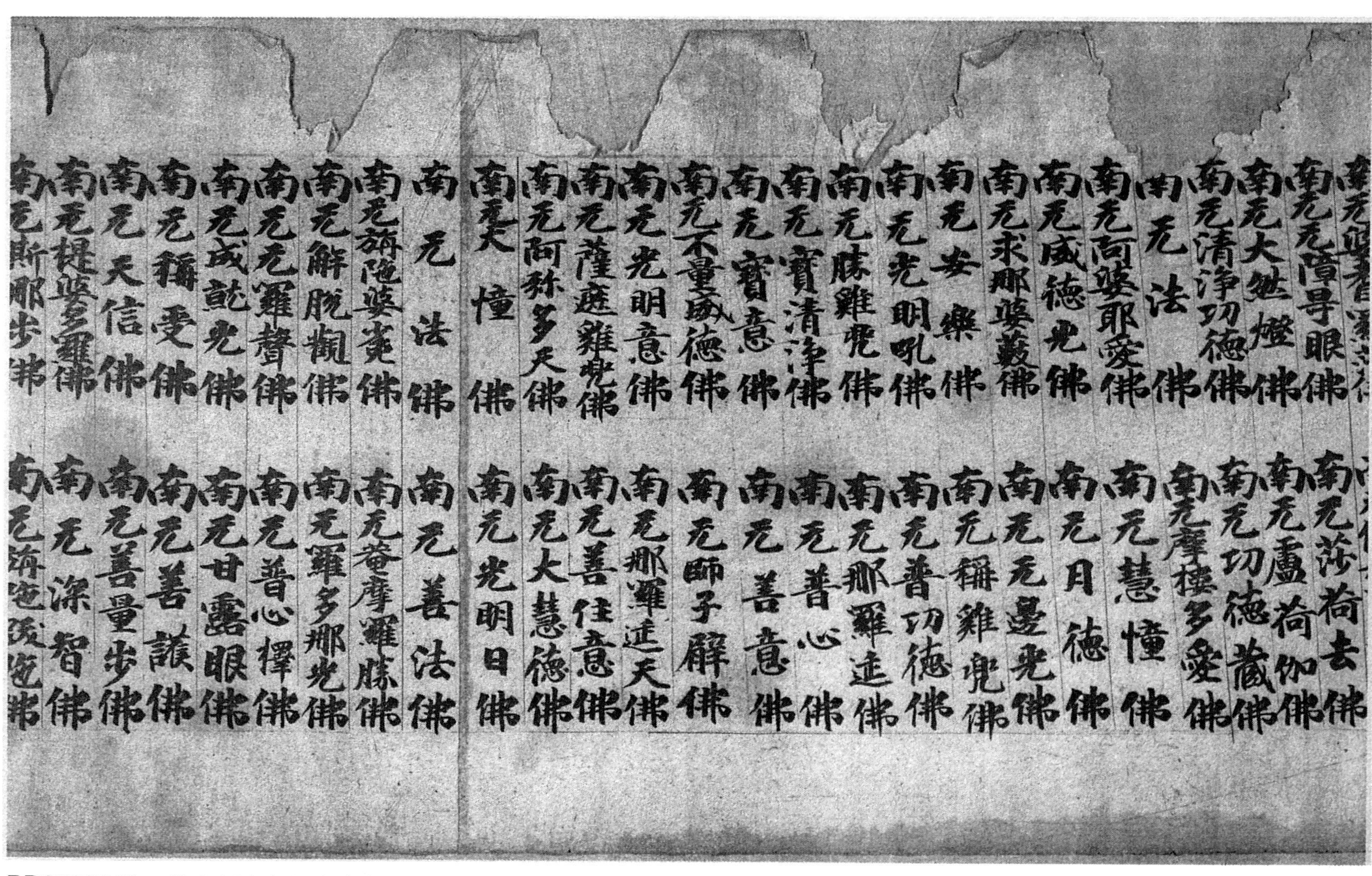

BD05322號　佛名經（十六卷本）卷一三　（8–2）

南无寳[illegible]佛　南无普心[illegible]佛
南无成就光佛　南无甘露眼佛
南无稱受佛　南无善護佛
南无天信佛　南无善量步佛
南无提婆多羅佛　南无深智佛
南无斯那步佛　南无旃陀跋陀佛
南无提闍積佛　南无大勝佛
南无大步佛　南无闍耶天佛
南无悉達他意佛　南无賓多夏憂佛
南无師子聲佛　南无信提舍那佛
南无智光佛　南无拘擲摩提闍佛
南无提闍羅尸佛　南无如意光佛
南无无邊威德佛　南无无邊光佛
南无勝藏佛　南无盧遮那稱佛
南无實雞兜佛　南无郁伽提闍佛
南无日雞兜佛　南无摩訶孫留佛
南无摩訶鞞尚佛　南无世間得名佛
南无郁伽德佛　南无憂多摩稱佛
南无成就義步佛　南无提婆摩醯多佛
次礼十二部尊經大藏法輪
南无決惣持經　南无七智經
南无所祇經　南无七車經
南无耆闍崛山解經　南无留多經
南无未生王經　南无三乘經
從此以上一万四百佛十二部經一切賢聖
南无便賢者旃經　南无颰陀悔過經
南无三轉月明經　南无聽施經

BD05322號　佛名經（十六卷本）卷一三　（8–3）

南无所祇經　南无七車經
南无耆闍崛山解經　南无留多經
南无未生王經　南无三乘經
從此以上一万四百佛十二部經一切賢聖
南无便賢者旃經　南无颰陀悔過經
南无三轉月明經　南无聽施經
南无是時自梵皋守經　南无三品脩行經
南无句義經　南无鷹王經
南无須摩經　南无弘道三昧經
南无義決律經　南无等入法嚴經
次礼十方諸大菩薩
南无堅固寳世界金剛幢菩薩
南无堅固寳王世界勇猛幢菩薩
南无堅固樂世界堅固幢菩薩
南无堅固金世界夜光幢菩薩
南无堅固摩世界智幢菩薩
南无堅固金剛世界寳幢菩薩
南无堅固蓮華世界精進幢菩薩
南无堅固青蓮華世界離垢幢菩薩
南无堅固旃檀世界宜寳幢菩薩
南无堅固香世界法幢菩薩
南无南方善思議菩薩
現在西方善薩名
南无善吉世界成一切利菩薩
南无善吉世界金光齊菩薩
南无寳樹世界精進首菩薩
南无寳[illegible]世界明首菩薩

BD05322號　佛名經（十六卷本）卷一三　（8–4）

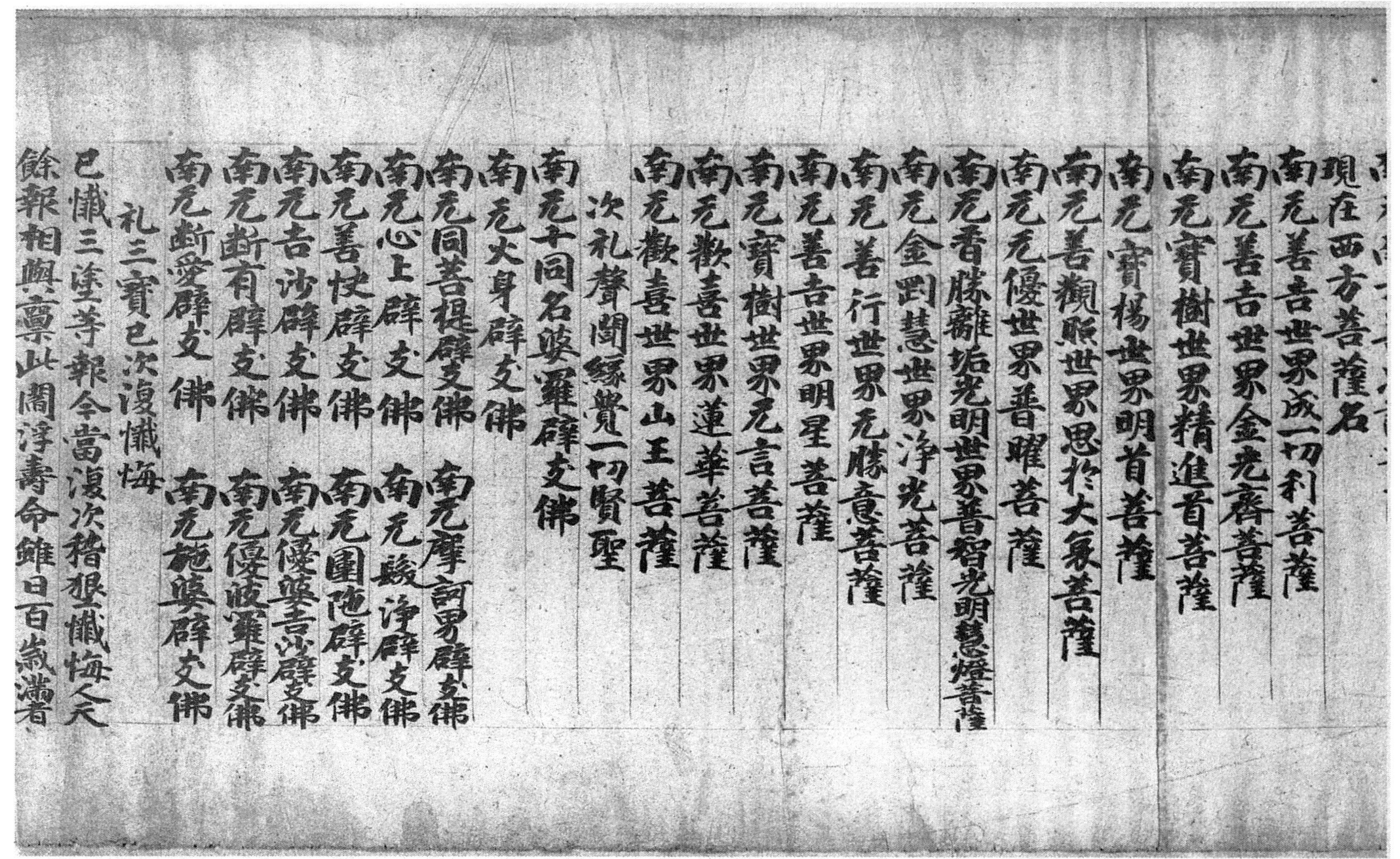

現在西方菩薩名
南无善吉世界成一切利菩薩
南无善吉世界金光齊菩薩
南无寶樹世界精進首菩薩
南无寶楊世界明首菩薩
南无善觀賑世界思於大象菩薩
南无无優世界普曜菩薩
南无香勝離垢光明世界普智光明慧燈菩薩
南无金剛慧世界淨光菩薩
南无善行世界无勝意菩薩
南无善吉世界明星菩薩
南无寶樹世界无言菩薩
南无歡喜世界蓮華菩薩
南无歡喜世界山王菩薩
次礼聲聞緣覺一切賢聖
南无千同名娑羅辟支佛
南无大身辟支佛
南无同菩提辟支佛　南无摩訶男辟支佛
南无心上辟支佛　南无駿淨辟支佛
南无善快辟支佛　南无園隨辟支佛
南无吉沙辟支佛　南无優婆吉沙辟支佛
南无斷有辟支佛　南无優波羅辟支佛
南无斷愛辟支佛　南无施婆辟支佛
礼三寶已次復懺悔
已懺三塗等報今當復次稽顙懺悔人天
餘報相與稟此閻浮壽命雖日百歲滿者

BD05322號　佛名經（十六卷本）卷一三　（8-5）

南无吉沙辟支佛　南无優婆吉沙辟支佛
南无斷有辟支佛　南无優波羅辟支佛
南无斷愛辟支佛　南无施婆辟支佛
礼三寶已次復懺悔
已懺三塗等報今當復次稽顙懺悔人天
餘報相與稟此閻浮壽命雖日百歲滿者
无幾於其中間減年枉夭其數无量但
有衆苦煎迫形心愁憂恐怯未曾暫離
如此皆是善根微弱惡業滋多致使現在
心有所爲皆不稱意當知悉是過去已來
惡業餘報是故弟子今日至誠歸依佛
南无東方蓮華上佛　南无南方調伏佛
南无西方无量明佛　南无北方勝諸根佛
南无東南方蓮華尊佛　南无西南方无量華佛
南无西北方自在智佛　南无東北方赤蓮華德佛
南无下方分別佛　南无上方伏惡智佛
如是十方盡虛空界一切三寶至心歸命
常住三寶　弟子等无始以來至於今日所
有現在及以未來人天之中无量餘報流
殃宿對癃殘百疾六根不具罪報懺悔
人間邊地邪見三惡八難罪報懺悔人間
多病消瘦促命夭枉罪報懺悔人間六親
眷屬不能得常相保守罪報懺悔人間
親舊彫喪愛別離苦罪報懺悔人間怨
家聚會愁憂怖畏罪報懺悔人間水火
盜賊刀兵危險驚恐怯弱罪報懺悔人間
孤獨困苦流離波迸亡失國主罪報懺悔

BD05322號　佛名經（十六卷本）卷一三　（8-6）

多病消瘦促命夭折罪報懺悔人間六親
眷屬不能得常相保守罪報懺悔人間
親舊彫喪愛别離苦罪報懺悔人間怨
家聚會愁憂怖畏罪報懺悔人間水火
盜賊刀兵危嶮驚恐怯弱罪報懺悔人間
孤獨困苦流離波迸亡失國土罪報懺悔
人間牢獄繫閉幽執側立鞭撻考楚罪報
懺悔人間公私口舌便相羅染更相誣謗
罪報懺悔人間惡病連年累月不差抗
卧床席不能起居罪報懺悔人間冬溫夏
疫毒厲傷寒罪報懺悔人間賊風腫滿
否寒罪報懺悔人間為諸惡神伺求其
便欲作福崇罪報懺悔人間有鳥鳴百怪
飛屍邪鬼為作妖異罪報懺悔人間為虎
豹豺狼水陸一切諸惡禽獸所傷罪報懺
悔人間自經自刺自煞罪報懺悔人間投坑
赴水自沉自墜罪報懺悔人間无有威德
名聞罪報懺悔人間衣服資生不稱心罪報
懺悔人間行來出入有所去為值惡知識為
作留難罪報如是現在未來人天之中无量
禍横災疫厄難衰惱罪報弟子今日向十
方佛尊賢聖僧求哀懺悔至心頂禮常
住三寶

佛名經卷第十三

BD05322 號　佛名經（十六卷本）卷一三　（8–7）

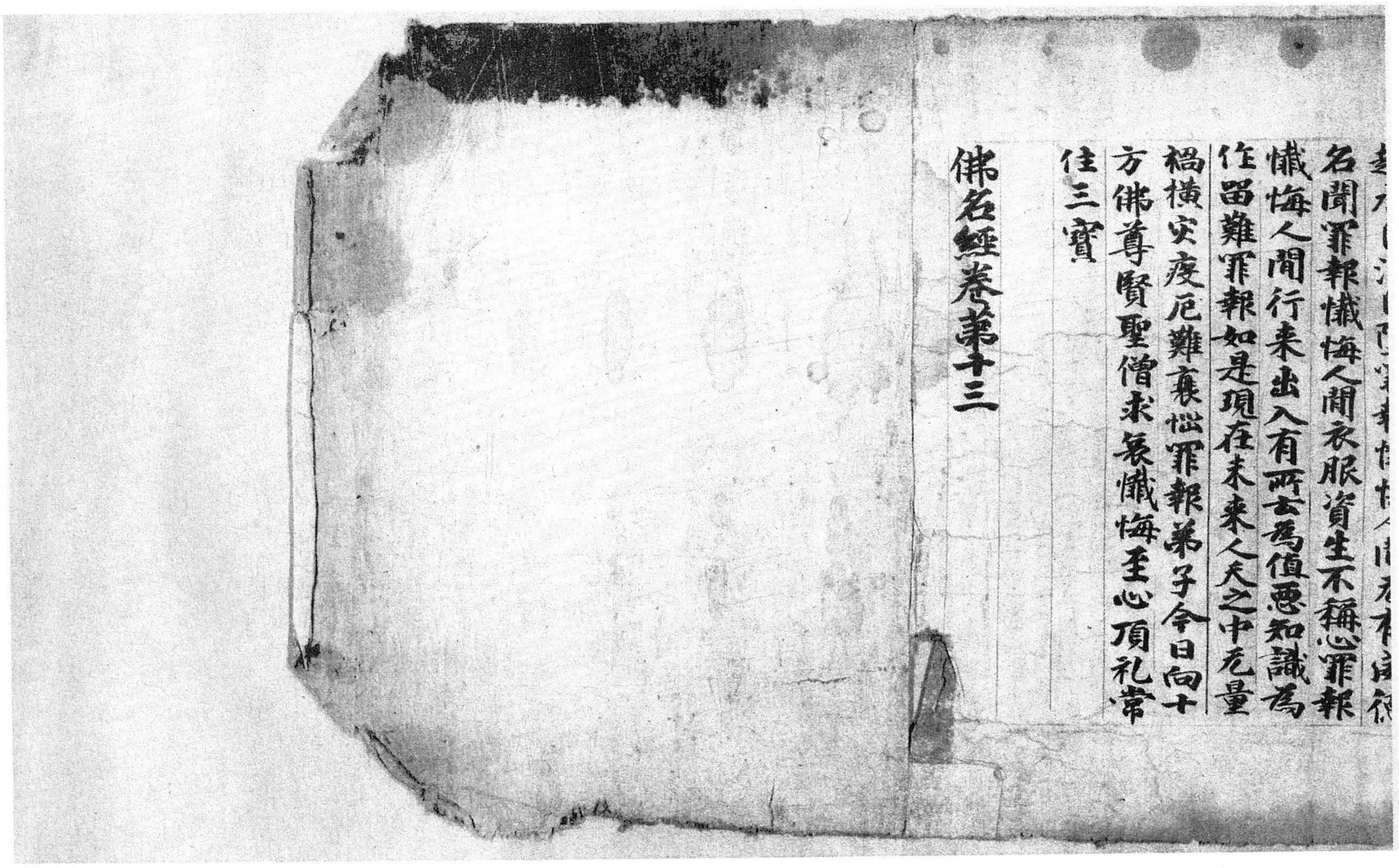

名聞罪報懺悔人間衣服資生不稱心罪報
懺悔人間行來出入有所去為值惡知識為
作留難罪報如是現在未來人天之中无量
禍横災疫厄難衰惱罪報弟子今日向十
方佛尊賢聖僧求哀懺悔至心頂禮常
住三寶

佛名經卷第十三

BD05322 號　佛名經（十六卷本）卷一三　（8–8）

波羅蜜多於一切
還故出現於世
具壽善現復白佛言世尊菩薩摩訶薩般若
波羅蜜多是大波羅蜜多達一切法自性空
故雖達一切法自性皆空而諸菩薩摩訶薩
因此般若波羅蜜多證得無上正等菩提轉
妙法輪度無量衆雖證菩提而無所證證不
證法不可得故雖轉法輪而無所轉轉法還
法不可得故雖度有情而無所度見不見法
不可得故世尊如是大般若波羅蜜多中轉
法轉事畢竟不可得以一切法皆永不生故
所以者何非空無相無願法中可有能轉及
能還事世尊於此般若波羅蜜多若能如是
宣說開示分別顯了令易悟入是名善淨宣
說般若波羅蜜多此中都無說者受者既無
說者及受者故諸能證者亦不可得無證者
故亦無有能得涅槃者於此般若波羅蜜多
善說法中亦無福田施受施物皆性空故
初分波羅蜜多品第卅八
言世尊如是般若

BD05323 號　大般若波羅蜜多經卷二九六　　（1–1）

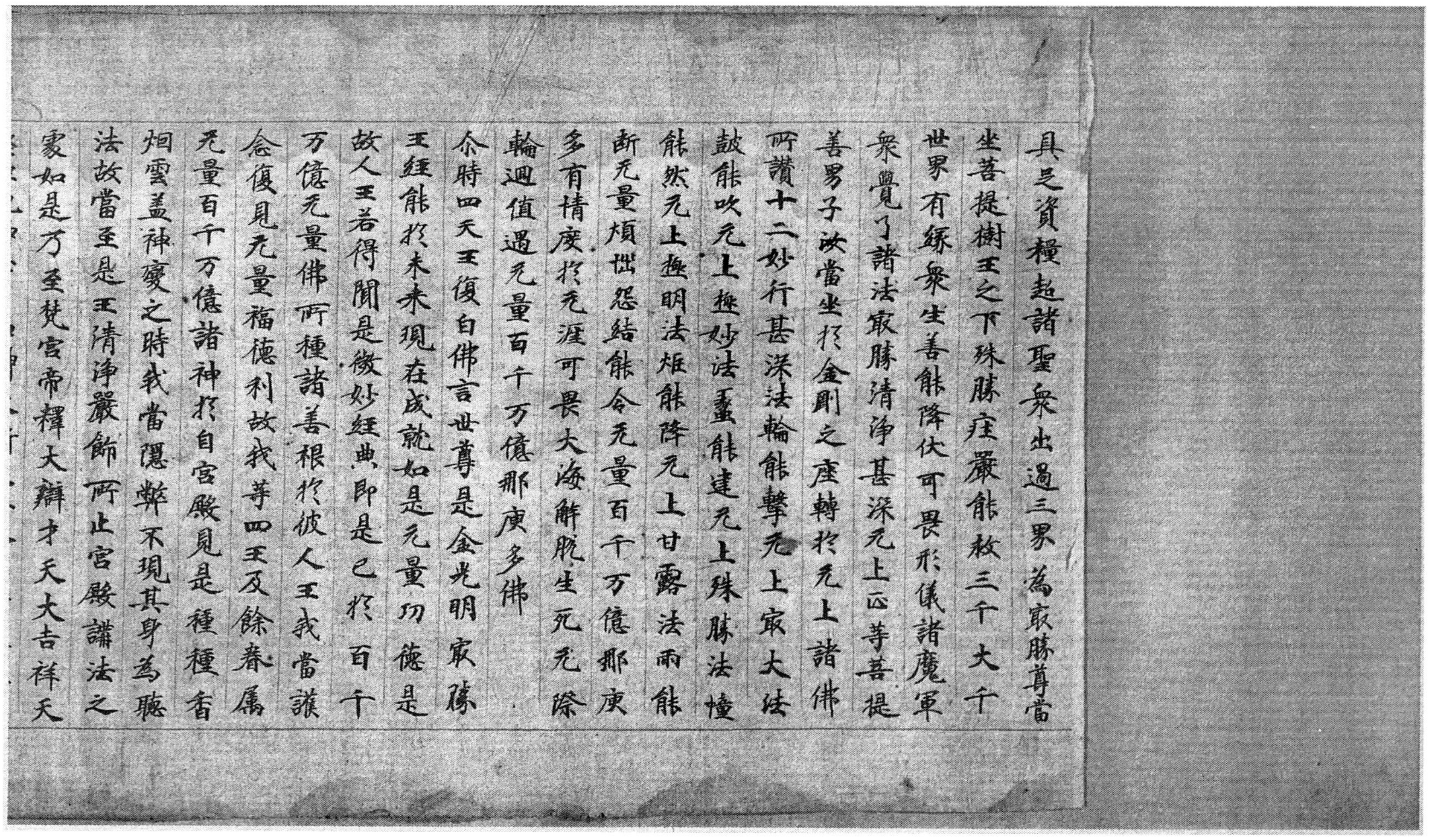

具足資糧超諸聖衆出過三界爲最勝尊當
坐菩提樹王之下殊勝莊嚴能救三千大千
世界有緣衆生善能降伏可畏形儀諸魔軍
衆覺了諸法最勝清淨甚深无上正等菩提
善男子汝當坐於金剛之座轉於无上諸佛
所讃十二妙行甚深法輪能擊无上最大法
鼓能吹无上極妙法蠡能建无上殊勝法幢
能然无上極明法炬能降无上甘露法雨能
斷无量煩惱怨結能令无量百千万億那庾
多有情度於无涯可畏大海解脫生死无際
輪迴值遇无量百千万億那庾多佛
尒時四天王復白佛言世尊是金光明最勝
王經能於未來現在成就如是无量功德是
故人王若得聞是微妙經典即是已於百千
万億无量佛所種諸善根於彼人王我當護
念復見无量福德利故我等四王及餘眷屬
无量百千万億諸神於自宮殿見是種種香
烟雲蓋神變之時我當隱蔽不現其身爲聽
法故當至是王清淨嚴飾所止宮殿講法之
處如是乃至梵宮帝釋大辯才天大吉祥天

BD05324 號　金光明最勝王經卷六　　（2–1）

能然无上無明法炬能降无上甘露法雨能
斷无量煩惱怨結能令无量百千万億那庾
多有情度於无涯可畏大海解脫生死无際
輪迴值遇无量百千万億那庾多佛
尒時四天王復白佛言世尊是金光明最勝
王經能於未來現在成就如是无量功德是
故人王若得聞是微妙經典即是已於百千
万億无量佛所種諸善根於彼人王我當護
念復見无量福德利故我等四王及餘眷屬
无量百千万億諸神於自宮殿見是種種香
烟雲蓋神變之時我當隱蔽不現其身為聽
法故當至是王清淨嚴飾所止宮殿講法之
處如是乃至梵宮帝釋大辯才天大吉祥天
堅牢地神正了知神大將二十八部諸藥叉神
大自在天金剛密主寶賢大將訶利底母五百
眷屬无熱惱池龍王大海龍王无量百千万
億那庾多諸天藥叉如是等衆為聽法故皆
不現身至彼人王殊勝宮殿莊嚴高座說法
之所世尊我等四王及餘眷屬藥叉諸神皆
當一心共彼人王為善知識因是无上大法
施主以甘露味充足於我是故我等當護是

BD05324號　金光明最勝王經卷六　（2–2）

充

說其善男子安住正法如說修行如是修行能
能知自住又攝受法隨其所住能滅百千億
那由他劫百千万億億億生死能滅无量百
千万億地獄餓鬼畜生之苦是名聞法大功德
聚修習親近得多利益說法之人亦人涅槃
如佛世尊令住法中是為聞法第五功德聽
正法故
復次第六聞法功德何等功德所謂自住法中
建立他人令成法器令猒生死亦安隱處說
苦集滅自他二身俱生福德利益他故得大
功德隨所聞法轉轉增長隨滅煩惱亦復
如是煩惱滅故而得涅槃以聞正法得此功
德是名第六聞法功德
復次第七聞法功德修習增廣何等功德所
謂若逢衰惱其心不退聞業報故雖逢衰惱
心不退沒不作惡業不作惡口不惡思惟不
壞勇猛是名第七聞法功德
復次第八聞法功德云何功德或見他人或知
他人來從求法或求聞法或從求戒或求智
慧離於憍慢為之解釋隨其所說種種分

BD05325號　正法念處經（兌廢稿）卷六三　（2–1）

菩集滅自他二身俱生福德利益他故得大
功德隨所聞法轉轉增長隨滅煩惱亦復
如是煩惱滅故而得涅槃以聞正法得此功
德是名第六聞法功德
復次第七聞法功德脩習增廣何等功德所
謂若逢衰惱其心不退聞業報故雖逢衰惱
心不退沒不作惡業不作惡口不惡思惟不
壞勇猛是名第七聞法功德
復次第八聞法功德云何功德或見他人或知
他人來從求法或求聞法或從求戒或求智
慧離於憍慢為之解釋隨其所說種種分
別令其淺易是名第八聞法功德
如稻田封畔不壞故以清流下種牙生往法
師所聽聞正法以善種子種於身田心之封
畔亦復如是至於熟時多收果實救於地獄
餓鬼畜生飢儉惡怖救三惡故一切眾皆皆

BD05325號　正法念處經（兑廢稿）卷六三　（2–2）

BD05326號　瑜伽師地論手記

（21–1）

BD05326號　瑜伽師地論手記

（21–2）

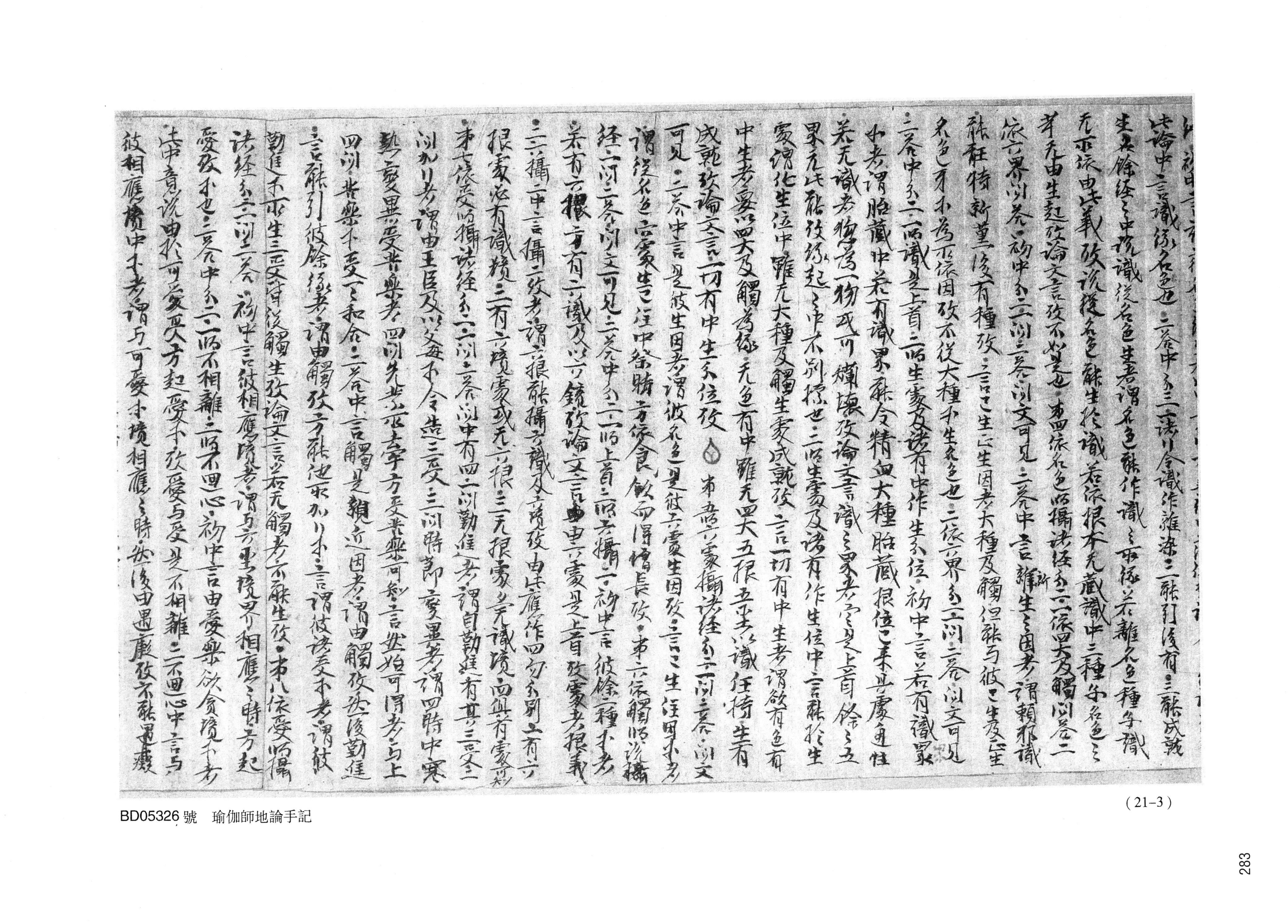

BD05326號　瑜伽師地論手記

（21–3）

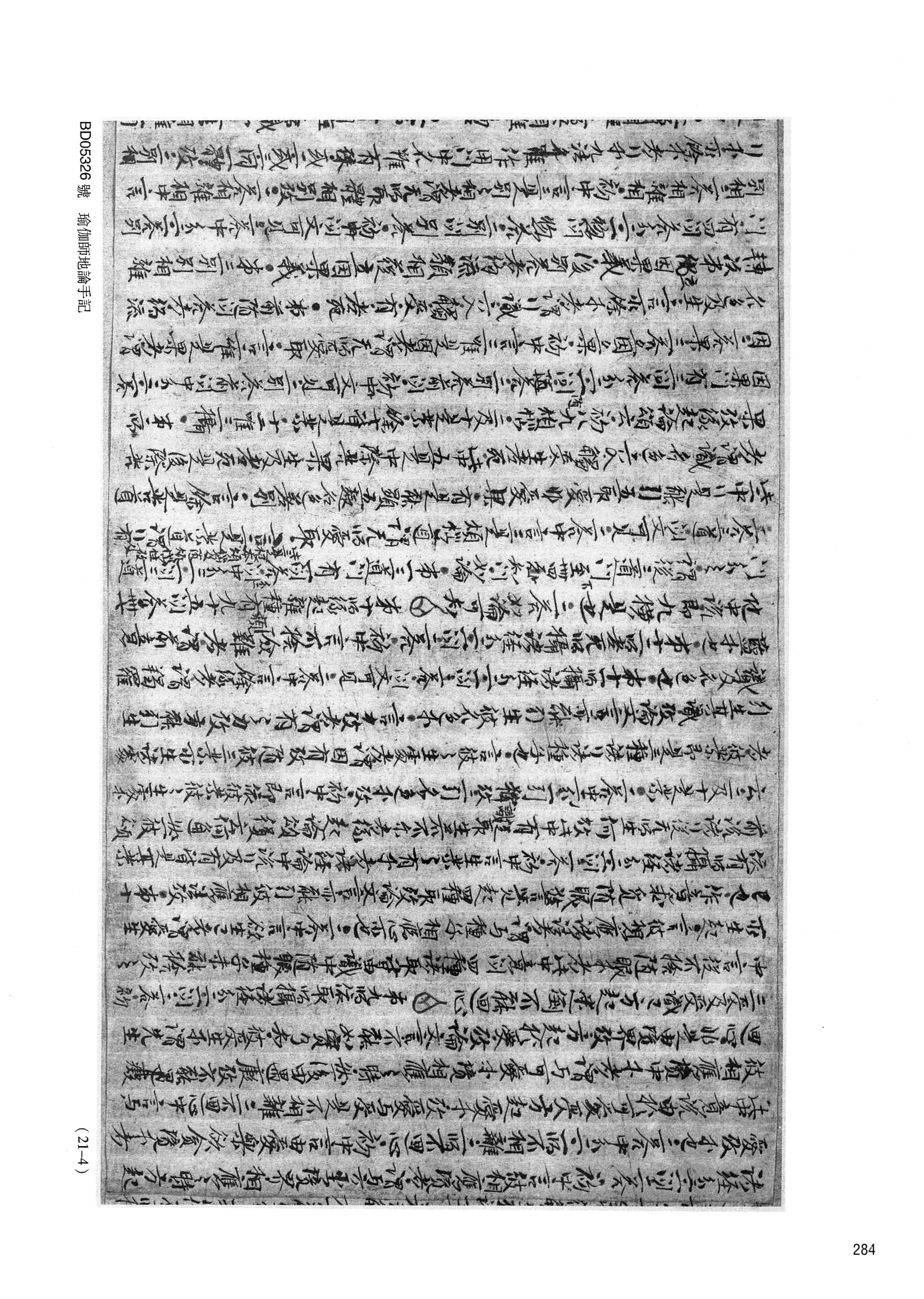

BD05326號　瑜伽師地論手記

（21-4）

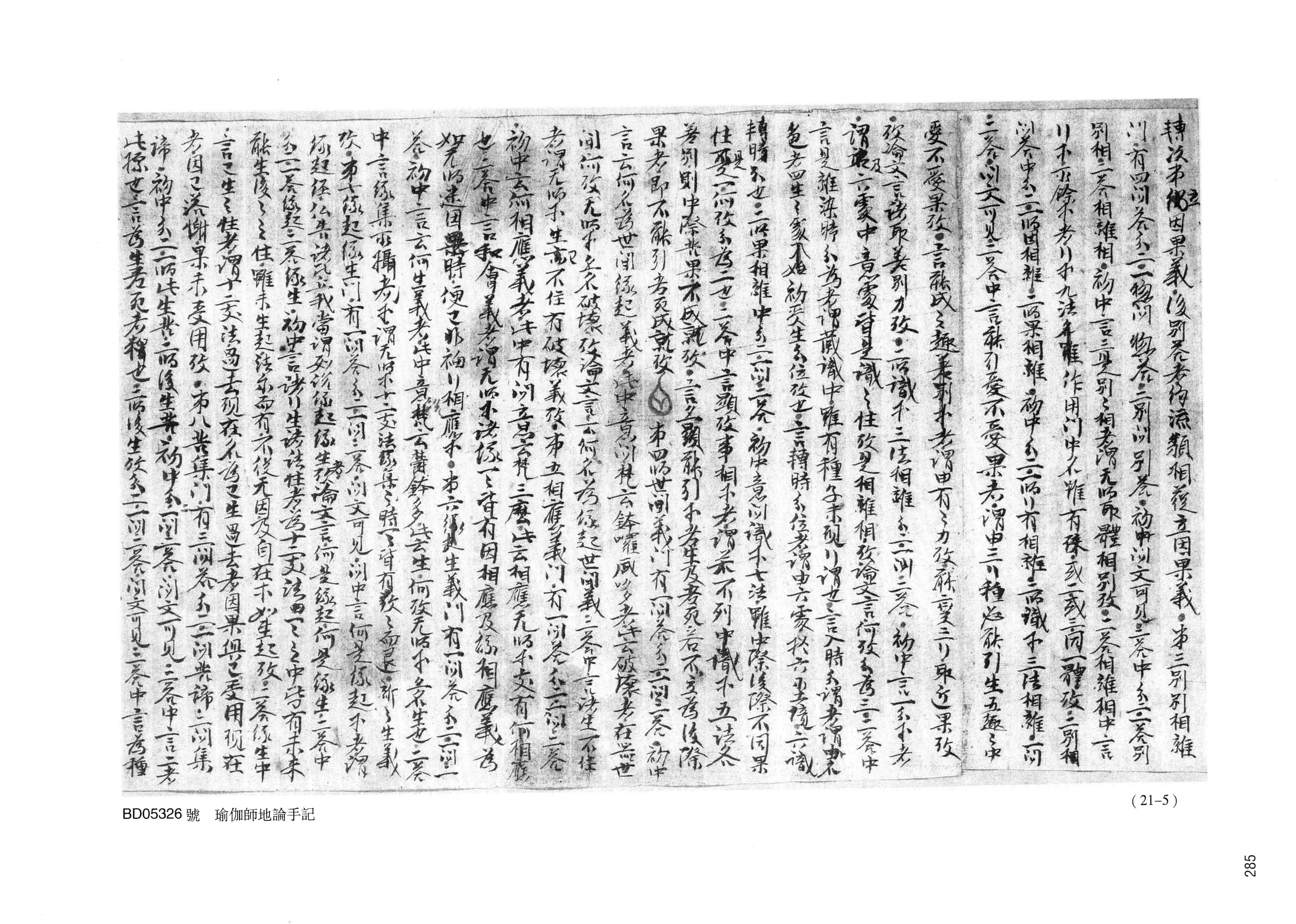

BD05326號　瑜伽師地論手記

（21–5）

BD05326號　瑜伽師地論手記

（21–6）

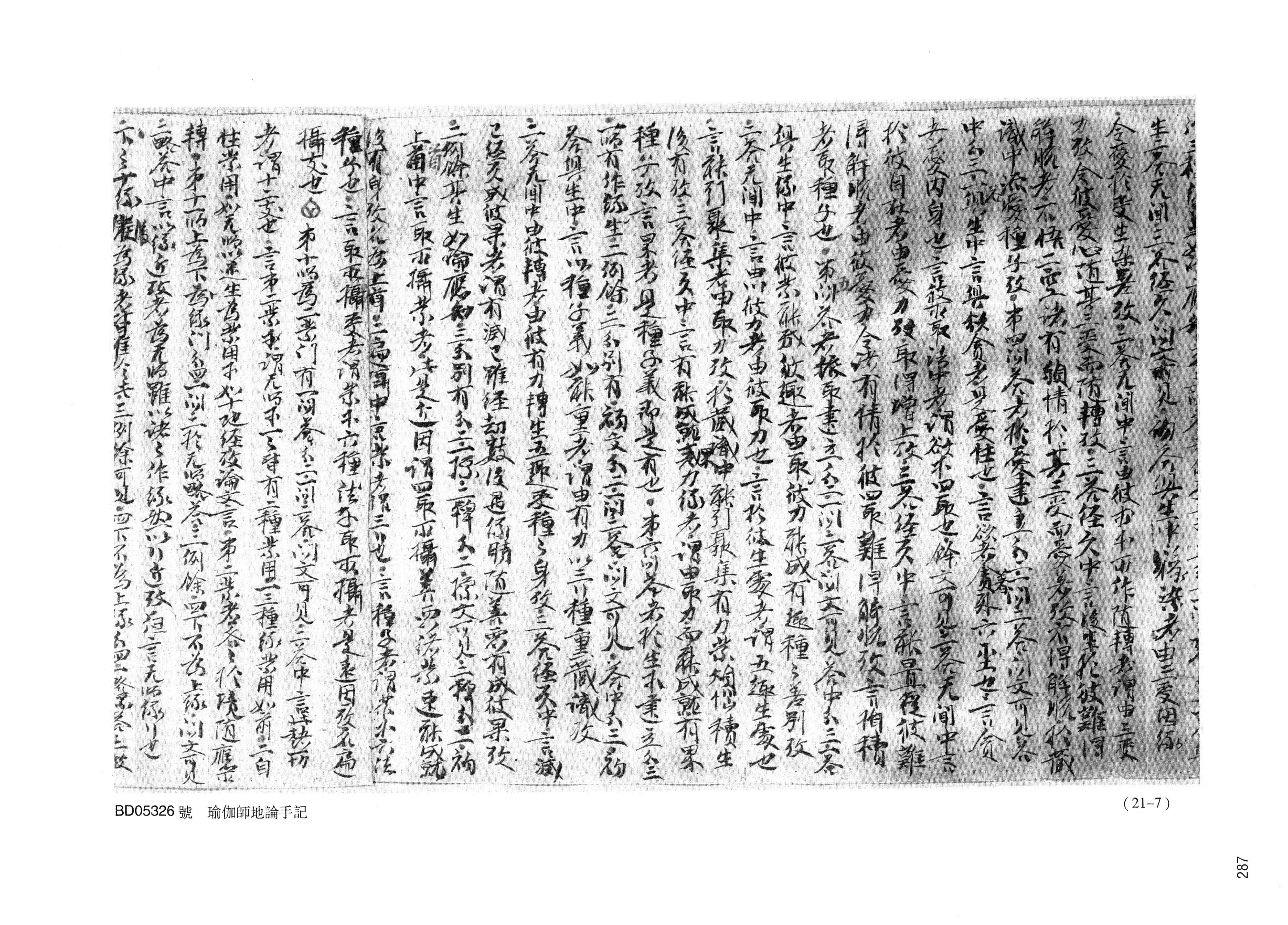

BD05326號　瑜伽師地論手記

（21–7）

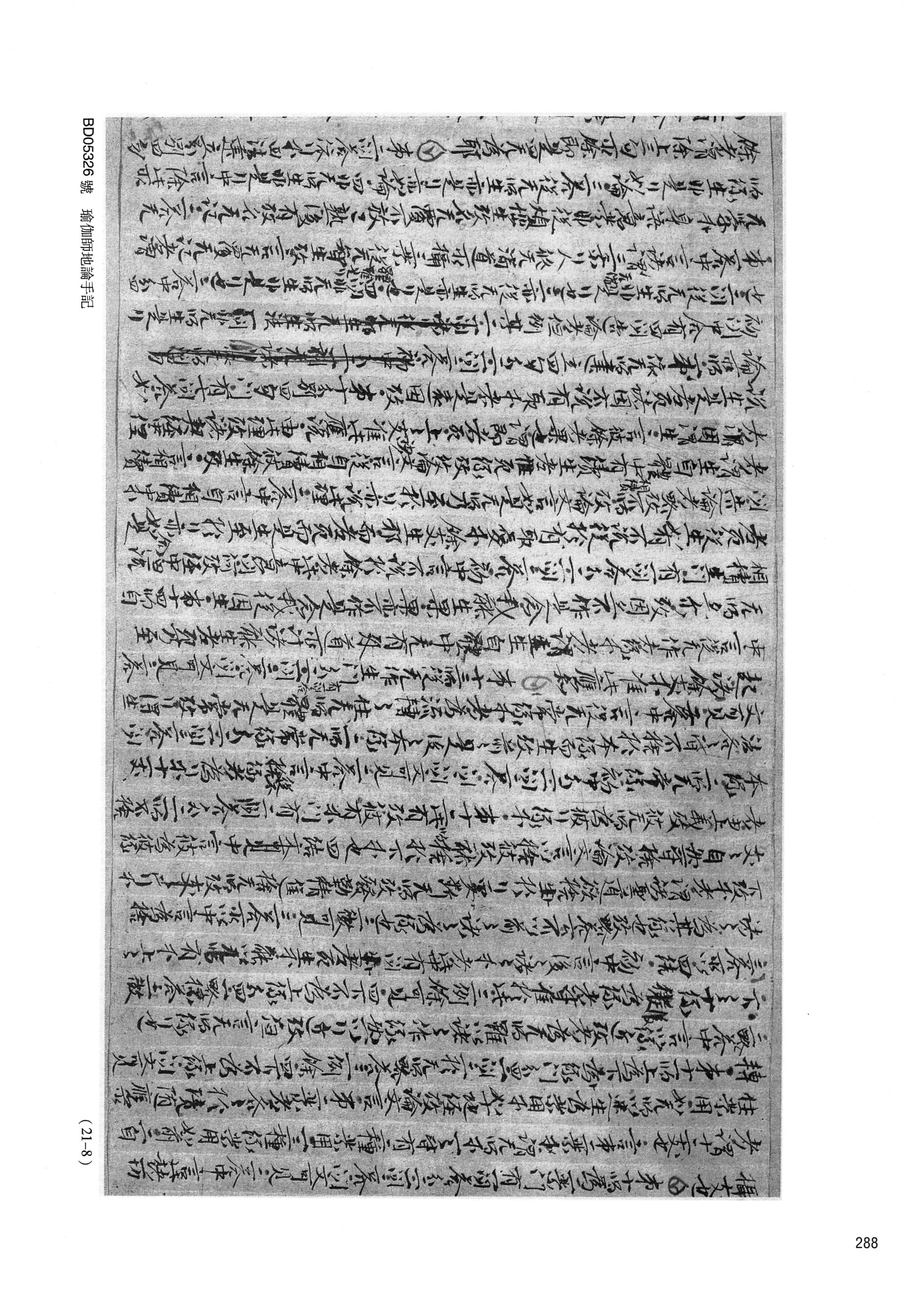

BD05326號　瑜伽師地論手記

（21–8）

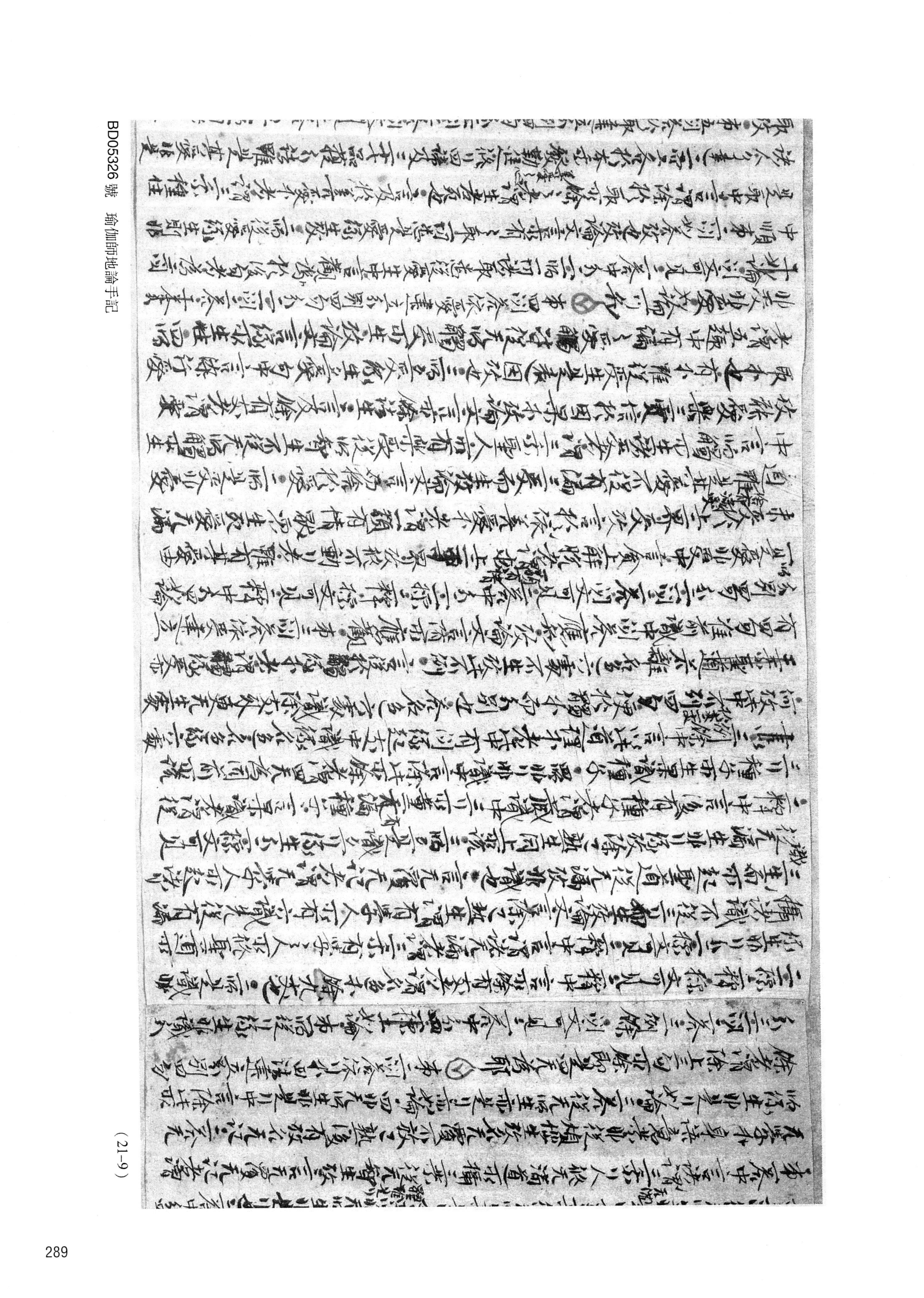

BD05326號　瑜伽師地論手記

（21–9）

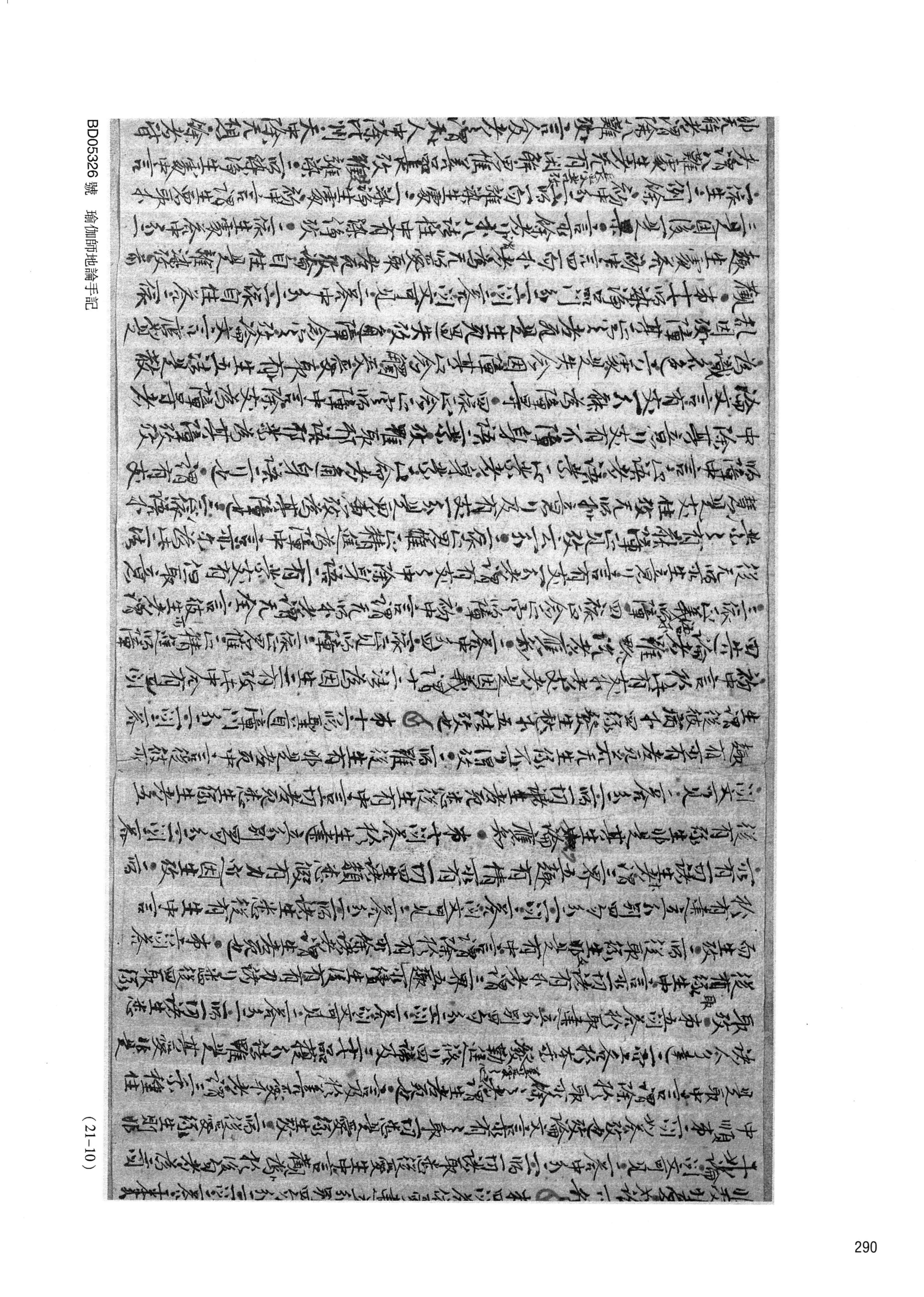

BD05326號　瑜伽師地論手記

（21–10）

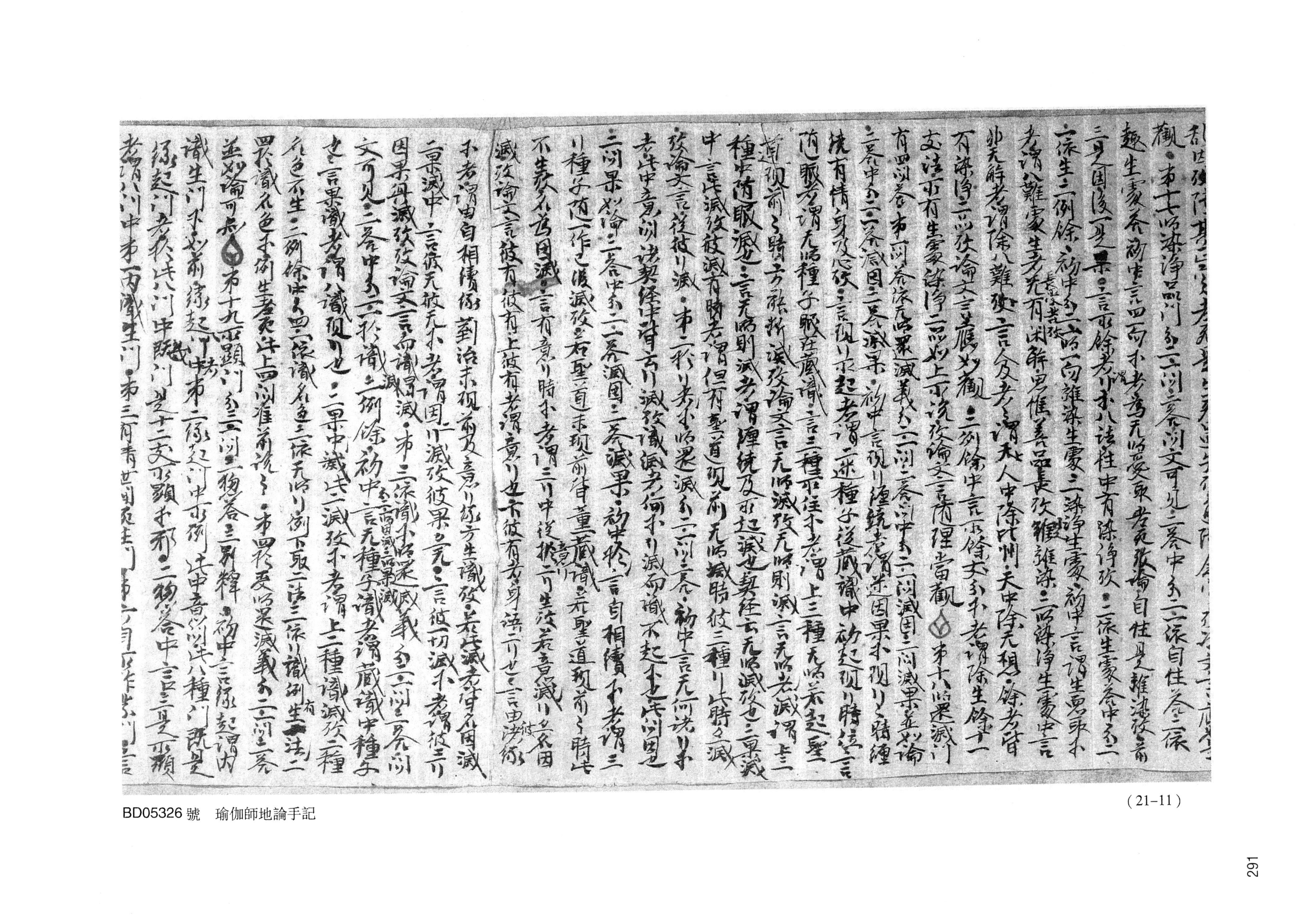

BD05326 號　瑜伽師地論手記

（21–11）

BD05326號　瑜伽師地論手記

（21–12）

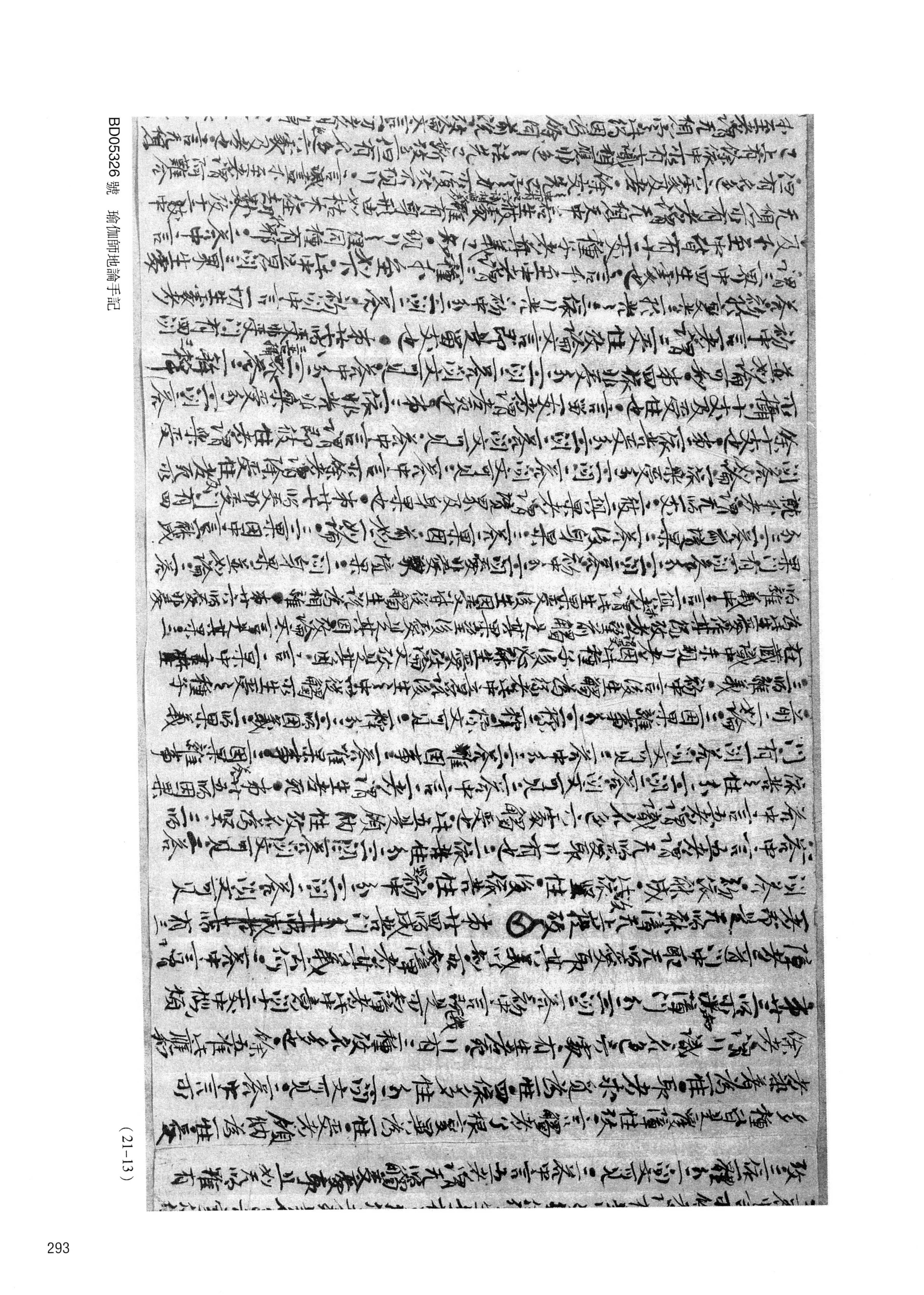

BD05326號　瑜伽師地論手記

（21–13）

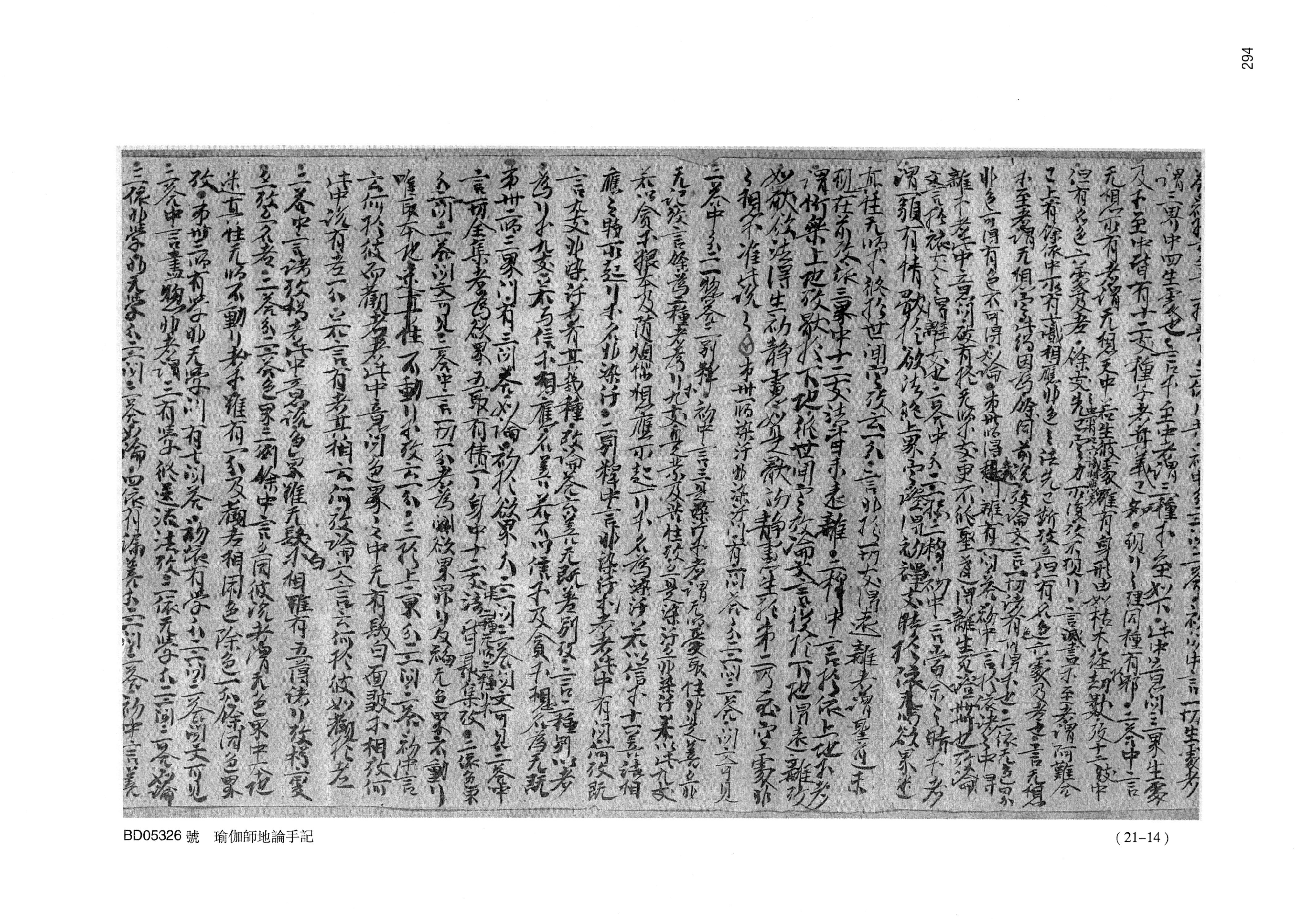

BD05326號　瑜伽師地論手記

（21–14）

BD05326號　瑜伽師地論手記

（21–15）

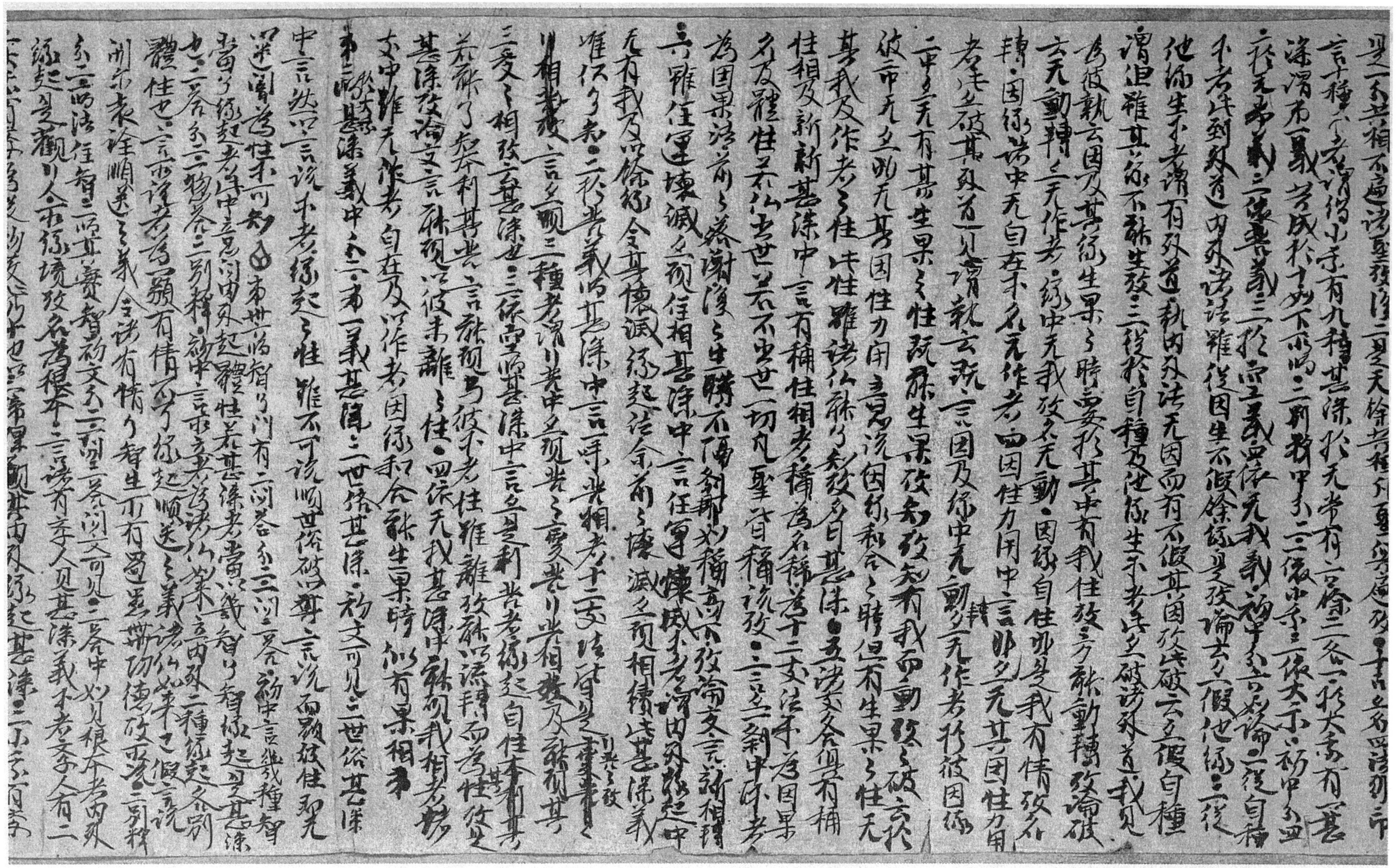

BD05326號　瑜伽師地論手記　（21–16）

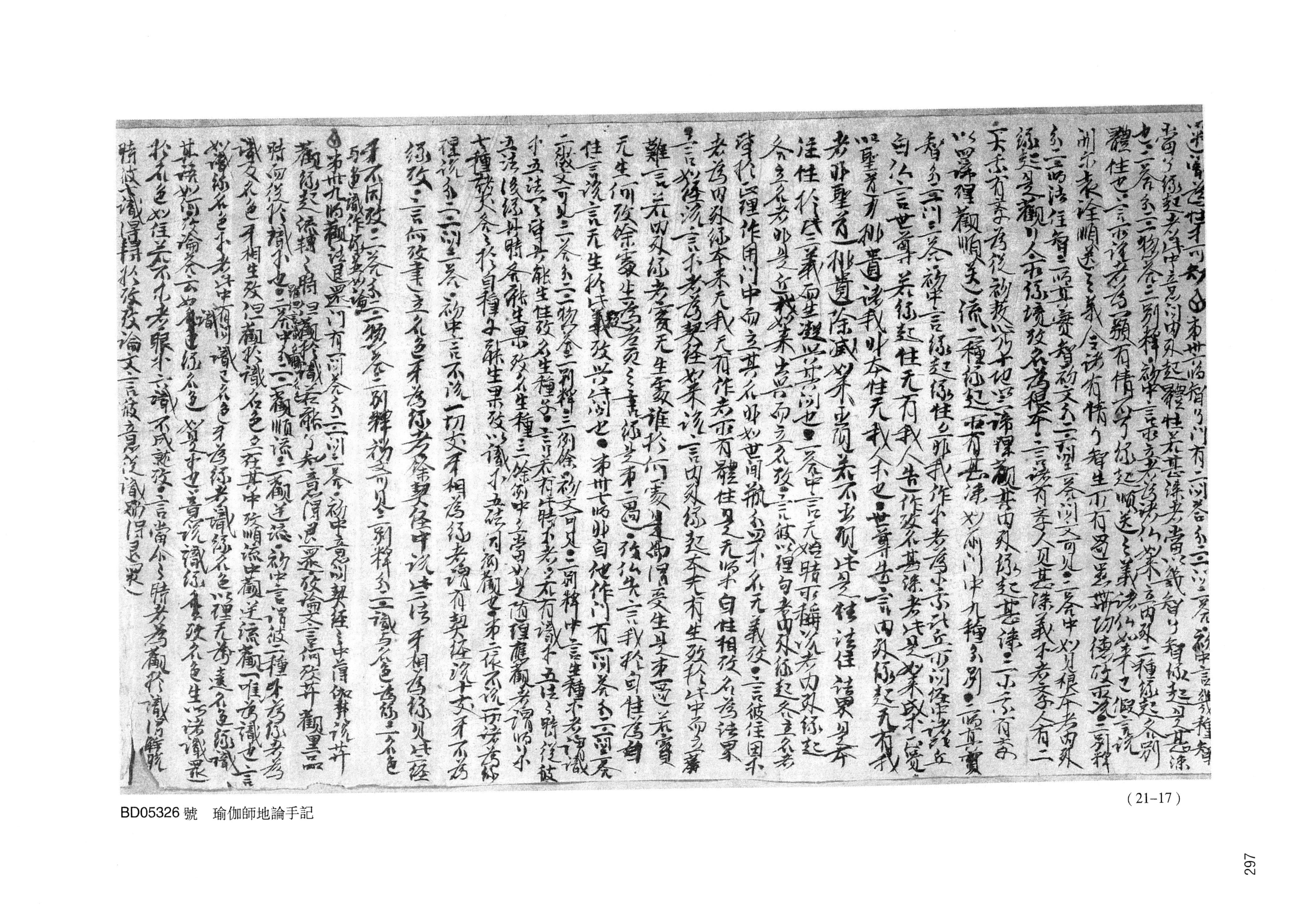

（21–17）

BD05326 號　瑜伽師地論手記

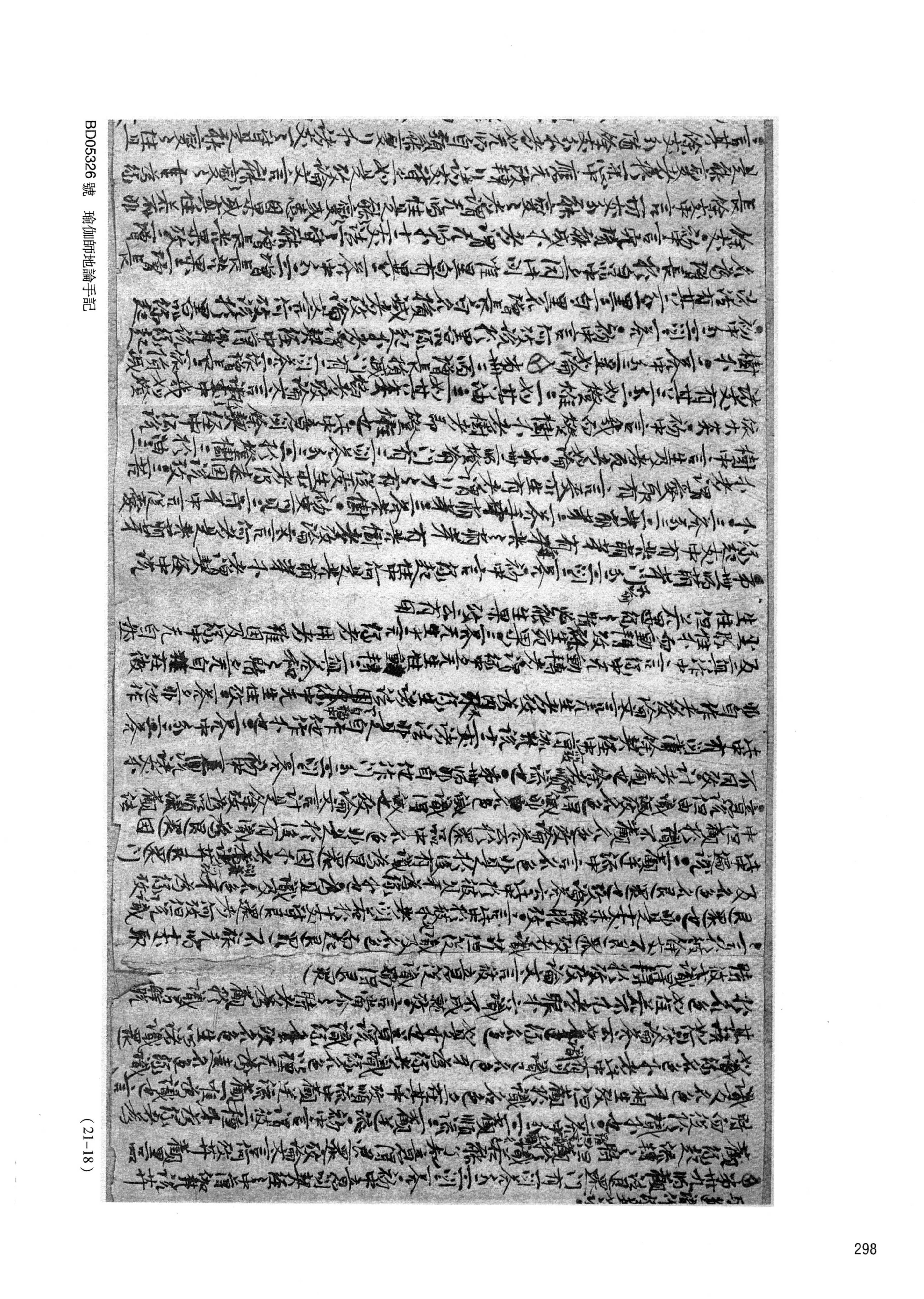

BD05326號 瑜伽師地論手記

（21–18）

BD05326號　瑜伽師地論手記

（21–19）

BD05326號　瑜伽師地論手記

（21–20）

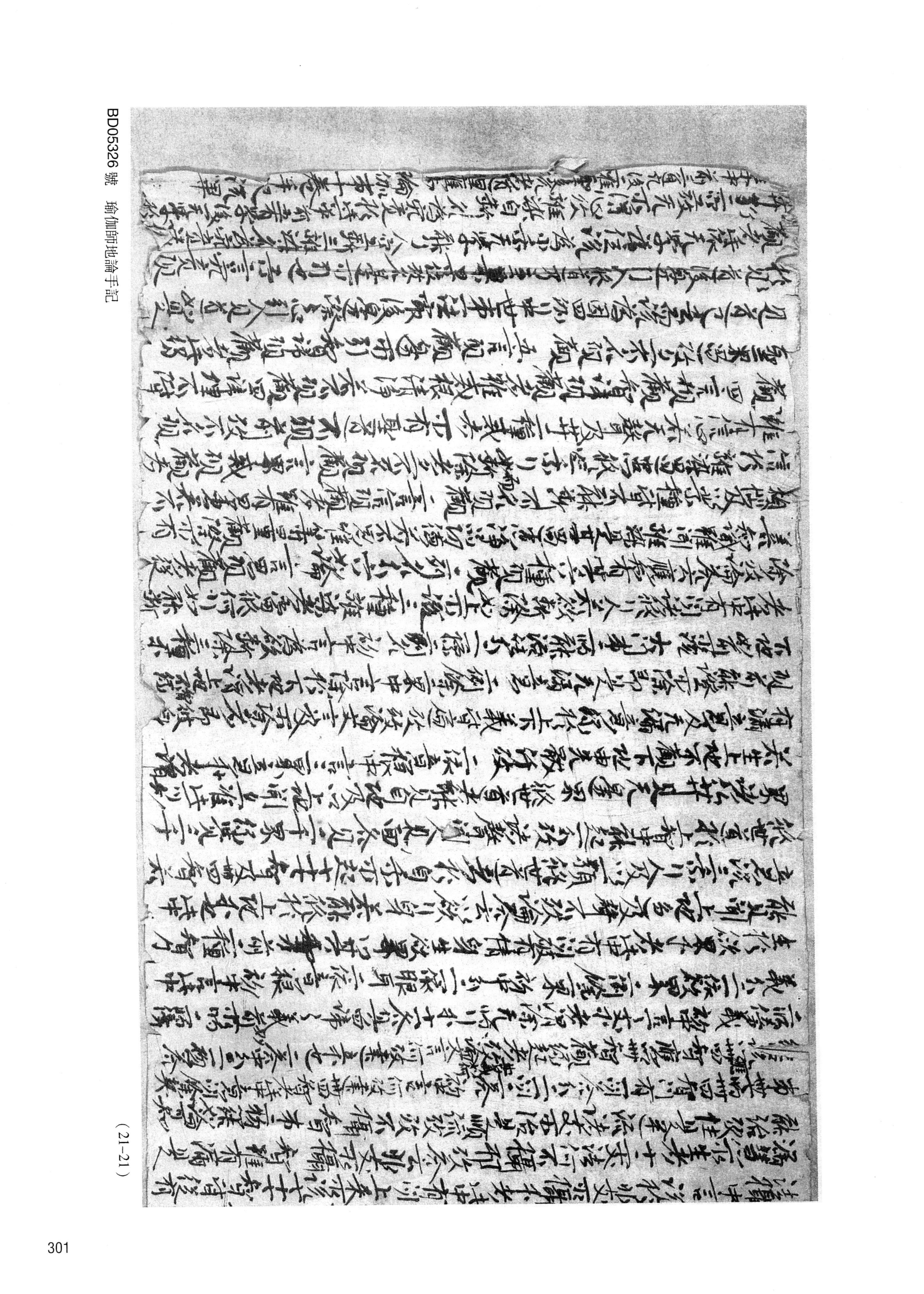

BD05326號　瑜伽師地論手記

（21–21）

言第二弟子者十地經云无明作何業一作諸有中迷諸有情二亦以作
緣行作何業一於諸趣中分別有情二亦以能識作習起氣識作何
業一持有情業縛二亦以名色作緣名色作何業一令諸有情互受身
二亦作六處緣六處作何業一令諸有情各圓滿身二亦作觸緣觸
作何業一令諸有情受用境界二亦作受緣受作何業一令諸有情
取生受出用二亦作愛緣愛作何業一耽著有情生二亦作取緣
取作何業一取有取令諸有情識具足諸取二亦作有緣有作何業
一令諸有情取獲於後有二亦作生緣生作何業一從名色六處觸受
斷頭現有情二亦作老死緣老死作何業一令諸有情年事衰
變異二亦令受命變異

BD05326號背　經文補抄　題名　（2–1）

沙門諸丕

BD05326號背　題名

（2–2）

德頂菩薩曰垢淨為二見垢實性則无淨相
順於滅相是為入不二法門
善宿菩薩曰是動是念為二不動則无念无
念則无分別通達此者是為入不二法門
善眼菩薩曰一相无相為二若知一相即是无
相亦不取无相入於平等是為入不二法門
妙臂菩薩曰菩薩心聲聞心為二觀心相空
如幻化者无菩薩心无聲聞心是為入不二
法門
弗沙菩薩曰善不善為二若不起善不善入
无相際而通達者是為入不二法門
師子吼菩薩曰罪福為二若達罪性則與福
无異以金剛慧決了此相无縛无解者是
為入不二法門
師子意菩薩曰有漏无漏為二若得諸法
等則不起漏不漏想不著於相亦不住无
相是為入不二法門

BD05327號　維摩詰所說經卷中　（6–1）

師子吼菩薩曰罪福為二若達罪性則與福
无異以金剛慧決了此相无縛无解者是
為入不二法門
師子意菩薩曰有漏无漏為二若得諸法
等則不起漏不漏想不著於相亦不住无
相是為入不二法門
淨解菩薩曰有為无為為二若離一切數
則心如虛空以清淨慧无所礙者是為入
不二法門
那羅延菩薩曰世間出世間為二世間性
空即是出世間於其中不入不出不溢不
散是為入不二法門
善意菩薩曰生死涅槃為二若見生死性
則无生死无縛无解不然不滅如是解者是
為入不二法門
現見菩薩曰盡不盡為二法若究竟盡若
不盡皆是无盡相无盡相即是空空則无有
盡不盡相如是入者是為入不二法門
普守菩薩曰我无我為二我尚不可得非
我何可得見我實性者不復起二是為入
不二法門
電天菩薩曰明无明為二見无明實性即
是明明亦不可取離一切數於其中平等
无二者是為入不二法門
喜見菩薩曰色色空為二色即是空非色滅
空色性自空如是受想行識識空為二識即

BD05327號　維摩詰所說經卷中　（6–2）

不二法門
雷天菩薩曰明无明為二見无明實性即
是明明亦不可取離一切數於其中平等
无二者是為入不二法門
喜見菩薩曰色色空為二色即是空非色滅
空色性自空如是受想行識識空為二識即
是空非識滅空識性自空於其中而通達者
是為入不二法門
明相菩薩曰四種異空種異為二四種性即
是空種性如前際後際空故中際亦空若能
如是知諸種性者是為入不二法門
妙意菩薩曰眼色為二若知眼性於色不貪
不恚不癡是名寂滅如是耳聲鼻香舌味身
觸意法為二若知意性於法不貪不恚不癡
是名寂滅安住其中是為入不二法門
无盡意菩薩曰布施迴向一切智為二布施
性即是迴向一切智性如是持戒忍辱精進
禪定智慧迴向一切智為二者智慧性即是
迴向一切智性於其中入一相者是為入不二
法門
深慧菩薩曰是空是无相是无作為二空即
无相无相即无作若空无相无作則无心意
識於一解脫門即是三解脫門者是為入不
二法門
寂根菩薩曰佛法衆為二佛即是法法即是
衆是三寶皆无為相與虛空等一切法亦尒



深慧菩薩曰是空是无相是无作為二空即
无相无相即无作若空无相无作則无心意
識於一解脫門即是三解脫門者是為入不
二法門
寂根菩薩曰佛法衆為二佛即是法法即是
衆是三寶皆无為相與虛空等一切法亦尒
能隨此行者是為入不二法門
心无礙菩薩曰身身滅為二身即是身滅所
以者何見身實相者不起見身及見滅身身
與滅身无二无分別於其中不驚不懼者是
為入不二法門
上善菩薩曰身口意善為二是三業皆无作
相身无作相即口无作相口无作相即意无
作相是三業无作相即一切法无作相能如
是隨无作慧者是為入不二法門
福田菩薩曰福行罪行不動行為二三行實
性即是空空則无福行无罪行无不動行於
此三行而不起者是為入不二法門
華嚴菩薩曰從我起二為二見我實相者不
起二法若不住二法則无有識无所識者是為
入不二法門
德藏菩薩曰有所得相為二若无所得則无
取捨无取捨者是為入不二法門
月上菩薩曰闇與明為二无闇无明則无有
二所以者何如入滅受想定无闇无明一切法
相亦復如是於其中平等入者是為入不二

德藏菩薩曰有所得相為二若无所得則无
取捨无取捨者是為入不二法門
月上菩薩曰闇與明為二无闇无明則无有
二所以者何如入滅受想定无闇无明一切法
相亦復如是於其中平等入者是為入不二
法門
寶印手菩薩曰樂涅槃不樂世間為二若不
樂涅槃不猒世間則无有二所以者何若有
縛則有解若本无縛其誰求解无縛无解
則无樂猒是為入不二法門
珠頂王菩薩曰正道邪道為二住正道者則不
分別是邪是正離此二者是為入不二法門
樂實菩薩曰實不實為二實見者尚不見實
何况非實所以者何非肉眼所見慧眼乃能見
而此慧眼无見无不見是為入不二法門如是
諸菩薩各各說已問文殊師利何等是菩
薩入不二法門
文殊師利曰如我意者於一切法无言无說
无示无識離諸問荅是為入不二法門
於是文殊師利問維摩詰我等各自說已仁
者當說何等是菩薩入不二法門
時維摩詰嘿然无言文殊師利嘆曰善哉善
哉乃至无有文字語言是真入不二法門
說是入不二法門品時於此衆中五千菩薩
皆入不二法門得无生法忍

BD05327號　維摩詰所說經卷中　（6–5）

珠頂王菩薩曰正道邪道為二住正道者則不
分別是邪是正離此二者是為入不二法門
樂實菩薩曰實不實為二實見者尚不見實
何况非實所以者何非肉眼所見慧眼乃能見
而此慧眼无見无不見是為入不二法門如是
諸菩薩各各說已問文殊師利何等是菩
薩入不二法門
文殊師利曰如我意者於一切法无言无說
无示无識離諸問荅是為入不二法門
於是文殊師利問維摩詰我等各自說已仁
者當說何等是菩薩入不二法門
時維摩詰嘿然无言文殊師利嘆曰善哉善
哉乃至无有文字語言是真入不二法門
說是入不二法門品時於此衆中五千菩薩
皆入不二法門得无生法忍
維摩詰經卷中

BD05327號　維摩詰所說經卷中　（6–6）

為謂脩學空不以空為證脩學无相无作不
以无相无作為證脩學无起不以无起為證
觀於无常而不猒善本觀世間苦而不惡生
死觀於无我而誨人不惓觀於寂滅而不永
寂滅觀於遠離而身心脩善觀无所歸而
歸趣善法觀於无生而以生法荷負一切
於无漏而不斷諸漏觀无所行而以行教
化衆生觀於空无而不捨大悲觀正法位而
不隨小乘觀諸法虛妄无牢无人无主无相
本願未滿而不虛福德禪定智慧脩如此法
是名菩薩不住无為又具福德故不住无為
具智慧故不盡有為大慈悲故不住无為滿
本願故不盡有為集法藥故不住无為隨授
藥故不盡有為知衆生病故不住无為滅衆
生病故不盡有為諸正士菩薩已脩此法不
盡有為不住无為是名盡无盡解脫法門汝
等當學尒時彼諸菩薩聞說是法皆大歡喜

BD05328 號　維摩詰所說經卷下　（12–1）

具智慧故不盡有為大慈悲故不住无為滿
本願故不盡有為集法藥故不住无為隨授
藥故不盡有為知衆生病故不住无為滅衆
生病故不盡有為諸正士菩薩已脩此法不
盡有為不住无為是名盡无盡解脫法門汝
等當學尒時彼諸菩薩聞說是法皆大歡喜
以衆妙華若干種色若干種香散遍三千大
千世界供養於佛及此經法并諸菩薩已稽
首佛足嘆未曾有言釋迦牟尼佛乃能於
此善行方便言已忽然不現還到彼國
見阿閦佛品第十二
尒時世尊問維摩詰汝欲見如來為以何等
觀如來乎維摩詰言如自觀身實相觀佛亦
然我觀如來前際不來後際不去今則不住
不觀色不觀色如不觀色性不觀受想行識
不觀識如不觀識性非四大起同於虛空六
入无積眼耳鼻舌身心已過不在三界三垢已
離順三脫門三明與无明等不一相不異
相不自相不他相非无相非取相不此岸不
彼岸不中流而化衆生而觀寂滅亦不永滅
不此不彼不在此不在彼不可以智知不可
以識識无晦无明无名无相无強无弱非淨
非穢不在方不離方非有為非无為亦无
說不施不慳不戒不犯不忍不恚不進不怠
不定不亂不智不愚不誠不欺不來不去不
出不入一切言語道斷非福田非不福田非
應供養非不應供養非取非捨非有相非无
相不增不減同真際等法性不可稱不可量

BD05328 號　維摩詰所說經卷下　（12–2）

以識識无晦无明无名无相无彊无弱非淨
非穢不在方不離方非有為非无為无示无
説不施不慳不戒不犯不忍不恚不進不怠
不定不亂不智不愚不誠不欺不來不去不
出不入一切言語道斷非福田非不福田非
應供養非不應供養非取非捨非有相非无
相不增不減同真際等法性不可稱不可量
過諸稱量非大非小非見非聞非覺非知離
衆結縛等諸智同衆生於諸法无分別一切
无失无濁无惱无作无起无生无滅无畏无
憂无喜无厭无著无已有无當有无今有不
可以一切言説分別顯示世尊如來身為若
此作如是觀以斯觀者名為正觀若他觀者
名為耶觀
介時舍利弗問維摩詰汝於何沒而來生此
維摩詰言汝所得法有沒生乎舍利弗言无
沒生也若諸法无沒生相云何問言汝於何
沒而來生此於意云何譬如幻師幻作男女
寧沒生耶舍利弗言无沒生也汝豈不聞佛
説諸法如幻相乎答曰如是若一切法如幻
相者云何問言汝於何沒而來生此舍利弗
沒者為虛誑法壞敗之相生者為虛誑法相
續之相菩薩雖沒不盡善本雖生不長諸惡
是時佛告舍利弗有國名妙喜佛号无動是
維摩詰於彼國沒而來生此舍利弗言未曾
有也世尊是人乃能捨清淨土而來樂此多
怒害處維摩詰語舍利弗於意云何日光出
時與冥合乎答曰不也日光出時則无衆冥
維摩詰言夫日何故行閻浮提答曰欲以明

BD05328號　維摩詰所說經卷下　（12–3）

續之相菩薩雖沒不盡善本雖生不長諸惡
是時佛告舍利弗有國名妙喜佛号无動是
維摩詰於彼國沒而來生此舍利弗言未曾
有也世尊是人乃能捨清淨土而來樂此多
怒害處維摩詰語舍利弗於意云何日光出
時與冥合乎答曰不也日光出時則无衆冥
維摩詰言夫日何故行閻浮提答曰欲以明
照為之除冥維摩詰言菩薩如是雖生不淨
佛土為化衆生不與愚闇而共合也但滅衆
生煩惱闇耳
是時大衆渴仰欲見妙喜世界不動如來及
其菩薩聲聞之衆佛知一切衆會所念告維
摩詰言善男子為此衆會現妙喜國不動如
來及諸菩薩聲聞之衆皆欲見於是維摩
詰心念吾當不起于坐接妙喜國鐵圍山川
溪谷江河大海泉原須彌諸山及日月星宿
天龍鬼神梵天等宮并諸菩薩聲聞之衆城
邑聚落男女大小乃至无動如來乃菩提樹
諸妙蓮華能於十方作佛事者三道寶階從
閻浮提至忉利天以寶階諸天來下悉為
礼敬无動如來聽受經法閻浮提人亦登其
階上昇忉利見彼諸天妙喜世界成就如是
无量功德上至阿迦膩吒天下至水際以右手
斷取如陶家輪入此世界猶持華鬘示一
切衆作是念已入於三昧現神通力以其右手
斷取妙喜世界置於此土彼得神通菩薩
及聲聞衆并餘天人俱發聲言唯然世尊誰
取我去願見救護无動佛言非我所為是維
摩詰神力所作[illegible]

BD05328號　維摩詰所說經卷下　（12–4）

斷取如陶家輪入此世界猶持華鬘示一
切衆作是念已入於三昧現神通力以其右手
斷取妙喜世界置於此土彼得神通菩薩
及聲聞衆并餘天人俱發聲言唯然世尊誰
取我去願見救護无動佛言非我所爲是維
摩詰神力所作其餘未得神通者不覺不知
已之所往妙喜世界雖入此土而不增減於
是世界亦不迫隘如本无異
尒時釋迦牟尼佛告諸大衆汝等且觀妙喜
世界无動如來其國嚴飾菩薩行淨弟子清
白皆曰唯然已見佛言若菩薩欲得如是清
淨佛土當學无動如來所行之道現此妙喜
國時娑婆世界十四那由他人發阿耨多羅三
三藐三菩提心皆願生於妙喜佛土釋迦牟
尼佛即記之曰當生彼國時妙喜世界於此
國土所應饒益其事訖已還復本處擧衆皆
見佛告舍利弗汝見此妙喜世界及无動佛
不唯然已見世尊願使一切衆生得清淨土
如无動佛獲神通力如維摩詰世尊我等快
得善利得見是人親近供養其諸衆生若今
現在若佛滅後聞此經者亦得善利況復聞
已信解受持讀誦解說如法脩行若有手得
是經典者便爲已得法寶之藏若有讀誦解
釋其義如說脩行則爲諸佛之所護念其有
供養如是人者當知則爲供養於佛其有書
持此經卷者當知其室則有如來若聞是經
能隨喜者斯人則爲取一切智若能信解此
經乃至一四句偈爲他說者當知此人即是

BD05328號　維摩詰所說經卷下　（12–5）

是經典者便爲已得法寶之藏若有讀誦解
釋其義如說脩行則爲諸佛之所護念其有
供養如是人者當知則爲供養於佛其有書
持此經卷者當知其室則有如來若聞是經
能隨喜者斯人則爲取一切智若能信解此
經乃至一四句偈爲他說者當知此人即是
受阿耨多羅三藐三菩提記
法供養佛品第十三
尒時釋提桓因於大衆中白佛言世尊我雖
從佛及文殊師利聞百千經未曾聞此不可
思議自在神通決定實相經典如我解佛所
說義趣若有衆生聞是經法信解受持讀誦
之者必得是法不疑何況如說脩行斯人則
爲閉衆惡趣開諸善門常爲諸佛之所護念
降伏外學摧滅魔怨脩治菩提安處道場履
踐如來所行之跡世尊若有受持讀誦如說
脩行者我當與諸眷屬供養給事所在聚落
城邑山林曠野有是經處我亦與諸眷屬聽
受法故共到其所其未信者當令生信其已
信者當爲作護佛言善哉善哉天帝如汝所
說吾助尒喜此經廣說過去未來現在諸佛
不可思議阿耨多羅三藐三菩提是故天帝
若善男子善女人受持讀誦供養是經者則
爲供養去來今佛天帝正使三千大千世界
如來滿中譬如甘蔗竹葦稻麻叢林若有善
男子善女人或一劫或減一劫恭敬尊重讚歎
供養奉諸所安至諸佛滅後以一一全身舍

BD05328號　維摩詰所說經卷下　（12–6）

若善男子善女人受持讀誦供養是經者則
為供養去來今佛天帝正使三千大千世界
如來滿中譬如甘蔗竹葦稻麻叢林若有善
男子善女人或一劫或減一劫恭敬尊重讚歎
供養奉諸所安至諸佛滅後以一一全身舍
利起七寶塔縱廣一四天下高至梵天表
剎莊嚴以一切華香瓔珞幢幡伎樂微妙第
一若一劫若減一劫而供養之於天帝意云
何其人殖福寧為多不釋提桓因言多矣世
尊彼之福德若以百千億劫說不能盡佛告
天帝當知是善男子善女人聞是不可思議
解脫經典信解受持讀誦修行福多彼所以
者何諸佛菩提皆從是生菩提之相不可限
量以是因緣福不可量
佛告天帝過去无量阿僧祇劫時世有佛號
曰藥王如來應供正遍知明行足善逝世間
解无上士調御丈夫天人師佛世尊世界曰
大莊嚴劫曰莊嚴佛壽廿小劫其聲聞僧卅
六億那由他菩薩僧有十二億天帝是時有
轉輪聖王名曰寶蓋七寶具足主四天下王
有千子端政勇健能伏怨敵爾時寶蓋與其
眷屬供養藥王如來施諸所安至滿五劫過
五劫已告其千子汝等亦當如我以深心供
養於佛於是千子受父王命供養藥王如來
復滿五劫一切施安其王一子名曰月蓋獨坐
思惟寧有供養殊過此者以佛神力空中
有天曰善男子法之供養勝諸供養即問何
謂法之供養天曰汝可往問藥王如來當廣

BD05328 號　維摩詰所說經卷下　（12–7）

養於佛於是千子受父王命供養藥王如來
復滿五劫一切施安其王一子名曰月蓋獨坐
思惟寧有供養殊過此者以佛神力空中
有天曰善男子法之供養勝諸供養即問何
謂法之供養天曰汝可往問藥王如來當廣
為汝說法之供養即時月蓋王子行詣藥王
如來稽首佛足却住一面白佛言世尊諸供
養中法供養勝云何為法供養佛言善男子
法供養者諸佛所說深經一切世間難信難
受微妙難見清淨无染非但分別思惟之所
能得菩薩法藏所攝陀羅尼印之至不退
轉成就六度善分別義順菩提法眾經之上
入大慈悲離眾魔事及諸邪見順因緣法无
我无眾生无壽命空无相无作无起能令眾
生坐於道場而轉法輪諸天龍神乾闥婆等
所共歎譽能令眾生入佛法藏攝諸賢聖一
切智慧說眾菩薩所行之道依於諸法實相
之義明宣无常苦空无我寂滅能救一切毀禁
眾生諸魔外道及貪著者能使怖畏諸佛
賢聖所共稱歎背生死苦示涅槃樂十方三
世諸佛所說若聞如是等經信解受持讀誦
以方便力為諸眾生分別解說顯示分別守
護法故是名法之供養又於諸法如說修行
隨順十二因緣離諸邪見得无生忍決定无
我无有眾生而於因緣果報无違无諍離諸
我所依於義不依語依於智不依識依了義
經不依不了義經依於法不依人隨順法相
无所入无所歸无明畢竟滅故諸行亦畢竟

BD05328 號　維摩詰所說經卷下　（12–8）

随順十二因緣離諸邪見得无生忍決定无
我无有衆生而於因緣果報无違无諍離諸
我所依於義不依語依於智不依識依了義
經不依不了義經依於法不依人随順法相
无所入无所歸无明畢竟滅故諸行亦畢竟
滅乃至生畢竟滅故老死亦畢竟滅作如是
觀十二因緣无有盡相不復起見是名最上
法之供養
佛告天帝王子月蓋從藥王佛聞如是法得
柔順忍即解寶衣嚴身之具以供養佛白佛
言世尊如来滅後我當行法供養守護正法
願以威神加哀建立令我得降魔怨脩菩薩
行佛知其深心所念而語之曰汝於末後守
護法城天帝時王子月蓋見法清淨聞佛授
記以信出家脩集善法精進不久得五神通
通菩薩道得陁羅尼无斷辯才於佛滅後以
其所轉神通揔持辯才之力滿十小劫藥王
如来所轉法輪随而分布月蓋比丘以守護
法勤行精進即於此身化百万億人於阿耨
多羅三藐三菩提立不退轉十四那由他人
深發聲聞辟支佛心无量衆生得生天上天
帝時王寶蓋豈異人乎今現得佛号寶炎
如来其王千子即賢劫中千佛是也從迦羅鳩
孫大為始得佛最後如来号曰樓至月蓋比
丘則我身是如是天帝當知此要以法供養
於諸供養為上為最第一无比是故天帝當
以法之供養於佛
囑累品第十四
於是佛告弥勒菩薩言弥勒我今以

BD05328號　維摩詰所說經卷下　（12–9）

如来其王千子即賢劫中千佛是也從迦羅鳩
孫大為始得佛最後如来号曰樓至月蓋比
丘則我身是如是天帝當知此要以法供養
於諸供養為上為最第一无比是故天帝當
以法之供養於佛
囑累品第十四
於是佛告弥勒菩薩言弥勒我今以是无量
億阿僧祇劫所集阿耨多羅三藐三菩提付
囑於汝如是輩經於佛滅後末世之中汝等
當以神力廣宣流布於閻浮提无令斷絶所
以者何未来世中當有善男子善女人及天
龍鬼神乹闥婆羅刹等發阿耨多羅三藐三
菩提心樂於大法若使不聞如是等經則失
善利如此輩人聞是等經必多信樂發希有
心當以頂受随衆生所應得利而為廣説
弥勒當知菩薩有二相何謂為二一者好於
雜句文飾之事二者不畏深義如實能入若
好雜句文飾事者當知是為新學菩薩若於
如是无染无著甚深經典无有恐畏能入其
中聞已心淨受持讀誦如說脩行當知是為
久脩道行弥勒復有二法名新學者不能決
定於甚深法何等為二一者所未聞深經聞
之驚怖生疑不能随順毀謗不信而作是言
我初不聞從何所来二者若有護持解説如
是深經者不肯親近供養恭敬或時於中説
其過惡有此二法當知是新學菩薩為自毀
傷不能於深法中調伏其心弥勒復有二法
菩薩雖信解深法猶自毀傷而不能得无生
法忍何等為二一者輕慢新學菩薩而不教

BD05328號　維摩詰所說經卷下　（12–10）

我初不聞從何所來二者若有護持解說如
是深經者不肯親近供養恭敬或時於中說
其過惡有此二法當知是新學菩薩為自毀
傷不能於深法中調伏其心彌勒復有二法
菩薩雖信解深法猶自毀傷而不能得无生
法忍何等為二一者輕慢新學菩薩而不教
誨二者雖解深法而取相分別是為二法彌
勒菩薩聞說是已白佛言世尊未曾有也如
佛所說我當遠離如斯之惡奉持如來无數
阿僧祇劫所集阿耨多羅三藐三菩提法若
未來世善男子善女人求大乘者當令手得
如是等經與其念力使受持讀誦為他廣說
世尊若後末世有能受持讀誦為他說者當
知是彌勒神力之所建立佛言善哉善哉
彌勒如汝所說佛助尒喜於是一切菩薩合
掌白佛我等亦於如來滅後十方國土廣宣
流布阿耨多羅三藐三菩提復當開導諸說
法者令得是經
尒時四天王白佛言世尊在在處處城邑聚
落山林曠野有是經卷讀誦解說者我當率
諸官屬為聽法故往詣其所擁護其人面百
由旬令无伺求得其便者是時佛告阿難受
持是經廣宣流布阿難言唯我已受持要者
世尊當何名斯經佛言阿難是經名為維摩
詰所說亦名不可思議解脫法門如是受持
佛說是經已長者維摩詰文殊師利舍利弗
阿難等及諸天人阿脩羅一切大衆聞佛所
說皆大歡喜

BD05328號　維摩詰所說經卷下　（12–11）

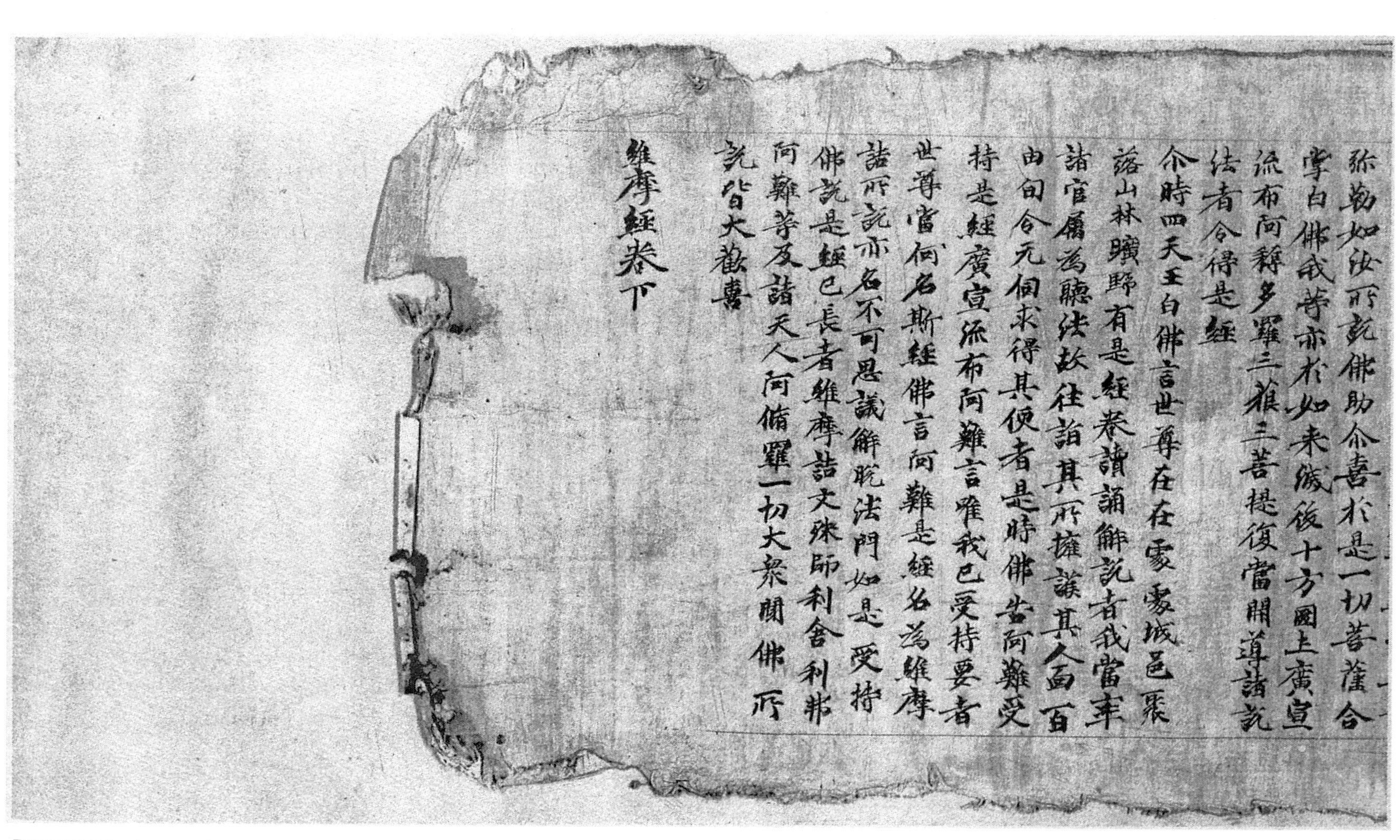
彌勒如汝所說佛助尒喜於是一切菩薩合
掌白佛我等亦於如來滅後十方國土廣宣
流布阿耨多羅三藐三菩提復當開導諸說
法者令得是經
尒時四天王白佛言世尊在在處處城邑聚
落山林曠野有是經卷讀誦解說者我當率
諸官屬為聽法故往詣其所擁護其人面百
由旬令无伺求得其便者是時佛告阿難受
持是經廣宣流布阿難言唯我已受持要者
世尊當何名斯經佛言阿難是經名為維摩
詰所說亦名不可思議解脫法門如是受持
佛說是經已長者維摩詰文殊師利舍利弗
阿難等及諸天人阿脩羅一切大衆聞佛所
說皆大歡喜
維摩經卷下

BD05328號　維摩詰所說經卷下　（12–12）

舌觸為緣所生諸受清淨故滅
以故若一切智智清淨若味界
緣所生諸受清淨若滅聖諦清
分無別無斷故善現一切智智清淨
清淨身界清淨故滅聖諦清淨何以
切智智清淨若身界清淨若滅聖諦清淨
二無二分無別無斷故一切智智清淨故
界身識界及身觸身觸為緣所生諸受清淨
觸界乃至身觸為緣所生諸受清淨故滅聖
諦清淨何以故若一切智智清淨若觸界乃
至身觸為緣所生諸受清淨若滅聖諦清淨
無二無二分無別無斷故善現一切智智清
淨故意界清淨意界清淨故滅聖諦清淨何
以故若一切智智清淨若意界清淨若滅聖
諦清淨無二無二分無別無斷故一切智智
清淨故法界意識界及意觸意觸為緣所生
諸受清淨法界乃至意觸為緣所生諸受清
淨故滅聖諦清淨何以故若一切智智清淨

BD05329號　大般若波羅蜜多經卷二六四　（16–1）

淨故意界清淨意界清淨故滅聖諦清淨何
以故若一切智智清淨若意界清淨若滅聖
諦清淨無二無二分無別無斷故一切智智
清淨故法界意識界及意觸意觸為緣所生
諸受清淨法界乃至意觸為緣所生諸受清
淨故滅聖諦清淨何以故若一切智智清淨
若法界乃至意觸為緣所生諸受清淨若滅
聖諦清淨無二無二分無別無斷故善現一
切智智清淨故地界清淨地界清淨故滅聖
諦清淨何以故若一切智智清淨若地界清
淨若滅聖諦清淨無二無二分無別無斷故
一切智智清淨故水火風空識界清淨水火
風空識界清淨故滅聖諦清淨何以故若一
切智智清淨若水火風空識界清淨若滅聖
諦清淨無二無二分無別無斷故善現一切
智智清淨故無明清淨無明清淨故滅聖諦
清淨何以故若一切智智清淨若無明清淨
若滅聖諦清淨無二無二分無別無斷故一
切智智清淨故行識名色六處觸受愛取有
生老死愁歎苦憂惱清淨行乃至老死愁歎
苦憂惱清淨故滅聖諦清淨何以故若一切
智智清淨若行乃至老死愁歎苦憂惱清淨
若滅聖諦清淨無二無二分無別無斷故
善現一切智智清淨故布施波羅蜜多清淨
布施波羅蜜多清淨故滅聖諦清淨何以故
若一切智智清淨若布施波羅蜜多清淨若

BD05329號　大般若波羅蜜多經卷二六四　（16–2）

智智清淨若行乃至老死愁歎苦憂惱清淨
若滅聖諦清淨無二無二分無別無斷故
善現一切智智清淨故布施波羅蜜多清淨
布施波羅蜜多清淨故滅聖諦清淨何以故
若一切智智清淨若布施波羅蜜多清淨若
滅聖諦清淨無二無二分無別無斷故一切
智智清淨故淨戒安忍精進靜慮般若波羅
蜜多清淨淨戒乃至般若波羅蜜多清淨故
滅聖諦清淨何以故若一切智智清淨若淨
戒乃至般若波羅蜜多清淨若滅聖諦清淨
無二無二分無別無斷故善現一切智智清
淨故內空清淨內空清淨故滅聖諦清淨何
以故若一切智智清淨若內空清淨若滅聖
諦清淨無二無二分無別無斷故一切智智
清淨故外空內外空空空大空勝義空有為
空無為空畢竟空無際空散空無變異空本
性空自相空共相空一切法空不可得空無
性空自性空無性自性空清淨外空乃至無
性自性空清淨故滅聖諦清淨何以故若一
切智智清淨若外空乃至無性自性空清淨
若滅聖諦清淨無二無二分無別無斷故善
現一切智智清淨故真如清淨真如清淨故
滅聖諦清淨何以故若一切智智清淨若真
如清淨若滅聖諦清淨無二無二分無別無
斷故一切智智清淨故法界法性不虛妄性
不變異性平等性離生性法定法住實際虛

BD05329號　大般若波羅蜜多經卷二六四　（16–3）

現一切智智清淨故真如清淨真如清淨故
滅聖諦清淨何以故若一切智智清淨若真
如清淨若滅聖諦清淨無二無二分無別無
斷故一切智智清淨故法界法性不虛妄性
不變異性平等性離生性法定法住實際虛
空界不思議界清淨法界乃至不思議界清
淨故滅聖諦清淨何以故若一切智智清淨
若法界乃至不思議界清淨若滅聖諦清淨
無二無二分無別無斷故善現一切智智清
淨故苦聖諦清淨苦聖諦清淨故滅聖諦清
淨何以故若一切智智清淨若苦聖諦清淨
若滅聖諦清淨無二無二分無別無斷故一切
智智清淨故集道聖諦清淨集道聖諦清
淨故滅聖諦清淨何以故若一切智智清淨
若集道聖諦清淨若滅聖諦清淨無二無二分
無別無斷故善現一切智智清淨故四靜慮清
淨四靜慮清淨故滅聖諦清淨何以故若一
切智智清淨若四靜慮清淨若滅聖諦清
淨無二無二分無別無斷故一切智智清淨故
四無量四無色定清淨四無量四無色定清
淨故滅聖諦清淨何以故若一切智智清淨
若四無量四無色定清淨若滅聖諦清淨無
二無二分無別無斷故善現一切智智清淨
故八解脫清淨八解脫清淨故滅聖諦清淨
何以故若一切智智清淨若八解脫清淨若
滅聖諦清淨無二無二分無別無斷故一切

BD05329號　大般若波羅蜜多經卷二六四　（16–4）

若四無量四無色定清淨若滅聖諦清淨無
二無二分無別無斷故善現一切智智清淨
故八解脫清淨八解脫清淨故滅聖諦清淨
何以故若一切智智清淨若八解脫清淨若
滅聖諦清淨無二無二分無別無斷故一切
智智清淨故八勝處九次第定十遍處清淨
八勝處九次第定十遍處清淨故滅聖諦清
淨何以故若一切智智清淨若八勝處九次
第定十遍處清淨若滅聖諦清淨無二無二
分無別無斷故善現一切智智清淨故四念
住清淨四念住清淨故滅聖諦清淨何以故
若一切智智清淨若四念住清淨若滅聖諦
清淨無二無二分無別無斷故一切智智清
淨故四正斷四神足五根五力七等覺支八
聖道支清淨四正斷乃至八聖道支清淨故
滅聖諦清淨何以故若一切智智清淨若四
正斷乃至八聖道支清淨若滅聖諦清淨無
二無二分無別無斷故善現一切智智清淨
故空解脫門清淨空解脫門清淨故滅聖諦
清淨何以故若一切智智清淨若空解脫門
清淨若滅聖諦清淨無二無二分無別無斷
故一切智智清淨故無相無願解脫門清淨
無相無願解脫門清淨故滅聖諦清淨何以
故若一切智智清淨若無相無願解脫門清
淨若滅聖諦清淨無二無二分無別無斷故
善現一切智智清淨故菩薩十地清淨菩薩
十地清淨故滅聖諦清淨何以故若一切智

BD05329號　大般若波羅蜜多經卷二六四　（16–5）

無相無願解脫門清淨故滅聖諦清淨何以
故若一切智智清淨若無相無願解脫門清
淨若滅聖諦清淨無二無二分無別無斷故
善現一切智智清淨故菩薩十地清淨菩薩
十地清淨故滅聖諦清淨何以故若一切智
智清淨若菩薩十地清淨若滅聖諦清淨無
二無二分無別無斷故
善現一切智智清淨故五眼清淨五眼清淨
故滅聖諦清淨何以故若一切智智清淨若
五眼清淨若滅聖諦清淨無二無二分無
別無斷故一切智智清淨故六神通清淨六
神通清淨故滅聖諦清淨何以故若一切智
智清淨若六神通清淨若滅聖諦清淨無二
無二分無別無斷故善現一切智智清淨故
佛十力清淨佛十力清淨故滅聖諦清淨何
以故若一切智智清淨若佛十力清淨若滅
聖諦清淨無二無二分無別無斷故一切智
智清淨故四無所畏四無礙解大慈大悲大
喜大捨十八佛不共法清淨四無所畏乃至
十八佛不共法清淨故滅聖諦清淨何以故
若一切智智清淨若四無所畏乃至十八佛不
共法清淨若滅聖諦清淨無二無二分無別無
斷故善現一切智智清淨故無忘失法清淨
無忘失法清淨故滅聖諦清淨何以故若一切
智智清淨若無忘失法清淨若滅聖諦清淨
無二無二分無別無斷故一切智智清淨故

BD05329號　大般若波羅蜜多經卷二六四　（16–6）

共法清淨若滅聖諦清淨無二無二分無別無
斷故善現一切智智清淨故無忘失法清淨
無忘失法清淨故滅聖諦清淨何以故若一切
智智清淨若無忘失法清淨若滅聖諦清淨
無二無二分無別無斷故一切智智清淨故
恒住捨性清淨恒住捨性清淨故滅聖諦清淨
何以故若一切智智清淨若恒住捨性清淨
若滅聖諦清淨無二無二分無別無斷故善
現一切智智清淨故一切智清淨一切智清
淨故滅聖諦清淨何以故若一切智智清淨
若一切智智清淨若滅聖諦清淨無二無二分無
別無斷故一切智智清淨故道相智一切相
智清淨道相智一切相智清淨故滅聖諦
清淨何以故若一切智智清淨若道相智
一切相智清淨若滅聖諦清淨無二無二分
無別無斷故善現一切智智清淨故一切陁
羅尼門清淨一切陁羅尼門清淨故滅聖諦
清淨何以故若一切智智清淨若一切陁羅
尼門清淨若滅聖諦清淨無二無二分無別
無斷故一切智智清淨故一切三摩地門清淨
一切三摩地門清淨故滅聖諦清淨何以故若
一切智智清淨若一切三摩地門清淨若滅
聖諦清淨無二無二分無別無斷故
善現一切智智清淨故預流果清淨預流果
清淨故滅聖諦清淨何以故若一切智智清
淨若預流果清淨若滅聖諦清淨無[illegible]無

BD05329號　大般若波羅蜜多經卷二六四　（16–7）

一切智智清淨若一切三摩地門清淨若滅
聖諦清淨無二無二分無別無斷故
善現一切智智清淨故預流果清淨預流果
清淨故滅聖諦清淨何以故若一切智智清
淨若預流果清淨若滅聖諦清淨無二無
二分無別無斷故一切智智清淨故一來不
還阿羅漢果清淨一來不還阿羅漢果清淨
故滅聖諦清淨何以故若一切智智清淨若一
來不還阿羅漢果清淨若滅聖諦清淨無二
無二分無別無斷故善現一切智智清淨故
獨覺菩提清淨獨覺菩提清淨故滅聖諦清
淨何以故若一切智智清淨若獨覺菩提清
淨若滅聖諦清淨無二無二分無別無斷故
善現一切智智清淨故一切菩薩摩訶薩行
清淨一切菩薩摩訶薩行清淨故滅聖諦
清淨何以故若一切智智清淨若一切菩薩
摩訶薩行清淨若滅聖諦清淨無二無二分
無別無斷故善現一切智智清淨故諸佛無
上正等菩提清淨諸佛無上正等菩提清淨
故滅聖諦清淨何以故若一切智智清淨若
諸佛無上正等菩提清淨若滅聖諦清淨無
二無二分無別無斷故
復次善現一切智智清淨故色清淨色清淨
故道聖諦清淨何以故若一切智智清淨若
色清淨若道聖諦清淨無二無二分無別無
斷故一切智智清淨故受想行識清淨受想
行識清淨故道聖諦清淨何以故若一切智

BD05329號　大般若波羅蜜多經卷二六四　（16–8）

復次善現一切智智清淨故色清淨
故道聖諦清淨何以故若一切智智清淨若
色清淨若道聖諦清淨無二無二分無別無
斷故一切智智清淨故受想行識清淨受想
行識清淨故道聖諦清淨何以故若一切智
智清淨若受想行識清淨若道聖諦清淨無
二無二分無別無斷故善現一切智智清淨
故眼處清淨眼處清淨故道聖諦清淨何以
故若一切智智清淨若眼處清淨若道聖諦
清淨無二無二分無別無斷故一切智智清
淨故耳鼻舌身意處清淨耳鼻舌身意處清
淨故道聖諦清淨何以故若一切智智清淨
若耳鼻舌身意處清淨若道聖諦清淨無二
無二分無別無斷故善現一切智智清淨故
色處清淨色處清淨故道聖諦清淨何以故
若一切智智清淨若色處清淨若道聖諦清
淨無二無二分無別無斷故一切智智清淨
故聲香味觸法處清淨聲香味觸法處清淨
故道聖諦清淨何以故若一切智智清淨若
聲香味觸法處清淨若道聖諦清淨無二無
二分無別無斷故善現一切智智清淨故眼
界清淨眼界清淨故道聖諦清淨何以故若
一切智智清淨若眼界清淨若道聖諦清淨
無二無二分無別無斷故一切智智清淨故
色界眼識界及眼觸眼觸為緣所生諸受清
淨色界乃至眼觸為緣所生諸受清淨故道

BD05329號　大般若波羅蜜多經卷二六四　（16–9）

一切智智清淨若眼界清淨若道聖諦清淨
無二無二分無別無斷故一切智智清淨故
色界眼識界及眼觸眼觸為緣所生諸受清
淨色界乃至眼觸為緣所生諸受清淨故道
聖諦清淨何以故若一切智智清淨若色界
乃至眼觸為緣所生諸受清淨若道聖諦清
淨無二無二分無別無斷故善現一切智智
清淨故耳界清淨耳界清淨故道聖諦清淨
何以故若一切智智清淨若耳界清淨若道
聖諦清淨無二無二分無別無斷故一切智
智清淨故聲界耳識界及耳觸耳觸為緣所
生諸受清淨聲界乃至耳觸為緣所生諸受
清淨故道聖諦清淨何以故若一切智智清
淨若聲界乃至耳觸為緣所生諸受清淨若
道聖諦清淨無二無二分無別無斷故善現
一切智智清淨故鼻界清淨鼻界清淨故道
聖諦清淨何以故若一切智智清淨若鼻界
清淨若道聖諦清淨無二無二分無別無斷
故一切智智清淨故香界鼻識界及鼻觸鼻
觸為緣所生諸受清淨香界乃至鼻觸為緣
所生諸受清淨故道聖諦清淨何以故若一
切智智清淨若香界乃至鼻觸為緣所生諸
受清淨若道聖諦清淨無二無二分無別無
斷故善現一切智智清淨故舌界清淨舌界
清淨故道聖諦清淨何以故若一切智智清
淨若舌界清淨若道聖諦清淨無二無二分

BD05329號　大般若波羅蜜多經卷二六四　（16–10）

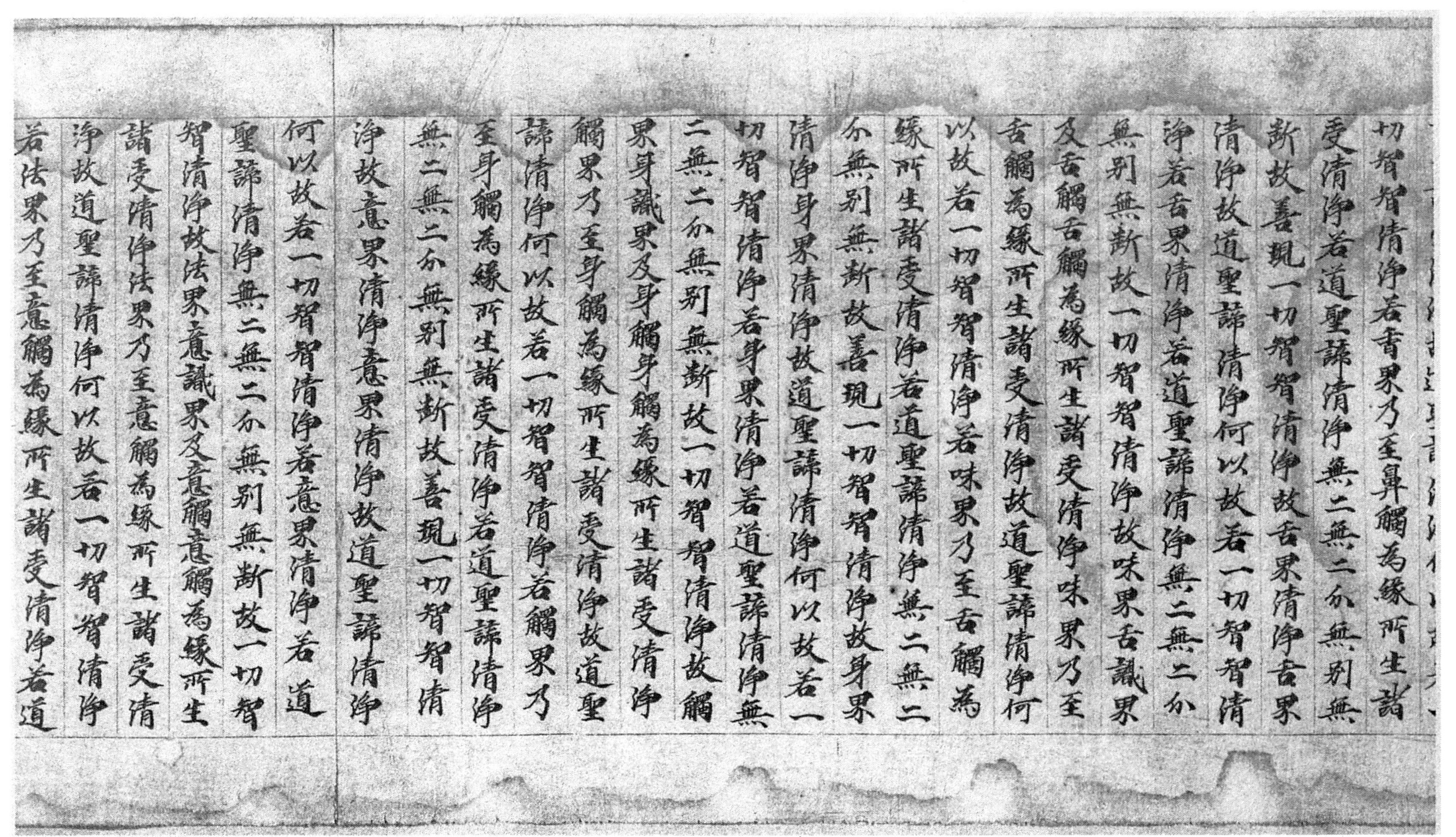

切智智清淨若香界乃至鼻觸為緣所生諸
受清淨若道聖諦清淨無二無二分無別無
斷故善現一切智智清淨故舌界清淨舌界
清淨故道聖諦清淨何以故若一切智智清
淨若舌界清淨若道聖諦清淨無二無二分
無別無斷故一切智智清淨故味界舌識界
及舌觸舌觸為緣所生諸受清淨味界乃至
舌觸為緣所生諸受清淨故道聖諦清淨何
以故若一切智智清淨若味界乃至舌觸為
緣所生諸受清淨若道聖諦清淨無二無二
分無別無斷故善現一切智智清淨故身界
清淨身界清淨故道聖諦清淨何以故若一
切智智清淨若身界清淨若道聖諦清淨無
二無二分無別無斷故一切智智清淨故觸
界身識界及身觸身觸為緣所生諸受清淨
觸界乃至身觸為緣所生諸受清淨故道聖
諦清淨何以故若一切智智清淨若觸界乃
至身觸為緣所生諸受清淨若道聖諦清淨
無二無二分無別無斷故善現一切智智清
淨故意界清淨意界清淨故道聖諦清淨
何以故若一切智智清淨若意界清淨若道
聖諦清淨無二無二分無別無斷故一切智
智清淨故法界意識界及意觸意觸為緣所生
諸受清淨法界乃至意觸為緣所生諸受清
淨故道聖諦清淨何以故若一切智智清淨
若法界乃至意觸為緣所生諸受清淨若道

BD05329號　大般若波羅蜜多經卷二六四　（16–11）

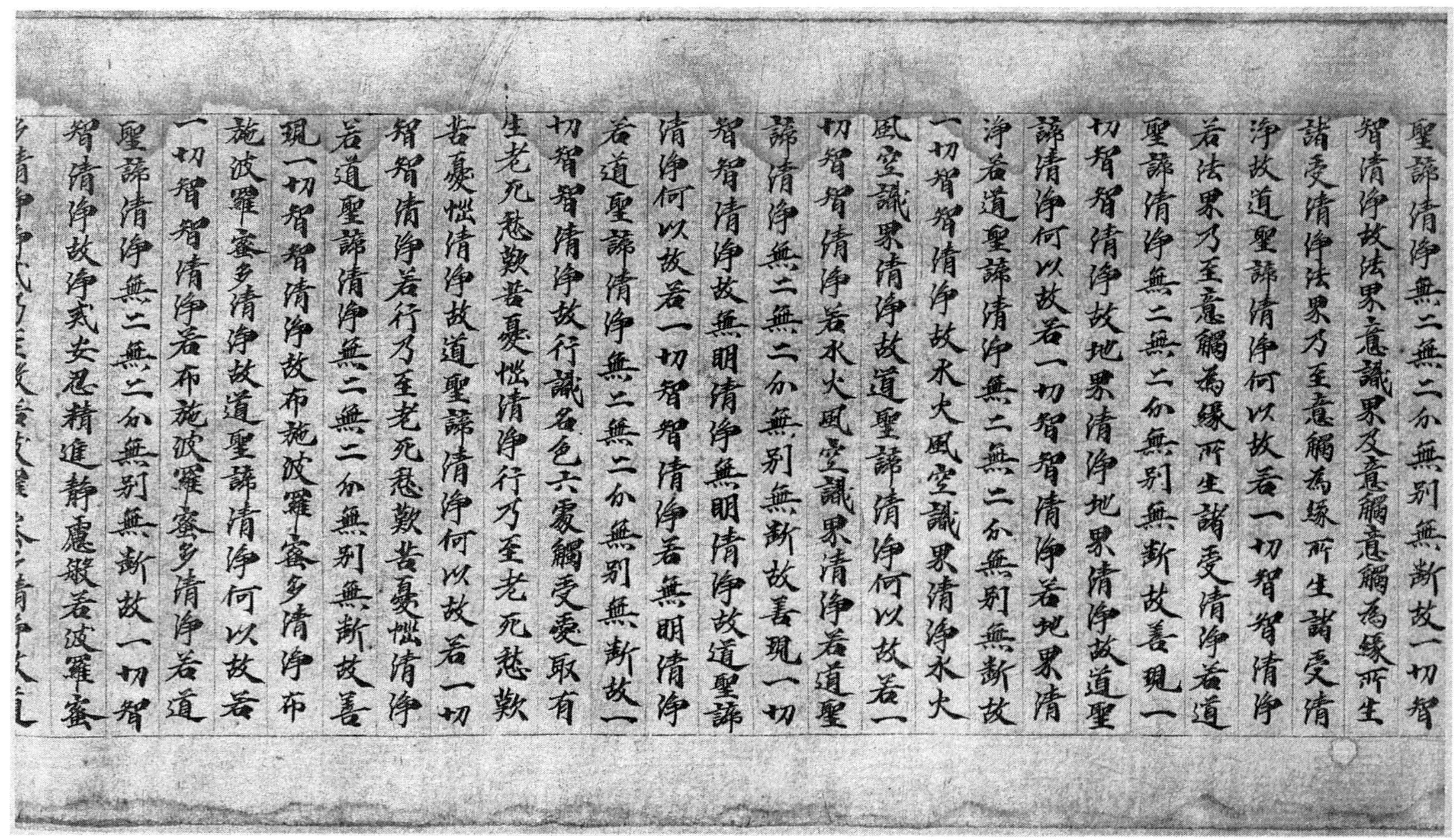

聖諦清淨無二無二分無別無斷故一切智
智清淨故法界意識界及意觸意觸為緣所生
諸受清淨法界乃至意觸為緣所生諸受清
淨故道聖諦清淨何以故若一切智智清淨
若法界乃至意觸為緣所生諸受清淨若道
聖諦清淨無二無二分無別無斷故善現一
切智智清淨故地界清淨地界清淨故道聖
諦清淨何以故若一切智智清淨若地界清
淨若道聖諦清淨無二無二分無別無斷故
一切智智清淨故水火風空識界清淨水火
風空識界清淨故道聖諦清淨何以故若一
切智智清淨若水火風空識界清淨若道聖
諦清淨無二無二分無別無斷故善現一切
智智清淨故無明清淨無明清淨故道聖諦
清淨何以故若一切智智清淨若無明清淨
若道聖諦清淨無二無二分無別無斷故一
切智智清淨故行識名色六處觸受愛取有
生老死愁歎苦憂惱清淨行乃至老死愁歎
苦憂惱清淨故道聖諦清淨何以故若一切
智智清淨若行乃至老死愁歎苦憂惱清淨
若道聖諦清淨無二無二分無別無斷故善
現一切智智清淨故布施波羅蜜多清淨布
施波羅蜜多清淨故道聖諦清淨何以故若
一切智智清淨若布施波羅蜜多清淨若道
聖諦清淨無二無二分無別無斷故一切智
智清淨故淨戒安忍精進靜慮般若波羅蜜

BD05329號　大般若波羅蜜多經卷二六四　（16–12）

施波羅蜜多清淨故道聖諦清淨何以故若
一切智智清淨若布施波羅蜜多清淨若道
聖諦清淨無二無二分無別無斷故一切智
智清淨故淨戒安忍精進靜慮般若波羅蜜
多清淨淨戒乃至般若波羅蜜多清淨故道
聖諦清淨何以故若一切智智清淨若淨戒
乃至般若波羅蜜多清淨若道聖諦清淨無
二無二分無別無斷故善現一切智智清淨
故內空清淨內空清淨故道聖諦清淨何以
故若一切智智清淨若內空清淨若道聖諦
清淨無二無二分無別無斷故一切智智清
淨故外空內外空空空大空勝義空有為空
無為空畢竟空無際空散空無變異空本性
空自相空共相空一切法空不可得空無性
空自性空無性自性空清淨外空乃至無性
自性空清淨故道聖諦清淨何以故若一切
智智清淨若外空乃至無性自性空清淨若
道聖諦清淨無二無二分無別無斷故善現
一切智智清淨故真如清淨真如清淨故道
聖諦清淨何以故若一切智智清淨若真如
清淨若道聖諦清淨無二無二分無別無斷
故一切智智清淨故法界法性不虛妄性不
變異性平等性離生性法定法住實際虛空
界不思議界清淨法界乃至不思議界清淨
故道聖諦清淨何以故若一切智智清淨若
法界乃至不思議界清淨若道聖諦清淨

BD05329號　大般若波羅蜜多經卷二六四　（16–13）

故一切智智清淨故法界法性不虛妄性不
變異性平等性離生性法定法住實際虛空
界不思議界清淨法界乃至不思議界清淨
故道聖諦清淨何以故若一切智智清淨若
法界乃至不思議界清淨若道聖諦清淨
無二無二分無別無斷故善現一切智智清
淨故苦聖諦清淨苦聖諦清淨故道聖諦
清淨何以故若一切智智清淨若苦聖諦清
淨若道聖諦清淨無二無二分無別無斷故
一切智智清淨故集滅聖諦清淨集滅聖諦
清淨故道聖諦清淨何以故若一切智智清
淨若集滅聖諦清淨若道聖諦清淨無二無
二分無別無斷故善現一切智智清淨故四
靜慮清淨四靜慮清淨故道聖諦清淨何以
故若一切智智清淨若四靜慮清淨若道聖
諦清淨無二無二分無別無斷故一切智智
清淨故四無量四無色定清淨四無量四無
色定清淨故道聖諦清淨何以故若一切智
智清淨若四無量四無色定清淨若道聖諦
清淨無二無二分無別無斷故善現一切智
智清淨故八解脫清淨八解脫清淨故道聖
諦清淨何以故若一切智智清淨若八解脫
清淨若道聖諦清淨無二無二分無別無斷
故一切智智清淨故八勝處九次第定十遍
處清淨八勝處九次第定十遍處清淨故道
聖諦清淨何以故若一切智智清淨若八勝

BD05329號　大般若波羅蜜多經卷二六四　（16–14）

諦清淨何以故若一切智智清淨若八解脫
清淨若道聖諦清淨無二無二分無別無斷
故一切智智清淨故八勝處九次第定十遍
處清淨八勝處九次第定十遍處清淨故道
聖諦清淨何以故若一切智智清淨若八勝
處九次第定十遍處清淨若道聖諦清淨無
二無二分無別無斷故善現一切智智清淨
故四念住清淨四念住清淨故道聖諦清淨
何以故若一切智智清淨若四念住清淨若
道聖諦清淨無二無二分無別無斷故一切
智智清淨故四正斷四神足五根五力七等
覺支八聖道支清淨四正斷乃至八聖道支
清淨故道聖諦清淨何以故若一切智智清
淨若四正斷乃至八聖道支清淨若道聖諦
清淨無二無二分無別無斷故善現一切智
智清淨故空解脫門清淨空解脫門清淨故
道聖諦清淨何以故若一切智智清淨若空
解脫門清淨若道聖諦清淨無二無二分無
別無斷故一切智智清淨故無相無願解脫
門清淨無相無願解脫門清淨故道聖諦清
淨何以故若一切智智清淨若無相無願解
脫門清淨若道聖諦清淨無二無二分無別
無斷故善現一切智智清淨故菩薩十地清
淨菩薩十地清淨故道聖諦清淨何以故若
一切智智清淨若菩薩十地清淨若道聖諦
清淨無二無二分無別無斷故

BD05329號　大般若波羅蜜多經卷二六四　（16–15）

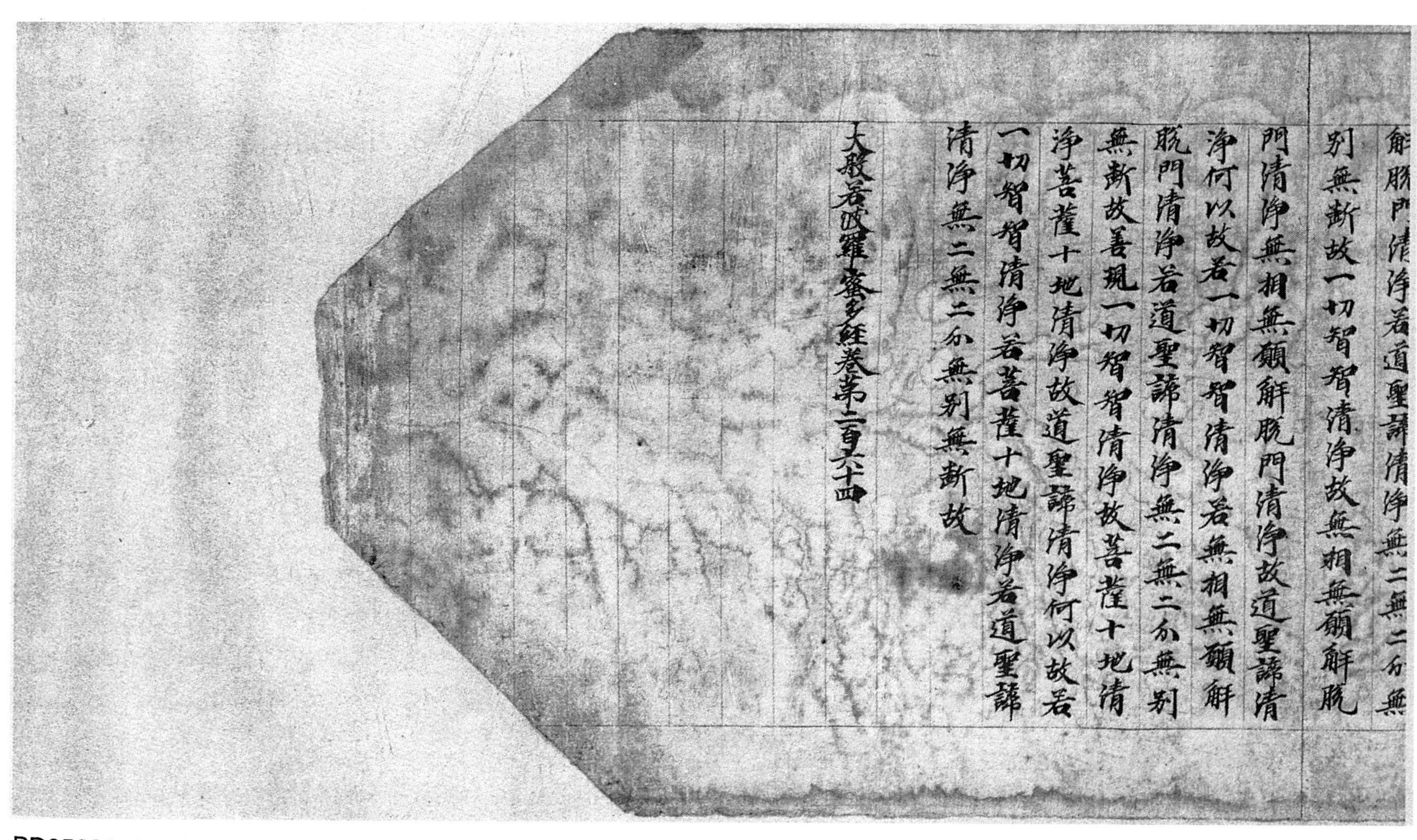

解脫門清淨若道聖諦清淨無二無二分無
別無斷故一切智智清淨故無相無願解脫
門清淨無相無願解脫門清淨故道聖諦清
淨何以故若一切智智清淨若無相無願解
脫門清淨若道聖諦清淨無二無二分無別
無斷故善現一切智智清淨故菩薩十地清
淨菩薩十地清淨故道聖諦清淨何以故若
一切智智清淨若菩薩十地清淨若道聖諦
清淨無二無二分無別無斷故

大般若波羅蜜多經卷第二百六十四

BD05329號　大般若波羅蜜多經卷二六四　（16–16）

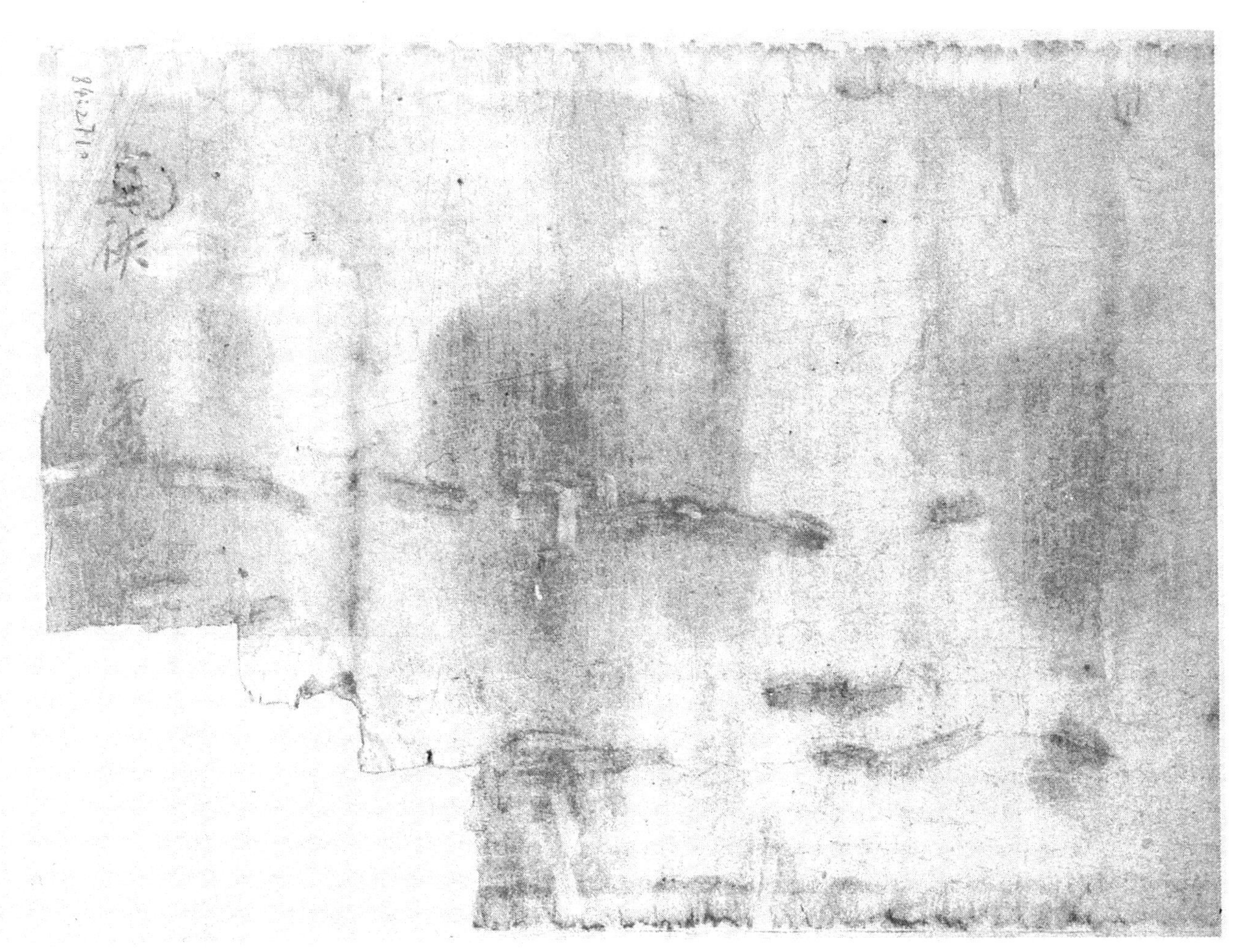

BD05329 號背　勘記　　（1–1）

衆僧遠衆僧亦離彼遠是謂目連於我法中
六奇特令諸弟子見已而自娛樂猶如目連
大海水中多出珎奇異寶陸地所無有所謂
珎寶者金銀真珠瑠璃珊瑚硨磲馬瑙於我
法中亦多出珎寶所謂珎寶者四念處四正
勤四如意足四禪五根五力七覺意賢聖八
道是謂目連於我法中七奇特令諸弟子見
已而自娛樂猶如目連大海水大形所居處
所謂大形者百由旬乃至七百由旬如是目
連於我法中亦受大形所謂大形者衆僧中
向須陁洹得須陁洹果乃至向阿羅漢得阿
羅漢果是謂目連於我法中八奇特令諸弟
子見已而自娛樂尒時說戒日諸衆多癡比
丘集一處住語上坐言說戒荅言我先不誦
戒次語中坐下坐說戒皆言不誦即不成說
比丘不應共集一處既不知戒復不知說戒
不知布薩不知布薩羯磨自今已去制五戒
比丘誦戒羯磨若不誦戒羯磨者如法治尒
時有衆多癡比丘共集一處住語上坐言說

BD05330 號　四分律（兑廢稿）卷三六　　（2–1）

所謂大形者百由旬乃至七百由旬如是目
連於我法中亦受大形所謂大形者衆僧中
向須陁洹得須陁洹果乃至向阿羅漢得阿
羅漢果是謂目連於我法中八奇特令諸弟
子見已而自娛樂尒時說戒日諸衆多處比
丘集一處住語上坐言說戒答言我先不誦
戒次語中坐下坐說戒皆言不誦即不成說
比丘不應共集一處既不知戒復不知說戒
不知布薩不知布薩羯磨自今已去制五戒
比丘誦戒羯磨若不誦戒羯磨者如法治尒
時有衆多處比丘共集一處住語上坐言說
戒報言我等先誦今者悉忘次問中坐下坐
皆言先誦今者悉忘不成說戒時諸比丘
以此事往白佛佛言衆多處比丘不應集在
一處既不知戒復不知說戒不知布薩不知布
布薩羯磨自今已去制五歲比丘當誦戒誦
羯磨使利若不如法治自今已去聽依能

BD05330號　四分律（兌廢稿）卷三六　（2–2）

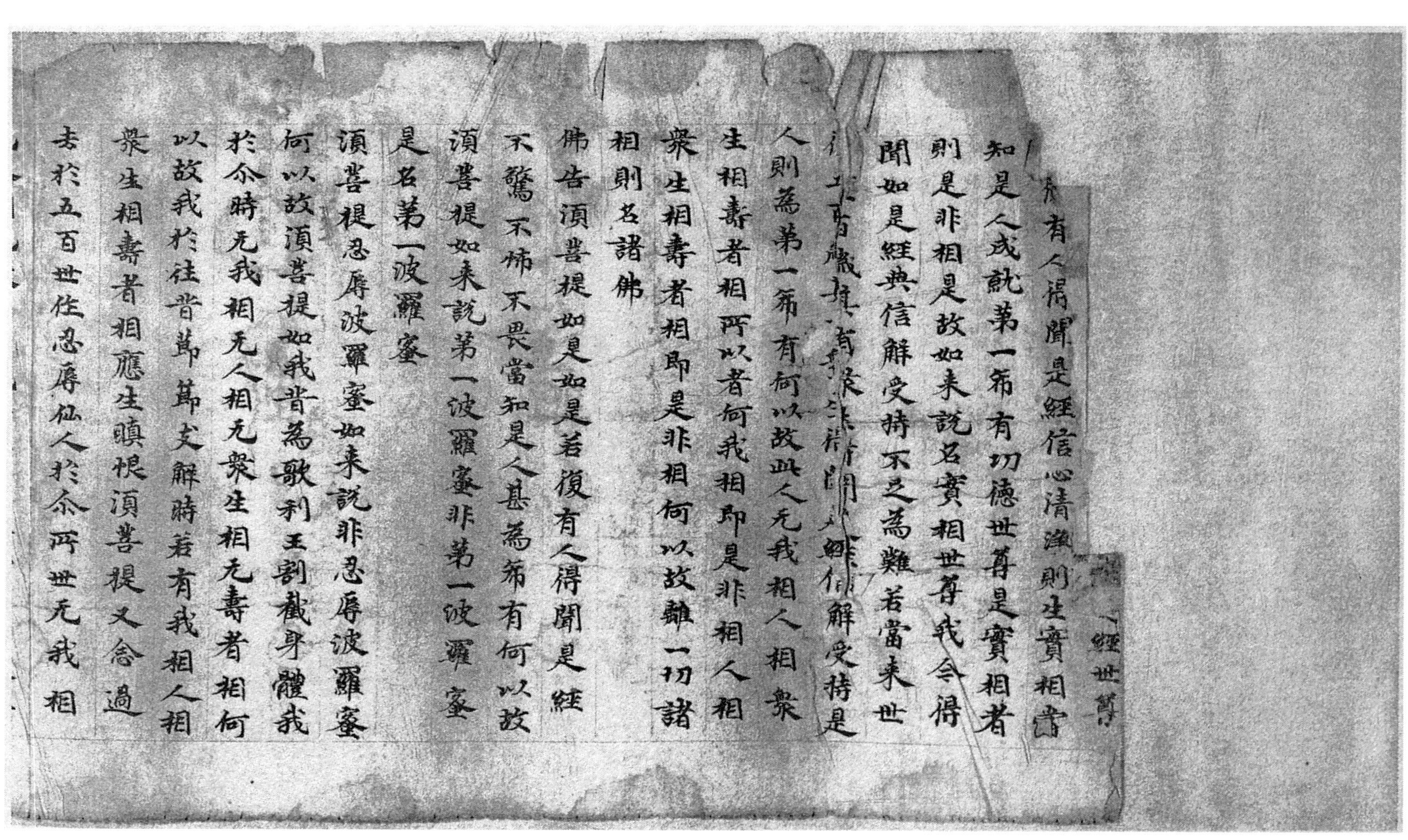

經世尊
有人得聞是經信心清淨則生實相當
知是人成就第一希有功德世尊是實相者
則是非相是故如來說名實相世尊我今得
聞如是經典信解受持不足為難若當來世
[illegible]五百歲其有衆生得聞是經信解受持是
人則為第一希有何以故此人无我相人相衆
生相壽者相所以者何我相即是非相人相
衆生相壽者相即是非相何以故離一切諸
相則名諸佛
佛告須菩提如是如是若復有人得聞是經
不驚不怖不畏當知是人甚為希有何以故
須菩提如來說第一波羅蜜非第一波羅蜜
是名第一波羅蜜
須菩提忍辱波羅蜜如來說非忍辱波羅蜜
何以故須菩提如我昔為歌利王割截身體我
於尒時无我相无人相无衆生相无壽者相何
以故我於往昔節節支解時若有我相人相
衆生相壽者相應生瞋恨須菩提又念過
去於五百世作忍辱仙人於尒所世无我相

BD05331號　金剛般若波羅蜜經　（10–1）

須菩提忍辱波羅蜜如來說非忍辱波羅蜜
何以故須菩提如我昔為歌利王割截身體我
於尒時无我相无人相无衆生相无壽者相何
以故我於往昔節節支解時若有我相人相
衆生相壽者相應生瞋恨須菩提又念過
去於五百世作忍辱仙人於尒所世无我相
无人相无衆生相无壽者相是故須菩提菩
薩應離一切相發阿耨多羅三藐三菩提
心不應住色生心不應住聲香味觸法生心
應生无所住心若心有住則為非住是故佛說
菩薩心不應住色布施須菩提菩薩為利
益一切衆生應如是布施如來說一切諸相即
是非相又說一切衆生則非衆生
須菩提如來是真語者實語者如語者不誑
語者不異語者須菩提如來所得法此法无
實无虛
須菩提若菩薩心住於法而行布施如人入闇
則无所見若菩薩心不住法而行布施如人
有目日光明照見種種色
須菩提當來之世若有善男子善女人能於此
經受持讀誦則為如來以佛智慧悉知是人
悉見是人皆得成就无量无邊功德
須菩提若有善男子善女人初日分以恒河
沙等身布施中日分復以恒河沙等身布施
後日分亦以恒河沙等身布施如是无量百千
万億劫以身布施若復有人聞此經典信心

BD05331號　金剛般若波羅蜜經　（10–2）

經受持讀誦則為如來以佛智慧悉知是人
悉見是人皆得成就无量无邊功德
須菩提若有善男子善女人初日分以恒河
沙等身布施中日分復以恒河沙等身布施
後日分亦以恒河沙等身布施如是无量百千
万億劫以身布施若復有人聞此經典信心
不逆其福勝彼何況書寫受持讀誦為人
解說
須菩提以要言之是經有不可思議不可稱
量无邊功德如來為發大乘者說為發最上
乘者說若有人能受持讀誦廣為人說如來
悉知是人悉見是人皆得成就不可量不可
稱无有邊不可思議功德如是人等則為荷擔
如來阿耨多羅三藐三菩提何以故須菩提
若樂小法者著我見人見衆生見壽者見
則於此經不能聽受讀誦為人解說須菩提
在在處處若有此經一切世間天人阿修羅所
應供養當知此處則為是塔皆應恭敬作
礼圍遶以諸華香而散其處
復次須菩提若善男子善女人受持讀誦此
經若為人輕賤是人先世罪業應墮惡道以今
世人輕賤故先世罪業則為消滅當得阿耨多
羅三藐三菩提須菩提我念過去无量阿僧
祇劫於然燈佛前得值八百四千万億那由
他諸佛悉皆供養承事无空過者若復有
人於後末世能受持讀誦此經所得功德於

BD05331號　金剛般若波羅蜜經　（10–3）

經若為人輕賤是人先世罪業應墮惡道以今
世人輕賤故先世罪業則為消滅當得阿耨多
羅三藐三菩提須菩提我念過去无量阿僧
祇劫於然燈佛前得值八百四千万億那由
他諸佛悉皆供養承事无空過者若復有
人於後末世能受持讀誦此經所得功德於
我所供養諸佛功德百分不及一千万億分
乃至筭數譬喻所不能及須菩提若善男子
善女人於後末世有受持讀誦此經所得功德
我若具說者或有人聞心則狂亂狐疑不信
須菩提當知是經義不可思議果報亦不可
思議
尒時須菩提白佛言世尊善男子善女人發
阿耨多羅三藐三菩提心云何應住云何降
伏其心佛告須菩提善男子善女人發阿耨多
羅三藐三菩提者當生如是心我應滅度一
切衆生滅度一切衆生已而无有一衆生實
滅度者何以故若菩薩有我相人相衆生
相壽者相則非菩薩所以者何須菩提實无
有法發阿耨多羅三藐三菩提者
須菩提於意云何如來於然燈佛所有法得
阿耨多羅三藐三菩提不不也世尊如我解
佛所說義佛於然燈佛所无有法得阿耨多
羅三藐三菩提佛言如是如是須菩提實无
有法如來得阿耨多羅三藐三菩提須菩提

BD05331 號　金剛般若波羅蜜經　（10–4）

須菩提於意云何如來於然燈佛所有法得
阿耨多羅三藐三菩提不不也世尊如我解
佛所說義佛於然燈佛所无有法得阿耨多
羅三藐三菩提佛言如是如是須菩提實无
有法如來得阿耨多羅三藐三菩提須菩提
若有法如來得阿耨多羅三藐三菩提然燈
佛則不與我受記汝於來世當得作佛号釋
迦牟尼以實无有法得阿耨多羅三藐三菩
提是故然燈佛與我受記作是言汝於來世
當得作佛号釋迦牟尼何以故如來者即諸
法如義若有人言如來得阿耨多羅三藐三
菩提須菩提實无有法佛得阿耨多羅三藐
三菩提須菩提如來所得阿耨多羅三藐三
菩提於是中无實无虛是故如來說一切法
皆是佛法須菩提所言一切法者即非一切
法是故名一切法
須菩提譬如人身長大須菩提言世尊如來
說人身長大則為非大身是名大身
須菩提菩薩亦如是若作是言我當滅度无
量衆生則不名菩薩何以故須菩提實无有
法名為菩薩是故佛說一切法无我无人无衆生
无壽者須菩提若菩薩作是言我當莊嚴佛
土是不名菩薩何以故如來說莊嚴佛土者
即非莊嚴是名莊嚴須菩提若菩薩通達
无我法者如來說名真是菩薩
須菩提於意云何如來有肉眼[illegible]

BD05331 號　金剛般若波羅蜜經　（10–5）

法名為菩薩是故佛說一切法无我无人无衆生
无壽者須菩提若菩薩作是言我當莊嚴佛
土是不名菩薩何以故如來說莊嚴佛土者
即非莊嚴是名莊嚴須菩提若菩薩通達
无我法者如來說名真是菩薩
須菩提於意云何如來有肉眼不如是世尊如
來有肉眼須菩提於意云何如來有天眼不
如是世尊如來有天眼須菩提於意云何如
來有慧眼不如是世尊如來有慧眼須菩提
於意云何如來有法眼不如是世尊如來有
法眼須菩提於意云何如來有佛眼不如是
世尊如來有佛眼須菩提於意云何恒河中
所有沙佛說是沙不如是世尊如來說是沙須
菩提於意云何如一恒河中所有沙有如是
等恒河是諸恒河所有沙數佛世界如是寧為
多不甚多世尊佛告須菩提尔所國土中所有
衆生若干種心如來悉知何以故如來說諸心
皆為非心是名為心所以者何須菩提過去心
不可得現在心不可得未來心不可得須菩
提於意云何若有人滿三千大千世界七寶
以用布施是人以是因緣得福多不如是世
尊此人以是因緣得福甚多須菩提若福
德有實如來不說得福德多以福德无故如
來說得福德多
須菩提於意云何佛可以具足色身見不不
也世尊如來不應以具足色身見何以故如來

BD05331 號　金剛般若波羅蜜經　（10–6）

尊此人以是因緣得福甚多須菩提若福
德有實如來不說得福德多以福德无故如
來說得福德多
須菩提於意云何佛可以具足色身見不不
也世尊如來不應以具足色身見何以故如來
說具足色身即非具足色身是名具足色
身須菩提於意云何如來可以具足諸相見不
不也世尊如來不應以具足諸相見何以故如
來說諸相具足即非具足是名諸相具足須
菩提汝勿謂如來作是念我當有所說法莫
作是念何以故若人言如來有所說法即為
謗佛不能解我所說故須菩提說法者无法
可說是名說法
須菩提白佛言世尊佛得阿耨多羅三藐三
菩提為无所得耶如是如是須菩提我於阿耨
多羅三藐三菩提乃至无有少法可得是名
阿耨多羅三藐三菩提復次須菩提是法
平等无有高下是名阿耨多羅三藐三菩提
以无我无人无衆生无壽者脩一切善法則得
阿耨多羅三藐三菩提須菩提所言善法
者如來說非善法是名善法
須菩提若三千大千世界中所有諸須弥山
王如是等七寶聚有人持用布施若人以此般
若波羅蜜經乃至四句偈等受持讀誦為
他人說於前福德百分不及一百千万億分乃

BD05331 號　金剛般若波羅蜜經　（10–7）

阿耨多羅三藐三菩提須菩提所言善法
者如來說非善法是名善法
須菩提若三千大千世界中所有諸須弥山
王如是等七寶聚有人持用布施若人以此般
若波羅蜜經乃至四句偈等受持讀誦為
他人說於前福德百分不及一百千万億分乃
至筭數譬喻所不能及
須菩提於意云何汝等勿謂如來作是念我
當度衆生須菩提莫作是念何以故實无有
衆生如來度者若有衆生如來度者如來則
有我人衆生壽者須菩提如來說有我者則
非有我而凡夫之人以為有我須菩提凡夫者
如來說則非凡夫
須菩提於意云何可以卅二相觀如來不須
菩提言如是如是以卅二相觀如來佛言須
菩提若以卅二相觀如來者轉輪聖王則是
如來須菩提白佛言世尊如我解佛所說義
不應以卅二相觀如來尒時世尊而說偈言
若以色見我　以音聲求我　是人行邪道　不能見如來
須菩提汝若作是念如來不以具足相故得阿
耨多羅三藐三菩提須菩提莫作是念如來
不以具足相故得阿耨多羅三藐三菩提須
菩提汝若作是念發阿耨多羅三藐三菩提
者說諸法斷滅相莫作是念何以故發阿耨
多羅三藐三菩提者於法[illegible]說斷滅相須菩
提若菩薩以滿恒河沙世[illegible]寶布施若

BD05331號　金剛般若波羅蜜經　（10–8）

耨多羅三藐三菩提須菩提莫作是念如來
不以具足相故得阿耨多羅三藐三菩提須
菩提汝若作是念發阿耨多羅三藐三菩提
者說諸法斷滅相莫作是念何以故發阿耨
多羅三藐三菩提者於法[illegible]說斷滅相須菩
提若菩薩以滿恒河沙世[illegible]寶布施若
復有人知一切法无我得成[illegible]菩薩勝前
菩薩所得功德須菩提以諸菩[illegible]受福德
故須菩提白佛言世尊云何菩薩[illegible]受福德
須菩提菩薩所作福德不應貪[illegible]故說不
受福德
須菩提若有人言如來若來若去若坐若卧
是人不解我所說義何以故如來者无所從來
亦无所去故名如來
須菩提若善男子善女人以三千大千世界碎
為微塵於意云何是微塵衆寧為多不甚
多世尊何以故若是微塵衆實有者佛則不
說是微塵衆所以者何佛說微塵衆則非微
塵衆是名微塵衆世尊如來所說三千大千世
界則非世界是名世界何以故若世界實有
者則是一合相如來說一合相則非一合相是名
一合相須菩提一合相者則是不可說但凡夫
之人貪著其事須菩提若人言佛說我見
人見衆生見壽者見須菩提於意云何是
人解我所說義不世尊是人不解如來所說

BD05331號　金剛般若波羅蜜經　（10–9）

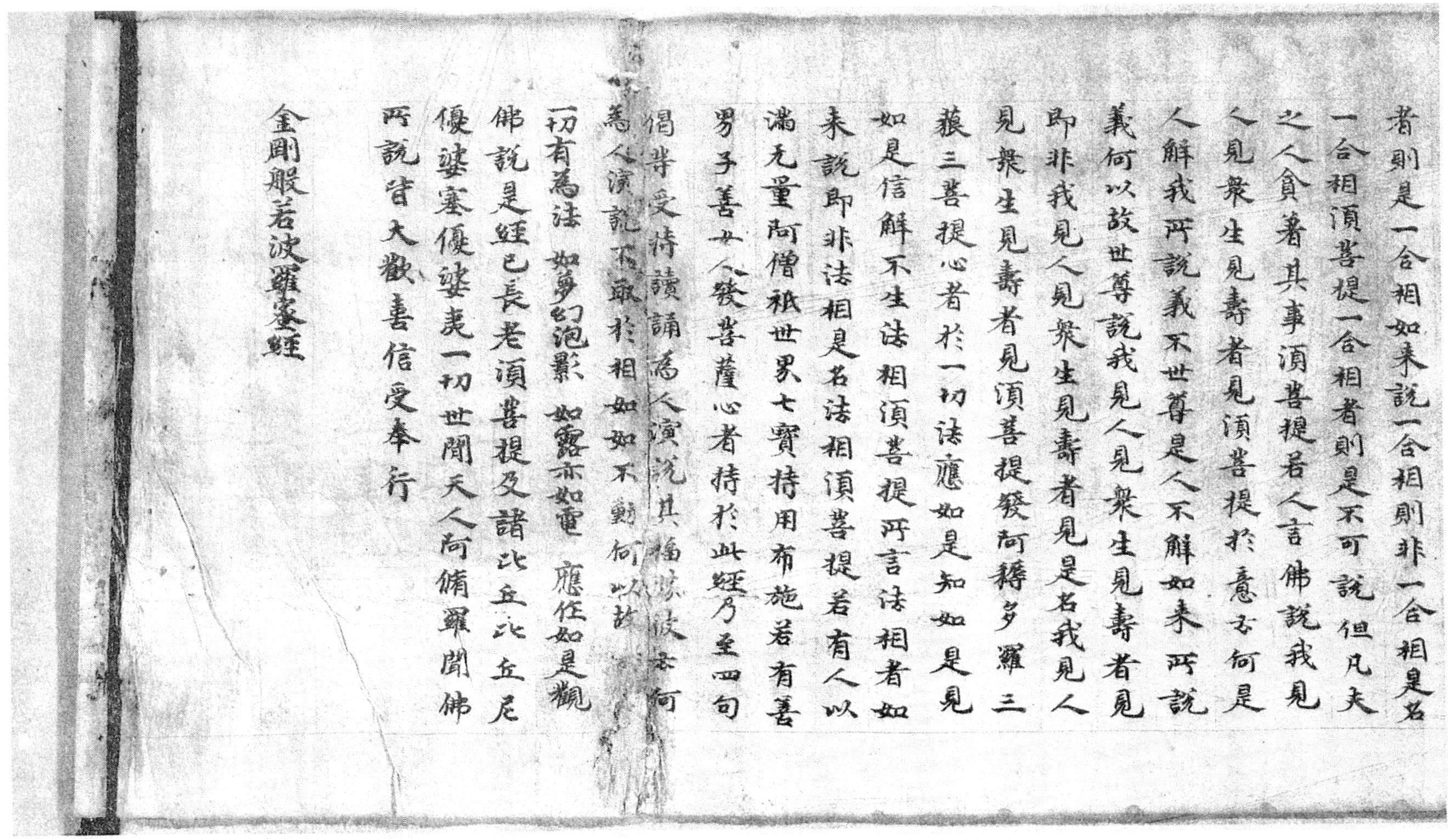

者則是一合相如來說一合相則非一合相是名
一合相須菩提一合相者則是不可說但凡夫
之人貪著其事須菩提若人言佛說我見
人見衆生見壽者見須菩提於意云何是
人解我所說義不世尊是人不解如來所說
義何以故世尊說我見人見衆生見壽者見
即非我見人見衆生見壽者見是名我見人
見衆生見壽者見須菩提發阿耨多羅三
藐三菩提心者於一切法應如是知如是見
如是信解不生法相須菩提所言法相者如
來說即非法相是名法相須菩提若有人以
滿无量阿僧祇世界七寶持用布施若有善
男子善女人發菩薩心者持於此經乃至四句
偈等受持讀誦爲人演說其福勝彼云何
爲人演說不取於相如如不動何以故
一切有爲法 如夢幻泡影 如露亦如電 應作如是觀
佛說是經已長老須菩提及諸比丘比丘尼
優婆塞優婆夷一切世間天人阿脩羅聞佛
所說皆大歡喜信受奉行
金剛般若波羅蜜經

BD05331號　金剛般若波羅蜜經　（10–10）

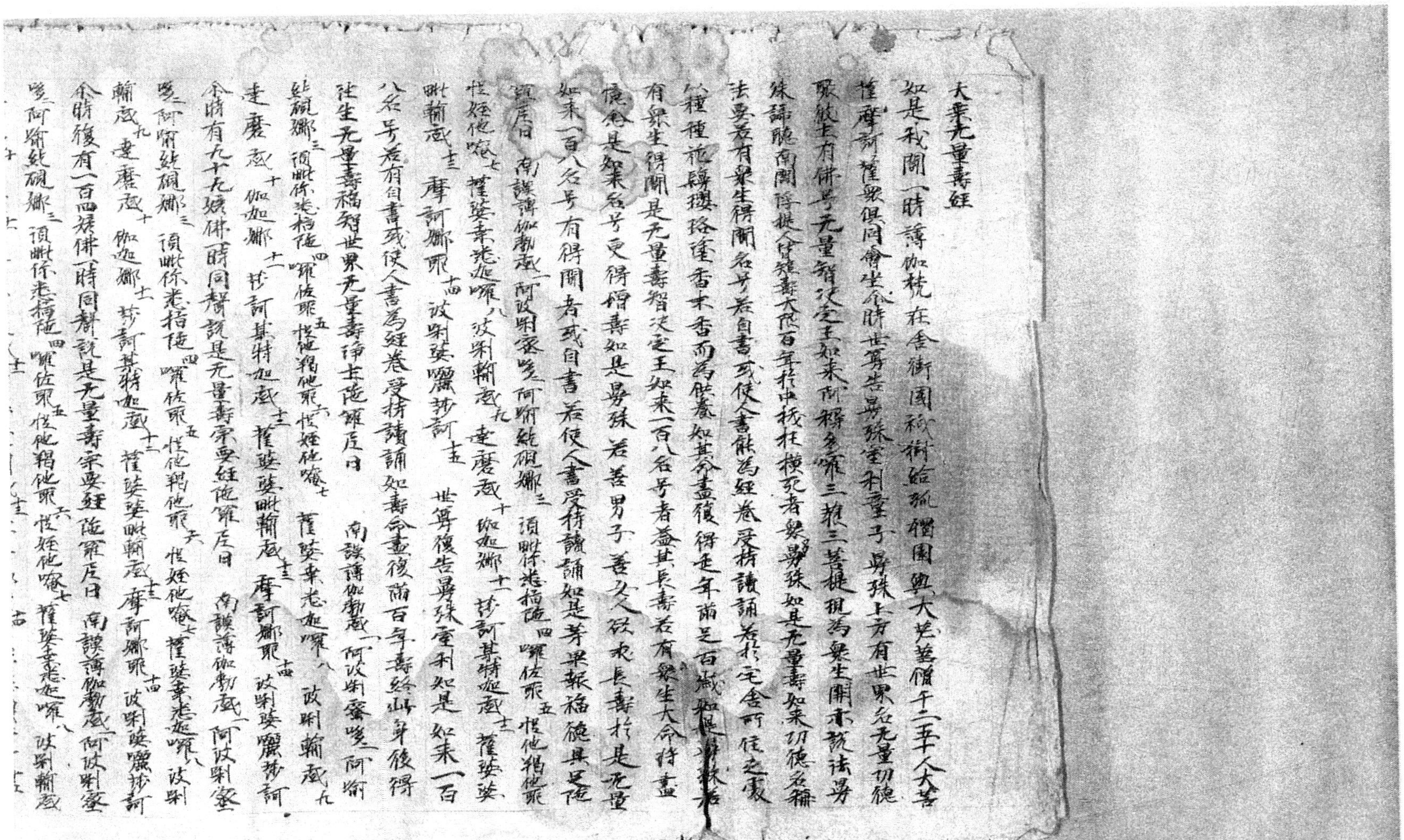

大乘无量壽經
如是我聞一時薄伽梵在舍衛國祇樹給孤獨園與大苾蒭僧千二百五十人大菩
薩摩訶薩衆俱同會坐尒時世尊告曼殊室利童子曼殊上方有世界名无量功德
聚彼土有佛号无量智決定王如來阿耨多羅三藐三菩提現爲衆生開示說法曼
殊諦聽南閻浮提人命雖壽大限百年於中枉橫死者衆曼殊如是无量壽如來功德名稱
法要若有衆生得聞名号若自書或使人書能爲經卷受持讀誦若於宅舍所住之處
以種種花鬘瓔珞塗香末香而爲供養如其命盡復得延年滿足百歲如是曼殊若
有衆生得聞是无量壽智決定王如來一百八名号者益其長壽若有衆生大命將盡
憶念是如來名号更得增壽如是曼殊若善男子善女人欲求長壽於是无量
如來一百八名号有得聞者或自書若使人書受持讀誦如是等果報福德具足陁
羅尼曰 南謨薄伽勃底一 阿波唎蜜哆二 阿喩紇硯娜三 須毗你失指陀四 囉佐耶五 怛他羯他耶
怛姪他唵七 薩婆桑悉迦囉八 波唎輸底九 達磨底十 伽伽娜十一 莎訶某特伽底十二 薩婆娑
毗輸底十三 摩訶娜耶十四 波唎婆囉莎訶十五 世尊復告曼殊室利如是如來一百
八名号若有自書或使人書爲經卷受持讀誦如壽命盡復滿百年壽終此身後得
往生无量壽福智世界无量壽淨土陁羅尼曰 南謨薄伽勃底一 阿波唎蜜哆二 阿喩
紇硯娜三 須毗你失指陀四 囉佐耶五 怛他羯他耶六 怛姪他唵七 薩婆桑悉迦囉八 波唎輸底九
達磨底十 伽伽娜十一 莎訶某特伽底十二 薩婆娑毗輸底十三 摩訶娜耶十四 波唎婆囉莎訶
尒時有九十九殑伽沙佛一時同聲說是无量壽宗要經陁羅尼曰 南謨薄伽勃底一 阿波唎蜜
哆二 阿喩紇硯娜三 須毗你失指陀四 囉佐耶五 怛他羯他耶六 怛姪他唵七 薩婆桑悉迦囉八 波唎
輸底九 達磨底十 伽伽娜十一 莎訶某特伽底十二 薩婆娑毗輸底十三 摩訶娜耶十四 波唎婆囉莎訶
尒時復有一百四殑伽沙佛一時同聲說是无量壽宗要經陁羅尼曰 南謨薄伽勃底一 阿波唎蜜
哆二 阿喩紇硯娜三 須毗你失指陀四 囉佐耶五 怛他羯他耶六 怛姪他唵七 薩婆桑悉迦囉八 波唎輸底

BD05332號　無量壽宗要經　（5–1）

紇硯娜三 須毗你悉指陀四 囉佐耶五 怛他羯他耶六 怛姪他唵七 薩婆桑悉迦囉八 波唎輸底九
達磨底十 伽伽娜十一 莎訶莫特迦底十二 薩婆婆毗輸底十三 摩訶娜耶十四 波唎婆囉莎訶
爾時有九十九殑伽佛一時同聲說是無量壽宗要經陀羅尼曰 南謨薄伽勃底一 阿波唎蜜
多二 阿喻紇硯娜三 須毗你悉指陀四 囉佐耶五 怛他羯他耶六 怛姪他唵七 薩婆桑悉迦囉八 波唎
輸底九 達磨底十 伽伽娜十一 莎訶莫特迦底十二 薩婆婆毗輸底十三 摩訶娜耶十四 波唎婆囉莎訶
爾時復有一百四殑伽佛一時同聲說是無量壽宗要經陀羅尼曰 南謨薄伽勃底一 阿波唎蜜
多二 阿喻紇硯娜三 須毗你悉指陀四 囉佐耶五 怛他羯他耶六 怛姪他唵七 薩婆桑悉迦囉八 波唎輸底
達磨底十 伽伽娜十一 莎訶莫特迦底十二 薩婆婆毗輸底十三 摩訶娜耶十四 波唎婆囉莎訶十五
爾時復有七殑伽佛一時同聲說是無量壽宗要經陀羅尼曰 南謨薄伽勃底一 阿波唎蜜多
阿喻紇硯娜三 須毗你悉指陀四 囉佐耶五 怛他羯他耶六 怛姪他唵七 薩婆桑悉迦囉八 波唎輸底九
達磨底十 伽伽娜十一 莎訶莫特迦底十二 薩婆婆毗輸底十三 摩訶娜耶十四 波唎婆囉莎訶十五
爾時復有六十五殑伽佛一時同聲說是無量壽宗要經陀羅尼曰 南謨薄伽勃底一 阿波唎蜜多
阿喻紇硯娜三 須毗你悉指陀四 囉佐耶五 怛他羯他耶六 怛姪他唵七 薩婆桑悉迦囉八 波唎輸底九
達磨底十 伽伽娜十一 莎訶莫特迦底十二 薩婆婆毗輸底十三 摩訶娜耶十四 波唎婆囉莎訶十五
爾時復有五十五殑伽佛一時同聲說是無量壽宗要經陀羅尼曰 南謨薄伽勃底一 阿波唎
蜜多二 阿喻紇硯娜三 須毗你悉指陀四 囉佐耶五 怛他羯他耶六 怛姪他唵七 薩婆桑悉迦囉八 波唎輸底
達磨底十 伽伽娜十一 莎訶莫特迦底十二 薩婆婆毗輸底十三 摩訶娜耶十四 波唎婆囉莎訶十五
爾時復有四十五殑伽佛一時同聲說是無量壽宗要經陀羅尼曰 南謨薄伽勃底一 阿波唎蜜多
阿喻紇硯娜三 須毗你悉指陀四 囉佐耶五 怛他羯他耶六 怛姪他唵七 薩婆桑悉迦囉八 波唎輸底九
達磨底十 伽伽娜十一 莎訶莫特迦底十二 薩婆婆毗輸底十三 摩訶娜耶十四 波唎婆囉莎訶
爾時復有三十六殑伽佛一時同聲說是無量壽宗要經陀羅尼曰 南謨薄伽勃底一 阿波唎蜜多二
阿喻紇硯娜三 須毗你悉指陀四 囉佐耶五 怛他羯他耶六 怛姪他唵七 薩婆桑悉迦囉八 波唎輸底九
達磨底十 伽伽娜十一 莎訶莫特迦底十二 薩婆婆毗輸底十三 摩訶娜耶十四 波唎婆囉莎訶十五
爾時復有二十五殑伽佛一時同聲說是無量壽宗要經陀羅尼曰 南謨薄伽勃底一 阿波唎蜜
多二 阿喻紇硯娜三 須毗你悉指陀四 囉佐耶五 怛他羯他耶六 怛姪他唵七 薩婆桑悉迦囉八 波唎輸底
達磨底十 伽伽娜十一 莎訶莫特迦底十二 薩婆婆毗輸底十三 摩訶娜耶十四 波唎婆囉莎訶十五
爾時復恒河沙殑伽佛一時同聲說是無量壽宗要經陀羅尼曰 南謨薄伽勃底一 阿波唎蜜多
阿喻紇硯娜三 須毗你悉指陀四 囉佐耶五 怛他羯他耶六 怛姪他唵七 薩婆桑悉迦囉八 波唎輸底
達磨底十 伽伽娜十一 莎訶莫特迦底十二 薩婆婆毗輸底十三 摩訶娜耶十四 波唎婆囉莎訶十五
善男子若有自書寫教人書寫是無量壽宗要經如其命盡復得長壽而滿百年陀羅尼曰
南謨薄伽勃底一 阿波唎蜜多二 阿喻紇硯娜三 須毗你悉指陀四 囉佐耶五 怛他羯他耶六 怛姪他唵七 薩婆桑悉迦囉

BD05332 號　無量壽宗要經

（5–2）

達磨底十 伽伽娜十一 莎訶莫特迦底十二 薩婆婆毗輸底十三 摩訶娜耶十四 波唎婆囉莎訶十五
爾時復恒河沙殑伽佛一時同聲說是無量壽宗要經陀羅尼曰 南謨薄伽勃底一 阿波唎蜜多
阿喻紇硯娜三 須毗你悉指陀四 囉佐耶五 怛他羯他耶六 怛姪他唵七 薩婆桑悉迦囉八 波唎輸底
達磨底十 伽伽娜十一 莎訶莫特迦底十二 薩婆婆毗輸底十三 摩訶娜耶十四 波唎婆囉莎訶十五
善男子若有自書寫教人書寫是無量壽宗要經如其命盡復得長壽而滿百年陀羅尼曰
南謨薄伽勃底一 阿波唎蜜多二 阿喻紇硯娜三 須毗你悉指陀四 囉佐耶五 怛他羯他耶六 怛姪他唵七 薩婆桑悉迦囉八
波唎輸底九 達磨底十 伽伽娜十一 莎訶莫特迦底十二 薩婆婆毗輸底十三 摩訶娜耶十四 波唎婆囉莎訶
若有自書寫教人書寫是無量壽宗要經讀誦受持畢竟不墮地獄在在所生得宿命智陀
羅尼曰 南謨薄伽勃底一 阿波唎蜜多二 阿喻紇硯娜三 須毗你悉指陀四 囉佐耶五 怛他羯他耶六 怛姪他唵
薩婆桑悉迦囉八 波唎輸底九 達磨底十 伽伽娜十一 莎訶莫特迦底十二 薩婆婆毗輸底十三 摩訶娜耶十四 波唎
婆囉莎訶十五 若有自書教人書寫是無量壽宗要經受持讀誦如同書寫八萬四千一切經典陀羅尼曰
南謨薄伽勃底一 阿波唎蜜多二 阿喻紇硯娜三 須毗你悉指陀四 囉佐耶五 怛他羯他耶六 怛姪他唵七 薩婆桑悉迦
囉八 波唎輸底九 達磨底十 伽伽娜十一 莎訶莫特迦底十二 薩婆婆毗輸底十三 摩訶娜耶十四 波唎婆囉莎訶
若有自書寫教人書寫是無量壽宗要經即是書寫八萬四千部建立塔廟陀羅尼曰 南謨薄伽勃
底一 阿波唎蜜多二 阿喻紇硯娜三 須毗你悉指陀四 囉佐耶五 怛他羯他耶六 怛姪他唵七 薩婆桑悉迦囉八 波唎輸底
達磨底十 伽伽娜十一 莎訶莫特迦底十二 薩婆婆毗輸底十三 摩訶娜耶十四 波唎婆囉莎訶十五
若有自書寫教人書寫是無量壽宗要經能消五無間等一切重罪陀羅尼曰 南謨薄伽勃底
阿波唎蜜多二 阿喻紇硯娜三 須毗你悉指陀四 囉佐耶五 怛他羯他耶六 怛姪他唵七 薩婆桑悉迦囉八 波
唎輸底九 達磨底十 伽伽娜十一 莎訶莫特迦底十二 薩婆婆毗輸底十三 摩訶娜耶十四 波唎婆囉莎訶
若有自書寫教人寫是無量壽宗要經受持讀誦設有重罪猶如須彌盡能除滅陀羅尼曰
南謨薄伽勃底一 阿波唎蜜多二 阿喻紇硯娜三 須毗你悉指陀四 囉佐耶五 怛他羯他耶六 怛姪他唵七
薩婆桑悉迦囉八 波唎輸底九 達磨底十 伽伽娜十一 莎訶莫特迦底十二 薩婆婆毗輸底十三 摩訶娜耶十四
波唎婆囉莎訶十五 若有自書寫教人書寫是無量壽宗要經受持讀誦諸魔魔之眷屬
夜叉羅剎不得其便終無枉死陀羅尼曰 南謨薄伽勃底一 阿波唎蜜多二 阿喻紇硯娜三
須毗你悉指陀四 囉佐耶五 怛他羯他耶六 怛姪他唵七 薩婆桑悉迦囉八 波唎輸底九 達
磨底十 伽伽娜十一 莎訶莫特迦底十二 薩婆婆毗輸底十三 摩訶娜耶十四 波唎婆囉莎訶
若有自書寫教人書寫是無量壽宗要經受持讀誦當命終時有九十九殑伽佛現其
人前來千佛授手能往一切佛剎莫於此經生於疑惑陀羅尼曰 南謨薄伽勃底一
阿波唎蜜多二 阿喻紇硯娜三 須毗你悉指陀四 囉佐耶五 怛他羯他耶六 怛姪他唵七 薩婆桑悉迦囉
波唎輸底九 達磨底十 伽伽娜十一 莎訶莫特迦底十二 薩婆婆毗輸底十三 摩訶娜耶十四 波唎婆囉莎訶
若有自書寫教人書寫是無量壽宗要經受持讀誦常得四天大王隨其衛護陀羅尼曰
南謨薄伽勃底一 阿波唎蜜多二 阿喻紇硯娜三 須毗你悉指陀四 囉佐耶五 怛他羯他耶六 怛姪他唵

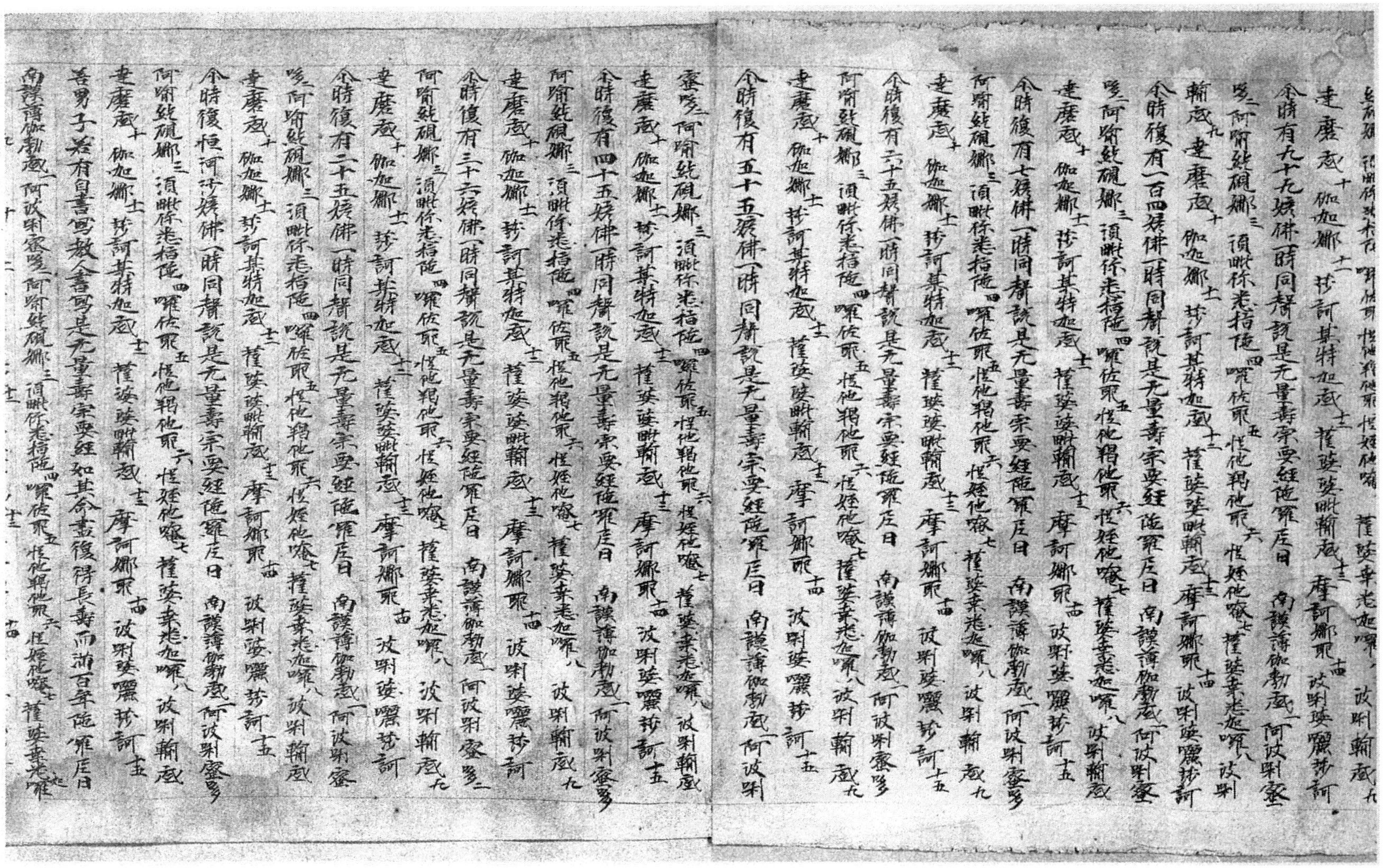

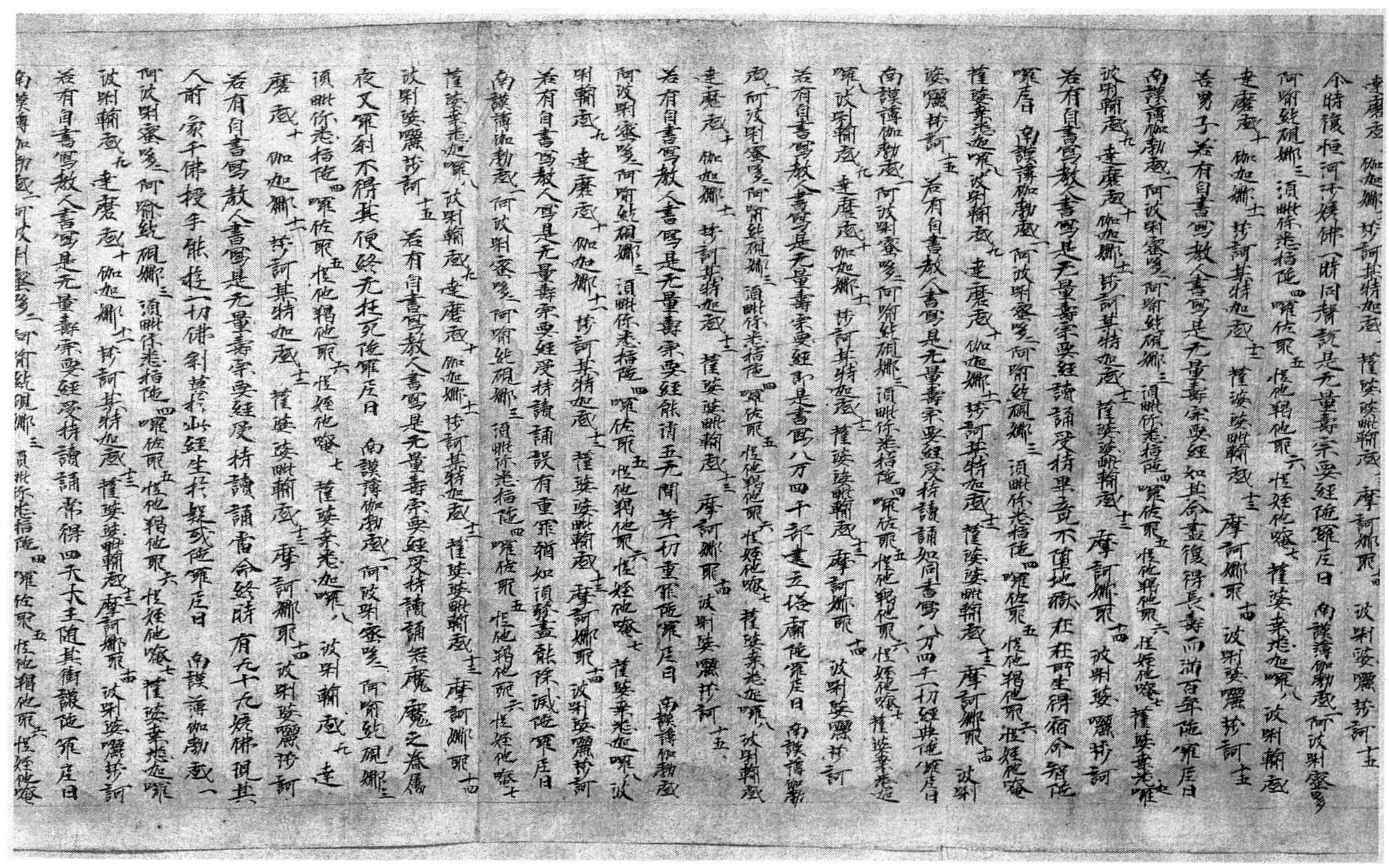

BD05332 號　無量壽宗要經

（5–3）

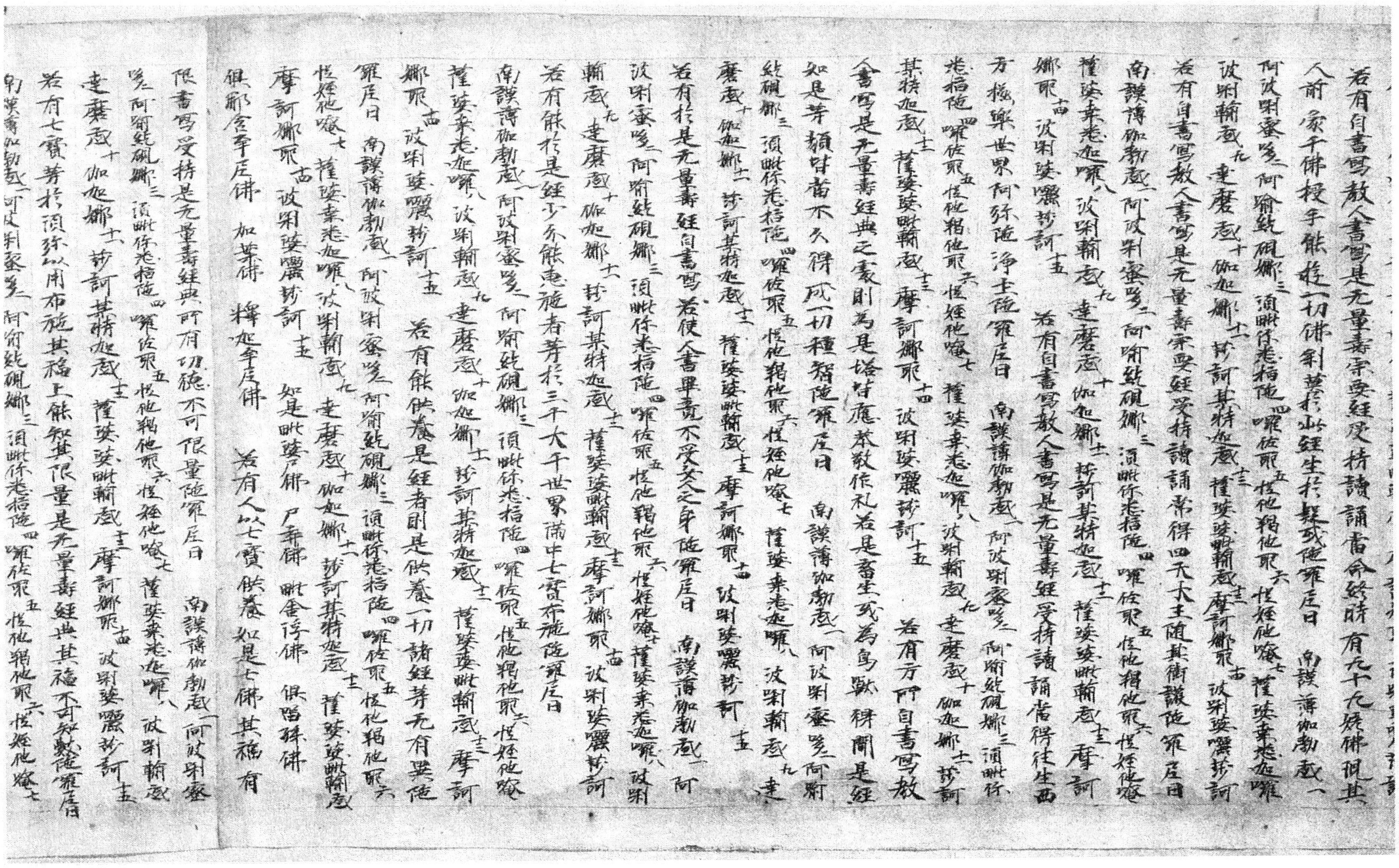
若有自書寫教人書寫是无量壽宗要經受持讀誦當命終時有九十九殑伽佛現其
人前千佛授手能往一切佛剎莫於此經生於疑惑陀羅尼曰　南謨薄伽勃底一
阿波唎蜜哆二阿喻紇硯娜三須毗你悉指陀四囉佐耶五怛他羯他耶六怛姪他唵七薩婆桑悉迦囉
波唎輸底九達摩底十伽伽娜十一娑訶娑特迦底十二薩婆婆毗輸底十三摩訶娜耶十四波唎婆囉娑訶
若有自書寫教人書寫是无量壽宗要經受持讀誦常得四天大王隨其衛護陀羅尼曰
南謨薄伽勃底一阿波唎蜜哆二阿喻紇硯娜三須毗你悉指陀四囉佐耶五怛他羯他耶六怛姪他唵七
薩婆桑悉迦囉八波唎輸底九達摩底十伽伽娜十一娑訶娑特迦底十二薩婆婆毗輸底十三摩訶
娜耶十四波唎婆囉娑訶十五　若有自書寫教人書寫是无量壽經受持讀誦當得往生西
方極樂世界阿彌陀淨土陀羅尼曰　南謨薄伽勃底一阿波唎蜜哆二阿喻紇硯娜三須毗你
悉指陀四囉佐耶五怛他羯他耶六怛姪他唵七薩婆桑悉迦囉八波唎輸底九達摩底十伽伽娜十一娑訶
娑特迦底十二薩婆婆毗輸底十三摩訶娜耶十四波唎婆囉娑訶十五　若有方所自書寫教
人書寫是无量壽經典之處則為是塔皆應恭敬作禮若是畜生或為鳥獸得聞是經
如是等類皆當不久得成一切種智陀羅尼曰　南謨薄伽勃底一阿波唎蜜哆二阿喻
紇硯娜三須毗你悉指陀四囉佐耶五怛他羯他耶六怛姪他唵七薩婆桑悉迦囉八波唎輸底九達
摩底十伽伽娜十一娑訶娑特迦底十二薩婆婆毗輸底十三摩訶娜耶十四波唎婆囉娑訶十五
若有於是无量壽經自書寫若使人書畢竟不受女人之身陀羅尼曰　南謨薄伽勃底一阿
波唎蜜哆二阿喻紇硯娜三須毗你悉指陀四囉佐耶五怛他羯他耶六怛姪他唵七薩婆桑悉迦囉八波唎
輸底九達摩底十伽伽娜十一娑訶娑特迦底十二薩婆婆毗輸底十三摩訶娜耶十四波唎婆囉娑訶十五
若有能於是經少分能惠施者等於三千大千世界滿中七寶布施陀羅尼曰
南謨薄伽勃底一阿波唎蜜哆二阿喻紇硯娜三須毗你悉指陀四囉佐耶五怛他羯他耶六怛姪他唵
薩婆桑悉迦囉八波唎輸底九達摩底十伽伽娜十一娑訶娑特迦底十二薩婆婆毗輸底十三摩訶
娜耶十四波唎婆囉娑訶十五　若有能供養是經者則是供養一切諸經等无有異陀
羅尼曰　南謨薄伽勃底一阿波唎蜜哆二阿喻紇硯娜三須毗你悉指陀四囉佐耶五怛他羯他耶六
怛姪他唵七薩婆桑悉迦囉八波唎輸底九達摩底十伽伽娜十一娑訶娑特迦底十二薩婆婆毗輸底
摩訶娜耶十四波唎婆囉娑訶十五　如是毗婆尸佛　尸棄佛　毗舍浮佛　俱留孫佛
俱那含牟尼佛　迦葉佛　釋迦牟尼佛　若有人以七寶供養如是七佛其福有
限書寫受持是无量壽經典所有功德不可限量陀羅尼曰　南謨薄伽勃底一阿波唎蜜
哆二阿喻紇硯娜三須毗你悉指陀四囉佐耶五怛他羯他耶六怛姪他唵七薩婆桑悉迦囉八波唎輸底
達摩底十伽伽娜十一娑訶娑特迦底十二薩婆婆毗輸底十三摩訶娜耶十四波唎婆囉娑訶十五
若有七寶等於須彌以用布施其福上能知其限量是无量壽經典其福不可知數陀羅尼曰
南謨薄伽勃底一阿波唎蜜哆二阿喻紇硯娜三須毗你悉指陀四囉佐耶五怛他羯他耶六怛姪他唵七

BD05332 號　無量壽宗要經　（5–4）

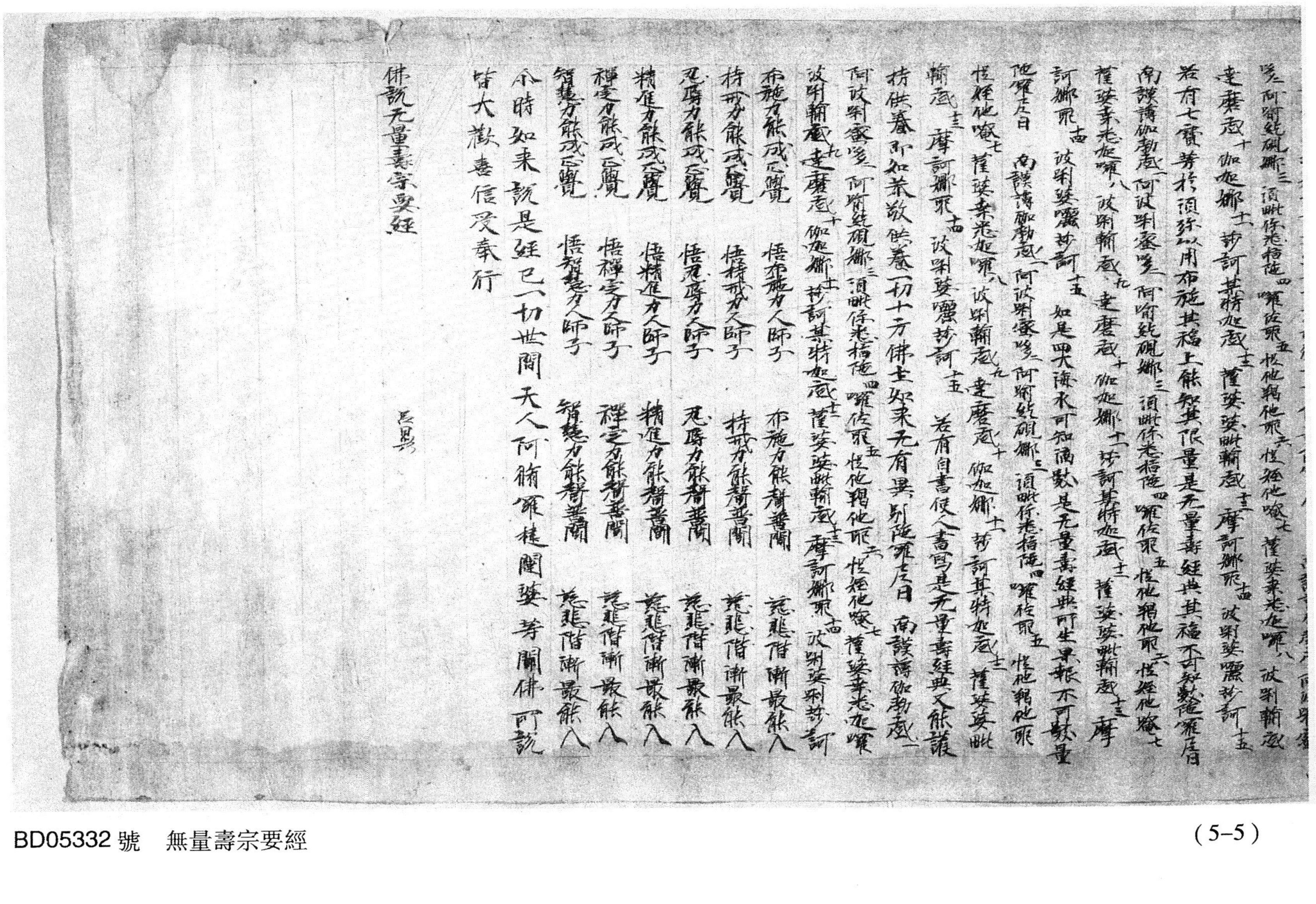
哆二阿喻紇硯娜三須毗你悉指陀四囉佐耶五怛他羯他耶六怛姪他唵七薩婆桑悉迦囉八波唎輸底
達摩底十伽伽娜十一娑訶娑特迦底十二薩婆婆毗輸底十三摩訶娜耶十四波唎婆囉娑訶十五
若有七寶等於須彌以用布施其福上能知其限量是无量壽經典其福不可知數陀羅尼曰
南謨薄伽勃底一阿波唎蜜哆二阿喻紇硯娜三須毗你悉指陀四囉佐耶五怛他羯他耶六怛姪他唵七
薩婆桑悉迦囉八波唎輸底九達摩底十伽伽娜十一娑訶娑特迦底十二薩婆婆毗輸底十三摩
訶娜耶十四波唎婆囉娑訶十五　如是四大海水可知滴數是无量壽經典所生果報不可數量
陀羅尼曰　南謨薄伽勃底一阿波唎蜜哆二阿喻紇硯娜三須毗你悉指陀四囉佐耶五怛他羯他耶
怛姪他唵七薩婆桑悉迦囉八波唎輸底九達摩底十伽伽娜十一娑訶娑特迦底十二薩婆婆毗
輸底十三摩訶娜耶十四波唎婆囉娑訶十五　若有自書使人書寫是无量壽經典又能讚
持供養即如恭敬供養一切十方佛土如來无有異別陀羅尼曰　南謨薄伽勃底一
阿波唎蜜哆二阿喻紇硯娜三須毗你悉指陀四囉佐耶五怛他羯他耶六怛姪他唵七薩婆桑悉迦囉
波唎輸底九達摩底十伽伽娜十一娑訶娑特迦底十二薩婆婆毗輸底十三摩訶娜耶十四波唎婆囉娑訶
布施力能成正覺　悟布施力人師子　布施力能聲普聞　慈悲階漸最能入
持戒力能成正覺　悟持戒力人師子　持戒力能聲普聞　慈悲階漸最能入
忍辱力能成正覺　悟忍辱力人師子　忍辱力能聲普聞　慈悲階漸最能入
精進力能成正覺　悟精進力人師子　精進力能聲普聞　慈悲階漸最能入
禪定力能成正覺　悟禪定力人師子　禪定力能聲普聞　慈悲階漸最能入
智慧力能成正覺　悟智慧力人師子　智慧力能聲普聞　慈悲階漸最能入
尒時如來說是經已一切世間天人阿脩羅揵闥婆等聞佛所說
皆大歡喜信受奉行
佛說无量壽宗要經　　張息

BD05332 號　無量壽宗要經　（5–5）

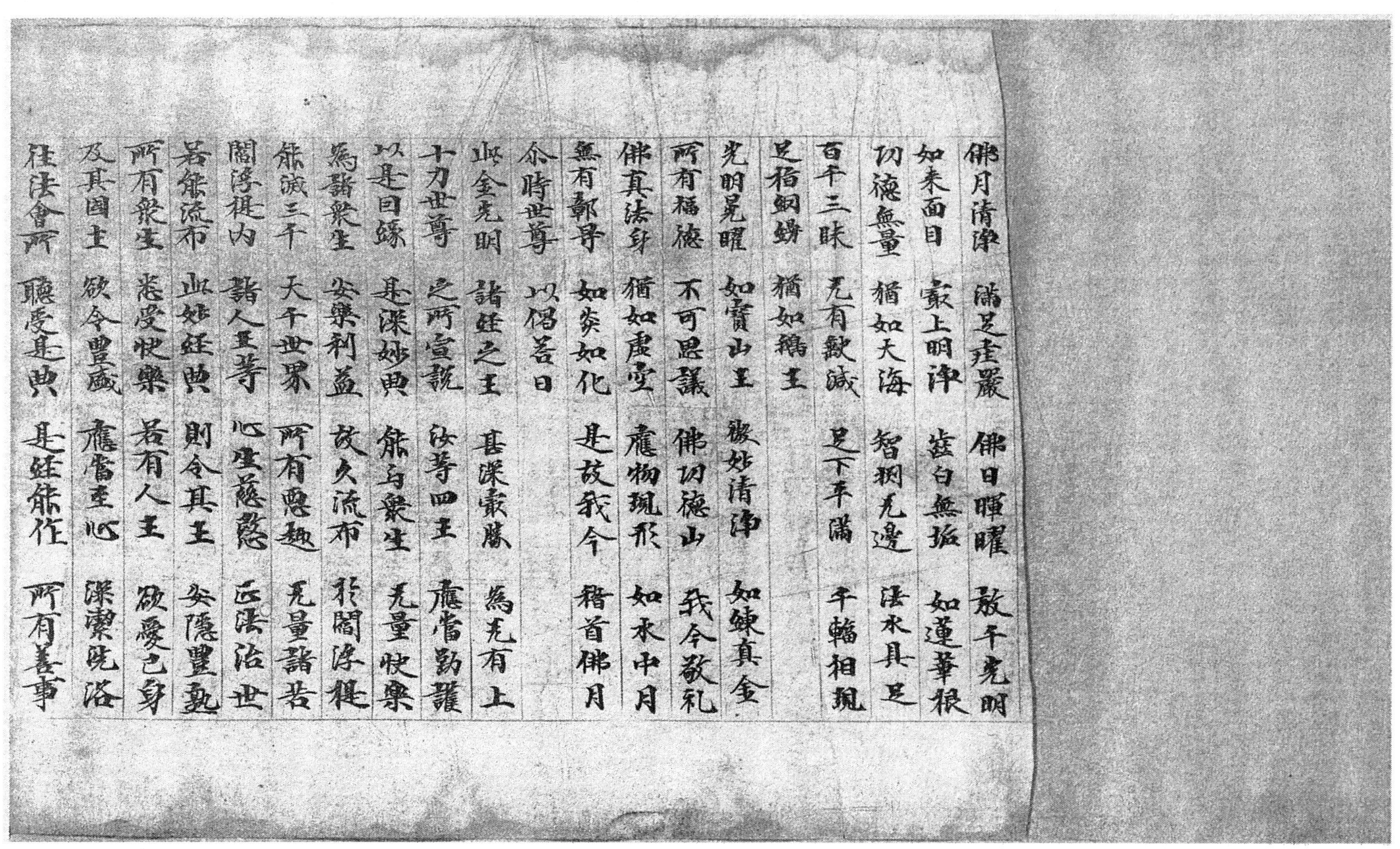

佛月清淨　滿足莊嚴　佛日暉曜　放千光明
如來面目　最上明淨　齒白無垢　如蓮華根
功德無量　猶如大海　智焰无邊　法水具足
百千三昧　无有缺減　足下平滿　千輻相現
足指網縵　猶如鵝王
光明晃曜　如寶山王　微妙清淨　如鍊真金
所有福德　不可思議　佛功德山　我今敬禮
佛真法身　猶如虛空　應物現形　如水中月
無有鄣导　如炎如化　是故我今　稽首佛月
尒時世尊　以偈答曰
此金光明　諸經之王　甚深最勝　為无有上
十力世尊　之所宣說　汝等四王　應當勤護
以是因緣　是深妙典　能與眾生　无量快樂
為諸眾生　安樂利益　故久流布　於閻浮提
能滅三千　大千世界　所有惡趣　无量諸苦
閻浮提內　諸人王等　心生慈愍　正法治世
若能流布　此妙經典　則令其王　安隱豐熟
所有眾生　悉受快樂　若有人王　欲愛己身
及其國土　欲令豐盛　應當至心　深潔洗浴
往法會所　聽受是典　是經能作　所有善事

BD05333號　金光明經卷二　（4–1）

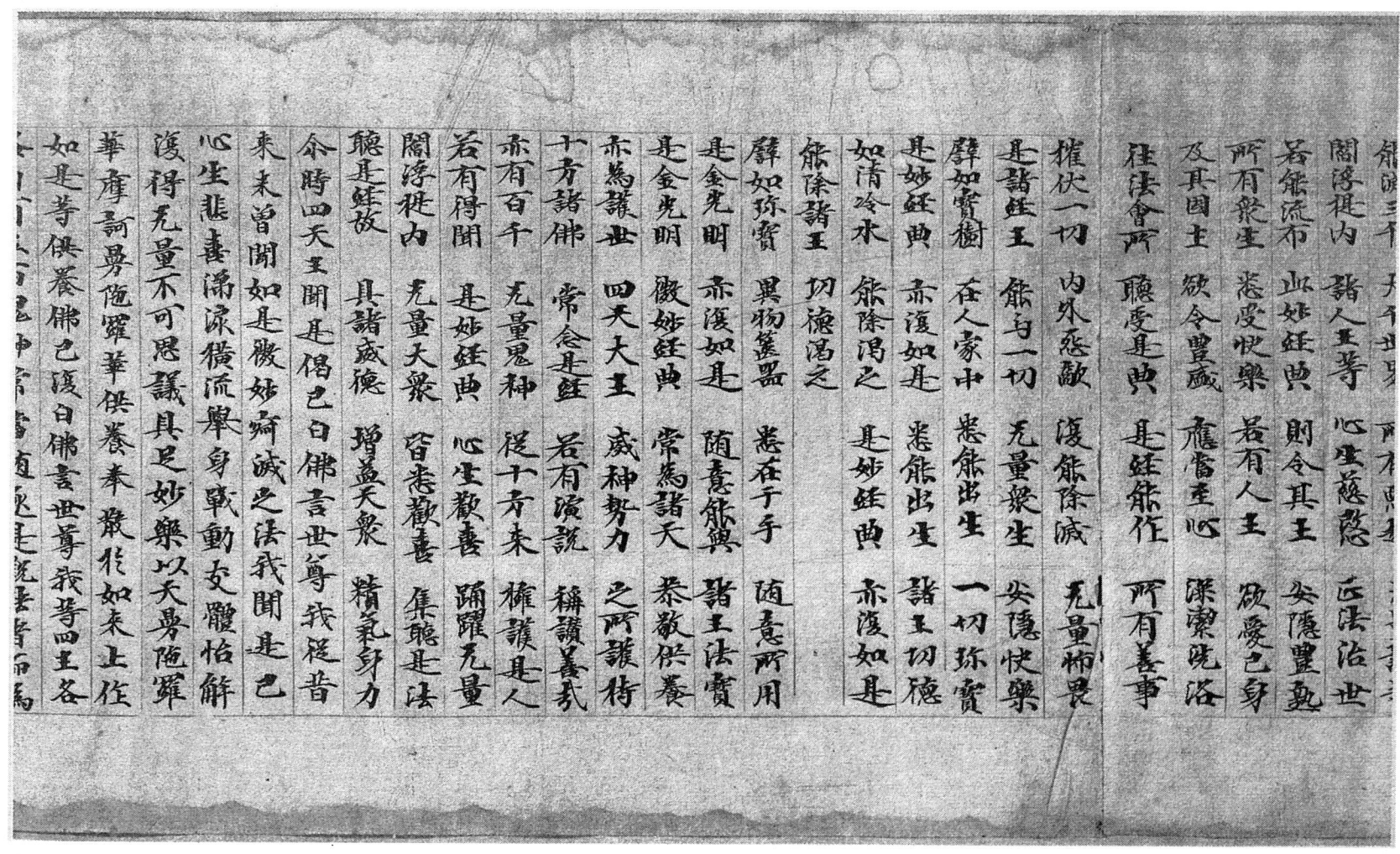

能滅三千　大千世界　所有惡趣
閻浮提內　諸人王等　心生慈愍　正法治世
若能流布　此妙經典　則令其王　安隱豐熟
所有眾生　悉受快樂　若有人王　欲愛己身
及其國土　欲令豐盛　應當至心　深潔洗浴
往法會所　聽受是典　是經能作　所有善事
摧伏一切　內外怨敵　復能除滅　无量怖畏
是諸經王　能与一切　无量眾生　安隱快樂
譬如寶樹　在人家中　悉能出生　一切珍寶
是妙經典　亦復如是　悉能出生　諸王功德
如清冷水　能除渴乏　是妙經典　亦復如是
能除諸王　功德渴乏
譬如珍寶　異物篋器　悉在于手　隨意所用
是金光明　亦復如是　隨意能與　諸王法寶
是金光明　微妙經典　常為諸天　恭敬供養
亦為護世　四天大王　威神勢力　之所護持
十方諸佛　常念是經　若有演說　稱讚善哉
亦有百千　无量鬼神　從十方來　擁護是人
若有得聞　是妙經典　心生歡喜　踊躍无量
閻浮提內　无量天眾　皆悉歡喜　集聽是法
聽是經故　具諸威德　增益天眾　精氣身力
尒時四天王聞是偈已白佛言世尊我從昔
來未曾聞如是微妙寂滅之法我聞是已
心生悲喜涕淚橫流舉身戰動支體怡解
復得无量不可思議具足妙樂以天曼陀羅
華摩訶曼陀羅華供養奉散於如來上作
如是等供養佛已復白佛言世尊我等四王各
[illegible]

BD05333號　金光明經卷二　（4–2）

心生悲喜涕淚横流舉身戰動支體怡解
復得无量不可思議具足妙樂以天曼陁羅
華摩訶曼陁羅華供養奉獻於如來上作
如是等供養佛已復白佛言世尊我等四王各
各自有五百鬼神常當隨逐是說法者而為
守護

金光明經大辯神品第七

尒時大辯神白佛言世尊是說法者我當益
其樂說辯才令其所說莊嚴次第善得大智
若是經中有失文字句義違錯我能令是說
法比丘次第還得能與物持令不忘失若有
衆生於百千佛所種諸善根是說法者為是
等故於閻浮提廣宣流布是妙經典令不
斷絶復令无量无邊衆生得聞是經當令是
等悉得猛利不可思議大智慧聚不可稱量
福德之報善解无量種種方便善能辯暢一
切諸論善知世間種種伎術能出生死得不
退轉於速疾得阿耨多羅三藐三菩提

金光明經功德天品第八

尒時功德天白佛言世尊是說法者我當隨
之所須之物衣服飲食具醫藥及餘資
生供給是人无所乏少令心安住晝夜觀樂
正念思惟是經章句分別深義若有衆生
於百千佛所種諸善根是說法者為是等故
於閻浮提廣宣流布是妙經典令不斷絶是
諸衆生聽是經已於未來世无量百千那由他
劫常在天上人中受樂值遇諸佛速成阿耨

BD05333號　金光明經卷二　（4–3）

衆生於百千佛所種諸善根是說法者為是
等故於閻浮提廣宣流布是妙經典令不
斷絶復令无量无邊衆生得聞是經當令是
等悉得猛利不可思議大智慧聚不可稱量
福德之報善解无量種種方便善能辯暢一
切諸論善知世間種種伎術能出生死得不
退轉於速疾得阿耨多羅三藐三菩提
金光明經功德天品第八
尒時功德天白佛言世尊是說法者我當隨
之所須之物衣服飲食具醫藥及餘資
生供給是人无所乏少令心安住晝夜觀樂
正念思惟是經章句分別深義若有衆生
於百千佛所種諸善根是說法者為是等故
於閻浮提廣宣流布是妙經典令不斷絶是
諸衆生聽是經已於未來世无量百千那由他
劫常在天上人中受樂值遇諸佛速成阿耨
多羅三藐三菩提三惡道苦悉畢无餘世尊
我已於過去寳華功德海琉璃金山照明如來

BD05333號　金光明經卷二　（4–4）

為四衆說其因緣令離疑悔尒時佛告舍利
弗我先不言諸佛世尊以種種因緣譬喻言
辞方便說法皆為阿耨多羅三藐三菩提耶
是諸所說皆為化菩薩故然舍利弗今當復
以譬喻更明此義諸有智者以譬喻得解舍
利弗若國邑聚落有大長者其年衰邁財富
无量多有田宅及諸僮僕其家廣大唯有一
門多諸人衆一百二百乃至五百人止住其
中堂閣朽故墻壁頹落柱根腐敗梁棟傾危
周帀俱時欻然火起焚燒舍宅長者諸子若
十二十或至三十在此宅中長者見是大火
從四面起即大驚怖而作是念我雖能於此
所燒之門安隱得出而諸子等於火宅內樂
著嬉戲不覺不知不驚不怖火來逼身苦痛
切己心不猒患无求出意舍利弗是長者作
是思惟我身手有力當以衣裓若以几案從
舍出之復更思惟是舍唯有一門而復狹小
諸子幼稚未有所識戀著戲處或當墮落為
火所燒我當為說怖畏之事此舍已燒宜時
疾出无令為火之所燒害作是念已如所思
惟具告諸子汝等速出父雖憐愍善言誘喻

BD05334號　妙法蓮華經卷二　（2–1）

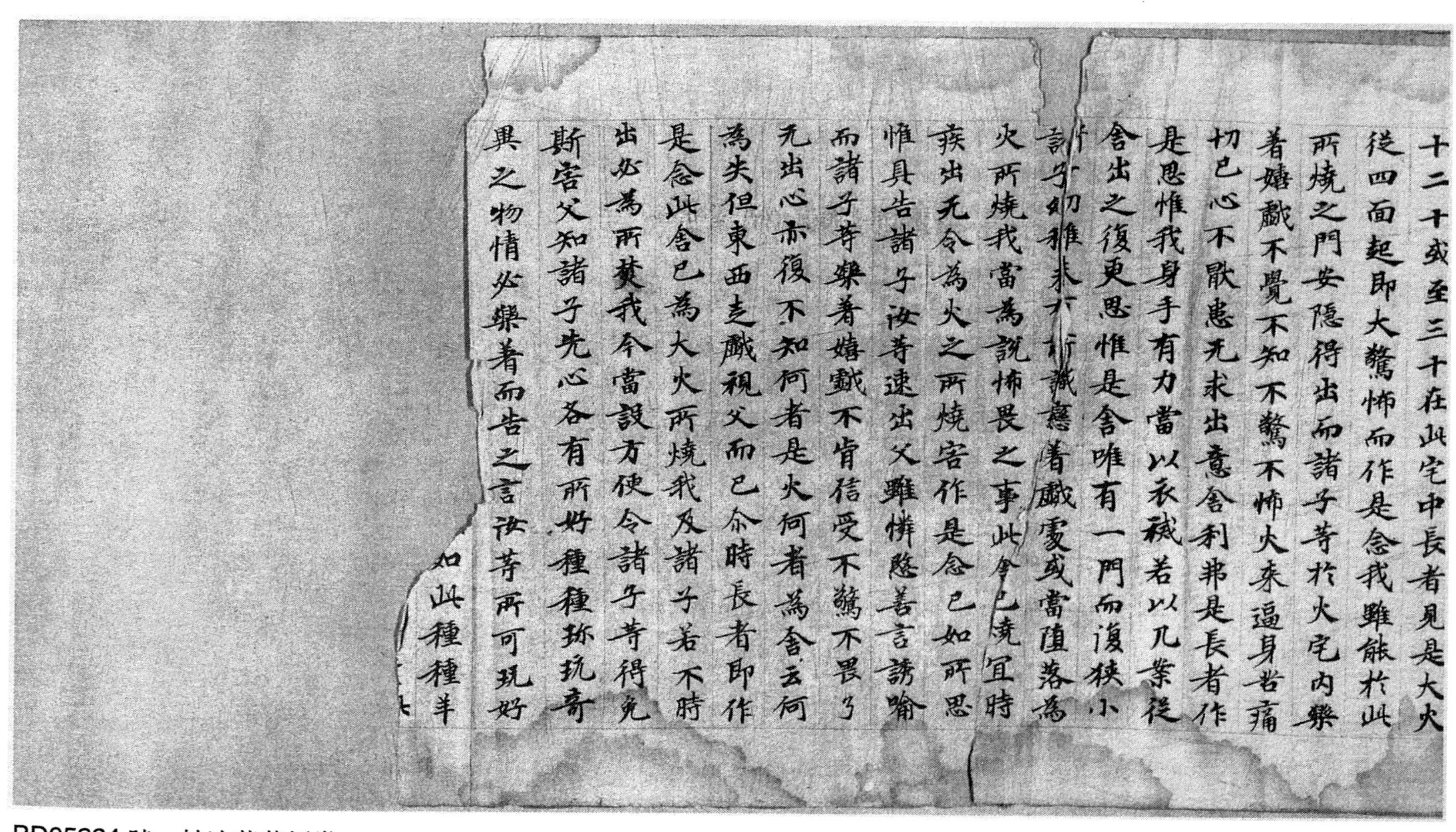

十二十或至三十在此宅中長者見是大火
從四面起即大驚怖而作是念我雖能於此
所燒之門安隱得出而諸子等於火宅內樂
著嬉戲不覺不知不驚不怖火來逼身苦痛
切己心不猒患无求出意舍利弗是長者作
是思惟我身手有力當以衣裓若以几案從
舍出之復更思惟是舍唯有一門而復狹小
諸子幼稚未有所識戀著戲處或當墮落為
火所燒我當為說怖畏之事此舍已燒宜時
疾出无令為火之所燒害作是念已如所思
惟具告諸子汝等速出父雖憐愍善言誘喻
而諸子等樂著嬉戲不肯信受不驚不畏了
无出心亦復不知何者是火何者為舍云何
為失但東西走戲視父而已尒時長者即作
是念此舍已為大火所燒我及諸子若不時
出必為所焚我今當設方便令諸子等得免
斯害父知諸子先心各有所好種種珍玩奇
異之物情必樂著而告之言汝等所可玩好
如此種種羊

BD05334號　妙法蓮華經卷二　（2–2）

BD05335號背　護首　　（1–1）

四分律藏卷第十二　初分律卷第十二
尒時世尊……舍衛國祇樹給孤獨園與大比
丘衆五……於中夏安居盡是衆所知識
如舍利弗大目揵連尊者大迦葉尊者大
迦旃延尊者劫賓那尊者摩訶拘絺羅尊
者摩訶朱那尊者阿那律尊者離越尊者阿
難尊者難陁尊者跋陁如是等五百人俱尒時大

BD05335號　四分律初分卷一二　　（2–1）

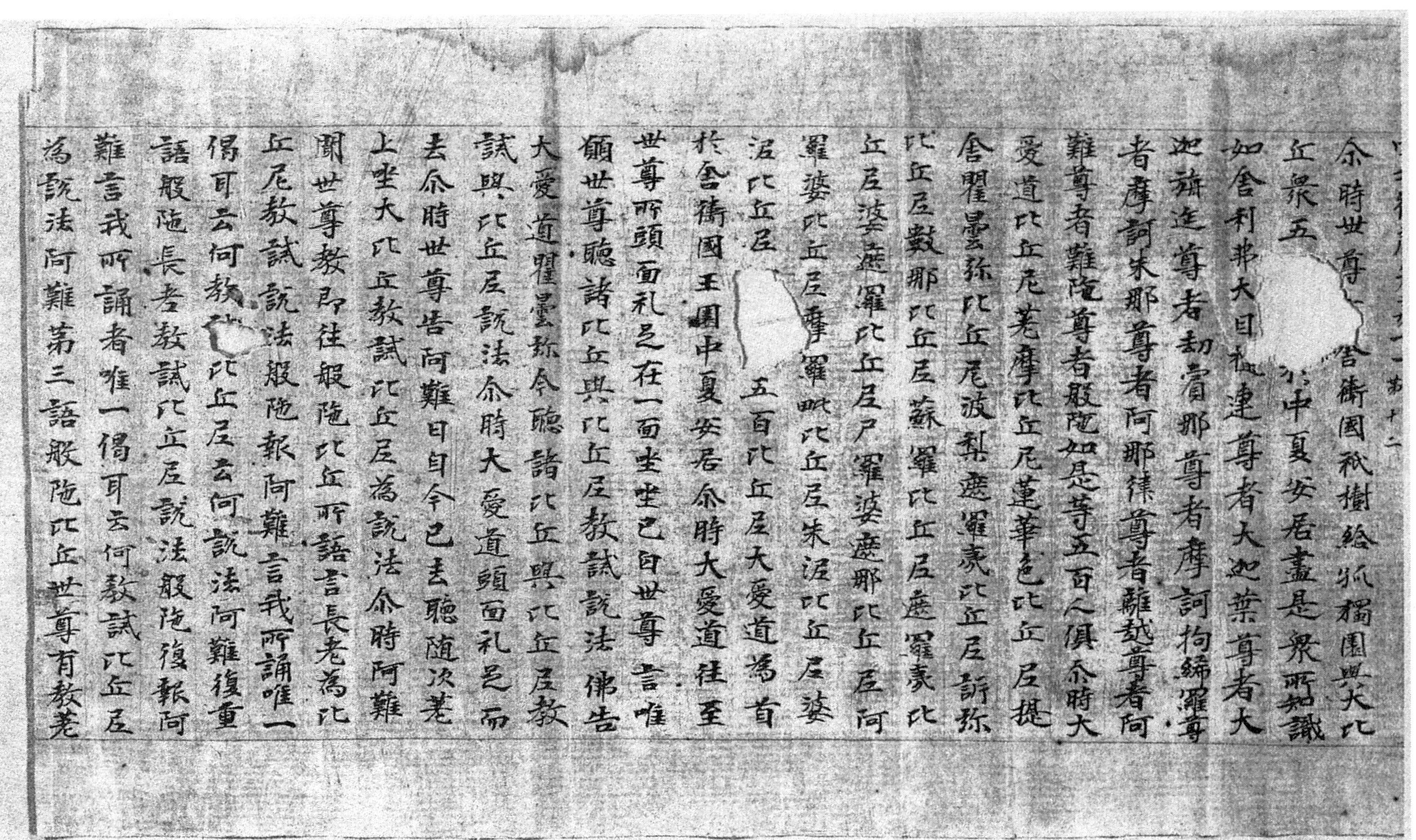
尒時世尊[illegible]舍衛國祇樹給狐獨園與大比
丘衆五[illegible]於中夏安居盡是衆所知識
如舍利弗大目揵連尊者大迦葉尊者大
迦旃延尊者劫賓那尊者摩訶拘絺羅尊
者摩訶朱那尊者阿那律尊者離越尊者阿
難尊者難陀尊者般陀如是等五百人俱尒時大
愛道比丘尼差摩比丘尼蓮華色比丘尼提
舍瞿曇弥比丘尼波梨遮羅豪比丘尼訢弥
比丘尼數那比丘尼蘇羅比丘尼遮羅豪比
丘尼婆遮羅比丘尼尸羅婆遮耶比丘尼阿
羅婆比丘尼[illegible]摩羅毗比丘尼朱泥比丘尼婆
泥比丘尼[illegible]五百比丘尼大愛道爲首
於舍衛國王園中夏安居尒時大愛道往至
世尊所頭面礼足在一面坐坐已白世尊言唯
願世尊聽諸比丘與比丘尼教誡說法佛告
大愛道瞿曇弥今聽諸比丘與比丘尼教
誡與比丘尼說法尒時大愛道頭面礼足而
去尒時世尊告阿難曰自今已去聽隨次差
上坐大比丘教誡比丘尼爲說法尒時阿難
聞世尊教即往般陀比丘所語言長老爲比
丘尼教誡說法般陀報阿難言我所誦唯一
偈可云何教[illegible]比丘尼云何說法阿難復重
語般陀長老教誡比丘尼說法般陀復報阿
難言我所誦者唯一偈可云何教誡比丘尼
爲說法阿難第三語般陀比丘世尊有教差

BD05335號　四分律初分卷一二　（2–2）

# 著　錄　凡　例

本目錄採用條目式著錄法。諸條目意義如下：

1.1　著錄編號。用漢語拼音首字“BD”表示，意為“北京圖書館藏敦煌遺書”，簡稱“北敦號”。文獻寫在背面者，標註為“背”。一件遺書上抄有多個文獻者，用數字1、2、3等標示小號。一號中包括幾件遺書，且遺書形態各自獨立者，用字母A、B、C等區別。

1.2　著錄分類號。本條記目錄暫不分類，該項空缺。

1.3　著錄文獻的名稱、卷本、卷次。

1.4　著錄千字文編號。

1.5　著錄縮微膠卷號。

2.1　著錄遺書的總體數據。包括長度、寬度、紙數、正面抄寫總行數與每行字數、背面抄寫總行數與每行字數。如該遺書首尾有殘破，則對殘破部分單獨度量，用加號加在總長度上。凡屬這種情況，長度用括弧標註。

2.2　著錄每紙數據。包括每紙長度及抄寫行數或界欄數。

2.3　著錄遺書的外觀。包括：(1) 裝幀形式。(2) 首尾存況。(3) 護首、軸、軸頭、天竿、縹帶，經名是書寫還是貼簽，有無經名號，扉頁、扉畫。(4) 卷面殘破情況及其位置。(5) 尾部情況。(6) 有無附加物（蟲繭、油污、線繩及其他）。(7) 有無裱補及其年代。(8) 界欄。(9) 修整。(10) 其他需要交待的問題。

2.4　著錄一件遺書抄寫多個文獻的情況。

3.1　著錄文獻首部文字與對照本核對的結果。

3.2　著錄文獻尾部文字與對照本核對的結果。

3.3　著錄錄文。

3.4　著錄對文獻的説明。

4.1　著錄文獻首題。

4.2　著錄文獻尾題。

5　著錄本文獻與對照本的不同之處。

6.1　著錄本遺書首部可與另一遺書綴接的編號。

6.2　著錄本遺書尾部可與另一遺書綴接的編號。

7.1　著錄題記、題名、勘記等。

7.2　著錄印章。

7.3　著錄雜寫。

7.4　著錄護首及扉頁的內容。

8　著錄年代。

9.1　著錄字體。如有武周新字、合體字、避諱字等，予以説明。

9.2　著錄卷面二次加工的情況。包括句讀、點標、科分、間隔號、行間加行、行間加字、硃筆、墨塗、倒乙、刪除、兑廢等。

10　著錄敦煌遺書發現後，近現代人所加內容，裝裱、題記、印章等。

11　備註。著錄揭裱互見、圖版本出處及其他需要説明的問題。

上述諸條，有則著錄，無則空缺。

為避文繁，上述著錄中出現的各種參考、對照文獻，暫且不列版本説明。全目結束時，將統一編制本條記目錄出現的各種參考書目。

本條記目錄為農曆年份標註其公曆紀年時，未進行歲頭年末之換算，請讀者使用時注意自行換算。

# 條　記　目　錄

## BD05264—BD05335

1.1　BD05264 號
1.3　金光明最勝王經卷九
1.4　夜 064
1.5　083:1900
2.1　(6.5+727.3)×25.3 厘米；16 紙；442 行，行 17 字。
2.2　01：6.5+38.5，26；　02：45.8，28；　03：46.0，28；
04：46.0，28；　05：45.9，28；　06：45.8，28；
07：45.8，28；　08：45.8，28；　09：45.8，28；
10：45.8，28；　11：46.0，28；　12：47.5，28；
13：45.7，28；　14：45.7，28；　15：45.7，28；
16：45.5，24。
2.3　卷軸裝。首尾均全。卷中上部油污，卷尾有蟲繭及蟲蛀殘洞。背有古代裱補。有烏絲欄。
3.1　首 2 行上殘→大正 665，16/444A12~16。
3.2　尾全→16/450C15。
4.1　□…□生王品第廿一，九，三藏法師義淨奉制譯（首）。
4.2　金光明最勝王經卷第九（尾）。
5　尾附音義。
8　8~9 世紀。吐蕃統治時期寫本。
9.1　楷書。
9.2　有刮改。
11　圖版：《敦煌寶藏》，70/522B~532A。

1.1　BD05265 號
1.3　金剛般若波羅蜜經
1.4　夜 065
1.5　094:3586
2.1　(12+502)×26 厘米；11 紙；303 行，行 17 字。
2.2　01：12+29，24；　02：47.5，28；　03：47.3，28；
04：47.4，28；　05：47.4，28；　06：47.2，28；
07：47.5，28；　08：47.2，28；　09：47.0，28；
10：48.0，28；　11：46.5，27。
2.3　卷軸裝。首殘尾脫。第 1 紙有破裂及下殘。有烏絲欄。已修整。
3.1　首 7 行上下殘→大正 235，8/748C22~27。
3.2　尾全→8/752C2。
5　與《大正藏》本相比，本卷經文無冥司偈，參見《大正藏》，8/751C16~19。
8　8 世紀。唐寫本。
9.1　楷書。
9.2　有刮改。
11　圖版：《敦煌寶藏》，79/6B~13A。

1.1　BD05266 號
1.3　金光明最勝王經卷一〇
1.4　夜 066
1.5　083:1987
2.1　(66.3+5.5)×24.8 厘米；3 紙；36 行，行 17 字。
2.2　01：10.0，護首；　02：44.3，26；　03：12+5.5，10。
2.3　卷軸裝。首全尾殘。有護首，上有殘留經名。卷尾殘缺。背有古代裱補。有烏絲欄。已修整。
3.1　首全→大正 665，16/450C18。
3.2　尾 3 行上中殘→16/451A26~29。
4.1　金光明最勝王經捨身品第廿六，十，三藏法師義淨奉□□（首）。
7.2　卷首中部有一陽文殘印痕。
7.4　護首上有殘經名“經，十”。
8　8~9 世紀。吐蕃統治時期寫本。
9.1　楷書。
11　圖版：《敦煌寶藏》，71/279B~280A。從該件上揭下殘片 1 塊，現編爲 BD16083 號。

1.1　BD05267 號
1.3　大般若波羅蜜多經卷三二八
1.4　夜 067
1.5　084:2890

2.1 （5+820.5）×26 厘米；19 紙；486 行，行 17 字。
2.2 01：5+21.9，15；　02：45.3，27；　03：45.4，27；
04：45.6，28；　05：45.7，28；　06：45.7，27；
07：45.5，27；　08：45.9，27；　09：46.3，28；
10：46.1，28；　11：46.0，27；　12：46.0，27；
13：46.0，27；　14：46.1，27；　15：46.1，27；
16：46.1，27；　17：46.0，27；　18：46.0，27；
19：18.8，08。
2.3 卷軸裝。首殘尾全。第 1 紙上邊下邊殘破，卷前部有破裂，第 6、7 紙接縫處下開裂。背面有古代裱補。有烏絲欄。
3.1 首 2 行上下殘→大正 220，6/677B20～22。
3.2 尾全→6/683A6。
4.2 大般若波羅蜜多經卷第三百廿八（尾）。
8 8 世紀。唐寫本。
9.1 楷書。
9.2 有刮改。
11 圖版：《敦煌寶藏》，75/358B～369A。

1.1 BD05268 號
1.3 大般若波羅蜜多經卷五五一
1.4 夜 068
1.5 084:3331
2.1 （70.2+8.1）×30.2 厘米；2 紙；47 行，行 17 字。
2.2 01：41.7，25；　02：28.5+8.1，22。
2.3 卷軸裝。首全尾殘。首紙上下有破裂殘損。有烏絲欄，上下雙邊欄。已修整。
3.1 首全→大正 220，7/835C21。
3.2 尾 4 行下殘→7/836B9～12。
4.1 大般若波羅蜜多經卷第五百五十一，/第四分覺魔事品第廿一之二，三藏法師玄奘奉詔譯/（首）。
8 8～9 世紀。吐蕃統治時期寫本。
9.1 楷書。
11 圖版：《敦煌寶藏》，77/278B～279B。

1.1 BD05269 號
1.3 金光明最勝王經卷二
1.4 夜 069
1.5 083:1541
2.1 121.5×26.5 厘米；3 紙；74 行，行 17 字。
2.2 01：29.5，18；　02：46.0，28；　03：46.0，28。
2.3 卷軸裝。首斷尾脫。卷面有火灼殘洞，有土污。卷背有古代裱補。有烏絲欄。卷中第 2～3 行間脫漏一行經文。
3.1 首殘→大正 665，16/408C13。
3.2 尾殘→16/409C8。
8 8～9 世紀。吐蕃統治時期寫本。
9.1 楷書。
11 圖版：《敦煌寶藏》，68/358B～360A。

1.1 BD05270 號
1.3 四分律比丘戒本
1.4 夜 070
1.5 156:6872
2.1 47×26.5 厘米；1 紙；30 行，行 19 字。
2.3 卷軸裝。首尾均脫。卷面有油污。卷背有古代裱補。有烏絲欄。
3.1 首殘→大正 1429，22/1018B4。
3.2 尾殘→22/1018C7。
8 9～10 世紀。歸義軍時期寫本。
9.1 楷書。
11 圖版：《敦煌寶藏》，102/352A～B。

1.1 BD05271 號
1.3 淨名經集解關中疏
1.4 夜 071
1.5 078:1344
2.1 （52+35）×30.8 厘米；2 紙；60 行，行 29 字。
2.2 01：43.5，30；　02：8.5+35，30。
2.3 卷軸裝。首脫尾殘。卷上部有破裂殘缺，卷面有殘洞，接縫中部開裂。有烏絲欄。已修整。
3.1 首殘→《藏外佛教文獻》，2/第 222 頁第 20 行。
3.2 尾 24 行上中殘→《藏外佛教文獻》，2/第 227 頁第 11 行。
8 8～9 世紀。吐蕃統治時期寫本。
9.1 楷書。
9.2 有硃筆科分、點標。
10 卷首上部、卷尾下部各有一個長方形陽文硃印“京師圖書館/收藏之印”，5×2 厘米。
11 圖版：《敦煌寶藏》，67/63A～64A。

1.1 BD05272 號
1.3 大般若波羅蜜多經卷一二一
1.4 夜 072
1.5 084:2331
2.1 （3+646.9）×26 厘米；14 紙；373 行，行 17 字。
2.2 01：3+29.2，19；　02：48.0，28；　03：48.5，28；
04：48.7，28；　05：48.6，28；　06：48.6，28；
07：48.7，28；　08：48.7，28；　09：48.6，28；
10：48.5，28；　11：48.6，28；　12：48.6，28；
13：48.6，28；　14：35.0，18。
2.3 卷軸裝。首殘尾全。前 2 紙有破裂，第 5、6 紙接縫處上開裂，尾紙下邊有破裂。有燕尾。尾有原軸，兩端塗硃漆，軸頭已壞。卷首背面多鳥糞。有烏絲欄。
3.1 首 2 行中下殘→大正 220，5/662B15～17。
3.2 尾全→5/666C9。
4.2 大般若波羅蜜多經卷第一百廿一（尾）。
8 8～9 世紀。吐蕃統治時期寫本。

9.1 楷書。
11 圖版:《敦煌寶藏》,72/659B~667B。

1.1 BD05273 號
1.3 維摩詰所說經卷中
1.4 夜 073
1.5 070:1201
2.1 64.5×26.5 厘米;3 紙;37 行,行 17 字。
2.2 01:11.0,6; 02:49.5,29; 03:04.0,02。
2.3 卷軸裝。首尾均斷。有烏絲欄。
3.1 首殘→大正 475,14/549A5。
3.2 尾殘→14/549B15。
6.1 首→BD05562 號。
6.2 尾→BD05290 號。
8 8~9 世紀。吐蕃統治時期寫本。
9.1 楷書。
9.2 有硃筆斷句。
11 圖版:《敦煌寶藏》,65/655A~655B。

1.1 BD05274 號
1.3 摩訶僧祇律卷五
1.4 夜 074
1.5 171:7074
2.1 (12+50.5+11)×25.4 厘米;2 紙;44 行,行 21 字。
2.2 01:12+25,22; 02:25.5+11,22。
2.3 卷軸裝。首尾均殘。卷面殘破。背有古代裱補。有烏絲欄。
3.1 首 7 行上中殘→大正 1425,22/264A17~25。
3.2 尾 7 行上中殘→22/264C6~15。
8 5~6 世紀。南北朝寫本。
9.1 楷書。
9.2 有行間校加字。
11 圖版:《敦煌寶藏》,104/89A~B。

1.1 BD05275 號
1.3 勝天王般若波羅蜜經卷一
1.4 夜 075
1.5 091:3484
2.1 (18.4+595)×25.3 厘米;14 紙;347 行,行字不等。
2.2 01:18.4+9.4,19; 02:17.7,11; 03:17.4,10;
04:49.4,28; 05:50.0,28; 06:49.3,27;
07:51.1,28; 08:51.1,28; 09:49.5,28;
10:50.1,28; 11:50.1,28; 12:50.1,28;
13:50.0,28; 14:49.8,28。
2.3 卷軸裝。首殘尾脫。前 2 紙係後補,第 3 紙起為經黃紙。卷首殘損嚴重,第 4、5 紙接縫處脫開,卷面有破損。有烏絲欄。已修整。
3.1 首 13 行上下殘→大正 231,8/687A9~24。
3.2 尾殘→8/691C11。
8 7~8 世紀。唐寫本。
9.1 楷書。
11 圖版:《敦煌寶藏》,78/214B~222B。

1.1 BD05276 號
1.3 金剛般若波羅蜜經
1.4 夜 076
1.5 094:4422
2.1 36.2×26.5 厘米;2 紙;24 行,行 17 字。
2.2 01:19.0,護首; 02:17.2,24。
2.3 卷軸裝。首全尾殘。經黃紙。有護首,有竹質天竿。卷面有水漬、殘洞,卷下部殘缺。有烏絲欄。
3.1 首全→大正 235,8/748C15。
3.2 尾 8 行下殘→235,8/749A7~14。
4.1 金剛般若波羅蜜經(首)。
7.4 護首有經名"金剛般若波羅蜜經"。上有經名號。
8 7~8 世紀。唐寫本。
9.1 楷書。
11 圖版:《敦煌寶藏》,83/152A。

1.1 BD05277 號
1.3 灌頂章句拔除過罪生死得度經
1.4 夜 077
1.5 250:7515
2.1 (3.1+260.4)×26.2 厘米;6 紙;137 行,行 17 字。
2.2 01:3.1+22.5,13; 02:51.9,28; 03:51.0,28;
04:52.0,28; 05:51.9,28; 06:31.1,12。
2.3 卷軸裝。首殘尾全。經黃打紙,研光上蠟。尾 2 紙接縫處下破裂。有燕尾。有烏絲欄。
3.1 首行下殘→大正 1331,21/534C11。
3.2 尾全→21/536B5。
4.2 藥師經一卷(尾)。
5 與《大正藏》本相比,此卷經文相當於灌頂經卷第十二。
8 7~8 世紀。唐寫本。
9.1 楷書。
11 圖版:《敦煌寶藏》,106/546B~550A。

1.1 BD05278 號
1.3 大比丘尼雜羯磨
1.4 夜 078
1.5 163:6993
2.1 (16+576.5)×28 厘米;16 紙;326 行,行 23 字。
2.2 01:16+22,21; 02:40.0,22; 03:39.0,22;
04:40.0,22; 05:40.0,22; 06:38.0,21;
07:39.0,21; 08:39.0,22; 09:39.0,21;
10:39.5,23; 11:40.0,23; 12:40.0,23;

13：39.0，22；　14：39.0，19；　15：39.0，18；
16：04.0，04。
2.3　卷軸裝。首殘尾全。首紙上中部殘缺，第2紙下部破裂，第3、4紙接縫上方開裂。卷尾有蟲繭。
3.4　説明：
本文獻首9行上中殘，尾全。為南北朝時期敦煌地區流傳的比丘尼羯磨，依照《十誦律》撰成，未為歷代大藏經所收。
4.2　大比丘尼雜羯磨一卷（尾）。
8　5～6世紀。南北朝寫本。
9.1　楷書。
9.2　有硃、墨筆點標。有硃筆科分及行間校加字。
11　圖版：《敦煌寶藏》，103/286A～294A。

1.1　BD05279號
1.3　金光明最勝王經卷二
1.4　夜079
1.5　083:1507
2.1　(8.5+591.1+9)×26.5厘米；15紙；368行，行17字。
2.2　01：8.5+2.5，05；　02：44.5，28；　03：44.5，28；
04：44.8，28；　05：44.3，28；　06：44.5，28；
07：44.5，28；　08：47.2，28；　09：47.0，28；
10：47.0，28；　11：47.0，28；　12：47.0，28；
13：46.8，28；　14：31.0，19；　15：8.5+9，08。
2.3　卷軸裝。首尾均殘。卷中多處破損，末紙與前幾紙不同，字體亦異；接縫處有開裂，現通卷脫為兩截。有烏絲欄。
3.1　首4行上下殘→大正665，16/408B27～C2。
3.2　尾3行下殘→16/413B16～18。
7.3　下邊有雜寫"造"。
8　9～10世紀。歸義軍時期寫本。
9.1　楷書。
11　圖版：《敦煌寶藏》，68/187B～195A。

1.1　BD05280號
1.3　金剛般若波羅蜜經
1.4　夜080
1.5　094:4194
2.1　(34+3)×25厘米；1紙；21行，行17字。
2.3　卷軸裝。首脫尾殘。經黃打紙。卷面油污。有烏絲欄。
3.1　首殘→大正235，8/750C22。
3.2　尾行上殘→8/751A13～14。
8　7～8世紀。唐寫本。
9.1　楷書。
11　圖版：《敦煌寶藏》，82/366A。

1.1　BD05281號
1.3　維摩詰所說經卷中
1.4　夜081
1.5　070:1093
2.1　605.5×25厘米；13紙；正面361行，背面7行，行17字。
2.2　01：47.0，28；　02：46.5，28；　03：46.5，28；
04：46.5，28；　05：46.5，28；　06：46.5，28；
07：46.5，28；　08：46.5，28；　09：46.5，28；
10：46.5，28；　11：46.0，28；　12：50.0，28；
13：44.0，25。
2.3　卷軸裝。首脫尾斷。經黃紙。卷上邊有破裂，接縫處有開裂。背有古代裱補。有烏絲欄。
2.4　本遺書包括2個文獻：（一）《維摩詰所說經》卷中，361行，抄写在正面，今編為BD05281號。（二）《妙法蓮華經疏殘片》（擬），抄寫在背面古代裱補紙上，7行，今編為BD05281號背。
3.1　首殘→大正475，14/544B25。
3.2　尾殘→14/549A4。
7.3　第11紙下邊有雜寫"唯覥"2字。
8　7～8世紀。唐寫本。
9.1　楷書。
11　圖版：《敦煌寶藏》，65/296A～304A。

1.1　BD05281號背
1.3　妙法蓮華經疏殘片（擬）
1.4　夜081
1.5　070:1093
2.4　本遺書由2個文獻組成，本號為第2個，7行。餘參見BD05281號之第2項、第11項。
3.4　説明：
在第1、2、5、9紙背古代裱補紙上，有經文雜寫4段7行，字面朝裏粘貼，因紙張較薄，從反面可勉強辨認，其內容如下：
"□…□真如知惠明眼開元見/□…□故此所出，第八文深旨□…□"；
"□…□界火宅紛披四面火起災蟲/□…□一窮子喻 在信解品中窮子/□…□父獲得大財寶 三藥草□…□"。
"□…□爲無上道□…□"；
"□…□法華教化汝□…□"。
8　7～8世紀。唐寫本。
9.1　楷書。

1.1　BD05282號A
1.3　金剛般若波羅蜜經
1.4　夜082
1.5　094:3934
2.1　29.5×17.5厘米；1紙；17行。
2.3　卷軸裝。首尾均殘。卷首右下殘缺。背有古代裱補。有烏絲欄。已修整。
3.1　首殘→大正235，8/749C2。
3.2　尾殘→8/749C20。

8　7～8 世紀。唐寫本。
9.1　楷書。
11　圖版：《敦煌寶藏》，81/252B～254B。
　　本件與 BD05282 號 B 包在一起。《敦煌寶藏》將其著錄為一件。今視其紙質、字體不同，可以認定並非同一件遺書。故今將其分別編為 A、B 兩號。

1.1　BD05282 號 B
1.3　金剛般若波羅蜜經
1.4　夜 082
1.5　094:3934
2.1　152.1×26 厘米；3 紙；84 行，行 17 字。
2.2　01：50.8，28；　02：50.8，28；　03：50.5，28。
2.3　卷軸裝。首尾均脫。經黄紙。卷面多破裂，接縫處均有開裂。背有古代裱補。有烏絲欄。
3.1　首殘→大正 235，8/749C20。
3.2　尾殘→8/750C22。
8　7～8 世紀。唐寫本。
9.1　楷書。
11　參見 BD05282 號 A 第 11 項。

1.1　BD05283 號
1.3　妙法蓮華經卷四
1.4　夜 083
1.5　105:5361
2.1　504.7×25.2 厘米；11 紙；297 行，行 16～18 字。
2.2　01：47.0，28；　02：46.5，28；　03：46.5，28；
　　04：46.5，28；　05：46.4，28；　06：46.4，28；
　　07：46.5，28；　08：46.4，29；　09：46.3，28；
　　10：45.7，28；　11：40.5，16。
2.3　卷軸裝。首殘尾全。卷首油污殘破。有燕尾。有烏絲欄。
3.1　首殘→大正 262，9/32C25。
3.2　尾全→9/37A2。
4.2　妙法蓮華經卷第四（尾）。
7.1　首紙背端有勘記“□華經第四”。
7.3　第 3 紙背面有 10 個藏文字母及“大”、“六”、“中”等字，難以辨認。
8　8 世紀。唐寫本。
9.1　楷書。
9.2　有倒乙和刮改。有行間校加字。
11　圖版：《敦煌寶藏》，91/170A～177B。

1.1　BD05284 號
1.3　金光明最勝王經卷三
1.4　夜 084
1.5　083:1605
2.1　（7+514.3）×25.5 厘米；12 紙；296 行，行 17 字。
2.2　01：7+5，07；　02：49.0，28；　03：49.5，28；
　　04：49.5，28；　05：49.5，28；　06：49.5，28；
　　07：49.6，28；　08：49.5，28；　09：49.3，28；
　　10：49.6，28；　11：49.1，28；　12：15.2，09。
2.3　卷軸裝。首殘尾斷。卷首殘破嚴重，有 1 塊殘片，文可綴接。有烏絲欄。已修整。
3.1　首 5 行中下殘→大正 665，16/414A3～8。
3.2　尾殘→16/417B25。
8　8 世紀。唐寫本。
9.1　楷書。
11　圖版：《敦煌寶藏》，68/582A～588B。

1.1　BD05285 號
1.3　金光明最勝王經卷三
1.4　夜 085
1.5　083:1612
2.1　（448.7+6.5）×25 厘米；11 紙；271 行，行 17 字。
2.2　01：01.0，01；　02：47.5，28；　03：47.3，28；
　　04：47.3，28；　05：47.2，28；　06：47.2，28；
　　07：47.4，28；　08：47.5，28；　09：46.8，28；
　　10：46.5，28；　11：23+6.5，18。
2.3　卷軸裝。首尾均殘。卷面有紅色水漬印。卷尾破碎嚴重。背有多處古代裱補。有烏絲欄。
3.1　首殘→大正 665，16/414B8。
3.2　尾 4 行上殘→16/417B28～C3。
8　8～9 世紀。吐蕃統治時期寫本。
9.1　楷書。
11　圖版：《敦煌寶藏》，68/628A～633B。

1.1　BD05286 號
1.3　佛名經（二十卷本）卷一〇
1.4　夜 086
1.5　062:0586
2.1　（1.5+131）×27.4 厘米；4 紙；79 行，行 17 字。
2.2　01：1.5+19.5，12；　02：36.5，22；　03：37.5，23；
　　04：37.5，22。
2.3　卷軸裝。首殘尾脫。首紙上部有殘洞，第 3 紙上部破裂，通卷下部殘破嚴重，第 2 紙與 3 紙下部脫落 2 塊殘片，已綴接。第 2 紙有界欄。已修整。
3.4　説明：
　　首 1 行中下殘，尾殘。本文獻未為歷代大藏經所收。
8　6 世紀。南北朝寫本。
9.1　楷書。
11　圖版：《敦煌寶藏》，60/175A～176B。

1.1　BD05287 號
1.3　妙法蓮華經卷四

1.4　夜 087
1.5　105: 5396
2.1　(2 +76.3 +15.5) ×27.8 厘米；2 紙；53 行，行 16 字。
2.2　01：2 +41，27；　　02：35.3 +15.5，26。
2.3　卷軸裝。首脱尾殘。卷面有油污。背有古代裱補。有烏絲欄。
3.1　首行殘→大正 262，9/33C22。
3.2　尾 10 行下殘→9/34B22 ~ C2。
8　7 ~ 8 世紀。唐寫本。
9.1　楷書。
11　圖版：《敦煌寶藏》，91/279A ~ 280A。

1.1　BD05288 號
1.3　金光明最勝王經卷六
1.4　夜 088
1.5　083: 1777
2.1　(47.3 +4.5) ×26.5 厘米；2 紙；30 行，行 17 字。
2.2　01：47.3，28；　　02：04.5，02。
2.3　卷軸裝。首脱尾殘。有烏絲欄。
3.1　首殘→大正 665，16/428B17。
3.2　尾 2 行上殘→16/428C19 ~ 21。
6.1　首→BD05572 號。
6.2　尾→BD05556 號。
8　8 ~ 9 世紀。吐蕃統治時期寫本。
9.1　楷書。
11　圖版：《敦煌寶藏》，70/48B ~ 49A。

1.1　BD05289 號
1.3　金剛般若波羅蜜經
1.4　夜 089
1.5　094: 4223
2.1　(34 +191.5) ×24 厘米；5 紙；135 行，行 17 字。
2.2　01：34 +5，24；　　02：46.5，28；　　03：46.5，28；
　　04：47.0，28；　　05：46.5，27。
2.3　卷軸裝。首殘尾全。經黄紙。卷首殘破嚴重，通卷黴爛碎損，各紙接縫處上部開裂。背有古代裱補。有烏絲欄。
3.1　首 21 行中下殘→大正 235，8/750C27 ~ 751A19。
3.2　尾全→8/752C3。
4.2　金剛般若波羅蜜經（尾）。
5　與《大正藏》本相比，本卷經文無冥司偈，參見《大正藏》，8/751C16 ~ 19。
8　7 ~ 8 世紀。唐寫本。
9.1　楷書。
11　圖版：《敦煌寶藏》，82/435B ~ 438A。

1.1　BD05290 號
1.3　維摩詰所説經卷中
1.4　夜 090
1.5　070: 1196
2.1　115 ×26.5 厘米；3 紙；66 行，行 17 字。
2.2　01：46.5，27；　　02：50.5，29；　　03：18.0，10。
2.3　卷軸裝。首尾均斷。有烏絲欄。
3.1　首殘→大正 475，14/549B16。
3.2　尾殘→14/550C10。
6.1　首→BD05273 號。
6.2　尾→BD05327 號。
8　8 ~ 9 世紀。吐蕃統治時期寫本。
9.1　楷書。
9.2　有硃筆斷句。
11　圖版：《敦煌寶藏》，65/643B ~ 645A。

1.1　BD05291 號
1.3　金剛般若波羅蜜經
1.4　夜 091
1.5　094: 3562
2.1　(1.8 +545.5) ×28 厘米；12 紙；302 行，行 17 字。
2.2　01：1.8 +35.3，21；　02：48.5，27；　03：48.5，27；
　　04：48.5，27；　05：48.5，27；　06：48.5，27；
　　07：48.5，27；　08：48.5，27；　09：48.5，27；
　　10：48.5，27；　11：48.5，27；　12：25.2，11。
2.3　卷軸裝。首殘尾全。首紙有殘裂。背有古代裱補。有烏絲欄。已修整。
3.1　首行下殘→大正 235，8/748C24 ~ 25。
3.2　尾全→8/752C3。
4.2　金剛般若波羅蜜經（尾）。
5　與《大正藏》本相比，本卷經文無冥司偈，參見《大正藏》，8/751C16 ~ 19。
8　9 ~ 10 世紀。歸義軍時期寫本。
9.1　楷書。
9.2　有行間校加字。
11　圖版：《敦煌寶藏》，78/561A ~ 568A。

1.1　BD05292 號 1
1.3　佛頂尊勝陀羅尼經序（佛陀波利本）
1.4　夜 092
1.5　229: 7327
2.1　(1.5 +408.7) ×25.9 厘米；9 紙；222 行，行 17 字。
2.2　01：1.5 +36，21；　02：50.6，28；　03：50.6，28；
　　04：50.7，28；　05：50.7，28；　06：50.7，28；
　　07：50.7，28；　08：50.7，28；　09：18.0，05。
2.3　卷軸裝。首殘尾全。經黄打紙，研光上蠟。卷首油污，上邊下邊殘破，脱落一塊殘片，可以綴接。尾有原軸，兩端塗醬色漆。有烏絲欄。
2.4　本遺書包括 2 個文獻：（一）《佛頂尊勝陀羅尼經序》（佛

陀波利本），38 行，今編為 BD05292 號 1。（二）《佛頂尊陀羅尼經》（佛陀波利本），184 行，今編為 BD05292 號 2。
3.1　首行殘→大正 967，19/349B9。
3.2　尾全→19/349C19。
8　7～8 世紀。唐寫本。
9.1　楷書。
11　圖版：《敦煌寶藏》，105/489～495A。

1.1　BD05292 號 2
1.3　佛頂尊勝陀羅尼經（佛陀波利本）
1.4　夜 092
1.5　229:7327
2.4　本遺書由 2 個文獻組成，本號為第 2 個，184 行。餘參見 BD05292 號 1 之第 2 項、第 11 項。
3.1　首全→大正 967，19/349C23。
3.2　尾全→19/352A26。
4.1　佛頂尊勝陀羅尼經，罽賓沙門佛陀波利奉詔譯（首）。
4.2　佛頂尊勝陀羅尼經（尾）。
5　咒語與《大正藏》本不同，略相當於所附宋本，參見《大正藏》，19/352A27～B23。
8　7～8 世紀。唐寫本。
9.1　楷書。
9.2　有刮改。有行間校加字。

1.1　BD05293 號
1.3　悲華經卷五
1.4　夜 093
1.5　053:0457
2.1　186.5×27 厘米；4 紙；112 行，行 17 字。
2.2　01：46.7，28；　02：47.0，28；　03：46.5，28；　04：46.3，28。
2.3　卷軸裝。首尾均脫。通卷泥污嚴重，卷面文字墨色略有流散。卷尾上下有蟲繭。有烏絲欄。
3.1　首殘→大正 157，3/200B29。
3.2　尾殘→3/202A24。
8　8 世紀。唐寫本。
9.1　楷書。
11　圖版：《敦煌寶藏》，59/242A～244B。

1.1　BD05294 號
1.3　大般涅槃經（北本）卷一九
1.4　夜 094
1.5　117:6581
2.1　48×26 厘米；1 紙；27 行，行 17 字。
2.3　卷軸裝。首尾均脫。經黄紙。有烏絲欄。
3.1　首殘→大正 374，12/475B3。
3.2　尾殘→12/475C3。
8　7～8 世紀。唐寫本。
9.1　楷書。
9.2　有刮改。
11　圖版：《敦煌寶藏》，100/411A～B。

1.1　BD05295 號
1.3　金光明經卷二
1.4　夜 095
1.5　081:1390
2.1　107×27 厘米；3 紙；65 行，行 17 字。
2.2　01：36.0，22；　02：46.5，28；　03：24.5，15。
2.3　卷軸裝。首尾均斷。有烏絲欄。
3.1　首殘→大正 663，16/342B21。
3.2　尾殘→16/343B1。
6.1　首→BD05506 號。
6.2　尾→BD05473 號。
8　8 世紀。唐寫本。
9.1　楷書。
9.2　有行間校加字。
11　圖版：《敦煌寶藏》，67/320A～321A。

1.1　BD05296 號
1.3　大般若波羅蜜多經卷六九
1.4　夜 096
1.5　084:2193
2.1　(9.2+104.6)×25.3 厘米；3 紙；71 行，行 17 字。
2.2　01：9.2+14.6，15；　02：45.0，28；　03：45.0，28。
2.3　卷軸裝。首殘尾脫。前 2 紙有破裂。背面有古代裱補。卷背多鳥糞。有烏絲欄。
3.1　首 6 行上下殘→大正 220，5/388B23～28。
3.2　尾殘→5/389B8。
8　8～9 世紀。吐蕃統治時期寫本。
9.1　楷書。
11　圖版：《敦煌寶藏》，72/230A～231A。

1.1　BD05297 號
1.3　無量壽宗要經
1.4　夜 097
1.5　275:8035
2.1　(3.5+146.5)×29.5 厘米；4 紙；112 行，行 30 餘字。
2.2　01：3.5+25，21；　02：40.5，31；　03：40.5，31；　04：40.5，29。
2.3　卷軸裝。首殘尾全。第 1 紙上下邊有破裂殘缺，中間有破裂；第 2、3 紙接縫處下部開裂。有烏絲欄。
3.1　首全→大正 936，19/82A22～26。
3.2　尾全→19/84C29。
4.2　佛說無量壽宗要經（尾）。

7.1　第 4 紙尾有題記“張略沒藏寫”。
8　8～9 世紀。吐蕃統治時期寫本。
9.1　行楷。
11　圖版：《敦煌寶藏》，108/570B～572A。

1.1　BD05298 號 1
1.3　觀自在菩薩大悲咒等雜咒（擬）
1.4　夜 098
1.5　269：7677
2.1　438×30.1 厘米；12 紙；正面 214 行，背面 72 行，行字不等。
2.2　01：19.0，護首；　02：42.5，24；　03：41.5，33；
04：42.2，19；　05：42.2，19；　06：42.1，20；
07：27.8，11；　08：43.0，17；　09：43.0，22；
10：42.0，22；　11：42.0，22；　12：10.7，05。
2.3　卷軸裝。首尾均全。有護首，有蘆葦片天竿。第 7 紙上有破裂。有折疊界欄。
2.4　本遺書包括 14 個文獻：（一）《觀自在菩薩大悲咒等雜咒》（擬），24 行，抄寫在正面，今編為 BD05298 號 1。（二）《大摧碎金剛延壽陀羅尼真言及前儀》（擬），33 行，抄寫在正面，今編為 BD05298 號 2。（三）《咒食施一切面燃餓鬼飲食水法》（異本），58 行，抄寫在正面，今編為 BD05298 號 3。（四）《多寶如來等五如來真言》（擬），11 行，抄寫在正面，今編為 BD05298 號 4。（五）《結壇散食迴向發願文》，83 行，抄寫在正面，今編為 BD05298 號 5。（六）《得食真言等真言雜鈔》（擬），3 行半，抄寫在正面，今編為 BD05298 號 6。（七）《說五佛八菩薩之壇經》（擬），1 行半，抄寫在正面，今編為 BD05298 號 7。（八）《毗沙門天王經鈔》（擬），抄寫在背面，20 行，今編為 BD05298 號背 1。（九）《佛教咒語》（擬），抄寫在背面，11 行，今編為 BD05298 號背 2。（十）《白畫曼陀羅》（擬），1 幅，畫在背面，今編為 BD05298 號背 3。（十一）《變食真言等真言雜鈔》（擬），8 行，抄寫在背面，今編為 BD05298 號背 4。（十二）《梵文種子字習字雜寫》（擬），3 行，抄寫在背面，今編為 BD05298 號背 5。（十三）《授金剛心法心地法門戒》（擬），28 行，抄寫在背面，今編為 BD05298 號背 6。（十四）《文字遊戲五言詩》（擬），2 行，抄寫在背面，今編為 BD05298 號背 7。
3.4　說明：
本文獻爲雜咒。包括《觀自在菩薩大悲咒》、《隨心咒》、《阿閦如來滅輕重罪總持咒》、《天王自心真言》等。咒中有加註謂“佛遊十六國度化衆生，持此真言，女轉男身”云云。未為歷代大藏經所收。
8　9～10 世紀。歸義軍時期寫本。
9.1　行楷。
9.2　有重文號。有間隔號。有斷句。
11　圖版：《敦煌寶藏》，107/290A～298B。

1.1　BD05298 號 2
1.3　大摧碎金剛延壽陀羅尼真言及前儀（擬）
1.4　夜 098
1.5　269：7677
2.4　本遺書由 14 個文獻組成，本號為第 2 個，33 行，抄寫在正面。餘參見 BD05298 號 1 之第 2 項、第 11 項。
3.4　說明：
本文獻主體為《大摧碎金剛延壽陀羅尼真言》，並包括念誦真言前的前儀，即三道啓請文。故全文包括四部分：《佛說東方月光面勝如來寶莊嚴佛國上王安土地陀羅尼啓請》、《佛說五部持念在道場主毗盧化身灌頂吉祥金色大輪王陀羅尼啓請》、《佛說金剛蓮花部大摧碎金剛啓請》、《佛說大摧碎金剛延壽陀羅尼真言》。未為歷代大藏經所收。
4.1　佛說東方月光面勝如來寶莊嚴佛國上王安土地陀羅尼啓請（首）。
8　9～10 世紀。歸義軍時期寫本。
9.1　楷書。
9.2　有間隔號。有行間校加字。

1.1　BD05298 號 3
1.3　咒食施一切面燃餓鬼飲食水法（異本）
1.4　夜 098
1.5　269：7677
2.4　本遺書由 14 個文獻組成，本號為第 3 個，58 行，抄寫在正面。餘參見 BD05298 號 1 之第 2 項、第 11 項。
3.4　說明：
《咒食施一切面燃餓鬼飲食水法》，未為我國歷代大藏經所收。日本《大正藏》依據傳入之中國古抄本收入，名為《施諸餓鬼飲食及水法》，參見大正 1315，21/466C16～468A23。本號文字與《大正藏》本差異很大，已形成異本。
4.1　咒食施一切面燃餓鬼飲食水法（首），
4.2　施食及水軌儀一本（尾）。
8　9～10 世紀。歸義軍時期寫本。
9.1　行楷。
9.2　由行間校加字。有間隔號。

1.1　BD05298 號 4
1.3　多寶如來等五如來真言（擬）
1.4　夜 098
1.5　269：7677
2.4　本遺書由 14 個文獻組成，本號為第 4 個，11 行，抄寫在正面。餘參見 BD05298 號 1 之第 2 項、第 11 項。
3.4　說明：
本文獻包括《多寶如來真言》、《離怖畏如來真言》、《廣博身如來真言》、《妙色身如來真言》、《甘露王如來真言》等五如來真言。未為我國歷代大藏經所收。日本《大正藏》之《施諸餓鬼飲食及水法》中有相應內容，參見大正 1315，21/467C3～468A5。但本文獻文字有不同，已形成異本。

8　9～10 世紀。歸義軍時期寫本。
9.1　行楷。

1.1　BD05298 號 5
1.3　結壇散食迴向發願文
1.4　夜 098
1.5　269: 7677
2.4　本遺書由 14 個文獻組成，本號為第 5 個，83 行，抄寫在正面。餘參見 BD05298 號 1 之第 2 項、第 11 項。
3.4　說明：
本文獻首尾均全。未為歷代大藏經所收。
4.1　結壇散食迴向發願文（首）。
4.2　結壇散食迴向發願文（尾）。
8　9～10 世紀。歸義軍時期寫本。
9.1　行楷。
9.2　有行間加行。有行間校加字。有塗抹修訂。

1.1　BD05298 號 6
1.3　得食真言等真言雜鈔（擬）
1.4　夜 098
1.5　269: 7677
2.4　本遺書由 14 個文獻組成，本號為第 6 個，3 行半，抄寫在正面。餘參見 BD05298 號 1 之第 2 項、第 11 項。
3.4　說明：
本文獻抄寫真言四種。前三種為《得食真言》、《開咽喉真言》、《變食真言》，後一種失名。四種真言，應均與施食儀軌有關。詳情待考。
8　9～10 世紀。歸義軍時期寫本。
9.1　行楷。

1.1　BD05298 號 7
1.3　說五佛八菩薩壇經（擬）
1.4　夜 098
1.5　269: 7677
2.4　本遺書由 14 個文獻組成，本號為第 7 個，1 行半，抄寫在正面。餘參見 BD05298 號 1 之第 2 項、第 11 項。
3.3　錄文：
佛於王舍城金剛座，供（共）諸天菩薩萬二千人俱，說伍佛八菩薩/之壇。佛告諸天菩薩，後五百劫，十魔/
（下缺）
3.4　說明：
本文獻應為疑偽經。
8　9～10 世紀。歸義軍時期寫本。
9.1　行楷。
9.2　有行間校加字。有塗抹。

1.1　BD05298 號背 1
1.3　毗沙門天王經鈔（擬）
1.4　夜 098
1.5　269: 7677
2.4　本遺書由 14 個文獻組成，本號為第 8 個，抄寫在背面，20 行。餘參見 BD05298 號 1 之第 2 項、第 11 項。
3.4　說明：
本文獻首尾均全。所抄為《毗沙門天王經》，存文首部相當於大正 1244，21/215C22。尾部相當於 21/216A19。但與《大正藏》本相比，文字頗有省略，屬於節略本。故定名為《毗沙門天王經鈔》。
8　9～10 世紀。歸義軍時期寫本。
9.1　行楷。
9.2　有斷句。有塗抹。有間隔號。

1.1　BD05298 號背 2
1.3　佛教咒語（擬）
1.4　夜 098
1.5　269: 7677
2.4　本遺書由 14 個文獻組成，本號為第 9 個，抄寫在背面，11 行。餘參見 BD05298 號 1 之第 2 項、第 11 項。
3.4　說明：
本文獻為佛教咒語，未為歷代大藏經所收。詳情待考。
7.3　有硃書“保晏”2 字。
8　9～10 世紀。歸義軍時期寫本。
9.1　行草。

1.1　BD05298 號背 3
1.3　白畫曼陀羅（擬）
1.4　夜 098
1.5　269: 7677
2.4　本遺書由 14 個文獻組成，本號為第 10 個，畫在背面。餘參見 BD05298 號 1 之第 2 項、第 11 項。
3.4　說明；
本文獻為白畫曼陀羅。四邊分爲東南西北，中間為八瓣蓮花狀。詳情待考。
7.3　前有白畫圓圈與直綫連綫，似為未完成之白畫曼陀羅稿。
8　9～10 世紀。歸義軍時期寫本。

1.1　BD05298 號背 4
1.3　變食真言等真言雜鈔（擬）
1.4　夜 098
1.5　269: 7677
2.4　本遺書由 14 個文獻組成，本號為第 11 個，抄寫在背面，8 行。餘參見 BD05298 號 1 之第 2 項、第 11 項。
3.4　說明：
本文獻抄錄真言五種，為《變食真言》、《甘露真言》、《得食真言、《誦發遺真言》、《捨水真言》。

8　9～10 世紀。歸義軍時期寫本。
9.1　行楷。

1.1　BD05298 號背 5
1.3　梵文種子字習字雜寫（擬）
1.4　夜 098
1.5　269:7677
2.4　本遺書由 14 個文獻組成，本號為第 12 個，抄寫在背面，3 行。餘參見 BD05298 號 1 之第 2 項、第 11 項。
3.4　說明：
本文獻為梵文種子字習字雜寫。
8　9～10 世紀。歸義軍時期寫本。

1.1　BD05298 號背 6
1.3　授金剛心法心地法門戒（擬）
1.4　夜 098
1.5　269:7677
2.4　本遺書由 14 個文獻組成，本號為第 13 個，抄寫在背面，28 行。餘參見 BD05298 號 1 之第 2 項、第 11 項。
3.4　說明；
本文獻宣稱過去七佛乃至過去九十九億諸佛均因授金剛心法心地法門戒而得證無上菩提，並論述授金剛心法心地法門戒之法。未為歷代大藏經所收。
8　9～10 世紀。歸義軍時期寫本。
9.1　行楷。
9.2　有塗抹。有行間校加字。有倒乙。

1.1　BD05298 號背 7
1.3　文字遊戲五言詩（擬）
1.4　夜 098
1.5　269:7677
2.4　本遺書由 14 個文獻組成，本號為第 14 個，抄寫在背面，2 行。餘參見 BD05298 號 1 之第 2 項、第 11 項。
3.1　首全→《敦煌詩集殘卷輯考》，第 916 頁第 6 行。
3.2　尾全→《敦煌詩集殘卷輯考》，第 916 頁第 6 行。
7.3　末句後有雜寫，內容乃抄寫本文獻前兩句的若干文字。
8　9～10 世紀。歸義軍時期寫本。
9.1　行楷。

1.1　BD05299 號
1.3　妙法蓮華經卷五
1.4　夜 099
1.5　105:5624
2.1　（5.7＋62.9）×26.5 厘米；2 紙；38 行，行 17 字。
2.2　01：5.6＋14.7，10；　02：48.2，28。
2.3　卷軸裝。首尾均殘。有烏絲欄。
3.1　首 2 行中下殘→大正 262，9/43C19～21。
3.2　尾殘→9/44B6。
8　7～8 世紀。唐寫本。
9.1　楷書。
11　圖版：《敦煌寶藏》，93/393B～394A。

1.1　BD05300 號
1.3　維摩詰所說經卷上
1.4　夜 100
1.5　070:0888
2.1　（1.5＋973）×25 厘米；21 紙；557 行，行 17 字。
2.2　01：1.5＋14，20；　02：49.5，28；　03：49.5，28；
04：49.0，28；　05：49.0，28；　06：48.5，28；
07：49.0，28；　08：49.5，28；　09：49.5，28；
10：49.5，28；　11：49.5，28；　12：49.5，28；
13：49.5，28；　14：49.5，28；　15：49.0，28；
16：49.5，28；　17：49.5，28；　18：49.5，28；
19：49.5，28；　20：49.0，28；　21：22.0，05。
2.3　卷軸裝。首殘尾全。卷面多有破裂、殘洞及殘缺，接縫處有開裂。背有古代裱補。有烏絲欄。已修整。
3.1　首行中上殘→大正 475，14/537B14。
3.2　尾全→14/544A19。
4.2　維摩詰經卷上（尾）。
8　8 世紀。唐寫本。
9.1　楷書。
9.2　有倒乙。有行間校加字。
11　圖版：《敦煌寶藏》，63/506B～520A。

1.1　BD05301 號
1.3　大般若波羅蜜多經卷四〇〇
1.4　光 001
1.5　084:3065
2.1　（4.5＋48.2＋2）×26 厘米；2 紙；32 行，行 17 字。
2.2　01：4.5＋2.2，4；　02：46＋2，28。
2.3　卷軸裝。首尾均殘。第 1、2 紙接縫處下開裂，第 1 紙下邊殘破。第 1、2 紙背面有古代裱補。有烏絲欄。
3.1　首 3 行下殘→大正 220，6/1069C23～25。
3.2　尾行下殘→6/1070A25。
6.2　尾→BD05387 號。
8　8～9 世紀。吐蕃統治時期寫本。
9.1　楷書。
11　圖版：《敦煌寶藏》，76/283B～284A。

1.1　BD05302 號
1.3　妙法蓮華經卷二
1.4　光 002
1.5　105:4745
2.1　（6.8＋921）×25.9 厘米；19 紙；508 行，行 17 字。

2.2 01：6.8+39，25； 02：51.0，28； 03：51.0，28；
04：51.0，28； 05：50.9，28； 06：50.8，28；
07：50.7，28； 08：50.9，28； 09：51.0，28；
10：50.9，28； 11：51.0，28； 12：50.9，28；
13：51.0，28； 14：50.9，28； 15：51.1，28；
16：51.0，28； 17：51.0，28； 18：51.1，28；
19：15.8，07。
2.3 卷軸裝。首殘尾全。經黄紙。有烏絲欄。
3.1 首4行上下殘→大正262，9/12A7～10。
3.2 尾全→9/19A12。
4.2 妙法蓮華經卷第二（尾）。
8 7～8世紀。唐寫本。
9.1 楷書。
11 圖版：《敦煌寶藏》，86/203B～216AB。

1.1 BD05303號
1.3 金光明最勝王經卷一
1.4 光003
1.5 083:1474
2.1 （4+392.2）×25.5厘米；9紙；正面245行，行17字；背面4行，行字不等。
2.2 01：4+29.5，21； 02：44.5，28； 03：45.4，28；
04：45.0，28； 05：46.0，28； 06：45.3，28；
07：45.5，28； 08：46.0，28； 09：45.0，28。
2.3 卷軸裝。首尾均殘。通卷破碎嚴重，第2紙斷裂成2截，第3紙脱落一塊殘片。背有古代裱補。
2.4 本遺書包括2個文獻：（一）《金光明最勝王經》卷一，245行，今編為BD05303號。（二）《殘文書》，抄寫在背面裱補紙上，4行，今編為BD05303號背。
3.1 首上下2行殘→大正665，16/404C9～10。
3.2 尾2行下殘→16/408A9～10。
8 7～8世紀。唐寫本。
9.1 楷書。
9.2 裱補紙上有補字。
11 圖版：《敦煌寶藏》，68/38A～43A。

1.1 BD05303號背
1.3 殘文書
1.4 光004
1.5 254:7565
2.4 本遺書由2個文獻組成，本號為第2個，抄寫在背面裱補紙上，4行。餘參見BD05353號之第2項、第11項。
3.4 説明：
第2紙背裱補紙上有殘文書，可辨文字有“□支子，盧永住”等。
7.3 有雜寫“永安”、“員住”等。另有一行文字被墨筆塗去，似亦為“員住、永安”。
8 8～9世紀。吐蕃統治時期寫本。
9.1 楷書。

1.1 BD05304號
1.3 金有陀羅尼經
1.4 光004
1.5 254:7565
2.1 141.8×27厘米；3紙；80行，行17字。
2.2 01：47.5，26； 02：47.5，28； 03：46.8，26。
2.3 卷軸裝。首尾均全。卷首右下殘缺。卷尾有蟲繭。有烏絲欄。
3.1 首全→大正2910，85/1455C16。
3.2 尾全→85/1456C10。
4.1 金有陀羅尼經（首）。
4.2 佛説金有陀羅尼經一卷（尾）。
7.1 卷背面有藏文題記。
8 9～10世紀。歸義軍時期寫本。
9.1 楷書。
11 圖版：《敦煌寶藏》，107/10B～12A。

1.1 BD05305號
1.3 無量壽宗要經
1.4 光005
1.5 275:8036
2.1 （8+254.5）×27.5厘米；6紙；154行，行30餘字。
2.2 01：8+17，15； 02：47.5，28； 03：47.5，28；
04：47.5，28； 05：47.5，28； 06：47.5，27。
2.3 卷軸裝。首殘尾全。首紙上下邊殘缺，中間有殘洞；卷面有油污，上下邊有破裂殘缺；卷尾有殘洞，上下多蟲繭。有烏絲欄。
3.1 首全→大正936，19/82A12～18。
3.2 尾全→19/84C29。
4.2 佛説無量壽宗要經（尾）。
8 8～9世紀。吐蕃統治時期寫本。
9.1 行楷。
11 圖版：《敦煌寶藏》，108/572B～575B。

1.1 BD05306號
1.3 妙法蓮華經卷二
1.4 光006
1.5 105:4909
2.1 48.7×24.9厘米；1紙；28行，行17字。
2.3 卷軸裝。首尾均脱。有烏絲欄。
3.1 首殘→大正262，9/13B10。
3.2 尾殘→9/13C11。
8 7～8世紀。唐寫本。
9.1 楷書。

11　圖版：《敦煌寶藏》，87/209A～B。

1.1　BD05307 號
1.3　維摩詰所說經卷中
1.4　光 007
1.5　070:1150
2.1　87.5×26.5 厘米；2 紙；49 行，行 17 字。
2.2　01：50.0，28；　02：37.5，21。
2.3　卷軸裝。首尾均斷。有烏絲欄。
3.1　首殘→大正 475，14/547A5。
3.2　尾殘→14/547B28。
6.2　尾→BD05539 號。
8　8～9 世紀。吐蕃統治時期寫本。
9.1　楷書。
9.2　有硃筆斷句。
11　圖版：《敦煌寶藏》，65/482B～483B。

1.1　BD05308 號
1.3　救疾經
1.4　光 008
1.5　287:8250
2.1　(1.2+174.7)×26.7 厘米；3 紙；103 行，行 17 字。
2.2　01：1.2+58.8，36；　02：76.6，45；　03：39.0，22。
2.3　卷軸裝。首殘尾全。第 1 紙有殘洞、下邊下邊殘破，第 2 紙下邊殘破。有烏絲欄。
3.1　首行上下殘→大正 2878，85/1361B26。
3.2　尾全→85/1362C10。
4.2　救疾經一卷（尾）。
7.3　背面有雜寫"金光明寺僧僧僧僧"；"田醜子便豆玖碩至秋拾三碩伍斗"；"勅授河西節度使滌（?）願通"；"道會宋法律"；"押衙吳行者"；"押衙安行者"；"都頭安行者"及習字雜寫多處。
8　9～10 世紀。歸義軍時期寫本。
9.1　楷書。
11　圖版：《敦煌寶藏》，109/414A～417A。

1.1　BD05309 號
1.3　四分律（兌廢稿）卷六〇
1.4　光 009
1.5　155:6814
2.1　48×26.8 厘米；1 紙；22 行，行 17 字。
2.3　卷軸裝。首尾均脫。有烏絲欄。尾有餘空。
3.1　首殘→大正 1428，22/1013A4。
3.2　尾殘→22/1013B1
8　9～10 世紀。歸義軍時期寫本。
9.1　楷書。
11　圖版：《敦煌寶藏》，102/72A～B。

1.1　BD05310 號
1.3　大般若波羅蜜多經（兌廢稿）卷四五三
1.4　光 010
1.5　084:3153
2.1　40.3×26.5，1 紙；24 行，行 17 字。
2.3　卷軸裝。首脫尾斷。有烏絲欄。
3.1　首殘→大正 220，7/289A21。
3.2　尾殘→7/289B17。
5　與《大正藏》本對照，本件有缺文，所缺文字為大正 7/289A22"不行淨"～290A23"多"。
7.1　卷前方下邊處有一"兌"字。
8　8～9 世紀。吐蕃統治時期寫本。
9.1　楷書。
11　圖版：《敦煌寶藏》，79/491B。

1.1　BD05311 號
1.3　金剛般若波羅蜜經
1.4　光 011
1.5　094:3789
2.1　(17.5+397)×26.5 厘米；10 紙；268 行，行 17 字。
2.2　01：17.5+9.5，18；　02：43.0，28；　03：42.5，28；
　04：44.0，28；　05：43.0，28；　06：43.0，28；
　07：43.0，28；　08：43.0，28；　09：43.0，28；
　10：43.0，26。
2.3　卷軸裝。首殘尾全。有殘缺、殘破，卷面黴爛殘破，多水漬。有烏絲欄。
3.1　首 12 行上殘→大正 235，8/749B2－13。
3.2　尾全→8/752C3。
4.2　金剛般若波羅蜜經（尾）。
5　與《大正藏》本相比，本卷經文無冥司偈，參見《大正藏》，8/751C16～19。
8　7～8 世紀。唐寫本。
9.1　楷書。
11　圖版：《敦煌寶藏》，80/351B～357A。

1.1　BD05312 號
1.3　大般若波羅蜜多經卷一〇六
1.4　光 012
1.5　084:2282
2.1　(45.3+2.5)×25.5 厘米；1 紙；28 行，行 17 字。
2.3　卷軸裝。首脫尾殘。卷面有 6 個等距離鼠嚙殘洞。有烏絲欄。
3.1　首殘→大正 220，5/585A13。
3.2　尾行下殘→5/585B11。
6.1　首→BD05472 號。
8　8～9 世紀。吐蕃統治時期寫本。
9.1　楷書。

11 圖版：《敦煌寶藏》，72/521。

1.1 BD05313 號
1.3 金光明經卷二
1.4 光 013
1.5 081:1399
2.1 200.8×27 厘米；5 紙；107 行，行 17 字。
2.2 01：16.8，10； 02：46.5，28； 03：46.5，28；
04：46.5，28； 05：44.5，13。
2.3 卷軸裝。首斷尾全。尾有原軸，兩端有亞腰形軸頭，塗棕色漆，軸與紙已脱開。有烏絲欄。
3.1 首殘→大正 663，16/345A15。
3.2 尾全→16/346B9。
4.2 金光明經卷第二（尾）。
6.1 首→BD05333 號。
8 8 世紀。唐寫本。
9.1 楷書。
11 圖版：《敦煌寶藏》，67/334B～337A。

1.1 BD05314 號
1.3 妙法蓮華經卷一
1.4 光 014
1.5 105:4579
2.1 (10.6+258.5+1.2)×25.3 厘米；7 紙；163 行，行 17 字。
2.2 01：10.6+26.5，22； 02：46.5，28； 03：46.5，28；
04：46.5，28； 05：46.6，28； 06：45.9，28；
07：01.2，01。
2.3 卷軸裝。首尾均殘。經黄紙。卷面多水漬黴爛，第 4、5 紙接縫處有開裂。背面有古代裱補，上有蟲繭。有烏絲欄。
3.1 首 6 行下殘→大正 262，9/4A23～29。
3.2 尾 2 行殘→9/7A13～14。
8 7～8 世紀。唐寫本。
9.1 楷書。
11 圖版：《敦煌寶藏》，84/594B～598A。

1.1 BD05315 號
1.3 佛名經（十六卷本）卷一三
1.4 光 015
1.5 063:0767
2.1 (20+312.9+16)×29 厘米；9 紙；206 行，行 15 字。
2.2 01：20+2，13； 02：42.2，25； 03：42.2，25；
04：42.3，25； 05：42.2，25； 06：42.2，25；
07：42.2，25； 08：42.3，25； 09：15.3+16，18。
2.3 卷軸裝。首尾均殘。首尾紙破裂殘缺。有烏絲欄。
3.1 首 12 行中下殘→《七寺古逸經典研究叢書》，3/659 頁第 273 行～278 行。
3.2 尾 9 行上中殘→《七寺古逸經典研究叢書》，3/673 頁第 460 行～674 頁第 468 行。
7.3 尾紙背有雜寫 5 行。一行為：“高兵馬使保德。”四行為敦煌寺名：“永安之寺、報恩寺、金光明寺、開元寺、蓮台之寺、普光寺、龍興之寺、大雲之寺。”
8 9～10 世紀。歸義軍時期寫本。
9.1 楷書。
11 圖版：《敦煌寶藏》，62/197B～201B。

1.1 BD05316 號
1.3 金剛般若波羅蜜經
1.4 光 016
1.5 094:4148
2.1 (3.3+299.2)×27 厘米；8 紙；158 行，行 17 字。
2.2 01：33+16.6，11； 02：40.5，23； 03：40.2，23；
04：40.4，23； 05：40.4，23； 06：40.3，23；
07：40.3，23； 08：40.5，09。
2.3 卷軸裝。首殘尾全。有燕尾。有烏絲欄。
3.1 首 2 行上殘→大正 235，8/750C5
3.2 尾全→8/752C2。
4.2 金剛經一卷（尾）。
5 與《大正藏》本相比，本卷經文無冥司偈，參見《大正藏》，8/751C16～19。
8 7～8 世紀。唐寫本。
9.1 楷書。
11 圖版：《敦煌寶藏》，82/232B～236A。

1.1 BD05317 號
1.3 維摩詰所説經卷上
1.4 光 017
1.5 070:0998
2.1 449×26.5 厘米；9 紙；252 行，行 17 字。
2.2 01：50.0，28； 02：50.0，28； 03：50.0，28；
04：50.0，28； 05：50.0，28； 06：50.0，28；
07：49.5，28； 08：50.0，28； 09：49.5，28。
2.3 卷軸裝。首尾均脱。經黄紙。背有古代裱補。有烏絲欄。
3.1 首殘→大正 475，14/540A8。
3.2 尾殘→14/543A15。
8 7～8 世紀。唐寫本。
9.1 楷書。
11 圖版：《敦煌寶藏》，64/324A～330A。

1.1 BD05318 號
1.3 妙法蓮華經卷七
1.4 光 018
1.5 105:5866
2.1 (9.5+895.5)×24.5 厘米；20 紙；528 行，行 17 字。
2.2 01：9.5+40.2，27； 02：49.5，28； 03：49.0，28；

04：49.5，28；　05：49.5，28；　06：49.5，28；
07：49.5，28；　08：49.5，28；　09：49.5，28；
10：49.3，28；　11：49.3，28；　12：49.3，28；
13：49.5，28；　14：49.5，28；　15：49.5，28；
16：49.5，28；　17：47.5，27；　18：49.5，28；
19：49.4，26；　20：17.0，拖尾。
2.3　卷軸裝。首尾均全。卷首右下殘缺，殘破嚴重；第9紙上邊有破裂。有烏絲欄。
3.1　首5行下殘→大正262，9/55A12～21。
3.2　尾全→9/62B1。
4.1　妙法蓮華經妙音菩薩品第廿四，七（首）。
4.2　妙法蓮華經卷第七（尾）。
8　9～10世紀。歸義軍時期寫本。
9.1　楷書。
9.2　有行間校加字。
11　圖版：《敦煌寶藏》，95/414A～427A。

1.1　BD05319號
1.3　金剛般若波羅蜜經
1.4　光019
1.5　094:4152
2.1　72×25厘米；1紙；45行，行17字。
2.3　卷軸裝。首尾均脫。前部上下有殘缺破損。有烏絲欄。
3.1　首殘→大正235，8/750C9。
3.2　尾殘→8/751A27。
8　7～8世紀。唐寫本。
9.1　楷書。
9.2　有行間加行。
11　圖版：《敦煌寶藏》，82/250A～B。

1.1　BD05320號
1.3　大乘同性經（兌廢稿）卷下
1.4　光020
1.5　044:0431
2.1　46.5×26厘米；1紙；28行，行17字。
2.3　卷軸裝。首尾均脫。卷面有破損。有烏絲欄。
3.1　首脫→大正673，16/652A21。
3.2　尾脫→16/652B21。
7.1　上邊有墨書"兌"字。下邊有珠筆題記："此紙緣破，不堪報寫。"
8　8～9世紀。吐蕃統治時期寫本。
9.1　楷書。
9.2　有刮改。
11　圖版：《敦煌寶藏》，59/117A～117B。

1.1　BD05321號
1.3　四分律第二分卷七
1.4　光021
1.5　155:6804
2.1　78×26.5厘米；2紙；37行，行17字。
2.2　01：40.0，25；　02：38.0，12。
2.3　卷軸裝。首殘尾全。有燕尾。有劃界欄針孔。有烏絲欄。
3.1　首殘→大正1428，22/778A6。
3.2　尾全→22/778B13。
4.2　尼律藏第二分卷第七（尾）。
5　與《大正藏》本對照，分卷不同。經文相當於《大正藏》四分律卷第三十，一百七十八單提品之七的後部分。日本宮內寮本、《思溪藏》、《普寧藏》分卷截止處相同，但為第二分卷九。
7.1　卷尾有題記"用紙卅二張"。
8　5～6世紀。南北朝寫本。
9.1　隸書。
9.2　有校改。有倒乙。
11　圖版：《敦煌寶藏》，102/23A～24A。

1.1　BD05322號
1.3　佛名經（十六卷本）卷一三
1.4　光022
1.5　063:0772
2.1　(9+260.7)×29.1厘米；8紙；145行，行17字。
2.2　01：9+7，09；　02：42.3，25；　03：42.5，25；
04：42.5，25；　05：42.5，25；　06：42.5，25；
07：21.4，11；　08：20.0，拖尾。
2.3　卷軸裝。首殘尾全。首紙有殘缺，第2、3紙上方有等距離殘缺，第7、8紙接縫下部開裂。有燕尾。下邊有古代裱補。有烏絲欄。
3.1　首5行上下殘→《七寺古逸經典研究叢書》，3/673頁第467～674頁第471行。
3.2　尾全→《七寺古逸經典研究叢書》，3/684頁第608行。
4.2　佛名經卷第十三（尾）。
8　7～8世紀。唐寫本。
9.1　楷書。
11　圖版：《敦煌寶藏》，62/222A～225A。

1.1　BD05323號
1.3　大般若波羅蜜多經卷二九六
1.4　光023
1.5　084:2810
2.1　(1.4+30+1.8)×26.1厘米；2紙；20行，行17字。
2.2　01：1.4+30，19；　02：01.8，01。
2.3　卷軸裝。首尾均殘。有烏絲欄。
3.1　首行上下殘→大正220，6/506C6。
3.2　尾行上下殘→6/506C25。
6.1　首→BD05458號。
6.2　尾→BD00298號A。

8　8～9 世紀。吐蕃統治時期寫本。
9.1　楷書。
11　圖版：《敦煌寶藏》，75/165A。

1.1　BD05324 號
1.3　金光明最勝王經卷六
1.4　光 024
1.5　083∶1789
2.1　47.2×26.5 厘米；1 紙；28 行，行 17 字。
2.3　卷軸裝。首尾均脫。有烏絲欄。
3.1　首殘→大正 665，16/429B22。
3.2　尾殘→16/429C22。
6.1　首→BD05556 號。
6.2　尾→BD05591 號。
8　8～9 世紀。吐蕃統治時期寫本。
9.1　楷書。
11　圖版：《敦煌寶藏》，70/92B。

1.1　BD05325 號
1.3　正法念處經（兌廢稿）卷六三
1.4　光 025
1.5　420∶8593
2.1　46×26.9 厘米；1 紙；25 行，行 17 字。
2.3　卷軸裝。首尾均脫。有烏絲欄。尾有餘空。
3.1　首殘→大正 721，17/373C16。
3.2　尾缺→17/374A13。
5　與《大正藏》本對照，本件有缺文。參見大正 17/374A8。
7.1　上邊有一“兌”字。
8　8 世紀。唐寫本。
9.1　楷書。
9.2　有刮改。
11　圖版：《敦煌寶藏》，110/641B～642A。

1.1　BD05326 號
1.3　瑜伽師地論手記
1.4　光 026
1.5　201∶7187
2.1　761.1×27 厘米；16 紙；正面 534 行，背面 10 行，行字不等。
2.2　01：48.6，32；　02：47.5，32；　03：47.1，31；
04：48.1，34；　05：48.0，32；　06：48.1，32；
07：47.0，31；　08：48.4，34；　09：47.9，32；
10：47.8，35；　11：45.8，33；　12：47.0，37；
13：47.4，37；　14：47.3，36；　15：47.6，34；
16：47.5，32。
2.3　卷軸裝。首殘尾脫。卷後部有破裂殘損，尾紙有 1 個殘洞。背面有 10 行補抄文字。有折疊欄。
3.4　說明：
本文獻首尾均殘。為沙門法成宣講《瑜伽師地論》時，弟子洪真的聽講筆記。敦煌遺書中同類筆記存有多號，尚待統一整理。
7.1　卷背面硃筆題記“沙門洪真”2 處。
8　9～10 世紀。歸義軍時期寫本。
9.1　行書。
9.2　有硃筆科分、校改及點標。有墨筆校改。
11　圖版：《敦煌寶藏》，104/416A～426A。

1.1　BD05327 號
1.3　維摩詰所說經卷中
1.4　光 027
1.5　070∶1210
2.1　175.5×26.5 厘米；4 紙；98 行，行 17 字。
2.2　01：34.0，19；　02：49.0，28；　03：49.0，28；
04：43.5，23。
2.3　卷軸裝。首斷尾全。有烏絲欄。
3.1　首殘→大正 475，14/550C11。
3.2　尾全→14/551C27。
4.2　維摩詰經卷中（尾）。
6.1　首→BD05290 號。
8　8～9 世紀。吐蕃統治時期寫本。
9.1　楷書。
9.2　有硃筆點標。
11　圖版：《敦煌寶藏》，66/4A～6A。

1.1　BD05328 號
1.3　維摩詰所說經卷下
1.4　光 028
1.5　070∶1267
2.1　396×26 厘米；8 紙；241 行，行 17 字。
2.2　01：50.0，31；　02：49.5，31；　03：49.5，31；
04：49.5，30；　05：49.5，31；　06：49.5，31；
07：49.5，31；　08：49.0，25。
2.3　卷軸裝。首脫尾全。第 1 紙下邊殘缺，卷面有破裂。卷尾上下有蟲繭。有烏絲欄。
3.1　首殘→大正 475，14/554C4。
3.2　尾全→14/557B26。
4.2　維摩經卷下（尾）。
8　8～9 世紀。吐蕃統治時期寫本。
9.1　楷書。
11　圖版：《敦煌寶藏》，66/366B～371B。《敦煌寶藏》中本遺書共 9 拍。其中第 8、第 9 兩拍並非原件照片。參見本號第 11、第 12 兩拍。

1.1　BD05329 號

1.3　大般若波羅蜜多經卷二六四
1.4　光 029
1.5　084:2710
2.1　(11.5+542.6)×26 厘米；12 紙；316 行，行 17 字。
2.2　01：11.5+36，28；　02：46.1、28；　03：47.5，28；
04：48.0，28；　05：47.7，28；　06：47.4，28；
07：47.5，28；　08：47.7，28；　09：47.7，28；
10：47.8，28；　11：47.7、28；　12：31.5，08。
2.3　卷軸裝。首殘尾全。第 1 紙有殘洞，下邊殘缺；卷面有水漬，有破裂及殘洞；接縫處多有開裂。有燕尾。有烏絲欄。已修整。
3.1　首 7 行下殘→大正 220，6/336B14～21。
3.2　尾全→6/340A11。
4.2　大般若波羅蜜多經卷第二百六十四（尾）。
7.1　第 1 紙背端有勘記"廿七袟"（本文獻袟次），"第四"（袟内卷次）。
8　8～9 世紀。吐蕃統治時期寫本。
9.1　楷書。
11　圖版：《敦煌寶藏》，74/490A～497A。

1.1　BD05330 號
1.3　四分律（兑廢稿）卷三六
1.4　光 030
1.5　155:6807
2.1　47.5×27 厘米；1 紙；25 行，行 17 字。
2.3　卷軸裝。首尾均脱。有烏絲欄。尾有餘空。
3.1　首殘→大正 1428，22/824C28。
3.2　尾殘→22/825A26。
7.1　卷首上部有"兑一紙"。
8　8～9 世紀。吐蕃統治時期寫本。
9.1　楷書。
11　圖版：《敦煌寶藏》，102/52B～53A。

1.1　BD05331 號
1.3　金剛般若波羅蜜經
1.4　光 031
1.5　094:4048
2.1　(1.5+351.6)×25.7 厘米；8 紙；194 行，行 17 字。
2.2　01：1.5+33.5，20；　02：49.8，28；　03：50.0，28；
04：50.0，28；　05：50.0，28；　06：50.0，28；
07：48.8，28；　08：19.5，06。
2.3　卷軸裝。首殘尾全。經黄紙。卷首殘破嚴重，卷面有黴爛及破裂。尾有細原軸，兩端塗淺棕色漆，軸上有蟲繭。背有古代裱補及鳥糞。有烏絲欄。
3.1　首行上殘→大正 235，8/750B1。
3.2　尾全→8/752C3。
4.2　金剛般若波羅蜜經（尾）。
5　與《大正藏》本相比，本卷經文無冥司偈，參見《大正藏》，8/751C16～19。
8　7～8 世紀。唐寫本。
9.1　楷書。
11　圖版：《敦煌寶藏》，81/611B～616A。

1.1　BD05332 號
1.3　無量壽宗要經
1.4　光 032
1.5　275:7833
2.1　179.5×31 厘米；4 紙；114 行，行 30 餘字。
2.2　01：45.5，30；　02：44.5，31；　03：45.0，31；
04：44.5，22。
2.3　卷軸裝。首尾均全。首紙上邊殘損，下邊破裂。卷首背面多鳥糞。有烏絲欄。
3.1　首全→大正 936，19/82A3。
3.2　尾全→19/84C29。
4.1　大乘無量壽經（首）。
4.2　佛説無量壽宗要經（尾）。
7.1　第 4 紙末有題名"吕日興"。首紙背面有敦煌寺院題名"金"，説明本遺書原屬金光明寺。
8　8～9 世紀。吐蕃統治時期寫本。
9.1　行楷。
11　圖版：《敦煌寶藏》，108/74A～76A。

1.1　BD05333 號
1.3　金光明經卷二
1.4　光 033
1.5　081:1379
2.1　109.3×27 厘米；3 紙；67 行，行 17 字。
2.2　01：33.5，21；　02：46.5，28；　03：29.3，18。
2.3　卷軸裝。首尾均斷。有烏絲欄。
3.1　首斷→大正 663，16/344A24。
3.2　尾斷→16/345A15。
6.1　首→BD05473 號。
6.2　尾→BD05313 號。
8　8 世紀。唐寫本。
9.1　楷書。
11　圖版：《敦煌寶藏》，67/289A～290A。

1.1　BD05334 號
1.3　妙法蓮華經卷二
1.4　光 034
1.5　105:4873
2.1　(49+2.5)×24.8 厘米；2 紙；30 行，行 17 字。
2.2　01：48.2，28；　02：03.3，02。
2.3　卷軸裝。首尾均殘。首紙上有破裂殘損。背面有近代裱補。

有烏絲欄。
3.1　首殘→大正 262，9/12B8。
3.2　尾行上殘→9/12C8～9。
8　7～8 世紀。唐寫本。
9.1　楷書。
11　圖版：《敦煌寶藏》，87/139A～B。

1.1　BD05335 號
1.3　四分律初分卷一二
1.4　光 035
1.5　155:6797
2.1　67.5×25.4 厘米；2 紙；26 行，行 17 字。
2.2　01：23.0，護首；　02：44.5，26。
2.3　卷軸裝。首全尾殘。有護首，有竹製天竿，有棕色縹帶殘根，有護首經名。有等距離鼠嚙殘洞。有烏絲欄。
3.1　首全→大正 1428，22/647B9。
3.2　尾殘→22/647C6。
4.1　四分律藏卷第十二，初分律卷第十二（首）。
7.4　護首有經名“四分律藏卷第十二，二”。
8　9～10 世紀。歸義軍時期寫本。
9.1　楷書。
11　圖版：《敦煌寶藏》，101/617B～618A。

# 新舊編號對照表

## 一、千字文號與北敦號、縮微膠卷號對照表

| 千字文號 | 北敦號 | 縮微膠卷號 |
|---|---|---|
| 夜 064 | BD05264 號 | 083：1900 |
| 夜 065 | BD05265 號 | 094：3586 |
| 夜 066 | BD05266 號 | 083：1987 |
| 夜 067 | BD05267 號 | 084：2890 |
| 夜 068 | BD05268 號 | 084：3331 |
| 夜 069 | BD05269 號 | 083：1541 |
| 夜 070 | BD05270 號 | 156：6872 |
| 夜 071 | BD05271 號 | 078：1344 |
| 夜 072 | BD05272 號 | 084：2331 |
| 夜 073 | BD05273 號 | 070：1201 |
| 夜 074 | BD05274 號 | 171：7074 |
| 夜 075 | BD05275 號 | 091：3484 |
| 夜 076 | BD05276 號 | 094：4422 |
| 夜 077 | BD05277 號 | 250：7515 |
| 夜 078 | BD05278 號 | 163：6993 |
| 夜 079 | BD05279 號 | 083：1507 |
| 夜 080 | BD05280 號 | 094：4194 |
| 夜 081 | BD05281 號 | 070：1093 |
| 夜 081 | BD05281 號背 | 070：1093 |
| 夜 082 | BD05282 號 A | 094：3934 |
| 夜 082 | BD05282 號 B | 094：3934 |
| 夜 083 | BD05283 號 | 105：5361 |
| 夜 084 | BD05284 號 | 083：1605 |
| 夜 085 | BD05285 號 | 083：1612 |
| 夜 086 | BD05286 號 | 062：0586 |
| 夜 087 | BD05287 號 | 105：5396 |
| 夜 088 | BD05288 號 | 083：1777 |
| 夜 089 | BD05289 號 | 094：4223 |
| 夜 090 | BD05290 號 | 070：1196 |
| 夜 091 | BD05291 號 | 094：3562 |
| 夜 092 | BD05292 號 1 | 229：7327 |
| 夜 092 | BD05292 號 2 | 229：7327 |
| 夜 093 | BD05293 號 | 053：0457 |
| 夜 094 | BD05294 號 | 117：6581 |
| 夜 095 | BD05295 號 | 081：1390 |
| 夜 096 | BD05296 號 | 084：2193 |
| 夜 097 | BD05297 號 | 275：8035 |
| 夜 098 | BD05298 號 1 | 269：7677 |
| 夜 098 | BD05298 號 2 | 269：7677 |
| 夜 098 | BD05298 號 3 | 269：7677 |
| 夜 098 | BD05298 號 4 | 269：7677 |
| 夜 098 | BD05298 號 5 | 269：7677 |
| 夜 098 | BD05298 號 6 | 269：7677 |
| 夜 098 | BD05298 號 7 | 269：7677 |
| 夜 098 | BD05298 號背 1 | 269：7677 |
| 夜 098 | BD05298 號背 2 | 269：7677 |
| 夜 098 | BD05298 號背 3 | 269：7677 |
| 夜 098 | BD05298 號背 4 | 269：7677 |
| 夜 098 | BD05298 號背 5 | 269：7677 |
| 夜 098 | BD05298 號背 6 | 269：7677 |
| 夜 098 | BD05298 號背 7 | 269：7677 |
| 夜 099 | BD05299 號 | 105：5624 |
| 夜 100 | BD05300 號 | 070：0888 |
| 光 001 | BD05301 號 | 084：3065 |
| 光 002 | BD05302 號 | 105：4745 |
| 光 003 | BD05303 號 | 083：1474 |
| 光 004 | BD05303 號背 | 254：7565 |
| 光 004 | BD05304 號 | 254：7565 |
| 光 005 | BD05305 號 | 275：8036 |
| 光 006 | BD05306 號 | 105：4909 |
| 光 007 | BD05307 號 | 070：1150 |
| 光 008 | BD05308 號 | 287：8250 |
| 光 009 | BD05309 號 | 155：6814 |
| 光 010 | BD05310 號 | 084：3153 |
| 光 011 | BD05311 號 | 094：3789 |
| 光 012 | BD05312 號 | 084：2282 |
| 光 013 | BD05313 號 | 081：1399 |
| 光 014 | BD05314 號 | 105：4579 |

| | | |
|---|---|---|
| 光 015 | BD05315 號 | 063：0767 |
| 光 016 | BD05316 號 | 094：4148 |
| 光 017 | BD05317 號 | 070：0998 |
| 光 018 | BD05318 號 | 105：5866 |
| 光 019 | BD05319 號 | 094：4152 |
| 光 020 | BD05320 號 | 044：0431 |
| 光 021 | BD05321 號 | 155：6804 |
| 光 022 | BD05322 號 | 063：0772 |
| 光 023 | BD05323 號 | 084：2810 |
| 光 024 | BD05324 號 | 083：1789 |
| 光 025 | BD05325 號 | 420：8593 |
| 光 026 | BD05326 號 | 201：7187 |
| 光 027 | BD05327 號 | 070：1210 |
| 光 028 | BD05328 號 | 070：1267 |
| 光 029 | BD05329 號 | 084：2710 |
| 光 030 | BD05330 號 | 155：6807 |
| 光 031 | BD05331 號 | 094：4048 |
| 光 032 | BD05332 號 | 275：7833 |
| 光 033 | BD05333 號 | 081：1379 |
| 光 034 | BD05334 號 | 105：4873 |
| 光 035 | BD05335 號 | 155：6797 |

## 二、縮微膠卷號與北敦號、千字文號對照表

| 縮微膠卷號 | 北敦號 | 千字文號 |
|---|---|---|
| 044：0431 | BD05320 號 | 光 020 |
| 053：0457 | BD05293 號 | 夜 093 |
| 062：0586 | BD05286 號 | 夜 086 |
| 063：0767 | BD05315 號 | 光 015 |
| 063：0772 | BD05322 號 | 光 022 |
| 070：0888 | BD05300 號 | 夜 100 |
| 070：0998 | BD05317 號 | 光 017 |
| 070：1093 | BD05281 號 | 夜 081 |
| 070：1093 | BD05281 號背 | 夜 081 |
| 070：1150 | BD05307 號 | 光 007 |
| 070：1196 | BD05290 號 | 夜 090 |
| 070：1201 | BD05273 號 | 夜 073 |
| 070：1210 | BD05327 號 | 光 027 |
| 070：1267 | BD05328 號 | 光 028 |
| 078：1344 | BD05271 號 | 夜 071 |
| 081：1379 | BD05333 號 | 光 033 |
| 081：1390 | BD05295 號 | 夜 095 |
| 081：1399 | BD05313 號 | 光 013 |
| 083：1474 | BD05303 號 | 光 003 |
| 083：1507 | BD05279 號 | 夜 079 |
| 083：1541 | BD05269 號 | 夜 069 |
| 083：1605 | BD05284 號 | 夜 084 |
| 083：1612 | BD05285 號 | 夜 085 |
| 083：1777 | BD05288 號 | 夜 088 |
| 083：1789 | BD05324 號 | 光 024 |
| 083：1900 | BD05264 號 | 夜 064 |
| 083：1987 | BD05266 號 | 夜 066 |
| 084：2193 | BD05296 號 | 夜 096 |
| 084：2282 | BD05312 號 | 光 012 |
| 084：2331 | BD05272 號 | 夜 072 |
| 084：2710 | BD05329 號 | 光 029 |
| 084：2810 | BD05323 號 | 光 023 |
| 084：2890 | BD05267 號 | 夜 067 |
| 084：3065 | BD05301 號 | 光 001 |
| 084：3153 | BD05310 號 | 光 010 |
| 084：3331 | BD05268 號 | 夜 068 |
| 091：3484 | BD05275 號 | 夜 075 |
| 094：3562 | BD05291 號 | 夜 091 |
| 094：3586 | BD05265 號 | 夜 065 |
| 094：3789 | BD05311 號 | 光 011 |
| 094：3934 | BD05282 號 A | 夜 082 |
| 094：3934 | BD05282 號 B | 夜 082 |
| 094：4048 | BD05331 號 | 光 031 |
| 094：4148 | BD05316 號 | 光 016 |
| 094：4152 | BD05319 號 | 光 019 |
| 094：4194 | BD05280 號 | 夜 080 |
| 094：4223 | BD05289 號 | 夜 089 |
| 094：4422 | BD05276 號 | 夜 076 |
| 105：4579 | BD05314 號 | 光 014 |
| 105：4745 | BD05302 號 | 光 002 |
| 105：4873 | BD05334 號 | 光 034 |
| 105：4909 | BD05306 號 | 光 006 |
| 105：5361 | BD05283 號 | 夜 083 |
| 105：5396 | BD05287 號 | 夜 087 |
| 105：5624 | BD05299 號 | 夜 099 |
| 105：5866 | BD05318 號 | 光 018 |
| 117：6581 | BD05294 號 | 夜 094 |
| 155：6797 | BD05335 號 | 光 035 |
| 155：6804 | BD05321 號 | 光 021 |
| 155：6807 | BD05330 號 | 光 030 |

| | | |
|---|---|---|
| 155：6814 | BD05309 號 | 光 009 |
| 156：6872 | BD05270 號 | 夜 070 |
| 163：6993 | BD05278 號 | 夜 078 |
| 171：7074 | BD05274 號 | 夜 074 |
| 201：7187 | BD05326 號 | 光 026 |
| 229：7327 | BD05292 號 1 | 夜 092 |
| 229：7327 | BD05292 號 2 | 夜 092 |
| 250：7515 | BD05277 號 | 夜 077 |
| 254：7565 | BD05303 號背 | 光 004 |
| 254：7565 | BD05304 號 | 光 004 |
| 269：7677 | BD05298 號 1 | 夜 098 |
| 269：7677 | BD05298 號 2 | 夜 098 |
| 269：7677 | BD05298 號 3 | 夜 098 |
| 269：7677 | BD05298 號 4 | 夜 098 |
| 269：7677 | BD05298 號 5 | 夜 098 |
| 269：7677 | BD05298 號 6 | 夜 098 |
| 269：7677 | BD05298 號 7 | 夜 098 |
| 269：7677 | BD05298 號背 1 | 夜 098 |
| 269：7677 | BD05298 號背 2 | 夜 098 |
| 269：7677 | BD05298 號背 3 | 夜 098 |
| 269：7677 | BD05298 號背 4 | 夜 098 |
| 269：7677 | BD05298 號背 5 | 夜 098 |
| 269：7677 | BD05298 號背 6 | 夜 098 |
| 269：7677 | BD05298 號背 7 | 夜 098 |
| 275：7833 | BD05332 號 | 光 032 |
| 275：8035 | BD05297 號 | 夜 097 |
| 275：8036 | BD05305 號 | 光 005 |
| 287：8250 | BD05308 號 | 光 008 |
| 420：8593 | BD05325 號 | 光 025 |